中华现代学术名著丛书

中国货币史

彭信威 著

图书在版编目(CIP)数据

中国货币史/彭信威著.—北京:商务印书馆,2025
(中华现代学术名著丛书)
ISBN 978-7-100-21584-8

Ⅰ.①中… Ⅱ.①彭… Ⅲ.①货币史—中国
Ⅳ.①F822.9

中国版本图书馆 CIP 数据核字(2022)第 150420 号

权利保留,侵权必究。

本书据上海人民出版社 1958 年版排印

中华现代学术名著丛书
中国货币史
彭信威　著

商务印书馆出版
(北京王府井大街 36 号　邮政编码 100710)
商务印书馆发行
北京通州皇家印刷厂印刷
ISBN 978-7-100-21584-8

| 2025 年 5 月第 1 版 | 开本 880×1240　1/32 |
| 2025 年 5 月北京第 1 次印刷 | 印张 27¾ |

定价:198.00 元

彭信威

(1907—1967)

出版说明

百年前,张之洞尝劝学曰:"世运之明晦,人才之盛衰,其表在政,其里在学。"是时,国势颓危,列强环伺,传统频遭质疑,西学新知亟亟而入。一时间,中西学并立,文史哲分家,经济、政治、社会等新学科勃兴,令国人乱花迷眼。然而,淆乱之中,自有元气淋漓之象。中华现代学术之转型正是完成于这一混沌时期,于切磋琢磨、交锋碰撞中不断前行,涌现了一大批学术名家与经典之作。而学术与思想之新变,亦带动了社会各领域的全面转型,为中华复兴奠定了坚实基础。

时至今日,中华现代学术已走过百余年,其间百家林立、论辩蜂起,沉浮消长瞬息万变,情势之复杂自不待言。温故而知新,述往事而思来者。"中华现代学术名著丛书"之编纂,其意正在于此,冀辨章学术,考镜源流,收纳各学科学派名家名作,以展现中华传统文化之新变,探求中华现代学术之根基。

"中华现代学术名著丛书"收录上自晚清下至20世纪80年代末中国大陆及港澳台地区、海外华人学者的原创学术名著(包括外文著作),以人文社会科学为主体兼及其他,涵盖文学、历史、哲学、政治、经济、法律和社会学等众多学科。

出版说明

出版"中华现代学术名著丛书",为本馆一大夙愿。自1897年始创起,本馆以"昌明教育,开启民智"为己任,有幸首刊了中华现代学术史上诸多开山之著、扛鼎之作;于中华现代学术之建立与变迁而言,既为参与者,也是见证者。作为对前人出版成绩与文化理念的承续,本馆倾力谋划,经学界通人擘画,并得国家出版基金支持,终以此丛书呈现于读者面前。唯望无论多少年,皆能傲立于书架,并希冀其能与"汉译世界学术名著丛书"共相辉映。如此宏愿,难免汲深绠短之忧,诚盼专家学者和广大读者共襄助之。

商务印书馆编辑部
2010年12月

凡　　例

一、"中华现代学术名著丛书"收录晚清以迄20世纪80年代末,为中华学人所著,成就斐然、泽被学林之学术著作。入选著作以名著为主,酌量选录名篇合集。

二、入选著作内容、编次一仍其旧,唯各书卷首冠以作者照片、手迹等。卷末附作者学术年表和题解文章,诚邀专家学者撰写而成,意在介绍作者学术成就、著作成书背景、学术价值及版本流变等情况。

三、入选著作率以原刊或作者修订、校阅本为底本,参校他本,正其讹误。前人引书,时有省略更改,倘不失原意,则不以原书文字改动引文;如确需校改,则出脚注说明版本依据,以"编者注"或"校者注"形式说明。

四、作者自有其文字风格,各时代均有其语言习惯,故不按现行用法、写法及表现手法改动原文;原书专名(人名、地名、术语)及译名与今不统一者,亦不作改动。如确系作者笔误、排印舛误、数据计算与外文拼写错误等,则予径改。

五、原书为直(横)排繁体者,除个别特殊情况,均改作横排简体。其中原书无标点或仅有简单断句者,一律改为新式标点,专名号从略。

六、除特殊情况外,原书篇后注移作脚注,双行夹注改为单行夹注。文献著录则从其原貌,稍加统一。

七、原书因年代久远而字迹模糊或纸页残缺者,据所缺字数用"□"表示;字数难以确定者,则用"(下缺)"表示。

目　　录

再版序 ·· 1
序言 ·· 7
第一章　货币的发生 ··· 31
　第一节　货币经济的萌芽 ···································· 31
　　一　产生货币的社会背景 ·································· 31
　　　货币产生的前提——中国古籍关于交易行为的传说——社会发展的阶段——中国社会发展阶段的划分——殷代社会的情形——中国殷周时代和古希腊罗马的比较——周代社会的情形——封建社会的特点——封建社会与货币
　　二　殷周时代的贝物 ·· 37
　　　贝在古代赐锡品中的地位——贝在中国文字形成时的意义——古人爱好贝壳的原因——贝壳作为货币的优点——贝朋的单位——各种仿制的贝——铜贝——西周的重量单位——黄金——龟和玉
　　三　贝的种类及其来源 ····································· 46
　　　贝的品种——贝币使用的普遍——中国古代所用的贝——甲骨文和金文中贝字的书法——古书中关于贝的记载——古代贝币的种类——贝的来源
　第二节　货币经济的确立 ···································· 50
　　一　春秋战国时期的货币形态 ··························· 50

v

春秋时期经济的自给性——币帛的重要性——金属的使用——蚁鼻钱——三大货币体系——布币体系——空首布与平首布——空首布的种类——空首布的文字——平首布的种类——尖足布——方足布——圆足布——三孔布——异形布——爰字布——斩字布——圻字布——刀币体系——小刀与大刀——针首刀——尖首刀——明刀——圆首刀——齐刀——齐刀的时代——大刀与小刀的先后——环钱体系——环钱的起源——环钱的种类——环钱的时代——中国古代铸币发展的阶段与希腊古代情形的比较——中国钱币的艺术价值和历史价值与希腊钱币的比较——中国钱币上所反映的文字的发展——战国时期钱币的等级——战国时期钱币的铸造与流通——黄金的职能——使用黄金的原因——黄金的单位——黄金的形式——楚国的爰金

二 秦始皇统一中国的币制 …………………………… 77
周秦币制的关系——秦始皇治下的币制——秦半两的重量——始皇统一币制的历史意义——方孔钱的由来——半两以外的方孔钱

三 货币经济的确立 …………………………………… 81
春秋战国时期经济的发展——钱币的通行——当时的物价数字及其意义

第三节 先秦的货币理论 ………………………………… 85
货币经济的确立对于社会的推动作用——古人对经济问题的不重视——儒家和农家对于交换经济的见解——单旗的子母相权说——计然的循环论——白圭——李悝——管子的货币理论

第四节 信用的发生 ……………………………………… 93
借贷行为发生的前提——货币与借贷的关系——《周礼》泉府

的赊贷制度——《管子》书中的借贷——实物借贷与货币借贷——借贷与高利贷——借贷利率——战国时期放债的普遍——信用放款

第二章 两汉的货币 ………………………………… 99

第一节 货币制度 ……………………………………… 99

一 钱币 ………………………………………………… 99

西汉的币制——西汉的铜钱和罗马铜币的比较——西汉铜钱的种类——汉半两——三铢——五铢——五铢钱的成功——汉代的货币经济——西汉的本位制度——武帝时的白金皮币——王莽的币制——新莽的衡法——东汉的货币经济——更始五铢——公孙述的铁钱——东汉五铢——灵帝的四出五铢——董卓的小钱——刘蜀的直百钱——孙吴的大泉——西汉的货币文化

二 黄金 ………………………………………………… 112

西汉盛行黄金的传说——西汉帝王赐金数——西汉黄金的用途——西汉黄金的周转情形——黄金的形式——东汉的黄金——东汉黄金减少的原因——东汉的对外贸易——王莽的黄金国有政策——公元初中国和罗马黄金存储量的比较——东汉以后工艺方面对于黄金的需要——东汉黄金的货币性——汉朝的银铤

第二节 货币的购买力 ………………………………… 125

一 楚汉战争所引起的货币减重 ……………………… 125

货币购买力的意义——楚汉战争对生产的破坏——执政者对于货币的错误看法——汉初货币减重的内容和物价上涨的程度——稳定币值的企图——文帝稳定币值的方法——文景的通货紧缩政策

二 武帝时匈奴战争所引起的货币贬值 ……………… 129

帝时的财政困难——其他开源方法的无效——白金币的贬值
及其所引起的私铸——贬值的理论根据——铜钱的贬值——昭
帝以后物价的回跌——西汉后期的米价

三 王莽的大额货币 ………………………………………… 134
王莽第一次币制改革的意义——大小泉的贬值意义——宝货
制——整理币制的企图——王莽货币政策的失败——末年的米价

四 汉末的货币贬值 ………………………………………… 137
光武的紧缩政策——安帝以后的战费和谷价——董卓的小钱贬
值——谷价上涨的程度——曹魏的稳健的货币政策——刘蜀的
货币贬值——孙吴的货币贬值

五 两汉的正常物价 ………………………………………… 142
两汉的米谷价格——中国米价同罗马麦价的比较——东汉米价
同西汉米价的比较——东汉官吏所得的变化——两汉的工
资——西汉的国民财富

第三节 货币理论 ……………………………………………… 146
秦汉统一以后思想方面的消沉——汉代关于铸币权的争
论——儒家的放任政策——法家的管理政策——贾山晁错的
名目论——贡禹师丹的实物论——张林的数量说——刘陶的
言论——荀悦的反实物论——司马迁的《平准书》和班固的
《食货志》

第四节 信用 …………………………………………………… 154
汉代商人资本和高利贷资本的猖獗——长安的放款市场——
政府救济性的放款——汉代的利率同罗马利率的比较——古
代反对放款取息的原因——王莽的赊贷——东汉的放款——
存款的不发达

第三章 晋到隋的货币 …………………………………………… 158
第一节 货币制度 ……………………………………………… 158

目录

一 钱币 ·· 158
本期的特点——五铢钱的盛行——两晋的钱币（沈郎钱、丰货、汉兴）——刘宋的钱币（四铢、孝建四铢、孝建、永光、景和）——萧齐的钱币——萧梁的钱币（五铢、公式女钱、铁五铢、四柱、二柱）——陈钱（五铢、太货六铢）——后魏的钱币（太和五铢、五铢、永安五铢）——东魏的钱币——西魏的钱币——北齐的常平五铢——北周的钱币（布泉、五行大布、永通万国）——隋五铢——六朝钱币的过渡性

二 金银 ·· 165
金价的上涨及其原因——铜钱的跌价——东西贸易对黄金数量的影响——工艺等方面对黄金的需要——黄金生产成本的增加——六朝以前白银的作用——中国银价较高的原因——金银的形式（饼、铤）——金银钱的铸造及其由来——西方金银币的流入——银比价

三 谷帛 ·· 173
谷帛在中国的货币性——谷帛通行的原因——谷帛通行的实例——两晋的布帛——后魏的布帛及其定式——北齐的粟帛——北周的布帛——南朝的谷帛——布帛的作价

第二节 货币的购买力 ·· 180

一 两晋的币值 ·· 180
本期货币购买力变动的周期性——两晋货币经济衰落的表现——铜钱赐予的锐减——铜钱铸造的减少——两晋的紧缩政策——两晋的物价

二 宋齐币值的变动 ·· 183
宋初币值的稳定——元嘉年间的货币减重——后魏的南侵与通货贬值——米价——币制的整理——萧齐的紧缩——米价和布价的下跌——末年的回涨

三 梁陈币值的变动 ·· 189

ix

对后魏战争和铁钱的铸造——铁钱的私铸——短陌制的产生——萧梁末年的货币贬值——萧梁治下的米价——南陈的币制改革

  四 北朝的币值 ················ 193
    后魏的社会经济——货币的使用——私钱的减重——北周的货币减重

  五 隋的币值 ·················· 198
    隋初币值的稳定——炀帝的膨胀政策——私铸的减重——隋末物价

 第三节 货币理论 ················ 200
    几种货币理论的对立（金属论、名目论、实物论）——中国的金属论和欧洲金属论的比较——实物论者的见解——孔琳之的意见——范泰的意见——刘义恭沈演之的名目论——何尚之的数量说——周朗的实物论——徐爰沈庆之的金属论——颜竣的见解——孔觊的见解——钱币学的产生

 第四节 信用和信用机关 ·········· 207
    两晋的信用——南北朝的存款（寄存或寄附）——放款（出责或举贷）——典质的产生——典质和寺庙的关系——隋的信用

第四章 唐代的货币 ················ 213
 第一节 货币制度 ················ 213
  一 钱币 ···················· 213
    唐代币制的概要——唐代货币经济发展的过程——钱名的变革——钱币文字的演变——唐钱的种类——开元通宝——乾封泉宝——乾元重宝——史思明的得壹元宝和顺天元宝——大历元宝——建中通宝——会昌开元——咸通玄宝——开元钱的重要性——开元钱的版别——开元钱的种类——开元钱分类的意

义——光背开元的时代——开元钱上月文的来源——外国钱币上的月文——西域钱币影响中国钱币的途径——会昌开元的背文——会昌开元的铸造时期——唐钱的成色——唐钱的艺术水平——五代十国的钱币——开平钱——天成元宝——天福元宝——汉元通宝——周元通宝——楚马殷的铜铁钱——南汉的乾亨重宝——闽开元——永隆钱和天德钱——前蜀的钱币——后蜀的钱币——南唐钱——燕的永安钱——五代十国钱币的特点

二 金银 ································· 231
金银在唐代币制上的地位——黄金的来源——白银的来源——金银的形式——金银钱——金价——金银比价及其与外国金银比价的关系

三 绢帛 ································· 237
绢帛的货币性——使用绢帛的法律根据——唐代的自然经济成分

第二节 货币的购买力 ······················· 239

一 盛唐钱币的购买力 ······················· 239
唐初稳定物价的成功——贞观时的米绢价格——战争和私铸——恶钱问题——乾封年间的货币贬值——恶钱的取缔——开元时的物价——盛唐的正常米价——绢价

二 安史之乱与通货贬值 ····················· 243
战前府库的盈溢——战时的货币贬值——官吏货币所得的增加——税收的增加——吏治的败坏——物价上涨的程度——战后钱币的购买力——当局开源节流的政策——形势的好转

三 贞元元和间的通货回缩 ···················· 250
通货回缩的意义——通货回缩的原因——钱币的销镕——铸钱的减少——用钱区域的推广——租税政策——杨炎的两税法——两税法在中国货币经济史上的意义——紧缩的现象——

xi

米价的下跌——绢价的下跌——紧缩期间的物价与战前物价的比价——蓄钱之禁——会昌开元钱的铸造

  四 晚唐五代的币值 ·· 259
    晚唐的币值——五代时的穷困——货币的供给——南唐的货币贬值——各地铸造的铅铁钱——铜钱的购买力

  五 唐代物价小结 ·· 265
    米价的演变——官吏所得的变动——汉唐官俸的比较

 第三节 货币理论 ·· 268
    刘秩的见解——陆贽——韩愈——杨于陵——蓄钱禁背后的理论根据——钱币学

 第四节 信用与信用机关 ·· 274
  一 商业的发达与长安金融市场之产生 ···················· 274
    唐代的对外贸易政策——对外贸易实况——国内商业和都市的规模——长安的信用机关

  二 放款 ··· 277
    信用放款——放款的对象——公廨钱的运用——放款利率——典当

  三 存款 ··· 281
    资金的存放——柜坊——柜坊的起源——柜坊业务的性质——支票——寄附铺

  四 生金银买卖 ·· 286
    金银店的演进——唐代的金银市场——金银买卖与兑换

  五 汇兑的产生 ·· 289
    产生汇兑的原因——承办飞钱的机关——汇兑业务的消长

第五章 两宋的货币 ·· 292
 第一节 货币制度 ·· 292

一 钱币 ·· 292

两宋货币的种类——两宋钱币的复杂性——币材种类之多——货币流通的割据性——钱币的等级——钱名的繁杂——钱文书法的多样性——北宋钱制与南宋的区别——太祖朝的钱币（宋元通宝）——太宗朝的钱币（太平通宝、淳化元宝、至道元宝）——真宗朝的钱币（咸平元宝、景德元宝、祥符元宝和通宝、天禧通宝）——仁宗朝的钱币（天圣元宝、明道元宝、景祐元宝、皇宋通宝、康定元宝、庆历重宝、至和元宝和重宝、嘉祐元宝）——英宗朝的钱币（治平元宝和通宝）——神宗朝的钱币（熙宁元宝和重宝、元丰通宝）——哲宗朝的钱币（元祐通宝、绍圣元宝和通宝、元符元宝）——徽宗朝的钱币（圣宋元宝、崇宁通宝和重宝、大观通宝、政和通宝和重宝、重和通宝、宣和元宝和通宝）——宋朝的货币文化——徽宗朝钱币的艺术性——徽宗钱文上的瘦金体——宋朝的对钱——钦宗朝的钱币（靖康元宝和通宝）——南宋铸钱额的减少——南宋钱制的演变——高宗朝的钱币（建炎钱、绍兴钱）——孝宗朝的钱币（隆兴元宝、乾道元宝、淳熙元宝）——南宋钱的纪年——光宗朝的钱币（绍熙元宝和通宝）——宁宗朝的钱币（庆元通宝、嘉泰通宝、开禧通宝、嘉定通宝和元宝）——嘉定铁钱的种类——理宗朝的钱币（大宋元宝、绍定通宝、端平元宝通宝和重宝、嘉熙通宝和重宝、淳祐元宝和通宝、皇宋元宝、开庆通宝、景定元宝）——度宗朝的钱币（咸淳元宝）——宋钱的重量和成色——蔡京的夹锡钱——临安府的钱牌

二 金银 ·· 307

黄金的地位——用银的经过——白银在宋代的职能——白银使用增加的原因——白银的形式——银铤——金银钱——大观通

宝银钱——乾道元宝金钱——太平通宝金钱与银钱——瘦金体太平通宝银钱——刘光世的招纳信宝——宋代金银钱的制作

  三 纸币的产生 ································· 315
    纸币原则的渊源——产生纸币的经济原因——五代十国时的契券——四川币制的孤立性及铁钱的盛行——关于交子起源的传说——交子发展的三个阶段——自由发行的交子——富商联合发行的交子——交子在文化上的意义——交子铺户的衰败——政府取得发行权的经过——官交子的形制——交子的分界制——交子的发行额和现金准备——钱引的形制——南宋纸币的种类——关子——会子的形制——会子的面额

 第二节 货币的购买力 ································· 325
  一 北宋初年的币值 ································· 325
    两宋币值波动的频繁性——两宋币值波动的局部性——宋初钱币的混杂——宋初货币的购买力——西夏元昊叛乱所引起的通货贬值——贬值后的物价

  二 熙丰年间的币值 ································· 332
    熙丰间频年丰收下的米价——当时对于米价的两种态度——丰收时米价尚高的原因——北宋铸钱额——北宋垦田数——唐宋货币数量的比较——铸额增加与钱荒——铜钱的外流——货币经济的发达——省陌制——宋初的平均米价及其趋势——绢价——国家岁入的增加——汉唐宋官俸的比较——北宋的工资

  三 崇观年间币值的下跌 ································· 344
    铜产的减少——元符年间的米价——蔡京铸崇宁大钱后的纷扰——大观大钱——夹锡钱之害——川陕交子的膨胀——崇观以后的米价——政府的浪费

  四 金人侵略所引起的通货膨胀 ································· 350

目 录

金人的掠夺——铸钱的减少——关子的发行——军费和发行——绍兴年间的米价——绢价——川陕的重要性——川引的膨胀——王之望的货币政策——金人侵略时的物价和唐安史乱时物价的比较

五 南宋会子的膨胀 ································· 357
金人的第二次侵略——会子的发行——乾道四年的币制改革——发行的增加——开禧以后的膨胀——川引的跌价——铜钱的私销——铜钱的输出——南宋的对外贸易——金人和日人输入中国铜钱——南宋当局的对策——铁钱的铸造——南宋的物价——两宋米价上涨的倾向——宋代产铜额——当局增加鼓铸的企图——会子信用的减退——各种地方纸币的膨胀——理宗朝会子的进一步膨胀——金银现钱的起用——末年的物价——两宋纸币分界发行法的作用——南宋纸币膨胀的真相——南宋工农的收入

六 白银的购买力 ································· 377
白银在两宋时的地位——宋代的银价——宋代以白银计算的米价——绢价——白银购买力变动的倾向及其原因——宋代的金价——金价上涨的原因——金银比价——国内金银的供需关系——国际间的金银移动——以黄金计算的米价

第三节 货币理论 ································· 390
苏辙的钱币国定说——沈括关于货币流通速度的见解——虞铸——辛弃疾——刘定之——袁燮——袁甫——叶适——马端临——宋代的金属论——洪遵的泉志

第四节 信用和信用机关 ································· 398
放款——王安石的市易和青苗法——营田——质库——存款——柜坊——金银铺——兑坊——便换

XV

第六章　金元的货币 ······ 406
第一节　货币制度 ······ 406
一　辽的钱币 ······ 406
契丹人建国前的社会经济——关于铸钱的记载——辽钱的种类——辽钱的制作

二　西夏的钱币 ······ 408
西夏钱的种类——西夏文钱——汉文钱——西夏钱的制作

三　金人的币制 ······ 409
金人币制的特点——铜钱——刘豫的阜昌钱——金钱的文字——白银和承安宝货银币——交钞——金人纸币的种类——交钞的形制——贞祐宝券的形制——兴定宝泉的形制

四　元代的币制 ······ 414
元代币制的特点——征服中国以前白银的通行——征服中国以后白银的地位——初期的钞票——中统钞——至元钞——至大银钞——至正交钞——元代造钞的纸料——至元钞版——中统钞的兑现制度——至元钞的不兑现制度——叶李的十四条画——中国纸币对于外国的影响——元代的钱版——至元通宝——至大三年的铜钱——各种至正钱——元末张士诚的钱币——韩林儿的钱币——徐寿辉的钱币——陈友谅的钱币——永字龙凤钱——元代钱币的输出——黄金的使用——边区的货币

第二节　货币的购买力 ······ 429
一　金人的通货膨胀 ······ 429
金人货币经济的发展阶段——初年的钱荒——大定初年的币值——章宗时发行的增加——承安宝货的失败——泰和大钱的铸造——蒙古人建国后通货膨胀的恶化——贞祐二年的百贯大钞——贞祐三年的贞祐宝券——贞祐通宝——元光元年的兴定

宝泉——银本位的采用——末年纸币的购买力

 二 元初中统钞的膨胀 ·· 435
  元初对于宋金货币的收兑——至元初年的物价——侵略战争和发行的增加——卢世荣币制改革的失败——至元钞的发行——元初的纸币发行额——物价上涨的程度

 三 元末的通货膨胀 ·· 442
  各地的反抗运动——大德年间发行额的大增——至大二年的币制改革——至元以后的纸币发行额——各种物价上涨的不平衡——米价——盐价——民间的代用币——政府开支的增加——至正钞的发行——末年的物价——元代以金银计算的米价——元代的工资

第三节 货币理论 ·· 455
  马亨的见解——许衡对纸币的看法

第四节 信用和信用机关 ·· 457
  金元两代中西信用事业的比较——金人治下的放款利率——金人的质典库和流泉——金人的兑换业——元代的羊羔息——卢世荣的平准周急库——解典库——存款业务的不发达——兑换业和银铺

第七章 明代的货币 ·· 465

第一节 货币制度 ·· 465

 一 纸币 ·· 465
  明代币制概要——大明宝钞的面额——明代纸币制度的统一性——大明宝钞的形制——历代的倒钞法——崇祯末蒋臣的行钞计划

 二 钱币 ·· 469
  大中通宝——洪武通宝——洪武间的停止铸钱——洪武钱的成

色——洪武钱的重量——永乐通宝——永乐钱在日本的重要性——宣德通宝——铜钱流通的禁止——弘治通宝——正德钱——嘉靖通宝——嘉靖钱的种类——嘉靖时补铸之说——隆庆通宝——万历通宝——泰昌通宝——天启通宝——三等大钱之说——天启当十钱——崇祯通宝——崇祯钱的背文——跑马崇祯——崇祯大钱——大明通宝——福王的弘光通宝——唐王的隆武通宝——永明王的永历通宝——郑成功的钱——李自成的永昌通宝——张献忠的大顺通宝——孙可望的兴朝通宝——明代流通的旧钱——不用钱的地方——云南的海𧴩——牛币

三 白银 ·· 488
明代禁用白银的失败——正统时白银的通行——炼银术——明代白银通行的原因——白银的形式——元宝的性质——金银豆叶——金银钱——银牌——银块流通的不便——欧洲银元铸造的开始——西班牙银元的流入——荷兰马剑的流入

第二节 货币的购买力 ······························ 496

一 大明宝钞的膨胀 ································ 496
明代货币经济的紧缩性——发行纸币的原因——发行的增加与购买力的下跌——铜钱和金银的禁用——户口食盐法——官俸折价的变动——税租政策——用银禁令的取消——钞价的急剧下跌——明代官吏的收入

二 万历以前铜钱的购买力 ························ 506
明朝铜钱流通的重要作用——铜钱购买力之高——官钱兑价上涨的原因——钱重的增加——各朝的铸造数额——铜钱的外流——银价下跌同钱价上涨的关系——明代制钱兑价表——制钱对白米的购买力——旧钱在明代的地位——明代的私钱——明初的私铸——弘治正德间私铸的加剧——明代中日铜钱流通

情形的比较——嘉靖时私铸的猖獗及私钱的兑价——隆庆时疏通钱法的书议

三 晚明的铜钱贬值·················· 519
万历以前钱价问题的性质——丰臣秀吉的侵略朝鲜——朝鲜战争对于明廷的打击——万历末年的广开炉局——南北钱价的差异——满人的入侵——天启时鼓铸的增加——王象乾的三等大钱的建议及其意义——当十大钱的贬值——天启小钱的贬值——李自成张献忠等人的起事——崇祯钱的减重——私钱的猖獗——明末的铜钱物价——明代的工资

四 白银的购买力·················· 529
明代正式用银的经过——明以前物价数字的意义——中国米价的重要性——中英两国小麦价格的比较——研究白银购买力的困难——困难的克服方法——明代各朝的米价——十年期的米价——五十年期的米价——明初白银购买力特高的原因——中叶以后银价渐跌的原因——万历年间的采矿事件——美洲白银流入中国的开始——明代的绢价——金银比价

第三节 货币理论 ·················· 543
数量说——邱浚对纸币的意见——陈子龙对纸币的意见——谭纶的金属论——钱秉镫的名目论

第四节 信用和信用机关 ·················· 547

一 典当业 ·················· 547
明初信用业的不发达——典当的名称——当铺的资本和管理——明代的放款利率——借据的形式

二 钱庄的兴起 ·················· 552
欧洲银行业的兴起——中国兑换业的发展——钱铺的起源——

xix

初期钱铺的业务——末年的钱庄——存款业的不发达——窖藏
的风气——明末的汇兑——会票的性质

第八章 清代的货币 559
第一节 货币制度 559
一 铜币 559
清朝的货币——清代铜币的两个阶段——满人入关前的钱
币——顺治钱的重量——顺治钱的五种形式——康熙钱——雍
正钱——乾隆钱——新疆普尔钱——嘉庆钱——咸丰钱——咸
丰钱分类表——太平天国的钱币——同治钱——拉锡丁和阿古
柏在新疆所铸的钱——光绪钱——宣统钱——清末钱币铸造技
术的革命——旧的铸钱方法——范铸的缺点——机器铸钱的开
始——新式铜元——清末新式铜币的种类——当十铜元的版别

二 白银和银币 575
清代白银的重要——清代用银的三个阶段——白银的名称和形
式——各种称砝——银两的成色——宝银——纹银——上海的
规元——成色参差的不便——外国银元流入对中国货币文化的
影响——外国银元流入的开始——清初的外国银元——乾隆初
年在中国流通的外国银元——道光年间的外国银元——西班牙
的本洋——墨西哥的鹰洋——英国银元——日本银元——美国
贸易银元——中国的自铸银币——乾隆宝藏——道光时寿星银
饼——咸丰银饼——笔宝银饼和如意银饼——漳州军饷——浙
江的七二银饼——湖南的银饼——机器铸造银币的开始——龙
洋的开铸经过——本位问题和单位问题的讨论——大清银币的
铸造——小额银币——双毫的通行——金币

三 钞票 595
清代发行钞票的三个阶段——顺治时的钞贯——民间的银钱

票——咸丰时的官票和宝钞——鸦片战争以后外商银行的钞票——中国最早的银元票——中国最早的银行兑换券——大清户部银行的兑换券——官银钱局的银钱票——清末发行的紊乱

第二节 货币的购买力 …………………………………… 604

一 清初钱价的波动 ………………………………… 604
清代币值波动的性质——顺治年间的钱价问题及其起因——康熙初年钱价的上涨及制钱的减重——制钱轻重的不划一——康熙四十一年的制钱加重——乾隆初年的钱价问题——鄂尔泰疏通铜钱的办法——管理钱价的失败——清初铜钱的铸造额——清初制钱市价表——钱价的意义——清初米价表——新疆的货币贬值——清初的工资及人民生活

二 太平天国革命时清朝政府的通货贬值 ………… 614
乾嘉间吏治的腐败和革命运动——银钱关系的转折点——钱价的下跌——制钱市价表——银钱比价的变动对于物价的影响——太平天国革命与清朝政府的财政困难——大钱的铸造——钞票的发行——通货膨胀时的物价——米价——大钱的停铸

三 清末币值的变动 ………………………………… 625
同治年间银钱关系的转变——清末制钱市价表——清末米价表——清代制钱的减重——清末的物价革命——铜元的代替制钱——铜元的跌价——中外物价的关系——清末货币数量的估计

四 白银的购买力 …………………………………… 638
白银购买力下跌的倾向——白银对米的购买力——清代历朝的白银米价——乾隆时白银米价上涨原因的调查——米价上涨的真正原因——美洲白银对各国物价的影响——美洲白银对中国物价的影响——白银的流入中国——白银输入数量同米价的关

xxi

中国货币史

系——鸦片贸易——白银的流出——白银物价的下跌——清末贸易入超与白银进口——黄金的流出——中外白银购买力的比较——汇价的变动——清朝银价下跌对于吏治败坏的影响

 五 黄金的购买力 ·· 655
  研究中国金价的意义——黄金在中国的性质——中国历代金银比价和外国金银比价的不一致及其原因——清初中国黄金的外流——黄金的形式和成色——黄金流出的数量——十八世纪中外金银比价的接近——千年来金银购买力的比较——中外黄金粮价的比较——黄金在中国的购买力之比较稳定及其原因

第三节 货币理论 ·· 665
 一 货币理论 ·· 665
  清代中国货币理论的落后——清初对于货币理论的不重视——道光时的王鎏——朱嶟——许楣——魏源——咸丰时王茂荫的反名目论——清代钱币学的发达

 二 清末各种改革币制的方案 ····································· 671
  中日战后改革币制的呼声——胡燏棻、盛宣怀等人的提案——刘世珩的圜法刍议——赫德的中国银价确定金价论——精琪的计划——汪大燮的行用金币办法——卫斯林的金汇兑本位制计划——金本位未被采用的原因

第四节 信用机关 ·· 677
 一 银铺和典当业 ·· 677
  清代中国信用机关落后于外国——银铺的重要性——银炉和炉房——典当业的地位——历代典当业规模的比较——当铺的业务——当铺和政府的关系——鸦片战争以后当铺的等级

 二 钱庄和银号 ·· 685
  钱庄业务的演进——钱庄的存放款——银号的出现——乾隆时

xxii

钱庄银号的活跃——官钱局的设立——嘉庆时的钱庄——道光年间的钱庄——咸丰年间的钱庄和官钱铺——同治年间钱庄的开歇问题——钱票的发行——晚清银钱业遭受的几次打击——清末上海钱庄的等级——银行设立后的钱庄——清末钱庄业务的改进——各省的官银钱号

三 票号的兴衰 ························· 695

关于票号起源的各种传说——日升昌票庄的起源——票号的特点——同光间票号的兴盛——票号的汇兑方法——票号和钱庄的比较——票号同官吏的关系——银行出现后的票号——清末北京的票号——票号的组织——票号的衰落

四 银行的兴起 ························· 706

银行这一名辞的起源——英商银行——汇丰银行——帝俄的华俄道胜银行——日本的横滨正金银行——德国的德华银行——法国的东方汇理银行——美国的花旗银行——外商银行的猖獗及国人设立银行的主张——中国通商银行的设立——大清户部银行的设立经过——交通银行——商业股份银行的设立——清末银行的业务

中国货币史大事年表 ························· 715

理解中国货币历史的起源与变迁 ············· 王宇 730

图　目　录

第一图　中国货币文化的光芒照耀了周围的世界
　　　　回纥牟羽可汗钱——突骑施钱——突厥钱——吐蕃钱——西夏天庆钱宝——蒙文至元通宝钱——日本和文念佛钱——满文天命皇钱——库车嘉齐拉西德汗钱——马剌加钱——爪哇曼丹钱

第二图　殷周间的贝币
　　　　真贝——无齿纹的珧贝——有齿纹的珧贝——蚌制贝——两穿孔的骨贝——一穿孔的骨贝——染色骨贝——石贝——斜齿纹的铜贝——直齿纹的铜贝

第三图　楚国的货币
　　　　鬼脸钱——蚁鼻钱——行字钱——君字钱——圻字钱——郢爰金饼

第四图　周的货币：无文空首尖足大布

第五图　春秋时的货币
　　　　武字空首布——安臧空首布

第六图　战国时三晋的货币：尖足布
　　　　西都小布——晋阳小布——平周小布——闵半小布——闵大布

第七图　各种方足布
　　　　豕韦小布——平阴小布——戈邑布——涅小布——涅金大布——

安阳布

第八图　小方足布
　　　　中都布——鲁阳布——齐贝布——乌邑布或邬布——同是布——马服吕布——皮氏布——戴垣布——郘子布

第九图　平阳布的各种书法

第十图　圆足布
　　　　兹氏布——闵小布——中样闵布——大闵布——大离石布

第十一图　隶邑的货币
　　　　隶邑小布——大样隶邑布——隶正尚金当爰——隶充釿金当爰——隶充釿五二十当爰

第十二图　釿字布
　　　　虞一釿——氽一釿——甫反一釿——安邑一釿

第十三图　异形布
　　　　分布——垂字布——殊布当圻

第十四图　燕的货币
　　　　针首刀——尖首刀

第十五图　明刀
　　　　磐折刀——圆折刀

第十六图　赵的货币
　　　　白人刀——甘丹刀——城白刀

第十七图　齐的货币（一）
　　　　齐夻化刀——齐之夻化刀

第十八图　齐的货币（二）
　　　　即墨刀——小即墨刀——安阳刀

第十九图　环钱
　　　　垣字钱——长垣一釿——共字钱

第二十图　秦的半两钱

第二十一图　秦汉间的钱币

宝化——宝四化——宝六化——明月钱——汉初半两——八铢半两——榆荚半两——小半两——四铢半两——三铢

第二十二图　西汉的五铢钱

武帝时的五铢——宣帝五铢——小五铢——西汉五铢

第二十三图　王莽的货币

金错刀——契刀——大泉——小泉——大泉——大布——小布——货泉——货布——布泉

第二十四图　东汉的五铢钱

公孙述的铁五铢——淮阳王的五铢——光武的五铢——东汉五铢——传形五铢——灵帝四出五铢——四出五铢之背——董卓的小五铢

第二十五图　三国时的钱币

没有内郭的蜀五铢——直百五铢——犍为铸的直百五铢之背——直百——小直百——有内郭的蜀五铢——大平百钱——小样大平百钱——定平一百——孙权的大泉五百——大泉当千——小样大泉当千

第二十六图　晋和南朝的钱币

沈郎五铢——成李寿的汉兴——石勒的丰货——刘宋的四铢——孝建四铢——二铢钱——萧梁的公式女钱——铁五铢——四柱五铢——二柱五铢——缒环钱——剪边五铢——陈五铢——陈五铢——太货六铢

第二十七图　北朝和隋的钱币

后魏的太和五铢——永平三年的五铢——永安五铢——东魏的永安五铢——西魏五铢——北齐的常平五铢——北周

图目录

的布泉——五行大布——永通万国——隋五铢

第二十八图　唐代钱币

开元通宝——开元通宝背穿上的月痕纹——开元通宝背穿上的星月纹——乾封泉宝——乾元重宝——乾元重宝当十钱——重轮乾元重宝之背——史思明得一元宝——史思明的顺天元宝——大历元宝

第二十九图　会昌开元钱钱背的地名

正面文字——昌——京——洛——益——蓝——襄——荆——越——宣——洪——潭——兖——润——鄂——平——兴——梁——广——梓——福——丹——桂

第三十图　五代的钱币

后晋的天福元宝——后汉的汉元通宝——后周的周元通宝——刘守光的永安一千大铁钱

第三十一图　十国的钱币

前蜀的通正元宝——天汉元宝——光天元宝——乾德元宝——咸康元宝——南汉的乾亨重宝——乾亨重宝铅钱——楚的乾封泉宝铁钱——南唐的大唐通宝——南唐的开元钱——唐国通宝对钱

第三十二图　宋初三朝的钱币

太祖的宋元通宝——太宗的太平通宝——淳化元宝三体书——至道元宝三体书——真宗的咸平元宝——景德元宝——祥符元宝——祥符通宝——天禧通宝

第三十三图　仁宗朝的钱币

天圣元宝对钱——明道元宝对钱——景祐元宝对钱——皇宋通宝对钱——庆历重宝当十钱——庆历重宝铁钱——庆历重宝当十钱——至和通宝对钱——嘉祐通宝对钱

xxvii

中国货币史

第三十四图　英宗神宗朝的钱币
　　　　　　英宗的治平元宝三体书——神宗的熙宁元宝对钱——熙宁重宝折二钱对钱——元丰通宝三体书

第三十五图　哲宗朝的钱币
　　　　　　元祐通宝对钱——绍圣元宝对钱——元符通宝对钱——元符通宝折二钱对钱

第三十六图　徽宗朝的崇宁大观钱
　　　　　　崇宁通宝——崇宁通宝当十钱——崇宁重宝当十钱——大观通宝——大观通宝折二钱——大观通宝当十钱——大观通宝折三钱

第三十七图　徽宗朝的对钱
　　　　　　圣宋元宝对钱——圣宋元宝对钱——政和通宝对钱——政和通宝对钱——重和通宝对钱——宣和元宝对钱——宣和通宝对钱——宣和通宝对钱

第三十八图　南宋高宗朝的钱币
　　　　　　建炎通宝对钱——建炎通宝背川字——建炎通宝折二钱对钱——小字点建建炎通宝——点建炎通宝折二钱——建炎重宝折三钱——绍兴通宝——绍兴通宝折二钱——绍兴通宝折三钱——绍兴元宝折二钱对钱

第三十九图　孝宗光宗朝的钱币
　　　　　　孝宗的隆兴元宝折二钱对钱——乾道元宝折二钱对钱——淳熙元宝折二钱对钱——淳熙元宝背泉字——淳熙元宝小钱——淳熙元宝小钱背柒字——光宗的绍熙元宝折二钱——绍熙元宝小平钱——绍熙折二钱背五字

第四十图　宁宗朝的钱币
　　　　　　庆元通宝——庆元通宝折二钱——庆元通宝折三钱——嘉泰

图　目　录

通宝——嘉泰通宝折二钱——嘉泰通宝折三钱——开禧通宝——开禧通宝折二钱——开禧通宝折二铁钱——嘉定通宝——嘉定通宝折二钱——嘉定通宝折二铁钱

第四十一图　理宗度宗朝的钱币
理宗的大宋元宝——绍定通宝——端平元宝——端平通宝折三钱——嘉熙通宝——嘉熙重宝折三钱——淳祐元宝——淳祐通宝当百钱——皇宋元宝——开庆通宝——景定元宝——度宗的咸淳元宝

第四十二图　北宋的官交子或钱引（1024—1106）

第四十三图　南宋的会子

第四十四图　辽和西夏的钱币
辽的重熙通宝——清宁通宝——咸雍通宝——大康通宝——大安元宝——寿昌元宝——乾统元宝——天庆元宝——西夏的天盛元宝——乾祐元宝——皇建元宝——光定元宝

第四十五图　金的钱币
正隆元宝——大定通宝——泰和重宝当十钱——刘豫的阜昌元宝

第四十六图　金人的十贯交钞（赵权之藏）

第四十七图　至元宝钞二贯

第四十八图　至元宝钞二百文

第四十九图　元代的钱币
至元通宝——至大通宝——蒙文大元通宝当十钱——至正通宝——至正通宝折二钱——至正通宝折三钱——至正通宝折二钱——至正通宝折三钱——至正通宝当十大钱之背

第五十图　至正之宝权钞钱（沐园藏品）

xxix

第五十一图　元末起义钱
　　　　　　张士诚的天佑通宝——韩林儿的龙凤通宝——徐寿辉的天定通宝——陈友谅的大义通宝——大义通宝折二钱——田九成的龙凤通宝——朱元璋的大中通宝——大中通宝折二钱——大中通宝折三钱——大中通宝当十钱

第五十二图　大明宝钞一贯

第五十三图　大明宝钞五十文

第五十四图　明太祖朝的钱币
　　　　　　洪武通宝——洪武通宝背一钱——洪武通宝背二钱——洪武通宝背三钱——洪武通宝背五钱——洪武通宝背十一两——洪武通宝背浙字——背北平——背豫字——背桂字——背福字

第五十五图　明代中叶的钱币
　　　　　　成祖的永乐通宝——宣宗的宣德通宝——孝宗的弘治通宝——世宗的嘉靖通宝——穆宗的隆庆通宝——神宗的万历通宝——万历通宝折二钱——光宗的泰昌通宝

第五十六图　熹宗朝的钱币
　　　　　　天启通宝——天启通宝背户字——天启通宝背工字——天启通宝背浙字——天启通宝背新一钱一分——天启通宝背云字——天启通宝当十大钱——天启通宝当十钱背府字——天启通宝当十钱背镇十

第五十七图　思宗朝的钱币
　　　　　　崇祯通宝——崇祯通宝的各种背文——崇祯通宝背面有跑马形——崇祯通宝折二钱——崇祯通宝折五钱

第五十八图　明末诸王的钱币（附李自成张献忠的钱币）
　　　　　　鲁王的大明通宝——福王的弘光通宝——唐王的隆武通

宝——永明王的永历通宝——永历通宝的背字——永历通宝折二钱——篆书永历通宝——行书永历通宝——李自成的永昌通宝——永昌通宝大钱——张献忠的大顺通宝

第五十九图　清世祖朝的顺治通宝一厘钱

第六十图　清初的折银钱

永历通宝——永历通宝背五厘——永历通宝背一分——孙可望的兴朝通宝——兴朝通宝背一分——吴三桂的利用通宝——利用通宝背二厘——利用通宝背一分——昭武通宝——昭武通宝背一分——耿精忠的裕民通宝——裕民通宝背浙一钱

第六十一图　圣祖朝的康熙钱

康熙通宝正面——背同——福——宁——东——江——昌——南——河——广——台——陕——云——漳——巩

第六十二图　世宗高宗朝的钱币

世宗的雍正通宝——雍正通宝背宝泉——雍正通宝背宝源——雍正通宝背宝安——雍正通宝背宝黔——雍正通宝背宝济——高宗的乾隆通宝——新疆铸乾隆通宝当五普儿钱背阿克苏——乾隆通宝背叶尔启木——乾隆通宝背叶尔羌——乾隆通宝背乌什——乾隆通宝背安南

第六十三图　清中叶以后的钱币

仁宗的嘉庆通宝——嘉庆通宝背宝川——嘉庆通宝背宝直——宣宗的道光通宝——道光通宝背宝伊——道光通宝背宝武——道光通宝背宝晋——文宗的咸丰通宝——咸丰通宝背宝德——咸丰通宝铁钱——咸丰通宝铅钱——穆宗的同治通宝——德宗的光绪通宝——光绪通宝背宝沽——宣统通宝

中国货币史

第六十四图　宝泉局的咸丰大钱
　　　　　　咸丰通宝制钱正面——当十钱之背——当五十——当百——当五百——当千——当十铅钱

第六十五图　太平天国的钱币
　　　　　　太平天国小钱——太平天国当五钱——太平天国当十钱——太平天国当五十钱——太平天国当百钱——太平圣宝——天国圣宝——天国太平——天国——上海小刀会的太平通宝

第六十六图　机器铸造的光绪通宝钱
　　　　　　光绪通宝正面——背宝广——广库平一钱——宝泉——宝源——宝东——宝苏——奉天机器局造当十钱——宝浙——宝武——宝津——宝吉——宝奉官板四分——宝漳——宝广小样

第六十七图　光绪元宝新式当十铜币
　　　　　　广东省造的正面和背面——为其他省份所铸造的,背面蟠龙纹各有不同外,正面下边作价的文字也各有不同。

第六十八图　清末各种新式铜币
　　　　　　一文铜币——二文铜币——五文铜币——当十铜币——当二十铜币——新疆铸当红钱十文的铜币

第六十九图　银元宝（沐园藏品）

第七十图　各种小型银锭
　　　　　　方鐕——颗子——小银块——七二银饼——嘉隆年间安南造的银锭

第七十一图　清初流入的外国银元（一）
　　　　　　荷兰的马剑——小马剑——西班牙的双柱——中样双柱——小样双柱——葡萄牙的十字钱

图目录

第七十二图　清初流入的外国银元(二)
　　　　　　神圣罗马帝国的银元——西属荷兰的银元——法国银元——奥国玛利亚特列沙银元——美国银元

第七十三图　西班牙的本洋
　　　　　　查理第三银元——查理第三半元——西班牙十字银元——查理第四银元——费迪南第七银元

第七十四图　清末流通的外国银元
　　　　　　墨西哥的鹰洋——美国的贸易银元——日本银元——英国银元

第七十五图　中国自铸的银币
　　　　　　乾隆宝藏薄片——道光银饼——咸丰六年上海的银饼——光绪年间湖南的银饼

第七十六图　清末各种地方银币
　　　　　　四川卢比——湖北的一两银币——新疆的饷银

第七十七图　各省的龙洋
　　　　　　广东一元——湖北一元——老江南一元——安徽一元——老云南一元

第七十八图　宣统年间的大清银币
　　　　　　宣统二年的国定币——宣统三年的大清银币

第七十九图　清末各种双毫

第八十图　咸丰时的户部官票

第八十一图　大清宝钞

第八十二图　英商银行钞票
　　　　　　上海麦加利银行一元兑换券——上海汇丰银行兑换券

第八十三图　德华银行一元钞票(1907)

第八十四图　政府银行的兑换券(1906)
　　　　　　大清户部银行兑换券——交通银行兑换券

xxxiii

第八十五图　大清银行兑换券（1909）
第八十六图　湖北官钱局一元钞票（1904）
第八十七图　江西官银钱总号一元银元票
第八十八图　山海关内外铁路局银元票
第八十九图　四明银行兑换券
第九十图　万义川银号银元票
第九十一图　同义刘记钱店钱票

再 版 序

本书出版以来,将近三年了。现在利用再版的机会,作一些修正和增补。

全书修正的地方,总共有几百处。绝大部分自然是小的修正:或一个标点符号,或一两个字。这包括原稿的错误和初版排印的错误。也有字数较多的修正,这就涉及书的内容了,或为原来措辞不大恰当,或为我的看法前后有不同。

修正的绝大部分,是属于注解方面的。这不止由于初版校对的时候,对于注解的校对比对本文要马虎些,而且也因为本书资料的搜集,是长年间在不安定而且是在奔波的生活条件下进行的。作笔记的时候,有时匆忙,不免发生个别字的错误或遗漏,或把卷数抄错;事后往往找不到原书来校对。有些旧书在各地使用各种不同的版本,也有字句上的参差。另外有少数资料不是直接引自原书,而是间接从别的书中引用的;这是由于得不到原书,而那项资料又值得加以引用。但多年来的经验证明:这样做容易发生错误,因为许多人引用他书资料的态度是不严肃谨慎的。三年来,在这方面,作了许多修正。譬如日僧圆仁在唐朝时所写的《入唐求法巡礼记》一书,我以前就没有见过原书,书中的资料,是引自别人的著作。后来看到原书,就发现别人所引的资料是片面的,甚至有错误,这就需要修正了。

1

本文的修正，在数量上虽然比较少，但在性质上，却比注解方面的修正更为重要。譬如唐朝的大历钱和建中钱，以前我认为都是私铸，现在我认为有官铸，因为当时情形不利于私铸。这是我的看法上的改变。又如关于三国时蜀吴的钱币，以前的叙述是很笼统的；现在研究多量实物的结果，找出当时货币减重的阶段，找出吴蜀两国货币政策的联系，也可能是两国间货币战争的情况。这虽是我个人的看法，但我认为是一种改进。又如对于清末货币种类和数量，也重新作了分析和估计。

　　这次最重要的变动是内容的增补。所以在全书的字数上大约净增了近十万字。在许多章节中，都有增补的地方：有些是插入新的段落，有的是在改写的方式下扩充内容。譬如第一章中，关于春秋战国时期的货币形态一部分就是改写的，增加了许多新材料。信用的发生也改写了。第四章第一节唐代的钱币和第五章第一节宋代的钱币和金银等部分，也都重写了。唐钱部分的内容增加了几倍。由于开元钱在中国货币史上的重要性，这种增加是有必要的。但书中变动得最大的是第七章明代的货币。过去史家对于明朝的历史比较不重视。至少在钱币学方面是这样，存在的问题比较多。在初版的本书里，明代这一章也是最弱的一环。三年来陆续将这章的主要部分完全改写了，内容几乎增加一倍。

　　由于内容更动得多，所以这次上海人民出版社决定全部重排。过去是直排，现在改用横排。但字体则商请出版社仍旧用繁体字。

　　本书的结构，这次不作更动。有人对这种结构有意见。不论是对于他的纵的结构和横的结构，都有人提过意见。纵的结构是分阶段的问题。有人说按朝代划分不大妥当，然而他也没有提出什么更妥当的办法来。关于这事，我在原序中曾提到，这里不再谈了。所谓横的结构是指每一章分成四节,即分为币制、购买力、理论和信用四个部门。有人不大赞成这种四分法,特别觉得货币购买力同货币理论不应当割裂开来。这些意见都有一定的代表性,也有一定的理由。如果我对这工作是从头做起,也许愿意试用另外一种方法来写写看。但已经写成了一部六七十万字的书,要把同一些资料来重新安排一番,是不是值得呢?从原则上讲,我对于货币理论和货币购买力不能分开来讨论一点,也不能完全同意。在科学上,任何许多问题,都可以找出他们间的联系,而把他们综合起来;任何一个问题,都可以把它分成许多方面来研究。在古代,一切学问都包括在哲学里面,后来随着学术的发展,才有分工的倾向,而逐渐专门化了。到了现代,就是像水这样看来单一的东西,化学家还要把它分成两种元素;像原子那样小的东西,科学家还是要把它分裂。如果说两个问题,因为关系密切,就不应当分开来研究,那么,货币史就不应和商业史分开,商业史也不应和工业史农业史分开,经济史也不应和政治史分开。本书的内容,在有些人看来,是很专门了,但在真正研究这方面的问题的人看来,范围却不狭。实际上,国内国外,凡是研究钱币学的人,对于货币的购买力和货币理论等,是不大关心的,而研究货币理论和物价的人,恐怕很少对于钱币学发生兴趣,或肯加一些研究。这不是实际情况么?本书的四分法,对于这些"钻牛角尖"的人,也许有一些方便。当然,我从来也没有认为:这种分法是十全十美的。

　　本书出版以来,曾接到一些读者来信。有的只说几句好话,有的同我讨论一些问题或要我替他解决一些钱币学上的问题,有的提供一些有用的意见或资料。我没有能够一一回答,现在在这里一并向他们道谢。有一位在外地工作的读者,乘来沪开会之便,曾来找过我,同我谈到阴文四朱的事。我在书中完全没有提到这种四朱。这次再版时还是没有谈到。我认为这是一个没有解决的问题。首先,他是不是货币,还不能肯定。因为不但史无明文,而且他的形制很特别。大多数是小方块,或无孔,或有圆孔,偶然也有圆形的。上面多有地名,如临蓄四朱、下蔡四朱、宜阳四朱、东阿四朱等,文字是阴文。这种形制和中国的钱制不合。而且出土的数量很少,而地名却很多。这些地名包括山东、河南、安徽。其次,他的时代也不能决定。中国有些钱币学家说是战国时的东西,另外有人说是西汉时的东西,日本有些钱币学家说是南齐的钱币。南齐之说是毫无根据的,他们只因刘宋用四铢,所以说萧齐也铸这四朱。战国说比较具有说服力,第一,因为当时的钱币原是奇形怪状,第二,当时楚国的爰金和蚁鼻钱的文字都是阴文。可是四朱的地名中,有些是西汉所置的。大概正因为此,才产生西汉说,他们说,文景的时候,公家所铸是四铢半两,地方则铸这种异形四朱。这一说的理由也是不充分的,当时钱币铸造权原不集中,各地所铸的总数应超过中央所铸,如果中央是铸四铢半两,而地方是铸这种块状的四朱,为什么遗留下来的四铢半两多不可胜数,而块状的四朱却稀少得难以见到呢?在中国的钱币学家中,也有否认其为钱币的,有人说是砝码。有一种定襄四朱,一端还有一小纽。我自己见到的多是拓本,见到的实物不多,现在也还提不出什么新的见解。只好留待将来解决。

又有人问到所谓周化和宝二化,为什么书中没有提到。我想如果把各种旧谱里所著录的东西都认为是真的,那么本书所遗漏的东西还多呢。研究钱币的人,正同研究其他古代文物的人一样,如果自己没有鉴别能力,又想出奇制胜,他将会根据一些假东西作出结论来,这种结论是没有什么价值的。即便说对了,也是碰上的。

最后关于本书的插图讲几句话。首先,本书插图的目的,是想用直观材料把中国货币史的发展有系统地表达出来。所以选择钱币样本的标准,是在维持系统性的条件下,根据他在中国货币史上的重要性,特别着重他的社会性。这就是说:流通得越广就越重要,流通得越久就越重要。换言之,同他接触过的人数越多,他就越应当受到重视。这种标准显然和历来钱币学家的标准不同。他们所重视的是孤品,甚至是完全没有流通过的母钱祖钱。我并不否认那些孤品和祖钱母钱的重要性,他们在另一种意义上有其特殊的重要性,但从社会性一点来说,他们是不重要的,他们同当时人民的生活没有多少关系。此外,在钱币学方面的朋友看来,觉得初版插图太少。的确,不但作为一种钱谱是远远不够的,就是专从货币史的角度来看,还有少数钱币和金银铤是应当收进去的,但或者由于手头没有这种标本,也因不想增加摄制的费用,所以这次在插图方面没有什么增加。其次,插图是用照相制版的方法。大规模使用这种方法,在中国还比较少见。我国钱币学虽然有一千多年的历史,遗留下来的钱谱也不少。但早期的钱谱是用模刻,到近代才用拓片影印。现在我们的钱币学界还是盛行拓印的办法。本书初版出来的时候,有一位钱币学家看见那些插图就皱起眉头说可惜。他特别不喜欢照片上的阴影。这是他没有看惯。照相的方法,肯定是一种进步。拓片只代表钱币的影子,如果专门研究钱币上的文字,拓片的确比较明显突出,但我们并不是专门研究钱币上的文字。我们从相片上可以看到从拓片上所看不到的东西。譬如相片上一边的阴影,正反映了钱币的厚薄,这是很重要的,也是从拓片上所看不到的。

这次虽然作了不少修正,但错误一定还很多,欢迎读者随时指出。

一九五七年八月十八日作者于上海

序　　言

　　货币史是历史的一部分,研究货币史,总的目的是为帮助理解历史。

　　中国的货币史,是值得我们研究的,因为中国的货币,有悠久的历史,它是一种独立发展出来的货币文化,而且影响了其他许多国家和民族。

　　有些国家,如巴比伦和埃及,其文化虽比中国早,可是他们在远古时没有货币,至少没有铸造货币。近百年来,英法等国的考古家不断在那些地区挖掘,把各种各样的古物都挖出来了,运回他们本国,在不列颠博物馆和鲁佛博物馆陈列出来,只是没有挖到远古的货币,没有挖到公元前第八世纪以前的钱币。而钱币之为物,和其他古物不同:第一它必定是坚固不易毁灭的,这是金属货币的一个优点;第二它必定是数量很多的,因为人人要用它;第三它必定是散布很广的,因为各地都要用它。所以只要古代使用过钱币,一定会被发现。反过来说,如果这许多年来没有发现巴比伦和埃及古代的钱币,我们差不多就可以断定他们在公元前八世纪以前不曾铸造钱币。西方最早的钱币,是公元前七八世纪时小亚细亚的吕底亚(Lydia)所发行的。这是中国周定王的时候,当时中国已经有钱币了。

　　按照中国的传说,中国货币的起源,已有四五千年的历史。管子中说汤以庄山之金铸币,禹以历山之金铸币。司马迁说高辛氏以前就有龟贝金钱刀布。班固说神农的时候,就有金刀龟贝。郑樵甚至进一步说:太昊氏高阳氏谓之金,有熊氏高辛氏谓之货,陶唐氏谓之泉,商人周人谓之布,齐人莒人谓之刀。但这些人虽然言之凿凿,却是没有根据的。近代的发掘,使我们知道:在传说中的黄帝和高辛氏的时代,我们的祖先还不会使用金属,那里会有金属货币?中国最早的货币,的确是贝。这点由中国文字的结构上可以看出来:凡是同价值有关的字汇,绝大部分是从贝:如贫贱等。分贝成贫,贝少为贱。可见在中国文字形成的时候,贝壳已是价值尺度。后来由于真贝的数量不够,人们就用仿制品:用蚌壳仿制,用软石仿制,用兽骨仿制,最后用铜来铸造,这种铜贝就可以说是一种金属货币了。用真贝的时候,以朋为单位,一朋原是一串,后来大概是指一个固定的数目。古诗中有"既见君子,锡我百朋"的句子。但铜贝出现以后,可能就不再称朋,而称孚了。孚是西周以后的重量单位。毛公鼎的铭文中有"取賷卅孚"的句子。賷字有人就释为贝字,如果是指铜贝,那么至迟在公元前第九世纪,中国已经有金属货币了。

贝壳在古代是装饰品,也可以说是一种奢侈品,而且常见于记载,大概后来发展成为统治阶级之间的货币。当时的劳动人民,可能是使用主要的生产工具作为价值尺度和流通手段,如铲、刀、纺轮等。这几种用具,似乎分别在各地区或各部族中取得一般等价物的资格,而且逐渐脱离了商品世界,形状也逐渐缩小了。到了春秋战国时期,就演变成为正式的布币、刀币和环钱。布币中有一种没有文字的大型空首布,应当是西周的东西。无论如何,中国铸造货币的起源,并不晚于外国,可能是世界最早的。

序　言

中国的货币,不但产生得早,而且货币的魔力,也发生得早。外国有些人说,中国货币虽然产生得早,可是在社会上不发生多大作用,因为流通不广。这是完全错误的。当刘邦做泗水亭长的时候,想到上司家里去,撒谎说以万钱为见面礼,吓得他的上司迎到门口来。萧何因为早年多送了刘邦两个钱,后来竟加封二千户。东晋是货币经济比较衰落的一个时代,可是鲁褒的钱神论,其措辞的激愤,不亚于千多年后莎士比亚在《亚典的悌蒙》(Timon of Athens)中的黄金颂。南朝时周文郁问卜,卜者告诉他南下可以做到公侯,文郁说:"钱足便可,谁望公侯?"可见货币的拜物教,在中国老早就有其根源。外国学者之所以有那种误解,是由于近代中国史家,在写中国史的时候,只写政治史,忽略经济史,更忽略货币史。古代史家不是这样的。但外国学者很少能直接利用中国的旧史料。

中国的货币,不但产生得早,而且是一种独立发展出来的货币文化。货币的产生,是自发的性质。当交换发展到某种阶段,必然会产生货币。所以货币的起源,原则上都是独立的。但这只限于极原始的阶段。后来生产和交换进一步扩展,使两种文化水平不同的社会发生接触的时候,文化较低的民族,就要受到文化高的民族的影响。我们只要看一看古代和近代各国的货币史,就可以知道:各国的货币很少是独立发展出来的,而是采用别国的制度。

从货币的源流上来说,西方的货币,发源于小亚细亚。由小亚细亚向东西两边传播。在东边,当波斯征服小亚细亚时,他们就学会了铸造并使用货币;而以色列人是从波斯人那里学会使用货币的。在西边,则小亚细亚的希腊殖民把货币文化带回希腊,并从事铸造。埃及在被亚历山大征服之后,才正式铸造货币,所以他初期的货币,完全属于希腊货币的系统。就是波斯等东方国家的货币,后来也因亚历山大的征服而希腊化了。罗马古代曾用过方铜块，这可以说是他独立发展出来的货币，但不久就全部吸收了希腊的货币文化。至于现代欧美国家的货币，又是承袭罗马的货币制度。英国的镑、先令和便士的体系，便是罗马的体系通过查理大帝而传过去的。亚洲伊斯兰教国家的货币，也是脱胎于希腊罗马的系统。连货币单位的名称也是由希腊罗马的货币名称所演变出来的。所不同的是希腊罗马体系的货币，多以人像为图型，而伊斯兰教国家的货币，则因伊斯兰教禁止偶像崇拜，不用人像为图型，而以文字和《古兰经》的语句为重。在其他形制方面，显然是希腊罗马体系。又如印度，在远古本有独立的原始货币，但自亚历山大东征以后，北印度一带的货币，就希腊化了。所以世界上，真正独立发展出来而长期保持其独立性的货币文化是极其少见的。

中国货币的发展，脉络很清楚。基本上没有受外国文化的影响。我们不谈贝币，因为全世界各民族，差不多都用过贝壳，所以不能说谁受谁的影响。中国最早的铸造货币，除铜贝外，当要算刀币和环钱。而最重要的则是方孔的圆钱。刀布和环钱，都是在中国独立产生出来的。因为布币是由古代的农具演变出来的，这种农具曾有出土，和初期的空首布一模一样。刀币也和殷墟出土的刀一样。这两种的渊源还可以远溯到石器时代去。环钱也是一样，殷墟出土的纺轮，就是这种形状。至于后来的方孔圆钱，也不是突如其来。秦始皇的半两，可算方孔圆钱中初期的代表。从形式上来说，他是环钱的变形，所不同的是穿孔的方圆，环钱的穿孔是圆的，而半两钱的穿孔是方的，这一点当然不会使人疑心他是外来的。外圆内方可能是象征天圆地方，这正是当时中国人的宇宙观。再从名称上来说，他不只是环钱的承继者，而且是布币的承继者，因为环钱中有铸明为一两十二铢的；布币中的三孔布，也在背面分别铸明一两或十二铢。铢两正是周秦的重量单位，二十四铢为两，一两十二铢就是一两半；小型三孔布背后的十二铢，和秦始皇的半两钱是同一重量名称。中国钱币以重量为名称的办法，一直继续到唐初。西汉的钱币有半两、三铢、五铢，六朝的货币有四铢、五铢、六铢。到唐武德四年才改称宝，或通宝，或元宝，或重宝等，一直继续到清末。所以中国货币的形制，和西方货币截然不同：西方货币上喜用人物禽兽花木为图形；而中国货币上，除文字外无他物。甚至如果中国钱币上发现有飞鸟走马，大家就要研究它到底是不是正用品。因此在中国的钱币上，也反映了中国文字书法演变的痕迹。先秦货币上的文字，可以说是古篆，它和甲骨文不同，是因两者书写的工具不同。它之不同于钟鼎文，乃因为钟鼎文是当时文化水准很高的统治阶级所写的，而钱币上的文字乃各地同铸钱有关的人所写的，可以说是民间的文字。秦半两以后，钱币上是用小篆。但六朝时已有隶楷的出现，唐代则完全用隶书，或所谓八分书。北宋钱上有行草，太平天国钱上有简体字。

从纸币的发展上也可以看出中国货币文化的久远性和独立性。信用货币在中国起源很早。汉武帝时的皮币已具有信用货币的性质。唐宪宗时的飞钱更为史家所认为纸币的滥觞。正式的兑换券产生于十世纪，这就是指北宋的交子。这种交子是分界发行，每两三年兑现一次，换发新交，所以同现代的纸币，稍微有点不同；但南宋的会子到了淳祐七年（公元一二四七年）就取消分界的办法，许其永远流通。而北方金人的交钞则在一一八九年就取消了分界发行的办法，而且不兑现，已经是纯粹的纸币。元初意大利人马可波罗从当时欧洲货币经济最发达的威尼斯到中国来，看见中国的纸币，大为惊叹。所以中国是使用纸币最早的国家。

中国的货币文化，不但是独立发展出来的，而且影响了其他许多民族。大陆上的许多民族，我们且不说那些曾取得中国统治权的民族，如六朝时的鲜卑（后魏与北周）、宋代的契丹（辽）和女真（金）以及后来的蒙古（国）和满族，其他汉化的程度比较浅，而中国人没有替他们编纂史书的民族，如突厥、回鹘、西夏等，当时在军力上非常强大，常和中国对抗，只因文化落后于中国，也都采用了中国的货币文化。他们的钱币，或用汉文，或用他们自己的文字，但形制上完全和中国钱一样。亚洲其他国家，如日本、朝鲜、安南、琉球、爪哇等，在古代也是属于中国的货币文化体系。日本自唐代起，就仿照中国的开元通宝铸造方孔钱，到宋代则输入中国钱，尤其是明代的永乐钱成了他们的主币，一直到明治维新才欧化他们的货币。安南和朝鲜自宋代起铸造中国式的钱币，一直到近代。琉球也曾铸造中国式的钱币。南洋有些地方也曾铸造中国式的铜钱，爪哇则自宋末或元朝以来，完全使用中国的宋钱。至于中国钱币所流布的区域，根据外国的记载和发掘而为我们所知道的，有印度的马八儿（Mabar）、波斯湾的西拉夫（Siraf），非洲东岸的索马里（Somali Coast）和赞泽巴岛（Zanzibar），以及美洲的墨西哥、秘鲁和厄瓜多尔。

中国货币文化的影响其他国家和民族，不只表现在钱币制度上，而且表现在纸币流通制度上。波斯、印度、日本和朝鲜都曾仿照中国的办法，发行纸币。波斯在一二九四年曾实行钞法。印度在一三三〇到一三三一年间，据说也用过纸币。日本则自一三三二年起，据说曾发行过几次钞票，这些当然是随着蒙古人的军力传播出去的。朝鲜是在明初发行楮币，也是受了元朝的影响。

所以中国的货币当作一种文化来看,和希腊的货币一样,好像一种有光体,它的光芒,照耀了周围的世界。不过希腊的光芒是借来的,他们是借里底亚的光。而中国的光芒,是自己发出来的。

当然我们不是说中国的货币,完全没有受外国的影响,完全是孤立的。这是不可能的。我们的币制,即在古代,也可能有受外国影响的地方。如战国时期的爰金和西汉的白金,都可能是受了外国货币的影响,不过这些我们还不能肯定地说。但南北朝时外国金银币在中国流通过一事,则是史书所记载的。到了近代,西方资本主义逐渐发达,欧美的银元流入中国,使中国货币也欧化了。

中国的社会,自秦汉以下,两千多年,没有起本质的变化。自鸦片战争以后,资本主义的势力伸入中国,才使中国社会有巨大的转变,但也只有在都市上才看得清楚。在农村,还是停留在半封建的状态之下。所以本书不能按照社会的发展情形来划分阶段。我也不要像一些外国的经济学家一样:把历史分为自然经济时期,货币经济时期,信用经济时期;因为本书是以整个货币经济时期为对象,即自货币的产生一直到现代。而信用制度,其实是货币制度的一种变化。我也不把殷周以前定为货币经济前期,殷周到战国为货币经济初期,秦汉到清为货币经济盛期,民国以后为货币经济晚期。我甚至不根据货币的发展情形把殷周划为实物货币时期,战国到五代或宋初为铸造货币时期,宋以后为纸币时期,民国年间为信用货币时期。因为这些分法都有缺点。

本书沿用通俗的办法,大体上根据朝代来分阶段。这种分法也不完全是为从俗,而有其理由:自从货币的铸造发行权落入统治者的手里以后,货币便成为统治阶级剥削人民的工具了。朝代的更换,对于币制多有所改革;朝代若不更换,则改革属于例外。中国各代帝王，多不愿改变他们祖宗的成法。譬如汉朝的货币，显然和战国时期的货币不同。王莽变制失败后，光武就恢复西汉的币制。到唐朝钱制又一变。而宋钱又另具一种风格，制度首尾约略一贯。元明的钱币也各有其独特的体制。清钱更是一望即知。所以依据朝代的分法，也是切合实际的。

至于每一阶段内研究的内容，则分为四方面，或四个部门，第一是货币制度，第二是货币的购买力，第三是货币理论，第四是信用和信用机关。

用现代的眼光来看，中国古代的货币，是没有制度可言的。不过假若放宽尺度来说，历史上的各种措施，无论怎样混乱与不合理，都可以说是一种制度。我们说过去中国的货币制度，就是从这种意义上来看。这样我们可以发现中国的货币制度有几种特点。

首先是货币的各种职能，在中国不集中于一体。金银在中国，自古即是宝藏价值的工具，同时作为国际购买手段和支付手段，有时也作为价值尺度和价格标准。但中国古代没有铸造金银币，也不用金银为流通手段；流通手段，基本上都是用铜钱。历代虽有金银钱的铸造，但这种金银钱，只具备货币的形式，目的不是为流通。

铜钱在一定程度上，具备了货币的各种职能。可是有些职能，主要不是用铜钱，甚至有时完全不用铜钱，例如宝藏手段，主要是用金银，铜钱只在一定程度上取得这种职能，而且限于合乎标准的铜钱，不合标准的铜钱，人们绝不用作储藏手段。其中基本的原因是因为没有自由铸造的办法，使铜钱的购买力和它的币材价值不符，有时因私铸关系甚至低于币材价值，但一般说来，作为铜钱的价值，高于作为铜块的价值，而且相差很大。所以铜钱不是一种很好的宝藏手段，这就赋予铜钱一种特殊的性质，使它和外国的金银币不同。也就是说,使铜钱的购买力,所受它的数量的影响,要大于金银币。金银和金银币并不是完全不受数量的影响,不过因为金银币的价值和这些金银币的币材价值约略相等,所以他们是很好的宝藏手段,在使用金银币的地方,这种宝藏手段的职能,对于货币的数量,可以发生一种调节的作用,因而冲销一部分因通货数量变动所加于货币购买力的压力。使用铜钱就不大有这种调节作用了。尤其在减重或贬值的时候,人们绝不肯把减重或贬值的铜钱储藏起来,他们知道等到将来,这种铜钱根本用不出去,所以不如现在快点用出去,这样会加快货币的流通速度,而减低他的购买力。因此中国的铜钱的性质,从他的购买力的变动一点上来看,是介乎金银币和不兑现的纸币之间的。这是中国古代货币一个重要的特点。只有晓得了这个特点,才能说明中国货币史上的许多现象,比如董卓的小钱,最多减重成五分之一,可是使物价上涨约万倍。梁武帝的铁钱,以价值来说,至少总有铜钱价值的十分之一,可是他使物价上涨几百倍。不过我们也不能完全否认铜钱的自发调节作用,合乎标准的铜钱,是多少有这种调节作用的,它虽然没有自由铸造制度来保证它的名目价值和币材价值的一致,但是私铸和私销的一定程度上发挥了自由铸造的作用。私铸和私销虽然非法的,但是难以禁止。

由于货币的各种职能,分别由各种物品担任,而这些物品之间又没有一定的关系,所以我们才说:在严格上讲来,古代的货币没有制度可言。既没有主币辅币的关系,也没有什么本位制度。历代的发言人,喜欢用所谓子母相权一套话,有人说这就是指主币和辅币的关系。这话是不对的。我们不知单旗的原意如何;后来的所谓子母相权,只是指各种大小货币单位,而不是指主币与辅币。

15

古代的各种货币，都是主币。所以如果要谈本位，那么战国秦汉，勉强可以说是金钱平行本位，六朝隋唐是钱帛平行本位，宋金元至明初是一种钱钞流通制度，明中叶到清末是银钱平行本位。所谓平行本位，就是说各种货币都可以无限地使用，而彼此间没有固定的比率，随市价作盲目的波动。有些朝代，也曾规定比价，但维持不住。

中国货币制度的另一个特点，就是铸造和流通的地方性，这反映了中国社会的封建性。古代钱币的铸造，是由各地办理。先秦的刀布，是由各城邑铸造，币面多标明地名。唐会昌年间的开元钱、明朝的大中洪武等钱，以及整个清朝两百多年的钱币，都是由各州各省或各局分铸，钱背有州名、省名或局名。就是清末到民国年间的新式货币如银元、铜元和钞票等，也由各省铸造发行，上面也有地名。中国货币不但在铸造上有地方性，在流通上也有地方性。春秋战国时期，三晋用布币，燕齐用刀币，周秦用环钱，楚国用蚁鼻钱，割据的局面非常明显。在三国南北朝以及五代十国那些混乱的时期也是这样。就是在统一政府之下，货币流通的地方性还是严重地存在着：例如宋朝，表面上是一个统一的国家，可是币制上是割据的局面：京东京西十三路行使铜钱，成都等四路行使铁钱，陕西河东则铜铁钱兼用。再说南宋的纸币罢，东南用会子，四川用川引，两淮用交子，湖广有湖会，河池有银会。这种流通的地方性，到了近代还是存在，拿清末到民国一段时间来说，银元宝有苏宝银、武昌宝银等；虚银两则上海用规元，天津用行化，汉口用洋厘。小额银币则江浙一带用广东的双毫，北方用湖北江南所造的单毫和双毫，四川用五角银币，湖南河南东北则不用小额银币，而广东则专用小额银币，不用大银元。铜币则江南各省用单铜板，北方各省用双铜板,河南用当五十的铜板,四川则专用当百当二百的铜板。就是在实施法币制度之后,一时只能在东南流通,广东仍用毫券,广西用桂币,云南用滇票,至于西藏新疆东北,更是用他们自己的货币。一直到解放以前,全国的货币流通,还是不统一,西藏不消说,新疆有新疆的钞票,东北用东北流通券,台湾用台币。

中国货币制度的第三个特点是铸造技术的不进步。中国货币的铸造,一向是用手工,即用范铸,这也是封建社会的特点。用这种原始方法来铸钱,式样就难得精美,成色常有参差,而轻重也不易一律,这不是说手工业不能制造出精美的作品。中国正是以手工业艺术闻名世界的,如殷周的铜器,宋明的瓷器,都有极高的艺术价值。而钱币中,也有很精美的,如先秦的刀布,以及新莽时和宋徽宗时的钱币,都有水准很高的:书法美,制作精,可算是中国劳动人民艺术天才的成就。但一般说来,中国钱币的制作,总是比较拙劣的。钱币学上有些专门名词如流铜、错范、传形、倒书等,都是在这种原始的铸造方法中产生的,都会损害钱币的整齐美观。至于穿孔有大小、轮廓有阔狭、钱身有厚薄等,那是连宋徽宗时的钱币也是免不了的。因此中国钱的版别,多得惊人。例如北宋的元丰,只有短短的八年,但铸出的元丰通宝,单是日本出版的昭和钱谱所收集到的,就有近三百种。政和宣和等钱,也各有几百种。这是由于自汉以来,铸钱多用泥范,几乎范范不同。这种原始的铸钱方法,对于私铸非常方便。在封建统治者的横征暴敛之下,许多善良的老百姓也被迫从事私铸。汉武帝时犯私铸罪判死刑的有几十万人,参加私铸的有几百万人。唐乾元二年单是长安城中因盗寺观铜像和钟来铸钱而被打死的,就有八百多人。

因为铸造方法的不进步,所以钱币的成色就参差得很厉害了。

中国古代，分解技术不高，交通亦不便，往往实行所谓即山铸钱。这就是说在铜矿附近用原铜铸钱。铜矿中不但有时含有铅锡，而且可能含有金银。所以古代民间传说某种钱中有白银，那是完全可能的。十七世纪初日本人已知禁止金银出口，荷兰人就输出日本的铜，因为铜中有黄金。所以中国钱币有各种各样的颜色，因为纯铜是红色，若加以铅锡，则变成青白色，铅锡所占比例的大小，决定铜钱的颜色。例如北宋的宣和钱，就有红铜的，有黄铜的，也有白铜的。而且同是黄铜，又有各种深浅程度不同。又如清代的咸丰钱，福建用紫铜，新疆用红铜，而其他各省则用各种程度的青铜。

由于铸造技术的低下，加上私铸的盛行，使钱币的轻重很不一律。秦始皇的半两钱，就是一个典型的例子。现代所见的半两钱，并不都是秦半两，大部分是汉半两。汉半两是有意减重的，我们且不谈。一般钱币学家把钱身厚重文字高挺的半两钱，认作秦半两，也可以说大凡在七公分以上的半两钱，就可以算得是秦半两。清末的一位金石学家吴大澂就根据八枚秦半两的平均重量而求出秦的衡法。他的动机是很好的，而且这种事情也很重要；因为中国古代的度量衡若不弄个清楚，则中国的经济史，几乎就无从研究起。历代的耕地面积、出产数量及其价值，都无从比较。不过他所求得的数字是不可靠的。原因就是秦半两的重量，太不一致了。以库平来称：有一钱多的，有两钱多的，有三钱多的，有四钱多的，甚至有重到六钱多的。因此我们可以断言：不但有许多半两钱不够标准重量，而且有些钱超过标准重量。所以不要说以八枚钱所求得的平均重量，不足用为标准，就是数目更多的钱所平均出来的重量，也不能作为秦衡的标准。我自己曾称过六十四枚秦半两，求得的秦两重量，就和吴大澂的大不相同，而且我的数字，应当比吴大澂的数字可靠些,但我认为还是不大可用。总之中国的钱币,轻重很不一律。就是到了清末,还有这种现象。例如光绪钱,照规定最多是一钱重,大部分固然不够这标准,可是也有重到一钱三分的。在近代国家,用新式机器铸造货币,铸造公差通常只容许千分之三。

中国货币制度的第四个特点,是主要钱币的重量,在长期看来,几乎稳定不变。这种情形,在别的国家是少有的。世界货币史上一些有名的货币单位,如罗马的阿斯(as)、法国的里弗(livre)、英国的镑(pound)、俄国的贞葛(деньга)等,都是不断减重或贬值,而且是一去不复返的。这些货币单位使用的时期都很短,不能和中国的制钱相比。能和中国的制钱相比的,只有罗马的银币德纳留斯(denarius)。我们且来看它减重和贬值的情形吧!在共和时期,一枚德纳留斯是一罗马两的六分之一,约合得四公分五五,后来减为一两的七分之一,尼罗(Nero)后期又减为三公分四五三,而且成色由百分之九十九减为百分之八十,这种贬值行为一直继续下去,到第三世纪时,只含银百分之二。后来迪奥克列地安(Diocletian)和君士坦丁(Constantine)改革币制,只能恢复尼罗时的标准。中世纪查理大帝恢复罗马式的银币,法文名为德涅(denier),每枚只有一公分五五,而且逐渐减轻,到十三世纪,巴黎的德涅只有四公厘一八重。英国德国也仿效查理大帝的币制,英国称之为便士,每枚在一○六六年是一公分四,后来也逐渐减重,到十七世纪初减成四公厘九,后来改为铜币,而铜便士也减重,由一七九七年的二十六公分减为一八○六年的十九公分,再减为一八六○年的九公分许。中国的主要货币铜钱怎样呢?自西汉的五铢钱发行以来,历代都想保持这重量。精整的西汉五铢,重约四公分,一般的要稍为轻一点。南北朝的五铢大体上还是这个重量。唐初实行币制改革，发行开元通宝，这开元钱的重量就是以五铢钱为标准，甚至因铜钱的重量而影响到中国的衡法。这又是世界货币史上一件不平常的事。古代各国的货币名称，多是采用重量的名称，如英国的镑，法国的里弗，意大利的里拉，中国的半两五铢等。可是在中国的唐朝，衡制却受到币制的影响了，在斤两以下，不再计铢、絫，而改用十进位，称钱分厘了，一钱就是指铜钱一文的重量，十枚开元钱就等于一两。唐以后的铜钱，基本上是维持每文一钱的重量，武德四年（公元六二一年）的开元通宝和光绪十五年（一八八九年）广东用机器所铸的光绪通宝，重量是相等的。千多年间没有变动，若是从西汉五铢算起，两千年间没有变动。这种情形之所以产生，是由于这种大小轻重的钱币，从实践中证明是比较适当的，加上统治阶级的崇古思想，使得自命有为的统治者，总以恢复这标准为功德。中国币制的这一特点，表面看来，是一种很大的优越性。但我们不要为这种现象所迷惑，以为中国几千年来的币制是稳定的，物价也是稳定的。即使货币的重量和成色都不变，物价还是要由于货币金属的价值的变动而变动，并由于商品本身的价值的变动而变动。何况中国铜钱重量的不变，乃是长期的事，短期和临时的变动是很多的，而在币制上看来，短期的变动实比长期的变动还要坏。说得更具体一点，如果一种货币，在百年之间，每十年把重量减成十分之一，然后又把它恢复原来的重量，这实际是双重变动，物价要调整两次，百年间要大变动二十次。反而不如在百年之中使货币重量逐渐减成十分之一而不再恢复原来的重量，这样也有害，但为害比前一种情况要小一点。因为作为一种价格标准，最要紧的是不变，变轻变重都不好。中国钱币的历史正近似前一种情况，不但常常有短期的减重，而且有时甚至把钱的重量加到一钱以上,而结局又恢复一钱的标准。

货币购买力的变动,占本书的主要部分。这一方面的研究,在中国可以说是一种新的尝试,花的时间最多,占的篇幅也最多。前人所研究的多偏重货币的形制。钱币学家研究的对象是钱的形状,钱文的书体,把各代的钱名,像流水账一样抄录下来就算了事,有时连钱的重量和成色都不注意。至于钱的购买力,或为什么发行某种钱,发行后对于人民生活有什么影响,对于政治有什么影响,那是更加不问了。其实古钱的形制只是古代货币的躯壳,他的生命或灵魂是他的流通情形,尤其是他的购买力。他的遗体之值得我们研究,正如化石之值得生物学家研究一样,那是不可否认的。但如果我们能够从鸟类化石的研究而知道某种鸟在古代是怎样飞,发出怎样的叫声,其寿命如何,对于人类生活有什么影响等,岂不是更好么? 另外有些人是研究货币的制度,而且也偏于近代的币制,如银本位,银两的种类,各地银两的成色,钞票的形制等。这些人对于清以前,多是几句话就带过去了。他们比古钱学家自然更加接近货币经济学,但其忽视货币的购买力及其变动的影响,两者是没有分别的。这无疑是资料不易搜集的缘故,也因为中国的货币理论不发达的关系。货币本身就是一种制度,所以制度的研究,自然很重要,然而货币制度的善恶成败,并不在钱形的美观与否,而要看货币的购买力能否维持,使其不致搅扰人民的经济生活。以往研究货币史的人,多忽略了这一点,对于历史上的一些重要现象,多不加研究和说明,譬如为什么梁武帝铸铁钱使物价上涨,汉武帝铸银币也使物价上涨;为什么董卓铸小钱是通货贬值,蔡京铸大钱也是通货贬值。中国货币的购买力,短期看来,变动得非常激烈。全世界没有任何一个民族、其所受通货贬值和通货膨胀的祸害、有中国人这样多而深的。中国自汉以来,物价涨到万倍以上的至少有五六次;金人治下涨到六千万倍以上;其他百倍十倍以内的上涨,次数更多。至于因天灾人祸所引起的一时的局部的小波动,那是不胜枚举。

而中国历代政府实行货币贬值的方法也是应有尽有,先用减重的方法铸小钱,再用变相的减重方法铸大钱,最后又用纸币来膨胀。用小钱就是尽量减轻钱的分量,汉初的荚钱和董卓的小钱都是属于这类。但用这种方法,贬值程度还有限,汉初由十二铢重的半两减成三铢重的荚钱,只能膨胀四倍,就是减成一铢,也不过十二倍。董卓将五铢钱改铸一铢重的小钱,也只是膨胀五倍。大钱就比较进步了,例如王莽的错刀,一个钱便当五千,两把刀就能收买人民手中的黄金一斤。三国时孙权的大泉和清咸丰时的大钱都是属于这一类,历代的当十钱还算不得什么。宋以后用纸币来膨胀通货,伸缩性更是无限了。纸币膨胀又有两种方式,一种是一面膨胀一面改发新钞,宋、金、元都是用这种办法;另一种是一直膨胀下去,如明朝的大明宝钞,就是用这种办法。研究中国历史的人,如果不明白币值变动的情形,就容易作出错误的结论。如日本有名的汉学家桑原隲藏,因看见《建炎以来朝野杂记》说宋室南渡时东南岁入不满千万,到淳熙末增到六千五百三十多万缗,就说是因为对外贸易发达的缘故。其实一大部分是通货膨胀的关系。这同中国史家对于唐肃宗晚年岁入的增加归功于刘晏的转运政策一样,同是忽略了货币的因素。

研究货币购买力的重要性是不言可喻的。由于货币是价值尺度,各种财富的价值,都是通过货币表示出来。尽管几千年来自然经济在中国社会中占有重要的地位,但货币经济还是主要的。所以历代货币的购买力,可以说是研究经济史的钥匙。譬如历代人民的生活水平,应当是研究历史的人所最关心的问题。发展生产的目的,无非是为提高人民的生活水平,如果人民的生活水平不能提高,那么,发展生产就没有什么意义。一代政府的得失成败,就是要看在这政府之下,人民的生活是提高还是降低。但一个时代人民生活水平的高低,只有同另一个时代或另一个国家相比较才能看出来,这就要研究各时代各国家人民的收入,但这种收入或全部或一部分是用货币的形式,因此首先必须弄清楚历代货币的购买力,才能计算出人民的真实收入。

中国农民和工人的收入,在两三千年来,并没有什么增加。农户的收入,在太平的时候,平均每户每月不过一公石米上下。在战时或凶年或租税特别重的时候,连这种收入也不能维持,所以"四海无闲田,农夫犹饿死"。工人的工资,自汉到清末,每人每月随着工作性质的不同,约自半公石到两三公石。这虽是个人的工资,实际上也就是一家人的生活费。但官吏的收入就大不相同了。过去史家因为对于历代货币的购买力和度量衡,没有正确的概念,所以对于历代官俸的厚薄,就作出了错误的判断。譬如清朝《文献通考》就说:历代官俸以汉朝为最高,为唐宋所不及。这是不对的。错误的原因是由于历代官吏俸禄有时用实物为标准而用货币支付,有时用货币为标准而用实物支付,或于货币官俸之外,加给各种实物的补贴,兼之历代的度量衡标准不同,所以史书中的记载,若不加一番整理,是看不懂的。中国历代官吏的真实收入,高级官吏的官俸以北宋为最高,低级官吏以盛唐为最高,都超过汉朝远甚。北宋以后,这种收入就一代比一代减少,明清为最低。拿实际数字来说,汉朝三公号称万斛,每月真实收入合米不到五十公石;

盛唐时的一品大员可以拿到一百六十公石；北宋盛时的三太三少可以拿到六百公石以上；元代的正一品官，最高时也不过一百一十公石；明初也想维持一百一二十公石，但因通货膨胀，逐渐减少；到了清朝，一品官的收入，最多的时候也不到四十公石。再拿低级官吏的收入来说，汉朝的百石小官每月只可收入两公石米，唐开元时的九品官的收入则在十一公石以上，北宋元丰时的承务郎每月也可以拿到十公石，甚至元朝的九品官也可以拿到十公石左右，明洪武初是八公石半，清乾隆时是七公石。所以中国士大夫阶级的收入构成一条抛物线，秦汉以后，有上升的趋势，以唐宋为顶点，以后就逐渐下降。这条抛物线，应多少反映了中国国力的消长，因为历代的统治阶级，总是尽可能把自己的俸禄定得很高的。但结果由于财力不继，总是维持不住。所以官俸的研究、在某种意义上，比工资的研究还更重要，因为若用线条来表示工资的变动，恐怕看到的是一条平线。自然上面这些数字只限于正俸，而不包括帝王的赏赐和官吏自己的贪污所得。到了清末，做官的人，那里把正俸放在眼里？因为若论正俸，那么，就是一品官的六部尚书，一年也只有一百八十两银子，双俸也不过三百六十两，而实际上有时是"三年清知府，十万雪花银"。

　　研究中国古代货币的购买力，有一点应当注意：就是变动的局部性。中国这种村落式的农业经济国家，与其说像一个千脚之虫死而不僵的下等动物，不如说像一棵大树，一枚叶子为虫所咬，其他叶子毫不在乎，要全树的枝叶和根干都吃光，树才算死了。通货膨胀也差不多；历史上的许多例子，多不是全国性的；受到影响的区域，只限于劣币所流通的区域。董卓的小钱，恐怕不出长安洛阳一带，其余各地用五铢钱，物价可能完全不受影响。

然而中国货币的购买力，在长期看来，有逐渐减低的趋势。这是中外的通例；也许中国还减低得慢一点。货币购买力降低虽然有许多原因，货币本身跌价，是一大原因。中国币值的变动，是不规则的，不只有短期的不规则变动，而且有长期的不规则变动。拿米价来说，如果都折合成现代的公石，则西汉时每石，自昭宣时的两三百文，到元成以后的七八百文，上涨一倍以上。魏晋南北朝时币制混乱，没有一定的标准。但盛唐是一个物价低的时期。那一百多年间，米价每石大约只要两三百文，比西汉的平均米价还要低。安史乱后，物价增加几倍。宋元两代，物价比较高，北宋米价每石自几百文到千文，南宋及元代用纸币，自然更高。但明代又是一个紧缩期，以制钱计算的米价，每石自两三百文到五六百文。清代物价又渐涨，乾隆以后，每石总是千文以上。中国币值的下跌，从白银的购买力上表示得最为清楚。明清两代，以白银计算的米价，每百年平均要上涨百分之五十。以黄金计算的米价，就平稳得多了。

研究中国的物价，有一种困难，就是明朝以前的记载，大部分是特殊物价：不是特别丰收时的物价，便是水旱天灾或敌兵围城绝粮时的物价，这种物价对于货币购买力的研究，是没有多大帮助的。而且物价数字要同国民货币所得的数字比照，才真正有意义。中国古代的物价数字已经是很难搜集，人民的货币收入更加不容易估定。明朝以后物价记录渐多，尤其是最重要的米价。而且多以银为标准。自正统元年开放银禁以后，到民国二十四年停止银本位，中国正式用银恰恰是五百年。我在这一期间内，搜集得千多种米价记录，因此对于那五百年间货币的购买力，有一个比较可靠的认识。外国的物价史资料保存得较多，尚且各人研究的结果不尽相同。本书所搜集的千多种米价，对于五百年那样一个长的期间,并不算多。将来有人从散在各处的故宫档案中,或能找到更多的资料,对本书的数字可以作一个补充。但我相信,本书的数字所表示出来的白银购买力的倾向,是正确的。

物价史,特别是最重要的粮价史的整理工作,在一些先进国家,五十年前就已经完成了;但在各种国际统计表中,中国部分,一向是空白点,现在可以填进去了。货币的购买力明确了之后,不但可以研究历代人民的收入和生活水平,而且可以进一步比较一下中国人和外国人的生活水平,以及两者的消长。我初步比较的结果,发现在西汉时,中国工人的收入高于西方世界。欧洲在封建时期,工人的生活水平,还是不如中国的工人。但自十四世纪末叶起,欧洲工人的收入就一直比中国工人高了。但这不是本书的主要研究对象,这里就不多说了。

货币制度史和物价史的研究,不但要有货币学的基础,而且要有钱币学的基础。换句话说,单是从古籍中去找资料还不够,一定要研究钱币的实物。然而过去研究货币学的和研究钱币学的,完全是两批人,两回事,这是中外一律的。货币学在中国是一门年轻的科学,作为一个独立的学科来研究,是随着资本主义文化传入中国以后开始的。过去研究货币的人所知道的资料,多是外国的资料,能够知道一点中国的史实,已经算是不错,自然谈不上实物的研究。然而单谈历代的食货志,或甚至广泛地钻研历代的古籍,对于货币史,还是得不到全面的和正确的了解。特别是对于物价的变动,有时不能彻底了解。因为所谓物价,无非是金属或钱币对其他商品的比价。物价上涨,不一定是由于货币的原因,可能是由于商品本身价值的变动。但在货币价值变动引起物价变动的时候,那就需要了解钱币变质的情形,才能把问题弄清楚,这单凭书本知识就不够了。史书中对于某一种钱的重量和成色,虽然有时也加以记载,但那只是一种标准,物价的变动,往往正是因为钱币的重量成色不合适标准。到底某一时期的钱币,离开标准重量与成色有多么远,史书中就很少记载了,偶有记载也是不详不尽,这就非从钱币学来研究不可了。例如西汉半两钱的减重,史书只把它形容作像榆荚,称为荚钱;但这种荚钱到底轻到什么程度,则翻烂平准书和食货志也找不出来,一定要从实物中去领会。

研究中国货币史,不但要懂得中国钱币学,而且还要懂得外国钱币学,比如清朝乾隆初年在中国各港埠通行的各种外国银币,史书只说是"马钱""花边钱"和"十字钱"等。后来的人也是辗转照抄。究竟这些名称指的是什么钱呢?是哪一国的货币呢?却从来没有人能加以解答,因为要解答这些问题,必须要钻研外国的钱币学。而这些问题是必须要解决的。因为光是知道那几种钱币的名称,没有什么用处;最多只藉以知道有外国货币在中国流通罢了。一定要知道那些货币是什么货币,是什么国家的货币,这样才能使我们知道当时曾同那些国家有贸易上的往来,那些国家在国际贸易上有活动,或那些国家的货币的流通有世界性。

钱币学的历史比新式的货币学要早得多。他不但对于中国货币史的研究有重大的贡献,就是对于一般的历史也有相当的贡献。他一方面补充了史书的遗漏,同时又纠正了史书的错误。不过过去研究钱币的人,究竟是一些有钱有闲的人,绝大部分是从玩好出发。固然即在这前提下,过去的收藏家也还发挥了积极的作用,即保存了一些重要的历史资料,否则早已熔化为铜了。但问题在于钱币学家既以玩好为主,就容易走错方向;他们不但不肯研究学理,甚至有连书本也不大看的,而陷入版别的迷宫中:元字要看左挑右挑,通字则讲究单点通双点通,宝字则注意尔宝缶宝。这种细致的观察,固然是科学研究的一个必要的条件,但一个人专在这个无底洞中兜圈子,会要弄得神魂颠倒,反而觉得钱币的购买力,钱币的社会意义,是不值得注意的。近几十年来,古钱出土的很多,日本人重价收买,研究的空气也空前地旺盛。这对于中国的钱币学界,多少起了推动作用:有一部分开明的钱币学家,也知道用科学的方法来从事研讨,不再固执旧说,这是值得称道的。总之,研究货币史的人,一定要书本和实物相结合、理论与实际相结合、货币学和钱币学相结合,这样才能了解真实情况。

古代货币经济理论不发达,由于士大夫耻言利。儒者自以为不应知钱谷。宋太宗想要知道,吕端对他说,耕当问奴,织当问婢。这也是中外一致的。所以这一方面的材料最少。然而在唐宋以前,中国仍是站在欧洲的前面,有些见解在世界货币思想史上是重要的贡献。可惜多是片断的言论,没有成为一种有系统的学说,后人也少根据前人的到达点出发作进一步的研究思考。

中国的货币理论,有两种主要倾向:第一是汉代法家的国定说,以为货币本身是没有价值的东西,其所以能流通,是因为帝王或政府所倡导或制定。这种说法和近代克拿甫(G. F. Knapp)等人的学说很接近。但中国西汉时的名目论有他积极的一方面,因为他的目的是在求得币制的统一,是针对当时的混乱币制而产生出来的一种理论。第二是历代的数量说的言论。这种理论是在反对通货贬值和通货膨胀的斗争中产生出来的,所以在当时是一种进步的理论。但中国讨论货币问题的,多是注重现实的制度问题,汉朝是以铸造权问题为中心,宋以后是以纸币问题为中心;各种关于货币的本质和货币的价值方面的见解,都是在讨论制度问题时偶然讲出来的。

中国人因为所受通货贬值和通货膨胀的祸害多而且深,所以大多数的人,都带紧缩论的色彩。虽然很少直接发为言论,但历代史家每逢物价低便称为太平盛世,这就是紧缩论心理的表现。中国人对于高物价有一种生来的憎恶,对于低物价有一种过分的偏爱,以为物价越低越好。中国历史上,每有战争就引起通货贬值,在太平的时候,物价常有过低的现象;这种现象,不完全是由于生产技术的进步,而是由于人民的紧缩心理。因为大家受紧缩心理所支配,所以极力减少消费。不过在中国这种自给性很强的农业社会里,通货紧缩在表面上为害很小,生产方面虽难免要受影响,但人民至少可以享受低廉的物价。英国历史上很少有物价突然上涨十倍的通货膨胀,而且他们早就工业化了,所以资本主义国家的一些经济学家把通货紧缩看得比通货膨胀更可怕,他们公开主张膨胀论。这种膨胀论正是资本主义制度下的理论,最有利于资本家,他们希望物价每年上涨,使他们的利润增加,可以进一步扩充生产。但结果往往会因争夺市场而引起战争。过去中国有些人读了英美的书,也有这种错误的见解。

关于信用和信用机关的演进,也还没有人作过全面的研究。所谓信用机关,就是贷借货币、存放货币或买卖货币的机关,外国有时就称为货币机关。近年大学中货币和信用是作为一个课程,可见两者关系的密切。中国其他方面的人,对于过去的情形还不算隔膜,唯有经济界和甚至研究经济问题的人,其对于中国经济史实的无知,实在惊人。例如中国的钱庄,不论是专门研究钱庄的书也好,或是钱业中的领袖也好,多不知道他的历史;偏偏又喜欢谈到他的久远,动不动就说钱庄有百年的历史,这等于说清朝有五十年历史。中国的信用和信用机关的起源是多元的,最初差不多每种业务有其独立的机构,放款有放款的机构,存款有存款的机构,兑换有兑换的机构,汇兑有汇兑的机构。直到明末清初才有综合的倾向。在这几种最基本的信用业务中,以放款最为发达,不论是私人的信用放款,或质典的抵押放款,都有最长久的历史。其次是兑换,古时是由金银店经营,宋朝有兑坊,明朝钱庄出现后,更证明兑换业务的繁忙。汇兑盛行于唐朝,北宋行用纸币后就停顿,到清朝票号成立,才又转盛。最不发达的是存款,虽然自古即有寄附等办法,唐朝有柜坊,但寄附是否能说是真正的存款,还有问题;而柜坊的性质,至今尚不十分明了,到清朝才有真正的存款业务。中国人对于自己的财产,不愿信托别人,而喜欢埋藏在墙壁间或地下,有时连自己的妻子儿女也不令知道。严嵩父子贪污得来的金银,大部分是埋在地窖中。金银如此,铜钱也差不多。大户人家藏金银,小户人家藏铜钱。外国的现金余额说者以为手头有现金,便可以发挥货币的作用;这一说在中国古时便不适用。中国旧时的窖藏,在某种意义上,实可以说是流动性偏好心理的表现,是准备随时应急的。但人生急变的时候究竟少,所以原为保持流动性而窖藏的货币,反而变成死的,对于物价只有发生紧缩的作用。这是存款业不发达的结果,同时又是存款业不发达的原因。如果存款事业发达,人们的储蓄集中在存款机关,由他人利用于生产方面,则社会经济会受刺激而发展,但中国往时的储蓄是分散的,而且是死藏,这对于中国没有工业化,也许是许多原因中的一个。

       彭信威　一九五四年二月十八日于上海

第一章　货币的发生

第一节　货币经济的萌芽

一　产生货币的社会背景

货币是在商品交换中产生的,应当以商品交换的存在为前提。固然商品交换不一定需要货币,可以用物与物交换的办法;不过物物交换有许多不方便,尤其若是可供交换的物品的种类增加,实物交换的困难更多。所以实际上在交易行为发生之后不久,必然会产生出货币来。

交易行为在中国社会中发生于哪一个阶段呢?这是一个难以确定的问题。古书中有说在神农氏的时候(公元前三二一八到三〇七九年),就"日中为市,致天下之民,聚天下之货,交易而退"[①]的。又有说唐尧的时候(公元前二三五七年至二二五八年),"以所

---

①　《易·系辞下》。

有易所无，以所工易所拙"①的。这些话自然不可靠，而且真假在这里不大重要，因为讲的是物物交换，同货币没有关系。至于说，神农的时候，就有金刀龟贝，以通有无②；或说高辛氏（公元前二四三六到二三六七年）以前就有龟贝金钱刀布之币以通交易③；或说黄帝采铜铸刀④，或说禹汤以金铸币⑤，那都是没有根据的话。

从近年的发掘，得知在相当于传说中的神农和黄帝的时候，中国的各民族，最前进的也还刚进入新石器时代。虽然已经有单色陶器等工艺品的制作，但并不能证明有交易行为的存在，更不能证明有货币。

证诸某些原始部落的情况，我们知道：各种民族，在其还只会使用石器的时候，是过一种共同生产共同消费的生活。在那种社会里，往往还没有产生出家庭来，男女是过着一种乱婚的生活。各种日用品，多是平均分配，没有私有财产，也没有交易的必要，自然没有货币可言。有时各种部落之间的有无相通，也是用交换礼物或用抢劫的方式，不用货币。这种社会普通叫作原始公产社会。

人类社会的发展，是有一定的阶段。原始社会之间，彼此难免进行战争，因战争而产生俘虏。这种俘虏就成为胜利者的奴隶，

---

① 《淮南子·齐俗训》。

② 《前汉书》卷二十四《食货志》："洪范八政，一曰食，二曰货。食谓农殖嘉谷可食之物，货谓布帛可衣，及金刀龟贝所以分财布利通有无者也。二者生民之本，兴自神农之世。"

③ 《史记》卷三〇《平准书》："农工交易之路通，而龟贝金钱刀布之币兴焉。所从来久远，自高辛氏之前尚矣。靡得而记云。"

④ 《初学记》："黄帝采首山之铜，始铸为刀。"

⑤ 《管子·山权》："汤七年旱，禹五年水，民之无粮卖子者。汤以庄山之金铸币而赎民之无粮卖子者，禹以历山之金铸币而赎民之无粮卖子者。"《竹书纪年》："殷商成汤二十一年大旱。铸金币。"

替胜利者卖力,以保存生命。如果一个社会有许多奴隶,他们担当了主要部分的劳动,那么,这种社会就可以称为奴隶社会。在奴隶社会中,会产生商业行为和货币。不过奴隶社会应当也有等级,要看当时生产力的高低。人类使用奴隶,当然是为榨取他们的劳动。人类在原始时期,生产力很低,一人的劳动往往还不能维持自身的生活,在那时对于俘虏都加以杀戮。后来之所以豢养俘虏,不加杀害,一定是因为生产工具进步,劳动生产率提高,使奴隶劳动产生出剩余价值来。这种剩余价值如果只足够维持奴隶主及其家属的生活,也不会发生大规模的交换行为,因而也不会产生货币。这种奴隶社会我们可以名之为低级奴隶社会。一定要剩余劳动的产品多于奴隶主及其家属的消费量,才会用来同其他奴隶主交换别的产品;这种交换,也不一定要用货币,可以用物物交换的办法,不过随着交换规模的增大和交换次数的加多,货币是会产生出来的。外国古代有些已证实了的奴隶社会,如巴比伦、希腊、罗马,都有货币的使用[1]。这种奴隶社会,我们可以名之为高级奴隶社会。

中国古代社会到底是怎样一种情况呢？由于历史资料的不充分,还不能下肯定的断语。一些研究社会发展史的人提出各种不同的见解。有人[2]说夏代以前是原始公社,夏代以后,在同一民族内,由于生产的分业而出现各家族间的交换,因而产生货币。另外有人说殷代还是原始公社,到殷末才演进为奴隶社会,后来商业繁盛,才产生真正的货币。有些人以为西周已是封建社会,另有些人则

---

[1] W. L. Westermann, Slavery. 见 *Encyclopaedia of the Social Sciences*。希腊在奴隶社会的阶段时,有繁盛的贸易,并产生了金银币。

[2] 翦伯赞《中国史纲》(一九四六年再版)第一卷第一一五页。

以为西汉还是奴隶社会。这些学者所掌握的历史资料还是不够的。

我们在这里不必讨论原始公社的问题,因为在那种社会里,既然没有货币,同我们的问题就没有关系。货币产生于夏代之说,完全是一种臆测,并无根据。因为夏代有没有交换都无法知道,怎样能说有货币呢?

殷族的情形由《卜辞》的记录可以看出一点,但因为资料还不充分,许多问题还不能下断语。我们只知道殷族是从游牧生活进入到农殖生活的,游牧生活的色彩还很浓厚、这从当时用牲的方法上可以看出来;而且殷族迁都的习惯是大家所知道的。在盘庚时已经有人反对迁都,大概当时农业已相当发达,有人不愿意抛弃辛苦开垦的农地。《卜辞》中禾、黍、来、麦、蚕、桑、丝、帛等字常见,关于农事的记载也不少①。

对于殷代之为奴隶社会一点,同意的人比较多,尤其是关于殷代末年。但所谓奴隶社会,应当是说在那种社会里面,全部或大部分的生产事业,是由奴隶来担任②。卜辞中再次提到"众黍"两字,"黍"字是耕作的意思,"众"字照字形讲,应当是太阳底下的

---

① 郭沫若《十批判书》第一编《古代研究的自我批判》。
② 郭沫若在其《青铜时代》中举出下列四例(在《十批判书》中也曾举前三例):(1)"乙巳卜壳贞:王大令众人曰协田! 其受年。十一月。"(《殷契粹编》第八六六片,前七、三〇、二,又续二、六、五)(2)"戊寅卜宾贞:王往,以众黍于冏。"(《卜辞通纂》第四七三片,前五、二〇、二)(3)"贞叀小臣令众黍。一月。"(《卜辞通纂》第四七二片,前四、三〇、二)(4)"丙午卜盅贞:众黍于□。"(《卜辞通纂》别录二)郭氏根据众黍两字来证明殷代确已使用大规模的奴隶耕种(《十批判书》)。但卜辞中的众字,似乎只有质的意义,而无量的意义,因为有时众只是指一个人(见舀鼎铭)。所以众字不能证明大规模。甚至也不能证明其为奴隶。董作宾在《中国考古报告集之二:小屯(第二本)殷虚文字·甲编》的自序中说,殷代的人民也称人,也称众,众是一块方下有三人,并没有奴隶的痕迹。

人,或释作野外劳动的人,本不一定是指奴隶,不过在后来的彝铭中有用众来作赔偿的①记载,所以众可能是奴隶,但单是有奴隶的存在,还不能说是奴隶社会,必须一切的耕作或大部分耕作是用奴隶劳动,当时的社会才可以说是奴隶社会。否则只能说当时有奴隶制度存在,而不能说是奴隶社会。奴隶制度是到二十世纪还存在的。

殷人常从事对外族的战争,如伐鬼方等,这是奴隶的主要来源。不过当时的社会经济,并不需要大规模的奴隶劳动,因为那时的生产几乎完全限于农业,农业社会是自给性很大的,本社会内不会有大规模的商业行为发生。而当时并没有一个工业发达而需要农产品的邻国。在卜辞中看不出有什么国际贸易的存在。

所以中国在殷代的情形,和希腊罗马古代的情形不同。希腊罗马古代,已有大规模的对外贸易,已使用金银为货币,人民的物质生活水准相当高,他们使用奴隶,是为榨取奴隶们的劳动以换取外国的金银和奢侈品,来供自己享受。中国在殷代,既没有何等对外贸易,物质生活水准也不高。生产活动范围限于农业和渔猎;如果使用大规模的奴隶,则榨取出来的剩余价值,也不过是些五谷鱼畜等,这些东西当时既无从向他处换取奢侈品,奴隶主自己又不能增加消费,一年一年堆积下来,结果仍是损耗浪费。所以即使中国当时是奴隶社会,也是低级奴隶社会。奴隶的生产,也不如希腊罗马一样是商品生产,而是一种家庭式的消费生产,规模是不会很大的;偶然有交换,也以物物交换为主,真正的货币还不能产生。

对于周代的社会组织,史家们的意见也不一致。有的说是初

---

① 曶鼎铭中记载匡季抢了曶的禾,引起诉讼,匡季自愿以田五田众一夫臣三人来赔偿。

期的封建社会①,有的说是奴隶社会②。这种意见上的分歧,是由于当时的文献中,既有关于封建的叙述,又有关于奴隶的记载,尤其是在西周的初期。其实这种情形是容易解释的:殷周乃两个民族,周族似乎有意采用封建制度,不过他们是承继殷人的社会;一种社会制度不是一天或一道命令便可以改变的,所以西周初年的封建还只是表面的,还遗留下许多奴隶社会的现象,这是制度转变时所常有的事③。不久真的封建社会出现了,旧时的遗制就大部消灭了。西周中叶以后,尤其是东迁以后,到春秋末年那几百年间,似乎可以说是封建社会的全盛时期。

封建社会有两个特点:在政治上是权力的分散,但一旦有战事发生,诸侯地主农奴们是有参战义务的。西周自恭懿以后,中央政府的威望,一天一天减退,大权渐落在诸侯手中,但是宗主的地位还是保存着的,春秋时代的情形把这点说明得很清楚。齐桓晋文都以周室为号召,强制其他小国尊重周室,正是这原因。在经济上是交换的不重要和货币经济的不发达,各种支付多用实物或土地。因为封建社会是以各个单位的自给自足为目标,是一种保守的经济制度,和奴隶社会的多少带有侵略性的经济制度不同。中国在殷代已有贝壳的使用,虽然还不足以证明已发展成为十足的货币,但至少已接近货币了。如果整个周代都是奴隶社会,则商业和货

---

① 翦伯赞:《中国史纲》第一卷初期封建社会第二六九页。
② 郭沫若:《青铜时代·由周代农事讨论到周代社会》第一〇一页。《十批判书·古代社会研究的自我批判》)。
③ 郭沫若指出西周金文中锡臣锡地的资料来证明西周仍属于奴隶社会(《青铜时代》第九八页)。其实这些也许是殷代的遗制。到南北朝以及隋唐,仍有赏赐奴隶的事。而赏赐土地的办法,正是封建社会的一种现象,封建社会的特点,便是以土地为主要的财富。

币经济一定比殷末周初有长足的进步,应当可以发展成为高级奴隶社会。可是实际上在春秋那一段期间,中国的货币经济,不但没有新的发展,而且似乎特别不发达。《春秋》一书中完全没有提到货币的事,而币帛等实物则屡屡提到。实物经济是封建社会中一个最重要的特点,在那种社会中,土地是最重要的财富。

春秋前后,并不是说民间完全没有交易和货币。欧洲在封建时代也是有货币的。不过货币经济比较不重要罢了。实际上货币可能从封建社会中产生出来,而破坏那种社会。中国刀布上的文字,有些和甲骨文相像,似乎应当是春秋以前的东西。而由农器进化到刀币布币,需要一个很长的时间,由此可知:也许在殷周间,民间已在使用那种实物货币了。

二 殷周时代的贝物

殷周两代是一个很长的期间。殷代的情形只能从卜辞中看出一点,但卜辞都很简短,对于各种制度,不能作详细的研究。周代因有彝器的铭文,而这些彝铭比较多而且详细,所以对于周代的情形,知道得清楚一点。大体上说来,在春秋中叶以前,中国人的生活,自然经济的成分很浓厚。这从当时的赐锡上可以看出来。彝铭中所记载的赏赐,如果以出现次数的多寡为序,有贝、金、鬯、马、弓、矢、臣、田、车、裘、圭、衣、鬲、布、牛等,最早的货币似乎应当从这些物品中发展出来。

古代赐锡中,最普遍的无过于贝[1]。这种贝是不是货币,若是

---

[1] 单就福开森的《历代著录吉金目》所收录的铭文中,提到锡贝朋的在一百次以上,其次是金,仅三十三次,再其次是马和鬯,各十二次。其他有弓七次,矢六次,田和臣各五次。

货币,从什么时候起变成货币,无法加以断定。因为卜辞记载得太简单,而彝铭只记录王侯的言行,人民的经济生活不容易窥察出来。但在周初曾用作支付工具,而且从中国文字的结构上,也可以看出贝和价值的关系。凡与价值有关系的字汇,多带贝傍。所以在中国文字形成的时候,贝壳已是一种价值的代表了。

贝和中国人发生关系很早。在新石器时代的初期,便已经有贝的使用,相当于传说中的夏代①。但夏代使用贝,并不是说夏代就有了货币。自贝的使用到他变成货币,应当有一个相当长的时间上的距离。因为货币的产生要以商品的生产为前提,而且一种物品必须具备各种社会条件,至少要有用途,才能成为货币。小小的贝壳,饥不能食,寒不能衣,有什么用途呢?

从现代某些民族的情形看来,贝可以用作装饰品②。中国古代无疑也曾用贝为装饰品,这从赍贝等字汇的结构上以及古籍中的记载③上可以知道。有了作为装饰品的用途,就有了使用价值,也就有作为货币的资格了。

---

① 河南仰韶村曾屡次发现贝壳,安特生说:自仰韶时期到殷商约有一千年到一千五百年的距离,相当于公元前约三千年。(J. G. Anderson, A Prehistoric Village in Honan. 见 *The China Journal of Science and Art*, Vol. Ⅰ, p. 508.)

② 安特生在其 Children of the Yellow Earth 第十九章中根据若干专门讨论贝壳的书(如 Stearn, *Ethno-Conchology*: *A Study of Primitive Money*, 1889; O. Schneider 的 Muschelgeldstudien, 1905. 及 J. W. Jackson 的 Shells as Evidence of the Migration of Early Culture, 1917. 等)对世界各民族把贝壳用作装饰品的事,有比较详细的叙述。

③ 《诗·小雅》:"萋兮斐兮,成是贝锦",《诗·鲁颂》:"公徒三万,贝冑朱綅,烝徒增增"。《尚书·禹贡》:"淮海惟扬州,……厥篚织贝。"《礼记·四十五丧服大礼》:"饰棺君龙帷三池,振容黼荒火三列,黻三列,素锦褚加伪荒缁纽六,齐五彩五贝,黼翣二,黻翣二,画翣二,皆戴圭,鱼跃拂池,君纁戴六,纁披六。"现代中国乡村中,仍有用货贝嵌在小孩子的帽子上的。

我们还可以进一步追问：为什么古代的人爱好贝壳。在古代的大自然中，能作装饰品的东西很多，比贝壳美观的东西也不少，为什么大家选中贝壳？而且从几十百种贝壳中选定货贝呢？中国有人说，因为古代开化在西北，距海远，贝甚难得，故以为宝①。这种观点充分表示想象力的缺乏。贝壳的使用，并不限于中国，全世界的民族，多曾用过。产贝的地方也用，不产贝的地方也用②。而且难得的东西何止贝壳？

外国方面，有人以为原始社会的人，以贝壳象征婴儿出生的门户，把它看作生命的源泉，大家穿戴在身上，作为一种吉利的护符。甚至以为可以助产和使妇人多产。有时用以伴葬，使死者获得新的生命力③。这一种解释，是很有见地的。中国发掘的古贝，只有齿纹的一边完整，背面或则完全磨平，至少也有一穿孔，而贝壳正以背面最为美观，如果不是有象征作用，就不应损坏他的美点。所以有人以为中国的古贝中，若单是背面有一穿孔，就是作货币用，如果背面磨平，那就是作装饰品用④。我对这一点，还不能赞同。背面磨损的大小，可能是各地习惯不同的关系。

---

① 罗振玉《俑庐日札》。
② 世界各民族或各地区多有过一个使用贝的时期。亚洲除中国外，有印度、锡兰、婆罗洲和东印度群岛。美洲方面，阿拉斯卡和加里福尼亚的印第安人曾通行贝币。非洲沿海一带及澳洲新几内亚北部各岛和索罗门群岛等地方，都通行过贝币（Encyclopaedia Britannica, 14th edition, Shell money.）。欧洲方面，最初的人类遗迹（旧石器时代末期和新石器时代初期）里曾有贝壳的发现（A. R. Burns, Money and Monetary Policy in Early Times, p. 3.）。
③ Elliot Smith, *Evolution of the Dragon*, pp. 145 and 223.
④ Harry E. Gibson, The Use of Cowries as Money During the Shang and Chow Periods. (Journal of the *North China Branch of the Royal Asiatic Society*, 1940, p. 34.)

对于贝壳的用作货币,我们还有一种现实的解释,就是因为它具有作为货币的几种基本条件:第一是本身有功用;第二是有天生的单位;第三是坚固耐久;第四是便于携带,因为古代贝的数量不多,而带在身上反而增加美观。

有人会说,产贝之区,取之不尽,用之不竭,如果作货币,岂不会发生通货膨胀。这是不明白当时的社会经济情形。用贝的时代,人民生活简单,生产不发达,可供交换的物品很少。而且当时货币经济不发达,即可供交换的东西,也带有实物交换的性质,物主若不需要贝,也会拒绝出卖。并不是身上带几朋贝,便可以为所欲为。而且海中贝壳种类极多,货贝并非满地皆是①。

贝币在中国的演进,大概经过两个阶段:先是专用作装饰品、这应当是殷商以前的事;其次是用作货币,这大概是殷代到西周间的事。但在他取得货币地位之后,仍可被用作装饰品,正同后代的金银一样。

贝壳本身有天然的单位,这在镕解术不发达的古代,正是他作为货币的一种优越条件。但古代人用贝,多是将其穿索起来,所以一串也成一单位,殷周时代名之为朋。贝朋两字常常连在一起。

卜辞中提到贝字的地方虽然相当多,但提到贝朋的地方却非常少②。而且文句简短,看不出用意来。因为单说锡贝朋,可以看作一种支付,也可以看作一种礼物。古诗里的"既见君子,锡我百朋",也还是把贝朋作为装饰品送礼的。不过贝壳在殷代就成了一

---

① 作者在学生时代曾在日本镰仓房州等海滨住过夏,后来又在香港住过几年,偶尔也在沙滩上找寻各种贝壳,但从不曾找到一枚货贝。

② "庚戌囗囗贞易多女出贝朋。"(第四六九片后 T. 八、五,见郭沫若《卜辞通纂食货》)

种贵重品①,贝字的意义,几乎和现代的财字差不多②。

彝铭中的记载,比较详细。但大半是说锡贝若干朋,用作某人尊彝。在表面上看来,这已经可以说是十足的货币,因为这种贝朋,可以说是用来购买青铜等原料以及人工的。但实际上恐怕不能作这种如意的解释,因为彝铭中所记载的赐锡品有二三十种,差不多全是指定用作某人尊彝的,锡马锡裘③是用作宝彝,锡弓④锡田⑤也是用作宝彝。有时同时赐锡金车弓矢,以作宝尊彝⑥。如果贝是十足的货币,则马裘弓矢车臣等也应当是十足的货币;而且殷代彝铭中锡贝的朋数不多,最多止到十朋⑦。这有两种解释:第一是殷器留下来的太少,也许有数目多的记载还没有发现;第二是当时是一种多数物币制。可是贝朋的数目往往同彝器的大小没有关系。有时支付的朋数少,用来造一大器,有时支付的朋数多,反而造一小器。这种情形在周代还是有。所以殷代的锡贝,可能还是作为一种实物,一种装饰品,没有货币的意义在内。

---

① 彝铭中的贮字作㊉。见商承祚《十二家吉金图录》。贮藏的对象自然是有价值的贵重品,这里是以贝来代表,可见贝在当时是一种贵重品。

② "丙戌卜贞,贝今日至,庚寅雨不?"(后藤朝太郎《龟甲兽骨文字ノ研究》,见《东洋学报》第四卷第一号)

③ 邑尊:"唯二月初吉丁卯公姞命邑治田乃邑蔑历锡马锡裘,对杨公姞休,用作囗彝。"(福开森编《历代著录吉金目酒器》)

④ 静卣:"……王锡静弓,静拜稽首,敢对扬王休用作宗彝……。"(《历代著录吉金目》)

⑤ 卯敦:"……锡女尊三龙毅宗彝一将宝锡女马十所牛十,锡于乍一田,锡于宫一田,锡于陂一田,锡于截一田,卯拜手稽手敢对扬艾伯休用作宝尊敦卯其万年子子孙孙永宝用。"(《历代著录吉金目》)

⑥ 同敦:"佳十又一月大王锡同金车弓矢,同对扬王休用作父戊宝尊彝。"(《历代著录吉金目》)

⑦ 宰椃角:"庚申王在东间,王各宰椃从易贝五朋,用作父丁尊彝,在六月佳王廿祀翌又五。"(《殷文存》下二三)邑斝:"癸巳王易小臣邑贝十朋,用作母癸尊彝,佳王六祀肜日在四月。"(《陶斋吉金录》IV. 32)

朋的单位，也不足以证明他是用作货币。朋字的起源对于贝的货币性似乎没有关系，他的本意大概是一串或两串相连①，后来才变成计算贝的单位。可是一朋到底等于多少贝，也没有一致的说法。有人说是两贝②，也有人说是十贝③，普通多以为是五贝④。两贝的说法，不大合情理，只要看朋字的书法，就可以明白。五贝的说法似乎也不合理，因为从朋（珏拜）字的书法来看，似乎应当是双数，如六贝八贝或十贝，但后来发展成货币之后，数目也可能变更，甚至以五贝为朋也可能。

周初锡贝的朋数比较多，就是不称朋的地方，也有到二百贝的⑤。称朋的地方最多到过百朋⑥。

周人的文化，比殷人落后。在古公的时候，还是穴居野处。因为接受与学习殷人的文化，五六十年之间，一跃而进入农殖的阶

---

① 彝铭中朋字作𢆉或拜（《博古图》）。也有作𠦪和开的（商承祚编金陵大学中国文化研究所丛刊《十二家吉金图录》）。

王国维说：殷代珏和朋是同一个字，因为玉和贝都是当时的货币，都是用绳索穿起来。后来一索玉则成为珏，一索贝则成为朋。（说珏朋，见《观堂集林》观三）

② 《说文》贝字下注说古者以二贝为一朋。

③ 王国维说："殷制五贝一系，二系一朋，因为古文朋字确象二系，而五贝不能为为二系。"（说珏朋）Harry E. Gibson 根据朋字在甲骨文和金文中的书法，也认为一朋是两串，分系在一根木棍的两端，而且说每串是十贝，所以一朋是二十贝。他又引续《文献通考》所转引的朱国祯《涌幢小品》关于南人用贝一索是八十贝为例证（The Use of Cowries as Money During the Shang and Chow Periods. p. 40. ）。他的主张虽然是苦心思索的结果，但只能供参考。元明间云南用贝同中国古代用贝可能没有直接关系。固然我们不能肯定地否认中国古代的用贝不是学自苗人，而苗人后退入西南，因此云南的用贝同中国古制有关。但我是倾向于认为云南在近代的用贝是受印度的影响。

④ 《毛诗》郑笺说："古者货贝，五贝为朋。"

⑤ 乙未敦："乙未飨事锡孚师贝二百，用作父丁尊敦。"（《历代著录吉金目》）

⑥ 周公东征鼎："唯周公于征伐东夷丰伯敷古咸，戋公归甃于周庙，戊辰禽秦禽公賚塑贝百朋，用作尊鼎。"（吴闿生集释《吉金文录》）

段,并夺取了殷人的统治权。在货币经济上看来,周初和殷代是属于同一个发展阶段的。仍是以贝朋为主要的支付工具。甚至可以说是真正的货币。因为《遽伯睘彝铭》所记遽伯睘作宝尊彝用贝十三朋的事①,俨然是记账的口气。

殷周间除贝之外,还曾使用铜为支付工具。铜器在殷代即已普遍,在周初生铜往往和贝朋一同作赏赐用,其次数之多,也仅仅少于贝朋。那时只称为金。起初这种生铜的赏赐,大概也没有货币的意义在里头,只作为铸造宝彝的原料或作为一种劳务的宝物报酬②。因为金属没有天然的单位,在重量单位制定以前,不便于用作货币。

铜的用作货币,也许是从仿铸贝壳开始。这大概是西周的事。铸造铜贝的原因,自然是因为真贝不足。但在铸造铜贝之前,还曾用别的原料磨制,最初似乎是用珧贝,有些珧贝连锯齿纹都没有。后来改用骨制,反而更像真贝,这种骨贝也有两种:甘肃西宁朱家寨发掘的有两个穿孔,河南一带通行的只有一个穿孔③,此外有蚌制贝石头贝等。珧贝和骨贝的先后还不应当作肯定的断语,但铜贝应当是最后出现。而铜贝也有几种:有些凸起得更像真贝,锯齿

---

① 遽伯睘彝:"遽伯睘作宝尊彝,用贝十朋又三朋。"(《历代著录吉金目》)

② 公违敦:"公违相自东在新邑臣卿锡金,用作父乙宝彝。"(《历代著录吉金目》)

③ Harry E. Gibson 只见到有两个穿孔的,他认为这是作装饰用的,因为便于缝在服饰上。若用作货币,则一个穿孔就够了。他这一说理由是有的,不过那是用现代人的精细头脑所想出来的理由。我仍觉得穿孔数目不同是依各地的习惯。滨田耕作说在山东省藤县发现的常有二孔,而河南省新安县出土的仅有一孔。又关于制作方面,前者稍稍精致,全体带圆形;后者切断面粗糙,贝面约有几分扁平。平行线长短不一,裁刻于纵线之两侧(中国古代贝货,见商务本杨铼译《古物研究》第三页)。

纹成曲线；有些则比较扁平，锯齿纹成直线①。

西周时已有重量单位，常见的有勻和寽。各国重量单位的发展，先是量大小，后来才根据植物种子的重量来决定。巴比伦、阿拉伯人和英国人是用小麦②，中国所用的种子是黍③，若干黍为一铢④，再由朱的倍数而发展出寽和勻来。

彝铭中锡金的数目，最多有到百寽三百寽⑤和十勻⑥的，这种例子，无从知道到底是作为实物赏赐，还是有点货币的性质在内。但制成贝币以后，有时就不称朋而称寽了⑦。至于曶鼎铭中所说

---

① 王国维在《古物图录》中说："前人古泉谱录，有所谓蚁鼻钱，予尝定为铜制之贝，然苦于无证。往岁于磁州得铜制之贝，无文字，则确为贝形。已又于磁州得骨制之贝，染以绿色或褐色，状与真贝有异，而有两穿或一穿，以便为系。最后又得真贝，摩平其背，与骨制贝状毕肖。此所图之贝，皆出殷墟，一为真贝，与常贝形颇异；一为人造之贝，似珧制，状与骨贝同，而穿形略殊。盖骨贝之穿在中间，此在两端也。合观前后所得始知初盖用天生之贝，嗣以其贝难得，故以珧制之，又后则以骨，又后则铸以铜。世之所谓蚁鼻钱间有文字者，验其书体，乃晚周时物，则传世之骨贝，殆在商周之间矣。"（《观堂集林》）

② 巴比伦的汉姆拉比法系以小麦为单位。英国在十三世纪时，一便士的重量等于三十二粒取自穗中央的圆而干的小麦。(Ridgeway, *The Origin of Coin and Weight Standards.*)

③ 《淮南子·天文训》中说："古之为度量轻重……十二粟而当一分，十二分而当一铢，十二铢而当半两……十六两而为一斤……三十斤为一钧……四钧为一石。"

④ 《说文》说，一铢是："权十分黍之重也。"又说："十黍为絫，十絫为铢。"

⑤ 禽殷："王伐楚侯，周公某禽祝禽又敗祝王锡金百寽，禽用作宝彝。"（《历代著录吉金目》）师旅鼎："……白懋父乃罚得叀三百寽，今弗克毕。……"（《历代著录吉金目》）

⑥ 守敦："佳五月既死霸辛未王使小臣守使于夷，夷宾马两金十钧，守敢对扬天子休命作铸□中宝敦……。"（《历代著录吉金目》）

⑦ 毛公鼎："……以乃族扞御王身，取贝（原字为賨）世爱。……"（《历代著录吉金目》）（郭沫若说是宣王时的作品。）

稿卣："稿从师雝父戍于古自蔑曆易贝卅寽，稿拜稽首……"。（郭沫若《西周金文辞大系考释》）

的百孚①,不问是铜贝也好,生铜也好,其为用作货币,是无可怀疑的了。这种发展,和世界货币史的发展是一致的。人类使用金属作货币的初期,总是以重量为标准的。如埃及和希伯来的金银,罗马的铜。罗马最和中国相像,不但两者是用同一种金属,而且时代也差不多。

黄金在中国的发现,应当是很早的②,即使不在铜之先③,也应在同时,因为河畔沙砾中常常有天然的金块金粒。中国在殷代,便有在彝器上错金的事。在安阳和新郑发掘的彝器中有错金银的实证,而且在新郑的发掘品中还有打了凸凹花印的金叶④。而且还有金贝和贴金贝的出土。

有些书中将龟贝⑤或贝玉⑥并称,说龟贝和贝玉都是古代的

---

① 舀鼎:"惟王四月既生霸辰在丁酉,井叔在异为□□事及小子㪣以限讼于井叔,我既卖女五□□父用所马龟丝(兹)限诏曰质则卑我赏马效□□卑复龟丝□质效父乃诏㪣曰于王参门□□木枝用债徒卖丝五夫用百爰非之五夫□□词乃质又词众□金……"。(《历代著录吉金目》)(郭沫若断定为孝王时器,见《十批判书》第三十六页古代研究的自我批判。)

② 中国古书中对于黄金的起源说得很早。管子引伯高对黄帝的话说:"上有丹砂者,不有黄金。"(《管子·地数》)。司马迁说:"虞夏之币,金有三等,或黄或白或赤。"(《史记·平准书》)《尚书·禹贡》有"厥贡惟金三品"的话。

③ 外国发现黄金有在铜之先的。(见 A. R. Burns, Money & Monetary Policy in Early Times.)。

④ 安特生(J. G. Anderson)在其 The Goldsmith in Ancient China (Reprinted from the Bulletin of the Museum of Far Eastern Antiquities No. 7 Stockholm, 1935.)中对于汉以前的彝器错金银花纹的事有许多例证和详细的说明。

⑤ 《周礼·大行人》:"其贡货物"注,"货物龟贝也"。郭璞文贝赞:"先民有作,龟贝为货,贵以文彩,贾以大小。"

⑥ 《尚书·盘庚》:"兹予有乱政同位具乃贝玉,"同书孔传:"乱治也,此我有治政之臣,同位于父祖,不念尽忠,但念贝玉而已,言其贪。"

货币①。这种话并不是毫无根据。彝铭中的确有锡龟②锡玉③和锡圭④的事,但这些只是一种实物的赏赐,不能看作货币。龟壳在古代用于卜,是一种贵重品,不是货币,汉朝已有人说是:"货贝而宝龟"⑤。至于玉,乃是一种美石,质硬难雕,非常贵重。在古代为贵族阶级用作瑞品或礼器,也作佩带用,有一定形式;而且其形式和花纹往往表示佩用人的爵位或身份,就是在贵族阶级之间,也不能随便使用。至于一般人民,自然不能享受。当时有所谓"匹夫无罪,怀璧其罪"⑥的话,有这样的严格限制,怎样可以作流通工具呢?

三 贝的种类及其来源

贝的品种,据现在所知而尚生存着的,有一百五十种以上。生长于浅水中,以印度洋太平洋一带为最多。

世界各洲的人,多用过贝。但各地各民族所用的贝,却不完全一样。美洲阿拉斯卡和加利福尼亚的印第安人所用作货币的贝是大牙贝(Dentalium pretiosum)⑦。澳洲北部各部落间所用的贝,互不

---

① 班固说:"货谓布帛及金刀龟贝"(前《汉书·食货志》)。王国维根据《尚书·盘庚》的话以及根据宝字的结构,说:"殷时玉与贝皆货币。"(《观堂集林》说珏朋)这是不明白货币和财富的分别。宝字虽是从玉从贝,但宝并不一定是货币。

② 文姬匜:"丙寅子锡龟贝用作文姬已宝彝,十一月有三。"(《历代著录吉金目》)

③ 鸟且癸毁:"钖钖鸟玉,用凵且癸彝毁"。(同上)

④ 师遽方尊:"……锡师遽瓒圭一环章三……"。(同上)齐侯中罍,"……天子用璧玉备一……"(同上)。

⑤ 见许慎《说文》和扬雄《太玄篇》。《礼记·礼器篇》也说:"诸侯以龟为宝。"

⑥ 《左传》。

⑦ 印第安人所用的贝叫 tusk-shell,学名叫 Dentalium pretiosum,有时候二十五个穿成一串,约有六英尺长。

相同,互不通用。亚洲有些地方是用环贝(Cyprea annulus)。但货币上用得最普遍的是中国旧时所谓的齿贝,学名叫货贝(Cyprea moneta),即用作货币的贝的意思。

关于中国古时所用的贝,据有些参与过发掘工作的人说[1],"货币多用咸水贝,装饰多用淡水贝"但咸水贝种类多得很,究竟是哪一种或哪几种咸水贝,却没有说明。另外有人说[2]中国用的是货贝,并且是用物物交换的方式从南洋得来的,甚至说连中国的贝字也是几千年前从南洋借来的。

中国曾经用过货贝,这从各地的发掘已得到证明[3]。但中国古代所用的贝,是否只限于这一种呢?这一点似乎有讨论的余地,因为有两点使人怀疑的地方:

第一,甲骨文和金文中贝字的写法[4],有些如 、 与其说像齿贝,不如说像中国河塘中的蚌,即双壳贝,而和各地所发掘的铜器上的贝纹的图案不一样,铜器上的贝纹确是齿贝。而贝字的书法则不尽相同。我们不能说这些贝全是作装饰品用的。

第二,从文字的记录上也知道中国所用的贝,不止一种。古书

---

[1] 李济:《安阳最近发掘报告及六次工作之总》估计第五七五页。
[2] 郭沫若:《十批判书》第十六页。
[3] 在仰韶时期的坟墓中,有时发现货贝,例如在仰韶村即曾在骷髅旁发现真贝,另在朱家寨则发现骨贝。新郑也发现真贝(J. G. Anderson, *Children of the Yellow Earth*, p. 323.)。
[4] 孙海波《甲骨文编》贝部有下列各种写法: 、 、 、 、 、 。王楚,宣和博古图中有下列各种写法: 、 、 、 。薛尚功,钟鼎款识中有下列各种写法: 、 。商承祚,《十二家吉金图录》中有下列各种写法: 、 、 。于省吾,《双剑誃吉金图录》中有下列两种写法: 、 。

中提到的有大贝①、紫贝②、玄贝③等④。根据书中的记载,在这些贝里头,至少大贝和紫贝,是曾用作货币的。虽然有人说大贝即是紫贝⑤,但大贝绝不是货贝。

所以我们不能说除货贝以外,其余的贝都是用作装饰品。否则古代造字的人,就同实际生活不联系,那真是闭门造贝了。不过货贝大概是最通行的一种贝。这一点我们从各种仿制品上找得证明。

为什么古代所用的贝不止一种呢？我们有两种解释：第一,中国古代用贝的时候,还是一种氏族社会,全国分成无数的小部落,每个部落的人口只有千把几千人⑥。这些部落所用的贝,并不完全

---

① 《尚书·大传》:"文王囚于羑里,散宜生之江淮之浦,而得大贝,如车渠,以纣。"同书顾命:"大贝蠡鼓在西房"(孔安国注曰大贝如车渠,商周传宝之)。太公武韬:"商王拘西伯昌于羑里,太公与散宜生以金千镒求天下珍物而献之,……九江之浦,得大贝百朋。"(《上古三代文》)《春秋运斗枢》:"瑶光得江吐大贝。"

② 《楚辞·逢纷》:"紫贝阙而玉堂注。"毛诗义疏:"贝龟之属,又有紫贝,其白质如玉,而紫点如文,皆行列相当,大者有径一尺六寸,今凡真交阯以为杯盘,宝物也。"唐刘恂《岭表录异》:"紫贝即蚜螺也,儋振夷黎海畔采以为食。南越志云,土产大贝即紫贝也。"

③ 《盐铁论》:"币与世易,夏后以玄贝。"

④ 《尔雅》:"贝居陆赎,在水者蜬,大者魧,小者鰿。玄贝贻贝,余貾黄白文,余泉白黄文,蚆博而頯,蜠大而险,蟦小而椭。"《山海经》:"阴山渔水多文贝,邽山濛水多黄贝。"《康熙字典》贝字下引相贝经:"……贝盈尺状如赤电黑云曰紫贝,赤质红章曰珠贝,青地绿文曰绶贝,黑文黄画曰霞贝。下此有浮贝、濯贝、嫖贝、慧贝。"《太平御览》引《广州志》:"贝凡有八,紫贝最为美者出交州,大贝出巨延州,与行贾贸易。"同书引徐衷《南方记》:"班贝赢大者围之得六寸,小者围之得五寸,在于海边,捕鱼人时有得之者。大贝出诸薄巨延州,土地采卖之以易绛青。"

⑤ 《岭外代答》卷七,大贝:"海南有大贝,圆背而紫斑,平面深缝,缝之两肩有横细缕陷生缝中,本草谓之紫贝。亦有小者,大如指面,其背微青,大理国以为甲胄之饰。且古以贝子为通货,又以为宝器,陈之庙朝。今南方视之,与蚌蛤等。古今所尚,固不同耶"。

⑥ 《通志》:"禹平水土为九州,有民千三百五十五万三千九百二十三口。涂山之会执玉帛者万国。夏之衰也,逮成汤受命,其能存者三千余国。商德之衰也,逮周武王受命,定五等之封,有千七百七十三国。"(食货一历代户口)又说周公相成王时人口是一千三百七十万四千九百二十三。以此计算,则夏禹时每国平均只有一千三百五十五人。周初也不过七千多人。

相同，和澳洲北部的情形一样；第二，贝壳的使用，和中华民族的变迁有关系。有人以为中国现在民族来自西北①，将原有民族驱逐。这一说的是非虽没有在这里讨论的必要，但证诸世界其他民族的情形，货贝的产区以热带海岸为主，而且使用货贝的，也以热带民族为最多，所以中国的使用贝壳，可能是原有民族的遗制，原有的苗族可能是由南洋一带移来的。西北民族侵入之后，渐渐学会使用贝壳。后来因为排挤原有的苗族，热带海岸的货贝来源减少，乃采用其他种类的海贝或甚至淡水贝或蚌。周口店山顶洞曾发掘出小海蚌三枚和许多淡水贝的碎片②。

中国沿海，并不是完全不产货贝。有人曾提到山东沿海的货贝③，殷民族正是活动于渤海沿岸的。而且现代贝类的分布，同古代不一定完全相符；古代中国北部有象，现代则南方也没有了。而货贝则至今还盛产于台湾。古代的中国人同东南的人民，自不免有接触，那么不但东南的贝会输入到中原去，即南洋的贝间接流到中国来，也是可能的事。

至于其他的贝，中国的江海中多有出产，除典籍中的记载外，近年在山东黄县龙口附近④以及东北的芦家屯附近⑤曾发现许多贝

---

① 如 Terrien La Couperie 等人便力主中华民族系来自小亚细亚。
② 裴文中：《周口店山顶洞之文化》。
③ Couling 在中国百科全书中曾提到山东沿海的货贝（Encyclopaedia Sinica, article cowries.）。
④ 驹井和爱说在山东黄县龙口附近的贝冢，发现有十几种不同的贝。他说："本贝冢を積成すち貝殻は，マガキ，ツメタガヒ，アカニシ，アサリ，ウネウラシマ，ィボウミニナ，フトヘナタリ，ヘソアキクボガヒ，クボガヒ，サルボウ，カキ等，"（《东方学报》第一册昭和六年三月，《山东省黄县龙口附近貝冢に就いて》）
⑤ 《滨田耕作说》：在东北芦家屯附近也发现许多贝冢，其中有各种土器，土偶，铜制器具，五铢钱等。其中岛村所发现之贝冢有许多管玉（白色炼制），小玉（玻璃），子安贝（即货贝）十二个，好像是颈饰。（《东洋学报》第二卷第二号支那古代の貝货に就いて）

冢,有各种各样的贝。古书中有以贝为名的地方,如贝水①,这种地方大概是产贝的。

第二节 货币经济的确立

一 春秋战国时期的货币形态

周室东迁以后直到春秋末年那两三百年间,中国人大体上是生活在一种封建社会中,自给自足的色彩异常浓厚,如果有交易,也多是抱布贸丝②。如果有支付也多是握粟出卜。西周及以前的贝币没有进一步的发展,而且真贝在市面大概已经绝迹。各种支付多使用币帛和生铜等。周礼所载廛人所掌的各种布,如㡛布、总布、质布、罚布、廛布等,应当是布帛的布,不是刀布的布,更不是什么信用货币;用布帛纳税在中国历史上是常见的。

币帛在春秋时代,是一种重要的支付工具,尤其在统治阶级之间。中国的货币这一名辞,是"货"和"币"两种不同的东西的总

---

① 《国语·楚语下》第十八:"昔齐驺马繻以胡公入于贝水。"
② 《诗·国风·卫》:"氓之蚩蚩,抱布贸丝,匪来贸丝,来即我谋。"向来有人说这里的布是指刀布的布,而不是指实物交换。当时铲币或许的确已出现,而且统治阶级手中可能有大量的铲币,但如果说蚩蚩之民也能抱着一束一束的空首布去买丝,未免把当时的社会太理想化了,把货币经济看得太发达了。而且铲币的称为布,似为战国时期的事,西周时未必有这雅名。战国以前文献中的布字,都不能令人信服地解作刀布的布。认为抱布贸丝的布是指布帛之布,并不等于否认当时有货币流通和有铲币的流通,因为几千年以后还有实物交换的事例呢。

50

称。周礼的九贡中,有币贡和货贡之分。币贡指皮帛,货贡指珠贝。周末用币帛的时候很多,例如:祭神①、卜筮②、丧祀③等,天子以币帛待宾客④,诸侯以币帛献天子⑤。传说禹合诸侯于涂山,执玉帛者万国⑥。私人间的馈赠以及国与国的往来,多是以币帛为工具。所谓主人酬宾,束帛俪皮⑦,所谓事之以皮币⑧,都是这个意思。就是庶人的嫁娶,也要用币帛⑨。

近代中外一些学者,由于误解"皮币"两字的意义,以及硬想把外国的历史套在中国的历史上,说中国古代曾使用过以兽皮制造的货币或以兽皮为货币,甚至有人更具体地说是以牛皮为货币⑩。这是不确的。在先秦文献中,皮币两字虽然不止一次出现在一起⑪,但

---

① 《周礼》一《天官大宰》:"及祀之日,赞玉币爵之事。"
② 《周礼》十九《春官小宗伯》:"若国大贞,则奉玉帛以诏号。"
③ 《公羊传·隐公元年》:"丧事有賵。"
④ 《周礼》一《天官大宰》:"以九式均节财用……六曰币帛之式",注(谓若赐劳宾客也。)
⑤ 《书·康王之诰》:"王出在应门之内,太保率西方诸侯,入应门左,毕公率东方诸侯,入应门右,皆布乘黄朱,宾称奉圭兼币。"
⑥ 《左传·哀公七年》。
⑦ 《仪礼二·士冠礼》。
⑧ 《孟子·梁惠王》下:"昔者大王居邠,狄人侵之,事之以皮币……。"
⑨ 《周礼》十四《地官司徒》下:"凡嫁子娶妻,入币纯帛,无过五两。"
⑩ 摩斯(H. B. Morse)在其 The Trade and Administration of China(1913)第一一七页说中国古代曾以有铭文的兽皮为货币。这明明是把西汉武帝时的皮币看作远古的东西,正和其他外国学者把王莽的刀布看作春秋战国时的刀布一样。他们对于中国历史是弄不清楚的。但中国人也有相信这一说的,如卫聚贤(中国的软币)便是一例。
⑪ 先秦文献中提到皮币的相当多。《国语·齐语》有"审吾疆场,而反其侵地,正其封疆,无受其产,而重为之皮币,以骤聘眺于诸侯。"《礼记·月令》:"是月也、祀不用牺牲,用圭璧,更皮币。"《管子·山至》:"而诸侯之皮币不衣,……皮币不衣于天下内国俱贱。"《墨子·鲁问篇》:"厚为皮币,卑偏礼四邻诸侯。"又《尚贤篇》:"外有以皮币与四邻诸侯交接。"此外《史平准书》也说:"古者皮币诸侯以聘享。"但朱熹在孟子的集注中就说:"皮谓虎豹麋鹿之皮也,币帛也。"可见古人对于这点是没有误解的。《史记·秦纪》有"缪公闻百里傒贤,欲重赎之,恐楚人不与,及使人谓楚曰:吾媵臣百里傒在焉,请以五羖羊皮赎之,楚人遂许与之"的话,这里的羊皮俨然是货币的样子,但实际上在当时还是当作一种实物。

所指是皮和币两种东西:皮是兽皮或皮毛,不一定是牛皮;币是币帛,不是货币。皮币两种物品在当时也只是作为支付手段,不是作为正式的货币。

金属在中国虽使用得很早,但在青铜器盛行的时候,各种支付,多是用贝,至少是以贝为主。这在现代看来,似乎难以理解。现代冶金术发达,而且各种迷信,多已破除,大家都觉得金属比贝壳更适于作货币用。贝壳的优点,金属多具备,而金属的优点,贝壳却没有。例如金属的分割性,贝壳便没有。但当时商业行为还是在原始的阶段,交易的次数既不多,交易量也小,价值观念,也没有现代这样发达。而且因为技术上的关系,金属的分割性,也不能充分地加以利用。而贝壳在当时的最大优点,是他有天生的单位,金属因为没有天生的单位,所以没有马上取得货币的地位。

金字在春秋时代还是指铜。当时典籍中讲赐金或求金,并不当作货币,而是作为一种使用价值,一种铸造武器或其他器用的原料。例如鲁僖公十八年楚子赐金于郑伯,事后怕他用来铸造武器,乃同他结盟,约定不许铸造武器,郑伯于是用来铸造乐器①。又如文公九年,毛伯卫求金的事,恐怕目的也是想造兵器。当时各国穷兵黩武,铜的重要,在其为兵器的原料。王孙圉说,"金足以御兵乱,则宝之"②。管子也说"美金(铜)以铸剑戟,试诸狗马"③。大抵当时铜是一种大家需用的实物,所以用作支付工具,但受者多用来铸器,并不一定用来流通。

用铜作为支付工具,是有法律上的规定的。当时的罚锾赎罪,

---

① 《左传·鲁僖公十八年》。
② 《国语·楚语下》第十八。
③ 《国语·齐语》第六。

多是用铜。《周书·吕刑》有"墨辟疑赦,其罚百爰,阅实其罪"。《尚书·甫邢》有"宫辟疑赦,其罚五百馔"。《管子·小匡》有"制重罪入以兵甲犀胁二戟,轻罪入兰盾鞈革二戟,小罪入以金钧,分宥薄罪,入以半钧。"

管子的话,说明武器也是支付手段。这在统治阶级看来是很有用的东西。在民间,自西周到春秋那一段期间,大概使用生产工具为流通手段和支付手段。因为随着农业的发达,生产工具的重要,自然要大于装饰品的贝壳,所以在交换的过程中,有些器具如刀、铲和纺轮等就会发展成为一般等价物,在某一地区,某种生产工具用的最多,这种生产工具就变成这一地区的货币。至于为什么大家不继续用贝,而用生产工具呢?大概因为真贝的数量不多,不够应付日益增加的需要。

世俗所称蚁鼻钱的,可能是铜贝的高级形态。但关于蚁鼻钱,古籍中完全没有记载。钱币学家认为是楚国的货币,因为多在南方出土,而且文字是阴文,和中原的货币完全不同。蚁鼻钱的形状是正面凸起,背面平。重量自二公分许到四五公分。依上面的文字而可以分为许多种。最普通的是所谓鬼脸钱,因为钱身为椭圆形,而且上面有罢的阴文,看来的确像人面,但实际上下面的口乃是穿孔,而咒可能是古文贝字(𦣹)的变形①。其次是所谓各六朱,因为上面的文字(粲)好像是"各六朱"三个字的连写,同时又像一双蚂蚁,加上鬼脸上的高鼻子,据说这就是蚁鼻钱名称的由来。也有人说真正的蚁鼻钱是指各六朱一种。总之鬼脸和各六朱这两种是最常见的。此外还有"君"字、"匋"字、"圻"字、"全"(金)字等。

---

① 吴大澂:《权衡度量实验考》。

春秋年间所演进出来的货币,而通行于战国期间的,主要有三大体系,即布币、刀币和环钱。

布币是由农具铲演变出来的,可能是镈字的同声假借字,镈是古代农具的名称。但后人以为布字是取其流布的意思,大概出于附会。布币的发展,经过两个重要的阶段,第一个阶段是铲形,首空可以纳柄,所以称为空首布。第二个阶段,布首已不空,而变成平实,所以可称为平首布。过去的钱币学家把这两个阶段的布币并立,作为分类的根据,那是不妥的,应当从时间的先后来看,不应当看作同时流通的两种布币。

空首布中又有许多种类,其中有些也是代表发展上的先后。最早的是一些特别粗大的布,身长连首有在五寸身宽三寸以上的①,而且纳柄的空心一直通到布身的腹部,肩圆底平,两面都没有文字,同农具的铲最为接近。这种古布不会是西周以后的东西。也有肩平底圆的,比较小。这种布出土很少,但也可能在出土后,被人作为铜料熔化了。大概是由正式农具演变成货币的过渡形式,也可以说是最早的布币。

另有一种大型的空首尖足布,两肩上耸,两足尖,两面也多无文,布首特别长。这种布出土比较多,而且形制比较整齐划一,时代可能比前面一些布稍晚,但更可能是使用地区不同。

普通的空首布形状比较小,最大的重约三四十公分,普通的在三十公分以内,小型的在二十公分以内。都有文字。这种布币大概流通于春秋时期的关洛一带,一般人认为是周制。但货币的产生是自发的,不是周朝政府制定的。这点由币形的不一致和币面

---

① 图见《古泉汇》。

文字的内容可以看出来。

普通空首布据其形状有平肩和斜肩,底部既非平底,也不是尖脚,而成一种弧形。据其文字的数目则有一字和多字;据其文字的内容则有纪数、纪干支,以及其他意义尚不明的文字。记数的文字自一到十都有;这种数目字不必一定是指重量或价值,可能是一种记号。纪干支的也相同,不必一定是纪年份。另外有许多字如上、下、土、贝、金、城、松、武、戈、平、行、周、雨、朋、羊、大、公、日、君、鸟、是、谷、西、刀、州、田、古、山、白、止、阳、高、武、木、屯、留等,有几十百种,不知是什么用意,其中有些字可能是纪地名的,如屯字留字鸟字等;另外有许多字不可识。历代钱币学家,虽多方钻研揣测,但不能得到一致的意见。

空首布中,有些比较小型的,上面有两个字,如济釿、邺釿、安臧、东周、同是、武安、官考等,大概多系地名;这可以说是后出的。另有一种有四个字的,旧释为棘甫小化,除了地名之外,似乎还有纪值的意思;这大概是最晚的空首布了。

空首布在春秋时期大概还是一种民间的东西,当时文献中也不提,譬如古诗里虽然提到贝朋,却没有提到刀布。《卫风》的所谓抱布贸丝,是指布帛之布,是实物交换,不是指刀布的布。《周礼》所载的布,也是布帛的布,不是刀布的布。铲币的称为布,大概是在战国期间的事,那时布币已广泛地通行,因而受到统治阶级的重视,名之为布。管子书中所提的"市正而不布""束布之罚",才是指刀布的布。

到了战国时期,在布币的形制上,发生了一次重大的变革,由空首变为平首,由大变小;这是合乎发展规律的。平首布中也有大型的,但数目很少,而且也没有空首布那样大。

战国时期的布币,种类繁多。从形制上讲来,大致可以分为四类,第一是尖足布,第二是方足布,第三是圆足布,第四是杂形布。这些布币不但形制上不同,流通地区不同,而且流通时期也可能有先后。不过这种先后不是承继性的,而是交织着的。

最早的平首布,似乎是尖足布。这种尖足布大概是从那种空首尖足大布蜕化而来的,流通地区偏于北方,以赵国和魏国为主。空首尖足大布连首中的黄土重约三十七公分,平首尖足布大型的重约十三公分,小型的只有六七公分,而且铜质很脆。

尖足布上都是有文字的,以两个字为最多,差不多都是地名。可以确定为赵国的有甘丹(即邯郸)、晋阳、武安、兹氏、闵(即蔺)和离石;属于魏国的有平周、皮氏、中阳、莆子;此外还有大阴、平州、西都、武平、寽邑、商城等。其中甘丹、闵、兹氏、大阴、晋阳等有大型的。这些大型的尖足布都是赵国的。而且在发展上看来,似乎是先有大尖足布,然后才有小尖足布;因为有些小尖足布上还铸明作半枚用。例如闵和兹氏两地所铸的尖足布,大型的上面只有闵字或兹氏两字,而小型的则为闵半或兹氏半等字样。可见最初的小布是作为大布的一半铸造出来的,后来小布适于流通,就成了标准的单位了。同时也可以看出:尖足布是由赵国开始铸造,而为魏国一些地区所采用。尖足布的背面往往有数目字。

方足布似乎是从尖足布发展出来的。这从豕韦小布上可以看出来。尖足布的特点除了足尖而外,还有布首的两道平行的直纹,普通方足布只有一道纹,但豕韦布有两道竖纹,而且两足虽是方的,可是现出尖足的痕迹,布身也比普通方足布窄,和尖足布相像。这就说明,有些地方觉得尖足布的流通不顶方便,因而改为方足;当然并不是说在方足布出现以后,尖足布就被淘汰了,有些地区还是保留尖足布的形式的。

方足布是最通行的一种布,形状比尖足布要小,每枚平均只有五六公分重,铜质比尖足布坚韧。铸造这种布的地方有安阳、平阳、中都、中阳、闵、离石、长子、屯留、高邑、戴垣、平周、皮氏、高都、莆子、北屈、梁邑、宅阳、乌邑、露、大阴、齐贝、同是(铜鞮)、子邑、平阴、示邑、曾邑、朱邑、涅、辛邑、鲁阳、丰邑、涿等,还有许多不可识的地名。大体上也是属于赵、魏、韩三国。其中以安阳、平阳和宅阳等地铸造得最多,他们大概是当时的商业中心。其中安阳和梁邑有大型布,重为小布的一倍。但性质可能和大尖足布不同,而是作为小布的倍数。小布的背面多没有文字,只有戴垣等布是例外。此外有戈邑、益昌、缠平、阴平、匋阳等布,虽可归入方足布一类,但形制上有点特别。戈邑布比较大,益昌布和平壤布比较小,而匋阳布则比较厚。益昌布和莆子布有铅质的。

圆足布的种类和数量都少。他的特点是圆肩圆足圆裤裆。铸造地方有晋阳、兹氏、闵、离石、大阴等。一般圆足布首是不应有竖纹的,而晋阳、兹氏和大阴的布首也有两道竖纹,而且两肩和两足的圆味也和其他圆足布不同,所以圆足布也可能是从尖足布蜕化出来的。甚至离石布也有两道竖纹的。

圆足布有大小。譬如离石布,小的重约九公分,大的十八公分。闵布则大小种类很多,似乎没有一定的等级,每枚自七公分到十八公分。也许曾发生减重的事,以致大小轻重错出。圆足布正以闵字布为最多,形制上也有大的差别,有些是小裤足管,而且张得很开。

圆足布中,有带孔的,在布首和两足上各开一个圆孔,所以一般钱币学家称为三孔布。这种布币的铸造地方为鲁阳、上𫝏、下𫝏、上苑、𫞩、安阳等地。除了三孔以外,背面也有特点。普通圆足布背面多有数目字,而三孔布的背面却有纪重或纪值的文字,大布背面为一两字,小布为十二朱。因此三孔布在中国的货币史上有其特殊的重要性。他是最早的铢两货币,和秦国的币制相衔接。因此他可能是战国末期的货币,也可以说是布币中最晚出的。

上面三类布币,一向被钱币学家认为是正统的。其余的布币,都被称为异形布。其实在这些杂布中,有些也是自成体系的。其中最值得注意的是爰字布和釿字布。

爰字布是魏国的大梁所铸,是布币中文字最多的。有两套:一套是"梁正尚金当爰"和"梁半尚二金当爰",前者分为有郭和无郭两种,每枚重约十三公分半;后者都有郭。另一套是"梁充釿金当爰"和"梁充釿五二十当爰",前者重约十八公分,后者二十九到三十公分,都没有外郭。但背面间或有阴文充字。这两套布在形制上有一点区别:第一套裤裆接近裤足,第二套裤裆比较深。据古代文献的记载,爰是重量单位,大概和孚是同一字。但在这些布币上似乎是用作价值单位。即使是指重量,也和文献中所记古爰的重量不符①。至于这里的爰同楚国的金爰有没有关系,那是值得进一步研究的问题。

和爰字布形制相同的有山阳布,特别是和第二套相同。山阳布分大小三种,正面中间有一道直文自布首到裤裆底。山字在左、阳字在右。有一种背面有阴文山阳二字的反文,即所谓传形。山阳布遗留下来的很少。

釿字布大概也是魏国的货币。可能有别的国家仿铸过。铸造

---

① 古爰的重量有各种说法:第一是三锊重一斤四两说。《说文》锊字下说:"周礼曰重三锊,北方以二十两也。"这里是说三锊合北方的二十两。后人把这两句话分裂开来,以为北方以二十两为锊。《康熙字典》便犯了这种错误。后人根据《康熙字典》就增加了一种二十两说。第二是六两说,小《尔雅》说:"倍举曰锊,举重三两。"其实这一说大概是上面一说的变化。第三是十铢二十五分之十三说。见《说文》锊字下。

这种布币的有安邑、蒲板、晋阳、阴晋、虞、垂、大梁、垣、共、京等地。釿字布的形制，主要有两种，一种是圆肩圆裤裆，和第二套爰字布相同，如安邑布、虞布和共布。另外一种是方肩圆裤裆，如梁布、蒲板布和阴晋布。可是晋阳布和京布两种形制都有，而垣布则又不属于这两种形制，他是方肩，下部又和第一套爰字布相同。另外还有一种鄢氏布，和垣布相仿，但是斜肩。釿字布一般分为三个等级，即半釿、一釿、二釿，而冠以地名，如安邑半釿，安邑一釿，安邑二釿，但并不是所有各地的釿字布都有三个等级，垣布只有爰釿一种；共布和鄢氏布只有半釿，也许其他等级的布尚未发现。釿字被过去的钱币学家释作金化，也有释作斤金二的，其实是一个字，而且大概是价值单位。釿字曾见于周坪安君鼎，空首布中也有郲釿和济釿，只因说文把他解作剂断的意思，于是原来的意义就不为后人所知，而釿字也几乎成为废字了。各种釿字布的重量多不一样。安邑一釿重约十七公分，二釿重二十九公分。梁一釿重自十公分到十六公分。蒲板一釿重约十二公分。虞一釿重约十三公分。京一釿重约十一公分。这些重量只是根据实验得来的，自然不是标准重量。釿字布中以安邑布为最多，但半釿的一般都少见，形制也不同，大概半釿和一釿二釿布不是同时铸的。

另一类异形布是圻字布。在徐州附近一带出土，包括安徽的宿县、符离集和江苏的萧县和砀山。因此有人说是宋国的货币。但也有人说是秦末楚人所铸。圻字布有两种，一大一小，文字都奇特，大的一面是"殊布尚圻"，过去释为殊布当圻，也有人释为沛钱当圻；另一面为"十㺇"，一般都释为十货。小的一面为"甲卩"，另一面为"畲圻"，但这种小型的往往是两枚联在一起，即双足相连。这一套布币论制作应当是战国末年的东西，文字离奇难识，不应当在秦始皇统一文字之后。而且圻字和蚁鼻钱上的圻字一样,所以两者或有联系,或同时,或先后相承。可能是楚国由蚁鼻钱过渡到布币以后的货币,因为圻字布制作精整,而圻字的蚁鼻钱则是很粗率的。然而圻字蚁鼻钱重量不过三公分,而大型圻字布则有三十七公分重,两者不可能是平价的。或许楚的邻国铸圻字布,而楚国用圻字蚁鼻钱来与之相抵么?又这种圻字布和上面的釿字布是不是有联系呢?有什么联系?是不是代表一场货币政策上的斗争呢?这些都是需要进一步研究的问题。大型圻字布有铁质的。只见一枚,锈色似乎古旧,但仍不能断定其为当时的东西。

此外还有一些零星的布币,如分布、涅金、垂字布等,在形制上各有其特点。

这些杂布应当都是布币中比较晚出的东西。因为就制作上讲,他们比较精整。虽然比尖足布和方足布厚重,但厚重的货币不一定早。就文字来说,他们字数多,而且除地名外,还有货币单位或重量单位,从先秦钱币发展的规律上看来,似乎应当是晚出的。不过空首布中,也有釿字,这就把问题弄得复杂了。也可能他们和尖足布方足布同时而流通地区不同。

刀币体系很明显是由实用的刀演化出来的,原形未变。近代小屯等地有各种大小形状的刀出土,柄端有环,柄身有裂沟;后来的刀币都保留了这两种特点。刀币的流通范围没有布币广,偏于北方和东方。大概古代中原的人以农殖为主,所以用农具为货币;东北部东部的人们多从事渔猎,所以用刀为货币。

刀币根据形状主要分为大小两类。大刀是齐国的货币,小刀主要是燕国的货币。但小刀中种类很多,有针首刀、尖首刀、明刀、圆首刀等。

针首刀是一个新名辞。这种刀是一九二二年在热河承德地方出土的，一九三七和一九四一年又有出土，因其为匈奴故地，有人名之为匈奴刀。他的特点是刀首特别尖，尖得像针一样，所以称之为针首刀是名副其实的。刀身也比较短而薄，每枚重约七公分。虽然出土几次，却都是绿锈斑剥。多数没有文字，少数一面有文字，或纪数、或纪干支、或纪禽兽器用名如鸟鱼戈等，笔画简单，书法古拙，多象形文字。甚至有人说像甲骨文。从形制和制作上看来，这种针首刀应当是最早的。他的轻薄不是粗制滥造减重的结果，否则刀首决不会那样尖，这对于流通是很不方便的。他的多数没有文字，也说明他的早。至于他的绝对时代，则还有待于进一步发掘研究。大概和空首布同时，可能是西周时的东西。可能是在中国人同匈奴人或东胡人的贸易中产生的，而且刀形可能是仿匈奴人或东胡人所用的刀。我们只知匈奴人有身带小刀的习惯，但他们的刀的形状还不知道，这有待于进一步研究。

尖首刀的形制比较长大，实际上这种刀币本身又有大小，但制作都很精整，每枚重约十六公分。多数有文字，或在面，或在背，如行、土、化、吉、工、大、丁、上、中、下、立、于、王、井、氏、易、城、木、水、生、公、日、闵、工化、郱化、非一、文一、六一、八一、八木、丙七等，还有一些不可识的文字或标记。这些文字中，有些应当是地名，另外一些大概只是标识。尖首刀的时代应当晚于针首刀。

明刀是刀币中数量最多的，成千地出土，出土范围也最广，远到沈阳的义州，朝鲜和日本也有出土。他的形制类似尖首刀，而制作没有尖首刀那样工整，这是因为大量铸造的结果，所以明刀很可能是由尖首刀演化出来的，背面的文字，也和尖首刀有许多共同的。明刀的特点在于刀面上的一个字，这个字千变万化，但他是同一个字的变化,这是肯定的。至于到底是什么字,甚至是不是字,那是历来钱币学界所争论不休的问题。一般认为是明字。但另外有人说是召字,因为字形是从刀从口。支持这一说的人现在已不多了。又有人说是易字,因为在易州有大量出土,而且字形也像易字,易字是从日从月。主明字说的人说这是赵国明邑所铸的刀,而文字也像明字。赵刀之说是不妥的,他是燕的货币,这是肯定的,但一般人多用明刀的名称。明刀的背文最复杂,有一个字的,有多字的。一个字的有匕、行、工、干、吉、王、文、大、立、古、方、同、君、长、邑、上、下、中、左、右等以及数目字;多字的有四类,这是按其第一个字来分,即左右ㄖ外四个体系,其中左右两类最多,如左三、右匕、外壬、金乙等,不尽可识。大概一个字的在前,他同尖首刀接近,大小轻重也差不多。多字的是后铸的,数量也最多,而且文字是草书。这种明刀大概流通于公元前第四世纪末或第三世纪初,是燕国国势最强盛的时候,因此才流通到外国去。明刀的形制大致可分为两类:一类刀身圆折,这是最接近尖首刀的,背面多是一个字,应是初期的东西。另一类刀身方折,和古磬相像,钱币学家称之为磬折刀。此外山东博山曾出土一种明刀,刀身也是圆折,可是明字书法与众不同:普通明刀的明字圆转而小,博山刀的明字方折而长大。博山刀是齐明刀,其他明刀是燕明刀。齐明刀的背文也不同,有田、匕、齐化、城白等,另外有些有三个怪字,有时作"䈪厷鸟",有人释为狸辰物,但另有些作"䰝佰峀"和"筭郇尺"。齐国为什么用明刀呢?这是一件有趣的事情。燕齐比邻,都是万乘之国,几次发生战争,可能是齐国受了燕国的影响。史称公元前二八四年燕将乐毅大败齐师,攻陷七十余城,是不是那时所铸的呢?但由于背文种类之多,不可能是短时期所铸造的。

第一章　货币的发生

圆首刀或平首刀是指一种肉薄而有弹力的小刀，刀上的文字有两种：一是白化，一是甘丹；两者在形制和制作上都很相像，不过彼此又各有大小。刀柄或椭或圆，很不规则。甘丹刀的刀身比较宽一点。文字平夷，有时难以认出。每枚重约十到十一公分。

此外还有几种小刀，一种是城白刀，他的特点有三：第一，他比其他小刀厚重，每枚有十六公分；第二，背平没有文字，其他刀背多有文字；第三，他的柄上只有一道直文，别的刀是两道直文。这种刀据说和明刀同时出土。另一种为近年出土的闵字小刀，数量极少。最后还有直刀，这是刀币中最小的，也是晚近出土，只发现三种，上面有晋化、晋阳化、晋阳新化等文字。

上面几种小刀大部分是赵刀。大概是赵国靠近燕国的地区铸造使用的。

大刀是指齐刀。制作都比较精整，每枚重量在四十公分以上。现在所知的有六种。这是指刀面的文字而言。

第一是六字刀，上面的文字是"⿰⿱⿱⿱⿱⿰"，当然各刀文字的笔画不尽相同。过去有各种各样的解释，实际上只有第一个齐字和第六个化字是没有引起争论的。现在一般的释法是"齐建邦就法化"或"齐造邦长法化"，而简称造邦刀或建邦刀。这种刀有光背的，但以有背文的为多，多是一个字，如化、日、上、工、吉、Ψ、亻、六等。他的制作在齐刀中是比较薄弱的，每枚重约四十二公分，文字笔画高挺的很少。可以看出是早期的东西，不是由于粗制滥造，而是由于技术上的限制。因为这种刀在齐刀中是稀少的。

第二是四字刀，面文为"齐之夻化"，背文有化、亻、上、日、二、夻、夻甘等。四字刀的制作有点像六字刀，但文字比较秀丽，每枚重约四十二三公分，也和六字刀差不多。数量也不多。

63

第三是三字刀,面文为"齐夻化",背文有化、日、上、吉、行、止、丨、工、土、甘、夻、正、立、央、安、生、万、木、金、易、亻、大等。三字刀的制作比较粗率,数量是齐刀中最多的,显然是后期的东西,而且是大量铸造出来的。每枚自四十五公分到四十七八公分。他在形制方面有一点和文字刀相像的,这就是刀缘不中断,其他齐刀的刀缘都在刀柄处中断,只有三字刀和六字刀的刀缘自首到环连续不断,因此有人根据这一点来对齐刀进行分类,说这两种刀是全国性的货币,另外几种齐刀是地方性的货币。

第四是即墨刀,有大小两种。大即墨刀的面文为"节墨邑之夻化",背文有丨、工、日、吉、上、亻、化、甘、夻、大行、夻甘、安邦、辟封等。小即墨刀的面文少一个之字,背文有化、大、日、丨、上、亻、十、九、八、夻甘等。小刀出土比较少。即墨刀在制作上的特点为粗壮,刀身比较宽,分量比较重,大刀每枚有在五十六公分以上的。有人说,山东出土的刀文雄健,河南出土的刀文细秀。

第五是安阳刀,面文为"安易之夻化",背文有二、八、化、亻、上、日、工、丨等。安阳刀的制作特别工整,文字高挺,这表现了高度的技术水平。每枚重约四十八公分。

第六是所谓鄟邦刀,钱币学家称为断头刀,因为只发现一枚断片。这是平陵县西南出土的,第一字是"鄟",第二字只剩一半,和六字刀的第三字相同,大概是邦字。有人说是齐桓公所灭的谭国的货币①。这字和齐明刀背文三个怪字中的第一个字相像。近年长沙出土的竹简中也有这一个字。

齐刀的时代还是一个没有解决的问题。实际上这里包含了几

---

① 方若古:《化杂咏》。

个问题：第一是各种齐刀的先后问题；第二是齐刀本身开铸时期的问题；第三是齐刀和各种小刀的先后问题。除鄩邦刀以外，五种齐刀中，应以六字刀为最早。这不仅由于他有造邦两个字，而是由于他的朴质的制作；甚至可以说，正因为他的制作决定了他是属于早期的，所以才使造邦两字的解释更加可信。三字刀最晚。而即墨刀和安阳刀大概是地方性的货币。

正因六字刀是最先铸的，所以他是齐刀中最重要的。他的字数最多，使人约略可以领会齐国文字的特点，单是这点已足以给他一种特殊的重要性了。但他的重要性更在于他的文字的内容，即造邦两个字。这两个字是决定他的开铸年代的上限的唯一根据。那么，六字刀到底是什么时候开铸的呢？有三种可能：第一，他可能是吕尚所铸的。周武王封吕尚于齐，这可以说是造邦或建邦。班固说过："太公为周立九府圜法，……退又行之于齐"。照西周时手工艺的技术水平来说，是没有问题的，因为就是商器的技术水平已经是非常高的了。然而西周的社会经济是否需要这种铸币呢？当时自然经济占绝对的优势，上层阶级大概还在使用贝壳和贝的仿制品，人民可能有使用生产工具来作交换手段的，但政府似乎还不需要铸造这样的货币来。所以这一说是可以否定的。第二，他可能是桓公所铸造的。在公元前第七世纪的前半，桓公称霸诸侯，天子成了他的工具。在某种意义上，也可以说是建邦；即使不能称建邦，也可以铸造这种刀币来纪念他的祖先吕尚的建邦。班固说："太公为周立九府圜法……至管仲相桓公，通轻重之权。"《管子》书中屡次提到刀布的事，其他书中也提到桓公铸刀的事。过去的钱币学家大抵都相信这一说。而且如果这一说成立，则鄩邦刀的解释就更加近理了。但是到底建邦或造邦两字总有点牵强。第三，他是公元前三八六年田和由周室接受齐公的称号以后所铸的。在田氏说来，可以说是建邦，即田齐的建邦。从田氏篡齐到秦始皇灭齐，其间有一百六十多年，这一百多年间，正是中国历史上货币经济的第一个高潮。《管子》一书并不是管仲所著，而是战国时人所编，其中关于货币问题，可能就是以田齐的情况为根据的，而班固在几百年以后，更不可能知道管仲时的币制了。三说中以最后一说说服力比较大，但这样一来，鄾邦刀就要另求解释了。

至于齐刀和小刀的先后问题，只有从制作上来研究。照一般发展的规律，总是由笨重趋于轻便，从这一标准来看，则齐刀应在先。然而从制作上看来，齐刀非常工整，而且文字复杂，似乎不可能在针首刀之前，最多只能和尖首刀同时。至于轻重大小，是不应当拿来作为先后的标准的。

环钱在战国时期的币制中是一个小体系，但他是一个重要的体系，他是一种承上启下的货币形态。环钱的特点是他的圆形，中间有一圆孔。这圆孔也有大小，大抵初期环钱的孔小，后期环钱孔大。环钱出土很少，过去的钱币学家没有像对刀布那样注意，对于他的起源，没有适当的解释。查古代民族，都有石环的制作，有些民族且以大小不同的石环为货币①。中国在石器时代初期也有钻孔的石珠；在新石器时代也有石环和石珠。但中国的环钱很可能是从纺轮演变出来的。纺轮和刀铲一样是古代人民的生产工具。中国各地都有纺轮出土，或为陶制，或为石制。仰韶附近出土的纺轮、直径自三十八公厘到六十公厘以上，中间的孔、直径自三公厘到九公厘，约占全轮直径的百分之八到百分之二十，正和早期的环

---

① 南太平洋的雅浦岛等地方通行石币，形状如石磨，大小不等，有上吨的。

钱相像。所谓早期的环钱是指垣字钱和共字钱。垣字钱的直径自四十到四十二公厘，中孔约六公厘到九公厘；共字钱的直径自四十三到四十五公厘，中孔自五公厘到七公厘，所以不论在钱的大小方面或是在中孔所占的比例方面都和纺轮相同。后期的环钱如长垣一釿、半睘、西周、东周等，中孔比较大，其直径和一边的阔度约相等。出土的还有蚌环，也许在铸造坏钱之前，先有蚌坏的使用，和贝币的发展路线一样。

日本有些钱币学家说环钱是由璧环演变出来的。他们的根据第一是中国古籍中说古代以珠玉为上币，而他们相信所谓珠玉就是指璧环，而环钱和璧环的形制相像。第二是古代对于璧环的部位用"肉""好"两字来指示，身为肉，孔为好；所谓"好倍肉谓之瑗，肉倍好谓之璧，肉好若一谓之环"①。钱币方面也使用这两个字。但这一说的理由是不够充分的。首先古代的珠玉不是真正的货币，所谓上币实际是指贵重品，不是指货币。璧环的不可能流通，前面已说明过。至于肉好等名辞的使用，乃是由于钱币的形状接近璧环。实际上环钱上肉好的比例并不知璧环那样准确，垣字钱和共字钱，穿孔有很小的，肉好是三与一之比，既不像环，也不像璧，只是像纺轮。而且璧环一般都比较大，环钱和纺轮的大小也差不多。如果要说环钱和璧环有什么联系，那就可能是两者的来源相同，同是由纺轮变来的。也许我们可以说：后期的环钱受了璧环的影响。

据现在所知，环钱的文字有垣、共、晋、武差、济阴、安臧、阌、离石、东周、西周、半睘、共屯赤金、长垣一釿、重一两十二铢、重一两十四铢等。其中济阴有大小两等，西周和东周只有小型的，其余大

---

① 《说文》瑗字下引《尔雅》。

约都在十公分上下，共字钱有重到十二公分的，而长垣一釿则有轻到八点四公分的。

关于环钱的时代，还是一个没有解决的问题。有人把他看得很早，说共字钱是共伯和代周厉王执政时所铸的①。那是公元前第九世纪的事。但中国早期货币少有铸人名或国名的。古币上的文字，以纪数纪干支的为最早，纪地名的在其后，纪重纪值的最晚。所以环钱不可能早于刀布。另外有人则把他看得很晚，说是由布币蜕化而成的②，因为闵和离石的地名常见于布币上，重一两十二铢则和三孔布的背文相符。但这些环钱都是晚出的环钱，我们追究环钱的历史，应当以早期的东西为标准。最早的环钱是垣字钱和共字钱，垣和共应当都是地名，所以他们的上限不可能早于纪地的空首布，下限是战国末年。环钱中的西周是指河南，周考王于公元前四四一年封弟揭于河南，号西周；东周指洛阳，西周惠公于公元前四二六年封少子班于巩，号东周。但这只能表明西周和东周钱的上限，不能证明西周和东周钱是铸于公元前第五世纪。因为这两种钱从制作上看来，应当是环钱中后期的东西。

垣是魏国的地名，所以环钱可能是产生于魏国，后来为别的国家所采用。

长垣一釿和釿字布应当是有联系的，单位相同，重量也差不多，长垣一釿的普通重量在十公分以上。

重一两十二铢和重一两十四铢虽然是环钱的形制，但是不是钱币，还是问题，因为上面的重字使他带一种砝码的性质。如果他

---

① 俞棪《共字币考证》。见《泉币》第二十七期。
② 郑家相《刀布泉钱名币之由来及其变化》。见《泉币》第二十二期。

的钱币,那就可能是秦国的钱币,是秦半两的前身,可能就是秦惠文王二年所行的钱。

中国和希腊,约略在同时开始铸造货币,而且铸币发展的阶段,也有相像的地方。欧洲的钱币学家,把希腊古代的货币分为三个阶段:(一)古体(Archaic Style)或原始体,(二)自由体(Free Style),(三)希腊体(Hellenistic Style)。古体是自铸币的开始到公元前四八〇年左右,即到希波战争为止,特点是图形比较简单,而且往往只一面有图形,背面为一方形凹印。第二个阶段自公元前四八〇年前后到三三六年,这是希腊文化登峰造极的时代,货币文化也包括在内;雕版技术进步,图案千变万化,没有定型。而且两面都有图形,大半是神话中的人物。第三个阶段是公元前三三六年到一〇〇年,这是亚历山大的时代,特点是币面的图案,差不多都是统治者的头像。中国在汉以前的钱币,也可以分为三个阶段:(一)古体或原始体,(二)自由体,(三)秦体。中国的古体钱是以空首布为代表,形制比较呆板,币面不过一个字,两个字的都很少。而且字体小,书法幼稚拘谨。这个阶段是春秋时代,约略到公元前四八一年(周敬王三十九年)为止,和希腊的古体时期几乎完全吻合。第二个阶段是战国时的各种刀布,特别以布币为重要。约自公元前四八〇年到二二一年(如果只算到秦惠文王二年行钱为止则为三三六年,又和希腊的第二个阶段吻合)。特点是无论在形制方面或文字方面,都是自由奔放,也是当时货币文化的最高潮。第三个阶段是秦始皇把方孔的圆钱推行于全国起,即公元前二二一年以后。此后中国货币的形制就固定了。这三个阶段可以说是合乎事物发展的规律,第一阶段是问题的提出,其次是各种解答办法的提出,最后是采行一种在当时认为最妥当的办法加以推行。

整个说来，中国体系的货币的艺术价值和历史价值，不及希腊体系的货币。因为希腊货币上不但有文字，而且有图形，而且两面图形，各种人物、鸟兽、花木都是写实写生的，尤其当时对于人体的构造，具有正确的知识，人像的雕刻，细致而生动，各古代民族的体质上的特点，服装发式的演变，古代神话的内容，宗教的发展，历代帝王的相貌，甚至有些历史上的重要事迹都遗留在钱币上，而且钱币上的图案，往往是唯一的资料。中国钱币就没有这些优点。中国人自古即不重视造形艺术，就是近代画中的人物，也是没有个性的，尽管有艺术价值，却没有历史价值。中国的钱币上，只有文字，除了压胜钱之外，没有别的图形，压胜钱的图案也不是写实的。

　　然而正因为中国钱币上只有文字，所以它更能够反映文字发展的情形，这是中国钱币的历史价值的一大根源。中国古代钱币的第二个阶段之所以能称为自由体，一部分虽然是由于形制的多样性，同时也由于文字的变化。当时铸钱是用泥范，每范只铸一次，所以就是同一地方的钱币，上面的文字没有两枚是同样的。这种文字书法的多样性，充分表现在平阳小方足布和晋阳小尖足布上，平阳小布数量最多，适于比较研究，无论平字和阳字，都是千变万化，有拘谨的书法，有奔放的书法，几乎由每一枚钱，就可以想象到书写人的性格，这种性格毫无保留地表现在钱币的文字上。

　　中国的文字，就现在所知道的，以出现于甲骨上的为最早，其次是彝器上的文字，这就是所谓大篆或籀篆或古文。然而春秋战国之际，各地语言文字已发生差异。尤其是刀布上的文字，又和钟鼎上的文字不同：钟鼎上的文字是当时的高级知识分子所书写的，必然极力维持古文的书法，所不同的是新字，这种新字在社会经济变动很大的春秋战国时代，必定是很多的，但书法的变动大概还比较少。至于刀布上的文字，多是新兴的工商阶层的人所书写的，甚至为不大通文墨的人所写的，不但新字多，而且作法体势离古文更远。甚至不一定合标准。后来秦始皇统一书法，于是六国文字中和秦篆不同的都不用，而后代也就不识了。难怪两千年后，一些钱币学家捕风捉影，对于不认识的字，就说成三皇五帝的东西，什么神农布，什么高阳金。

刀布上的文字，有地方性，过渡性，因此是多样的。有古文，有小篆，甚至有象形文字。例如乌邑小方足布的乌字，有时完全是象形如 ，与其说是文字，不如说是图画。

战国时期虽然没有主币辅币的观念，但显然已知道把货币单位分成等级。无论布币、刀币和环钱，都是有等级的。布币中无论尖足布、方足布、圆足布，都有大小两种，尖足布中的大阴、晋阳、兹氏、闵等，方足布中的涅，圆足布中的闵、离石等，都有大小两等，尖足布中的小布往往加一半字，如晋阳半、兹氏半、闵半等，大概是两枚小布等于一枚大布。三孔布和釿字布的等级更是明显。刀币中的即墨刀是分大小两种的，环钱中济阴有大小两种，而半环明明是指环钱的一半。

战国时期货币的铸造，和约略同时的地中海国家的情形差不多，不是由政府集中办理。古币上有城邑的名称，尤其和希腊的情形相同。战国时期刀布的流通，各有其地盘，但可能有些地方同时有两种或两种以上的货币流通，至少先后曾流通过两三种货币。古代文献中，刀布并提的例子不少，如管子书中有"刀布为下币"之句，《荀子·富国篇》中也有"厚刀布之敛，以夺之财"，《荣辱篇》中有"余刀布，有囷窌"的句子。而且有些地名同时见于刀布上，甚至同时见于刀布和环钱上。例如齐字，不止见于三字刀四字刀和六字刀上,而且空首布有齐釿。安阳的地名见于安阳刀和方足布。这些可能是同名异地。但如东周、安臧和共,同见于空首布和环钱上;离石同时见于尖足布圆足布和环钱上,至于闵字则大小尖足布、小方足布、大中小圆足布、小刀和环钱上都有。应当是同一地所铸。大概因战国时有些地方常常易手,因而各时期所通行的货币不同。

战国期间,除了铸造货币之外,黄金大概也渐渐用作宝藏手段和支付手段了。当时文献中称金的地方很多。向来的论者多以为是指黄金一斤①,也有人说是指一万钱②。近人有说是指生铜块的③。也许这些解释都对,可是都不能包括金字的意义。金字的意义是变幻莫测的。古时金银铜都称金。彝铭上的金字,大抵是指铜。春秋战国时的金字有时可能指铜,有时大概是指某种货币单位,但有时是指黄金。如《公羊传》中的"百金之鱼"和吕氏春秋中的"千金之剑",似乎不应该是指一斤黄金,否则黄金未免太不值钱了。我们不知布币和环钱上的釿字是不是和这里的金字同义,若是,那就好解释了。但也不能全解释为铜或铜币,譬如在《管子》(轻重甲)中有"桓公曰诺,乃以今梟之(盐),得成金万一千余斤"。下面接着又引管子的话说,"粟贾平四十,则金贾四千"。一两铜或甚至一斤铜决值不到四千个钱。无论如何,我们不能否认黄金的使用,因为有些地方明明说是黄金若干斤或若干镒,这些地方,我们绝不能解释为铜。当时已有铜字出现④。彝器上嵌错黄金的事

---

① 《庄子》和《战国策》的注者都说金是指黄金一斤,见《庄子·逍遥游》"不过数金"的注和《战国策·东周第二》"三十斤"的注。
② 《公羊传·隐公五年》"百金之鱼"注。这大概是把西汉的事实适用到战国时去。
③ 郭沫若在《十批判书》第四十九页说是指一两铜。
④ 《战国策·赵策》第六:"君曰矢足矣,吾铜少若何?……"

是不可否认的。而且近代曾发掘爱金和金叶。而管子书中明明说"黄金者,用之量也",又说"黄金刀布,民之通货也。"

战国时期黄金的使用,也不容有疑问的,这并不是说黄金在当时是十足的货币。更不能说当时文籍中的黄金都是指货币。古人向来钱财不分。其实财富不一定是货币。正如易六震"亿丧贝"的"贝"和易一坤上"西南得朋、东北丧朋"的朋,都可以说是财富,但不一定是货币。同样,《战国策》记苏秦衣锦还乡时,问他嫂嫂为什么前倨后恭,他嫂嫂说:"以季子位尊而多金",这里的金,固然是财富,但也不一定是货币。

黄金在中国,很少用作流通手段。它在中国货币史上的地位,是用作支付工具,有时也用来表示价值或价格。但它最初的和最重要的用途是作为宝藏手段。这和荷马时的希腊一样。在《荷马史诗》中,黄金是一种储藏价值的工具,有时也用作支付工具,但价值表示不用黄金,而用牛,称某物值得若干牛[1]。

中国在春秋以前,私有财产制,虽然早已确立,不过古时的私有财产范围很狭,土地还是以公有为原则,没有大地主。商业更不发达。个人的财富大概只限于自己分内的农产品。数量既不多,存储也不觉得不便。后来因为赏赐或垦辟,于公田之外,又有私田,日子久了,私田数目增加,并且发生土地集中的倾向,这大概是在春秋战国之间。同时由于技术的进步,如采用铁的农具等,使生产力提高。一方面地主的私财增加,一方面农村人口有过剩的现象。地主私有财富的增加,便会发觉农产品不是理想的保值工具。

---

[1] 伊里阿德(Iliad)中曾称狄亚梅德(Diamed)的武器值得九牛,格劳柯斯(Glaucos)的武器值得一百牛,一个女俘房而有工业技能的,值得四牛(W. E. Gladstone, Juventus Mundi, p. 534.)。

当时或者不在乎堆存农产品所占用的地方,但农产品不能久存,因此黄金取得了宝藏手段的地位。

黄金的价值,自然不是春秋时代的地主们所赋予的,也不是当时的人民所议定的。人类对黄金发生爱好,应当是很早以前的事。而且大概有象征的作用在里头。因为黄金既不能制造武器,又不能制成农具;全靠他那美丽的光泽,恐怕还不足以打动古代人的心。外国有人说古人可能以黄金象征太阳,白银象征月亮①。而且外国有用黄金仿制贝壳的事②,因为有人把人类对于黄金的迷信同对贝壳的迷信联系在一起。中国古籍中没有提到黄金的可宝之处,但中国人也是有迷信。既然认为"玉足以庇荫嘉谷,使无水旱之灾","珠足以御火灾"③,那么黄金也可能有它神秘的本领。

黄金发现之后,人类最初将它铸成怎样的形状呢?这是一个有趣的问题。有人说④,应当是用来仿制人类所熟悉的东西,特别是用来仿制大家所认为好看的东西。这种说法是容易理解的。古代认为好看的东西,贝壳可以算一种。埃及古代就曾用黄金仿制贝壳,甚至埃及金字的最早的象形文字就是贝炼。小亚细亚的特洛伊(Troy)所发掘的最早的金饰也是粗制的金贝,用作发饰⑤。中国也有金贝的出土,这是用比较厚的金叶所压制的,中间有一道凹

---

① A. R. Burns, Money and Monetary Policy in Early Times, p. 19.

② 斯密士(Elliot Smith)说,公元前四千年时,红海和尼罗河之间的人民,曾用黄金仿制贝壳。(a letter to The Times of March 15th. 1924.)

③ 《国语·楚语》下第十八:"围闻国之宝六而已:明王圣人能制议百物,以辅相国家,则宝之。玉足以庇荫嘉谷,使无水旱之灾,则宝之。龟足以宪臧否,则宝之。珠足以御火灾,则宝之。金足以御兵乱,则宝之。山林薮泽足以备财用,则宝之。若夫哗嚣之美,楚虽蛮夷,不能宝也。"

④ A. R. Burns, "Money and Monetary Policy in Early Times", p. 20.

⑤ Elliot Smith, *Evolution of the Dragon*, p. 222.

纹，但没有齿纹，两端各有一穿孔，重零点四公分。由他的形制看来，似乎不是仿真贝，也不是仿铜贝，而是仿没有齿纹的珧贝。大概是殷周间的东西。可惜不知道他出土的情形，所以不能确切地决定他的时代。

战国时的黄金，有两个单位，一个是论斤，合十六两；一个是论镒，合二十两。照理一国只应采用一个单位，但实际上古籍中常常乱用，不知是作者不小心，还是各国的确使用两种单位①。

---

① 古籍中关于战国时代黄金单位的记载有下列各条：
周……镒：《汉书》："以金千镒求天下珍物。"
秦……镒：《吕氏春秋》："金千镒。"《国策》："黄金万镒以为用。"《史记·孟尝君传》："秦王大悦……黄金百镒以迎。"《史记·荆轲传》："赐夏无且黄金二百镒。"
斤：《史记·信陵君传》："秦王患之，乃行金万斤于魏。"又《吕不韦传》："子且与吕不韦谋，行金六百斤于守者。"又《荆轲传》："秦王购之金千斤。"《战国策》秦苏秦："黄金百斤尽。"
宋……镒：《孟子》："七十镒。"《国策》宋："黄金三百镒。"
晋……镒：《国语》："黄金四十镒。"
齐……镒：《管子》："黄金一镒，百乘一宿之尽也。"《史记·聂政传》："严仲子奉黄金百镒。"
斤：《管子》："黄金一斤，值食八石。""吾有伏金百斤。""得成金万一千余斤。"《孙子吴起》："射胜得五千斤。"《史记·范雎传》："齐襄王……乃使人赐雎金十斤。"《战国策·齐冯谖》："金五百斤，""黄金十斤。"又燕："以金千斤谢其后，""梁王……黄金千斤……往聘孟尝君。"
韩……镒：《韩非子》："炼金百镒。"
赵……镒：《战国策》："黄金千镒，""黄金万镒，""黄金百镒。"《荀子》："千镒之宝。"《史记·苏秦传》："赵王……乃饰车百乘，黄金千镒。"《范雎传》："赵王赐……黄金百镒（于虞卿）。"
斤：《史记·吕不韦传》："行金六百斤予守者。"
燕……镒：《韩诗外传》："金百镒。"《战国策》："黄金千镒以为马食。"
梁……镒：《孟子》："万镒。"《史记·淳于髡传》："（梁王）黄金百镒。"
斤：《战国策·齐》："梁王……黄金千斤……往聘孟尝君。"
楚……斤：《战国策》："偶有金千斤，进之左右……郑袖亦以金五百斤。"
越……镒：《史记》："越王许送子贡金百镒。"又越王勾践："乃装黄金千镒，置褐器中，载以牛车。"《战国策》："越王乃封苏秦……黄金千镒。"

关于战国时期黄金的形式,不见有记载。大概没有固定的形式。南方的楚国,似乎使用方形的小金饼,上面有文字,如郢爰、陈爰、专爰等,而以郢爰比较多。郢是春秋时楚国的首都,当初是在湖北,顷襄王二十一年(公元前二七八年)秦将白起拔郢,乃退到陈。考烈王二十二年(公元前二四一年)又迁都寿春(今安徽寿州),仍名为郢。这种小金饼,全在安徽河南出土,没有在湖北出土的,所以似乎是战国时迁都以后所铸的。专应当也是当时的地名,大概是比较大的城邑,商业中心,所以才有金币的铸造。另有一种,上面只有一个字(钞),有人释为颖①。

爰本是一个重量单位,西周就有使用。在战国时期,别的国家也有使用这单位的,例如魏国。不过这时的爰不一定限于重量单位,而已变成一种价值单位了。

金爰并不是一枚一枚单独地铸造,而是许多块连在一起,使用的时候,临时凿开。宋代以来就有人发现②,称之为印子金,以其像一颗图章。近代有土范的发现,有十六方连在一起的,因此有人揣测一方是楚国的一两,十六方是一斤。这是不妥的。实际上不只有十六方一块的,而且还有二十方一块的和二十四方一块的,可见一块为一斤之说不可靠。而且如果爰也是一个重量单位,那就不可能同时又等于一两。金爰的重量大约是每方十一二公分。由于使用时用临时切凿的办法,切凿得不能准确,所以每

---

① 龚心铭:《浦口汤泉小志》。
② 《古今图书集成》卷三三七金部杂录引《梦溪笔谈》:"寿州八公山侧,土中及溪涧之间,往往得小金饼,上有篆文刘主字,世传淮南王药金也。得之者甚多,天下谓之印子金是也。然止于一印,重者不过半两而已,鲜有大者。予尝于寿春渔人处得一饼,言得于淮水中,凡重七两余,面有二十余印。背有五指及掌痕,纹理分明。传者以谓泥之所化,手痕正如握泥之迹。"

方的重量不等,而且往往是几方连在一起,有时是一方半或一方又三分之一连在一起,也有只切半方的。所以使用时大概还是要经过秤称。

楚国是中国古代的产金区①,而且他的币制似乎和北方不大相同,譬如蚁鼻钱大概只是楚国的货币。中国的贝币制度也许是随着苗人渐向南移,楚国保持得最久,但他们的货币制度也可能受到外国的影响。孟加拉国直到近代还使用贝币,中国的云南到明末还使用海蚆为货币。又印度在公元前第四世纪以前,通行方银块,也用切截的办法,楚国的金爰可能是受印度的影响。

郢爰有铅制包金的。这同北方的铅质布谅系同一性质。

二 秦始皇统一中国的币制

战国时期那些形形色色的货币,到秦始皇手里才告统一。

秦国和周相邻,在战国时期,两者的货币,大概就是属于同一个体系,即以铢两为单位的货币体系。三孔布大概是周制,分为一两和十二铢两种。重一两十二铢和重一两十四铢等环钱大概就是秦制。史称②秦惠文王二年(公元前三三六年)行钱,可能就是指这种环钱。除了铜钱之外,黄金也是货币制度中的一个因素。史称"当秦之隆,黄金万镒为用"③。所以秦国的币制可以说是金钱本位。

始皇统一全国后,就把秦国的币制推行于全国。以黄金为上

---

① 《战国策·楚三》:"王曰黄金珠玑犀象出于楚,寡人无求于晋国。"
② 《史记》卷十五《六国年表》。
③ 《战国策·秦策》卷三。

币，单位为镒，即二十两。以铜钱为下币，即半两钱。黄金称上币，大概只限于大数目的支付，如帝王的赐予等。日常交易用半两钱。

在战国时期，黄金有两个计算单位，镒和斤，另外有金字则不是一个独立的单位，在用镒为单位的地区，一金是指一镒；在用斤为单位的地区，一金是指一斤。后代用银的时候，一金是指一两白银，或一枚银元。但春秋战国时代，那些地方用镒为单位，那些地方用斤为单位，则无从考证。因为根据古籍中的记载，同一国往往镒和斤并用。但无论如何，到始皇的时候，黄金的单位是统一了。

始皇不但制定统一的币制，同时还禁止其他的财物用作货币，如珠、玉、龟、贝、银、锡等，他规定这些东西只能用作器饰宝藏，不得用作货币。这道命令就能说明：在列国时代，这几种物品，可能在个别地方曾被用作货币或用来担任货币的某些职能。

但始皇的统一币制，只是货币种类和货币单位的统一，而不是货币铸造发行权的统一。半两钱并不由国家统一铸造，甚至政府是否铸造钱币，也无从知道。遗留下来的半两钱，如同牡丹叶一样，枚枚不同，可见是各地自由铸造的。因此我们也不能根据秦半两的重量来求得秦的衡法①。秦半两中，最轻的只有六公分许，而最重的有到二十公分以上的。可见有些半两钱不够标准，同时有些半两钱，超过当时半两的重量。战国时期，各地的衡法当然不一致，始皇虽然颁布了统一的度量衡标准，但在那

---

① 吴大澂曾根据八枚秦半两的重量求得秦两的重量是一六点一三九八五五七公分。这数字为吴承洛在其《中国度量衡史》所采用。但这数字是极不可靠的。我自己曾用六十四枚秦半两作一次实验，求得每枚平均重量是一〇点一九二公分，秦两应为二〇点三八四公分。但我认为这数字还是不可用。

种时候,怎样能普遍推行呢?这是一个原因。此外当时的价值观念还不很发达,铸钱者对于钱的重量,不大重视,所以有超过标准的事。

史书所载始皇对于币制的那些规定,如果是根据当时的法令,那么,这就是中国历史上最早的货币立法。中国的货币,虽然发生得很早,但没有什么制度可言。班固所说齐太公的九府圜法,俨然一种完整的制度,可是这一说恐怕出于虚构。至于《国语》所说的周景王的大小钱,也没有得到证实。所以始皇的币制改革是有重大的历史意义的。他那种币制,可以说是金钱本位,也可以说是金铜本位,因为钱是以重量为单位,和生铜块差不多。只不知道黄金和铜钱之间,有没有法定比价①。

始皇改革币制的历史意义,还在于货币形态的改革,即由各种原始形态的货币,统一在圆钱之下。而且采用方孔的圆钱。方孔圆钱可能不是始皇时所创制的,但一经他采用之后,中国货币的形态就固定下来了,行了两千多年没有变,而且影响了许多其他民族。历代史家都说钱圜函方的形制是齐太公所制定的,但没有物证。以前钱币的穿孔,不管是三孔布也好,刀柄也好,环钱也好,蚁鼻钱也好,都是圆的,为什么改用方孔呢?有人说古钱是穿插在方形的竹木枝上,方孔可以免得钱身回转磨损。这种解释是难以使人信服的。第一古代钱币不一定是插穿在方形的竹木枝上,可能是用麻绳来穿。第二古代人民对于钱币的磨损,不会寄以很大的关心。欧洲中世纪很关心钱币的磨损,那是指金银币;中国用铜

---

① 《公羊传》隐公五年,"百金之鱼"注说一金值万钱。但这话恐不足信。注者大概是把西汉的事适用到列国时去。

钱,价值很小,磨损没有多大关系。我们想象:始皇采用这种方孔圆钱,是不是因其有象征作用。外圆内方,象征天圆地方,这是古代的宇宙观,而始皇是一个相信方士的人。

在始皇改革币制的前后,另有一些方孔圆钱。第一是明月或明刀钱类,包括三种钱,即一刀、明刀和明四。由于明刀的明字和磬折刀上的字相像,所以有人认为是燕国所铸。明刀二字有人释作明月,日本的钱币学家释作明夕。第二是宝化钱类,也包括三种钱,即宝化、宝四化、宝六化。由于化字和齐刀最后一字相同,可能是齐国所铸。日本的钱币学家把宝字释作赗字①,中国有一部分钱币学家也采用其说。论制作,这些钱都可能是在半两钱之前,尤其是一刀钱,是和刀币一起出土。其他各钱的文字也都比半两钱的文字古朴。所以始皇的半两钱的形制,可能是仿效这些钱币的。不过那种时代的钱,单凭制作,还不能判断其先后,因为各地的技术水准文化水准,是很不一致的。秦国近周室,而且富于改革性;而明刀钱宝化钱等,是地方性的货币,保守性比较浓厚;假使半两钱在先,其他各钱在后,而后者还是可能更加古朴,尤其是文字方面。

此外还有两甾和文信,也是方孔圆钱。甾是战国时的重量名称,六铢为甾。两甾就是半两,这种钱大概是在半两钱之后,因为制作上与其说像秦半两,不如说像八铢半两。所以可能是汉初的

---

① 宝化的宝字原作😊,是由两个字组成的,即🐾和🐾。🐾字在甲骨文中是二十朋,后来又转作益(见说文)字。这是一件很有趣的事,因为益字是和二十有联系的,春秋战国时期,二十两为镒或溢。大概古代用贝的时候用来指二十朋贝,后来用黄金,则指二十两黄金。🐾是贝字,表面看来似乎整个字应当释为赗字,是齐的地名,即益都,但古代地名只有加邑旁,没有加贝旁的。所以释作宝字也不是讲不通的,二十朋贝就可成宝。

地方货币。至于文信,钱面有四道文,向外伸,有点特别,无从考证。看制作当是秦汉间的东西。有人说吕不韦封文信侯,或许是他所铸的。但有人把第二字释作阳字,说是汶阳地方所铸的。

三 货币经济的确立

春秋期间,大概由于铁器的使用,即孟子所谓"以铁耕",生产力增加,社会也发生变动;有些无地可耕或有一技之长的农人,乃移居于市场的附近,靠工艺谋生。在这种农产品和手工业品日增的条件下,货币的使用也就开始增加了。交易的频繁,使商人的财富累积起来,使土地有集中的倾向。但土地不能无限制地扩张,而谷粟等实物又不是很好的宝藏手段,于是楚国的黄金渐渐取得这种职能。甚至用作大数目的支付。另一方面,市场附近人口的集中,形成许多市镇,如齐的临淄,晋的绛以及各国的首都,一处的人口,多的有到三千家①。这些市镇到战国时期规模渐渐扩大,一处有多到万家的。例如临淄,不但很富实,而且他的市民"无不吹竽鼓瑟,击筑弹琴,斗鸡走犬,六博蹹踘者",他的街上则"车毂击,人肩摩,连衽成帷,举袂成幕,挥汗成雨,家敦而富,志高而扬"。② 可见其繁荣。都市的产生,对于货币的流通,自然更加方便,所以不但商人之间使用货币③,人民的日常生活如酤酒④枲谷⑤,也用钱币。

---

① 《战国策·赵策》三:"古者四海之内,分为万国。城虽大,无过三百丈者;人虽众,无过三千家者。……今千丈之城,万家之邑,相望也。"
② 《战国策·齐策》一。
③ 《墨子·贵义篇》:"今士之用身也,不若商人之用一布之慎也。"
④ 《韩非子》:"或令孺子怀钱挈壶瓮而往酤酒。"
⑤ 《管子》:"中岁之谷,枲石十钱。"

战国时期,中国社会变动是比较剧烈的;但不是从奴隶社会向封建社会的变,更不是其他社会向奴隶社会的变。他是初期封建社会向后期封建社会的变,是纯封建社会瓦解的开始。相当于欧洲在十一世纪时的情形:一方面农村还保存着近乎纯封建的社会组织,另一方面,城市经济开始发展了。这城市经济和农村的封建经济是对立的,到了一定的时候,他就要破坏农村的封建经济,而导致资本主义社会。中国在战国时期就是这样一种情况。而且这种情况一直继续到清朝末年。所以"秦后无古"一句话,虽然是考古学家对于中国的器物提出来的,而且有特殊的意义,但对于中国社会的发展,也可以用这几个字来描述。

为什么欧洲的这种情况没有维持很长久就过渡到资本主义社会,而中国却一直拖了两千多年呢?这也没有什么难以解释的地方。由封建社会过渡到资本主义社会,需要许多种条件,这些条件具备了,短短的几百年间,就可以产生一种新的社会;这些条件若不具备,则很容易拖下几千年;欧洲在中世纪以后,产生资本主义社会的条件成熟较快,如十字军运动对海外贸易是一种刺激;黑死症使工资上涨;新大陆的发现,创造了广大的市场;这又促进了机器的发明,使生产方式改变,这些因素推动了资本主义社会的发展。但在中国,由于构成中国封建时代的经济制度和政治制度的各个特点,社会生产力的发展受到阻碍,一直不具备这些条件。

钱币的流通,并不限于都市,农村中也进入货币经济的阶段了。李悝叙述战国初年的情况说,一个典型的有五口之家的农夫,约治田百亩,每年每亩收粟一石半,共一百五十石,除去十分之一纳税,剩下一百三十五石,每人每月吃一石半,全年一家吃九十石,剩下四十五石。每石三十钱,可以卖得一千三百五十钱。每年社间尝新春秋之祠要用去三百,剩下一千零五十。穿衣服每人每年用钱三百,一家五口全年用一千五百,还差四百五十,如果家中有人生病或有死丧,不足额还要更大①。在这种情形之下,农夫们只有提高粟价,或改行,或经营副业。

大部分的农民大概都兼营副业,聊以维持生计。孟子所说:"五亩之宅,树之以桑,五十者可以衣帛矣。鸡豚狗彘之畜,无失其时,七十者可以食肉矣。百亩之田,勿夺其时,数口之家可以无饥矣。"②然而这种仅足糊口的生活,都还有天时的条件。

另据《管子》一书的记载,则一农终岁耕百亩,可以收二十种,即一百二十八石,可以卖钱八千。这在货币所得上看来,似乎比魏文侯治下的农夫要好一点。然而粟价高,收入增加,其他物价也会上涨,支出方面也会增加。所以当时负债的农夫很多,"称贷之家,出泉参千万,出粟三数千万钟,受子息民三万家"。③

自铸币通行以后,价格计算的观念,也渐发达了。不过战国期间的物价纪录,意义不大:第一,战国时期币制复杂,各种铸币轻重相差很大,各种物价又不知是根据哪一种货币计算的,不能同后代的物价比较。第二,当时政权分散,交通不便,各地物价相差很大,例如同是齐国,有时西部的粟价每釜百钱,东部只要十钱④,相差十倍。据当时各种文献所载,正常的粟价大概是自三十钱一石到六

---

① 《汉书》卷二十四《食货志》。
② 《孟子》卷一《梁惠王》章上。
③ 《管子·轻重丁》第八十三。
④ 《管子·轻重丁》第八十三。菁茅谋:"齐西之粟釜百泉,则镈二十也;齐东之粟釜十泉,则镈二钱也。"

十钱一石①,以四千钱一斤黄金计算,则每石的金价自一钱二分到二钱五分。但这都是用当时的容量和重量。

当时的绢价,每匹合黄金十四铢半,布价则每匹约合黄金五铢②。金价是一金四千③,如果一金是指一斤④,则绢价每匹值钱一百五十,布价每匹值钱五十。

钱币既由各地发行,不但数量无所限制,而且减重的事,一定难免。史书说周景王二十一年(公元前五二四年)铸大钱⑤,确实与否,不得而知,而且所谓大钱也不知到底是仅仅增加钱的重量还是增加钱的名目价值。如果是增加钱的重量而不增加其名目价值,则不但不会使物价小涨,反而会使物价下跌;如果不增加重量而增加名目价值,那就使物价有上涨的倾向。如果同时增加重量和提高其名目价值,则要看增加和提高的程度如何。

另外一种传说便是楚庄王的时候,因为钱轻,改以小为大,百

---

① 魏文侯的时候李悝说粟价是每石三十。另外管子轻重甲中有"粟价平四十则金价四千,粟价釜四十则钟四百也。"每釜是六斗四升,所以每石合六十二个钱。同书中另一处说,中岁之谷粜石十钱,凶年二十钱。这一记述,恐怕在时间上或地域上和前一说不相同。而且《管子》书中的石,和李悝所说的石,也一定不同。李悝说每人每月吃一石半,而管子书中则说大男食四石,大女食三石,小孩子两石,平均一家每人每月吃三石,所以管子书中的石应当等于李悝的半石。不过汉以前容量不用石字,所以两说都有疑问。

② 《管子·乘马》第五:"黄金一镒,百乘一宿之尽也。无金则用其绢,季绢三十三,制当一镒;无绢则用其布,经暴布百两当一镒。"

③ 同本页注①。

④ 《管子》书中的黄金,有时称镒,有时称斤。但单言若干金的时候,大概是指斤。第一因为周制是论斤(见《汉书·食货志》注引师古的话),论镒是秦制。第二,在讲金价四千的一篇中,曾提到卖盐"得成金万一千余斤"的话。

⑤ 《国语·周语》下第三:"景王二十一年,将铸大钱,单穆公曰不可。……王弗听,卒铸大钱。"

姓不便,诉于孙叔敖,孙叔敖言于庄王,才恢复旧制①。这里所谓以小为大,如果是提高他的名目价值,自然会刺激物价。

至于在特殊情形之下,物价也有涨得很高的例子,例如始皇三十一年(公元前二一六年)因有人谋刺,关中大索二十日,米价涨到每石一千六百钱②。但这种涨价,没有货币的因素在内。

自货币经济确立之后,人类在生活上获得空前的自由与独立。使各人能够充分发挥他的知能,而促成社会的进步,以及人类生活一般的改善。但另一方面,渐渐增加贫富不均的程度。于是"稼穑之民少,商旅之民多;谷不足而货有余。……奸夫犯害而求利"。③

第三节 先秦的货币理论

货币经济之确立,对于社会有一种推动的作用,他使当时的人在身体上和精神上得到一种前所未有的独立与自由。因此在中国的思想文化上,万紫千红,开出奇异的花朵。这是中国思想最发达的时代。这种情形并不限于中国,希腊古代思想最盛的时候,也正是刚进入货币经济之后不久。欧洲中世纪货币经济衰落,在思想上是一个黑暗时代;只有意大利少数城市从新发展出一种货币经济来,而欧洲的文艺复兴,也正是产生在这几个城市里。

然而一个时代的思想,不能超越当时的社会环境。换言之,人类的思想,大部分总是集中在几个迫切的问题上。在春秋战国时代,最迫切的问题是军政问题和伦理问题。军政问题是如何能求

---

① 《史记》卷一百一十九《孙叔敖传》。
② 《史记》卷六《秦始皇本纪》。
③ 《汉书》卷九十一《货殖传》。

天下的统一与和平，或本国的保全，或个人的得志。伦理问题是如何定出一种社会的新秩序来。自公田制度破坏以后，以前那种传统的规律已跟着被遗弃。在那种混乱的社会中，日常接触的人，已经不再全是自己的家族和同自己有隶属关系的人。在这种新的混合社会中，如何彼此和平相处，的确是一件重要的事。

当时并不是完全没有经济问题。其实每个时代都是有经济问题的。不过向来从事生产的人，都是社会上地位很低的人，所以不论中国和外国，在古代总是把经济活动置于其他活动之下。一般知识分子，甚至认为讨论这种问题，有失他们的身份。中国在汉以前，虽然没有轻商的明令，但商人的地位，一向是卑下的。阳虎就说过"为富不仁矣，为仁不富矣"①的话，可见当时自命为正人君子的人对于财富的轻视。所以在古代的著述中，关于经济学方面，不但没有发展成系统的学说，就是提到经济问题的时候，也不很多。

当时刚从实物经济进入货币经济，对于这种改变曾发生过争论。农家很有要回复到实物经济去的意思，主张皇帝也要同老百姓一样，自己耕田做饭。儒家②则是拥护新潮流的，主张要分工，主张交换经济。孟子说："子不通功易事，以羡补不足，则农有余粟，女有余布。"这两种思想的冲突充分表现在孟子同陈相的一段谈话中。

"孟子曰'许子③必种粟而后食乎？'曰'然，''许子必织布

---

① 《孟子》卷五滕文公上。
② 孔子对于货币经济或甚至于分工和交换，都没有表示过什么意见。
③ 许子是许行。《孟子·滕文公上》："有为神农之言者许行……告文公曰，远方之人闻君行仁政，愿受一廛而为氓。文公与之处，其徒数十人，皆衣褐捆屦织席以为食。陈良之徒陈相与弟辛负耒耜而自宋之滕，……尽弃其学，而学焉。"

然后衣乎?'曰'否,许子衣褐。''许子冠乎?'曰'冠。'曰'奚冠?'曰'冠素。'曰'自织之与'曰'否,以粟易之。''许子奚为不自织?'曰'害于耕。'曰'许子以釜甑爨以铁耕乎?'曰'然。''自为之乎'曰'否,以粟易之。''以粟易械器者,不为厉陶冶,陶冶亦以其械器易粟者,岂为厉农夫哉?且许子何不为陶冶,舍皆取诸其官中而用之,何为纷纷然与百工交易,何许子之不惮烦?'曰'百工之事固不可耕且为也。''然则治天下,独可耕且为与?有大人之事,有小人之事;且一人之身而百工之所为备,如必自为而后用之,是率天下而路也。'"(《滕文公上》)

其实陈相一派也并不是反对分工和交易,不过孟轲为加强自己的理由计,想把对方挤到那种思想去。从另一段会话上可以看出孟子是主张经济自由主义的,反对统制与管理。

"(陈相曰)'从许子之道,则市贾而不贰,国中无伪,虽使五尺之童适市,莫之或欺。布帛长短同,则贾相若;麻缕丝絮轻重同,则贾相若;五谷多寡同,则贾相若;屦大小同,则贾相若。'曰'夫物之不齐,物之情也;或相倍蓰,或相什伯,或相千万;子比而同之,是乱天下也。'"(《滕文公上》)

儒家的赞成分工与交换,由荀卿的话也可以看出来。

"北海则有走马吠犬焉,然而中国得而畜使之;南海则有羽翮齿革曾青丹干焉,然而中国得而财之;东海则有紫绉鱼盐焉,然而中国得而衣食之;西海则有皮革文旄焉,然而中国得而用之。故泽人足乎木,山人足乎鱼;农夫不斲削不陶冶而足械用,工贾不耕田而足菽粟。……故天之所覆,地之所载,莫不尽其美,致其用。"(《荀子·王制篇》)

因为周景王二十一年(公元前五二四年)废小钱铸大钱,引起单穆公一段关于币制问题最早的话。

"古者天灾降戾,于是乎量资币,权轻重,以振救民。民患轻,则为之作重币以行之,于是乎有母权子而行,民皆得焉。若不堪重,则多作轻而行之,亦不废重,于是乎有子权母而行,大小利之。"(《国语·周语下》第三篇)

许多人认为子母相权是指辅币和主币的关系。所以这段话被看作是发挥辅币的理论。后世的论者每次讨论到币制问题的时候,总是喜欢扯到子母相权的一套话。实际上中国以后的两千年间,并没有行过真正的辅币。各种货币形态,多少都有主币的性质。如果说单穆公懂得辅币的道理,那么就是没有被后世所了解,或了解而没有行得成功。

春秋末年到战国初年,货币的使用渐广,价格观念也渐发达。于是有人留心物价问题。这时候中国出了一个怪人计然或计倪[①]。他替越王勾践出了很多主意,可惜遗下的言论不多。他从五行出

[①] 关于计然的身世,我们知道得很少。只晓得他姓辛字文子,越人。是晋国亡公子之后。博学而无所不通,尤善于计算。范蠡曾师事他,因而发财。《史记》等书称计然,但《越绝书》等称计倪。在勾践时年纪还轻。

发,说"六岁穰,六岁旱,十二岁一大饥。"①这和现代资本主义国家的商业循环论者的论调差不多。他并且提出挽救经济危机的办法,就是利用货币政策来调节物价。他说:

"夫粜二十病农,九十病末;末病则财不出,农疾则草不辟矣。上不过八十,下不减三十,则农末俱利。平粜齐物,关市不乏,治国之道也。"(《史记》卷一二九《货殖列传》)

他主张维持一种适中的物价。不要过高,也不要过低。如果发生极端的情形,就用平准的办法来纠正,所谓"贵出如粪土,贱取如珠玉,财币欲其行如流水。"(同上书)

《越绝书·计倪内经》引计倪对勾践的话:

"王审用臣之议,大则可以王,小则可以霸,于何有哉?越王曰请问其要。计倪曰太阴三岁处金则穰,三岁处水则毁,三岁处木则康,三岁处火则旱;故散有时积,敛有时领,则决万物不过三岁而发矣。……天下六岁一穰,六岁一康,凡十二岁一饥,是以民相离也。……其主能通习源流,以任贤使能,则转毂乎千里外货可来也。不习则百里之内不可致也。人主所求,其价十倍,其所择者,则无价矣。"

在战国时期有白圭②和李悝③二人,他们的主张,同计然很

---

① 《史记》卷一百二十九《货殖列传》。
② 周人,生于魏文侯的时代。
③ 李悝是魏文侯的宰相。

接近。

白圭也是从阴阳五行来讲穰旱的事。所谓:"太阴在卯穰,明岁衰恶,至午旱,明岁美,至酉穰,明岁衰恶,至子大旱,明岁美,有水至……"等话,和计然的"岁在金穰,水毁木饥火旱",如出一辙。白圭的办法,也差不多。他说:"人弃我取,人取我与。"①

李悝的政策,也是要维持一种适中的物价。他说:"籴甚贵伤民,甚贱伤农;民伤则离散,农伤则国贫;故甚贵与甚贱,其伤一也。善为国者,使民无伤,而农益劝。"所以他主张平籴,就是在丰年由政府收买过剩的谷粟,凶年则用这些谷粟抛出来救济。

> "是故善平籴者,必谨观岁,有上中下孰:上孰其收自四,余四百石;中孰自三,余三百石;下孰自倍,余百石。小饥则收百石,中饥七十石,大饥三十石。故大孰则上籴三而舍一;中孰则籴二;下孰则籴一。使民适足,贾平则止,小饥则发小孰之所敛,中饥则发中孰之所敛,大饥则发大孰之所敛,而粜之。故虽遇饥馑水旱,籴不贵而民不散,取有余以补不足也。"(《汉书》卷二十四《食货志上》)

对于货币理论关系最大的是《管子》一书②。这书大体成于战国期间,作者对于货币经济问题有许多见解。其所倡行的财政政策,是站在统治阶级的立场所讲的。他不主张减低租税,他说:"国

---

① 《史记·货殖列传》。
② 《管子》不是管仲所著,已成了定论。春秋时代的人对于货币,决不能有这样深切的了解。

之所以富贫者五,轻税租薄赋敛,不足恃也。"这种见解和老子的见解是对立的。老子说:"民之饥,以其上食税之多,故以饥。"

在货币学方面,管子作者有两点见解:第一,是关于货币的定义。他说:

"刀币者沟渎也,号令也,徐疾也。"(《地数》)

"黄金刀布,民之通货也。"(《轻重甲》)

"黄金者用之量也。"(《立政》)

这几句话表现了他对于货币本质和货币职能的看法。所谓号令,很接近后代名目论的见解。但他主要还是着重货币的职能,特别是作为流通手段的职能(如沟渎通货)和价值尺度的职能(如用之量)。

第二,是关于货币价值论。管子作者是谈到货币价值与商品价值的关系的第一个人。他说:"币重而万物轻,币轻而万物重。"[1] 又说:"故粟重黄金轻,黄金重而粟轻,两者不衡立。"[2] 他也是数量说的创始人。他在国蓄篇说:"夫物多则贱,寡则贵;散则轻,聚则重。"这里虽没有提到货币,但显然把货币包括在内。他并且应用这理论来平定物价。他接着说:

"人君知其然,故视国之羡不足,而御其财物。谷贱则以

---

[1] 见《管子·山至数》第七十六。这话和亚丹斯密的话相近。斯密说:"商品价格如因银价跌而上涨,则万物同涨。其上涨之程度与银价下跌之程度相等。"(Adam Smith, Wealth of Nations.)

[2] 见《管子·轻重甲》。

币予食,布帛贱,则以币予衣。视物之轻重而御之以准,故贵贱可调。"(《国蓄》)

他的办法是:物价太低则增加通货数量以提高之。他也重视商品的流通速度,即交易量。他说:

"万物通则万物运;万物运则万物贱。"(《轻重甲》)
"物臧则重,发则轻,散则多。"(《揆度》)

他的所谓物或万物,虽是同货币对立的,但很明显他是认为两者适用同样的原则。如果这个假定成立,则他已经懂得货币流通速度的作用了。

战国时代,因为战乱频仍,继以灾荒①,引起谷价的变动。这点最使留心经济问题的人注意。计然、白圭、李悝等人都讨论过这个问题,《管子》的作者自然也十分重视。他说:

"岁适美则市粜无予,而狗彘食人食;岁适凶则市粜釜十镪,而道有饿民。……夫往岁之粜贱……故来岁之民不足也。物适贱则半力而无予,民事不偿其本;物适贵则十倍而不可得,民失其用。……故善者委施于民之所不足,操事于民之所有余。夫民有余则轻之,故人君敛之以轻;民不足则重之,故人君散之以重,敛积之以轻,散行之以重。……"(《国蓄》)

《管子》作者生于战乱的时代,各国都以富国强兵为目的,和十

---

① 老子说:"大军之后必有凶年。"(《道德经·偃武章》)

六七世纪的欧洲相像。不过欧洲的重商主义者的所谓富国是要货币多,而《管子》作者的富国是要物资多。他的目的是要国内的人民享受低廉的物价,以提高人民的生活水准。所以他不认为货币是财富,他说:"时货不遂,金玉虽多,谓之贫国也。"①这和欧洲的重商主义者的论调是相反的。

他增加物资的办法除了增加生产以外,还想提高收买的价格来争取外国的物资②。他说:

"今谷重于吾国,轻于天下,则诸侯之自泄如泉水之就下。故物重则至,轻则去。"(《揆度》)

"彼诸侯之谷十,使吾国之谷二十,则诸侯谷归吾国矣。"(《山至数》)

"滕鲁之粟釜百,则使吾国之粟釜千。滕鲁之粟四流而归我,若下深谷者。"(《轻重乙》)

这种贸易政策,实超越一二千年后的重商主义者。到第二次世界大战期间,大家才懂得这个道理。

第四节 信用的发生

借贷行为的发生,应当是在私有财产出现以后的事。私有财

---

① 见《管子·八观》。
② 《管子》作者一方面想在国内维持低廉的物价,另一方面却要提高物价来吸收外国的物资,似乎自相矛盾。我们只能解释作他是实行二重物价政策,即将对内物价和对外物价分开。

产产生之后,社会逐渐分化为贫富两种阶层,富人和穷人竞争,富人总处于优越的地位,使富者越富,贫者越贫;有时使穷人非靠借贷不足以维持其生产或生活。

货币的存在,对于借贷,不是一个必要的前提,因为借贷不必一定要用货币,而可以用各种日用必需品。这种作为借贷工具的日用品,发挥了支付手段的职能,这支付手段的职能也是货币的职能,但单有支付手段职能的东西,能不能称为货币,那就有讨论的余地了。

所以借贷的产生,往往是在真正的货币产生之前,而同商品交换差不多有同样久的历史。这点从一些古代民族的初期记录中找到实证。苏美尔人和巴比伦人在公元前两千年以前就盛行借贷,他们借贷有时用银,有时用谷物,偿还时也是这样;甚至有时借的是银,而还的是谷物[①]。在货币产生以后,借贷还是有时用货币,有时用实物。旧约中就有这种记载[②]。

中国在甲骨文和金文中还没有找到有关借贷的记载。这当然不是说殷代不可能有借贷。殷代社会已有私有财产,产生借贷行为的条件是具备的。曶鼎铭中记载抢禾打官司,判令偿还一倍,如

[①] 《汉慕拉比法典》第四十八条:"如果一个人欠债,而他的田亩为暴风雨所破坏,收获物被吹走,或因缺水关系使谷物未能生长,则该年内他将不给谷物于其债主;他将浸湿他的书板(即指陶制债券,浸湿以便修改——信),并且在该年内不支付利息。"第四十九条是关于借入货币(原文可能是白银——信)而用谷物或胡麻偿还。此外有许多条目是关于借贷的事项。

[②] 《旧约·利未记》第二十五章三七:"你借钱给他,不可向他取利,借粮给他,也不可向他多要。"英译本(Authorised Version)Deutoronomy, chap. XXIII. 19, "Thou Shalt not lend upon usury to thy brother; usury of money, usury of victuals, usury of any thing that is lent upon usury." 英译本中的 money,有时为原文所无,有时是银子,所以也可视为实物。

果第二年不偿还，又要增加一倍，这虽然是惩罚的性质，但也可以看作利息。

古代传说季历迁都西周，向商民借债，无力偿还，乃上层台，以避债，周人称之为逃债台①。不过这种传说是不足信的。

古籍中关于借贷记载得最早的大概要算《周礼》②。其中泉府相当于近代的财政部和国家银行的混合体。各种征课以及物价的稳定工作，都由他来办理。他的信用业务是所谓赊贷。人民向政府赊借，期限随用途而定，如果作祭祀用，只准借十天；如果为丧事用，则能赊借三个月。政府对于放款，收取利息，以供国用，每年年底结账一次。泉府这种赊贷，可以算是中国最早的政府信用。大概赊贷都是用实物，偿还连利息也是用各地的土产③。泉府的组织规模很大，有上士四人，中士八人，下士十六人，府四人，史八人，贾八人，徒八十人，共计一百二十八人；可见工作必定相当繁忙。

《周礼》虽不是周公所作，但所反映的情况，至迟应当是东周初年的情况。

另一项重要的文献资料是《管子》，这书所反映的应当是春秋战国时的情况。当时高利贷者非常猖獗。借贷的手段分为粟和钱两种。借贷的人数自几百家到万家，借贷的数目，用粟计算的自几十钟到几千万钟，一钟是六斛四斗。用钱计算的自几百万到几千万。借贷的对象是农民、猎户和渔户。借贷的利息似乎自二分、五

---

① 《晋书》卷二十六《食货志》引王赦语。
② 《周礼》十五《地官泉府》。
③ 前注原文下汉郑玄注："于国事受园廛之田而贷万泉者，则期出息五百。"贾公彦甚至说："近郊十一者万钱期出息一千，远郊二十而三者万钱出息一千五百。甸稍县都之民，万钱期出息二千。"这些话当然不可靠。

分到对倍①。

在生产不发达的条件下,借贷用实物,没有什么不方便。借的人不论是为了生产或是为了消费,都很容易借到他所需要的东西;因为当时的需要是很窄狭的:生产所需,无非种子或工具;消费所需,无非粮食衣着;这些东西,他都能自己生产,以作偿还之用。但随着生产的发展,分工更细了,商品种类更多了,要想借到自己所需用的特定东西,或借用后要靠自己生产来偿还,就不容易了。只有通过货币,才能买到自己所需要的东西,所以借的人就愿意接受货币,甚至以接受货币为更方便。也只有通过货币才能买到他所需要偿还的东西,而且由于货币的一般等价物的特性和作为宝藏手段的职能,使债主宁愿接受货币,而不愿接受实物,因为实物不便于保存,而货币却随时可以转变为实物。所以在货币产生以后,对于信用可以发生推动的作用,那是毫无疑问的。

我们应当区别借贷和高利贷。高利贷这一名词的含义很含糊,没有明确的定义。它是拉丁语系字汇的译语,拉丁文 usura 的原义是使用,后来指放款利息,并含有高利的意思。只因基督教的教规禁止放款取利,所以任何利息都被认为是不正当的。但随着资本主义的萌芽和发展,放款取利的事越来越被容许了,于是英文 usury 一字的意义就转变为高利贷的意思,这里所谓高利贷,是说高

---

① 《管子·轻重丁》:"鲍叔……曰,西方之氓者,带济负河菹泽之萌也;渔猎取薪,蒸而为食。其称贷之家,多者千钟,少者六七百钟;其出之钟也一钟,其受息之萌九百余家。宾胥无……曰南字之氓者……其称贷之家,多者千万,少者六七百万;其出之中伯伍也;其受息之萌,八百余家。宁戚……曰,东方之萌……其称贷之家,丁惠高国,多者五千钟,少者三十钟,其出之中钟五釜也;其受息之萌,八九百家。隰朋……曰,北方之萌者,……其称贷之家,多者千万,少者六七百万,其出之中伯二十也;受息之氓,九百余家。凡称贷之家,出泉参千万,出粟参数千万钟,受子息民参万家。"

于官定利率。我们的高利贷这一名词,正是在这一阶段中翻译过来的。所以这一名词可以用于广义和狭义两方面;在狭义上,它是指超过官定利率的放款利息,在广义上,它可以适用任何利息,因为利息本身就是一种不劳而获。然而它还不是和借贷同一意义,它不能包括借贷,只能包括在借贷之内。借贷不一定有利息。即在近代,人民之间的借贷,如工具的借用,或甚至亲友之间的钱财的借用,往往不取利息,但仍是信用借贷。古巴比伦的借贷就包含有不取利息的借贷,这种借贷无论如何不能说是高利贷。古代中国无疑也有这种借贷。不过这种借贷不是信用的主要形式,正如同实物借贷不是信用的主要形式一样,信用的主要形态是货币的借贷,是有利息的借贷,因此我们才可以说,信用是货币的一种变化。

古代的借贷利率不一律,这与其说是高利贷的特点,不如说是封建社会的一个特点,封建社会的这种缺乏统一性,在许多方面由无数的事物表现出来。利率只是其中的一种。《管子》书中所记的利率就是不一律的。

战国时期,放款取息的事情,非常普遍。当时叫作假贷①或称贷②。《史记·货殖列传》中常常提到放债致富的例子。如曹邴氏的"贳贷行贾"。最有名的例子是齐国的孟尝君,以大贵族大官僚兼大地主的身份,放债取息,以豢养几千名食客。一年的利息到十万之多③。

---

① 《国语·晋语》第十四:"假贷居贿。"
② 《孟子》卷五滕文公上:"又称贷而益之。"
③ 《战国策·齐策》第四:"齐人有冯谖者,贫乏不能自存。使人属孟尝君,愿寄食门下。……后孟尝君出记,问门下诸客,谁习会计、能为文收责于薛者乎?冯谖署曰,能。……于是约车治装载券契而行。辞曰,责毕收,以何市而反?孟尝君曰,视吾家所寡有者。驱而之薛,使吏召诸民当偿者,悉来合券。券遍合,起矫命以责赐诸民,因烧其券,民称万岁。"

当时的借贷基本上都是信用放款,没有抵押,只凭债务人出一张券契,各执一半,到期合券以偿。刘邦做泗水亭长的时候,交结朋友,常常赊账喝酒。据说债主看见刘邦醉卧时其上有龙,乃"折券弃责"①。

　　信用放款是封建社会的主要形式。对于债主并没有多大风险,因为在封建社会中,人民的行动不自由,逃债虽不是不可能,究竟比较困难,债户离开土地往往就难以为生。而且债主对债务人的财产以及人身往往有任意处分的自由。所以有时债务人的家产被变卖或被剥夺,一家人沦为乞丐。这就是孟子所谓"又称贷而益之,使老稚转乎沟壑"②。

---

① 《史记·高祖本纪》。
② 《孟子》卷三滕文公。

第二章 两汉的货币

第一节 货币制度

一 钱币

西汉的币制,是承继嬴秦的办法,大体上说来,是一种金钱本位,或金铜本位。黄金改以斤为单位,一斤黄金等于一万个钱。但铜钱并不是辅币,其使用是无限制的。而黄金只作价值尺度、支付工具、宝藏手段和世界货币,并不作为流通手段;流通手段专用铜钱,所以在人民的日常生活上,铜钱更加重要。

西汉的铜钱,仍是以重量为名称,不过这种名称已渐渐和重量分离。这是各国货币史的共同现象。而中国和罗马的情形特别相像。罗马古代的铜币阿斯(As)也是主要的货币,原重一磅,所以也称为磅(Libra)。后来名称虽然不变,重量却不断减低,到公元前二五〇年已减成六分之一磅;公元前二一六年(始皇三十一年)减成十二分之一。中国的情形也是这样:秦半两原重半两,名称与重量相符,在汉初就实行减重,名称虽然不变,可是实重在吕后二年(公元前一八六年)就减为八铢,文帝五年(公元前一七五年)减为四铢,减成三分之一。这还是政府的法定重量,实际流通中的货币,比法定重量要轻得多。因为铜钱并不是政府铸造,而是由民间自由铸造。

西汉的铜钱,照史书所载,有八种。初年用秦半两;吕后二年用八铢钱;六年行五分钱;文帝五年造四铢钱;武帝建元元年(公元前一四○年)铸三铢钱;五年又行半两钱,或称三分钱;元狩五年(公元前一一八年)铸五铢钱;元鼎二年(公元前一一五年)用赤仄(或赤侧)钱。但实际上只有三种钱,因为八铢、五分、四铢、三分四种都是半两钱,只有大小轻重的分别。而赤仄钱也是五铢钱。

汉半两的重量并不止四种,其实是千变万化。一般人以小于秦半两而制作类似秦半两的作为汉初半两,这种说法是很合理的。有些半两钱,身小肉厚,文字极不规则,有时甚至高挺,可以认为是汉初半两。八铢半两普遍认为是比较大样而肉薄,文字也扁平。五分钱大概更要轻小一点。那些小型而制作文字比较整齐的似乎都可以算是四铢半两。有人甚至分辨某者为邓通所铸,某者为吴王濞所铸,那就难以相信了。至于三分钱,因为是在铸造三铢钱之后,所以凡是制作上和三铢钱接近的,应当就是了。史书中还有所谓荚钱,也称榆荚半两,严格地说,只有那些穿孔极大,而钱并不大。因而好像四片榆荚架成的一个口字形的薄小半两钱才是。但在广义上,凡是轻小的半两钱都可以说是荚钱。

三铢钱只用了四五年(公元前一四○到一三六年),数量不多,重约两公分到两公分四。

五铢钱的种类就多了。单是武帝时的五铢就有许多种,因为初年还不是由中央政府铸造,而是让各郡国铸造。普通五铢钱正面和背面都有外郭,这是和以前的钱币不同的地方。四铢半两中,有极少数也有外郭,甚至有兼有内外郭的,但钱背都是平的。五铢钱中,也曾发现极少数平背的,以及外郭不整齐的,都可以看作元狩五铢,即最早的五铢。至于赤侧钱则是一个难以解决的问题。过去的钱币学家以为赤侧是以赤铜为郭,这是望文生义,没有人见过这种赤郭五铢。赤侧的赤字应当是作动词讲,即"挫平"的意思,和现代车木行的"车"字相同,实际上两者大概是同一字的两种写法。赤侧就是把外郭挫平的意思,是铸钱技术的一种进步。所以后来五铢都是赤侧五铢。为什么后来曾废止赤侧钱呢?我们只知道赤侧是元鼎二年在京师铸造的,是官炉钱,但郡国钱并没有废止,一枚钟官赤侧当五枚郡国五铢。两年后所废止的可能只是一与五的比价,原来的五铢钱当然继续流通。不过以后当由上林三官铸钱,各郡国不许鼓铸。所以中国货币的铸造权到元鼎四年才统一在国家的手中。五铢钱中,有些异常精整而郭纹很细的,也许就是三官五铢了;重约四公分。

武帝以后的五铢,只有宣帝五铢可以辨别,因为有几种钱范遗留下来,上有宣帝的年号。这种五铢的特点是五字相交的两画向内收,外郭比较宽,而且往往有其他记号,如内郭上面一画,或下面半星等。

宣帝以后的西汉五铢,就无从辨别其时代了。我们只可以约略推定:凡是比较精整而制作近似武帝和宣帝五铢的,大概都是西汉五铢,不管他大小如何。有几种特别小的五铢,重止有半公分,但很精整,而且有些完全是宣帝五铢的缩型。应当是西汉所铸。不过完全不见记载,不知他们的作价怎样。汉简中有提到小钱的[1],而且新疆

---

[1] 《居延汉简考释》(19)74.8."……校乃钱八百,其三百小钱。"查居延汉简的时代是自武帝太初到建武六年。

一带的发掘,据说也有小五铢①,不知是不是这种小五铢。

五铢钱是中国历史上用得最久最成功的钱币。史家说他轻重适宜,一点也不错。中国自进入货币经济后,使用过的钱币非常多,大小不等。重的如齐刀在四十公分以上,轻的如汉的荚钱,还不到一公分。所以元狩五年以前的几百年间,对于钱币的重量,是一个摸索时代;自从元狩五年采用五铢钱以后,不但这五铢钱本身,在七百多年间是中国主要的货币,就是在唐武德四年废止五铢以后,新钱的大小轻重,仍是以五铢钱为标准,离开这标准就失败。这种标准,不但适用于中国,而且适用于外国。希腊古代货币德拉克马(Drachma),虽然各地微有不同,但最通行的是四公分许。罗马的银币单位德纳留斯(Denarius)重约四公分,中国的标准五铢正是四公分重。

汉代的货币经济,比起战国时期来,有长足的进步。租赋收钱,薪俸发钱,买官赎罪也用钱,钱的用处大为增加。中国的租赋,在春秋时期及以前,是用力役;战国时期才包括实物,即孟子所谓:"有布缕之征,粟米之征,力役之征。"到了汉代,一变而为征钱了②。官吏的薪给,在汉以前,全是以粟谷等实物支付,战国时的人论所得总是讲粟若干钟③。到了西汉,官禄之制,虽然仍是以米斛

---

① A. Stein, Ruins of Desert Cathay 记在罗布淖尔(Lopnor,即古鄯善)曾得小五铢。
② 《汉书》卷一《高帝纪》:"四年……八月初为算赋。""如淳曰汉仪注民年十五以上至五十六,出赋钱。人百二十为一算,为治库兵车马。""十一年……二月诏曰欲省赋甚,今献未有程,吏或多赋以为献,而诸侯王尤多,民疾之。令诸侯王通侯常以十月朝献,及郡各以其口数率,人岁六十三钱,以给献费。"田赋似乎也有收钱的事。《汉书》卷七《昭帝纪》:"元凤二年,诏三辅太常郡,得以叔粟当赋。"六年又诏:"其令以叔粟当今年赋。"可见平日的赋税是用现钱。
③ 《论语·雍也》第六:"原思之为宰,与之粟九百,辞。"《孟子·滕文公下》:"仲子齐之世家也,兄戴盖禄万钟。"《战国策·齐策四》:"齐人见田骈曰,闻先生高议,设不为宦,而愿为役,……訾养千钟。"《管子·小问》第五十一:"客或欲见于齐桓公,请仕上官,受禄千钟。"

计算,但发付的时候,或是一部分用谷粟,一部分用现钱[1],或则完全用铜钱[2]。东汉的官俸,则规定为半钱半米[3]。这样不但使人人有钱可用,而且也非用钱不可。所以史书中提到钱的地方渐多:不但财富的表示[4]和物价的表示[5]有用钱的例子,就是实际交易,也用铜钱了[6]。由于钱的流通范围推广,于是人们对于货币的追求也就更加热烈了。汉代钱范上、印纽上和压胜钱上,常有"日入千金""日入千万""大利千万"等字样,而且还有"日利千金"鼎。

西汉的金钱两本位制,有两个重要的例外,这就是武帝时的白金皮币制和王莽时的宝货制。这两种币制在中国的币制史上非常特别。但因为行得不久,所以只能算作一种例外。

武帝时,因为天灾人祸,国用不足,所以于元狩四年冬采用皮币和白金,构成一种整然的制度:

皮币　　　　每张　　　　值四十万
白金
　　一、圆形龙币(重八两)　　三千
　　二、方形马币　　　　　　五百

---

[1] 《前汉书》卷六十五《东方朔传》:"武帝初即位,待诏公车,……奉一囊粟,钱二百四十。"

[2] 《前汉书》卷七十二《贡禹传》:"……拜为谏大夫,秩八百石,奉钱月九千二百。……又拜光禄大夫,秩二千石,奉钱月万二千。"

[3] 刘昭续《汉志》卷二十八引荀绰晋百官表注。

[4] 《汉书》卷九《元帝纪》:"初元元年……以三辅太常郡国公田及苑可省者,振业贫民,赀不满千钱者,皆赋贷种食。"又《贡禹传》:"禹上书曰,臣年老贫穷,家訾不满万钱。"

[5] 物价用钱表示,战国期间即已普通。秦汉时更多。《史记·秦始皇本纪》:"三十一年……关中大索二十日米石千六百。"

[6] 《汉书》卷五十四《李广传》:"李蔡为丞相坐诏赐冢地阳陵当得二十亩,蔡盗取三顷,颇卖得四十余万。"

三、椭圆龟币　　　　　三百

铜钱（四铢半两）　　　一

皮币是用宫苑中的白鹿皮，每张一方尺，饰以彩画。只因价值定得太高，仅用于王侯宗室的朝觐聘享，不能说是真正的货币。白金是银锡合金，可是没有规定纯度或银锡的比率，因此盗铸很盛，终于不得不恢复金钱两本位。

武帝所采用的白金和皮币，在中国的货币史上都很重要。皮币是中国信用货币的滥觞。白金是中国用银最早的例子。

皮币因为作价过高，流通不广，没有真正发挥货币的作用。但是由此就奠定了纸币的理论基础。皮币只有方尺大小，不能说是实物货币，而且当时还没有发明纸，这可以说是后来纸币的先驱。

至于白银，虽然自古即为金三品之一，但没有正式用作货币过。经过这次以后，又有千多年之久，没有用作货币。这是一件很特别的事。而且武帝的白金，在形式上讲，也是前无古人后无来者，完全和中国的传统不合。我疑心他是受了外国的影响，当时中国同西域（包括印度）有贸易上的往来，《汉书》中提到罽宾国（喀什米尔）和安息国的货币，罽宾国用金银币，正面为马，背为人像。安息国用银币，上面也是人像。所以中国加以仿效，也是可能的。奇怪的是汉以后的人，没有见过白金的，这不免使人怀疑。先秦的刀布遗留下来的不知有多少；后来的白金，反而完全不见。这种现象，也是可以解释的：武帝的白金，乃是银锡合金，当初作价很高，所以民间大规模私造，而且大概锡的成分较多；这样白金的购买力跌落，甚至可能为人民所拒用，于是成色好一点的白金币都被销熔。后来白金币废止以后，连那些含银最少的也被人销熔了。当然还有埋藏在地下没有被发现的。

白金皮币制还有一个特点，就是在这个制度里头，只有铜钱是实币，白金和皮币都是虚币。这也是中国货币史上的一个特点。在外国，如果一种币制包含几种金属，多是以比较贵的一种金属为实币，而以贱金属为虚币。所以严格的说起来，仍是一种铜钱本位或金钱本位①。

王莽曾实行过几种币制，在居摄时（公元七年）就采用错刀、契刀和大泉，和当时的五铢并行：

五铢	值一
大泉	值五十
契刀	值五百
错刀	值五千

大泉直径一寸二分，重十二铢。契刀和错刀都是两寸长，错刀有"一刀平五千"五个字。其中"一刀"两字是用黄金错成的，所以称为金错刀，制作精美，后代钱币学家称王莽为中国第一个铸钱能手。金石学家也加以珍视，甚至历代诗人也加以歌颂②。

---

① 武帝采用白金皮币时，虽提到改铸三铢钱，但对于黄金，却只字未提。不知是认黄金为当然货币，还是不以黄金为正式的货币。

② 《文选》张平子《四愁诗》："美人赠我金错刀，何以报之英琼瑶。"杜甫《对雪》诗："金错囊徒罄，银壶酒易赊。"梅尧臣诗："尔持金错刀，不入鹅眼贯。"又韩愈《潭州泊船》诗："闻道松醪贱，何须吝错刀。"实际上诗人们所歌颂的，多是佩用的尺剑而有错金的饰纹的，不是指王莽的刀币，但一般人多以为是指王莽的金错刀，而使这金错刀受到额外的重视。

王莽取得政权（公元九年）以后，以为刘字包含有金刀等部分，于是废止刀钱，连五铢钱也不用，专用大小泉。大泉仍旧，一当五十，小泉钱文为小泉直一，重一铢，直一。

但王莽的币制改革中最奇特的是他的宝货制，这在世界币制史上是一种破天荒的制度，共五物六名二十八品。

宝货制分类表

货币种类	货币名称	作价（文）	
泉货六品	小泉（重一铢）		1
	幺泉（三铢）		10
	幼泉（五铢）		20
	中泉（七铢）		30
	壮泉（九铢）		40
	大泉（十二铢）		50
贝货五品	贝（不盈寸二分）		3
	小贝（寸二分以上）（二贝为朋）	（每朋）	10
	幺贝（二寸四分以上）	（每朋）	30
	壮贝（三寸六分以上）	（每朋）	50
	大贝（四寸八分以上）	（每朋）	216
布货十品	小布（重十五铢）		100
	幺布（十六铢）		200
	幼布（十七铢）		300
	厚布（十八铢）		400
	差布（十九铢）		500
	中布（二十铢）		600
	壮布（二十一铢）		700
	弟布（二十二铢）		800
	次布（二十三铢）		900
	大布（一两）		1,000

续表

货币种类	货币名称	作价(文)
龟宝四品	子龟(五寸以上)	100
	侯龟(七寸以上)	300
	公龟(九寸)	500
	元龟(一尺二寸)	2,160
银货二品	普通银	(每流)(八两) 1,000
	朱提银	(每流) 1,580
黄金		(每斤) 10,000

这种空前绝后的币制,仍是以铜币为主,而且是以最低的单位小泉为主币,其余多是虚币性质。

中国历代币制的失败,多有别的原因,而不是制度本身的缺点。只有王莽的宝货制的失败,完全是制度的失败。原因是显而易见的:第一老百姓对于这样一种光怪离奇的制度,必定要感到头昏眼花。第二泉布虽有文字标明其价值,但人民多不识字,而十种布币,一级只相差一铢重,很难辨别。至于龟贝就必须随时测量,引起纠纷。所以人民只用大小泉。

地皇元年(公元二〇年)又作第四次改制,废大小泉,改采货布、货泉两种:货布重二十五铢,值二十五;货泉重五铢值一。不久新朝便亡了。王莽的失败,虽然有许多原因,但币制的失败,也是原因之一。

钱币中有两种不见记载而一般钱币学家认为应当属于王莽时代的:第一是布泉。这是圆钱,制作精美异常,书法纤秀,是所谓垂针篆,和货泉的文字一样,应属新莽无疑。有人说《汉书·王莽传》中所说的布钱就是指此,以为是当时的一种通行证,因为书中把宝货制中的六泉都写作钱字,所以布泉也写作布钱。不过以布泉为通行证,未免离奇。史书虽说"吏民出入,持布钱以副符传,不持者,厨传勿舍,关津苛留。"①但接着就说是"欲以重而行之",所以大概是指十布,而不是指布泉。另一种是国宝金匮直万。形状奇怪:上部成圆钱形,有国宝金匮四字;下部是方形,有直万两字。文字和莽币文字接近,而且因错刀直五千,此钱直万,史书又载王莽有几十匮黄金,因此说是王莽的货币。

王莽的币制虽然失败,而且只行于一个极短的期间,但王莽的一般设施,对后代的影响很大。例如他的衡法,不但为东汉所袭用,而且六朝的衡法,也是以莽制为基础而加以变更的,书中的记载似乎都是同莽制相比较。六朝的衡法现在已不知道,只有根据莽制来加以推算。而王莽的衡法又只靠根据他的钱币。过去有人②曾实验过,只因方法不正确,结果是不可靠的。王莽的钱币中只有货布最整齐,要考据新莽的衡法,只能专用货布。我曾秤称过五十四枚,每枚都在库平四钱以上,四钱以下的都不取,这样求得每新两应为十六公分许。近年发掘的新资料③,已证明我这种计算方法是正确的。

在东汉两百年间,货币经济在表面上似乎有衰退的现象。自王莽实行黄金国有后,黄金的作用,更加减退了。大概因为看见王莽时币制混乱所招致的恶果,所以人们对于货币已失去了信心,有时以谷帛等实物为流通手段和支付工具。官俸虽然是半钱半米,

---

① 《汉书》卷九十九《王莽传》卷中。
② 吴大澂曾根据王莽的六泉十布(实际他只秤得七布)和货泉货布各一枚,而求出新莽的衡法每两合十三公分六七五。但六泉十布和货泉千变万化,绝不能用作标准。譬如他所秤的幺泉一十竟和幼泉二十的重量相同(吴承洛《中国度量衡史》上编第二章第五节)。
③ 一九五六年西安汉城遗址附近发现汉代铜锭十块,其中一块上面刻有"百三十斤",合今秤六十八市斤半,求之每两合十六公分四一。(见一九五六年《文物参考资料》第三期第八十二页)。

但帝王赏赐方面布帛渐渐代替了黄金的地位。赎罪在西汉本是用金或铜钱的①，到东汉就用缣帛了②。不过钱币到东汉时已深入民间③，纵使政府想要限制，也绝不能完全废用。

东汉所铸的钱，都是五铢钱，但王莽的货泉和大泉可能还在民间流通。在王莽之后最早铸钱的是淮阳王刘玄，他在更始二年（公元二十四年）曾铸五铢钱④，并有钱范遗留下来。其次是公孙述在四川所铸的铁钱。史书中没有说明铸的是什么钱，后代钱币学家说是五铢钱，因为有一种铁五铢流传下来，制作和西汉五铢一样。当时四川曾流行一童谣，说："黄牛白腹，五铢当复。"有人说这童谣证明公孙述所铸的钱，不是五铢钱，而是货泉之类。但可能是公孙述听到这首童谣，而自己又想做皇帝，所以才恢复五铢钱。

不管公孙述的钱是不是五铢钱，他的历史意义是很大的。这是中国最早的铁钱。斯巴达在公元前一千二百年的时候，就以铁条为流通手段。外国古时是以金银铜铁四种金属并称，不像中国只称金三品。

东汉政府在初期还是使用王莽的货泉，因为刘秀迷信，货泉两个字据说象征白水真人。所以马援奏请恢复五铢钱，没有采纳，直

---

① 《汉书》卷四十四《淮南衡山济北王传》："赎死金二斤八两。"又卷六《武帝纪》："天汉……四年……秋九月令死罪入赎钱五十万减死一等。"
② 《后汉书》卷二《明帝纪》："（光武中元二年）天下亡命殊死以下：听得赎论死罪入缣二十匹，右趾至髡钳城旦舂十匹，完城旦舂至司寇作三匹。"又："永平十五年……诏亡命自殊死以下赎死罪缣四十匹，右趾至髡钳城旦舂十匹，完城旦至司寇五匹。"又卷三《章帝纪》："建初七年……赎死罪入缣二十匹。"
③ 《后汉书》卷六十六《刘宠传》："（宠）除东平陵令，以仁惠为吏民所爱。……征为将作大匠，山阴县有五六老叟厖眉皓发，自若邪山谷间出，人赍百钱以送宠，宠劳之曰，父老何自苦……人选一大钱，受之。"
④ 《汉书》卷八〇《刘玄传》。

到建武十六年(公元四〇年)才铸五铢钱①。

光武以后,史书不载铸钱的事,大概因为在形制上没有什么变革,所铸都是五铢,所以不提。灵帝中平三年(公元一八六年)曾铸造一种四出五铢,就是在五铢钱的背面,有四道斜纹,由穿孔的四角直达边缘,又称为角钱。当时有人说此钱铸成后必四道而去,可见人民对当时政权的不满。后来果然有黄巾起义,卒致推翻了刘汉的统治权。献帝据说也铸造过四出五铢。初平中(公元一九〇到一九三年),董卓曾铸造一种小钱,《后汉书》说他销镕五铢钱来铸造小钱,《魏志》说"大五分,无文章,肉好无轮郭,不磨鑢。"袁宏《后汉纪》说还曾铸五铢钱,文章城郭不可把持。可见钱身一定很轻小,而且是粗制滥造。这是刘汉治下最后的一次铸钱。

三国时代也曾铸钱,曹魏方面所用的是五铢钱,黄初二年(公元二二一年)恢复一次,但几个月后又废钱用谷帛,到太和元年(公元二二七年)才再行五铢钱②。刘蜀有两种直百钱;第一种是直百五铢,这大概就是建安十九年(公元二一四年)攻入成都时所铸的③。初

---

① 《汉书》卷二十四《食货志》:"后二年世祖受命,荡涤烦苛,复五铢钱,与天下更始。"《后汉书·光武帝纪》第一上:"十六年……初王莽乱后,货币杂用布帛金粟,是岁始行五铢钱。"《册府元龟》卷四九九钱币:"后汉光武建武十六年始行五铢钱。马援在陇西上书言宜如旧铸五铢钱。事下三府,三府奏以为未可。事遂寝。援还从公府求得前奏难十余条,随牒解释,更具表言,帝从之。天下赖其利。是时长安铸钱多奸巧,京兆尹阎兴署主簿第五伦为督铸钱橼领长安市,伦平铨衡,民悦服。"东汉在建武十六年以前,是用货泉,金石契有货泉范一种,背款有建武二年字样。

② 《三国志·魏志》卷二《文帝纪》。萧常《续后汉书》卷四年表第二。

③ 《三国志·蜀志》第九《刘巴传》注引《零陵先贤传》:"初攻刘璋,备与士众约:若事定,府库百物,孤无预焉。及拔成都,士众皆舍干戈,赴诸藏,竞取宝物,军用不足,备甚忧之。巴曰易耳,但当铸直百钱,平诸物价,令吏为官市。备从之,数月之间府库充实。"《九通分类总纂》卷十一:"文曰直百,亦有勒为五铢者,大小秤两如一焉,并径七分,重四铢。"

铸很厚重，每枚在八公分以上，后来渐薄。厚重的有一种背面有一为字，这是四川犍为所铸，犍为是当时一个商业中心，为西南通外国的地方。这也是方孔钱中纪地名最早的钱。第二种是直百，大概是由第一种演变成的，最大的只有四铢重，后来越变越小，每枚不到半铢。此外有两种五铢钱，一种文字制作类似直百五铢，而且也有内郭，但小样，重约两公分许。另外一种文字制作也像直百五铢，没有内郭，而且稍大而薄，重约一公分六五。铜钱之外，还有铁铸的直百五金。孙权初年大概使用王莽的大泉，甚至自己也加以铸造，因为后来他的大泉五百和大泉当千，可以说是仿王莽的大泉五十。大泉五百铸于嘉禾五年（公元二三六年），大泉当千铸于赤乌元年（公元二三八年）[1]；后来有当二千当五千的大钱[2]，都是用红铜。大泉五百和大泉当千有各种大小，大概初铸的比较厚重，后来渐渐减重。

  从货币文化上来讲，西汉有很大的改进和提高。改进的是铸钱的方法，提高的是钱币的艺术性。在汉以前，铸钱大概是用土范，钱成后范就被毁，这样使得钱币的形状轻重大小都不能一律，而铸币的人对于造范的工作也就不肯多费心思了。西汉自四铢半两起采用铜范的办法。最初也是用泥为祖范，再翻造铜范，铸钱时又将铜范翻造许多泥范，所以铜范就成为母范，一个母范可以翻造无数的子范，这样造出来的钱就大小式样一致了。而且这样一来，祖范的制造就可以由技术水平和艺术水平比较高的人来担任，而他们也就肯用心思了。所以武帝的五铢钱中有非常精美的。这种

---

  [1]《建康实录》卷二嘉禾五年："春议铸大钱，一当五百，诏使吏民输铜畀直，设盗铸之科。"又："赤乌元年春正月侍御史谢宏奏更铸大钱，一当千，以广货，帝许之。"
  [2] 近代曾发掘出若干大泉二千和大泉五千的吴钱。虽不见史书，却是可靠的事。《三国志》没有食货志，可见作者对食货方面自认资料不足。

方法一直维持到东汉。在王莽的时候达到了顶点。王莽的钱币在中国的货币文化上达到了空前高的水平。不但炼铜精、制作美,而且文字的书法也臻上乘。如金错刀的铜质,经久发水银光,钱币学家谓之水银古。错金的方法虽是承继先秦的技术,但这种技术以后几乎就失传了。后代多少人想仿造金错刀,可是黄金错得不对。内行人看来,一望即知是假的。又如货布和布泉的文字,纤细精美,在书法上是所谓垂针篆。王莽以后中国的钱币艺术就衰落了。后代的钱币学家欣赏六泉十布,其实六泉十布不能代表王莽时的钱币艺术,因为除了大泉大布当时流通比较多以外,其余的在当时就不大铸造,遗下来的绝大部分是私铸,技术水平并不高。

二 黄金

西汉盛行黄金,为汉以后千多年间的定论。当时的文献中,常常用金字来表示财富[①]、价值[②]和物价[③],尤其常用作支付工具,如帝王的赐与[④]和官吏们的馈赠[⑤]。

西汉盛行黄金的观念,大部分是建筑在帝王的赏赐上[⑥]。数目

[①]《汉书》卷四《文帝纪》:"百金中人十家之产也。"又同书卷五十九《张汤传》:"汤死家产直不过五百金。"

[②]《史记》卷五八《梁孝王世家》:"初,孝王在时,有累樽,直千金。"

[③]《汉书》卷六十五《东方朔传》:"酆镐之间,号为土膏,其贾亩一金。"

[④]《汉书·食货志》下:"其明年大将军票骑大出击胡,赏赐五十万金。"

[⑤]《汉书》卷三十三《韩信传》:"信至国,召所从食漂母,赐千金。"

[⑥]《宋史》卷二百九十六《杜镐列传》:"太宗……又问西汉赐与,悉用黄金,而近代为难得之货,何也?镐曰:当是时佛事未兴,故金价甚贱。……"顾炎武在其《日知录·黄金》条下说:"汉时黄金,上下通行",也是根据帝王的赐金,文中并列举若干次赐金的例子,而且也提到宋太宗问杜镐的话。《廿二史札记》的汉多黄金条下,竟说:"古时专用黄金,而黄金甚多。"也是根据西汉帝王的赐与。

之大和支付次数之多,都只有在各帝王的赐与上才能看出来。单就《汉书》中所记载而有明确数目的赐金,就有九十万斤,合现代二十七万六千三百三十五公斤①。

西汉各帝赐金表(以一金或一斤为单位)

帝名	赐金总数	帝名	赐金总数
高祖	42,550	昭帝	2,420
惠帝	68②	宣帝	18,370
高后	11,000 +③	元帝	540
文帝	12,000	成帝	3,660
景帝	1,102 +	哀帝	680
武帝	806,940 +	平帝	200
合　　计			899,530 +

根据这种赐与而作出西汉盛行黄金的结论,虽然不是完全不可靠,却是要打折扣的。因为金字在西汉,并不一定指黄金,有时只是一种价值的表示,即一万钱。西汉赐金,书中有三种写法:第一种是"赐黄金若干斤"④,第二种是"赐金若干斤"⑤,第三种是"赐

---

① 西汉的衡法,本应根据八铢半两、四铢半两、三铢和五铢这四种钱来计算。但前三种钱,因都是民间自由铸造,几乎和秦半两一样地分歧。只有五铢有官炉钱,最精整的为四公分,每两应为十九点二公分。本书暂以此为标准。

② 汉惠帝曾赐视作斥土者将军四十金,二千石二十金,六百石以上六金,五百石以下至佐史二金。(见《汉书·惠帝纪》)确数无法计算。

③ "+"号是表示另有数目不确定的赐金数没有计算在内,例如高后遗诏赐诸侯王各千金(见《高后纪》),据《汉书·外戚传》,侯王至少在十人以上,本书姑以十一人计。又如景帝遗诏赐吏二千石黄金二斤,也无从知其确数,表中只以二斤计算。

④ 《汉书》卷八《宣帝纪》:"地节……三年……赐广陵王黄金千斤,诸侯王十五人黄金各百斤,列侯在国者八十七人,黄金各二十斤。"

⑤ 《汉书·文帝纪》:"元年……诏曰,……其益封太尉勃邑万户,赐金五千斤;丞相平将军婴邑各三千户,金二千斤;朱虚侯章襄平侯通邑各二千户,金千斤;封典客扬为信阳侯,赐金千斤。"

若干金"①。有人②说要指明黄金的地方才是真金,不说黄的便是一金给一万钱。根据这种标准来统计《汉书》中的赐金数字,则大部分的赐与,是付铜钱。因为在赐金总额中,指明为黄金的,约占百分之三十,称金若干斤的约占百分之十二,称若干金的占百分之五十八。实际上这种标准并不可靠。有时同一笔赐与,《史记》中称金,而《汉书》中称黄金③。甚至指明为黄金的地方,也不见得是用黄金支付,例如《王莽传》中"有司奏:故事聘皇后,黄金二万斤,为钱二万万。莽深辞让,受四千万,而以其三千三百万予十一媵家群臣",这里明明讲的是黄金,而付的是铜钱。

我们当然不能因此就否认黄金的使用,因为有黄金和铜钱同时赏赐的例子④。也不能否认黄金在西汉的重要性,因为西汉赎罪可以用黄金⑤;助祭费也常以黄金计算,即所谓酎金,每年叫诸侯列侯根据其管辖人民的数目进奉黄金,每千人奉金四两,不满千人而在五百人以上的也要四两,如金少或成色不好,王则削县,侯则

---

① 见《汉书·食货志》下:"其明年大将军票骑大出击胡,赏赐五十万金。"汉惠帝曾赐视作斥土者将军四十金,二千石二十金,六百石以上六金,五百石以下至佐史二金。(见《汉书·惠帝纪》)确数无法计算。

② 晋灼说:"凡言黄金,真金也;不言黄,谓钱也。"(《汉书·惠帝纪注》)颜师古说:"诸赐言黄金者,皆与之金;不言黄者,一金与万钱也。"(同书)

③ 例如刘邦给与陈平的四万斤,在《史记·高祖本纪》中称金四万斤("三年……汉王患之,乃用陈平之计,予陈平金四万斤,以间疏楚君臣。")而《汉书·高帝纪》则称黄金四万斤。("三年……又问陈平,乃从其计,与平黄金四万斤,以间疏楚君臣。")《史记·陈丞相世家》也说是黄金四万斤。

④ 《汉书》卷七《昭帝纪》:"(元凤)五年春正月,广陵王来朝,益国万一千户,赐钱二千万,黄金二百斤。"

⑤ 《汉书》卷四十四《淮南衡山济北王传》:"削爵为士伍,毋得官为吏,其非吏它赎死金二斤八两"。

免国①。这也可以说是西汉政府黄金的一个来源。而且景帝六年（公元前一四四年）曾颁定铸钱伪黄金弃市律②。这明明是官方承认黄金的货币地位。

西汉的黄金，使用到什么程度，不得而知。当时的金价如果每斤一万钱计算，即库平一两合一千二百一十几文，的确便宜。但当时米价，若以七十文一石来计算，要卖百多石才能换得黄金一斤。一般人民获得黄金的机会恐怕不多。在战国期间，一家五口，耕百亩田，每年可以收得一百五十石粟。到了汉朝，人口增加③，土地更集中化，就算有新地的开垦，每家仍以百亩计，收入不变，自己一家一年要吃九十石，剩下的卖钱不过六千文，再除去田赋④、口赋，所剩已不多，能够应付一年内的日常开支而不负债，已算侥幸。西汉黄金动不动论斤，一般人民，哪里用得起？

汉代文献中，并没有用黄金为流通手段的记载。《汉书》中所

---

① 《后汉书·礼仪志》上注："丁孚汉仪曰酎金律文帝所加，以正月旦作酒，八月成，名酎酒。因令诸侯助祭贡金。汉律金布令曰，皇帝齐宿亲帅群臣承祠宗庙，群臣宜分奉请，诸侯列侯各以民口数率千口奉金四两。奇不满千口至五百口亦四两，皆会酎少府受。又大鸿胪食邑九真交趾日南者，用犀角长九寸以上若玳瑁甲一，郁林用象牙长三尺以上若翡翠各二十，准以当金。"《史记·平准书》："至酎少府省金，而列侯坐酎金失侯者百余人。"注（如淳曰，汉仪注，王子为侯，侯岁以户口酎黄金于汉庙，皇帝临受献金以助祭。大祀日饮酎，饮酎受金，金少不如斤两，色恶，王削县，侯免国。）《西汉会要》卷十四礼八庙祭："孝宣地节四年襄温侯圣坐酎金斤八两，少四两免。"又："五凤四年朝侯固城坐酎金少四两免。"

② 《汉书·景帝纪》。

③ 据《通志·食货一·历代户口》称，东周人口为 11841923 人。经战国之摧残，秦始皇之残杀，减少很多。但汉代增加得很快，平帝时为 59594978 人。

④ 先秦田赋，以按收入实物抽十分之一为原则，即所谓什一之税。秦自商鞅变法后，有税率至十分之五（《汉志》董仲舒言）。汉代田赋以轻著，普通是十五税一（《汉书·食货志》）。有时且只收半租，即三十税一，但因豪民侵凌，农民实际上的负担很重。王莽说："厥名三十税一，实什税五也。"西汉田赋大概是以现钱缴纳。

115

谓"酆镐之间,号为土膏,其贾亩一金"①的话,乃是价值的表示。而且所谓一金,可能是指一万钱。又"王莽末,天下旱蝗,黄金一斤,易粟一斛"②的话,也不能说是一种普通买卖,看语气便知道是一种实物交换。在近代发现的汉简中,有许多关于物价的资料;但都是以钱文计算,没有一处是金银计价的,甚至连金银两个字也没有提到。所以汉时的黄金是一种价值尺度,最多只在上层阶级之间使用,不能说是上下通行。

西汉黄金的使用,到底是用一种什么形式呢?应当不会是一种不规则的金银块。史书中对于这件事很少提到。战国时代的爰金,是不是西汉黄金的通行形式呢?又班固说齐太公的"黄金方寸而重一斤"的话,是不是根据西汉的情形所推论的呢?这都是还待解答的问题。班固说武帝以"黄金为麟趾褭蹄"③,有人以为这是马蹄金的创例。西汉有马蹄金是肯定的,这无论从出土古物方面④,或是文献方面⑤都得到证实。

到了东汉,形势为之一变。东汉的两百年间,一切赐与,很少用黄金,总共不过两万一千七百四十斤,合五千五百六十五公斤。

---

① 《汉书》卷六十五《东方朔传》。
② 《后汉书·光武帝纪》。
③ 《汉书》卷六《武帝纪》:"(太始)二年三月诏曰:'有司议曰:往者朕郊见上帝西登陇首,获白麟,以馈宗庙,渥洼水,出天马泰山,见黄金,宜改故名。'今更黄金为麟趾褭蹄,以协喜瑞焉。因以班赐诸侯王。"
④ 一九五四年第十一期《文物》参考资料第一五○页载,广州市河南南石头广州国营建筑工程公司工地在一座木椁墓中发现五铢钱两串,内铜质外包金的"马蹄金"一件。墓葬的时代估计是在西汉末年(引自九月二十日《广州日报》)。
⑤ 唐时常掘得马蹄金,《汉书·武帝纪》颜师古注:"今人往往于地中得马蹄金,金甚精好,而形制巧妙。"

第二章 两汉的货币

只合西汉赐金总额的百分之二。如果以每次赐金的平均数额来讲，则东汉只合西汉的百分之二十三①。如果以每帝赐金的平均额

---

① 西汉每次赐金的数额如下：

50 余万斤者	一次
20 余万斤者	一次
10 万斤者	一次
4 万斤者	一次
1 万余斤者	一次（高后）
7000 斤者	一次
5000 斤者	二次
2000 斤者	三次
1740 斤者	一次（八十七人各20斤）
1500 斤者	一次（诸侯王十五人共计）
1000 斤者	十六次以上
500 斤者	五次
200 斤者	六次
100 斤者	二十六次以上
60 斤者	五次
50 斤者	三次
40 斤者	四次以上
30 斤者	三次
20 斤者	十三次以上
10 斤者	二次以上
6 斤者	不知次数
2 斤者	二次以上
合　计	899530 斤以上　一百次以上

每次平均约 8995 斤或 2743.26 公斤

东汉各次赐金额如下：

2 万斤者	一次
1000 斤者	一次
200 斤者	三次
50 斤者	二次以上
30 斤者	一次
10 斤者	一次
合　计	21,740 斤　九次

每次平均 2415 斤或 618.24 公斤

117

来讲,则东汉只合西汉的百分之三①。如果以每年赐金的平均额来讲,则东汉只合西汉的百分之二强②。西汉赐金约有一百次,赐钱约五十次;东汉赐金只九次,赐钱六十四次。就是单以西汉赐金中指明为黄金的数目来说,东汉所占的百分比也是很小;总额是百分之七,以每次计,是百分之七十七;以每帝计,约占百分之十;以每年计,约占百分之七点五。

东汉赏赐,为什么少用黄金呢?这是中国历史上一个谜。有些人曾加以解答,但多是不得要领。有人说是因为佛教盛行,寺庙塑像写经消耗许多黄金③。但佛寺到南北朝才盛行,不能用来说明东汉金少的现象。此外甚至有人说是因为国内产金之地已发掘净尽,所以黄金日少④。这是一个最难令人置信的理由。黄金不是消耗品,就是真正发掘净尽,也不至于减少。何况汉以后,历代还是有黄

---

① 东汉各帝赐金额如下:

光武帝	240 斤
章帝	1000 斤
桓帝	20450 斤
灵帝	50 斤
合　　计	21740 斤

西汉以十三帝计算,每帝平均赐与21256公斤,东汉只以九帝(殇帝、冲帝、质帝各一年不计)计算,每帝平均赐与618公斤。东汉衡法和新莽衡法同,每两以十六公分计。

② 西汉以二百一十四年计,东汉以一百九十六年计。

③ 《宋史·杜镐列传》,见《宋史》卷二百九十六《杜镐列传》:"太宗……又问西汉赐与,悉用黄金,而近代为难得之货,何也? 镐曰:当是时佛事未兴,故金价甚贱。……"顾炎武在其《日知录》黄金条下说:"汉时黄金,上下通行",也是根据帝王的赐金,文中并列举若干次赐金的例子,而且也提到宋太宗问杜镐的话。《廿二史札记》的汉多黄金条下,竟说:"古时专用黄金,而黄金甚多。"也是根据西汉帝王的赐与。

④ 《廿二史札记》的汉多黄金条:"后世黄金日少,金价亦日贵,盖由中土产金之地,已发掘净尽。而自佛教入中国后,塑像涂金,大而通都大邑,小而穷乡僻壤,无不有佛寺,即无不用金涂,天下计之无虑几千万万,此最为耗金之蠹。加以风俗侈靡,泥金写经贴金作榜,积少成多,日消月耗……此所以日少一日也。"

第二章　两汉的货币

金的出产。中国虽然从来没有发现大的金矿，但淘金的事是代代有的，所以黄金的绝对数量应当是一年一年增加的。然而东汉以后少用黄金作赐与是一个事实，而且金价上涨大概也无可怀疑①。除了黄金的生产成本增加外，只有数量减少，或支付周转次数减低，或需要增加，才可以引起那些现象。东汉时似乎几种因素都存在②。

关于黄金的生产成本，我们虽然没有具体的资料来证明其已增加。但米价的上涨③影响淘金者的生活费，这便是成本之一。

数量的减少，是由于黄金的外流。例如武帝时常同匈奴作战，如有匈奴人投降到中国来，照例是有重赏的④。他派张骞到西域去招来大夏的属国，也用黄金缣币⑤，这也是黄金的一条去路。但最重要的，应当是贸易的入超。

西汉时已有若干的对外贸易，如武帝时向大宛买马⑥，向海外买明珠璧琉璃⑦，都曾输出黄金。当时甚至有人以为用黄金向外国

---

① 《汉书·食货志》下："天凤元年复申下金银龟贝之货，颇增减其贾直。"虽没有说明是把金价提高，但在西晋时一金改为指黄金一两，即可证明金价已涨。参阅第二节第五项（第一一〇页）。

② 作者在"两汉货币购买力变动之研究"（复旦学报第四期）一文中，对于东汉赐与少用黄金一事，只举出需要增加一种原因。那是不够的。

③ 参阅第二节第五项。

④ 《汉书》卷二十四《食货志》下："浑邪王率数万众来降，于是汉发车三万两迎之。既至受赏赐及有功之士，是岁费凡百余巨万。"又："胡降者数万人。皆得厚赏。衣食仰给县官，县官不给，天子乃损膳解乘舆驷出御府禁藏以澹之。"

⑤ 《汉书》卷六十一《张骞传》："天子数问骞大夏之属……因曰……既连乌孙，自其西大夏之属皆可招来，而为外臣，天子以为然，拜骞为中郎将，将三百人，马各二匹，牛羊以万数，赍金币帛直数十巨万。"

⑥ 《史记》卷一百二十三《大宛传》："……而天子好宛马，使者相望于道。……"又："天子既好宛马，闻之甘心，使壮士车令等持千金及金马以请宛王贰师城善马。"

⑦ 《汉书·地理志》："自夫甘都庐国船行可二月余有黄支国。……自武帝以来，皆献见，有译长属黄门与应募者俱入海市明珠、璧流离、奇石、异物；赍黄金杂缯而往。"

119

购买奢侈品为一种明智的政策①,由此也可见许多外国货都是用黄金换来的。武帝时的连环羁②,宣帝身上的宝镜③,都是印度来的。《史记·大宛传》叙述自大宛到安息一带的情形,说"得汉黄白金,辄以为器,不用为币"。这也是金银外流的确证。

但西汉末到东汉,对外贸易的规模更大。这只要比较一下《史记》和前后《汉书》对于外国的记述便知道。史记对于外国的记载简略而模糊,因为在张骞回国以前,大家对于西域似乎没有什么印象,连身毒(印度)的名字都不知道。不过张骞带回来的情报大概也不很多;直到班超回来,中国人对于西方才有点确实的知识,所以《后汉书》才第一次提到大秦国。有人说在西汉时,中国人就有泛海到锡兰去经商的,说西历第一世纪希腊人利用印度洋的季候风航海到锡兰时,就有许多中国船④,这是可能的。但汉代的对外贸易,大概是以经由敦煌新疆到小亚细亚去的陆路为主。换言之,就是以中国同所谓大秦国的贸易为主。大秦国是指罗马帝国,包括叙利亚和埃及等地⑤,由安息(Parthia)的商人将西方的各种玻璃珠宝和织物运到中国来换取中国的丝绢。地中海东部的国家,很早就使用黄金。罗马在共和时代(即西汉及以前)虽然不以黄金铸钱,但对外支付,是用黄金,国库中黄金很多⑥。在帝国时代(相当于东汉)更是使用金币。所以当时的世界货币,即中国同西方的交

---

① 《盐铁论·力耕》篇:"汝汉之金,纤微之贡,所以诱外国而钓羌胡之宝也。"
② 刘歆《西京杂记》卷上:"武帝时身毒国献连环羁,……一马之饰直百金。"
③ 《西京杂记》卷上:"宣帝被收系郡邸狱,臂上犹带史良娣合采婉转丝绳,系身毒国宝镜一枚大如八铢钱,传此镜见妖魅得佩之者为天神所福,故宣帝从危获济。……"
④ Melvin M. Knight, *Commercial Route*. (Encyclopaedia of the Social Sciences, Vol. IV.)
⑤ Fredrich Hirth, *China and the Roman Orient*, 1885.
⑥ Theodor Mommsen, *The History of Rome*, translated by William P. Dickson, 1888, Book Third, p. 381.

易媒介,自然是黄金。当时中国的缣价是四百①到六百多钱一匹②,但在罗马市场据说是与黄金同价③,一两黄金一两丝。中国的缣是二十五两重,应可卖得二十五两黄金。这种价格也许只是暂时的价格,没有维持长久,但丝物在西方古代为一种极贵重的奢侈品,是人人知道的。罗马史家普里尼(Pliny)说罗马帝国每年至少有一万万塞斯脱斯(Sesterce)流到印度中国和阿拉伯④;又说单是印度每年就要获得二千五百万,则其余的七千五百万以上约合黄金五千多公斤⑤,

---

① 《太平御览》羽布帛数引范子计然的话说:"白素出三辅,匹八百",三辅乃汉时语。《盐铁论·散不足篇》说:"纨素之价倍缣,"则西汉缣价当为四百钱一匹(见《海宁王静安先生遗书》卷二十六《释币下》)。

② 1907年英人斯坦因(Aurel Stein)在敦煌以西之沙漠中发现丝缣数件。其中有一匹上有文字,为"任城国亢父缣一匹,幅广二尺二寸,长四丈,重二十五两,直钱六百一十八。"见 Aurel Stein, Central-Asian Relics of China's Ancient Silk Trade. (Toung Pao, Serie II. Vol. XX. , p.130.)。另据王国维考证,任城国为后汉章帝元和元年(公元八十四年)所建(见王国维《释币下》)。

③ Aureliani, c. 45. in Scriptt. Hist. Aug. Quoted by Friedlaender l. c. Vol. III. , (5th ed. ,1881.) , p. 70.
罗马皇帝赫留格巴路斯(Heliogabalus,204—222)的丝袍就是照这种价格买的。

④ "Minimaque computatione miliens centena milia sestertium annis omnibus India et Seres et Paeninsula illa[Arabia] imperio nostro adimunt. "(Pliny XLI,18(14),84.)

⑤ 四枚 Sesterces 合一枚 Denarius,重3.9公分。二十五 Denarii 合一金币 Aureus。金币每枚重一罗马磅(327.4公分)的四十分之一(Tenney Frank, An Economic Survey of Ancient Rome, Vol. I. , pp. 348 and 422.)。但 Nero 已将金银币减重,金币减轻十分之一,银币减百分之十四,而两者的作价照旧(A. R. Burns, Money and Monetary Policy in Early Times, p.412.),而 Pliny 的估计是在耶诞后七十七年作的,在 Nero 之后,所以一万万 Sesterces 相当于黄金7,366.5公斤,七千五百万 Sesterces 则为5,524.875公斤的黄金。而 A. R. Burns(Money and Monetary Policy in Early Times, p. 412.)将流出到印度的数目译作五亿五千万 sesterces,如果流到中国和阿拉伯的数目等于流到印度去的三倍,则应为十六亿五千万 sesterces,合黄金121,547.25公斤。另有 Del Mar 在其 Money and Civilization(London,1886.)里说(第十八页脚注中)Pliny 所提流到印度(注中未提中国,只说阿拉伯不在内,大概中国也在内)的黄金数为五千万 sesterces,约合十九世纪的英镑五十万镑。那就更少了。这种数额上的差异,是由于拉丁文 sestertium 一字在各种情形下,代表各种不同的数目,相差一千倍到百万倍。

应当是流到中国和阿拉伯了。这数目并不大。有人说①,也许是指罗马帝国的纯入超,并不是说由中国和阿拉伯输入货品的总值。但我们不能根据这种话就说中国是出超,每年有黄金流入。罗马史家对于其黄金的去向,大概是根据其输入品来计算。可是实际上中国丝物在罗马市场卖得的价款,并不是全部回到中国来,大部分恐怕是落在安息商人的手中;这些商人到中国来收买丝缣出很少的代价,正同他们用贱价把西方不值钱的玻璃和假珠宝运到中国来卖大价钱一样。中国当时不会造玻璃,可能把玻璃当作璧流离看,付出很大的代价。范晔说他们"利有十倍"②,《晋书》说是百倍。普里尼也说利润有十倍到百倍③。所以实际上恐怕中国和罗马双方都有黄金流出。桓帝时的大官僚梁冀就曾派人出塞,交通外国,广求异物。

东汉时黄金的外流,史书少有明确的记载。但黄金周转次数的减低,却是很明显的事实。赐与上少用黄金,便是周转次数减低。不过这毋宁应说是一种后果,而不是原因。使黄金周转速率减低的原因,是王莽的黄金国有政策。王莽在居摄二年(公元七年)发行错刀、契刀,目的就是收买黄金。所以同时禁止列侯以下不得挟黄金;人民的黄金,都要卖给政府。据说后来连代价也不给,等于没收了④。王莽为什么要把黄金集中在国库呢?是个人的

---

① Höck 以为是指罗马一市的数目。夏德(Hirth)则以为是纯入超(F. Hirth, China and the Roman Orient, p. 225)。

② 《后汉书》卷八十八《西域传·大秦》:"大秦国一名犁鞬……与安息天竺交市于海中,利有十倍。……其王常欲通使于汉,而安息欲以汉缯采与之交市,故遮阂不得自达。"

③ F. Hirth, China and the Roman Orient, p. 225.

④ 《汉书·王莽传》上:"二年……五月又造货,错刀一直五千,契刀一直五百,大钱一直五十,与五铢钱并行。民多盗铸者。禁列侯以下不得挟黄金,输御府受直,然卒不与直。"

贪财,还是为防止黄金外流呢?这就无法断定了。总之,在他的一二十年间,除了几次有重大政治意义的赠与①和因聘史氏女为皇后花三万斤外②,政府开支,大概少用黄金。所以他死的时候宫中剩下约七十万斤的黄金③。而且这些黄金后来大概仍是落在少数私人手中。光武本人也许不爱财,但他的内弟郭况就有几亿黄金④,其中可能有一部分是王莽所搜刮的。这是市面黄金显得少的原因。在西汉时,一般人民和官吏们,经常把黄金贡献给皇帝,而各帝王也以赏赐的形式发放出来,这就是黄金周转的途径。到了东汉,帝王既少赐金,臣下大概也少献金了,因为连赎死罪也是用缣⑤。

这里我们可以比较一下,公元初前后中国和罗马这两大帝国的黄金财富。王莽死时政府所储黄金以七十匮计算,计七十万斤,约合十七万九千二百公斤,这数字可以代表中国政府在第一世纪的储金量。罗马帝国的贵金属储备量据估计约值一百亿金马克⑥。其中金银数量大约相等,这样就可以算出罗马帝国的黄金储量是十七万九千一百公斤。和中国可以说完全相等。这是一个有趣的巧合。

---

① 赠匈奴孝单于一千斤,顺单于五百斤,赠光武之兄十万斤(《后汉书·宗室四王三侯列传》:"伯升遂进围宛,自号柱天大将军。王莽素闻其名,大震惧。购伯升,邑五万户,黄金十万斤,位上公。")
② 《汉书·王莽传下》。
③ 《王莽传下》记王莽死时:"省中黄金万斤者为一匮,尚有六十匮,黄门钩盾藏府中尚方处各有数匮。"
④ 王嘉《拾遗记》卷六:"郭况光武皇后之弟也,累金数亿,家僮四百余人,以黄金为器,工冶之声震于都鄙。"
⑤ 见本书第二章第一节一钱币注《后汉书》卷六十六《刘宠传》:"(宠)除东平陵令,以仁惠为吏民所爱。……征为将作大匠,山阴县有五六老叟彪眉皓发,自若邪山谷间出,人赍百钱以送宠,宠劳之曰,父老何自苦……人选一大钱,受之。"
⑥ 桑巴特《近代资本主义》第一卷第二分册第四篇第三十一章引 Lexis 的数字。

东汉以后,工艺方面对于黄金的需要也增加了。西汉及以前,只有各种彝器上错金,西汉时帝王们也有用黄金来做装饰品的,如未央官的"金铺玉户"①,帝王送死时的玉匣金缕②,以及蜀广汉主每年用五百万来造金银器等③。但当时民间还朴素,连帝王们将有金银饰的杯案赏赐给官吏们,贡禹都认为不应该。东汉以后,情形就不同了。郭况家里用四百个僮仆来制造金器。到了东汉末年,金饰更加流行:曹子建用"皓腕约金环,头上金爵钗"④来形容女人。民间的流行金饰,大概同市面上黄金的减少和金价的上涨有关系,好时髦的大半为虚荣心所支配,物少而贵才为人所追求;而越有人追求则价钱也越贵。

东汉以后,因为大家把黄金造成器饰,而且周转次数减低,所以黄金的货币性更加减退,只以用作宝藏手段为主。有时要作支付,须将黄金变卖,取得铜钱,才能交易,或作别的开支⑤。

---

① 《三辅黄图》。又有"黄金为璧带","皆金玉珠玑为帘箔"等句。

② 《西京杂记》卷上:"汉帝送死,皆珠在玉匣,匣形如铠甲,连以金缕。武帝匣上皆缕为蛟龙鸾凤龟麟之象,世谓蛟龙玉匣。"

③ 《汉书·贡禹传》记贡禹在元帝即位时说:"孝文皇帝衣绨履革,器亡雕文金银之饰。后世争为奢侈,……方今齐三服官作工各数千人,一岁费数巨万。蜀广汉主金银器岁各用五百万,三工官官费五千万,……臣禹尝从之东宫,见赐杯案尽文画金银饰,非当所以赐食臣下也。"

④ 《文选·美女篇》。

⑤ 《后汉书》卷一百一十一《独行列传·王忳传》:"忳尝诣京师,于空舍中见一书生疾困,愍而视之。书生谓忳曰,我当到洛阳而被病,命在须臾。腰下有金十斤,愿以相赠。死后乞葬骸骨。未及问姓名而绝。忳即鬻金一斤营其殡葬。"
《三国志》卷五《魏志文昭甄皇后传》:"后天下兵乱,加以饥馑,百姓皆卖金银珠玉宝物。时后家大有储谷,颇以买之。后年十余岁,白母曰:今世乱而多买宝物。匹夫无罪,怀璧有罪。"

汉朝白银铸成铤状，为一种银条，上面铸有年份①，黄金可能也有铸成铤状的。

第二节 货币的购买力

一 楚汉战争所引起的货币减重

货币购买力是指货币与商品及劳务的相对关系。所以购买力的变动，不一定是由于货币本身的原因，商品和劳务的因素，同样也可以影响货币的购买力。研究中国货币购买力的变动的历史，专从货币下手是不够的；一定要研究各代的生产力和生产状况，以及对于生产运销的各种阻碍的因素。

在战国以前，货币数量不多，使用货币的习惯也不普遍，所以货币购买力的变动小而不关重要。到了战国末年，商品生产逐渐发达，大家都晓得使用钱币的方便，而愿将自己暂时所不要消费的物资，换成货币，同时以为只要有货币在手，随时随地可以取得消费品。而货币的数量也渐渐增加了。

战国时各国兼并所引起的杀戮②以及秦始皇统治下对于力役

---

① 汉代银铤已知者有两枚：一残缺，重库平三两许，上有"中元二年"字样。另一有"建和二年上郡亭侯××公行银匠王升，银匠左宫，银匠吴×"（见《泉币》第三十二期第十页）。

② 《通志·食货一·历代户口》："战国相并，摧残民命，伊阙之败，斩首二十四万。……然考苏张之说计秦及山东六国戍卒尚逾五百余万。推人口数尚余当千余万。秦兼诸侯，所杀三分居一……。"

的浪费①,使生产大为减少。古时地广人稀,只要人民能安居乐业,生产总是不断增加的。到秦始皇时,不但人口死亡很多,就是活着的人不是北筑长城,就是南戍五岭;剩下的则因为不堪重税的压迫和刑戮的苦楚,也多逃亡山林,转为盗贼。因为男子力耕,不足粮饷,女子纺绩,不足衣服。

楚汉相争,双方各拥大兵;八年之间,七十余战,死伤几百万。生产因破坏而减少,固不消说,剩下的一点物资,也得不到适当的分配。比如最重要的粮食,便由于双方有意阻绝对方的粮道,使得问题更加严重。项羽攻入咸阳的时候,大肆屠戮,一切财货都搬走,宫室则加以烧毁。所以刘邦只得到一座空城。难怪"天子不能具钧驷,而将相或乘牛车,齐民无盖藏"了。

当时执政的人,无疑以为国家的穷困,是因为没有钱去买,把货币当作普通财富,而且以为他的购买力是不变的。因此以为铸钱就是生产,至少以为有了钱便可以购置各种各样的消费品,所以让人民自由铸钱,似乎只要国内货币数量增加,国家和人家便富足了。中国历史上第一次大规模而有记录的货币减重行为,便是在这种情形下发生的。

汉初货币的减重:第一是将黄金的单位由一镒减成一斤,减轻百分之二十。第二是铜钱的减重。减重的过程,不见记载,但我们可以根据实物来判断。遗留下来的半两钱中,各种大小轻重都有,最重的在二十公分以上,最轻的只有零点一七公分;这就是说,后者只有前者的一百二十分之一。假定以十公分为秦半两的标准重

---

① 同书:"北筑长城四十余万,南戍五岭五十余万,阿房骊山七十万。三十年间百姓死没相踵于路。"

量,那么也减重成六十分之一了。所以米价涨到一石万钱;马价涨到一匹百金①。

政府把物价高涨的责任,推到商人身上去,说是因为商人囤积操纵所引起来的。中国正式轻商,就是从这时候起。实际上商人的囤积操纵固然可以助长物价的上涨,但基本的原因,是物资的缺乏和通货的减重。不过商民的囤积,使物价涨得更快更凶。

当时物价高涨的程度,只能从米价来推算。不过我们不知道当时的正常米价是多少钱一石。《管子》书中有几种谷价,各不相同,而不知道是指什么钱,刀钱布钱环钱大小轻重价值都是不同的。《汉书》所引李悝所讲的粟石三十,大概接近秦汉间的正常谷价。我们姑且根据这话,以米价每石六十钱为基数,那么楚汉战争所引起通货减重的结果,使米价涨了百分之一万六千六百六十六,即涨了一百六十六倍。这大概是物价的顶点,因为恰巧碰到饥荒,饥荒过后,物价也许稍跌,但情势仍然严重。

这一次减重行为,前后继续到约三十年之久,其间虽有加以稳定的企图,但没有成功。例如在吕后听政的第二年(公元前一八六年),曾行八铢重的半两钱,想用增加重量的方法来提高货币的购买力,然而当时国内政局不安定,国外有匈奴的侵寇,支出不能减少,所以第五年又行五分钱②。五分钱不知道是多么重,大概要比八铢轻。到文帝的时候(公元前一七九至一五七年),钱的分量更轻,而数目也更多了③,价值自然跌落。

文帝稳定币值的方法,是双管齐下:第一是增加生产,例如叫

---

① 《史记》卷三十《平准书》及《汉书》卷二十四《食货志》。
② 《汉书》卷三《高后纪》:"六年……六月……匈奴寇狄道,攻阿阳。行五分钱。"
③ 《史记·平准书》:"至孝文时荚钱益多轻。"

寄居长安的诸侯各回本国去治理,以督促生产。同时在王畿内也开藉田,亲率耕,以奖励农业。第二是实行通货紧缩政策,对外不用兵,对内不兴造,各种赈恤,都用实物,不用钱。由赋税所收进来的钱,贮存国库。另一方面又(五年)增加钱币的重量,把半两钱由极轻小的榆荚钱提高为四铢重,这样币值才稳定下来。半两钱由始皇时的十二铢变成四铢,还是减重成三分之一,但因生产力提高,生产增加,所以货币的购买力逐渐提高。

当时晁错的轻金钱珠玉,而重耕作的主张,也无非是要人民由铸钱事业返回到农田去。这样可以增加生产。贾谊也大喊"生之者甚少,而靡之者甚多"[1],主张使人归农。

文帝在稳定币值的时候,一方面加重铜钱的分量,一方面却废止盗铸钱令[2],这在后代的数量说者看来,是难以理解的。但当时以为货币的跌价,在于分量的减轻,只要维持钱币的重量,价值就不会变动。他们是认识到货币本身的价值的。这种理论不止是中国有之,外国也很普通,欧洲的中世纪还是盛行。当时一般人以为物价波动是因为铸造恶币而引起的,只要停止恶币的铸造,物价便可以复原了。所以西汉政府对于吴王濞和邓通等人的私铸,并不干涉,因为他们铸的钱,是遵照中央政府的标准[3]。

西汉政府对于铸钱的放任主义,可能还有一个原因,就是民间铸钱和政府铸钱,性质是差不多的;民间铸的钱,政府可以用租税的方法收归国库,倒反省了一笔铸造费用。

---

[1] 《汉书·食货志》。
[2] 《汉书》卷四《文帝纪》:"五年……夏四月除盗铸钱令,更造四铢钱。"
[3] 《西京杂记》卷上:"文帝时邓通得赐蜀铜山,听得铸钱。文字肉好皆与天子钱同,故富侔人主。时吴王亦有铜山铸钱,故有吴钱微重,文字肉好与汉钱不异。"

实际上人民私铸,不会全遵照政府的标准,结果使得币制不统一,各地方用的钱不一样,因而发生贴水的现象,轻钱对重钱贴水①。

总之,西汉因通货减重而大跌的币值,在文帝手中慢慢恢复了。景帝很能继行文帝的政策,使币值不但回复了以前的水准,而且物价有下降的趋势。粟价曾低到每石十余钱②,谷价每石自几十个钱③到一百钱④。所谓文景之治,就是建筑在这种低物价政策上的。结果是:"府库余货财,京师之钱累巨万,贯朽而不可校;太仓之粟,陈陈相因,充溢露积于外,至腐败不可食"⑤。这当然主要是统治阶级的富足。不过因社会比较安定,没有战争,人民的生活也有相当的改善,史家说是"众庶街巷有马,仟伯之间成群",又说"守闾阎者食粱肉"⑥。可见比汉初的情形是不同了。

二 武帝时匈奴战争所引起的货币贬值

武帝凭着文景二帝的积蓄,对内广兴土木,对外大事征伐,很快就把国库花光了,把人民打穷了。匈奴为中国的世敌,秦始皇时

---

① 《汉书·食货志》:"贾谊谏曰……民用钱郡县不同:或用轻钱,百加若干,或用重钱,平称不受。法钱不立,吏急而壹之虖?则大为烦苛,而力不能胜。纵而弗呵虖?则市肆异用,钱文大乱。苟非其术,何乡而可哉?"
② 《史记》卷二十五《律书》:"文帝曰……天下殷富,粟至十余钱。"
③ 《桓子新论》:"世俗咸曰汉文帝躬俭约,修道德,以先天下,天下化之,故致充实殷富,泽加黎庶。谷至石数十钱。上下饶羡。"(见《太平御览》卷三十五,时序部二十《丰稔》)
④ 《风俗通》:"文帝盛时,谷升一钱。"
⑤ 《史记·平准书》。
⑥ 《汉书·食货志》。

一度受挫。始皇死后乘势崛起,收复失地,后来又大败汉军。刘邦用和亲的办法来羁縻他们,以后各朝都不敢得罪他们。但他们仍是常常寇边。到武帝即位后,采取攻势,双方接触的次数非常多,人丁的死伤,力役的浪费,以及因此招致的灾荒,使国内的生产减少,物资缺乏。而这一点物资,不但要用来供给不事生产的士兵,还要喂养无数的马匹①和俘虏及降军②。国家怎能不穷困?

政计也曾用非租税的方法来增加收入,如叫人民捐献,或向富豪借债,或让人民买爵赎罪;但这些办法都无济于事。因为政府支出的货币,可以用租税借贷卖爵赎罪等方法收回国库,可是劳力的浪费所招致的物资缺乏,是无法补救的,于是就采用货币贬值的方法来应付了。

最初曾用减重的方法,把四铢重的半两改为三铢。但这种轻微的减重无济于事。于是采用他种金属,并且发行大额货币。这就是张汤所提议的白金皮币,是元狩四年(公元前一一九年)的事。皮币限于诸侯朝觐时用,发行数目大概不多;主要是靠白金。

白金中的龙币重八两,值三千,每两合三百七十五个钱,这种作价已经是过高,因为当时银价每两最多值一百二十五文③。但白金的缺点还不止此。白金是银锡合金,而当时并没有规定成色,所以锡的成分是可以任意伸缩的,对于盗铸者是一种极大

---

① 《汉书》卷二十四《食货志》:"天子为伐胡,故盛养马,马之往来食长安者数万匹,卒掌者关中不足,乃调旁近郡。"

② 见第二章第一节二《黄金注》。

③ 王莽的宝货制规定普通银八两值钱千,一两是一百二十五文。但王莽时的钱是一铢小钱,而武帝时的钱是四铢钱,如果银铜比价没有变动,则武帝时的银价每两止能值三十一文。不过汉朝白银的成色很近,真正的银价要以朱提银为标准。每两在王莽时约合两百文小钱。

第二章　两汉的货币

的引诱。这和早于武帝几百年的里底亚所发行的金银合金币是一样的性质。最巧的是他们也称之为白金①,那种白金的成色也没有规定,普通黄金占百分之七十五,其余为银,但有些只有百分之五的黄金。最初大家以为那种金银合金是另外一种金属,所以少有盗铸,后来发现是合金,就加以人工的贬值了。中国汉武帝时的白金,大家都知道是合金,作价既那样高,几乎可以无限制地铸造。

白金发行之后,发生大规模的盗铸。《汉书·食货志》说,"自造白金五铢钱后,五岁赦吏民之坐盗铸金钱死者数十万人。其不发觉相杀者,不可胜计。赦自出者百余万人,然不能半自出,天下大抵无虑皆铸金钱矣。"国内的人民,既然不是当兵打仗,就是采铜铸钱,或是逃亡为盗,还有什么生产可言。五铢钱是造白金后的次年所铸的,因为弥补开支既靠白金,所以铜钱反而可以从三铢加成五铢。当时物价可能有铜钱物价和白金物价两种。元狩五年(公元前一一八年)马价每匹二十万②。大家不愿生产,而从事投机③。

这一次货币贬值,也有其理论上的根据。当时在朝的人如贾山、晁错等,多是法家。法家的货币理论,和后代的货币国定说很接近。他们否认货币本身的价值,以为他的价值是帝王、政府或法律所赋予的,或由习惯而生的,是不变的。但中国当时的名目论者,目的是反对私铸,是想把货币发行权统一在政府手中。所以和

---

① 里底亚(Lydia)的白金,正名叫作 Electrum,就是白金(White gold)的意思,因为含银的关系,使他呈灰白色。在公元前第七世纪通行于里底亚。
② 《汉书》卷六《武帝纪》:"(元狩)五年……天下马少,平牡马,匹二十万。"
③ 《汉书·武帝纪》:"元狩六年六月诏曰,日者有司以币轻多奸,农伤而末众。"

汉初的自由放任主义不同。

白金的发行,只有四五年,在元鼎二年(公元前一一五年)便废止了①;但是白金废止之后,货币贬值的重心移到铜钱上去。据说是五铢钱因为私铸的关系,不够分量②,乃铸造一种当五的赤仄钱。实际上这是一种减重行为,名价高于实价几倍,所以反而引起更多的私铸③。最后废止赤仄,并且禁止各郡国铸钱,由政府统一发行标准五铢钱④,使私铸无利,这样币值才稳定下来。

到昭帝(公元前八六至七四年)的时候,"流民稍还,田野益辟,颇有畜积。"⑤元凤六年(公元前七五年)且以谷贱为忧⑥。宣帝元康四年(公元前六十二年)的时候,谷价每石只卖得五钱⑦,连班固也说"农人少利"。由于国内和平,开支减少,所以低级官吏薪俸于神爵三年(公元前五十九年)增加百分之五十⑧,五凤三年(公元前

---

① 《西汉会要》卷五十三:"元鼎二年罢白金"。《汉书·食货志》说:"自造白金五铢钱后,五岁而赦吏民之坐盗铸金钱死者数十万人"。似乎白金曾通行五年之久。但后来又说:"白金稍贱,民弗宝用,县官以令禁之无益,岁余终废不行。是岁汤死"。可见白金是废于张汤死的一年,据《前汉书·武帝纪》,张汤是元鼎二年自杀的。故与《西汉会要》所记相符。但另据《汉书·百官表》所载,张汤是死于元狩六年。则白金只通行一两年。似以元鼎二年之说较妥。

② 《汉书·食货志》:"郡国铸钱,民多奸铸,钱多轻。而公卿请令京师铸官赤仄,一当五,赋官用非赤仄不得行。"

③ 《汉书·食货志》:"其后二岁,赤仄钱贱,民巧法用之,不便,又废。"

④ 《汉书·食货志》:"于是悉禁郡国毋铸钱。专令上林三官铸,钱既多,而令天下非三官钱不得行,诸郡国前所铸钱,皆废销之,输入其铜三官,而民之铸钱益少,计其费不能相当,唯真工大奸乃盗为之。"

⑤ 《汉书·食货志上》。

⑥ 《汉书》卷七《昭帝纪》:"元凤六年……诏曰夫谷贱伤农,今三辅太常谷减贱,其令以菽粟当今年赋。"

⑦ 《汉书·宣帝纪》:"元康四年……比年丰,谷石五钱。"又《赵充国传》:"(神爵年间)金城涅中谷斛八钱。"

⑧ 《汉书·宣帝纪》:"神爵三年……诏曰……其益吏百石以下奉十五。"

五十五年)和甘露二年(公元前五十二年)又减低口钱①和民算②，五凤四年戍卒减少十分之二。

宣帝晚年，物价水准大概有所提高。元帝(公元前四十八年到三十三年)和成帝(公元前三十二年到前七年)时，米价大概要高于宣帝时三四倍。这由当时官俸的折算上可以看出来。西汉俸禄以谷石为标准，但有时一部分或全部依时价折合发钱，宣帝时百石的小官月俸六百③，如果百石以每月十六斛谷计算，则每斛谷只合三十七八文。元帝时八百石月俸九千二百，后来二千石月俸一万二千④，所以一斛谷约可合到一百一十八文。成帝时三公的月俸拿到六万⑤，若以万石秩计算，则一斛谷合得一百四五十文。这几种谷价，以元帝时的比较可靠⑥。

---

① 《汉书·宣帝纪》："五凤三年……减天下口钱。"
② 《汉书·宣帝纪》："甘露二年……诏曰……减民算三十。"
③ 《汉书·宣帝纪》注引如淳语："律百石奉月六百"。依建武俸制百石每月是谷十六斛。
④ 《汉书》卷七十二《贡禹传》："……至拜为谏大夫，秩八百石，奉钱月九千二百。……又拜为光禄大夫，秩二千石奉钱月万二千"。建武俸制没有八百石秩，依《西汉会要》，谏大夫为比八百石，等于六百石，则每月谷七十斛，每斛合一百三十一文。若以八百石为每月七十五斛，即为比千石与六百石之间，则每斛谷合得一百二十二文。光禄大夫据《西汉会要》为比二千石。比二千石依建武俸制为每月谷百斛，每斛合得一百二十文，若以二千石计，每月百二十斛，每斛合得一百文。如果把以上那些折价平均一下，作为元帝时的平均谷价，则每斛合得一百一十八文。
⑤ 《汉书》卷十《成帝纪》注引如淳语："律丞相大司马大将军奉钱月六万，御史大夫奉月四万也。"依照《西汉会要》，三公和御史大夫，都是万石秩。建武俸制万石秩是每月谷三百五十斛，西汉时三公和御史不会是同样待遇，但因资料缺乏，都以三百五十斛计算，则每斛合得自一百一十四文到一百七十一文，平均一百四十三文。
⑥ 关于宣帝和成帝时的月俸数，都是根据如淳所引的汉律，照理他所引的汉律，应当是同一种法律，可是实际上作价前后不同。纵使我们把宣帝时的百石减为每月十二斛，同时把成帝时的三公和御史大夫的月谷加成四百石，前后的折价仍是相差一倍以上。所以宣帝和成帝时的米价，只是一种试估，除非我们能证明如淳在《宣帝纪》下所引的律是宣帝时的律，在《成帝纪》下所引的律是成帝时的律。

133

三　王莽的大额货币

西汉自武帝以后,币制比较稳定,物价变动不大。元帝即位时,国库积余八十多万万①。虽然在初元二年(公元前四十七年)谷价一度涨到每石三百多钱,永光二年(公元前四十二年)也曾涨到两百多钱一石,边郡、关中甚至卖到四五百钱一石②,但那是因为遇着凶年③。当时币值仍相当高,所以贡禹任光禄大夫俸钱每月一万二千,就自言"家日以益富"④。末年对西羌稍有用兵,也还周转得过来。

成帝时(公元前三十二年至七年)还有减税的事⑤。虽然国内水旱为灾,社会治安渐坏,但币值也还稳定,人民生活不十分困难⑥。哀帝在位的时间不久(公元前六年至前一年)。平帝即位,大权便已落在王莽手中了。

王莽第一次改革币制,正是因西羌反叛,遣窦况远征的时候。当时大泉重十二铢,比五铢钱只重一倍半,而名价却等于五铢钱的五十倍,契刀和错刀作价更高。因此私铸盛行⑦。在这种情形下,物

---

① 《汉书》卷八十六《王嘉传》:"孝元皇帝奉承大业,温柔少欲,都内钱四十万万,水衡钱二十五万万,少府钱十八万万。"
② 《汉书》卷二十四《食货志》:"元帝即位,天下大水,关东十一郡尤甚。二年齐地饥,谷石三百余,民多饿死。"同书卷七十九《冯奉世传》:"永光二年……岁比不登,京师谷石二百余,边郡四百,关东五百。"
③ 《汉书》卷八十六《王嘉传》:"虽遭初元永光凶年饥馑,加有西羌之变,外奉师旅,内振贫民,终无倾危之忧,以府臧内充实也。"
④ 《汉书》卷七十二《贡禹传》。
⑤ 《汉书》卷十《成帝纪》:"建始二年……诏曰……减天下赋钱算四十。"
⑥ 《汉书》卷七十二《王贡两龚鲍传》:"君平卜筮于成都,市以为卜筮者贱业,而可以惠众人……裁日阅数人,得百钱,足自养,则闭肆下帘而授老子。"
⑦ 《汉书》卷六十九《王莽传》:"民多盗铸者。"

价上涨,是很自然的事。当时王莽似乎想用契刀错刀来收买国内的黄金,因为依照西汉的金价,两把错刀或二十枚契刀便可以抵黄金一斤。所以又禁止人民私有黄金。这实际上就是宣布黄金国有,而且后来是不付代价的。这是王莽死后库中黄金的来源①。不过当时五铢钱还是合法的货币,只要人民以五铢钱交易,而不用大泉和刀钱,则物价是不必上涨的。可是这样一来,就同王莽改制的原意相反了。

在建国改元(公元九年)后,就废止五铢和刀钱,改用大小泉,小泉重一铢。并禁止人民挟带铜炭,以防盗铸。这样才是彻底的贬值。如果流通速率不减低,生产不增加,社会对于货币所需要的数量不变,则物价应当上涨五倍到五十倍。不过人民对于这种贬值的举动,还想加以抵抗:就是不接受大小泉,私以五铢钱交易②,并且扬言大泉马上要废止。王莽于是定下很严峻的处罚方法,凡用五铢钱的,便放逐到边疆去。结果是"农商失业,食货俱废。民人至涕泣于市道,及坐卖田宅奴婢铸钱。自诸侯卿大夫至于庶民,抵罪者不可胜数。"③人民既然无法自行维持一种稳定的币制,只好大家私铸谋生。政府执行罚则,于是社会秩序就混乱,而天下骚动了。

当时匈奴因为索还汉印的问题,正在同王莽找麻烦,时常寇边,王莽派大军往征。宝货制便是这时候定出来的。宝货制虽然是一种极复杂的币制,但他的重心在于推行布货,因为布币最能达到货币减重的目的,成本低而名价高。泉货中的大泉,每铢不过合

---

① 《汉书·王莽传》。

② 《汉书·王莽传》中:"始建国元年……乃更作小钱径六分,重一铢,文曰小钱直一,与前大钱五十者为二品并行。欲防民盗铸,乃禁不得挟铜炭。……是时百姓便安汉五铢钱。以莽钱大小两行难知,又数变改不信,皆私以五铢钱市买,讹言大钱当罢,莫肯挟。莽患之,复下书诸挟五铢钱言大钱当罢者,比非井田制,投四裔,于是农商失业,食货俱废。"

③ 《汉书·王莽传》中。

到四个钱,可是布货中最小的布每铢也直六个钱,那以上每加重一铢就多直一百个钱,这种办法对于战时财政,或许能暂时救急,但同时对于私铸者的利润很大,盗铸自然多。王莽乃采用连坐的办法,一家铸钱,五家连坐。一方面仍是极力推行布币。人民出入,必须携带布币,才能通行,不带布币的,"厨传勿舍,关津苛留"①,甚至公卿进宫,也都带布钱作通行证。不过布币可以强制通行,物价却不能使其不上涨。《汉书》说谷常贵。而财政的困难却有增无已。于是所谓盗贼就起来了。

地皇元年(公元二十年)的货泉货布,是整理币制的一种企图,不过这时国内已大乱,而且人民以为又是一次变动,都不相信。"上自公侯,下至小吏,皆不得俸禄,而私赋敛货赂。……富者不得自保,贫者无以自存,起为盗贼,依阻山泽。"②

所以王莽之亡,乃是亡于人民之不能维持一种最低的生活,而这又是战争和错误的货币政策所促成的。货币贬值乃是为了支持对西羌和匈奴的战争。但战争使国内生产减少,增加人民的负担,人民负担不起,只好弃田而逃,因此就加重灾荒的威胁。这些事都是有连带关系的。当时的米价,每石自二千③到一万④,甚至有时候用黄金来交换,黄金一斤易粟一斛⑤或一斗⑥,或二升⑦,即照官价

---

① 《汉书·王莽传中》。有人说这里所指的布钱,是指布泉,而不是指布货。
② 《汉书·食货志下》。
③ 《汉书·王莽传下》:"雒阳以东米石二千。"又《食货志》:"时米石二千。"
④ 《东观汉记》卷十八《第五伦传》:"王莽末盗贼起时,米石万钱,人相食。"
⑤ 《后汉书》卷一《光武帝纪》:"初,王莽末,天下旱蝗,黄金一斤易粟一斛。"
⑥ 《东观汉记》:"自王莽末天下旱霜,连年百谷不成。元年之初,耕作者少,民饥馑,黄金一斤,易粟一斗。"
⑦ 《十六国·春秋》:"诸州自建武元年十一月不雨雪,至十二月八日谷价踊贵,金斤值米二升。"

算起来,也是每石粟自一万钱到几十万钱了。

王莽的货币贬值,到光武时才稳定。光武是崇拜文、景的人,处处以文、景的节约为榜样①。并且终于恢复西汉最成功的五铢钱。多年的战乱,死亡的人口很多②,所以只要好好的生息几年,人民的生活,也就慢慢地恢复了。

四 汉末的货币贬值

刘秀复兴汉室之后,一反王莽的作风,厉行节约,不尚边功。所以明帝初年物价低廉。永平五年(公元六二年)粟价每斛二十钱③,十年和十二年也只要三十钱④。明帝末年以后,情形就渐渐不对了,那时又有战争。章帝时(公元七六到八八年)物价就有点波动。货币数量论者张林以为是货币太多,主张封钱勿出。章帝以后,政治腐败,开支增加,靠卖官鬻爵来筹款,而政府收入,又落入外戚宦官手里,梁冀一人的家财就有三十几亿。

---

① 《后汉书·光武帝纪》:"建武七年正月……又诏曰,世以厚葬为德,薄终为鄙。至于富者奢僭,贫者单财,法令不能禁,礼义不能止,仓卒乃知其咎。其布告天下,令知忠臣孝子,慈兄悌弟,薄葬送忠之义。"又中元二年二月"帝崩于南宫前殿,年六十二。遗诏曰朕无益百姓,皆如孝文皇帝制度。务从省约,刺史二千石长吏皆无离城郭,无遣吏及因邮奏。"

② 《汉书·食货志》:"及莽未诛而天下户口减半矣。"《通志·食货一·历代户口》,"赤眉之乱,率土遗黎,十才有二三。"

③ 《晋书》卷二十六《食货志》:"显宗即位,天下安宁,民无横徭,岁比登稔,永平五年,作常满仓,立粟市于城东,粟斛直钱二十。草树殷阜,牛羊弥望,作贡尤轻,府廪还积,奸回不用。"

④ 《东观汉记》卷二:"永平十年,岁比登稔,百姓殷富,粟斛三十,牛羊被野。"《后汉书·明帝纪》:"永平……十二年……是岁天下安平,人无徭役,岁比登稔,百姓殷富,粟斛三十,牛羊被野。"

自安帝(公元一〇七到一二五年)初起,就不断地对西羌用兵,"征发不绝,水潦不休,地力不复。"①东汉本不是一个富足繁荣的时代,而"重之以大军,疲之以远戍。农功消于转运,资财竭于征发。田畴不得垦辟,禾稼不得收入。"②兵荒同天灾总是相联的,所以永初四年(公元一一〇年)谷价每石竟涨到万余,人民负担加重,政府也以借债度日③。

　　自从安帝初同诸羌开衅,十四年间,战费二百四十亿。顺帝永和末(公元一四一年),又作战七年,用八十余亿④。到了桓帝永康元年(公元一六七年),段颎还是相信武力。他说"今若以骑五千,步万人,车三千两,三冬二夏,足以破定无虞。用费为钱五十四亿。"⑤军人只知贪功,求自己扬名升迁;国家的存亡,人民的死活,都不在他们的脑筋里。西羌虽然一时平定,但不久引起币制的混乱。灵帝光和四年(公元一八一年)征发马匹至一匹二百万⑥。黄巾党乘机而起(公元一八四年),三四十万人同日起事,国内陷于混战。于是提高税率,铸造四出五铢,这样张角的势力越来越大了。

　　献帝初平元年(公元一九〇年),袁术、曹操起兵,董卓挟献帝入长安,销熔五铢钱,铸小钱,使汉代又发生一次物价狂涨。小钱铸造的重量和数量,史书中没有记载。姑以减重成五分之一计,则单是将五铢钱销镕改铸,便可以使通货数量增加几倍。何况又把

---

① 《后汉书》卷四十一《庞参传》。
② 同上。
③ 同上:"四年羌寇转盛,兵费日广,且连年不登,谷石万余。参奏记于邓骘曰,比年羌寇特困,陇右供徭赋役,为损日滋。官负人责数十亿万。……运粮散于旷野,牛马死于山泽。县官不足,辄贷于民,民已穷矣,将从谁求?"
④ 《后汉书》卷五十五《段颎传》。
⑤ 同上。
⑥ 《后汉书》卷八《灵帝纪》,光和四年春正月。

洛阳及长安的铜人、钟虡、飞廉、铜马之属,都用来铸钱①,其中单是秦始皇的十二个金人便可以铸造一铢钱五万万到十万万枚,就算只用九个金人来铸钱②,也有三四亿到七八亿枚。加上其他铜器所铸,当有几十亿枚③。而流通区域反而大为缩小,大概只限于洛阳长安一带。因为正当董卓的辖区内实行货币减重的时候,刘虞所据的幽州,每石谷只要三十个钱④。

如果发行的货币能够充分发挥宝藏手段的职能,则发行数量增加,也不要紧,因为流通所不需要的部分,会被人宝藏起来,这样就对于物价不会发生什么影响。但如果不具备宝藏手段的职能,那么政府拼命铸造,用以向人民征用物资,人民也用来购买物资,物资不够,必然会引起物价上涨。董卓所铸的小钱,人民绝不肯收藏起来,因此物价的上涨是不可免的。

关于当时通货贬值区的物价,各书记载不一致,有些说谷石数

---

① 《后汉书》卷七十二《董卓传》。《三辅黄图》卷一:"收天下兵,聚之咸阳,销以为钟鐻,高三丈。钟小者皆千石也。销锋镝以为金人十二,以弱天下之人,立于宫门,坐高三丈……董卓悉椎破铜人铜台以为小钱。"宋程大昌《雍录》:"金人之外,更有一台高及三丈,而董卓并销为钱。"又:"庙记曰汉武帝即建章作神明台,上有承露盘,有铜仙人舒掌捧铜盘玉杯以承云表之露,和玉屑服之以求仙。《三辅故事》盘高二十丈。《长安记》曰仙人掌大七围,以铜为之。"又:"武帝自铸人以外,别为物象者不一。上林则有飞廉观,飞廉神禽也;建章则有凤阙,所谓上觚棱而栖金爵者是也;龙楼门则有铜龙,金马门则有铜马,柏梁台则有铜柱,皆铸铜为之。《黄图》曰,汉明帝永平五年至长安取飞廉并铜马置之西门,外为平乐观。董卓悉销以为钱。"

② 《史记正义》引《魏志董卓传》说椎破铜人十及钟鐻以铸小钱。广川书跋说秦十二金人董卓以其九铸钱,石虎以其三置邺宫,符坚取之,后置长安,以其二为泉,其一至陕,乱民排陷河中。《续博物志》所记也同。

③ 秦始皇所铸的金人,据《史记·始皇本纪》所载,各重千石。据《三辅旧事》称,则各重二十四万斤。

④ 《后汉书·列传》卷六十三《刘虞传》:"初平元年……时处处断绝,委输不至,而虞务存宽政,劝督农殖……民悦年登,谷石三十。"

万①，有些说谷一斛数十万②，有些说谷一斛至钱数百万③。我们与其考证几说中以哪一说为正确，不如承认各种说法都正确。几种物价是当时上涨过程中的几个阶段。币值一步一步向下跌，而刘汉的寿命也就一天一天缩短了。到后来因生产锐减，就是黄金的购买力也下跌了。洛阳方面有童谣说："虽有千黄金，无如我斗粟；斗粟自可饱，千金何所直？"江淮间也有童谣说："太岳如市，人死如林；持金易粟，贵于黄金。"④

汉末战乱之际，农夫少于军旅，战马多于耕牛，人民的痛苦，不堪想象。这种情形，到曹操手中，才着手改善。曹操的办法是增加生产，因为当时币制已经崩溃⑤，大概是回复自然经济，所以一时还谈不上稳定币值。曹操知道："秦人以急农兼天下，孝武以屯田定西域"，所以他极力提倡屯田。采用司马懿的建议以及邓艾开凿河渠的计划。币制方面到曹丕手中才想有所改革。在黄初二年（公元二二一年）恢复五铢钱⑥，然而只行了七个月，又废钱而用谷帛。到曹叡太和六年（公元二三二年）四月才第二次恢复五铢钱。

刘蜀和孙吴的币制就比不上曹魏了。刘蜀的直百五铢应当是铸于建安十九年（公元二一四年）。文献中虽然只称铸直百钱，而

---

① 《后汉书》卷七十二《董卓传》："……故货贱物贵，谷石数万。"
② 《三国志·魏志董卓传》："于是货轻而物贵，谷一斛至数十万，自是后钱货不行。"《后汉书》卷九《献帝本纪》："兴平元年……是时谷一斛五十万。"
③ 《晋书·食货志》："献帝初平中，董卓乃更铸小钱，由是货轻而物贵，谷一斛至钱数百万。"
④ 两首童谣见《述异记》。
⑤ 《三国志·魏志》第六《董卓传》："是后钱货不行。"
⑥ 《三国志·魏志》卷一《文帝纪》："（黄初）二年……三月初复五铢钱……十月以谷贵，罢五铢钱。"《晋书·食货志》说五铢是曹操手中恢复的。"至魏武为相，于是罢之（小钱），还用五铢。"

没有说是直百五铢;这是史家的粗枝大叶,不足以证明他们所指是那种小"直百"钱。这种例子相当多,如西汉的八铢钱、五分钱和四铢钱,其实都是半两,但史家没有说明。也许史家根本不知道他们所说的是什么钱。直百五铢大概和另外一种五铢(可能是蜀五铢)同时流通。直百五铢每枚只重八公分许,已经是贬值,所以大量铸造,连帐钩也用来铸钱①。但后来这直百五铢又慢慢减重,每枚由八公分以上减到三公分以下。这一过程大概有十几年之久。到后主建兴十年(公元二三二年)前后实行一次币制改革,铸造直百钱,每枚重约一公分九;但这种直百钱不久又减重,每枚减成约八公厘,这大概是延熙年间(公元二三八年到二五七年)的事。后来又减成五公厘四,最后减成四公厘,直到公元二六三年亡于魏。

孙吴在最初大概是用王莽的大泉五十,嘉禾五年(公元二三六年)所铸造的大泉五百,形制就是仿大泉五十。当时大泉五百一枚重量在八公分以上,正是刘后主改铸直百钱之后,直百钱五枚的重量和大泉五百一枚差不多。但过了两年,孙吴又铸大泉当千,后来甚至铸大泉二千和大泉五千,那时大泉五百或已不用,而大泉当千则已减重。这和刘蜀直百钱的减重应当是差不多的时候。到赤乌九年(公元二四六年)因物价高涨,人民反对,才收回大钱②。当时

---

① 《南齐书》卷二十八《崔祖思传》。
② 《建康实录》卷二,赤乌九年九月:"时用大钱,物贵,百姓不便,诏除大钱,卑物价,使收其钱镕为器。"《晋书·食货志》:"孙权嘉禾五年铸大钱一当五百,赤乌元年又铸当千钱。故吕蒙定荆州,孙权赐钱一亿,钱既太贵,但有空名,人间患之。权闻百姓不以为便,省息之铸为器物,官勿复出也。私家有者,并以输藏平,卑其直,勿有所枉。"郝经续《后汉书》卷八十九《食货志》:"嘉禾五年铸大钱……赤乌元年铸当千大钱,民间皆不便,物价翔踊,违科犯禁,刑不能止,大兴怨讟,权下诏曰,曩者谢宏陈铸大钱,云以广货,故听之。今闻不利民间,其省收之,铸为器物。……"

物价涨到什么程度虽不得而知,但连大将的家人都要挨饿①,其他人民的生活就可以想象了。所以单从币制上来看,三国统一于魏晋,就不是偶然的事。

五 两汉的正常物价

两汉文献中关于米谷价格的记载,多是特殊价格,而不是正常价格。本来我们可以从官俸的折发上看出正常米价来,可是官俸的折算时时不同,书中并没有详细的记载,最觉遗憾的是连西汉的官俸制,我们也不知道。《前汉书·百官公卿表下》颜师古所注②大概是东汉建武二十六所改定的官俸制③。西汉的官俸虽也经过几次更动调整,但最后的办法是千石以上的应当高于建武制,六百石

---

① 《三国志·吴志》卷十五《吕岱传》:"孙亮即位,拜大司马。岱清身奉公,所在可述。初在交州,历年不饷家,妻子饥乏,权闻之叹息,以让群臣曰,吕岱出身万里,为国勤事,家门内困,而孤不早知,股肱耳目,其责安在? 于是加赐钱米布绢,岁有常限。"

② 《汉书》卷十九《百官公卿表》上颜师古注:"汉制:三公号称万石,其俸月各三百五十斛谷。其称中二千石者月各百八十斛,二千石者百二十斛,比二千石者百斛;千石者九十斛,比千石者八十斛;六百石者七十斛,比六百石者六十斛;四百石者五十斛,比四百石者四十五斛;三百石者四十斛,比三百石者三十七斛;二百石者三十斛,比二百石者二十七斛;一百石者十六斛。"

③ 《后汉书》卷一《光武帝纪》建武二十六年正月诏有司增百官奉,刘昭注引《续汉志》,与颜师古所引数字相同,仅千石为八十斛,比六百石为五十五斛,另有斗食十一斛,佐史八斛。王鸣盛《十七史商榷》卷三十四官俸:"……至于西京官奉之例,前书不见。而颜师古注,乃于百官公卿表题下详述其制。今以李贤所引续志细校之,内惟比六百石颜云六十斛,李贤云五十五斛,此为小异,而其余一概相同。夫颜师古所述,前汉制也,李贤所引后汉制也,何相同乃尔,且光武纪文于增百官奉之下,即继云,其千石已上,减于西京旧制,六百石已下,增于旧秩。今以校颜注,则是千石已上,建武固毫无所增,而六百石已下,仅有比六百石一条不同,而如颜说,则建武反减于西京五斛;何云增乎。此必师古失记建武增俸之事,直取《续汉志》以注百官表,以后汉制当前汉制也。……"

以下的低于建武制①。这种高低也许不至于很大。如果以建武制为准,则宣帝时米价每石约为七十文,每公石②约合两百文。这价格也许和文景时的米价接近,足以代表西汉盛时的米价③。宣帝以后,物价水准提高。元帝时米价每石约为两百三十文,每公石约合六百七十文上下;成帝时米价每石约为二百八九十文,每公石约值八百三四十文。这些数字,除元帝时的以外,其余都是根据如淳所注的俸数折算,而如淳所引的汉律不知是什么时候的法律,折价前后并不一致。

西汉金价,向来大家相信是一斤万钱,金银比价是一比五。实际上宣帝之前与宣帝之后,是否相同尚有问题。假定是一斤万钱,则宣帝时的米价以黄金计算每公石是六公分许④,合白银三十一公分。当时欧洲罗马的小麦价格每公石值白银四十三公分⑤,合黄金

---

① 《后汉书·光武帝纪》。见前注。
② 西汉一石以0.3425公石计算(吴承洛,《中国度量衡史》)。谷一石约作米五斗。
③ 斯坦因(Sir Aurel Stein)在敦煌发现的汉简中,有一枚记载"广昌侯史敦煌富贵里孙无德未得二月尽五月,积四月奉钱二千四百。"王国维考得侯史秩是斗食,即每月十一斛,并说该简是西汉物(《观堂集林》卷十四《流沙坠简》书后,《敦煌汉简》跋八)。则每石米应合一百零九文,每公石三百一十八文。不过有说斗食是每日一斗二升的,则每斛米合得三百三十三文,每公石九百七十二文。另据居延汉简(见《居延汉简考释》),侯史的俸用钱每月有六百,有九百,年代都不可考,仅知道是自武帝太初年间到后汉光武建武年间的事。居延汉简中有一枚记元凤三年(公元前七十八年)百石的俸用钱是每月七百二十文。则每斛谷合得四十五文,米价每斛约值九十文,每公石二百六十文,同我们所推算的宣帝时的平均米价接近。另有两简记谷价每石三十五文,更是相符,虽没有年代,可以推想是昭宣时的东西。至于居延汉简中粟价有时是每石一百零五文,有时一百一十文,最多到一百九十五文,大概是元成时的价格。
④ 西汉一两以19.2公分计算。
⑤ Theodor Mommsen 在其 *The History of Rome* (translated by William P. Dickson) 第三篇第七章说,在罗马的第七八世纪(即公元前的第一第二世纪),小麦的正常价格是 One denarius for One Roman modius。每公石合十一 modii,每 denarius(以合六十英厘计)约等于3.88公分的白银或0.326公分的黄金(公元前一五七年金银比价为一比十一点九一,见前书第三八一页)。

三公分六一。所以宣帝时中国用黄金计算的米价比罗马的小麦价格高;若用白银计算,则中国比罗马低。元帝时的米价每公石合得黄金二十一公分,折成白银为一百零五公分。罗马小麦价格似乎没有什么变动,所以这时中国用白银计算的米价等于罗马麦价一倍以上。成帝时相差更远了,因为在中国每公石米合得黄金二十六公分,折成白银为一百三十公分。

东汉的货币经济,虽然稍有衰落,可是物价似乎没有恢复到宣帝时的低水准。根据延平元年(公元一○六年)的官俸制来推算,每石米是一百五十文①,每公石约合七百五十七文②;这和西汉成帝时的米价很接近。可惜东汉的金银价格没有可靠的记录,不能折算出来。《孙子算经》③提到金价,每两合六千二百五十文。如果这可以算是东汉的金价,而且假定金银比价仍旧是一比五,那么东汉米价每公石只值黄金一公分九四④或白银约十公分。金银的购买力等于西汉的十倍。

---

① 东汉延平的官奉制是半钱半米。见刘昭《续汉志》卷二十八引荀绰《晋百官表注》。其俸额和折算如下:

中二千石	米 72.0斛	钱 9000文	每斛合 125文
真二千石	36.0斛	6500文	每斛合 181文
比二千石	34.0斛	5000文	每斛合 147文
千　　石	30.0斛	4000文	每斛合 133文
六　百石	21.0斛	3500文	每斛合 167文
四　百石	15.0斛	2500文	每斛合 167文
三　百石	12.0斛	2000文	每斛合 167文
二　百石	9.0斛	1000文	每斛合 111文
一　百石	4.8斛	800文	每斛合 167文

平均每斛约合 150文

② 东汉每石以0.1981公石计算(吴承洛《中国度量衡史》)。
③ 《孙子算经》一书据《四库全书简明目录》卷十一说是汉魏人所述。
④ 东汉一两以十六公分计算。

第二章 两汉的货币

由于西汉官俸的无可考,我们不能比较两汉官吏的所得。只能比较一下东汉建武制下和延平制下官吏的所得。但建武时的米价不详,只能比较真实所得,这同货币的购买力没有多少关系。而且这真实所得的比较是否可靠,也有问题。因为书中所记,建武制是半钱半谷,而延平制是半钱半米。将建武制的谷数折合成米,则建武制下官吏的俸入要低于延平制①。而这又是假定延平制下的米是指粳米,而不是指粟米。

关于两汉工农的收入,资料更加缺乏。根据晁错的话,则西汉时一个五口的农家,全年收入为百石粟,合三十四公石二斗五升②,这是两人的劳动报酬,每人合得十七公石许。以全年来说,比战国时的农家的收入要多。战国时期农家的净所得,根据李悝的话,全年是二十六公石粟。至于西汉非农民的收入,若以顾更钱为标准,则每月是二千钱③,普通收入大概要比较低,应当不会超过斗食的

---

① 东汉官吏月俸比较如下(单位公石米):

官级	建武制	延平制
中二千石	21.39	26.15
比二千石	11.89	13.34
千石	10.70	11.23
六百石	8.32	8.78
四百石	5.94	6.27
三百石	4.76	5.02
二百石	3.56	3.10
一百石	1.90	2.01

② 《汉书》卷二十四《食货志》:"晁错复说上曰,……今农夫五口之家,其服役者不下二人,其能耕者不过百亩,百亩之收不过百石,春耕夏耘,秋获冬藏,伐薪樵,治官府,给徭役,……"这里所谓百石,大概是指百石粟。李悝时每亩年产粟一石半,因战国时的石小,粟价以合米价的六成计算。

③ 《汉书》卷七《昭帝纪》:"三年以前,通更赋……"注:"如淳曰更有三品,有卒更,有践更,有过更。古者正卒无常人,皆当迭造为之。一月一更,是为卒更。贫者欲得顾更钱者,次直者出钱顾之,月二千,是为践更也。"

所得。平帝元始四年(公元四年)受过徒刑的女工工役的代价每月三百钱①。

西汉的国民财富,若以货币为标准,则中等人家是十万钱②。家赀不满十万的就可算中下家庭,有时可受到免租的待遇③。若是不满千钱,那就算贫家,而成为救济的对象了④。至于富家那就没有限制了,百万就可以算是富家,千万也是富家。不过当时史书中所举的数字恐怕是单指货币财富,而不包括实物财富。譬如贡禹在升任光禄大夫的时候,上书说,以前贫穷,家赀不满万钱。可是接着又说他卖田百亩,以供车马。百亩田就不止万钱了,何况看他的口气,他绝不止是一个百亩田的地主。班固说到元帝时国库的充裕,说是因为当时外戚中家赀千万者还少,所以钱集中在国库。可见所谓家赀是指货币。若论全部家产,则董贤的家财就值四十三万万。

第三节　货币理论

中国自秦汉统一以后,在货币方面,讨论的人,都集中于铸币的特权问题。战国时期,钱币多由地方铸造。秦汉是一种中央集权式的政府,可是货币铸造权一直到武帝的时候,还没有集中在政

---

① 《通典》卷四《食货》:"元始四年诏天下女徒,已论归家,顾出钱,月三百。"注云:"谓女徒论罪已定,并放归家,不亲役之,但令一月出钱三百以顾人也。"
② 《汉书》卷四《文帝纪》:"百金,中人十家之产也。"一家合十金,一金万钱。
③ 《汉书》卷十一《哀帝纪》:"民赀不满十万,皆无出今年租赋。"
④ 《汉书》卷九《元帝纪》:"初元元年……赀不满千钱者,赋贷种食。"

府手中。武帝初行五铢钱的时候，是让各郡国铸造的。到后来铸造赤仄钱，才由政府办理。到元鼎四年才禁止郡国铸钱，而把造币权集中在政府手中。

在外国，货币的铸造，也是由自由放任而演变成为帝王或政府的垄断。不过那是以金银币为主，帝王们对于铜币，不十分感兴趣，多让地方政府铸造。波斯和马其顿都认为铜辅币不值得由中央政府来铸造，而多责成地方政府供给。罗马则不然，因为罗马和中国一样，一向用铜币，铜币的铸造一向为国家的特权。

汉代关于造币权的争论，也就是儒家和法家思想的冲突。汉初的放任政策，表示儒家理论的优势。这由《盐铁论》中所引的一段话可以看出来。《盐铁论》中的文学派可以看作是代表儒家思想的。

"文学曰……夫铸伪金钱以有法，而钱之善恶，无增损于政，择钱则物稽滞，而用人尤被其苦。春秋曰，算不及蛮夷则不行，故王者外不鄣海泽，以便民用，内不禁刀币，以通民施。"

在法家方面，却有许多重要的人物发挥议论，如贾谊、贾山、晁错、桑弘羊等；他们都是反对自由放任的。

文帝取消盗铸钱令，贾谊反对得最激烈，他说：

"法使天下公得顾租铸铜锡为钱。敢杂以铅铁为他巧者，其罪黥。然铸钱之情，非殽杂为巧，则不可得赢，而殽之甚微，为利甚厚。……又民用钱郡县不同，或用轻钱，百加若干，或用重钱，平称不受。法钱不立，吏急而壹之虖？则大为烦苛，而力不能胜。纵而弗呵虖？则市肆异用，钱文大乱。苟非其

术,何乡而可哉。今农事弃捐,而采铜者日蕃,释其耒耨,冶熔炊炭,奸钱日多,五谷不为多。"(《汉书·食货志》)

他主张铜归国有,并举出七种利益,即所谓七福:

"上收铜勿令布,则民不铸钱,黥罪不积,一矣。
伪钱不蕃,民不相疑,二矣。
采铜铸作者,反于耕田,三矣。
铜毕归于上,上挟铜积,以御轻重,钱轻则以术敛之,重则以术散之,货物必平,四矣。
以作兵器,以假贵臣,多少有制,用别贵贱,五矣。
以临万货,以调盈虚,以收奇羡,则官富实而末民困,六矣。
制吾弃财,以与匈奴逐争其民,则敌必坏,七矣。"(《汉书·食货志》)

《盐铁论》中的大夫派是代表桑弘羊等人的意见:

"大夫曰:文帝之时,纵民得铸钱,冶铁煮盐。吴王擅鄣海泽,邓通专西山,山东奸猾咸聚吴国,秦雍汉蜀因邓氏。吴邓钱布天下。故有铸钱之禁。禁御之法立,而奸伪息。奸伪息则民不期于妄得,而各务其职,不反本何为?故统一则民不二也,币由上则下不疑也。"(《错币》第四)

中国古代所谓自由放铸,和近代的所谓自由铸造不同。中国古代的自由铸造,是指自由盗铸,人民不但用自己的金属,并且用自己的设备和人工技术,甚至用自己所定的重量和成色的标准。

在关于造币权问题的争论中,可以看出一点古人对于货币本质论的见解。在这方面,中国的法家和近代的国定说很接近。

贾山在反对文帝的废除盗铸钱令的时候(公元前一七五年)便说:

> "钱者无用器也,而可以易富贵。富贵者人主之操柄也,令民为之,是与人主共操柄,不可长也。"(《汉书·贾山传》)

这一段可以分为两部分。后半是讲自由放铸之不当。前一句则是说货币本身为无用之物,只有交换价值,这就和后世英国正统学派开创人亚丹·斯密的话几乎完全吻合。近代名目论也是以否认货币的价值为其特点的。

景帝时御史大夫晁错的见解,更加接近国定说。他说:

> "夫珠玉金银,饥不可食,寒不可衣,然而众贵之者,以上用之故也。"(《汉书·食货志》)

他所谓上,就是指政府,以为大家之所以重视货币,是因为政府用他。货币国定说者以为货币为国家用法令所创制的,政府如果平价接受,就可以保持他的额面价值。所以中国法家的货币理论接近近代的名目论。

但中国古代的名目论者,和后世德国的名目论者又稍有不同。近代名目论者所谓货币本身没有价值,是因为他们把货币一概念和代表货币的实物如金银等分开,所以他们说货币是抽象的。中国古代的名目论者比较现实,他们是说代表货币的实物本身也没有价值。他们所谓价值,不止是指使用价值,而简直就是指吃和穿。实际上他们或许不否认金银有制造工艺品的使用价值,不过认为这种使用价值没有当作货币的价值那样高。

和法家对立的儒家,对于货币的本质,是怎样看法呢?这却不很明确。他们反对政府垄断铸造权,主张自由放铸,显然不是数量说者。他们是不是金属论者呢?似乎也不是。因为他们认为钱的善恶,没有关系;这是和金属论不相符的,而仍是一种名目论的看法。他们和法家的区别,只在于铸造权的问题。

汉代法家的货币理论,在当时有其积极的作用,因为他们的目的是在币制的统一和造币权的集中,使中国由一个分权的封建社会走向一个集权的封建国家。可是在另一方面,这种理论无形中是替通货贬值掩护。两汉币值,变动得厉害,这些名目论者把这种情形,归咎于私铸,而不揭发政府的减重行为。至少武帝时的一次货币减重,他们是要负若干责任的。

西汉因为发生过两次通货贬值,人民的经济生活,蒙受不良的影响,因此有人对于货币经济发生怀疑,而想回复到自然经济去。元帝时的贡禹便有这种见解,他说:

"古者不以金钱为币,专意于农,故一夫不耕,必有受其饥者。……自五铢钱起已来,七十余年,民坐盗铸钱被刑者众,富人积钱满室,犹亡厌足,民心动摇,商贾求利。东西南北,各用智巧;好衣美食,岁有十二之利。……贫民虽赐之田,犹贱卖以贾,穷则起为盗贼。何者?末利深而惑于钱也。是以奸邪不可禁,其原皆起于钱也。"(《汉书·贡禹传》)

这代表一部分地主的意见，他们有谷帛，而没有现钱，将谷帛卖成现钱，难免要受商人的剥削，所以他主张废钱用谷帛。他说：

"疾其末者，绝其本，宜罢采珠玉金银铸钱之官，亡复以为币，市井勿得贩卖。除其租铢之律，租税禄赐，皆以布帛及谷，使百姓壹归于农。"（《汉书·贡禹传》）

然而当时货币经济已相当发达，商人势力也不小。商人以及他们的代言人以为货币对于交易，实为必要，如果用布帛，尺寸分裂，很不方便，所以贡禹的主张没有实行。不过这种实物论者在中国的封建或半封建的社会中是经常会出现的。哀帝时的师丹便是一个例子。当时有人上书，说古代使用龟贝，现在用钱来代替，使得人民贫困，主张取消钱币。哀帝问师丹，师丹赞成。终于有人反对而罢①。

货币数量说在西汉势力不大，几乎没有人提到。到了东汉，才有人谈到关于币值和物价的问题。章帝的时候（公元七六到八九年），谷价上涨，政府经费不够开销。张林站在数量说的立场，认为是通货数量太多，应当加以收缩。

"今非但谷贵也，百物皆贵，此钱贱故尔。宜令悉以布帛为租，市买皆用之，封钱勿出。如此则钱少，物皆贱矣。"（《晋书·食货志》）

他主张回复实物经济，无非是要减少通货的意思。他同时主张政

---

① 《汉书·师丹传》。

府卖盐，这也是收缩通货的办法。

在和帝的时候（公元八九到一〇六年），有人以为钱货轻薄，所以穷困，主张改铸大钱，引起刘陶的反对，他以为当时的问题在物资的缺乏，不在钱货的轻重厚薄。

"窃见比年已来，良苗尽于蝗螟之口，杼柚空于公私之求，所急朝夕之餐，所患靡盬之事。岂谓钱货之厚薄，铢两之轻重哉？就使当今沙砾化为南金，瓦石变为和玉，使百姓渴无所饮，饥无所食，虽皇羲之纯德，唐虞之文明，犹不能以保萧墙之内也。盖民可百年无货，不可一朝有饥，故食为至急也。"（《后汉书》卷八十七《刘陶传》）

这是一篇典型的中国文人的议论。不求甚解，借题发挥。我们不知当时所谓改铸大钱是什么性质。如果是指大额货币，那么刘陶的话还有几分理由。如果是指增加钱货的重量，那么刘陶就不应当反对。物资缺乏，当然可以使物价上涨，但如果再加以通货贬值，物价当要涨得更厉害。这时候如果增加钱币的重量，应当是可以缓和涨风的。

东汉末年的荀悦，对于货币，曾发表过意见。他和两汉其他的人的意见不同，他反对货币无用说者和实物论者。他是献帝时的黄门侍郎，正当董卓废五铢钱改铸小钱之后，政权渐落在曹操手中。币制的整理是一个紧急的问题。他主张恢复五铢钱。有人说五铢钱散在四方，京畿一带已没有多少五铢钱，如果加以恢复，只有使别的地方用无用的钱来收买有用的物，那岂不是匮近而丰远？他说：

"官之所急者谷也。牛马之禁,不得出百里之外,若其他物,彼以钱取之于左,用之于右,贸迁有无,用而通之,海内一家何患焉。"(《申鉴》卷二)

他虽没有明言货币是有用的东西,但他很明显是承认货币对于交换上的重要。他强调货币的流通手段这一职能。然而当时因有一大部分的五铢钱被董卓所销毁,所以恢复之后,通货数量或会有不足的现象,他认为那时可由政府加铸来补充。他又反对把民间的钱收到京师来用,以为那样定多纷扰。

荀悦既承认货币的贸迁有无之价值,自然他反对实物论,反对废钱。他说:

"钱实便于事用,民乐行之,禁之难。今开难令以绝便事,禁民所乐,不茂矣。"(《申鉴》卷二)

后来曹魏恢复五铢,也许受了荀悦的影响。

中国古代对于货币理论方面,虽然没有系统的著作,但关于币制史却是很重视的。这一方面的功绩是属于司马迁和班固。司马迁在《史记》中列《平准书》一部门,记述西汉币制的演进情形;班固在《汉书》中有《食货志》,也把币制的演进作为历史的一个重要部门。这在中国的史学方面创造了一个优良的传统,后代的史家都遵守这个传统。对于研究中国币制史的人有很大的方便。不过这些记载是不完备的,甚至有错误的,因为他们不是专门研究货币的人,不但遗漏在所难免,而且由于不了解某些货币现象,报道上就不能正确了。

第四节　信用

中国自秦汉统一以后，国内外贸易开始发达。外国方面，同中国发生贸易关系的，有南越、印度、西域、大秦、安息等地①。国内商业的发达②，可以从都市的发达和贱商令上看出来。当时的长安便有九市，各四里，方二百六十六步，有专门督察商贾货财买卖贸易的机关③。至于贱商令也不过是反映商人阶级势力的膨胀。商人利润之高④，使人民之间贫富的差别越来越大。借贷行为自然也更多了。那时不但商人资本猖獗，高利贷资本也很发达。因为放债的人，不止普通商人⑤，还有专以放款牟利的子钱家。长安就有一个放款市场。当吴楚七国反叛的时候，长安的贵族们出发从军，向市场借款，子钱家因关东成败未决，不肯借。有一毋盐氏投机，拿出千金，以十倍的高利放出去，三月吴楚平定，一年中的利息使毋盐氏成了关东一富翁⑥。这里值得注意的不止是长安有一放款市场，而是在这市场大家没有国家观念，没有是非，只求自己资金的安全，只求赚钱。同时借款的人，也不一定全是穷苦的老百姓，地

---

① 见第一节《黄金》条。
② 《三辅黄图》："元始四年起明堂辟雍为博士舍，三十区为会市，列槐树数百行，诸生朔望会此市，各持其郡所出物及经书相与买卖，雍雍揖让，论议槐下，侃侃闇闇如也。"
③ 《三辅旧事》。
④ 《汉书·货殖传》："以贫求富，农不如工，工不如商，刺绣文不如倚市门。"
⑤ 《史记》卷一百二十九《货殖列传》："子贷金钱千贯，节驵会，贪贾三之，廉贾五之。"
⑥ 《汉书》卷九十一《货殖传》。

位很高的人,也有借债度日的①,中国社会自汉代起,便受商人资本和高利贷资本的支配,两千年间没有什么变动。

各代统治阶级,为了缓和阶级斗争,有时亦进行一些政府救济性的放款。武帝元狩六年曾派遣博士大夫等六人,分巡国内,存问鳏寡废疾,有不能谋生的人,便放款救济②。元帝永光四年曾下诏"赦天下所贷贫民勿收责。"③

中国的利率,似乎自古就比外国高。汉代的利率,政府有规定,因为史书中常提到取息过律的事④。但到底官定利率是多少,却不见纪录。贡禹所谓"岁有十二之利"⑤,和班固所说"庶民农工商贾,率亦岁万息二千"⑥是指商业利润,不是纯粹的利息。当时罗马法定最高利率为一分二厘,而实际通行的利率为六厘,银根紧时八厘,只有风险特别大的放款才到一分二厘。当时小亚细亚一带也不过一分二厘。固然也有超过法定最高利率的,最高的曾到过四分八厘⑦。中国方面,私人放债利率似乎更高,例如上面所提的毋盐氏的放债,一年十倍。

在古代,不论中外,对于放款收取利息,都有人反对,罗马在中

---

① 《汉书》卷八十《宣元六王传》:"元帝即位,……宪王有外祖母舅张博兄弟三人……辄受王赐,后王上书请徙外家张氏于国,博上书愿留守坟墓,独不从。王恨之。后博至淮阳,王赐之少,博言负责数百万,愿王为偿,王不许。"又:"今遣有司为子高偿责二百万。"

② 《汉书》卷六《武帝纪》。

③ 《汉书》卷九《元帝纪》。

④ 《汉书》卷十五《王子侯表》:"旁光侯殷元鼎元年坐贷子钱,不占租,取息过律免会赦。"又:"陵乡侯䜣建始二年坐使人伤家丞,又贷谷息过律免。"

⑤ 《汉书》卷七十二《贡禹传》。

⑥ 《汉书·货殖传》。

⑦ Tenney Frank, "An Economic Survey of Ancient Rome", p. 350. Mommsen, *The History of Rome*, Book V., pp. 508 & 526.

国的周显王二十五年（公元前三四四年）曾通过法律禁止放款取息①。后来的基督教徒也是反对利息。中国的儒家似乎也不赞成利息。孟子说"又称贷而益之，使老稚转乎沟壑。"这些反对者都是从伦理观念出发。因为古代借贷，多用于消费，少用于生产，征收利息，使债务人负担加重，以至无法偿还。不像资本主义社会中的借钱，多是用来生产牟利，利息只占利润的一部分。所以被认为一种自然的现象。资本家的利息负担可以转嫁给别人，但普通消费人的利息负担，就落在自己肩上了，所以晁错就提到有人卖田宅鬻子孙来还债的事。

王莽在第一世纪的时候，曾供给政府信用。对于消费放款和生产放款，实行差别利率，这恐怕是历史上的创举。王莽所供给的政府信用，就是恢复周礼中的所谓赊贷。放款利息是按月收百分之三②，赊物不收利息。期限也分丧祀和祭祀两种：祭祀以十天为限，丧祀以三个月为限。人民并且可以向政府借钱治产业，按照收益取一分年息③。这和约略同时的罗马的立法比较起来，短期的赊贷，利率仍高于罗马，但长期放款收年息一分则和罗马差不多④。

东汉时，放款事业也很盛，一般富商大贾，收入可以比封君⑤。甚至政府也常借债，因为东汉政府在财政上，多是穷困的。如安帝永初四年（公元一一〇年）同羌人作战，供徭赋役减少，官方欠

---

① Mommsen, *The History of Rome*, Book V., p. 523.
② 《汉书》卷九十九《王莽传》："又令市官收贱卖贵，赊贷予民，收息百月三。"
③ 《汉书》卷二十四《食货志》。
④ 凯撒（Julias Caesar）曾规定每月收息不得过一厘，不得利上加利或积利过本。（Mommsen, *The History of Rome*, Book V., p. 526.）
⑤ 《后汉书》卷五十八《桓谭传》。

人民的债到几十亿万之多①。又顺帝永和六年(公元一四一年)曾"诏假民有赀者户钱一千"②。桓帝永寿元年(公元一五五年)因为冀州饥荒,向王侯有积谷者贷十分之三,以助廪贷,到新租收入时偿还③。

两汉的信用事业,大概只限于私人与私人间或政府与私人间的借贷。民间的信用机关,似乎还没有产生。有人说汉代中国已有典当业,并举《后汉书·刘虞传》中的"虞所赍赏,典当胡夷"为证。不过中国最早的典当是叫质或质库。到宋朝才有叫典和典质的;到明朝才有叫典当的。所以《后汉书》中的所谓典当,不一定是质典的意思。质的观念发生得很早。春秋战国时代便常有纳质的事情,汉代又有劫质(即绑票)的例子,但不能证明汉朝有质库的存在。如果刘虞传中的典当是指质押信用的话,那么,《三辅旧事》所记长安的当市楼,也应当和当铺有关系了。

至于存款,更加发达得晚。古人所积余下来的钱财,多实行窖藏。汉朝有扑满的办法④,不过扑满和窖藏并没有什么不同,只是一种储蓄,不能说是存款。

---

① 《后汉书》卷五十一《庞参传》:"永初……四年……参奏记于邓骘曰,比年羌寇特困,陇右供徭赋役为损日滋,官负人责数十亿万。"

② 《后汉书》卷六《顺冲质帝纪》。

③ 《后汉书》卷七《桓帝纪》:"永寿元年春……二月司隶冀州饥人相食。敕州郡赈给贫弱,若王侯吏民有积谷者,一切贷得十分之三,以助廪贷,其百姓吏民者以见钱雇直,王侯须新租乃偿。"

④ 《西京杂记》:"公孙弘以元光五年为国士所推尚为贤良。国人邹长清以其家贫,少自资致乃解衣裳以衣之,释所著冠履以与之。又赠以刍一束,素丝一襚,扑满一枚,书题遗之曰……扑满者以土为器,以蓄钱,具其有入窍而无出窍,满则扑之,土粗物也,钱重货也,入而不出,积而不散,故扑之。士有聚敛而不能散者,将有扑满之败。"(见《古今图书集成》第三百五十八卷《钱钞部·纪事》。)

第三章　晋到隋的货币

第一节　货币制度

一　钱币

由晋到隋那三四百年间,是人类历史上一个大动乱的时代。在欧洲,各种日耳曼民族、斯拉夫民族等正在四向奔腾,这些民族的移动把统一的罗马帝国瓜分成许多小的单位。在这社会大变革中,生产受到摧残,城市遭到破坏,因而造成商品生产和流通的缩小,以及货币流通的停滞,使欧洲回复到一种自给自足的社会经济去。在中国方面,则有匈奴、鲜卑等族南侵,瓜分了统一的西晋帝国。欧洲靠着教会保持原有希腊拉丁文化的一线生命;中国则只有南方是维持着汉族的传统文化,而日渐颓废。北方民族的文化水准本较低落,但后来为汉族文化所同化之后,反而表现出一种朝气。然而在过渡期间,情形是很混乱的。政治的不安和民族的混杂,反映在币制上,便是统一性和连贯性的缺乏。当北方有些民族还在过着游牧的自给生活的时候,南方则因实行货币减重或贬值,

第三章　晋到隋的货币

使得物价大有波动，人民常以谷帛来代替钱币。从另一方面看来，这一个时代，在中国货币经济史上也有其重要性，信用机关的产生、年号钱的出现以及钱币的称文①、称贯②等都是这时候的事。

在货币制度方面，大体上可以说是钱帛本位，钱为主，帛为副。表面上看来，谷帛的使用，或限于一个短时期，或限于一个特殊区域。但实际上自两晋到唐宋，布帛从不失为一种重要的支付工具。

在钱币方面，自然是以铜钱为主，铜钱之外，有金银钱的出现。在南朝萧梁的时候，曾普遍地通行铁钱。

铜币中仍以五铢钱为主，这是中国历史上行得最成功的一种钱。自汉武帝元狩五年创铸，到平帝元始中，一百三十年间，总共铸了二百八十亿万余枚③。王莽第一次改革币制，也不敢废五铢；后来因为要实行贬值，才大胆加以废止，可是民间仍旧使用。公孙述想做皇帝，发行铁五铢，表示替天行道。后来刘秀复兴汉室，终于又恢复了五铢，史家认为一件善事。董卓铸小钱之后，结果仍是恢复五铢钱币制才稳定的。自曹叡（魏明帝）复用五铢钱后，两晋没有变革过。南北各朝铸五铢钱的也很多。

史书没有提到两晋铸钱的事，大概是使用古钱和曹魏的五铢。元帝渡江后用孙吴的钱币。所以币制很混乱，大小轻重都有。大钱叫作比轮，中样的叫四文④，另有小钱。所谓比轮，是形容其大如

---

① 《晋书》卷二十六《食货志》："（武帝时）又制户调之式……不课田者输义米，户三斛，远者五斗，极远者输算钱，人二十八文。"
② 《魏书》卷九十一《徐謇传》："二十二年高祖……诏曰……赐钱一万贯。"《史记》中虽有"子贷金钱千贯"的句子，但这里的贯字，可能是万字之误。汉朝以万为单位，不以千为单位。
③ 《汉书》卷二十四《食货志》。
④ 《晋书·食货志》。

车轮,这大概是指孙吴的大泉五百和大泉当千等。所谓四文大概是说一文可当小钱四文用。小钱应当就是指沈充所铸的小五朱,只有一公分重,当时称之为沈郎钱。这种钱遗留后世的比较多,李贺诗有"榆荚相催不知数,沈郎青钱夹城路"之句,王建也有"绿榆枝散沈郎钱"之句,可见钱的薄小。也有一种稍大的钱,近两公分重,制作很相近,大概也是沈郎钱,可能是初铸。这种钱的特点是称朱而不称铢,而且铜色发白。

两晋通用的钱币当然不止上面这三种。其他各种古钱都可以流通。实际上上面三种钱中,只有沈郎钱是新铸,其余是旧钱。至于张轨所用的五铢,也是旧五铢[1],并不如后代钱币学家所说,是另外铸造的。传世的丰货钱和汉兴钱,不见正史记载,一般认为应属于这个时代。丰货钱重约三公分,篆书,为后赵石勒所造[2]。汉兴钱只有一公分重,为成李寿所铸[3]。有两种,一种是上汉下兴,隶书,称为直汉兴;一种是右汉左兴,篆书,称为横汉兴。横汉兴少见。如果汉兴钱果为李寿所铸,那么当在公元三三八到三四三年之间,这是中国最早以年号为名的钱。

南朝宋齐梁陈都曾铸钱。

刘宋曾铸过几种钱。最早是在孝建元年(公元四五四年)铸的

---

[1] 《晋书》卷八十六《张轨传》:"愍帝即位,……太府参军索辅言于轨曰,……泰始中河西荒废,遂不用钱。裂匹以为段数,缣布既坏,市易又难,徒坏女工,不任衣用,弊之甚也。今中州虽乱,此方安全,宜复五铢,以济通变之会。轨纳之,立制准布用钱,钱遂大行,人赖其利。"

[2] 《晋书·石勒传》只说行钱,没有说行的是什么钱,而说行得不成功。崔鸿《十六国春秋·后赵录》载石勒赵王元年夏四月铸丰货钱。

[3] 早期的钱币学家以为汉兴钱是西汉初的荚钱,大概因为他们读《汉书·食货志》有:"汉兴以为秦钱重难用,更令民铸荚钱"之句而发生的误会。查成李寿于晋成帝咸康四年(公元三三八年)改元汉兴,应为此时所铸。

四铢钱,重约二公分四。后来改铸孝建四铢,重约一公分二;正面孝建两字,背面四铢两字,都是左右读。永光元年(公元四六五年)铸二铢钱。但这种二铢钱,只是指其重量,并不是和四铢钱一样,在钱面铸有二铢字样。二铢钱的文字有孝建、永光和景和三种。重约一公分。后两种很少见。

萧齐只有永明八年(公元四九〇年)在四川铸过千多万钱,因成本高而停止①。大概铸的是五铢钱,但无从辨别。

萧梁铸钱种类最多。先铸五铢钱,不但有外郭,而且有内郭,这是它的特点。五铢钱中,除了蜀五铢外,都是没有内郭的。蜀五铢小,容易识别。传世的大样五铢,制作非常精整,重约三公分强,但文字和陈的太货六铢很像。如果算作萧梁的五铢,必定是初年所铸。此外另铸一种五铢钱,内外郭都没有,称为公式女钱。因为女钱的名称早已存在,大概是指剪去外郭的五铢。现在正式铸造这种没有郭的五铢,所以称为公式女钱。重约二公分半。普通四年(公元五二三年)铸铁五铢,比铜钱厚,因私铸很多,大小不等。太平二年(公元五五七年)铸四柱钱,一当二十,后又铸二柱钱。这两种是梁末所铸,制作薄小。所谓四柱就是五铢钱的正面铸两个星点,背面也有两星点。二柱钱是正面两星点。上面这几种钱是史书有记载的。实际上流通的不只这些,因为还有许多古钱,如直百五铢,太平百钱,定平一百等②。直百五铢是刘蜀钱。太平百钱和定平一百

---

① 《南齐书》卷三十七《刘悛传》:"永明八年,悛启世祖曰,南广郡界蒙山下有城名蒙城,可二顷地。有烧炉四所,高一丈,广一丈五尺。从蒙城渡水南百许步,平地掘土深二尺得铜。又有古掘铜坑,深二丈;ární居宅处犹存。邓通南安人。……蒙山去南安二百里,案此必是通所铸。近日唤蒙山獠出云,甚可经略。此议若立,润利无极。……上从之,遣使入蜀铸钱,得千余万,功费多乃止。"

② 《隋书》卷二十五《食货志》。

铸于什么时候，不见记载，多在四川出土，大概也是刘蜀的钱，有大小不等。如太平百钱大样的在七公分以上，小的还不到半公分。

陈钱只有两种，即五铢和太货六铢。五铢铸于天嘉三年（公元五六二年），重约两公分半。太货六铢铸于太建十一年（公元五七九年），作十文行使。太货六铢是六朝钱中最精美的一种，重约四公分许。

北朝魏、齐、周也都曾铸钱。

后魏建国虽然很早，但百多年间，还是过一种游牧生活，一种实物经济，不用货币。到太和十九年（公元四九五年），才铸造太和五铢，看它的制作，就晓得当时的技术水平很低。因为遗留下来的太和五铢，虽有各种各样，但都是铜质粗恶，文字湮漫，重自三公分到四公分。永平三年（公元五一○年）铸五铢钱，制作稍精，重约三公分四，它的特点是五字的交股作直笔，而且边缘比以前的五铢阔。永安二年（公元五二九年）改铸永安五铢，文字书法仍未免有点生硬，比不上南朝的太货六铢，但比起太和五铢和永平五铢来，技术有显著的进步，重约三公分四。这种永安五铢普通是光背，也有少数背面有四出文的，也有背面穿上有土字的。北魏只有这几种钱。在分裂为东西魏以后，又曾铸过几次钱。东魏承用永安五铢，史称武定初（公元五四三年）曾改铸，仍叫永安五铢，大概是减重。永安五铢中有小样的，应当就是武定初及以后所铸的。西魏曾两次铸五铢钱，第一次是大统六年（公元五四○年），第二次是十二年（公元五四六年）。钱币学家对这两种五铢钱没有作任何有意义的考证，只有人说是以赤铜铸[1]，但这话并没有任何根据。查传

---

[1] 洪遵《泉志》引《旧谱》。

世的五铢钱中,有一种阔边五铢,五字直笔,而且右边靠穿孔处有一画,铜色黄白。向来钱币学家说是隋五铢,而且名之为置样五铢,这也是没有根据的。实际上这种五铢在制作上和永安五铢一样,应当就是大统六年的五铢,仿永安五铢,而去其永安两字。我这种主张是根据制作和文字。五铢的五字两股直笔的限于后魏,以前的五铢固然没有直笔,就是以后北齐的常平五铢,五字也不是直笔。至于大统十二年的五铢,只是六年五铢的缩型。因为东魏在三年前实行减重,所以西魏也实行减重,这是容易理解的。

北齐只铸过一种钱,即天保四年(公元五五三年)的常平五铢,很精整,重约四公分二。

北周初年使用西魏五铢。保定元年(公元五六一年)铸布泉,当五枚五铢钱。布泉重约四公分三。当时的五铢自然是大统十二年的小五铢。北周的布泉,和王莽的布泉是容易分别的,王莽的布泉是用垂针篆,而北周的布泉是用所谓玉箸篆,笔画肥满。建德三年(公元五七四年)铸造五行大布,以一当十,与布泉并行。即一枚五行大布当十枚布泉。实际上两种钱的重量差不多。大象元年(公元五七九年)铸永通万国,重约六公分。以一当十,与五行大布并行。这三种周钱,制作都异常精美,尤其是永通万国,篆法绝工,为六朝钱中之冠①。

杨隋曾铸五铢。史书只称每钱一千重四斤二两。向来的钱币

---

① 北周钱的作价,史书很含糊,特别是永通万国钱。《周书·宣帝纪》说是以一当十,与五行大布并行。这应是指永通万国一枚当五行大布十枚。但《隋书·食货志》说是"以一当十,与五行大布及五铢凡三品并用",则所谓当十,到底是当五行大布之十,还是当五铢钱之十,就不明确。而《唐六典》《通典》《通志》《通考》和《玉海》等书都说是以一当千,应系传抄刻板之误。

学家都把上面那种阔边直笔五铢认作开皇五铢,并称之为置样五铢;因为开皇三年曾下诏四面各关各付百钱为样,关外带进来的钱不够标准的即镕以为铜。但主张此说的人并没有任何根据。本书既把那种五铢属之于西魏,就必须另外找出一种开皇五铢。查传世有一种精好的五铢,书法笔画较细,五字交股处稍曲而圆,上下两画也在左边相连。因和钖而铸,所以有些钱发白色,钱币学家说是隋末的白钱。这种判断是难令人信服的。所谓白钱,只见《唐书·食货志》,说是隋末乱世所铸,但乱世不应铸得这样精好。而且有些并不作白色。很可能这钱就是开皇五铢,他的重量在二公分八上下。查开皇五铢应重六分六厘,而《隋书·食货志》说开皇平一斤合古三斤,若所谓古是指新莽,则开皇一两应合四十八公分,六分六厘应为三公分一六八,直笔五铢在三公分四以上,曲笔五铢虽嫌轻,但可能还有重的。

五铢钱自西汉武帝元狩五年开铸,到唐武德四年才废,先后七百多年,官铸私铸,种类非常复杂,有许多五铢,史书的记载和实物联系不起来。这种情形在六朝尤其如此。

六朝是中国历史的一个转变时期。在元帝渡江以前,中国的经济文化重心是在北方。南方的生产很不发达,许多地方不用货币。自南渡后,经济和文化的重心移到南方来了,钱币的流通,也大为推广①。

六朝钱制在中国货币史上也是一个过渡时期。第一就钱的名称来讲,自秦半两以来,都是以重量为名称,隋以后就不再以重

---

① 《宋书》卷六十六《何尚之传》:"晋迁江南,疆境未廓,或土习其风,钱不普用。……今王略开广,声教遐暨,金镠所布,爰逮荒服,昔所不及,悉已流行之矣。"《宋书》卷八十一刘秀之传,元嘉二十五年:"先是汉川悉以绢为货,秀之限令用钱,百姓至今受其利。"

量为名称,而六朝的钱名就是在这种转变的过程中,如布泉、五行大布、永通万国等名称,都是突破过去传统的一种尝试。至于汉兴、孝建、太和五铢、永安五铢等,则是后代以年号名钱的先导。第二就钱的文字来讲,六朝以前都用篆书,六朝以后多用隶楷,而六朝的钱文变化多端,如汉兴钱文,已近隶楷。正所谓上承秦相,下启少温。

二 金银

由晋到隋那三四百年间,金银的使用又比较盛行起来,特别是白银。这点大部分是受外国的影响,因为使用金银的地方,是以交广和河西为主。交广是中国海上贸易的集中地点,波斯等国人很多,他们是使用金银的。河西则为中国陆路贸易的大门,同拜占庭波斯等国的关系很密切。至于其余地方,则因国内币制混乱,所以容易接受金银。

黄金在中国,从来没有完全失去其作为货币的资格。虽然自东汉以后,帝王的赐予,用黄金的例子逐渐少了。但这种减少,并不是说中国就没有黄金了,也不是说中国产金之地,已发掘净尽。后魏世宗延昌三年(公元五一四年)汉中还有金户千余家,常在汉水沙淘金,年终总输①。所以黄金是不断有生产的。黄金不是消耗品,即使生产减少,黄金的总量还是增加的。

黄金的价格,自东汉以后已上涨②,尤其是魏晋以后。在西晋

---

① 《魏书》卷一百十《食货志》。
② 参照第二章第二节五。

的时候,一金的名辞已由黄金一斤而变为黄金一两①,而且一两的价格似曾涨到一万钱②。南北朝时黄金常常以两计算③。这一种涨价的倾向,是上承东汉的,也可以说是东汉以来的倾向;到魏晋南北朝更加显明了。上涨的原因,可能有许多:如铜钱的跌价,对外贸易的入超引起黄金的外流而减少,国内工艺方面和其他方面对于黄金需要的增加,因而开采成本较高的新矿等。

中国的钱币在东汉即已减重,而在六朝时,钱币减重的情形,非常严重,钱币的购买力自然下跌。

在东汉时,中国同大秦国的贸易,多是由安息商人经营,以波斯湾以北的比得拉(Petra)为集散中心,比得拉土名黎鞬(Rekem),中国史书说大秦国一名犁鞬。东汉桓帝延熹五年(公元一六二年)到八年间,安息发生战争,从波斯湾到犁鞬的通路被打断,东西贸易大概一时为之停顿。所以有人说④公元一六六年(即东汉桓帝延熹九年)大秦国派到中国来的使团实系叙利亚商人冒充的。他们由海道来中国,想取得同中国的直接联系,以打破安息商人的垄断。这以后中国同西方的贸易即经由海路,或由安南起帆到锡兰再转船到红海,或取道云南到印度的孟加拉湾。但通西方的陆路,大概并没有完全断绝,因为西汉武帝在故楼兰所设的军事设备,到西晋时尚为中国所守卫,而且有当时的缣绢遗留下来,可见丝物的

---

① 《晋书》卷二十六《食货志》有:"愍皇西宅,馁馑弘多,斗米二金。"同书《孝愍帝纪》则为:"十月京师饥甚,斗米金二两。"

② 葛洪《神仙传》,尹轨:"有人负官钱百万,身见收缚,公度于富人借数千钱与之,令致锡,得百两,复销之,以药方寸匕投之,成金还官。"又葛洪《抱朴子》卷四金丹:"古秤金一斤,于今为二斤,率不过直三十许万。"

③ 《梁书》卷三十九《羊侃传》:"太清……二年……有诏送金五千两。"

④ F. Hirth, *China and the Roman Orient*, p. 173.

第三章　晋到隋的货币

贸易还在继续着①。罗马帝国在三世纪中叶即中国正当三国分立的时候,已有人发现了"到撒马尔罕的黄金之路"。大概到元帝渡江以后才放弃那些驻守站,贸易才以海道为主。也许这些贸易路线不久就由北朝的民族接管,因为四世纪到六世纪之间,拜占庭帝国输入大量的中国丝,在君士坦丁堡织制后运往欧洲高价出卖。六世纪有两个景教徒把中国的蚕卵装在竹管中偷带到君士坦丁堡,于是造丝的秘密被拜占庭帝国知道了,以后他们就不完全靠中国的供应了。据说他们买中国丝是用黄金,这一点由新疆及洛阳等地的墓中所发现的拜占庭金币②、以及《隋书·食货志》所载后周武帝保定年间(公元五六一——五六五年)河西诸郡用西域金银钱

---

① Sir Aurel Stein, *Central-Asian Relics of China's Ancient Silk Trade*, Tóung Pao, Series Ⅱ, Vol. XX. , p.130.

② 参阅中国出土的外国古币有几起:(一)清末山西灵石县发现一世纪到二世纪的罗马货币十六枚。(Bushell, Ancient Roman Coins from Shansi, Peking Oriental Society,1885,1,2.)这项资料我未见原文。各书引用稍有出入,有人说是金币、有人说是铜币。桑原骘藏在其《隋唐时往来中国之西域人》(中华书局何健民译本为《隋唐时代西域人华化考》)一书中说是铜币并推定是南北朝时代或以前流通华北之遗物。因为隋唐时灵石县附近有一地名为贾胡堡,可见外国商人经过其地的很多云云(译本第五十八第五十九页)。但若是铜币,那就恐怕不是流通用的,而是商人顺便带来的。因为中国有自己的铜钱,无须用外国铜钱。而且隋志明明说是西域金银之钱,没有说西域铜钱。金银在中国是凭重量计算,所以不分中外,铜钱是论个数,外国铜币要想流通就困难)。(二)英人斯坦因(A. Stein)在新疆曾购得两枚四世纪拜占庭的金币(见 Serindia)。(三)斯坦因在吐鲁番附近的古墓中发现一枚波斯沙散王朝的银币和三枚拜占庭的金币或其仿制品(见 Innermost Asia)。(四)怀特(William C. White)在一九三一年在洛阳购得一枚拜占庭式的金币,据说是得自古墓中,但据一美国钱币学家的考证,认为是十世纪或十一世纪中亚细亚根据第一世纪到第三世纪的钱币所仿制的。(Byzantine Coins in China,见 China Journal of Science & Arts,1931. July Dec.)可见第一世纪到第三世纪有拜占庭钱币流入中国。(五)咸阳底张湾湾地隋代使持节大将军凉州总管都军事凉州刺史赵国独孤德公墓中发现东罗马(即拜占庭)金币一枚(见一九五四年《文物参考资料》第十期张铁弦《谈全国出土文物展览中的北方发现品》)。

的事可以证明。不过当时丝的代价有多少流到中国来或保持在中国,还有问题。因为中国也有各种高价的进口货,如玻璃等。虽然绢帛价格已上涨,但输入品价格也不小,一块玻璃镜索价百万贯,至倾国库当之尚不足①。不过北朝黄金价格比较低,南齐的刘缵到北魏时就说北方金玉太贱,北朝政府自说是山川所出,但也许当时北朝的贸易是出超,南朝则是入超。而且北朝金价之低,只是比南朝低,不会比西汉低。

两晋南北朝工艺上对黄金的需要,大概也远超过两汉。单是金饰的流行,就比东汉厉害。刘熙的《释名》中,释首饰一条下,共提首饰四五十种,金属的只有锯和爵钗,都不一定是用黄金制作。但魏晋的著作中,则常提到金饰②,宋后废帝刘昱且学会了锻炼金银③,可见当时金银匠之多。而黄金也常常是用器饰的形式来流通,例如南齐建元二年(公元四八〇年)周盘龙助桓崇祖破魏,萧道成送他金钗二十枚④。梁武帝萧衍河中之水歌有"头上金钗十二行"之句。北魏在太平真君五年(公元四四四年)竟至下令禁止王公以下的人私养金银匠在家⑤,可见当时金饰的盛行。而且金饰之外还加上寺庙的塑像写经,对于黄金更造成很大的需要。单是天安二年(公元四六七年)天宫寺的释迦像便用去黄金

---

① 《梁四公记》:"扶南大船从西天竺国来卖碧玻璃镜,面广一尺四寸,重四十斤。内外皎洁,置五色物于其前,向明视之,不见其质。问其价约钱百万贯文。帝令有司算之以府库当之不足。其商人言,此色界天王,有福乐事天树大雨,雨众宝山纳之。山藏取之难得,以大兽肉投之,藏中肉烂类宝,一鸟唧出此宝焉。举国不识,无敢酬其价者。"(《太平御览》卷八〇八)
② 晋干令升《搜神记》中提到金饰的地方很多。尤以金钗为最普遍。
③ 《宋书》卷九《后废帝》。
④ 《建康实录》卷十五齐。
⑤ 《魏书》卷四《世祖纪》。

六百斤①。而南北朝时寺庙的数目,又是中国历史上极多的一个时代,由此就可以推想对于黄金的需要了。此外汉末经过三国的大乱,两晋南北朝社会尤其不安定,恐怕有一大部分的黄金是用于窖藏②。

如果黄金生产的数额能够同对黄金需要的增加数目相符,而且生产成本不变,那么也不会使金价上涨。只因为粮价上涨,使生产成本增加,而且由于需要多,对于以前值不得开采的金矿,也加以开采了。所以金价才上涨,而帝王的赐予也就少用黄金了。

至于白银,在汉朝除武帝和王莽曾用作货币外,国内只用作一种宝藏手段。董卓死后,坞中珍藏除黄金二三万斤外,还有银八九万斤③。魏晋以后,用银的例子渐多,金银往往并提④。因为黄金既

---

① 《魏书》卷一百一十四《释老传》。

② 《晋书》卷九十五《艺术隗照传》:"使者……告照妻曰吾不相负金也。贤夫自有金耳。知亡后,当暂穷,故藏金以待太平。所以不告儿妇者,恐金尽而困无已也。知吾善易,故书版以寄意耳。金有五百斤,盛以青瓮,覆以铜柈,埋在堂屋东头,去壁一丈,入地九尺。妻还掘之,皆如卜焉。"《南齐书》卷三十八颖胄传:"长沙寺僧业富沃铸黄金为龙数千两,埋土中。历相传付,称为下方黄铁。莫有见者,乃取此龙以充军实。"

③ 《后汉书》卷七十二《董卓传》。

④ 《三国志·魏志》卷四《齐王芳传》:"正始元年……诏曰……方今百姓不足,而御府多作金银杂物。"《三国志·蜀志》卷三十八《糜竺传》:"建安元年……竺于是进妹于先主为夫人,奴客二千,金银货币以助军资。"《晋书》三十九《王浚传》:"永嘉中石勒寇冀州……末杯……为勒所获……遂以铠马二百四十匹金银各一簏赎末杯,结盟而退。"《宋书》卷四十五《王镇恶传》:"高祖密遣人觇辇所在,泓辇饰以金银……。"《宋书》卷五《文帝纪》,元嘉二十四年:"秋七月乙卯,以林邑所获金银宝物班赉各有差。"《南齐书》卷七《东昏侯纪》:"潘氏服御极选珍宝……贵市民间金银宝物,价皆数倍。"《梁书·羊侃传》:"太清二年……有诏送金五千两,银万两。"《隋书》卷六十五《周罗㬋传》:"(太建)十一年赐金银三千两,尽散之将士,分赏骁雄。"《魏书》卷三十《豆代田传》:"以战功赐奴婢十五口,黄金百斤,银百斤。"《隋书》卷三十七《梁睿传》:"赐物五千段,奴婢一千口,金二千两,银三千两。"

然供不应求,只好用白银来补充。

在西晋末年,已经有用白银表示物价的例子。晋愍帝建兴元年(公元三一三年)襄国大饥,谷二升直银一斤,肉一斤值银一两①。这种情形可能也受了西域的影响。赵宋以前,银价比较高,因为中国的银矿,大概很贫乏。后魏世宗延昌三年(公元五一四年)登山有银矿发现②。

金银的形式,除了汉武帝时的麟趾裹蹏外,最普通的形式是饼或铤。饼大概是圆形或方形,在东汉三国时代③,便有这个名称。那以后关于金银饼的记载,不胜枚举④。至于一饼的重量,有说是一斤的⑤,大概也不是定制,而是随时随地不同。铤的出现至迟当在南北朝的时候⑥,形状应当是像笏,而且大概就是模仿笏的。笏

---

① 崔鸿:《十六国春秋》。《晋书·石勒传》说是谷一升值银一斤。

② 《魏书·食货志》:"世宗延昌三年,有司奏长安骊山有银矿二石得银七两。其年秋桓州又上言曰登山有银矿,八石得银七两锡三百余斤,其色洁白,有逾上品,诏并置银官,常令采铸。"

③ 《太平御览》卷八一一引《庐江七贤传言》(东汉时)长安魏少卿有金十饼。又《邴原别传》言刘举以金三饼与原。《三国志·魏志》齐王芳:"嘉平五年……八月诏曰,故中郎西平郭修,砥节厉行,秉心不回,……子袭爵加拜奉车都尉。赐银千饼绢千匹。"

④ 《神仙传》张道陵:"第三试,升行道,忽见遗金三十瓶,升乃走过不取。"《宋书》卷二十七《符瑞志》上:"法义以十三年七月于嵩高庙石坛下得玉璧三十二枚,黄金一饼。"《南史》卷二十八《褚彦回传》:"宋明帝即位,累迁吏部尚书,有人求官,密袖中将一饼金,因求请,间出金示之,曰人无知者。"《世说新语补》卷十五《贤媛》:"乐羊子尝行路,得遗金一饼,还以与妻,妻曰妾闻志士不饮盗泉之水,廉者不受嗟来之食,况拾遗求利以污其行乎。羊子大惭,乃捐金于野。"

⑤ 《南史》卷五十三《梁武帝诸子传》武陵王纪之子圆正:"既东下,黄金一斤为饼,百饼为箧,至有百箧。银五倍之。"

⑥ 《南史·梁武帝诸子传》庐陵威王续:"王薨,至内库阅珍物,见金铤,问左右曰,此可食不?"《北齐书》卷二十四《陈元康传》:"世宗令元康驰驿观之,复命曰,必可拔。世宗于是亲征。既至而克。赏元康金百铤。"《魏书》卷三十五《崔浩传》:"浩明识天文,好观星变,常置金银铜铤于酢器中,令青夜有见,即以铤画纸作字以记其异。"

是古代统治阶级所不离身的东西。帝王用玉笏,诸侯用牙笏,士大夫用竹笏。帝王有命令,士大夫即写在笏上。笏的形状是长方形的板。玉笏称为珽,所以金银铤的铤字大概是由珽字演变出来的。后代称白银一铤为一笏,更是明证。

南北朝的金银,不但铸成饼和铤,而且铸成钱形。关于银钱最早的记载,是后魏高祖孝文帝之子汝南王悦散银钱的故事①。关于金钱最早的记载是南朝齐末或梁初吕僧珍生子,宋季雅送金钱一千枚的故事②。其他关于金银钱的记载还不少③。这事已由发掘得到证实,因为近年已由六朝墓中获得银五铢二枚④。这是中国货币史上一件非常有趣的事。

首先我们要问:为什么在通行黄金的西汉不铸金钱,而在南北朝铸造金银钱呢?这问题单从当时币制的混乱是不能解释的,因为金银钱并不是正式代替铜钱的。金银钱的铸造应当是受了外国的影响,受了外国金银币的启示而铸造出来的。

外国货币在纪元初世纪便随着中外物资的交流而流入中国。在这一时期,主要是拜占庭和波斯的货币;拜占庭的币制是以金币

---

① 《北齐书》卷三十一《王昕传》:"悦数散钱于地,令诸佐争拾之,昕独不拾。悦又散银钱,以目昕,昕乃取其一。"

② 《南史》卷五十六《吕僧珍传》:"乃僧珍生子,季雅往贺,署函曰钱一千,阍人少之,弗为通。强之乃进。僧珍疑其故,亲自发,乃金钱也。"

③ 《周书》卷二十五《李贤传》:"保定二年……赐……银钱一万。"《隋书》卷四十八《杨素传》:"上(高祖)……赐黄金四十斤,加银瓶,实以金钱。"段成式《酉阳杂俎》卷十九:"金钱花一云本出外国。梁大同二年进来中土。梁时荆州豫属双陆赌金钱,钱尽以金银花相足,鱼弘谓得花胜得钱。"

④ 一九五五年南京光华门外黄家营五号六朝墓出土银五铢二枚。看相片是东汉五铢的形制,但极不规矩。若以铜钱为标准,则应属于东汉,但可能是六朝时的仿制(一九五五年《文物参考资料》第十二期底封有相片)。

为主,波斯的币制则是以银币为主,所以流到中国来的,应当是拜占庭的金币和波斯的银币;这由近代的发掘可以证实①。《隋书·食货志》记载北周时"河西诸郡或用西域金银之钱,而官不禁"。这种事见之于正史,一定在当时是一件普遍而令人注目的事,实际上流通恐怕不限于北周。中国的朝野看到外国的金银币,起而铸造中国式的金银钱,那是一件很自然的事。《史书》中关于金银钱的记载,正是从这时候开始的。

金银钱的铸造,虽然不是根据政府的货币立法,因此我们不能说他们是货币制度中的一个构成因素。但他们的货币性,应不下于金银饼或金银铤,因为古籍中所记载金银钱的用途和铜钱的用途是一样的。汝南王散银钱是在散铜钱之后;宋季雅也是以金钱

---

① 中国出土的外国古币有几起:(一)清末山西灵石县发现一世纪到二世纪的罗马货币十六枚。(Bushell, Ancient Roman Coins from Shansi, Peking Oriental Society, 1885,1,2.)这项资料我未见原文。各书引用稍有出入,有人说是金币、有人说是铜币。桑原骘藏在其《隋唐时往来中国之西域人》(中华书局何健民译本为《隋唐时代西域人华化考》)一书中说是铜币并推定是南北朝时代或以前流通华北之遗物。因为隋唐时灵石县附近有一地名为贾胡堡,可见外国商人经过其地的很多云云(译本第五十八至五十九页)。但若是铜币,那就恐怕不是流通用的,而是商人顺便带来的。因为中国有自己的铜钱,无须用外国铜钱。而且隋志明明说是西域金银之钱,没有说西域铜钱。金银在中国是凭重量计算,所以不分中外,铜钱是论个数,外国铜币要想流通就困难。(二)英人斯坦因(A. Stein)在新疆曾购得两枚四世纪拜占庭的金币(见 Serindia)。(三)斯坦因在吐鲁番附近的古墓中发现一枚波斯沙散王朝的银币和三枚拜占庭的金币或其仿制品(见 Innermost Asia)。(四)怀特(William C. White)在一九三一年在洛阳购得一枚拜占庭式的金币,据说是得自古墓中,但据一美国钱币学家的考证,认为是十世纪或十一世纪中亚细亚根据第一世纪到第三世纪的钱币所仿制的。(Byzantine Coins in China, 见 China Journal of Science & Arts, 1931. July-Dec.)可见第一世纪到第三世纪有拜占庭钱币流入中国。(五)咸阳底张湾湾地隋代使持节大将军凉州总管都军事凉州刺史赵国独孤德公墓中发现东罗马(即拜占庭)金币一枚(见一九五四年《文物参考资料》第十期张铁弦《谈全国出土文物展览中的北方发现品》)。

代铜钱送礼；金银钱只是比铜钱价值大。北周前后，河西诸郡既使用外国金银币，本国铸造的许多金银钱，反而不能作价流通，那是不可想象的事。

至于金银的比价，自王莽以后，一直到唐末，不见有记录。不过五世纪的时候，阿拉伯人采用一对六点五二的比价，印度的比价是一比五到一比六①。这是一个有趣味的现象，因为当时罗马和拜占庭的金银铸造比价是一比十四点四②。由此可以看出东方和西方的金银比价自古即不一致。东方国家银价很高。中国当时的金银比价很可能仍是一比五，即维持两汉的比价，因为到北宋初年，还不过一比六点二五。

三 谷帛

谷帛在中国，是两种重要的支付工具。他们的货币性，各时代只有程度上的不同。当钱币缺乏的时候，或当币制太不统一的时候，或当货币购买力波动得太厉害的时候，谷帛的货币性马上增强。有时甚至于完全代替钱币的地位。这种事情，在外国也有过③。

中国人是一个讲究实用的民族，西汉的理论家，已经一再说到金银和钱币的无用。几百千年来，中国人不知经过了多少次丧乱。

---

① Del Mar, *Money and Civilization*, London, 1886. p. 22.
② 根据四三八年的 Theodosian Code.
③ 英国十六世纪有些(College lands)地租，三分之一用谷物支付。法国革命时(1795)的宪法第一七三条规定立法官的薪俸用小麦支付。日本则一直到明治维新时还用米谷纳税。

战争、天灾和通货贬值，总是接连发生的。在这种时候，人民有钱买不到所需要的东西。他们所需要的东西，最重要的无过于谷帛。这两种实物作为货币，虽然有许多缺点，但在乱时，他们是人民所最愿意接受的东西，这是货币所最不可缺的一个条件。所以西汉元帝时，贡禹便主张废铸钱之官，代以谷帛。实际上西汉赏赐，除金钱外，也用缣帛①。王莽末年，钱币不行，民间以布帛金粟为流通手段。到光武十六年才恢复五铢钱。东汉时布帛已渐取得支付工具的地位②。

在魏晋南北朝那一个混乱的期间，谷帛用得很多。自董卓铸小钱引起物价混乱之后，曹丕想恢复五铢钱，但归失败，结果只好使百姓用谷帛交易。这是黄初二年（公元二二一年）的事。到明帝的时候，谷帛用作货币的缺点暴露，人民"湿谷以要利，作薄绢以为市③。"谷帛的优点，本在于他的使用价值，湿谷薄绢，使其使用价值大减，因此用作货币的理由就不存在了，所以在太和元年（公元二二七年），又恢复五铢。谷帛一共通行了六年。但实际上有三十几年。因为自董卓铸小钱后，北方一带几乎完全用谷帛交易④。曹丕的复

---

① 《汉书》卷二十四《食货志》："于是天子（武帝）北至朔方，东封泰山，巡海上旁北边以归。所过赏赐用帛百余万匹，钱金以巨万计，皆取足大农。"

② 《东观汉记》卷三安帝永初四年："新野君薨，赠以玄玉赤绶赗钱三千万，布三万匹。"同书卷七东海恭王彊："永初中以西羌未平，上钱二千万。元初中上缣万匹，以助国费。"同书卷十八《王卓传》："后卓窃书诵尽……携钱二千，布两端。"

③ 《晋书》卷二十六《食货志》："黄初二年魏文帝罢五铢钱，使百姓以谷帛为市。至明帝世，钱废谷用既久，人间巧伪渐多，竞湿谷以要利，作薄绢以为市，虽处以严刑，而不能禁也。"

④ 《宋书》卷五十六《孔琳之传》："魏明帝时钱废谷用三十年矣，以不便于民，乃举朝大议。"

用五铢钱只是短期间的事。

西晋一百多年间,大体上虽然使用曹魏和以前的五铢钱,但布帛的地位很重要,尤其在赐予上,差不多完全代替了黄金在西汉的地位①。布帛的赐予,少自三两匹,多至几万匹②。而布帛的使用,不限于赐予,有时悬赏的报酬③,甚至借贷④和旅费⑤也用布帛。这种布帛自然不能都看作货币,在使用的时候,往往要卖成现钱⑥。

然而实物货币究竟有许多不便,就是不作薄绢,也因品质不划一,作价的时候,要添些麻烦。何况"裂匹以为段数,缣布既坏,市易又难,徒坏女工,不任衣用"⑦,所以钱币是不能久废的。

---

① 《晋书》卷六《明帝纪》:"太宁二年封司徒王导为始兴郡公,邑三千户,赐绢九千匹。丹阳尹温峤……邑各一千八百户,绢各五千四百匹。尚书令郗鉴……邑各千六百户,绢各四千八百匹。建威将军赵胤……邑各千六百户,绢各三千二百匹。"

② 王懋,《野鹤丛书》卷二十七:"汉赏赐多用黄金,晋赏赐多用绢布。往往各因其时之所有而用之……晋时赏赐绢布,绢百匹在所不论。阮瞻千匹。温峤、庾亮、荀崧、杨珧等皆至五千匹。用复唐彬、琅邪王伷等皆六千匹。王浑杜预等皆八千匹。贾充前后至九千匹。王浚张华、何攀等皆至万。王导前后近二万匹。桓温前后近三万匹。苏峻之乱,台省煨烬时尚有布二十万匹,绢万匹。又可验晋布帛之多也。"

③ 《晋书》卷六《元帝纪》:"建武元年……帝传檄天下曰……有能枭季龙首者赏绢三千匹,金五十斤。"

④ 《晋书》卷七十三《庾亮传弟冰》:"常以俭约自居,中子袭,尝贷官绢十匹,冰怒棰之,市绢还官。"

⑤ 《晋书》卷九十《良吏·胡威传》:"威自京都定省。家贫无车马僮仆,自驱驴单行。每至客舍,躬放驴取樵炊爨。食毕复随侣进道。既至见父,停厩中十余日,告归,父赐绢一匹为装。威曰大人清高,不审于何得此绢?质曰,是吾俸禄之余,以为汝粮耳。威受之。"

⑥ 《晋书》卷六十五《王导传》:"时帑藏空竭,库中惟有练数千端,鬻之不售,而国用不给。导患之,乃与朝贤俱制练布单衣,于是士人翕然竞服之,练遂踊勇,乃令主者出卖,端至一金。"

⑦ 《晋书》卷八十六《张轨传》。

在南北朝的时候,因钱币不统一,各地用谷帛交易的例子很多。后魏在太和十九年用钱以前,有十几年间,完全是用布帛。不论租赋①、计赃②、赈恤③、俸给④、借贷⑤、物价⑥,都是以布帛计算。

中国的布帛,历代都有定式,汉以后都是阔二尺二寸为幅,长四丈为匹。后魏仍遵用这定式,布帛每幅宽二尺二寸,长四十尺为一匹,六十尺为一端。其间曾一度发生粗制滥造的情形,所以在延兴三年(公元四七三年)颁令严格依照标准⑦。

---

① 《魏书》卷七《高祖纪》中:"太和八年六月诏曰……户增调三匹,谷二斛九斗,以为官司之禄。均预调为二匹之赋。"

② 同上"赃满一匹者死。"

③ 同上卷八世宗纪:"延昌二年三月……民饥饿,死者数万口,夏四月庚子,以绢十五万匹赈恤。"

④ 同上卷五十五《刘芳传》:"芳常为诸僧佣写经,论笔迹称善,卷直以一缣。岁中能入百余匹。如此数十年矣。赖以颇振。"

⑤ 《北史》卷四十五《夏侯道传》:(后魏灵太后时)"父时田园货卖略尽,人间债犹数千余匹。"

⑥ 《魏书》卷五十二《赵柔传》:"高宗践阼……柔尝在路得人所遗金珠一贯,价值数百缣,柔呼主还之。后有人与柔靴数百枚者,柔与子善明鬻之于市。有从柔买,索绢二十匹。商人知其贱,与柔三十匹。善明欲取之,柔曰,与人交易,一言便定,岂可以利动心也。遂与之。"又,同书卷百一十《食货志》:"三门都将薛钦上言,计京西水次汾华二州,恒农、河北、河东、正平、平阳五郡,年常绵绢及赀麻,皆折公物,雇车牛送京。道险人敝,费公损私。略计华州一车官酬绢八匹三丈九尺。别有私民雇价布六十匹。河东一车官酬绢五匹二丈。别有私民雇价布五十匹。自余州郡虽未练多少,推之远近,应不减此。今求车取雇绢三匹,市材造舡,不劳采斫。计船一艘,举十三车,车取三匹,合有三十九匹,雇作手并匠及舡上杂具食直,足以成舡,计一舡剩绢七十八匹,布七百八十四。又租车一乘,官格四十斛成载,私民雇价远者五斗布一匹,近者一石布一匹。准其私费一车布远者八十匹,近者四十匹。造舡一艘计举七百石,准其雇价应有一千四百匹。今取布三百匹,造舡一艘……。"

⑦ 《魏书·食货志》。

第三章 晋到隋的货币

北齐虽然使用钱币,但实物经济的色彩很浓厚①。聘礼完全是用实物②。官吏禄秩则三分之一用帛,三分之一用粟,三分之一用钱,而都以匹计算③。赎罪也用绢④。

北周也通行布帛。武帝建德六年(公元五七七年)的刑书要制里,规定强盗的罪律,是根据其所抢偷财物的价值来处分,这价值便是以匹为标准⑤,赎罪也用绢⑥。民间甚至有用作流通手段的⑦。

在南朝方面,布帛也是一种普遍的支付工具。刘宋治下,汉川一带以绢为货币⑧。孝武帝的时候(公元四五四年),周朗曾主张罢金钱,用谷帛⑨。

---

① 《北齐书》卷四十四《儒林传》石曜:"武平中黎阳郡守值斛律武都出为兖州刺史。武都……性甚贪暴,先过卫县,令丞以下聚敛绢数千匹以遗之。"
② 《隋书》卷九《礼仪志》:"后齐聘礼……皆用羔羊一口,雁一只,酒黍稷稻米面各一斛。自皇子王已下至于九品皆同。流外及庶人则减其半。纳征皇子王用玄三匹,纁二匹,束帛十匹,大璋一,兽皮二,锦彩六十匹,绢二百匹,羔羊一口,羊四口,犊二头,酒黍稷稻米面各十斛。"
③ 《隋书》卷二十七《百官志》中:"官一品每岁禄八百匹,二百匹为一秩。从一品七百匹,一百七十匹为一秩……。九品二十八匹,七匹为一秩。从九品二十四匹,六匹为一秩。禄率一分以帛,一分以粟,一分以钱。"
④ 《隋书》卷二十五《刑法志》:"赎罪旧以金,皆代以中绢……无绢之乡皆准绢收钱。"
⑤ 《周书》卷六《武帝纪》下:"持杖群疆盗,一匹以上,不持杖群疆盗五匹以上,监临主掌自盗二十匹以上,小盗及诈伪请官物三十匹以上,正长隐五户及十丁以上,隐地三顷以上者至死。刑书所不载者,自依律科。"
⑥ 《隋书》卷二十五《刑法志》:"有髡钳五岁刑笞二百,收赎绢男子六十匹。又有四岁刑男子四十八匹。又有三岁刑男子三十六匹。又有二岁刑男子二十四匹。罚金一两已上为赎罪。……"
⑦ 《周书》卷三十七《寇儁传》:"性又廉恕,不以财利为心。家人曾卖物与人,而剩得绢五匹。儁于后知之……遂访主还之。"
⑧ 《宋书》卷八十一《刘秀之传》:"秀之善于为政,躬自俭约。先是汉川悉以绢为货,秀之限令用钱,百姓至今受其利。"
⑨ 《宋书》卷八十二《周朗传》。

177

萧齐以用钱为主,但户租还是以布匹为主①。

梁初只有京师和三吴荆郢江湘梁益是用钱,其余州郡都杂用谷帛交易②。萧子良在永明四年说:"钱帛相半,为制永久,"③可以看出布帛在当时支付上的地位。

陈初民间也是兼以粟帛为货币。至于岭南各州,更是以盐米布交易,完全不用钱④。

在这个动乱的时代,大抵政治中心区域,铜钱用得比较多。离开中心区便兼用实物。至于边远地方,根本就不用钱。

至于布帛的作价,汉以前大体上是一匹绢抵三匹布⑤。两汉则两匹布抵一匹绢⑥。南北朝以三匹布抵两匹绢⑦。可见布的价格渐增。如果用铜钱来计算,则绢价也是渐渐增加的。在春秋战国时代,绢价每匹约自一百二十五钱到一百五十钱,布价为其三分之一。西汉时最贵的白素为八百钱一匹⑧,缣价约合素价的一半⑨,当

---

① 《南齐书》卷三《武帝纪》,永明四年五月诏:"杨南徐二州,今年户租三分,二取见布,一分取钱。来岁以后,远近诸州输钱处并减布直,匹准四百,依旧折半,以为永制。"

② 《隋书·食货志》。《建康实录》卷十七梁绍泰元年十二月:"霸先于石头南北岸绝其汲路,又堙塞城东门,城中诸井无水。水一合粲米一升,米一升贸绢一匹。"

③ 《南齐书》卷四十一《武帝》:十七王竟陵文宣王子良条。

④ 同上。

⑤ 见第一章第二节三。

⑥ 《汉书》卷九十九《王莽传》中:"予遭阳九之厄,百六之会,国用不足,人民骚动,自公卿以下,一月之禄,十缌布二匹或帛一匹。"

⑦ 见王国维《释币》下历代布帛修广价值考。王氏说匹为绢的单位,端为布的单位,不知何根据。

⑧ 见第二章第一节黄金条下《太平御览》羽布帛数引范子计然的话说:"白素出三辅,匹八百",三辅乃汉时语。《盐铁论·散不足篇》说:"纨素之价倍缣,"则西汉缣价当为四百钱一匹(见《海宁王静先生遗书》卷二十六《释币下》)。

⑨ 同上。

为四百,绢比缣又便宜约三分之一①,每匹约合二百六十钱。东汉缣绢价格上涨,缣一匹为六百一十八,绢一匹当为四百上下。两晋时绢价涨到最高点,尤其在渡江以后,石勒时官价中绢每匹一千二百,下绢每匹八百;市价则中绢每匹卖到四千,下绢也要二千一匹②。南北朝时价格渐跌。后魏绢价在天安皇兴间(公元四六七年)因大旱曾卖到千钱一匹③,太和十九年(公元四九五年)官禄准绢给钱,每匹折钱二百④。永安二年(公元五二九年)因推行铜钱,向市场抛出官绢,每匹也止卖二百,私买则三百⑤。南齐永明二年(公元四八四年)每匹也是三百⑥。布价在南北朝也有下跌的倾向:宋武帝永初中(公元四二一年)官布为一千文,政府买价九百文。文帝元嘉十七年(公元四四〇年)市价一匹六百,官受五百;永明二年一匹跌到百多钱⑦,但四年户租收布,每匹准钱四百⑧。这种跌价是通货紧缩的关系,在下节另有讨论。

---

① 晋令缣一匹当绢六丈。见"释币"下。
② 《晋书》载记三石勒下:"因此令公私行钱,而人情不乐,乃出公绢市钱,限中绢匹一千二百,下绢八百;然百姓私买中绢四千,下绢二千。"
③ 《魏书·食货志》。
④ 同上。
⑤ 同上。
⑥ 《南齐书》卷二十六《王敬则传》:"永明二年……竟陵王子良启曰……今机杼勤苦,匹截三百。"
⑦ 《南齐书·王敬则传》:"晋氏初迁,江左草创,绢布所直,十倍于今。赋调多少,因时增减。永初中官布一匹直钱一千,而民间所输,听为九百。渐及元嘉,物价转贱,私货则东直六千,官受则匹准五百,……今入官好布不堪百余,……。"
⑧ 《南齐书》卷三《武帝纪》,永明四年五月诏:"杨南徐二州,今年户租三分,二取见布,一分取钱。来岁以后,远近诸州输钱处并减布直,匹准四百,依旧折半,以为永制。"

第二节 货币的购买力

一 两晋的币值

中国在这一个时期,货币购买力的变动,似乎有一种周期性。每经过一次高物价之后,就来一次低物价。从这一点看来,两晋和汉末三国是同一个周期,汉末三国是物价高涨的时代,两晋则是低物价的时代。

两晋是货币经济衰落的一个时期,这可以从几方面看出来。第一在铜钱赐予的数目上可以知道。古时没有银行,货币的发行,除官吏的薪俸和政府的开支外,赏赐是一个重要的方式。西汉赐予是用黄金和铜钱;东汉以钱为主,金帛为副,但在两晋,一切赏赐,是以谷帛为主,而以钱为副,黄金完全不用作赏赐了。西汉虽以赐金为主,但赐钱的数目仍是多于东汉,两晋更不能比了。

汉晋赐钱比较表(单位:文)[①]

朝代	赐钱总数(指数)	每帝平均赏赐额(指数)	每年平均赏赐额(指数)
西汉	1,550,800,000(100.00)	119,292,461(100.00)	7,246,728(100.00)
东汉	531,200,000(34.25)	44,266,666(37.17)	2,724,102(37.59)
晋	136,400,000(8.79)	9,093,333(7.62)	880,000(12.14)

第二从救济的内容来看,也可以发现同样的倾向。西汉时救济是用钱币,而且数目相当大。如景帝对于移住阳陵的人,每家发

[①] 本表的数字仅包括《前汉书》《后汉书》中有明确数字的赏赐。救济性的赏赐,因无确数,没有列入。又西汉的赐金,有时是付钱,所以表中西汉的数字要低于实际的数字。又西汉不包括王莽。

钱二十万①。武帝对于迁往茂陵的人也每家给钱二十万②。而且巡游一次,所过的地方,每家赏钱五千③。哀帝④和平帝⑤对于灾后的死者也各赏二千到五千。这种情形在东汉还有,尤其是在安帝⑥和顺帝⑦的时候。但到了两晋便没有了。两晋的赈济,完全是用米谷,少则两斛,多则五斛。只有惠帝时两次用布,每人三匹。这些米布折合起铜钱来,最多不过一千。

最能反映一代通货的松紧情形的,莫过于货币的铸造。西汉铸钱,不论在数量上和种类上,都是极多的。东汉铸钱也不少。而两晋铸钱的事,不见有记载,即有也是民间的私铸。当时大体上是用旧钱。西晋时用的是曹魏所铸的五铢钱。元帝过江以后,民间流通的是孙吴的旧钱。新钱既没有,旧钱则被人销镕而减少⑧,而且广东方面的夷族使用铜鼓,他们自己不产铜,一些官吏和商人贪利,就把中国的铜钱卖给他们,特别是孙吴遗留下来的大钱,输往广州,卖给夷人,熔铸为鼓⑨。这样一来,自然会发生紧缩的现象。

---

① 《汉书》卷五《景帝纪》:"五年春正月作阳陵邑。夏募民徙阳陵赐钱二十万。"
② 《汉书》卷六《武帝纪》:"建元三年春,河水溢于平原,大饥,人相食。赐徙茂陵者户钱二十万田二顷。"
③ 同上:"太始三年……赐行所过户五千钱。"
④ 《汉书》卷十一《哀帝纪》:"赐死者棺钱人三千。"
⑤ 《汉书》卷十二《平帝纪》:"元始二年……赐死者一家六尸以上葬钱五千,四尸以上三千,二尸以上二千。"
⑥ 《后汉书》卷五《安帝纪》:初元二年"……其有家属尤贫无以葬者赐钱人五千。"又:"建光元年……(因地震)赐死者钱人二千。"
⑦ 《后汉书》卷六《顺冲质帝纪》:"阳嘉元年……诏赐狼所杀者钱人三千。"
⑧ 《晋书》卷二十六《食货志》:"孝武太元三年诏曰,钱,国之重宝,小人贪利销坏无已,盐司当以为意。"
⑨ 《晋书·食货志》:"广州夷人宝贵铜鼓,而州境素不出铜,闻官私贾人皆于下贪比轮钱斤两差重,以入广州,货与夷人铸败作鼓。"

两晋的紧缩,也是一种政策。第四世纪初叶,先后受到刘聪石勒等人的侵略,晋室屡吃败仗,国库空虚。惠后北征荡阴,反驾时囊钱只有三千,以为车驾之资①。惠帝被王颖带走,逃难的时候,也只有三千个钱②。如果学西汉武帝或王莽的榜样,大可以发行大额货币,以征用人民的购买力。

因为没有行使通货贬值政策,而通货数量也不多,所以物价大概比较低而平稳。甚至连私铸的沈郎小钱,购买力也相当高③。史书中虽记载了许多高物价,动不动就要一万钱一石米,咸和四年台城到过十万钱一石;但那时因为天灾④,或在战区⑤,是暂时或局部的,是当作一种新闻记载。整个晋朝的物价,大概比较安定。正常

---

① 《晋书·食货志》:"永宁之初,洛中尚有锦帛四百万,珠宝金银百余斛。惠后北征,荡阴反驾,寒桃在御,只鸡以给。其布衾两幅,囊钱三千,以为车驾之赍焉。怀帝为刘曜所围,王师累败,府帑既竭,百官饥甚。比屋不见火烟,饥人自相啖食。愍皇西宅,馁馑弘多,斗米二金,死人太半。刘曜陈兵,内外断绝,十饼之麨,屑而供帝,君臣相顾,莫不挥泪。"

② 《晋书》卷四《惠帝纪》:"安北将军王浚遣乌丸骑攻成都王颖于邺,大败之。颖与帝单车走洛阳,服御分散,仓卒上下无赍,侍中黄门被囊中赍私钱三千,诏贷用所在买饭以供,宫人止食于道中客舍。宫人有持升余秔米饭及燥蒜盐豉以进帝,帝啖之。……有父老献蒸鸡,帝受之。至温,将谒陵,帝丧履,纳从者之履,下拜流涕。左右皆歔欷。"

③ 《晋书·食货志》:"晋自中原丧乱,元帝过江,用孙氏旧钱,轻重杂行,大者谓之比轮,中者谓之四文,吴兴沈充又铸小钱,谓之沈郎钱。钱既不多,由是稍贵。"

④ 《晋书·惠帝纪》:"永平七年……七月雍梁州疫大旱,陨霜杀秋稼。关中饥,米斛万钱。"《宋书》卷三十一五行志二:"晋惠帝元康元年……关中饥,米斛万钱。"《晋书》卷二十八《五行志》:"惠帝元康七年七月秦雍二州大旱疾疫,关中饥,米斛万钱,因此氐羌反叛。"《晋书·惠帝纪》:"太安二年……十一月……王师攻方垒不利,方决千金堨水碓皆涸。……公私穷踧,米石万钱。"同书卷五《孝怀帝纪》:"永嘉五年……百姓饥俭,米斛万余价。"《晋书》卷二十八《五行志》:"咸康四年(成帝纪作九年)……时天下普旱,会稽余姚特甚,米斗直五百,人有相鬻僮者。"

⑤ 《晋书·食货志》:"怀帝为刘曜所围……愍皇西宅餐馑弘多,斗米二金。"《晋书》卷七《成帝纪》,咸和四年:"……峻子硕攻台城,又焚太极东堂秘阁皆尽,城中大饥,米斗万钱。"《建康实录》卷七。魏晋一石以0.2023公石计。

米价是多少钱一石,则不见记录。

研究两晋的货币经济,我们不能忽视司马氏治下国土之小与人口之少。这和各种开支的规模很有关系。自元帝过江以后,实际上只有半边天下;而两晋的人口,是历代中极少的一个时代;据史书所载,即在太康元年最盛的时候,也还不到东汉的三分之一①。南渡以后,更不消说了。那时北方在一些经济落后民族的铁蹄之下,多数还不知道使用货币。史书说石勒令公私行钱,但不成功。后魏那时还是过一种游牧生活。所以那百多年间,全中国货币经济的衰落,比晋史所表现的还要厉害。

二 宋齐币值的变动

南朝的宋齐,在货币购买力的变动上,又形成一个周期单位,这八十二年中,物价由高涨而下跌。

刘裕获得政权,和曹丕司马炎一样,是一种和平的夺取,没有经过流血的战争,没有利用货币贬值。一手承继了前朝稳定的币值。所以刘宋在最初的三十年间(公元四二〇至四五〇年),"区寓宴安,方内无事……氓庶蕃息。""奉上供徭止于岁赋,""凡百户之

---

① 《通志·食货一》历代户口:"建安之际海内荒残,人户所存十无一二。三国时蜀得户二十八万,口九十四万;带甲将士十万二千,吏四万;通计户九十四万三千四百二十三,口五百三十七万二千八百八十一。魏氏有户六十六万三千四百二十三,口四百四十三万二千八百八十一人。晋武帝太康元年平吴收其图籍户五十三万,吏三万二千,兵二十三万,男女口二百三十万,后官五千余人。"太康元年全国人口一千六百一十六万三千八百六十三人。东汉桓帝永寿三年为五千六百四十八万六千八百五十六人。

乡,有市之邑,歌谣舞蹈,触处成群①。"三十个钱一天,一家便可以食肉②。

宋初流通的货币是五铢钱。武帝时因国用不足,有人建议收买铜斤来铸钱,经范泰谏止。元嘉四年(公元四二七年)议立一个钱署,铸造四铢钱,这已经是减重的开始。大概引起民间的盗铸③,并剪凿古钱以取铜④,因此才于元嘉二十四年把大钱当两文使用,所谓大钱是指旧有的大钱,如汉五铢等,并不是新铸大钱⑤。这一措施的目的,虽说是为防止剪凿,实际上这是进一步的贬值。不过这种办法第二年便废止了,大概铜钱数量不多,所以物价也许没有多大上涨。

元嘉二十七年(公元四五〇年)后魏的太武帝,以几十万人南侵,宋室屡吃败仗,六州的人民,不能安心耕种,支出骤增,乃减

---

① 《宋书》卷九十二《良吏传》。
② 《宋书》卷六十一《武三王传记·衡阳文王义季事》:"先是义庆在任,值巴蜀乱扰,师旅应接,府库空虚。义季躬行节俭,蓄财省用,数年间还复充实。队主续丰,母老家贫,无以充养,遂断不食肉。义季哀其志,给丰母月白米二斛,钱一千,并制丰啖肉。"
③ 这一次曾否引起盗铸,史书记载不一致。《宋书》卷七十五《颜竣传》说:"元嘉中铸四铢钱轮郭形制与五铢同,用费损无利,故百姓不盗铸。"但同书《何尚之传》则说:"先是患货重铸四铢钱,民间颇盗铸。"
④ 《宋书》卷六十六《何尚之传》。
⑤ 《宋省》卷五《文帝纪》:"元嘉二十四年六月,是月,以货贵,制大钱一当两。"同书二十五年"五月,罢大钱当两"。史书关于刘宋制大钱当两一事,引起后代许多钱币学家的误解,以为当时曾铸造当两大钱。实际上史书中无一处提到"铸"字,《宋书·文帝纪》和《南史·宋本纪》中第二都说是制大钱当两,所谓"制",就是用法律来制定的意思。又《宋书》卷六十六《何尚之传》记载江夏王义恭建议这事的时候,何尚之反对时就说过"不劳采铸,其利自倍,"又说"以一当两,徒崇虚价。……若今制遂行,富人皆货自倍。"沈演之也说:"若以大钱当两,则国传难朽之实,家赢一倍之利,"又说"施一令而众美兼,无兴造之费。"可见决不是另行铸造大钱。

官俸①,摊收捐款②。但"以区区之江东,地方不至数千里,户不盈百万;荐之以师旅,因之以凶荒③。"如何能负担得起,于是就实行货币减重。

孝建元年(公元四五四年)铸孝建四铢,比以前的四铢钱薄小。三年铸造两铢重的孝建钱,并叫人民出铜赎罪,政府用来铸钱,从此通货贬值便正式开始了。钱形薄小,轮郭不成,民间盗铸者云起,杂以铅锡,并不牢固,而且剪凿古钱,一方面使古钱变得更薄小,一方面又使新钱数目加多,结果是"百物踊贵"④。引起沈庆之刘义恭和颜竣三人的一场激辩⑤。

到前废帝的时候(公元四六四年)又铸二铢重的永光钱,次年又铸景和钱。官方每一次发行,民间就加以模仿,而大小厚薄,都比不上官方的。当时轻小的钱叫作来子。更轻的有鹅眼钱,一千文积起来不到三寸长。另有一种綖环钱,入水不沉,随手破碎。于是市井不复计数,因为十万钱不盈一掬,所以米价一斗要几千文,商货不行⑥。

东晋米价也到过万钱一斗,但那是因为大饥,不是因为通货减

---

① 《宋书》卷五《文帝纪》:元嘉二十七年二月,"以军兴减百官俸三分之一。三月乙丑淮南太守诸葛阐永减俸禄,同内百官,于是州及郡县丞尉并悉同减。"
② 《宋书》卷九十五《索虏传》:"是岁军旅大起,王公妃主及朝士牧守各献金帛等物,以助国用,下及富室小民,亦有献私财至数十万者。……有司又奏军用不充,扬、南徐、兖、江四州富有之民,家资满五千万,僧尼满二千万者,并四分换一,过此率,讨事息即还。"
③ 《宋书》卷九十二《良吏传》。
④ 《宋书》卷七十五《颜竣传》。
⑤ 详本章第三节。
⑥ 《宋书·颜竣传》。又同书卷七《前废帝纪》:"去岁及是岁东诸郡大旱,甚者米一升数百。京邑亦至百余。饿死者十有六七。孝建以来,又立钱署铸钱,百姓因此盗铸,钱转为小,商货不行。"

重,所以是一地一时的事件。刘宋的一次则是因为通货减重所引起的。本来在刘宋的几十年间,米价也常因天灾而上涨,如元嘉十二年(公元四三五年)因大水,钱塘等地方的米价到过三百钱一升①。大明八年(公元四六四年)因东土大旱,一石米自千钱到几万②。而在特别丰年的时候,米价也到过很低的数目。例如在升明二年(公元四七八年)因米价太低,当局令民以米折口钱,提高折价,每斛一百③。至于刘宋治下的正常米价,没有什么资料,根据泰始二年(公元四六六年)募民上米纳官的比例折算,每石约合三百文④。这可以看作是减重后的正常米价。用这价格为标准,则在货币贬值的条件下,米价高了一百倍以上。

币值的波动,并没有继续很久。明帝即位(公元四六五年)就开始整理:禁止鹅眼钱和綖环钱。其余仍旧通用,但不许私铸。并废除钱署。次年完全禁止新钱的流通,专用古钱;同时准许人民用钱谷纳官,以收缩通货,这样物价才渐稳定。但不久刘宋的政权也就解体了。

---

① 《宋书》卷六十三《沈演之传》:"元嘉十二年东诸郡大水……吴义兴及吴郡之钱唐升米三百。"

② 《宋书》卷八十四《孔觊传》:"大明八年……时东土大旱,都邑米贵,一斗将百钱。"同书《前废帝纪》景和元年,"去岁及是岁……东诸郡大旱,甚者米一升数百,京邑亦至百余,饿死者十有六七。"

③ 《南史》卷四十二《齐高帝诸子传》上:"升明二年,……以谷过贱,听人以米当口钱,优评,斛一百。"

④ 《宋书》卷八十四《邓琬传》:"时(泰始二年)军旅大起,国用不足,募民上米二百斛,钱五万,杂谷五百斛,同赐荒县除。上米三百斛,钱八万,杂谷千斛,同赐五品正令史满报。若欲署四品在家亦听。上米四百斛,钱十二万,杂谷一千三百斛,同赐四品令史满报。若欲署三品在家亦听。上米五百斛,钱十五万,杂谷一千五百斛,同赐三品令史满报。若欲内监在家亦听。上米七百斛,钱二十万,杂谷二千斛,同赐荒郡除,若欲署诸王国三令在家亦听。"

币制的整理,只停止了物价的涨风,币值大概没有恢复以前的水准。因为整理以后,战乱并没有停止,加上刘彧(明帝)的奢费①,使国库支出不能有大的减少。所以虞玩之在元徽四年(公元四七六年)说税收不如往日,而国用却为元嘉时的四倍②。

自萧道成篡位之后,便有紧缩的现象,因为宋泰始二年以后便没有铸钱,而旧钱却被人镕毁作器,使通货数量一天天减少,同时政府又以租税的方式,不断把通货收回国库,因此通货数量不够应付。

建元四年(公元四八二年),孔觊主张铸钱③,他看见在水灾之后,米价竟不上涨,这不是正常的现象。他认为通货紧缩使生产减少,必须增加通货数量,各种生产才会增加。当时萧道成叫各州郡大买铜炭,准备鼓铸。恰好他死了,没有实现。

永明二年(公元四八四年),王敬则主张塘役折钱送库,萧子良提出反对,因而讲出当时的情形来④。他把通货紧缩的现象,归咎于政府的租税政策,说租税太重,而且要用标准铜钱缴纳;可是民间的钱,多经剪凿,完整的很少,因此老百姓纳税的时候,须用两个

---

① 《宋书》卷八《明帝纪》:"泰始、泰豫之际,更忍虐好杀,左右失旨忤意,往往有斲剖断截者。时经略淮泗,军旅不息,荒弊积久,府藏空竭。内外百官,并日料禄奉,而上奢费过度,务为雕侈,每所造制,必为正御三十副,御次副又各三十。须一物辄造九十枚。天下骚然,民不堪命。"
② 《宋书》卷九《后废帝纪》。
③ 《南齐书》卷三十七《刘悛传》:"三吴国之关阃,比岁被水潦,而稟不贵,是天下钱少,非谷穰贱,此不可不察也。……宜开置泉府方牧贡金,大兴熔铸,钱重五铢,一依汉法。……钱货既均,远近若一,百姓乐业,市道无争,衣食滋殖矣。"
④ 《南齐书》卷二十六《王敬则传》:"三吴内地,国之关辅,百度所资,民庶雕流,日有困殆,蚕农罕获,饥寒尤甚。富者稍增其饶,贫者转钟其弊。……顷钱贵物贱,殆欲兼倍。凡在触类,莫不如兹,稼穑难勤,斛直数倍,今机杼勤苦,匹裁三百。"

坏钱来收买一个好钱。建元初年浙东五郡的丁税是每人一千钱，这使民间的钱更少，不得不减价出卖，以取得铜钱来纳税。物价自然下跌。例如米价，在建元二年（公元四八〇年）因为太低，政府准许用米纳税，每斛折钱一百，还算是作价作得高①。又如布价，在宋武帝永初中（公元四二一年），官布一匹值钱一千，民间缴进去则算九百；元嘉（公元四二四到四五四年）时，物价开始跌，东部一匹值六百，官受则每匹五百；现在好布入官每匹只算百多文钱，比宋初跌成几分之一。所以生产的大众虽加倍勤苦，所得仍是不多。

萧子良主张四点：第一塘丁仍旧征工；第二减赋；第三如有必须用钱的地方，则不论大小钱，都平价收受；第四各种租税准许人民以政府所用得着的土产按价缴纳，不必用钱②。

永明五年（公元四八七年）九月政府才抛出一批通货来收买米谷丝绵等物③。八年并且派人到四川去铸钱，但因为成本高，止铸千多万便停止了。千多万钱自然无济于事，所以通萧齐的二十几年间，一片的不景气声。所谓"农桑不殷于曩日，粟帛轻贱于当年。"

萧齐的通货紧缩，我们应当看作是当局的政策，并不真是因为铸钱成本高；因为如果有意实行货币贬值，随时可以铸造大钱。萧齐继承刘宋的政权，知道通货贬值给予自己政权的威胁远过于通

---

① 《南齐书》卷二十二《豫章文献王传》："以谷过贱，听民以米当口钱，优评斛一百。"

② 《南齐书》卷四十《武帝一十七王传》。

③ 《南齐书》卷三《武帝纪》，永明五年九月诏曰："昔在开运，星纪未周，余弊尚重，农桑不殷于曩日，粟帛轻贱于当年。工商罕兼金之储，匹夫多饥寒之患。良由圜法久废，上币稍寡。所谓民失其资，能无匮乎？凡下贫之家，可蠲三调二年。京师及四方出钱亿万，籴米谷丝绵之属。其和价以优黔首，远邦尝市杂物，非土俗所产者，皆悉停之。"

货紧缩。通货紧缩对于生产者是一种打击,但对于消费者却是一种恩惠,士大夫阶级都是消费者。所以萧齐的紧缩虽是中国历史上最严重的一次,却还有讴歌赞美的。所谓"十许年中,百姓无鸡鸣犬吠之警,都邑之盛,士女富逸,歌声舞节,袨服华妆。桃花绿水之间,秋月春风之下,盖以万数。"①

武帝(公元四八三到四九三年)死后,索虏又寇边。兼之皇室穷极奢侈,买鸡作斗,价至数千②;琥珀钏一只费百七十万③。武帝所积聚的几万万钱,不到几年,转瞬就花光④。末年米价普遍上涨,要几千钱一石⑤。

三 梁陈币值的变动

南朝的梁陈,在币值的变动上,也形成一个周期。

南齐的通货紧缩,到末年大概已有回涨的趋势,因为府库里的蓄

---

① 《南齐书》卷五十三《良政》。
② 《南齐书》卷四《郁林王纪》:"及即位,极意赏赐,动百数十万。每见钱辄曰,我昔时思汝,一文不得,今得用汝。未期年之间,世祖斋库储钱数亿垂尽。开主衣库,与皇后宠姬观之。给阉人竖子各数人,随其所欲,恣意辇取。取诸宝器,以相剖击。破碎之以为笑乐。居尝裸袒,着红谷裈杂采衵服;好斗鸡,密买鸡至数千价。"
③ 《南齐书》卷七《东昏侯纪》:"潘氏服御,极选珍宝。主衣库旧物,不复周用,贵市民间金银宝物,价皆数倍,虎魄钏一只,直百七十万。京邑酒租,皆折使输金,以为金涂,犹不能足,下扬南徐二州桥桁塘埭丁计功为直,敛取见钱,供太乐主衣杂费。"
④ 《魏书》卷九十八《岛夷萧道成子赜传》:"自赜(齐武帝)葬后,昭业(郁林王)微服而出,游走里市。又多往其父母陵隧中,与群小共作鄙艺。掷涂赌跳,放鹰走狗,诸杂狡狯,日日辄往,以此为常。朝事大小,皆断于尚书令萧鸾。初萧赜聚钱上库到五亿万,斋库亦出三亿万,金银布帛丝绵,不可称计,至此岁末,所用过半。皆赐予左右厮卒之徒。及至废黜,府库空尽。"
⑤ 《梁书》卷五十三《良吏传》,庾荜:(齐末)"时承凋弊之后,百姓凶荒,所在谷贵,米至数千,民多流散。"南齐一石以 0.2972 公石计。

钱放了出来。

南齐的二十几年,因为没有战争,所以物价没有发生很大的波动。但萧梁的五十几年,却有不断的战争;先有后魏的南侵,后有侯景之乱,所以币值不能维持。

萧衍(公元五〇二到五四九年)当国之初,后魏不断地进攻,史书说他曾毁铜佛以铸钱①,大概就是指那种有内郭的五铢和公式女钱。史书②说两种钱同时行用,但实际上公式女钱应当要晚一点,因为无论在分量上和制作上,公式女钱都远比不上内郭五铢。不应当同时铸造和行用两种不同的钱,除非在作价上也不同。公式女钱大概是为应付北魏的进攻而铸造的。据说③当时曾允许民间私铸,以一万二千文交换库中古钱一万文。

普通二年(公元五二一年)六月义州刺史文僧明以州叛入于魏,兴师北讨。四年底开始铸铁钱,这样就开始通货贬值。在这以前,中国曾用大额货币,也曾用小钱,但大规模使用铁钱,这是第一次。

用铁钱的原因,也因为铜的供给不够和梁初铜钱的混乱。当时除了武帝所铸的两种五铢以外,还有各种旧钱,如直百五铢,太平百钱,定平一百,五铢雉钱,五铢对文等,轻重不一。这些奇奇怪

---

① 《南史》卷五十二《南平元襄王伟传》:"初武帝军东下,用度不足,伟取襄阳寺铜佛毁以为钱。"

② 《隋书》卷二十四《食货志》:"梁初唯京师及三吴荆郢江湘梁益用钱,其余州郡则杂以谷帛交易。交广之域,全以金银为货。武帝乃铸钱,肉好周郭,文曰五铢,重如其文。而又别铸,除其肉郭,谓之女钱(《册府元龟》和《通典》作公式女钱)。二品并行。百姓或私以古钱交易,有值百五铢,五铢女钱,太平百钱,定平一百,五铢雉钱,五铢对文等号。轻重不一。天子频下诏书,非新铸二种之钱,并不许用,而趣利之徒,私用转甚。至普通中,乃议尽罢铜钱,更铸铁钱。"《泉志》引顾烜的话,说公式女钱未行用。

③ 《泉志》引顾烜的话。

怪的古钱,有些是旧钱经过剪凿后的名称。剪凿得越厉害的,价值越低。在南齐初年的时候,一个好钱,已值得两个坏钱。后来情势恶化,一个完整的五铢或剪凿得少的五铢,可以值得一百个坏钱。所以索性改用铁钱,以期统一。

铁钱和铜钱的比价,正史中虽没有记载,可能是两文当一文,任昉诗中有"铁钱两当一"之句①。不过铁价远低于铜价,私铸溢利很大。因此盗铸的人一定很多。所以"大同(公元五三五到五四五年)以后,所在铁钱遂如邱山,物价腾贵,交易者以车载钱,不复计数,而唯论贯②。"

在那种情形之下,铁钱自然不能久行。富裕阶级有用金银以及其他贵重品来赌博的③,一般人民只好使用各种旧铜钱④,各种支付用金银实物⑤。铜钱因为价高,发生短陌的现象。所谓短陌,就是名为一百钱实际上不到一百钱的意思。这种办法在刘宋的时候便有了⑥,不过到萧梁时更加普遍了。短陌的折扣随时随地不同,有时

---

① 《南史》卷二十五《王懿传》引任昉赠王溉诗:"铁钱两当一,百易代名实;为惠当及时,无待凉秋日。"王溉卒于太清乱时。
② 《隋书·食货志》。
③ 《酉阳杂俎》卷十九,见本章第一节二。《陈书》卷八《周文郁传》:"其夕宿逆旅,有贾人求与文育博,文育胜之,得银二千两。"
④ 《梁书》卷六《敬帝纪》:"太平元年……三月……远近并杂用古今钱。"
⑤ 《梁书》卷三十九《羊侃传》:"太清二年……侯景反攻……众皆恟惧,……贼攻东掖门,纵火甚盛。侃亲自距抗,以水沃火,火灭引弓射杀数人;贼乃退。加侍中军师将军。有诏送金五千两,银万两,绢万匹,以赐战士,侃辞不受。"《魏书》九十八《岛夷萧衍传》:"景既至,便围其城,纵火烧蒸……有一小儿请以飞鸢传致消息,……又题鸢口若有得鸢送援军者赏银百两。"
⑥ 《宋书》卷七十二文九《王传》晋平刺王休祐:"景和元年……以短钱一百赋民田,登就求白米一斛,米粒皆令彻白。"

以八十为百,有时以七十为百①,虽有禁令,终不能止②,最厉害的时候,竟有以三十五为百的③。短陌的办法,表面上看来,似乎是货币购买力提高,也即物价下跌,因为七八十文可以买到百文的商品。但这是指铜钱,而且陌越短,物价越贵。至于铁钱更是不消说了。

萧梁的币值,一直没有稳定。太平二年(公元五五七年)铸四柱钱,一枚当普通钱二十枚,这是进一步的贬值,不过这种名价不容易维持,所以十四天以后就改为一当十,并准许轻钱流通,几个月就亡国了。

史书中关于萧梁治下米价的记载,也不是正常的价格。最低价是天监四年(公元五〇五年)的每斛三十④;其余的记载都是特别高的价格,如天监元年因大旱,米斗五千⑤,在四川三千钱都难买到一升米⑥。但最厉害是武帝末年到简文帝初年(公元五四九到五五〇年)侯景作乱的时候,米价每斛自几十万卖到八百万⑦,打破了汉末董卓时的纪录。

---

① 《隋书·食货志》:"商旅奸诈因之以求利,自破岭以东,八十为百,名曰东钱,江郢以上七十为百,名曰西钱。京师以九十为百,名曰长钱。"
② 《梁书》卷三《武帝纪下》,中大同元年:"七月诏曰……顷闻外间多用九陌钱,陌减则物贵,陌足则物贱,非物有贵贱,是心有颠倒。至于远方,日更滋甚。……自今可通用足陌钱。令书行后,百日为期,若犹有犯,男子谪运,女子质作并同。"
③ 《隋书·食货志》:"至于末年,遂以三十五为百云。"
④ 《南史·梁本纪》卷六:"天监四年……是岁大穰,米斛三十。"《隋书·天文志》所载相同。但《建康实录》卷十七作"谷一斛三十文。"
⑤ 《梁书》卷二《武帝纪》中:天监元年十二月……是岁大旱,米斗五千。"《南史·梁本纪》同。
⑥ 《梁书》卷二十《刘季连传》:"天监元年……蜀中丧乱已二年矣,城中食尽,升米三千亦无所籴,饿死者相枕。"
⑦ 《梁书》卷五十六《侯景传》:"景食稍尽,至是米斛数十万,人相食者十五六。"《魏书》卷九十八《萧衍传》:"衍城大饥,人相食,米一斗八十钱,皆以人肉杂牛马而卖之。军人共于德阳堂前立市,屠一牛得绢三千匹,卖一狗得钱二十万。"

南陈想稳定通货。自梁末以来,币制非常乱杂,据说在四柱钱之后,还有一种两柱钱。两柱钱自然不比四柱钱重,然而当时流通的鹅眼钱还要更轻,人民将比较重的钱熔化改铸,并间以锡铁。所以陈蒨(陈文帝)于天嘉三年(公元五六二年)改铸五铢钱。一枚当鹅眼钱十枚。到太建十一年(公元五七九年)又铸太货六铢钱,一枚当五铢钱十枚,后又改为一当一。人民以朝令夕改,很觉不便,乃说该钱不利于朝廷,因六铢的六字,篆法好像一个人叉着腰,所以有人说叉腰哭天子,而不久宣帝果然死了,乃废用六铢钱。大体上看来,陈的通货比较梁要稳定一些。

四　北朝的币值

当司马晋正在衰弱下去的时候,北方已经有许多游牧的部族,在旷漠的荒野上彼此追逐;其中比较进步一点的是鲜卑族的代人,他们不断地扩充地盘,驱散异族,抢夺他们的牛羊牲口,并侵入中国的北部。这一个部族,羡慕汉人的文化已久,到第四世纪的末季,居然也成立国家了。这就是后魏。他们那时不要说货币,就是农业社会所应当有的布帛也不生产,只靠从南方用抢劫的方式得来,所以许谦偷了两匹绢,太祖不忍见他的面,料定他会自杀[①]。

后魏的经济,可以分为三个发展阶段。在晋隆安二年(公元三九八年,即后魏太祖天兴元年)以前,他们还是过纯粹的游牧生活。他们同其他部族的冲突,主要目的是掠夺奴隶和畜产。他们有经

[①] 《魏书》卷一《序纪》:"太祖即位……时国中少缯帛,代人许谦盗绢二匹,守者以告,帝匿之。谓燕凤曰,吾不认视谦之面,卿勿泄言,谦或惭而自杀,为财辱士,非也。"

常狩猎的习惯。他们的地名,都和野兽或家畜有关系,如羊羖,豺山、马城、青牛山、虎圈、白鹿坡、牛川、蟠羊山、犊渚、马髦岭、犊儿山等;他们有名叫羊儿的王子,有名为虎头的皇叔,有叫皮豹子的大将。对于官吏的赏赐是用牛羊。他们怕的是瘟疫,而不是水旱①;正如农业社会的人所怕的是水旱,而不是失业一样。直到拓跋宏(高祖)迁居洛阳的时候,他旧日的部下,还是不肯离开北方的广漠,来过城市生活,所以决定冬天住南方(即洛阳),夏天回到北漠去②。自晋隆安二年到后魏太和十九年(公元四九五年,即南齐延兴二年)那一百年间,他们过着一种农殖的生活。计口受田。但随着农业生产的发展,产生了剩余的农产品,出现了商业行为,并且有借贷的事;但自然经济仍旧占着支配的地位,不论租赋,贪赃,赈恤,俸给,物价等,都是以布帛计算。到太和十九年以后,才进入货币经济的阶段。

后魏虽到太和十九年才正式铸钱。但并不是说那以前完全没有用过钱。不要说北朝的汉人早就生活在货币经济之下,就是他们自己的商人也难免同南朝人有往来交易,把铜钱带回去。而且北朝几次攻破南朝的城池,俘去南朝的将卒,绝无不掠夺钱财之理。慕容曜白于皇兴三年(公元四六九年)攻入东阳的时候,便抢到铜钱十五万③。

---

① 《魏书》卷二《太祖纪》。
② 《魏书》卷十五《昭成子孙传》。
③ 《魏书》卷五十《慕容白曜传》:显祖皇兴二年"崔道固及兖州刺史梁邹守将刘休宾并面缚而降。白曜皆释而礼之。送道固休宾及其寮属于京师……乃进讨东阳。冬入其西郭。三年春克东阳,擒沈文秀。凡获仓粟八十五万斛,米三千斛,弓九千张,箭十八万八千,刀二万二千四百,甲胄各三千三百,铜五千斤,钱十五万。城内户八千六百,口四万一千。吴蛮户三百余。"

太和十九年铸的钱是太和五铢。令全国各州镇通用。从此百官俸禄将绢额折合铜钱支付,每匹合二百钱。同时在各处设置铸炉和钱工,准许人民自由铸造,只须铜色精炼①。永平三年(公元五一〇年)冬又铸五铢钱。但各地的流通情形不一律。有些地方只用古钱,有些地方甚至仍旧"裂匹为尺,以济有无"。

当时的一般人,对于货币,完全外行。虽然有几个人也谈到货币问题,而且喜欢引今征古,如灵太后时的高谦之兄弟,肃宗熙平初的任城王澄,以及孝庄时的杨侃等,但他们对于货币,都缺乏正确的理解。

在灵太后的时候,高谦之建议铸三铢钱,他的理由是战事没有停,国库空虚,铸小钱可以充实国库②。幸而灵太后死了,他的办法没有实现。

在世宗的时候(公元五〇〇到五一五年),铜钱已经大为减重。有所谓鸡眼镮凿,大概同刘宋时的鹅眼綖环差不多,这些钱当然是私铸或旧钱的翦凿。米价每斗差不多要一千文③。当时铜价是一斤八十一文,用来铸造薄钱,一斤多铜可以铸造两百枚。这对于盗铸的人,是一种诱惑。所谓五铢钱徒有其名,实际上还不到两铢重,"薄甚榆荚,上贯便破,置之水上,殆欲不沉④"。

高恭之主张铸大钱,并铸明年号,一斤铜止铸七十六文,铜价

---

① 《魏书》卷一百十《食货志》。
② 《魏书》卷七十七《高崇传》:"今群妖未息,四郊多垒,征税既烦,千金日费。资储渐耗,财用将竭。……别铸小钱可以富益。……臣今此铸,以济交乏。五铢之钱,任使并用。"
③ 《魏书》卷五十八《杨播传》:"时所用钱,人多私铸,稍就薄小。乃至风飘水浮。米斗几直一千。"
④ 《魏书》卷七十七《高恭之传》。

至少也要五十几文,加上人工锡炭等费,使私铸的人无利可图。杨侃主张铸五铢钱,并且让官民并铸。孝庄听从他的话,乃于永安二年(公元五二九年)铸永安五铢。但止铸了五个月。因为这次铸钱,目的是为稳定币值,所以不但铸得少,而且抛出绢帛来收回通货,每匹止卖两百钱,市价是三百。谁知政府这一措施,并没有收缩通货,反而引起私铸。

后魏自出帝为高欢所逼,出走长安,分为东西两魏。东魏的钱币很乱,名目繁多,如雍州青赤、梁州生厚、紧钱、吉钱、河阳生涩、天柱、赤牵等,都是私铸。冀州以北根本不用钱,而用绢布。武定初(公元五四三年)曾派人到各州镇去收集铜和恶钱,以改铸永安五铢,但不久又因私铸而减重。末年(公元五四八年)在全国各州镇郡县的城门上,设置两把标准秤,一切铜钱,必须有五铢重,才许通行,即每百钱重一斤四两二十铢,但"群官参议"们因为那时谷贵,请求缓行乃止。不久就亡于北齐。

北齐在二十八年间只于第四年(天保四年即公元五五三年)铸造一次常平五铢,制作精巧,分量合标准,所以币值比较高。但因政治极端腐败,宫廷穷奢极欲[①],全靠横征暴敛,卖官鬻爵,人民只

[①] 北齐开支很大,文宣一即位,赏赐魏氏诸子以千万计,为南北朝所少见,为北朝所仅见。皇室的穷奢极欲,自然加重人民的负担,非起而私铸不可。文宣即位时曾下诏说:"顷者风俗流宕,浮竞日滋,家有吉凶,务求胜异。婚姻丧葬之费,车服饮食之华,动竭岁资,以营日富。又奴仆带金玉,婢妾衣罗绮,始以创出为奇,后以过前为丽。"(《北齐书》卷四《文宣纪》)至于宫廷中的浪费,更是历史上所少见的:"宫掖婢仆皆封郡君,宫女宝衣玉食者五百余人。一裙直万匹,镜台直千金。竞为变巧,朝衣夕弊。承武成之奢丽,以为帝王当然,乃更增益宫苑,造偃武修文台,其嫔嫱诸宫中起镜殿,宝殿,玳瑁殿;丹青雕刻,妙极当时,……凿晋阳西山为大佛像,一夜燃油万盆,光照宫内。又为……穆皇后大宝林寺……劳费亿计。"(《北齐书》卷八《幼主纪》)

好以私铸来应付①。邺中流通的钱有所谓赤熟、青熟、细眉、赤生等名称。到了武平(公元五七〇年)以后,私铸更厉害了,用铜铁合金来铸钱②。幸亏这样一个荒谬的朝廷,不久就给周军打垮了。

西魏传了三个皇帝,二十二年,后为宇文泰所篡,是为北周。北周和北齐约略同时。当时南朝正是梁陈两朝。这个时期,中国的币制最为混乱。南方有陈的五铢六铢,北方有齐的常平五铢。宇文泰篡位后,就铸造大额货币。首先是铸造布泉,一枚当西魏五铢五枚,这就等于减重。十三年后(公元五七四年)又铸当十的五行大布,而重量和布泉差不多,等于又减重成十分之一。史书说"大收商估之利"③,这正是统治阶级的目的。但次年边境上就发生盗铸,大概重量再有减低。因为遗留下来的五行大布中,有轻到两公分以下的。于是当局禁止五行大布,不得出入四关;而布泉则只许进关,不许出关。后来废止布泉。大象元年铸造永通万国钱,这永通万国钱,只重六公分,一枚当五行大布十枚,合五铢钱五百枚,五铢以二公分计算,那就等于减重成一百六十六分之一;当然又引起私铸,私铸有轻到两公分以下的。所以北周的三种钱币,虽然艺术价值很高,但当时人民并不宝用。许多地方使用绢布。甚至百年来所不大用的黄金,又成为支付的工具了。一部分地方,使用西方的金银币。

杨坚统一南北两朝,实行紧缩政策,同时承平渐久,国内生产增加,所以"仓库盈溢","布帛之积,围于南郭④。"因此多年来波动的币值,大概就稳定了。

---

① 《北齐书》卷四十六《循吏·苏琼传》:"徐州城中五级寺忽被盗铜像一百区。"
② 《隋书》卷二十四《食货志》。
③ 《通考》。
④ 《通典》。

五　隋的币值

杨隋统一中国以后，总共有三十年的寿命，由杨坚杨广父子平分。这两个十五年，在货币经济史上是一个明显的对照。杨坚采的是紧缩政策，所以能稳定南北朝末年波动的币值，建立起一个繁庶的国家[①]。杨广采的是膨胀政策，不问是军事上和经济上，炀帝下的中国，都是一个膨胀的帝国，甚至要超过秦始皇和汉武帝的时候。

杨坚在平陈以前，便定下一种统一的币制。发行一种合乎标准的五铢钱，每一千文重四斤二两。为防止人民盗铸和私镕，于开皇三年（公元五八三年）四月令各关用一百钱为标准，从关外带进铜钱的人，要经过检查，合乎标准才许入关，不合标准的便没收改铸。以前的五行大布，常平五铢和永通万国等钱，也于两年内禁止流通。当时虽不能说是天下太平，不过政府既没有继续减重，所以币值大体上是稳定的。

炀帝即位以后，开支浩繁，如建设东都，每月役丁二百万人；开凿运河，发男女七百万；游幸江都，舳舻相接，二百余里；修筑长城，又兴众百万。其中有些属于建设工程，尤其是开凿运河，解决了南北的粮运问题，在长期看来原是有益的。不过各种大工程同时并兴，国家财政就负担不了。

炀帝最大的野心，似乎是要开拓一个大帝国，他曾亲征吐谷

[①]《唐书》卷四十八《食货志》："隋文帝因周氏平齐之后，府库充实，庶事节俭，未尝虚费。开皇之初，议者以比汉代文景，有粟陈贯朽之积。"苏东坡说："自汉以来人丁之蕃息，与仓廪府库之盛，莫如隋。其贡赋输藉之法，有必可观者。然学者、以其得天下不以道，又不过再世而亡，是以鄙之无甚传焉。"（《通考》）

浑,拓地数千里;同时极力奖励对外贸易。中国历代政府,对于同外国人来往,总是抱一种怀疑的态度。每次总是外国向中国请求市易,而中国严辞或婉辞拒绝,只有在炀帝的时候,中国是站在主动的地位,来发展对外贸易。这种政策的采用,大部分得力于裴矩——一个中国所少见的对外扩张主义者。但对外战争是花钱的事情,当时为了利诱胡商来华,送迎之费,也是以万万计①。这样就引起通货贬值的问题了。

币值的下跌大部分是由私铸引起来的,因为政府那么大的开支,还不是由人民负担②,人民只好铸钱,而且铸坏钱。起初每千钱还有两斤重,即减重百分之五十二;后来只有一斤重,减重百分之七十六。最后至于剪铁鍱裁皮糊纸以为钱③。李渊进长安的时候,民间用线环钱,凡八九万才满半斛④,物价自然大涨。大业六年(公元六一〇年)侵讨高丽,耕稼失时,田畴多荒,加之饥馑,所以谷贵,东北边尤其贵,七年底要几百钱一斗米⑤。末年朱粲在襄邓间起事的时候,一斛要万钱⑥。恭帝义宁元年末(公元六一八年)洛阳也要万钱一斛⑦。

---

① 《隋书》卷六十七《裴矩传》:"又以西域多诸宝物,令裴矩往张掖监诸商胡互市,啖之以利勋,令入朝。自是西城诸蕃往来相继,所经州郡,疲于送迎,糜费以万万计。"
② 《北史》卷十二《隋本纪下》:"政刑弛紊,贿货公行,莫敢有言,道路以目。六军不息,百役繁兴,行者不归,居者失业,人饥相食,邑落为墟,上弗之恤也。东西行幸,靡有定居,每以供费不给,逆收数年之赋。"
③ 《隋书》卷二十四《食货志》。
④ 《唐书》卷五十四《食货志》。
⑤ 《资治通鉴》卷一八一。
⑥ 《太平广记》卷二六七朱粲。
⑦ 《资治通鉴》卷一八四,义宁元年十二月乙未:"东郡米斗千钱。"

物价高涨，人民负担又加重，铸钱已经是犯法，不如索性入山为"盗"。自大业六年正月有几十个"强盗"大闹首都的建国门后，数目一年一年增加。起初不过几千人，一打即平；后来变成几万，十几万，攻陷郡城，大肆劫掠，讨之不能克，遂至于亡。

中国自魏晋南北朝到杨隋这几百年间，在政治上是四分五裂，在制度上更是混乱到极点。物价的记录很少，而且多是特殊物价。钱币也各时各地轻重不一，度量衡也没有一定的标准，所以即使有正常物价，也不能同前代或后代作比较。

第三节　货币理论

两晋南北朝那三百多年间，有时候长期不铸钱，有时候大行通货贬值，看来似乎很奇怪。实际上这是因为在思想方面有几种对立的理论在冲激着：一方面是金属论者和名目论者，另一方面是实物论者。中国的金属论者同欧洲十六七世纪的金属论者和重商主义者差不多，不过欧洲所重视的是金银，中国所重视的是铜钱，以为金钱是一种最好的财富，数量越多越好。金属论者和名目论者虽然不同，但他们的反对货币数量能影响其购买力的见解，则是一样的。金属论者认为钱币的价值在于金属本身，换言之，金属本身是有价值的东西，用金属来作货币，其价值是不会变动的。只要钱币的分量不减少。这种理论在其反对通货减重一点上，是有其积极意义的。如果铜钱是主要的宝藏手段，则这种理论也有道理，因为作为宝藏手段，它可以发生调节作用，使货币数量不至于过多或过少。然而中国的铜钱不是主要的宝藏手段，主要的宝藏手段是金银。尤其是减重后的铜钱,没有人用作宝藏手段,所以中国古代铜钱的数量,在市场需要不变的条件下,是能影响他的购买力的,在实行减重后,情形更是严重,等于通货膨胀。至于名目论者,则认为货币的价值是一种法律问题,不是经济问题,即使钱币分量减轻,只要给以一种名目价值,他的价值就可以不变。这种理论等于替通货减重政策作辩护。

　　实物论者和名目论者,有一点相像的地方,就是认为钱币没有价值,但实物论者因此主张废止无价值的钱币,而用有价值的谷帛。主这一说的人,往往是数量论者。实物论者的所谓价值,完全是从现实出发,就是所谓饥能食寒能衣。这种观点是有他的历史背景的。古代交通不方便,商品的运销不很灵活,有时一地发生饥荒,无论有多少钱,也买不到粮食。加上货币本身价值的不稳定,使一部分人对货币发生反感。实物论虽是在币制混乱的条件下产生的,但它是一种落后的理论,不合时代的要求。

　　以上几种理论,轮流着支配中国自第三世纪后半到第六世纪底的货币思想和政策。两晋虽然还是用钱,却没有铸过钱,大体上是受实物论者的影响。到东晋安帝元兴中(公元四〇三年)桓玄辅政,就公开主张废钱用谷帛。孔琳之提出反对。他对于金属论并没有提供什么新的论据,只引用司马芝①的话,说用钱不但丰国,而且可以减刑。他自己的议论只着重于说明谷帛不应当用作货币②。

---

① 司马芝是魏明帝时人。
② 《宋书》卷五十六《孔琳之传》:"洪范八政:以货次食。岂不以交易之资,为用之至要者乎？若使不以交易,百姓用力于为钱,则是妨其为生之业,禁之可也。……谷帛为宝,本充衣食,今分以为货,则致损甚多;又劳毁于商贩之手,耗弃于割截之用,此之为敝,着于自囊。故钟繇丝丝,巧伪之民,竞蕴湿谷以要利,制薄绢以充资。魏世制以严刑,弗能禁也。"

不过他在同一篇议论中,既说铸钱可以丰国,同时又否认货币的价值,说"圣王制无用之货。"①我们如果要替他联贯一下,只能说他是一种国定说者或名目论者,以为货币本无价值,他的价值是圣王赋予的,所以不变,所以可以丰国。实际上中国古时的许多人,对于这些问题,都是没有好好思索过的,自相矛盾的地方很多。

在南朝的刘宋,这几种思想的冲突,更加显明而且影响实际货币政策。例如在武帝的时候,就有人以为钱货减少,使国用不足,想把民间的铜全部由政府收买,用来铸钱②。这自然是金属论者的见解。范泰(公元三五五到四二八年)加以反对。他说:

"今之所忧,在农民尚寡,仓廪未充,转运无已,资食者众,家无私积,难以御荒耳。夫货存贸易,不在多少。昔日之贵,今者之贱,彼此共之,其揆一也。……今毁必资之器,而为无施之钱,于货则功不补劳,在用则君民俱困。校之以实,损多益少。"(《宋书》卷六十《范泰传》)

范泰似乎不是一个纯粹的实物论者。他否认货币的价值,大概是指实用价值,而不是货币的交换价值。他好像以为货币本身的购买力是不变的,所变的是购买的对象,所以他以为国用不足不在钱少,而在生产少。

元嘉二十四年(公元四四七年),因为盗铸和剪凿盛行,使钱币

---

① 《宋书》卷五十六《孔琳之传》:"圣王制无用之货,以通有用之财,既无毁败之费,又省运致之苦,此钱所以嗣功龟贝,历代不废者也。"

② 《宋书》卷六十《范泰传》:"时言事者多以钱货减少,国用不足,欲悉市民铜,更造五铢钱。"

分量减轻,江夏王义恭建议以大钱当两,他的见解可以说是一种名目论,他以为不管钱币的轻重如何,只要法律上承认他是一当两,那么他的价值就加倍了。沈演之对于这一建议加以理论上的支持。他说:

"龟贝行于上古,泉刀兴自有周,皆所以阜财通利实国富民者也。……若以大钱当两,则国传难朽之实,家赢一倍之利。不俟加宪,巧源自绝,施一令而众美兼。……"(《宋书》卷六十六《何尚之传》)

何尚之反对这种见解,他说:

"夫泉贝之兴,以估货为本,事存交易,岂假数多?数少则弊轻,数多则物重,多少虽异,济用不殊,况复以一当两,徒崇虚价者邪?"(《宋书·何尚之传》)

他这意见,大体上同范泰的意见相近,不过比范泰进步。范泰以为货币数量不影响其价值。何尚之则是数量说者,认为通货数量多使物价上涨。范泰是以货币数量多少没有关系为理由以反对加铸。何尚之则是以货币数量多反而有害为理由来反对。

孝武帝的时候,实物论者和金属论者的对立更加厉害。周朗主张罢金钱。他说:

"农桑者实民之命,为国之本,有一不足,则礼节不兴;若重之宜罢金钱,以谷帛为赏罚,然愚民不达其权,议者好增其

异。凡自淮以北,万匹为市,从江以南,千斛为货。……"(《宋书》卷八十二《周朗传》)

不过当时以金属论者的论调占优势。孝建三年(公元四五六年)的时候,因民间剪凿,使铜钱日益薄小。尚书右丞徐爰发挥一段金属论的主张。他说:

"贵货利民,载自五政。开铸流圜,法成九府。民富国实,教立化光。……年历既远,丧乱屡经,埋烧剪毁,日月销灭。货薄民贫,公私俱困。不有革造,将之大乏。谓应或遵古典,收铜缮铸,纳赎刊刑,箸在往策。今宜以铜赎刑,随罚为品。"(《宋书》卷七十五《颜竣传》)

他所反对的是减重,以为只要合乎标准,就没有问题。当时政府听从他的话铸钱,不过后来因盗铸剪凿又减重,而且杂以铅锡,使币值大跌。于是沈庆之(公元三八六到四六五年)又发挥金属论的理论。

"昔秦币过重,高祖是患,普令民铸,改造榆荚,而货轻物重,又复乖时。太宗放铸,贾谊致讥。诚以采山术存,铜多利重,耕战之器,曩时所用,四民竞造,为害或多。而孝文弗纳,民铸遂行。故能朽贯盈府,天下殷富。况今耕战不用,采铸废久,镕冶所资,多因成器,功艰利薄,绝吴邓之资;农民不习,无释耒之患。方今中兴,……而仓库未实,公私所乏,唯钱而已。愚谓宜听民铸钱,郡县开置钱署,乐铸之家,皆居署内,平其杂式,去其杂伪,官敛轮郭,藏之以为永宝……"(《宋书·颜竣传》)

沈庆之的见解,完全是对于汉初一次放铸的辩护,虽然他的自由铸造的办法是有条件的,接近近代的自由铸造。即要合乎标准,而且要收费。但他认为铸钱越多越好,以为"禁铸则铜转成器,开铸则器化为财。"好像用铜铸器是一种浪费,只有钱才是有价值的东西。他不知西汉文帝时之所以殷富、所以物价低,是因为生产增加,同时封钱不出,不是因为府库钱多,而是因为市面钱少。

江夏王义恭的意见和沈庆之完全相反。他根据沈庆之的话,一点一点反驳。不过他的意见没有什么独到的地方。颜竣对于沈庆之的开署放铸,原则上表示赞同,只不赞成把所有的铜都用来铸钱,而没有铜来制造器具。他说:

"今云开署放铸,诚所欣同,但虑采山事绝,器用日耗。铜既转少,器亦弥贵。设器直一千,则铸之减半,为之无利,虽令不行。"(《颜竣传》)

他对于铜钱减重足以刺激物价一点,似乎有所认识。沈庆之主张使年前所禁止的轻钱暂准通用,他加以反对。他说:

"若细物必行,而不从公铸,利己既深,情伪无极,私铸剪凿,书不可禁。五铢半两之属,不盈一年,必至于尽。财货未赡,大钱已竭……今纵行细钱,官无益赋之理,百姓虽赡,无解官乏。"(《颜竣传》)

当时有人提议铸二铢钱,这显然是减重,他也反对。指出三不可:

"于官无解于乏,而人奸巧大兴,天下之货,将靡碎至尽。

空立严禁,而利深难绝,不过一二年间,其弊不可复救,其甚不可一也。今镕铸有顿得一二亿,理纵复得,此必待弥年岁暮,税登财币,暂革日用之费,不赡数月,虽权征助,何解乏邪?徒使奸民意骋而贻厥愆谋,此又甚不可二也。民惩大钱之改,兼畏近日新禁,市井之间,必生喧扰,远利未开,切患猥及,富商得志,贫民困窘,此又甚不可三也。"(《颜竣传》)

但这几个人在办法上虽有争执,大体上都是金属论者。以为货币便是财富。沈庆之固然明白讲了出来,刘义恭和颜竣也都没有加以反驳。颜竣且承认复用轻钱是"欲使天下丰财"。

在南齐的时候,孔颛上铸钱均货议。主张铸造合乎标准的五铢钱①。当时正是通货紧缩的时候,通货数量的确不够。他说:

"三吴国之关闉,比岁被水潦,而籴不贵,是天下钱少,非谷穰钱,此不可不察也。"(《南齐书》卷三十七《刘悛传》)

他反对名目论者,说"惜铜爱工者,谓钱无用之器,以通交易,务欲令轻而多,使省工而易成,不详虑其为患也。"

---

① 《南齐书》卷三十七《刘悛传》:"建元四年奉朝请孔颛上《铸钱均货议》,辞证甚博,其略以为……自汉铸五铢钱,至宋文帝历五百余年,制度世有废兴,而不变五铢钱者,明其轻重可法,得货之宜。以为宜开置泉府,方牧贡金,大兴镕铸,钱重五铢,一依汉法。府库已实,国用有储,乃量俸禄,薄赋税,则家给民足。顷盗铸新钱者,皆效前剪凿,不铸大钱也。……所鬻卖者皆徒失其物,盗铸者复贱买新钱。……若官铸已布于民,使严断剪凿,小轻破缺无周郭者悉不得行,官钱细小者,称合铢两,销以为大。利贫良之民,塞奸巧之路。钱货既均,远近若一,百姓乐业,市道无争,衣食滋殖矣。"

北朝的后魏,也曾有过关于货币问题的不同主张,这是高谦之两兄弟先后所提出的。在灵太后的时候,高谦之主张铸小钱,他以为铸小钱可以富益①;这是一种名目论的思想。后来在孝庄帝的时候,他的兄弟恭之则主张铸大钱,因为小钱引起私铸和物价上涨②。

这一时期的正史中,往往没有食货志一部门,大概由于这一时期中国的币制异常复杂混乱,普通的历史学家搞不清楚。不过在货币史的方面有一种新的发展,这就是钱币学的产生。钱币学只是货币学的一个部门,偏重于钱币实物的研究,有许多货币经济上的问题往往也能藉以解决。钱币学的著作可以分为两方面,一是钱志,这是以文字的记述为主;一是钱图,这是以描绘或拓印钱形为主。中国关于钱币学的著述,最早的要算《刘氏钱志》和《顾烜钱谱》。两部书都早已失传,而且刘氏钱志的时代也不知道。大概就是《隋书·经籍志》中所引《刘潜泉图记》,《顾烜钱谱》中常引《刘氏钱志》。而《顾烜钱谱》则是南梁时的著作,这也是《隋书·经籍志》中所记载的。原书钱谱一卷,钱图一卷,内容散见于宋洪遵的《泉志》;大概只是记录所见到的钱币,没有什么考证。

第四节 信用和信用机关

信用事业在两晋没有什么新的发展,至少从记录上看不出来。

---

① 《魏书》卷七十七《高崇传》。
② 同上。

信用上的通融,全靠私人的贷放①。政府可能也有救济性的放款,并且还有供给耕牛的办法②。

南北朝的时候,信用事业,大有进展,无论在存款方面和放款方面,都比以前发达。

存款在古代是一种最不发达的信用业务。所谓存款,是指供他人利用的一种储蓄。中国自古即有储蓄,但都不给人利用。因为中国人对于财产十分保守秘密,不轻易告诉人,有时连自己家里人亦不知道③。所以不能叫作真正的存款,不能说是一种信用业务。

在南北朝以前,中国人的主要储蓄方式,就是窖藏④。或埋在地下,或藏在墙壁间。《淮南子》中就有"掘藏之家必有殃"⑤的话。此外就是用扑满的办法,这和窖藏的性质一样,而且数目太小,在

----

① 《晋书》卷四十三《王戎传》:"性好兴利,广收八方园田水碓,周遍天下。积实聚钱,不知纪极。每自执牙筹,昼夜算计,恒若不足。而又俭啬,不自奉养,天下人谓之膏肓之疾。女适裴頠,贷钱数万,久而未还。女后归宁,戎色不悦,女遽还直,然后乃欢。"《齐谐记》,东阳郡吴道宗:"义熙四年,东阳郡太末县吴道宗少失父,单与母居,未娶妇。会道宗收债不在家,邻人闻其屋中砰磕之声,窥不见其母,但有乌斑虎在其室中。"

② 《晋书》卷四十七《傅玄传》:"泰始四年……上书曰……旧兵持官牛者官得六分,士得四分;自持私牛者与官中分。施行来久,众心安之。今一朝减持官牛者官得八分,士得二分;持私牛及无牛者,官得七分,士得三分,人失其所,必不欢乐。臣愚以为宜佃兵持官牛者与四分,持私牛者与官中分,则天下乐作欢然悦乐,爱惜成谷,无有捐弃之忧。"

③ 参阅本书第三章第一节二。《晋书》卷九十五《艺术隗照传》:"使者……告照妻曰吾不相负金也。贤夫自有金耳。知亡后,当暂穷,故藏金以待太平。所以不告儿妇者,恐金尽而困无已也。知吾善易,故书版以寄意耳。金有五百斤,盛以青瓮,覆以铜柈,埋在堂屋东头,去壁一丈,入地九尺。妻还掘之,皆如卜焉。"《南齐书》卷三十八《颖胄传》:"长沙寺僧业富沃铸黄金为龙数千两,埋土中。历相传付,称为下方黄铁。莫有见者,乃取此龙以充军实。"所引《晋书》卷九十五《隗照传》之例。

④ 《晋书》卷九十九《殷仲文传》:"玄为刘裕所败,随玄西走;其珍宝玩好,悉藏地中,皆变为土。"

⑤ 《淮南子》卷十八《人间训》。

信用发达史上没有多大重要性。

到了南北朝的时候，就有将钱财寄存在亲友处的事例。这种寄存或寄附①，有时是委托保管的性质，受托人不能加以利用，只是一种人情②。既没有利息问题，也没有保管费问题，所以不能说是一种业务。如果受托人能将这种款子用来营利，那就变成真正的存款了。

史书说陶渊明常将现钱送存酒家，而时常去取酒③，这就同现代的往来透支差不多了。

在放款方面，民间的借贷叫作出责④或举贷⑤。这种借贷，同以往一样，是一种对人信用，只以券契为凭，券契一毁，债权债务便算了结，另外有信用购物的办法，即赊市，似乎相当普遍。尤其是在刘宋时期⑥。

南北朝时中国信用进一步的发展表现在典质的产生上。这是

---

① 《南史》卷五《齐本纪下》："潘妃放恣，威行远近，父宝庆与诸小共逞奸毒，富人悉诬为罪，田宅赀财莫不启乞。或云寄附隐藏，复加收没。"

② 《陈书》卷九《欧阳𬱖传》："世祖嗣位……初交州刺史袁昙缓密以金五百两寄𬱖，令以百两还合浦太守龚荾，四百两付儿智矩，余人弗之知也。𬱖寻为萧勃所破，赀财并尽，唯所寄金独在。昙缓亦寻卒。至是𬱖并依信还之。时人莫不叹服。其重然诺如此。"

③ 《宋书》卷九十三《隐逸传·陶潜传》。

④ 《宋书》卷八十一《顾𫖮之传》："绰私财甚丰，乡里士庶，多负其责。𫖮之每禁之，不能止。及后为吴郡，诱绰曰，我常不许汝出责，定思贫薄亦不可居。民间与汝交关有几许不尽，及我在郡，为汝督之。将来岂可得。凡诸券书皆何在？绰大喜，悉出诸文券一大厨与𫖮。𫖮之悉焚烧。宣语远近，负三郎责皆不须还。凡券书悉烧之矣。绰懊叹弥日。"《北齐书》卷十一《文襄六王传》："兰陵武王长恭……武成赏其功，命贾护为买妾二十人。唯其一有千金责券。临死日，尽燔之。"

⑤ 《北齐书》卷二十二《李元忠传》："性仁恕，……家素富实，其家人在乡多有举贷求利。元忠每焚契免责，乡人甚敬重之。"

⑥ 《宋书》卷六十一《江夏文献王义恭传》："大明时资供丰厚，而用常不足，赊市百姓物，无钱可还，民有通辞求钱者，辄题后作原字。"又卷八十一《刘秀之传》："秀之从叔穆之为丹阳。……时赊市百姓物，不还钱，市道嗟怨。"

中国最早的信用机关,对人民供给抵押信用①。典质机关怎样产生的,我们无法考证出来,不过记录中最早的两家典质,都是寺庙:一家是南齐的招提寺②,另一家是南梁的长沙寺③。大概因此就有人说中国的典当业是寺僧所创设的。

　　寺僧创办典质有三种理由:第一典当业务虽为历代的人所诟骂,说是剥削贫民。但经营者往往打着慈善的招牌。就是到了公开采取拜金主义的后代,普通商店可以恬然打起万利的招牌,而当铺仍多取用宏济宏安等冠冕堂皇的名称。何况在佛教最发达的南北朝,自然认为典质是以救济贫民为目的。第二寺庙在南北朝时代是一种神圣不可侵犯的地方,利用那种地方来作信用机关,盗窃的风险比较少。这和巴比伦④以及欧洲⑤的信用机关起源于寺庙的原因是一样的。就是到了后代,还有人相信盗窃寺庙的钱财,来世要作牛马来偿还⑥。第三当时寺庙很有钱,上自帝王,下至平民,常

---

　　① 《梁书》卷五十一《庾诜传》:"邻人有被诬为盗者,被治劾妄款,诜矜之。乃以书质钱二万,令门生诈为其亲,代之酬备。"《北史》卷三十九,《羊祉传》弟子敦:"遇有疾苦,家人解衣质米以供之(齐武定以前事)。"

　　② 《南齐书》卷二十三《褚澄传》:"渊薨,澄以钱万一千就招提寺赎太祖所赐渊白貂坐褥,坏作裘及缨。又赎渊介帻犀导及渊常所乘黄牛。"

　　③ 《南史》卷七〇《甄法崇传》:"尝以一束苎就州长沙寺库质钱。后赎苎还,于苎束中得五两金,以手巾裹之。彬得送还寺库。道人惊云,近有人以此金质钱,时有事不得举而失。檀越能见还,以金半仰酬,往复十余,彬坚然不受。"

　　④ 公元前两千年前巴比伦的庙宇便执行银行业务。现在遗存的土简,记录着女庙祝放款的事情。这土简即有一种期票的功用。

　　⑤ 古代罗马的庙宇,也替私人办理金融交易。欧洲在中世纪时,人民往往将钱财委托教会保管。有的作为存款,随时可以提取。在十二三世纪的时候,天菩拉(Templars)教派变成一种宗教上的银行,经营各种银行业务。

　　⑥ 褚稼轩《坚瓠续集》卷四《盗常住钱》:"庄椿云,盗常住一文钱,一日一夜长三分七厘利,第二日夜利上又长利,来世作马牛偿之。所以云一生之容易,为万劫之艰难。若舍一文钱入常住,一日一夜长福亦尔。又藏经云,牛日还八文,马日还七文。"

对佛寺施舍①。史书曾几次提到梁武帝到同泰寺舍身为奴,由公卿们凑钱一万万赎身②。寺庙累积了这些钱财,除了扩充庙产以外,用来牟利,是很自然的。

我们从文籍的记录上,知道在南朝时典质的业务已经相当发达,所以他的起源,可能是在南北朝以前。否则就是一种外来的制度。我们不知印度古代的寺庙是否经营典质,所以关于这一点,不能有所论断。

到了隋代,国家统一,天下太平,商业发达,各种信用事业自然更加兴盛。据书中记载,除私人放款③外,还有政府机关也经营放款业,这就是公廨钱的营运,或作放款取利,或作别种经营,以补政府机关的开支④。这种放款的性质,和王莽的赊贷不同,王莽的赊贷,以及历代政府对于农民的贷放种子耕牛,都带一种救济性质,

---

① 《南朝佛寺志》,阿育王寺佛寺:"梁大同……至孝武太元九年……十六年孝武又使沙门僧尚加为三层,即梁武帝所开者也。初穿土四尺得龙窟及昔人所舍金银环钏钗镊诸杂宝物,可深九尺许。"《南齐书》卷三十八《颖胄传》:"长沙寺僧业富沃,铸黄金为龙,数千两埋土中。历相传付,称为下方黄铁,莫有见者,乃取此龙以充军实。"《南齐书》卷四十一《张融传》:"孝武起新安寺,僚佐多俸钱帛,融独俸百钱。"《南齐书》卷五十三《虞愿传》:"明帝……以故宅起湘宫寺,费极奢侈,……新安太守巢尚之罢郡还见,帝,卿至湘宫寺未?我起此寺是大功德。愿在侧,曰:陛下起此寺,皆是百姓卖儿贴妇钱。佛若有知,当悲哭哀愍,罪高佛图,有何功德?"
② 《梁书》卷三《武帝中》大通元年:"与驾幸同泰寺设四部无遮大会,因舍身,公卿以下以钱一亿万奉赎。"同书,太清元年,"三月庚子高祖幸同泰寺,设无遮大会,舍身。公卿等以钱一亿万奉赎。"
③ 《隋书》卷四十五《文四子传秦孝王俊》:"(高祖时)其后俊渐奢侈,违犯制度,出钱求息,民吏苦之。"
④ 《隋书》卷四十六《苏孝慈传》:"先是以百僚供费不足,台省府寺咸置廨钱收息取给。孝慈以为官民争利,非兴化之道,上表请罢之。请公卿以下给职田各有差,上并嘉纳焉。"《北史》卷七十五《苏孝慈传》有同样记载。

有时虽收利息,但政府的目的不在营利。公廨钱收息的办法,则完全是以营利为目的,靠收利息来维持百僚的供费。在开皇十四年(公元五九四年)的时候,曾加禁止,但十七年又准许用公款经营,只不许出举收利[1]。

---

[1] 《隋书》卷二十四《食货志》:开皇八年,"……先是京官及诸州并给公廨钱,回易取利,以给公用。至十四年六月工部尚书安平郡公苏孝慈等以为所在官司因循,往昔以公廨钱物出举兴生,唯利是求,烦扰百姓,败损风俗。……于是奏皆给地以营农,回易取利,一皆禁止。十七年十一月诏在京及在外诸司公廨在市回易及诸处兴生,并听之。唯禁出举收利云。"

第四章　唐代的货币

第一节　货币制度

一　钱币

唐代的币制,是承袭两晋南北朝的传统,流通手段以钱帛为主,黄金除宝藏手段外,有时也用作价值尺度和支付手段,白银在唐末五代渐占优势。

从唐朝的俸制上,可以看出货币经济发展的过程。初年以禄米为主,另有职田,俸钱还没有确数,而是由各机关利用公廨钱生利分给。可见自然经济占主要的地位。到永徽年间,俸钱才有一个确定的数目;但所得中,只有一部分是钱,一部分是劳务,即所谓"防阁、庶仆"。到开元以后,才完全发现钱。但到唐末五代,又给实物了。

唐钱的形状,没有什么更改,但名称上却有很大的变革。唐以前的钱币,差不多都是以重量为名称,虽然名称已和重量不符,比如吴蜀的直百五铢,实重远远超过五铢,而许多轻小的五铢,却不够分量；然而究竟还保留着铜块货币的痕迹。自唐朝起，钱币就不再以重量为名称了，而改称宝，或通宝，或元宝，或其他什么宝，并冠以当时的年号。货币称宝是有其社会意义的，这就是货币的威力增大了。古代钱币中也有称宝的，但那是偶然；自唐以后，钱币就作为宝物而支配人类社会了。钱上铸明年号，并不是唐朝创始的，六朝已经有了；而且唐朝第一次铸的钱，并不是年号钱，不过以后的钱，差不多都是年号钱。

唐钱的另一个特征，就是他反映了中国文字书法的演变情形。中国钱币上的文字，秦以前是所谓大篆，秦以后是小篆，一直到隋末为止。其间莽泉的垂针篆、刘宋孝建钱的薤叶书，以及北周布泉的玉箸篆，都是小篆的变体；刘蜀直百五铢的直百两字是隶书，这是中国钱币上最早的隶书，成李寿的直汉兴也是隶书，但这些都是例外。开元钱是用隶书，或所谓八分书。相传是名书家欧阳询所写的。唐以后钱币上的文字，也还有用篆书的，那也是例外。所以唐钱的体制，在中国货币史上，带来了一个新的时代。

唐朝二百八十九年，正史所记载的，只有三种钱，但实际上有七八种。

最先铸、同时也是最重要的一种，是武德四年（公元六二一年）的开元通宝。武德四年以前还是用隋五铢和其他古钱。开元钱应当直读，即先上下，后左右；唐人所谓左右，是以事物本身为标准，也可以说是以钱范为标准，在看的人说来，实在是右左。所谓左挑开元，若从看的人来说，就是元字第二画的右端挑起。但由于他不是年号钱，所以有人读作开通元宝，当时民间就有这种读法[1]，近代

---

[1] 《唐书·食货志》和王溥《唐会要》。

居然还有人以为应当读作开通元宝①。然而开通元宝的读法没有什么意义,开元通宝却有很大的政治意义。朝代的创建人主观上总是希望能开辟一个新纪元,甚至要人民相信:以前的都不算,或都是坏的,只有这一朝代才是好的。所以后代还有铸造开元通宝的,但要像李唐那样成功,究竟是一件难事。开元钱的大小,大体上是仿汉五铢,径八分,重二铢四絫,每十文重一两。后代不再称铢絫,而称一钱,意即开元通宝一文的重量。这是中国衡法改为十进位的关键。所以唐钱不但不再以重量为名称,反而使中国的重量以钱为名称。自唐以后,中国的衡法一直没有变过,清库平一钱,和标准开元钱一文的重量相等。实际上厚重一点的开元钱,有四公分重,甚至有四公分半的,这种钱我们只能认为超过标准重量。《唐六典》说本来一千文重六斤四两,后来重七斤,每文就合得四公分一八了。

唐朝第二种钱是乾封元年(公元六六六年)的乾封泉宝,这是

---

① 新旧《唐书》都称开元通宝,但《唐六典》和《通考》称开通元宝。宋人多读作开通,正因宋人把这钱的读法弄错了,使得宋钱的读法形成一种不统一的制度;元宝钱直读,通宝钱环读,这实际上是制度上的混乱。日本的钱币学家三上香哉坚主应读作开通元宝,日本其他钱币学家多采用其说。日本人采用这种读法,另有其原因,就是因为他们的所谓皇朝十二钱都是环读。这对于开元钱环读的说法,的确是一个有力的理由,因为日本的和铜开珎完全是仿开元钱的,而且时代相同。不过日本的铸钱并不是同中国政府商量过的,而是私自仿效,他们对开元钱的读法,是受当时中国民间读法的影响,民间的确有读作开通元宝的,这是中国文献所承认的,但不是一种正确的读法。所以中国的钱币学家还是读作开元通宝。中国的读法是比较合理的。因为开元是开始一个新纪元的意思,开通一辞,就比较庸俗了。通宝是通行的宝货的意思,也比元宝的意义适当。中国钱币上的文字,除了先秦的环钱是环读以外,只有孙吴的当千以上大泉是环读,其他全是直读,如莽泉、刘蜀的直百五铢、太平百金、定平一百、后魏的太和五铢、永安五铢、北齐的常平五铢、几种北周钱,以及南朝的大货六铢等。所以单从这一传统看来,也应当读作开元通宝。

正式的年号钱。每文当开元钱十文，径一寸，重二铢六絫，即一钱一分弱。实际上有重到七公分以上的。这种钱还没有行用一年就作废了。

第三种钱是乾元年间所铸的乾元钱。乾元钱法定有两种：一种是乾元元年（公元七五八年）所铸的乾元重宝当十钱；另一种是乾元二年铸的当五十的乾元重宝，这种钱背面的外郭是双圈，所以称为重轮乾元钱。当十钱每千文重十斤，所以每文应重一钱六分（五公分九七）。重轮钱每千文重二十斤[①]，比当十钱加倍。但实际上乾元钱有各种大小轻重，有小平，甚至有轻小到一公分以下的，这些应当是减重和私铸的结果。开元钱是直读的，但民间却作环读，读作开通元宝，铸乾封泉宝的时候，便是顺从民间的这种习惯，作环读。后来觉得和制度不合，所以乾元重宝又改为直读了。乾元重宝留传下来的很多，特别是小平钱，仅次于开元钱。大概安史之乱后还有铸造使用。朝鲜曾铸造乾元重宝，背面有东国两字，这是朝鲜最早的钱币，是直接受乾元重宝的影响而铸的，正和日本直接受开元通宝的影响而铸造和铜开珍一样。乾元钱有光背，有背面穿下俯月或飞鸟或云朵或星点，也有云朵在穿上的。

和乾元钱同时，史思明在占领洛阳的时候，曾铸造两种大钱，即得壹元宝和顺天元宝，两者都是当百钱，重约二十一公分。顺天元宝是由得壹元宝改称的。这两种钱可以说是一种占领货币或军用货币。

大历年间曾有大历元宝，制作不精，史书上虽曾记载大历四年

[①] 《旧唐书》和《通典》说是每贯重二十斤，《新唐书》和《通考》作十二斤，应以二十斤为是。

(公元七六九年)铸钱的事①,但没有说明铸的是什么钱。看大历钱的制作,很像私铸。不过当时钱价很低,铜价却很高,牟利者只有销钱为器,岂肯镕器铸钱?所以大概还是官铸,也即是说,大历四年所铸的就是这种大历元宝。

建中年间(公元七八〇半到七八三年)似乎曾铸过建中通宝。建中钱比大历钱还更加轻小,更加少见。史书也有建中初铸钱的记载②,大概指的就是这种钱。

武宗会昌五年(公元八四五年)曾铸造一种新的开元钱。本来以前的百多年间,常常铸造开元钱,但以前的开元钱,背面是没有文字的,会昌开元背面却有文字。这些钱是用全国各地废寺的铜像钟磬炉铎等所铸造的。先由扬州节度使李绅于钱背铸一昌字,以表年号,进陈当局,后来政府就下令叫各地铸钱用本州州名。

会昌年间或会昌以后,似乎还铸造过乾元重宝小平钱,因为这种钱的背面,也有加铸州名的。但数量极少,大概限于豫章和丹阳等郡。

旧谱载懿宗咸通十一年(公元八七〇年),桂阳监曾铸造咸通玄宝③。这大概是一种试铸性质,而且限于一地,留传极少。

唐钱中自然以开元钱为最重要。开元钱不仅在唐朝为最重要,而且在整个中国货币史上也有其特殊的重要性。除了前面所讲过的他对于中国钱币体制的革新以及其对于中国衡法的影响

---

① 《代宗实录》大历四年正月丁酉:"关内道铸钱等使第五琦上言,请于绛州汾阳铜源两监增置五炉铸钱,许之。"

② 《新唐书》卷五十四《食货志》:"建中初,户部侍郎韩洄以商州红崖冶铜多,请复洛源废监,起十炉,岁铸钱七万二千缗。每千钱费九百。德宗从之。"

③ 《泉志》引《旧谱》。

外,在货币流通上讲,他是仅次于五铢钱的。他是唐代几百年间的主要钱币,唐以后还流通了一千多年。而且开元钱的大小轻重是后来制钱的楷模①。

唐开元可以分为两个阶段,会昌以前的开元可称为普通开元或旧开元,会昌以后可称为会昌开元或新开元。

开元钱的版别很多,这种版别多是根据文字的笔画和背面的星月定出来的。例如元字有所谓左挑、右挑、双挑、字体有大小,背面有无月文以及月文的数目和位置,有的还有星点或太阳,或星月在一起,称为孕星。这些细小的分别,各种钱谱中多有著录②。但钱币学家往往只见树木,不见森林,很少人加以有系统的分类,即有也论断得比较空洞③。

查普通开元钱大致可以分为三大类。第一类是光背;第二类背面穿孔之上有一仰月,也有作俯月的,但极少;第三类则包括各种杂色的开元。第一第二两类的开元钱单看正面也可以分别出来:光背开元的元字第一画比较短,通字的头部也比较短,而且口开得大。此外开字和宝字也有区别。至于轮郭的阔狭、钱身的厚

---

① (明)姜绍书《韵石斋笔谈》:"余幼时见开元钱与万历钱参用,轮郭圆整,书体端庄,间发青绿硃斑,古雅可玩。背有指甲痕,相传为杨妃以爪掐蜡模,形如新月。天启三年,南工部郎白绍光职掌鼓铸,建议前朝旧钱,非时王之制,不应互用,致泉壅滞,悉宜追毁,以裕国储,大司空以为能,严禁民间无得以开元钱贸易,凡有存者,俱作废铜,归炉改铸。白君虽一时之见,规划利权,遂使八百余年流传泉贝,销于烟烬,深可痛惜。"

② 翁树培《古泉汇考》所列版别比较多。

③ 如方若言《钱别录开元钱考》。该书作者把唐开元分为两类,第一,凡文字精美和轮郭深峻的不问笔画和有无星月,都是初唐开元;第二,凡轮郭第一类而元通宝三字不相匀称、背月也不同的,都是中唐开元。这种分类显然和事实不符,难道初唐的私铸都是文字精美轮郭深峻的?作者也否认月文为甲痕,而认为星月并著是取日月合璧之象。

薄甚至制作的精粗,却不是区别的主要标准,两者都有厚薄阔狭,两者都有很规矩的,同样两者都有不大精整、甚至都有非常轻小的。过去钱币学家喜欢以外郭的宽狭作为分类的标准,这是不适当的,因为外郭的阔狭同铸炉和钱范不一定有关系,而是匠人挫成的,有些甚至是在流通过程中被行用者所磨过的。所以同一钱范铸出来的钱,外郭常有阔狭不同。在这种分类的基础上,又可以分出许多细微的版别来。比如第一类中,有大字、小字、寄郭等,左挑开元也可以归入这一类,但文字笔画稍微有点不同,归入第三类也许更恰当些,不过左挑开元的制作有时非常精整,似乎是铸于盛唐。

开元钱分类的意义在于可能有助于解决断代的问题。分析的结果,似乎光背开元先铸,也可以说,安史乱前,官炉所铸的以光背开元为主。有两个理由:第一,唐以前钱币上没有月文,唐以后则很普遍。第二,乾封泉宝还是光背的。第三,日本的和铜开珍是光背的,这是仿开元钱铸的,如果当时开元钱背有月文,则和铜钱背一定也有月文。古和铜开铸于景龙二年(公元七〇八年)或以前,新和铜开铸于开元八九年间,可见到这个时候为止,开元钱大概还是光背。第四,我所见到的银质开元和鎏金开元都是光背的,金质开元还没有见过,料想也是光背。铸造金银钱应当是财政充裕的太平盛世的反映,而且关于开元天宝年间的金银钱,纪录是比较多的。

有一些事实似乎同这种看法有抵触,第一,有月文的开元钱要比光背开元多一些。而自武德四年开铸开元钱到天宝之乱,其间有一百三十几年,自天宝之乱到会昌五年,不到九十年;如果战前所铸都是光背,则光背开元数量应当是最多的。而且也不能说战后就不再铸光背开元,连会昌开元也以没有月文的居多。

第二,有月文的开元钱,制作有很精整厚重的,不可能都是战后所铸。从大历钱和建中钱的制作看来,战后的钱币是很滥恶的。

关于第一点,可以提出这样的解释,就是,初唐铸钱数量是极少的,特别在贞观年间,自然经济占主要的地位,物价也非常低。到开元天宝时才大量铸钱。而且有一部分光背开元可能在战时被人销镕用来铸造乾元重宝。

对于第二点,我们的解释是:战前的开元虽然以光背为主,但那是指官炉,一些偏炉或赐炉或属于币制改革的新开元可能已加铸月文了。譬如武德四年除京师外,还在洛、并、幽、益等州设置钱监铸钱,此外秦王齐王各赐三炉,裴寂赐一炉。这里只有京师的钱监可以说是真正的官炉,各州以及各赐炉所铸,是否和中央政府所铸一样,就是一个问题,可能其中就有用月文作为记号的。又如乾封泉宝失败之后,再铸开元,也可能加一标记。乾元以后也相同。这就使我们不得不对于钱币上的月文或星月加一番考察。

关于月文的来源,过去的史家和钱币学家,已争论了几百年。但有一点是许多人所公认的,就是这月文是皇后的甲痕。说是初进蜡样的时候,皇后掐一甲,铸钱者不敢动,结果遗留在钱背上。大家所争论的是究竟是哪一个皇后的甲痕,最普通的说法[1]是文德皇后,也有人说是太穆窦皇后的[2],甚至有人说是杨贵妃的[3]。最后一种说法自然最为动听,所以金朝诗人李俊民有"金钗坠后无因见,藏得开元一捻痕"的诗句。陈其年也有"有似开元钱样,一缕娇痕巧印"的句子。有人甚至加以一番考证,说在铸开元钱的时候,

---

[1] 《谈宾录》。郑虔《会粹》。李日华《紫桃轩杂缀》。《通鉴》引薛珵《唐圣运图》。
[2] 王观国《学林》。凌璠《唐政要录》。张舜民《画墁录》。
[3] 刘斧《青琐记》。王楙《野客丛谈》引徐彭年语。

窦后已死,文德未立。玉环自然还没有生下来,所以不可能是杨贵妃的甲痕。也有人说后来的乾元汉元周元宋元等钱都有月文,而且开元的月文上下左右不同,岂能一一掐之。这些话只表示思想的混乱。其实开元钱既不是个个都有月文,而唐朝几百年间铸开元钱的次数很多,所以月文的出现可能是在初唐,也可能是在中唐。换句话说,如果月文是皇后甲痕的话,未始不可以是杨贵妃的甲痕。而且甲痕之说,自然是指它的起源,后来和后代的月文尽可能是模仿。所以有些甲痕若是贵妃的,有些甲痕可能是铸匠的。但问题在于:月文到底是不是甲痕,因为钱上不但有月文,而且还有别的东西。

普通开元的背面,除了月文以外,还有星点或太阳,也有云朵。乾元钱上,除月文云朵外,还有飞鸟,所以也许开元钱上也有飞鸟而没有发现。祥云和瑞鸟是唐朝文物上所常见到的,譬如在唐镜上就可以看到这两样东西,无疑是取其吉祥的意义。但钱币上有这种图纹的,真如凤毛麟角,就是有星点或太阳的也是稀少的,而月文却非常普遍,这就证明月文不能和云鸟同样看待。历代文人和史家之所以把月文说成是皇后的甲痕,不正说明这种月文不是出于中国的民俗而为中国人所不能理解么?所以我们不妨另外寻找一种解释,譬如说,是受了外来的影响。

新月在外国是有一定的意义的。两角向上的仰月象征进步和成功,这是容易理解的,因为新月总是慢慢丰满下去,最后一定会团圆。希腊人就使用这种标志,科林斯的斯塔脱(Stater)银币上间或就有新月。但钱币上用星文的比较多,如希腊罗马迦太基的钱币上都有使用星文的例子。罗马有一种银币的背面有一大形的新月,月的上面和左右分列五颗六角星。也有新月孕着七颗星的。

特别重要的是波斯沙散王朝柯斯鲁二世(Kosru Ⅱ,590—628)的银币,正面和背面的边缘上,都有星月文,星月的安排和开元钱上的所谓孕星是一样的。后来波斯被阿拉伯所征服,阿拉伯帝国初期的钱币上还保留这一办法。而且伊斯兰教正是以新月为教徽的。此外,星月也是印度的一种阶级标志。据说中亚的突厥人也曾普遍使用过新月的标志。只不晓得他们是什么时候用起来的。

中国自南北朝以来,同西域接触得很频繁。中国有许多事物受到外国的影响。南北朝时,曾有西域的金银钱在中国流通,这是正史所记载的。这些金银钱大概是拜占庭的金币和波斯的银币,因为当时拜占庭是以金币为主,而波斯是以银币为主。这由近代的发掘所证实了。唐朝同波斯、大食、突厥的关系特别密切,所以开元钱上的月文和星月可能是受了他们的影响。

西域货币影响中国货币的途径很多,除了通过外国货币在中国流通一事以外,还可以举出几条可能的途径:第一是波斯王裔卑路斯及其从者的来华。波斯在贞观十二年就遣使者来华,后来为阿拉伯所败后,曾向中国求救,龙朔年间(公元六六一到六六三年)中国曾派使者到西域,以疾陵城为波斯都督府,任卑路斯为都督,咸亨间(公元六七〇到六七三年)他曾亲来中国,拜右武卫将军,他的儿子泥涅斯亦居中国多年。这个时期,波斯和大食的钱币上都是有星月的,这种钱币一定有流入中国的。而且唐朝流行赐炉铸钱的办法,如果卑路斯父子获得这种特权,就可能在钱币上加铸月文或星月文。

第二条可能的途径是通过安禄山。安禄山是营州柳城的胡人,本姓康,后来他母亲改嫁姓安的,他也姓安。姓康和姓安的差不多都是西域人,康是康居或康国人,安是安国人;有人且疑心安禄山是波斯人①。中国史书上说他是胡人,通六种蕃语,而且曾做过互市郎,自然接触过各种各样的外国钱币。天宝三年,他任范阳节度,渐生叛意,乃筑垒范阳北,峙兵积谷,可能已从事私铸。天宝九年(公元七五〇年)玄宗许他在上谷郡置五炉铸钱,这样他就正式获得铸币的特权了。当时每炉的产量为每年三千三百缗,五炉合计一万六千五百缗,到天宝末就至少可以合法地铸造十九万缗。这些钱上可能就有月文,而且初铸的可能很精整厚重。后来史思明的得壹元宝和顺天元宝上大部分是有月文的。这样不但解决了钱币上月文的来源,而且解答了为什么有史思明的钱而没有安禄山的钱的疑案。不过假若月文是这样产生出来的话,那就要假定安史战乱之前已为其他铸炉所仿效,并已成为一种通行的办法,否则,到了战时,才来模仿叛逆的标志,那是说不通的。所以月文一定是表示吉利的意思,或作为崇拜的对象,因此敌对双方都可以使用。如果使用月文是取其进步和成功的意义,那就双方都可以采用了,特别是在战时。

月文为外来影响之说,只是作为一种可能性提出来,不能说问题已经解决了。实际上还有问题存在:第一,外国钱币上多是星月并铸,即中国钱币学家的所谓孕星;或则只有星文,而没有月文。而开元钱上有孕星的极少,而且看制作,应当是晚唐所铸的。单有星点的也极少。除了光背外,绝大部分是单有月文。如果是受了波斯大食钱币文化的影响,为什么不星月并铸,而单铸月文呢?第二,外国钱币上的星是有光芒的:古希腊钱币的星是八角星,迦太

---

① 桑原骘藏《关于隋唐时代来住中国之西域人》(《支那学论丛》及《东西文明史论丛》,中华书局有何健民编著本)。

223

基钱币上的星也是八角星，古埃及钱币上的星是六角星，罗马帝国钱币上的星也是六角星或八角星。波斯和阿拉伯钱币上的星也是六角星。中世纪印度钱币上的星是五角星。只有作为印度阶级标志的星月才完全和中国钱币上的孕星一样。但开元钱上的星只是无光的星点。而且单有星点的开元钱实在太少了。这些都是不利于外来影响说的。我们可以说：这种星形的不同，或者正代表对于事物的两种基本不同的看法，这种不同的看法表现在美术上就是中国人画想象中的实体，欧洲人画外观上的现象。表现在伦理上，中国人论动机，欧洲人论效果。但这种解释不能解决单铸月文的问题。只有在罗马凯撒大帝的某种银币上单独有新月，另外在一种东罗马式的小铜币上有甲痕式的月文，和开元钱上的月文一样。但那种外国钱币是不多见的，很难对中国钱币发生影响。可惜我们对于隋唐时中亚细亚一带的钱币的形制不很熟悉。不知月文在这些钱币上是不是一种通行的标志。因此我们现在还不能武断地说：开元钱上的月文，绝不是皇后的甲痕。历史上还有许多更离奇的事呢。

总之，月文在安史乱前一定已经出现，而且已得到相当的流行，而在战时和战后更加普遍了。

至于第三类开元钱则非常复杂，但数量却不多。他们的共同点是制作不规矩。也有少数光背的，其中有一种制作非常精整，只是钱身比较薄；另有一种通字小。但绝大部分是有月文和星月文的。月文不在穿孔之上，而是在下，或在左右，或在四角，或作斜立，或近似直线。正面文字的笔画也很复杂，有些属于第一类，有些属于第二类，有些自成其类。比如左挑开元便近似第一类，双挑开元则是属于第二类。这第三类中包括许多私铸在内，大部分大概是天宝以后会昌以前所铸的。有一种背面穿孔上下各有一月文的,而大历元宝也有这种制作,大概那种开元是在大历年间所铸的,还有一种上下左右各有一月文的,料想也是这时所铸。

上面对于普通开元钱的分类,只是形制上的分类,也多少有时间上的先后,但假若把它完全看作时间上的分类,那就错了。因为天宝以后,无疑还有光背开元的铸造,同时也一定有月文在穿孔之上的。最多只能说:在初唐的钱币上,大概没有星月,至少不普遍。

至于会昌开元,那是容易辨认的,因为背面都有文字。在数量上说来,会昌开元不但比不上有月文的开元,而且比光背开元也要少得多。

当时并不是所有的州郡都铸钱,单从背文看来,铸钱的似乎只有二十几州。而且也不全是用州名。比如扬州就是用昌字,虽然有些钱谱说有以扬字为背文的,但恐怕都是改刻的,真的还没有发现过。用州名的有丹、平、襄、兴、润、越、福、宣、洪、鄂、广、桂、兖、潭、益、梓、梁十七种。此外京兆府用京字,河南府用洛字,江陵府用荆字,蓝田县用蓝字。有人说桂字是指桂阳监,但桂阳监只能说是铸造这种钱的地方,而钱背的桂字仍以代表桂州为适宜。有人说兴字是指兴元府,但兴元府似乎应当由梁字代表,所以兴字应当是指兴州,属于顺政郡。润字有人说是浙西,有人说是镇江;两说都没有错,唐代润州在永泰以后曾为浙西观察使理所。他属于丹阳郡,镇江为其首府。另有一种背有永字,流传极少,过去钱谱都没有著录。永字的意义也不明了。史书说武宗废浮屠法,永平监官李郁彦请以铜像钟磬炉铎皆归巡院云云,可能为永平所铸。也有人说是十国钱,以永字为指前蜀王建的永平年号,因为这种钱曾在四川发现。但也可能是永州所铸,永州在湖南,属零陵郡。到底怎样，那就靠将来的发掘来证明了。

此外有些钱谱说，还有秦字、蜀字、闽字和井字等，但没有见到实物，真假不知，可能是改刻的。然而当时各州都可以铸钱，也许还有其他种类尚没有发现。

史书说会昌五年七月才下令铸新钱，六年二月才下令推行，又说宣宗即位，新钱复铸为像。查武宗死于会昌六年三月，宣宗即位于柩前，则会昌开元钱的铸造前后总共不超过十个月，铸造数目不会很多，而在中国货币史上也没有什么重要性了。然而实际上不是这样。会昌开元钱遗留下来的相当多，而且有许多版别。例如豫章郡的钱，背面的洪字有在穿上的，有在穿下的，有在穿左的，有在穿右的，而且同在一处又有倒置的，洪字本身又有大小之别，还有各种月文。其他各种钱也都有许多版别，就是极少见的永字钱也有大小，而且永字有在穿上和穿下两种。这些都证明会昌开元绝不是在几个月里所铸造出来的。宣宗推翻武宗的政策一事，也许是真的，但后来一定续有铸造。可能宣宗以后的四五十年间所铸的钱都是这种钱。

中国古代的铜器，对于成色，本有一定的制度，所谓"金有六齐"①，这是指六种不同的铜锡合金，适用于各种不同的铜器。但对于铸钱却不适用。隋唐以前，钱币的成色是没有标准的。汉朝盛行即山铸钱的办法，即用开采出来的原铜来铸钱，不特别杂以其他金属；所以各地所铸的钱币以及各次所铸的钱币，成色是不一律

---

① 《考工记》所说的金有六齐如下："六分其金而锡居一，谓之钟鼎之齐。五分其金而锡居一，谓之斧斤之齐。四分其金而锡居其一，谓之戈戟之齐。三分其金而锡居一，谓之大刃之齐。五分其金而锡居其二，谓之削杀矢之齐。金锡半，谓之鉴燧之齐。"但实际上古铜器也没有完全照这标准。

的。隋代铸钱已有用镴的办法,但似乎还没有一定的规定。到了唐朝,才有一定的制度。开元天宝年间,每炉所用原料是:铜二万一千二百二十斤,白镴三千七百零九斤,黑锡五百四十斤,共铸钱三千三百缗。如果每文以一钱计,则火耗应当要百分之二十三点五,似乎太大了些。总之,当时钱币的成色是铜占百分之八十三点三二,白镴占百分之十四点五六,黑锡占百分之二点一二。因此有些人说开元钱炼铜很精的话是不确的。许多开元钱含铜恐怕还不到百分之八十,因为有少数制作虽精整,看起来却发青白色,甚至有发灰蓝色的。历来民间相信:开元钱烧起来有水银出,并说可以治小儿急惊,其实流出来的是镴质,并不是水银。这点正说明开元钱的成色并不十分好。如果把各种开元钱加以化验一下,当可以决定开元天宝年间的官炉钱。

从艺术的角度来看,唐朝钱币的水平并不高。虽然历代史家和钱币学家,盛称开元钱上的欧阳询的八分书,但实际上并不是什么了不得的美观,无论如何,比不上汉魏六朝时的某些钱文。在其他形制方面,也没有什么独到的地方。同汉魏六朝的某些钱币比起来,颇有逊色。譬如西汉五铢中,有一种细缘细字的,工整无比,文字也典雅庄重,大概是初期的赤侧五铢。此外如王莽的布泉、南陈的大货六铢、北周的永通万国等钱,无论在文字书法上和钱身的制作上都比最精的开元钱美观。所以有些研究铜器艺术的人,认为中国的艺术在晋以后就绝了;他们认为:不要谈古代的青铜器,单就铜镜来说,就可以明了:先秦铜镜的图案最美,汉镜也有很好的,唐镜简直是俗不堪看。铜镜的确是一蹶不振,可是钱币艺术却在宋朝又一次复兴。

在五代十国那个混乱的期间,钱制非常复杂。而且多不见于史书。这方面有赖于历代钱币学家和收藏家的搜购钻研,使我们能知道当时钱制的一个比较全面的轮廓。

在五代方面,有一种开平元宝和开平通宝大钱,可能是后梁开平年间(公元九〇七到九一〇年)所铸。元宝像当十钱,通宝像当五钱。但遗留极少。后唐有天成元宝小平钱,数量也不多。后晋的天福元宝、后汉的汉元通宝,以及后周的周元通宝,则是见于史书的。天福钱铜质薄小,字文昏昧。史书说天福三年十一月(公元九三八或九三九年)许天下私铸钱①,大概当时因铜料缺乏,听任人民自铸。所以遗留下来的多是私铸。汉元钱则比较精整,这是后汉乾祐元年(公元九四八年)铸造的。周元钱是毁佛寺铜像所铸的。臣下有人不赞成,世宗说,"吾闻佛说以身世为妄,而以利人为急,使其真身尚在,苟利于世,犹欲割截,况此铜像,岂有所惜哉?"②后代迷信的人,以为周元钱可以治病或助产,而加以仿铸。所以周元钱遗留比较多,背面有各种星点和月文,版别很多,不一定都是当时所铸。

十国中除了吴越南平北汉四国以外,其余都曾铸钱。

楚的马殷在长沙铸造天策府宝大铜钱和铁钱。因为马殷受梁太祖拜为天策上将军,于乾化元年(公元九一一年)铸此以为纪念。遗留极少,是否为行用钱,不得而知。又有乾封泉宝大铁钱,重约二十八公分,以一当十③,据说以九文为贯④。背面多有文字,如天、策、天府等。也有铜钱,但不多见。史书说马殷曾铸铅钱,但不知

---

① 《旧五代史》卷七十七《晋书》第三《高祖纪》三。
② 《五代史·周本纪》第十二。
③ 《十国·纪年》。
④ 《湖南故事》。

是什么钱。有人以一种铁质和铅质的开元钱说是楚钱①，这无疑是因为马殷所铸的乾封铁钱也是采用李唐的年号，但铁开元和铅开元在制作上完全和唐开元一样，而且史书也提到武后和玄宗时的铁锡钱，恐怕仍以属诸李唐为宜。

南汉的刘䶮曾铸乾亨重宝的铜钱和铅钱，和乾亨通宝铜钱。刘䶮于贞明三年（公元九一七年）在番禺即皇帝位，国号大越，改元乾亨，铸乾亨重宝钱。二年十一月改国号为汉，以国用不足，才铸铅钱，以十当铜钱一。所以铜钱还是在称大越国的时候所铸，但乾亨通宝却不知铸于什么时候。通宝钱遗留极少，大概铸造不多，也许是元年所铸，而重宝则和铅钱同时铸。铅钱有两种，一种光背，薄而大，重约四公分，为广州所铸。另一种背有邕字，为广西邕州所铸，稍小而厚，重约四公分四。

闽的王审知曾铸开元通宝大钱，有铜铁两种。后来王延义在永隆年间（公元九三九到九四三年）曾铸永隆通宝大铜铁钱。王延政于天德年间（公元九四三到九四五年）曾铸天德通宝大铁钱，以一当百。另有天德重宝。但这些闽钱都是留传极少的。

前蜀王建曾铸永平元宝（公元九一一到九一五年）、通正元宝（公元九一六年）、天汉元宝（公元九一七年）、和光天元宝（公元九一八年）。王宗衍曾铸乾德元宝（公元九一九到九二四年）和咸康元宝（公元九二五年）。

后蜀有孟昶的广政通宝（公元九三八到九六五年）铜钱和铁钱。

十国中以南唐钱种类最多，而且领土也广，物产较富。有人说大齐通宝是徐知诰封齐王时所铸。但大齐通宝总共只发现两

---

① 日本昭和钱谱将其列入楚钱下。

229

枚。另有保大元宝，一般认为是李璟在保大年间（公元九四三到九五七年）所铸，也只发现几枚。这两种钱都不见于记录。数量多而见诸史书的有开元通宝、唐国通宝和大唐通宝三种。南唐开元的文字小、外郭阔，这是它和唐开元不同的地方。而且它有篆隶两种书体，成对钱。后来北宋盛行的对钱，就是模仿南唐的。唐国通宝也有篆书和隶书的对钱，而且篆书的有当十大钱。唐国钱有铁铸的。此外还有永通泉货当十钱，比唐国通宝当十钱还要大。

　　吴越虽没有钱币遗留下来，但据某些史书①所载，则钱弘佐曾于后晋开运三年（公元九四六年）计议铸铁钱，没有实行，后来钱弘俶在后周显德四年（公元九五七年）又曾计划铸钱，不知实行了没有。

　　近代在北方出土一批大小铜铁钱，其中最重要的是几种永安钱，有永安一十、永安一百、永安五百和永安一千四种。铜铁都有。铁永安一千有大小两种，大的重七八十公分，这是清以前最重的钱。另有铁五铢、铁货布、铁顺天元宝。铁五铢是用隋五铢范，铁货布用莽范，但背上加铸三百两字；铁顺天用史思明的钱为范，背面有百字和千字两种。此外还有应圣元宝背拾，乾元重宝背百，和应天元宝背万。也许尚有一种背千的钱没有发现。这些钱，现代的钱币学家多认为是幽州刘仁恭、刘守光父子所铸的。史称刘仁恭以堇泥作钱，令部内行使，尽敛铜钱于大安山巅，凿穴以藏之，藏毕即杀匠以灭其口②。照这种记载，则所藏应当是前代的旧钱，断

---

① 《十国纪年》。《旧五代史》卷七十七《晋书》第三《高祖纪》三。
② 《旧五代史·周书》卷一三五《刘守光传》。

第四章　唐代的货币

不会自己铸钱来藏。大概传闻失实。因为既然匠人都被杀死，外人只能揣测了。史书也有提到刘仁恭铸铁钱的①。

通观五代十国的钱币，五光十色。但可以看出两个特点：第一是大额钱币的盛行。唐朝除乾封年间和乾元年间在极短的时期内曾发行大额货币外，基本上都是用小平钱。而五代十国则自当十当百到当千当万，这是空前的。第二是低级金属的大量使用，特别是铁钱的通行，以前使用铁钱，只有个别的例子：如公孙述的铁五铢，梁武帝的铁五铢，都是小钱，五代十国则有当千的铁钱。

然而这一时期内个别的钱币，却没有多大的重要性，因为他们都是地方性的货币，流通范围很小；其中许多钱币恐怕铸造的数量极少，几乎是一种象征性的东西。

二　金银

黄金在唐代仍然保持他作为主要的宝藏手段的地位。有时也用作价值尺度。唐代文献中称金的地方很多，金字表示贿赂、请托、赠遗、布施、谢礼、悬赏、赌博、旅费等方面的价值②。但有些金

---

① 《册府元龟》钱币三："长兴元年正月，鸿胪少卿郭在徽奏请铸造新钱，或一当十，或一当五十。兼进钱谱一卷，仍于表内征引故幽州节度使刘仁恭为铁钱泥钱事。"

② 日本的加藤繁在其《唐宋时代の於ける金银の研究》一书中，对于唐宋文献中提到金字的资料，搜集得很多。他想证明唐宋曾用金银作货币。但他所称物价支付的例子，有时是实物交换的性质，有时根本不是指黄金。例如张耒的诗"田家三首"有"去年百金易斗粟"之句，那大概是北宋熙丰年间的事。当时米价一斗约值百钱，所以一金是指一文钱。在唐朝，一金往往是指钱一缗。

字,未必是指黄金。有时是泛指货币,这是秦汉以来的惯例。就是真指黄金的时候,也只是作为价值尺度,或偶尔作为支付手段,并不作为流通手段。当时有阿拉伯人来中国游历过,回去写成游记①,说中国只用铜钱为货币,金银只作为贵重品,而不用作货币。阿拉伯当时是使用金银币的,他对于这事自然很注意,因而记述一定可靠。中国的文献中也提到购买时先将黄金变卖成铜钱,然后才能作支付②。

唐代产金的地区倒是不少,《唐六典》列举贡金的州数有十九③。《通典》举贡金之州有十四④。《元和郡县志》记产金之地有二十五州府,《新唐书》列举了七十三个府州⑤。而且可能还有黄金从外国流入。黄金的流入可以分为海陆两方面。大陆方面:东北黑龙江一带产金,北魏的时候,江南人已惊叹北方金玉之贱,而常加收买。海路的流入是指南洋。自南北朝以来,南洋一带的贸易,在波斯,阿拉伯人和印度人手中。尤其是公元六三八年阿拉伯征服埃及后,疏通苏伊士运河,独占了东西间的贸易。阿拉伯正是以产金著名的;据说

---

① Ancient Accounts of India and China by two Mohammedan travellers Who Went to Those Parts in the 9th Century, Translated from the Arabic by the late learned Eusebius Renaudot. London, 1733; p.20.

② 莫休符《桂林风土记·菩提寺·道林和尚》:"往年中桂州人薛公元常,常供养一僧,……忽一日,其僧辞去。……经一岁,开锁有金满函,可数千两。后卖一半买地,造菩提寺。"

③ 《六典》卷三《户部郎》中条列举贡金的州数:山南道有利州、金州、万州;陇右道有廓州、岩州;江南道有饶州、衡州、巫州、台州;剑南道有龙州、雅州、眉州、嘉州、资州、姚州;岭南道有融州、象州、骧州、蒙州。

④ 《通典》列举贡金之州有:岩、廓、金、万、饶、衡、巫、眉、资、嘉、雅、龙、蒙、骧。

⑤ 《新唐书》地理志关于产金记载得最详细,计关内道一州,河南道一府,山南道八州,陇右道四州,江南东道二州,江南西道十州,剑南道十八州,岭南道二十九州。

其金矿无须熔解①。而且印度和南洋各地也是产金的,特别是苏门答腊一带,自古有金洲之名②。中外古籍中都记载其产金的丰富③。

至于白银,唐代似乎用得更少,产量也有限。元和初每年只产一万二千两。宣宗时每年也只有一万五千两④。

但白银自唐代起,在支付上逐渐取得重要性。这可能又是受了中亚各民族的影响。因为这时中亚各国如花剌子模和不哈剌等,正盛行银币⑤,中国同他们的关系比前代更为密切,知道西方民族除了中国的绢帛以外,也喜金银,尤其是白银,所以中国赏赐外国使臣,除绢帛外,还用金银。建中初,因无力用绢来支付对回鹘的马价,乃用金银十万两来代付⑥。这自然是基于回鹘人对于金银的需要。因此中国的绢调也就可以用白银来代纳⑦。唐末和五代,

---

① Diodorus Siculus, Bibliotheca historica, AL-Maqdisi (Ahanál-Taqsin, ed. de Goeje, Leyden, 1877; pp. 101—2.) 及 al-Hamdāni (Sifat Jazirat al-Arab, ed. D. H. Müller, Leyden 1884; pp. 153—4.)也都记述过阿拉伯的金矿。

② 苏门答腊岛的梵名是金洲(Suvarnadvipa)或金地(Suvarnabhumi)或金城(Suvarnapura)。(Gabriel Ferrand, L'Empire Sumatranais de Çrivijaya. 冯承钧译名为《苏门答腊古国考》)

③ 《新唐书》卷二二二下《南蛮传》:"室利佛逝(即苏门答腊古名)一曰尸利佛誓。……多金汞砂龙脑。" Commentarios do Grande Alfonso Dalboquerque(1744)卷三十二:"输入满剌加之金,大部由米南迦保矿中来。"(冯承钧译:《苏门答剌古国考》)。葡萄牙史官巴洛司(Joao de Barros)在 Dècade(十篇书)第三篇中说:"第二舟至好望角,独向苏门答腊航行,遂达金洲。……洲中诸物任人取携,亦不好阻,任意取金,满载而去。"(同上)

④ 关于产银的区域,《六典》卷二十《太府寺右藏署令》有:"饶道宣永安南邕等州之银。"《通典》卷六记贡银之地有江南西道二州,岭南道三十州。《新唐书·地理志》记产银之地有六十八府州,以岭南道和江南西道为最多。

⑤ Robert P. Blake, The Circulation of Silver in the Moslem East Down to the Mongol Epoch, Harvard Journal of Asiatic Studies, Vol. II., 1937, pp. 300—304.

⑥ 《旧唐书》卷一二七《源休传》。

⑦ 《新唐书》卷五十一《食货志》:"丁随乡所出,岁输绢二匹,绫绝二丈,布加五之一,绵三两,麻三斤。非蚕乡则输银十四两。"

白银的使用比黄金更普遍了。唐末有许多开支是用白银,到了五代,则白银的作用,几乎要超过西汉的黄金。

唐代的金银,以两为单位,文献中的金字,如果是指金银,就是指一两黄金或一两白银。但实际上,金银多铸成定式,如饼①和铤②等。还有一部分制成各种装饰品或用具,赏赐馈赠,就直接用金银器具③。在手头紧的时候,随时变卖④。所以金银匠就发展成为金银铺。遗留下来的天宝年间的银铤是长方形,长市尺一尺上下,宽两寸多,厚一分许到三四分,但有时中间厚,周围薄。轻重不等,大的应当是当时的五十两重。面背都有文字,是铸后刻凿上去的,用阴文。文字的内容是进贡人的官衔和姓名、年份,以及银的来由等。也有仅一面文字的⑤。

金银钱在唐代也有铸造。开元通宝银钱遗留下来的比较多,大小和铜钱一样,光背。金开元应也有铸造,虽然还没有见到过。这种金银钱多用于宫廷中的赏赐⑥,或带一点吉祥的性质,如用作

---

① 《新唐书》卷二二四《高骈传》;"令曰斩,一级赏金一饼。"

② 《唐大诏令集》卷百八开元二年禁金玉锦绣勅:"所有服御金银器物,令付有司,令铸为铤,仍别贮掌,以供军国。"

③ 《旧唐书》卷六十八《尉迟敬德传》:"仍赠以金银器物一车。"同书卷一〇六《王琚传》:"(先天)二年,……累日玄宗谯于内殿,赐功臣金银器皿各一床。"

④ 《旧唐书》卷一三五《裴延龄传》:"圣旨方以戎事为急,不忍重烦于人,乃剥亲王饰带之金,卖以给直。"

⑤ 一九五六年年底在西安市东北郊八府庄东北大明宫遗址内发现银铤四个,都有天宝年号,分属淮南道的信安郡、江南道的宣城郡、岭南道的南海郡、郎宁郡和怀泽郡。上面都铸明为五十两,但各地的衡法似不一致,或则有偷工减料的事。详情见一九五七年《文物参考资料》第四期李问渠弥足珍贵的天宝遗物。

⑥ 《旧唐书》卷八《玄宗纪》先天二年九月:"已卯宴王公百僚于承天门,令左右于楼下撒金钱,许中书门下五品已上官及诸司三品已上官争拾之。"王仁裕《开元天宝遗事》:"内廷嫔妃每至春时,各于禁中结伴三人至五人掷金钱为戏,盖孤闷无所遣也。"

第四章　唐代的货币

所谓洗儿钱等①。并没有发展成为正式的货币,甚至可能还没有南北朝那样普遍。

金价在两晋似乎已到过万钱一两。到了唐代,由于新矿的开采,或由于外国黄金的流入②,价格大概下跌③。但实在情形,不见纪录。可能低到过六七千文一两,即一斤合十万钱④。安史乱后金价谅必与其他物价一齐上涨。元和年间因为铜钱奇缺,样样跌价,金价也下跌。穆宗即位时长安卖金银每十两垫一两⑤。开成三年扬州金价是每两七千五百二十文⑥。后来每两卖到八千文⑦。

金银比价,仍找不到中国方面的记录。日本在其淳仁天皇天平宝字四年(公元七六〇年)的时候,金银铜三种钱的比价都是一比十,换言之,金钱一枚等于银钱十枚;银钱一枚,等于铜钱十枚⑧。

---

① 《资治通鉴》卷二百十六:"(玄宗)自往观之,喜,赐贵妃洗儿金银钱。"韩偓《金銮密记》:"天复二年大驾在岐,皇女生日,赐洗儿果子,金银钱,银叶坐子,金银铤子。"(明徐应秋《玉芝堂谈荟》引)

② 《全唐文》卷五〇二权德舆光禄大夫……徐公墓志铭:"溟涨之外,巨商万舰,通犀南金,充牣狎至。"慧超《往五天竺国传》波斯条:"亦向昆仑国取金,亦泛船汉地,直至广州取绫绢丝绵之类。"《入唐求法巡礼记》(日僧圆仁大师稿本)有几处叙述使用砂金的事(开成会昌年间事)。如卷第一提到砂金四两,另外又将砂金大二两在市面换钱;卷第三又提到金二十四小两。

③ 王建送郑尚书之《南海诗》有:"市喧盗贼破,金贱海船来"(《全唐诗》第五函第五册)。

④ 《孙子算经》:"今有黄金一斤,直钱一十万,问两直几何? 答曰六千二百五十钱。"有人疑此书为汉魏人所述。《太平广记》卷一一八:"唐豫章民有熊慎者……尝暮宿于江上,忽见沙中光焰高尺余,就掘之,得黄金数斤。明日斋诣都市,市人云,此谓紫磨金也,酬缗数十万。"

⑤ 《新唐书》卷五十四《食货志》:"穆宗即位,京师鬻金银十两,亦垫一两。"

⑥ 圆仁《入唐求法巡礼记》卷一开成三年十月:"十四日,砂金大二两于市头令交易,市头秤定一大两七钱,七钱准当大二分半,价九贯四百文。"

⑦ 赵璘《因话录》卷三:"持金鬻于扬州,时遇金贵,两获八千。"(开成大中年间事)

⑧ 续《日本纪》。

235

如果三种钱的重量相等,则金银比价就是一对十。当时日本样样模仿中国,这种金银比价似乎也可能是反映中国当时的比价。不过当时中国银与铜的比价绝不止一比十;所以实际上我们不能由日本的这种比价来推定中国的比价。而且日本当时货币经济还不发达,钱币的铸造,只是做样子罢了。在七世纪时阿拉伯的金银比价是一比六点五,印度大概也是用这比价,因为在第五世纪他们的金银比价,就是一比五点五,十二三世纪的时候,在阿拉伯人贸易势力范围之内的马来亚的凌牙斯国的金银比价还是一比五[①]。到十五世纪时还是用一比六到一比八的比价[②]。而唐代阿拉伯人和印度人同中国人的商务关系很密切,因此可以推想中国的金银比价大概同阿拉伯和印度的比价差不多。当时欧亚大陆的金银比价,有两个独立的系统,欧洲是金贵银贱,罗马的金银比价在五世纪已是一比十四点四。七世纪是一比十。但九世纪威尼斯又是一比十一。而亚洲则是金贱银贵,中国在汉代金银比价就是一比五。在唐朝的时候,中印两国关系密切,而阿拉伯人则处于亚欧两洲之间,不但亚洲的对外贸易由他们垄断,欧洲的对东方贸易,也是在他们手中,因为当时除北非洲外,西班牙以及地中海的大小岛屿,都是在阿拉伯帝国版图之内。可是他们所用的金银比价,不属于欧洲系统,而属于亚洲系统,只是黄金作价,大概比中印两国稍微

[①] 赵汝适《诸蕃志》凌牙斯国条有"酒一墱准银一两,准金二钱;米二墱准银一两,十墱准金一两"的记载,金银比价是一比五。《诸蕃志》是十三世纪(有宝庆元年九月序)的书,但书中所记并非赵汝适亲身所经历,而是他所听到的,大概是北宋或北宋以前的事。

[②] Del Mar, Money and Civilization, p.22.

高一点,这是很合理的。由此可知当时亚欧大陆的经济重心是在亚洲,不在欧洲,尤其是在亚洲的中印两国。由此也可推想中国当时的金银比价是一比五到一比六之间。

三 绢帛

唐代使用缣绢来担任一部分货币的职能的事,很为普遍,比两晋南北朝,只有过之无不及。在各种野史中,缣绢的使用,似乎比铜钱还要多。行旅所带①,日用所需②,物价的表示③与支付④,以及劳务的报酬⑤,都有用缣绢的例子。

唐代使用绢帛,不仅是民间的习惯,而且是有法令根据的。平赃计值是以绢为标准,不但赃物价值,要折成绢值,就是计功作庸以及牛马驼骡驴车等计庸,也都折合成绢值⑥。龙朔二年(公元六

---

① 《唐摭言》卷四《义气》:"李北海,年十七,携三百缣,就纳国色。偶遇人启获,倾囊救之。"

② 《太平广记》卷三四三《窦玉》:"妻曰:妾身奉君,固无远近,但君生人,不合久居于此。君速命驾,常令君箧中有绢百匹,用尽复满。"《旧唐书》卷一八三外戚传长孙敞:"贞观初坐臧免。太宗以后亲,常令内给绢,以供私费。"同书卷一九二隐逸传道士司马永祯:"赐绢三百匹,以充药饵之用。"

③ 《资治通鉴》卷一九五,贞观十一年八月:"魏征曰,贞观之初,天下饥歉,斗米值匹绢。"

④ 《唐国史补》卷上,"渑池道中有车载瓦瓮塞于隘路,属天寒,冰雪峻骨,进退不得。……有客刘颇者,扬鞭而至,问曰,车中瓦瓮值几何? 答曰七八千,颇遂开囊取缣立偿之。"

⑤ 《唐语林》卷五《补遗》:"皇甫湜……其词约三千余字,每字三匹绢。"《酉阳杂俎》卷五:"天宝末,术士钱知微尝至洛,遂榜天津桥表柱卖卜,一卦帛十匹。"《广异记》朱自劝:"……后十余日,婢复遇自劝,谓曰,有客数十人,可持二绢令和尚于房中作僎为午食。"

⑥ 《唐律疏议》卷四,平赃者、平功庸者两条下疏议。

六二年)曾下令叫国内的学生以绢为束修①。开元二十年(公元七三二年)政府曾颁制命令,叫市面通用绫罗绢布杂货等,不得一定要现钱②。二十二年也有相仿的命令,叫各种交易,一千钱以上的,钱物兼用③。贞元十二年(公元七九六年)又令市井交易以绫罗绢布杂货与钱兼用④。元和六年(公元八一一年)因为通货数量不够,又令公私交易,十贯钱以上,必须兼用匹段⑤。所以有人说,唐时民间用布帛处多,用钱处少。

唐代这种情形,可以说是自然经济的成分很重。而实际上,唐代不只曾以布帛交易,甚至还有以布帛难得,而完全用实物经济的地方。长庆二年(公元八二二年)韦处厚提到山南道(今湖北四川)"不用现钱。山谷贫人,随土交易,布帛既少,食物随时,市盐者或一斤麻,或一两丝,或蜡或漆,或鱼或鸡,琐细丛杂;皆因所便。今逼之布帛,则俗且不堪其弊。"⑥这种情形,也许不限于山南道,甚至不限于唐代,而是几千年来山谷贫民间的普遍现象。

---

① 《唐摭言》卷一《两监》:"龙朔二年九月敕学生在学各以长幼为序。初入学皆行束修之礼:各绢三匹,四门学生各绢二匹。隽士及律书算学州县学各绢一匹。皆有酒酺。其分束修三分入博士,二分助教。"

② 《册府元龟》卷五〇一《钱币》三,开元二十年九月:"制曰绫罗绢布杂货等,交易皆合通用,如闻市肆必须见钱,深非道理,自今以后,与钱货兼用,违者准法罪之。"

③ 《唐会要》卷八十九,开元二十二年十月十六日勅:"货物兼通,将以利用,而布帛为本,钱刀是末,贱本贵末,为弊则深,法数之间,宜有变革。自今已后,所有庄宅,以马交易,并先用绢布绫罗丝绵等,其余市价至一千以上,亦令钱物兼用,违者科罚。"

④ 黄宗羲《明夷待访录》,财计:"唐时民间用布帛处多,用钱处少。大历以前,岭南用银之外,杂以金锡丹砂象齿。贞元十二年命市井交易,以绫罗绢布杂货与钱兼用。"

⑤ 《旧唐书》卷四十八《食货志上》。

⑥ 《唐会要》卷五十九《度支使》。

第二节 货币的购买力

一 盛唐钱币的购买力

唐代两百九十年,在货币经济上,可以分作两个约略相等的时期:安史之乱以前,是一个繁荣的时期,安史之乱以后,是一个萧条的时期。

李唐在建国改元以后的第四年,就废止用了七八百年的五铢钱,改用新的开元通宝,以稳定隋末以来波动的币值。这一措施,很为成功。虽然最初几年间,粮食还是贵,那是因为战争。农人少,土地荒,米谷不够。以绢计算的米价也是很高的。后来恢复和平和生产,就出现所谓贞观之治:牛马被野,民物蕃息。这种盛况也许是大乱后的正常现象,因为经过了隋末的战乱,人口已大为减少①,和平生产恢复后,谋生就比较容易了。

当时币值很高,米价在贞观三年(公元六二九年)的时候,是每石三四十钱②,而且连年丰稔。八九年的时候,每石四五十钱。十五年每石二十钱③十六年全国平均每斗五钱,最便宜的地方是每斗

---

① 《新唐书》卷五十一《食货志》:"贞观初,户不及三百万,绢一匹易米一斗。至四年,米斗四五钱,外户不闭者数月。马牛被野,人行千里不赍粮,民物蕃息,四夷降附者百二十万人。是岁天下断狱死罪者二十九人。号称太平。"

② 《贞观政要》卷一:"至贞观三年,关中丰熟……牛马布野,外户不闭。又频致丰稔,米斗三四钱。"《新唐书》卷九十七《魏征传》:"于是帝即位四年……米斗三钱。"《五代会要》卷二十五租税:"天下太平,粟值两钱。"

③ 《通典》卷七:"自贞观以后,太宗励精为理,至八年九年,频至丰稔,米斗四五钱,马牛布野,外户动则数月不闭。至十五年,米每斗直两钱。"

三钱①。至于绢帛，在唐初多用作计算标准，太宗刚即位的时候，因米价尚贵，一匹绢只换得一斗米，后来因米价跌，在贞观五六年以后的几年间，每匹绢能换得十几石粟②。

太宗晚年，对外渐多用兵，到高宗时更频繁了：伐突厥，讨贺鲁；至于攻打高丽，前后十几年，几乎没有断过。这种不停的征伐，使人民的负担加重，结果私铸盛行。私铸必然会减重，否则无利可图。因此有大批的恶钱在民间流通。不过一般地说来，直到高宗麟德年间，铜钱的购买力还是高。每遇丰年，米价还能跌到五十钱一石。例如永徽五年洛州粟米每石二十五钱，秔米一百一十钱③。麟德二年和三年，米价都跌到五十钱一石④。

恶钱是高宗到玄宗之间的一个麻烦问题。显庆五年（公元六六〇年）九月政府命令各地方当局收买恶钱，用一个好钱收买五个恶钱。但因恶钱作价太低，人民反而加以收藏。当局乃于十月改变比率，以一好钱收兑两个恶钱。然而恶钱问题并没有解决。

当我们的民间英雄薛仁贵正在攻打高丽的时候，国内曾引起一次小小的通货贬值。这就是乾封元年（公元六六六年）所发行的当十钱乾封泉宝。这钱发行后的第二年，旧钱都不见了，物价大涨，商贾不通。结果只好废止当十钱，再用开元钱。但当十钱虽

---

① 《贞观政要》卷八务农第三十、第二章："贞观十六年太宗以天下率计斗直五钱，其尤贱处计斗直三钱。"

② 《旧唐书》卷七十四《马周传》，贞观十一年又上疏："往者贞观之初，率土霜俭，一匹绢才得一斗米，而天下帖然。……自五六年来，频岁丰稔，一匹绢得粟十余石，而百姓……咸有怨言。"《贞观政要》卷一："太宗即位之始，霜旱为灾，米谷踊贵，……一匹绢才得一斗米。"

③ 《通鉴》卷一九九。

④ 《通鉴》卷二〇一。《通典》卷七。

废,私铸还是不停;加以水旱成灾,所以到仪凤四年(公元六七九年),物价还是很高。当时还在大事讨伐:咸亨元年伐吐蕃,伐高丽;三年伐姚州蛮;上元元年伐新罗;调露元年伐突厥。开支不能减少,甚至官吏都要捐献月俸来打仗,人民负担自然不会很轻。

高宗几次想禁用恶钱。仪凤四年曾用米来收钱,一斗糙米附收恶钱一百文。武则天曾在长安市中陈列样钱,以为钱货流通的标准。但中国制钱大小,根本不一律,善恶也没有严格的区别,所以后来只禁铁锡铜荡穿穴,其余都许流通。于是盗铸更加厉害了。到玄宗先天元年(公元七一二年),首都还在闹恶钱问题,物价高涨。开元初稍为好一点,物价下跌,但后来又恶化了。除官炉钱外,有几十种所谓偏炉钱,多是江淮一带的私铸,要七八文才抵得官炉钱一文。

盗铸的弊害:第一是减重,第二是使通货数量增加;两者都有引起物价上涨的作用,尤其是在战时。不过钱币的减重,程度有限;标准开元钱每千文是六斤四两重,减重最厉害的鹅眼铁锡古文綖环之类,每贯仍有三四斤重。物价不会涨到五倍。而且市面仍有好钱流通,以好钱计算的物价,应当不至于上涨。实际上,一场天灾,比多年的恶钱,还更能影响物价。譬如永淳元年(公元六八二年)夏天因为下了十天大雨,洛水大涨,那一带的米价就涨到两三百钱一斗,但布价每端不过百钱。至于通货数量的增加,在唐朝毋宁有这需要。自战事停止后,国内生产增加,人民租税负担减轻,私铸的事情也会减少。开元间便是这种情形。

史书载开元初米价低到每斗三钱[①]。十三年(公元七二五年)

[①] 《唐语林》卷三《夙慧》:"开元初……四方丰稔,……米每斗三钱。"《册府元龟》卷五〇二开元二年九月敕:"天下诸州,今年稍熟,谷价全贱,或虑伤农。……"

前后，因累年丰稔，东都米斗十三钱，青齐间谷每斗五钱，以后米价每斗总不到二十①。十六年和二十五年当局还怕谷贱伤农②。二十八年又因"频岁丰稔，京师米斛不满二百，天下乂安，虽行万里，不持兵刃。"③天宝四年（公元七四五年）也怕麦贱伤农④。这是李唐第二个盛世。正是所谓"稻米流脂粟米白，公私仓廪俱充实"的时代⑤。天宝初年，私铸减少，钱形完好。海内富实，米价每斗十三钱，青齐之间，每斗只三钱，绢价每匹不过两百⑥。十一年政府曾用几十万贯好钱来收回私钱，商旅反觉得不便，可见当时生产和交易之盛与通货数量需要的多。难怪"康哉之颂，溢于八纮"了。

  盛唐的米价记录，差不多全是特殊丰收时的报告，所以正常米价每石多少，不得而知。书中所载，每石自三十文到一百多文，而且通典明言开元于三年以后天下无贵物，两京米斗不至二十文，则以两百文一石为开元天宝间的正常米价，大概相差不远，每公石为三百三十六文⑦，比西汉宣帝时要高，但比元帝时要低。当时金价以十万钱一斤计算，每公石米约值黄金两公分，不到西汉宣帝时的二分之一。金银比价如果以一比五计算，则每公石米约值白银十

---

  ① 《通典》卷七："至十三年封泰山，米斗至十三文。青齐谷斗至五文。自后天下无贵物。两京米斗不至二十文，面三十二文，绢一匹二百一十文。"

  ② 《册府元龟》卷五〇二开元十六年九月诏："如闻天下诸州，今岁普熟，谷价至贱，必恐伤农。"又二十五年九月戊子敕："今岁秋苗，远近丰熟，时谷既贱，则甚伤农。"

  ③ 《旧唐书》卷九玄宗纪下。

  ④ 《册府元龟》卷五〇二天宝四载五月诏："如闻今载收麦，倍胜常岁；稍至丰贱，即虑伤农。"

  ⑤ 杜甫《忆昔》诗："忆昔开元全盛日，小邑犹藏万家室。稻米流脂粟米白，公私仓廪俱充实。九州道路无豺虎，远行不劳吉日出。齐纨鲁缟车班班，男耕女桑不相失。"

  ⑥ 《新唐书》卷五十一《食货志》。

  ⑦ 唐代一石合以 0.5944 公石计；一两合 37.30 公分。（吴承洛《中国度量衡史》）

公分。当时(第七八世纪)欧洲的小麦价格每公石约值白银十五公分八九,比中国米价稍高。折合金价每公石约值一公分零六,只合中国米价的一半①。

又如绢帛价格,盛唐的两百钱一匹②,是汉以来的最低价格,以后千年间再也没有到过这价格。不过两百钱一匹的绢,虽在盛唐,也并不是正常价格,所以不能用作标准。当时的绢价,各地不尽相同:山南的价格低,约两三百钱一匹;河南的价格高,要七百多钱一匹③,因此当局于开元十六年以五百五十钱一匹的价格为定赃的标准④,这可以说是盛唐的标准绢价。

二 安史之乱与通货贬值

玄宗晚年,渐趋奢侈,每年租钱虽收得二百多万缗,粟一千九百八十余万斛,绢七百四十万匹,另有绵和布;但岁出常超过岁入。好在由于多年的积聚,所以仍是府库盈溢。天宝八年还邀引百官到左藏库去参观,以炫耀他的钱币之多。有人说安禄山之反,就是

---

① 欧洲小麦价格,在六七八三个世纪,平均白银一两可以买得三百一十四磅(Michael G. Mulhall, *The Dictionary of Statistics*, London, 1892; p.418.)。当时金银比价为一比十五(G. F. Warren & F. A. Pearson, *Gold and Prices*, p.260.)

② 《通典》卷七,见《通典》卷七:"至十三年封泰山,米斗至十三文。青齐谷斗至五文。自后天下无贵物。两京米斗不至二十文,面三十二文,绢一匹二百一十文。"《通鉴》卷二一四开元二十八年:"西京东都米斛直钱不满二百,绢匹亦如之。"《新唐书·食货志》天宝三载:"是时海内富实,米斗之价钱十三,青齐间斗才三钱,绢一匹钱二百。"

③ 《唐会要》开元十六年五月二日御史中丞李林甫奏:"天下定赃估,互有高下,如山南绢贱,河南绢贵;贱处计赃不至三百即入死刑,贵处至七百以上方至死罪,即轻重不侔,刑典安寄。请天下定赃估绢,每匹计五百五十为限。"

④ 《唐六典》刑部郎中员外郎职:"凡计赃者以绢平之。"注准律以当处中绢估平之。开元十六年敕其以赃定罪者,并以五百五十为定估,其征收平赃并如律。

243

垂涎明皇的财富。

范阳的战鼓声,惊破了长生殿的美梦。把明皇那个欢乐的朝廷,吓得手忙脚乱。因为太平日久,没有人会打仗。可是杨国忠还想度僧尼道士来弄钱,他不知道就是左藏库的钱帛,也是支持不了很久的。

打了两年之后,卖官爵和度僧尼都无济于事,于是在第五琦主持之下,实行通货贬值。乾元元年(公元七五八年)七月铸造当十的乾元重宝,以供几十万大军作战,但尽管有斩首十万级、横尸三十里的经验,仍无法消灭贼众。有时郭子仪也要吃败仗。安禄山死后,史思明正式称帝。于是又发行当五十的重轮乾元重宝。史思明且在东都发行当百的得壹元宝。米价马上涨到每斗七千①,这比战前两百钱一石的米价高了三四百倍。而且几种乾元钱文字相同,大小也差不多(由于私铸减重),流通上自然很不方便。在上元元年(公元七六〇年)把重轮钱减作当三十,旧开元钱则增为一当十,这样还是贬值。到代宗广德时(公元七六三年)各种钱平价流通。但物价并没有恢复。上元初米斗直数千②。宝应二年(公元七六三年)京师米价每斗还是一千③,官厨无兼时之积,禁军乏食,百姓捋穗以供。又如盐价在天宝至德间每斗只十钱,即两个铜钱一斤,战乱发生后,第五琦变盐法,每斗增加到一百一十文,也就是二十二文一斤,涨成十一倍④。

---

① 《新唐书》卷五十四《食货志》四。
② 《旧唐书》卷一三一《李皋传》:"上元初京师旱,米斗直数千,死者甚多。"
③ 《旧唐书》卷一二三《刘晏传》。
④ 《新唐书·食货志》四:"天宝至德间,盐每斗十钱。……及琦为诸州榷盐铁使,尽榷天下盐,斗加时价百钱而出之,为钱一百一十。"刘肃《大唐新语》卷十厘革第二十一:"……永泰初奏准天下盐斗收一百文,迄今行之。"(该书所记事件,起武德之初,迄大历之末)。元叶知本《请减盐价疏》。

通货贬值的结果,发生许多应有特有的现象,第一是官吏货币所得的增加。依据开元二十四年六月二十三日的敕令,一品官月俸等项收入只有六七十贯①,大历中权臣月俸有到九千贯的,各郡刺史,都是千贯②,郭子仪每年的官俸二十四万贯,私利还不在内③。第二是税收增加:肃宗初年(公元七五六年),岁入钱六十万贯,晚年(公元七六二年)超过十倍,据说人民无厌苦,这自然是货币贬值的关系。大历末(公元七七九年)通计一年赋入一千二百万贯④,增加二十倍。史家多归功于刘晏的转运政策,其实是因为通货贬值的关系。货币价值减低了,数量必须增加。

然而古今通例,通货贬值时,待遇的提高,总是赶不上物价上涨的程度。因为战时生产减少,物资缺乏,加强了通货对商品贬值的程度。可是劳动人民和职员等不得不出卖其劳力,所以一般人

---

① 《唐会要》卷九十一。《旧唐书·食货志》所载永徽元年和开元二十四年百官月入(永徽年间除俸钱外,还有防阁庶仆,未计在内,开元制另有禄米,也未计算在内)比较如下(单位文):

品级	永徽元年	开元二十四年
一品	11,000	31,000
二品	9,000	24,000
三品	6,000	17,000
四品	4,200	11,567
五品	3,600	9,200
六品	2,400	5,300
七品	2,100	4,100
八品	1,850	2,475
九品	1,500	1,917

② 《唐会要》卷九十一内外官钱二元和六年条。《唐书·食货志》作权臣九十万,刺史十万。
③ 《旧唐书》卷一二〇郭子仪传。
④ 《旧唐书·刘晏传》。

民的生计艰难①。奸人则乘机取巧,增加贪污贿赂的事②。意志薄弱的人有时难免屈服于金钱的诱惑③。有些官吏为生活所迫,要求调到乡下去不准,甚至故意犯过,以求外贬④。这样使整个吏治都受到很坏的影响。

至于物价上涨的程度,却没有详细确实的记载;文献中的记录,多是特殊的物价,例如至德二年(公元七五七年)南阳被围的时候,米一斗卖到四五十贯⑤。乾元二年间邺城的安庆绪被围;一斗米卖到七十多贯⑥。这些都是同货币没有关系的。乾元大钱发行后的反响便是米价涨到七千文一斗,不过这也是指人心最动摇的

---

① 《新唐书》卷一六二《独孤及传》:"师兴不息十年矣。人之生产,空于杼轴。拥兵者馆亘街陌,奴婢厌酒肉,而贫人羸饿就役,剥肤及髓。"《次山文集》卷七问《进士》(永泰二年):"当今三河膏壤,淮泗沃野,皆荆棘已老,则耕可知。太仓空虚,雀鼠犹饿。至于百姓,朝暮不足。而诸道聚兵,百有余万。遭岁不稔,将何为谋?"《陆宣公翰苑集》卷四议减盐价诏:"自顷寇难荐兴,已三十载。服于橹者,农耕尽废。居里间者,杼轴其空。革车方殷,军食屡调。人多转徙,田亩污莱。"

② 《旧唐书》卷一二六《陈少游传》:"永泰二年(公元七六六年)……少游以岭徼遐远,欲规求近郡。时中官董秀掌枢密用事。少游乃宿于其里,候其下直际晚谒之,从容曰,七郎家中人数几何? 每月所费复几何? 秀曰久忝近职,家累甚重,又属时物腾贵,一月过千余贯。少游曰,据此之费,俸钱不足支数日,其余常须数求外人,方可取济。倘有输诚供亿者,但留心庇覆之,固易为力耳。少游虽不才,请以一身独供七郎之费。每岁请献钱五万贯,今见有大半,请即受纳,余到官续送,免贵人劳虑,不亦可乎。秀既逾于始望,欣惬颇甚,因与之厚相结……"

③ 《太平广记》引《幽闲鼓吹》:"唐张延赏(大历、建中间人)将判度支,知一大狱,颇有冤屈,每甚扼腕。及判使台狱吏严诫之。且曰此狱已久,旬日须了。明日视事,案上有一小帖子曰,钱三万贯,乞不问此狱。公大怒,更惧之。明日复见一帖子来曰,钱五万贯。公益怒,令两日须毕。明旦案上复见帖子曰钱十万贯。公遂止不问。子弟承间侦之,公曰钱至十万贯,通神矣。无不可回之事,吾恐及祸,不得不受也。"

④ 《旧唐书》卷一三一李皋传:"上元初(公元七六〇年)京师旱,米斗直数千,死者甚多。皋度俸不足养,巫请外官不允,乃故抵征法,贬温州长史。"

⑤ 《旧唐书》卷一一四《鲁灵传》。

⑥ 《旧唐书》卷二〇〇上《安庆绪传》。

时候,后来大概慢慢平复了些。上元初京师旱灾,斗米也不过数千。乾元三年米价在饥旱之下,也不过八百文到一千五百文一斗①。在取消大钱之后,物价大概更有回跌,因为代宗初年(公元七六三到七六四年),即在灾荒之下,一斗米也不过涨到一千钱②,最高到过一千四百③。至于当时的正常价格,当然还要更低。永泰二年(公元七六六年)政府考进士,有一个题目是问:为什么往年粟一斛估钱四百还算贵,近年估钱五百还算贱?往年帛一匹估钱五百算贵,近年估钱二千还算便宜④?可见粟价在永泰二年前后比战前只上涨约一倍,而帛价则涨成四倍以上。杜甫《忆昔》诗中的"岂闻匹绢直万钱?"大概是指绢价最高的时候。

大历二年,安史的余党已渐剿平,但币值仍旧没有恢复。郭子仪自河中来朝,代宗只赐罗绵二百匹,而不赐钱,大概因为铜钱的购买力很低。元载王缙等四人欢宴,每人出钱至三十万。田神功一宴花费了一亿。这种宴会虽然有庆祝胜利的意味,但实际上他们不应过分乐观;第一吐蕃还是不断地同中国找麻烦,第二回纥因为帮助唐室收回西京,中国答应每年向他们购买十万匹马,每匹价格是四十匹绢,这是人民一种很重的负担,也是以后绢价所以贵的

---

① 《旧唐书》卷三十七《五行志》,乾元三年闰四月:"是月史思明再陷东都,京师米斗八百文。"又卷十肃宗纪乾元三年:"是岁饥,米价至一千五百文。"

② 《旧唐书·五行志》:"广德元年秋,蚜蚄食苗,关西尤甚,米斗千钱。"又卷一二三刘晏传记代宗初年事:"时新承兵戈之后,中外艰食,京师米价,斗至一千。"又卷十一《代宗纪》广德二年:"自七月大雨未止,京城米斗直一千文。"又同卷永泰元年:"岁饥,米斗千钱,诸谷皆贵。"

③ 《旧唐书·代宗纪》,永泰元年七月:"时久旱,京师米斗一千四百,他谷食称是。"

④ 《全唐文》卷三百八十《元结问进士》第四。所据为光绪辛丑年广雅书局翻本。他人所引有作"近年粟一斗估价五百犹贱"的。

原因。当时绢价要四千钱一匹①,这比万钱一匹的价格已低得多,但比起战前来,还是要高许多倍。在大历年间稍有灾荒,米价便要涨到八百钱千钱一斗②。

当时事态的没有恶化,就是因为当局不再以通货贬值来应付,而用开源节流的办法。所谓开源就是增税,例如代宗永泰二年(公元七六六年)税青苗地钱和大历四年(公元七六九年)的秋税等。向人民募捐也是一种开源的方法。所谓节流,例如减低京官职田和裁员。这些办法都有收缩通货的作用。

然而通货的稳定,单靠收缩通货数量或增加国库收入还是不够。必须同时增加生产。当时除当兵的人太多以外,还有大批的和尚尼姑,不但不事生产,而且不纳税,这是一种很大的浪费。这一点当时也有人注意到。譬如大历末(公元七七九年)李叔明曾上书请淘汰东川寺观,僧尼中只留有道行的,其余的还俗。彭偃更提出他的充分就业的理论来,主张僧道未满五十岁的每年输绢四匹,尼姑和女道士两匹,其他杂役和普通人同样待遇,这样就让他们做和尚也好,道士也好。他这种建议为朝臣所反对,没有实行。

自采行开源节流的政策以后,几年之内,形势似乎有点好转。永泰二年粟价只要五百多钱一斛。大历五年户税减轻,八年又减青苗地头钱。次年因岁丰谷贱,粟价每斗只要二十③,政府还拿出

---

① 《新唐书》卷一六五《权德舆传》:"又言大历中一缣直钱四千。"
② 《旧唐书·五行志》,大历四年"是岁自四月霖潦至九月,京师米斗八百文。"又卷十一《代宗纪》大历五年七月,"是月京城米斗一千文。"同卷大历六年,"是岁春旱,米斛至万钱。"
③ 《册府元龟·平籴》卷五〇二:"代宗大历八年十一月癸未,……时京师大稔,谷价骤贱,大麦斗至八钱,粟至二十钱。"

一百二十万贯钱来维持谷价①。但这些事例只能表示膨胀之势已停止,实际上物价还是很高。因为大历十二年还要根据新的币值来调整百官俸给②。而李翱说在建中初年(公元七八〇年)米价要两百钱一斗③,比战前起码贵了四五倍。又贞元四年(公元七八八年)盐价从每斗一百一十文加到三百一十文,河中两池加到每斗三百七十文,这是官价;有些奸商,甚至把市价提高到官价的一倍④。由此便可以知道当局对于恢复以前的币值是没有把握的。币值低自然使政府感觉通货数量不够,而设法多铸钱。大历四年增炉铸钱,七年禁止国内铸铜器。建中初又铸钱,铸钱一千,成本就要九百⑤,那大概就是轻小的建中通宝钱,每枚重量不过两公分四左右。江淮多用铅锡钱,使绢价腾贵⑥,取巧的人将好钱销熔,每千钱得铜六斤,铸成器每斤可以卖六百文。正在这时,李希烈叛,赵赞因常赋不足,提议铸当十的白铜大钱⑦,幸而后来没有实行。而因铜钱渐少,使币

---

① 《旧唐书·代宗纪》大历九年:"五月庚申诏度支使支七十万贯转运使五十万贯和籴,岁丰谷贱也。"
② 《旧唐书·代宗纪》。
③ 《全唐文》卷六三四李翱《疏改税法》。
④ 《新唐书》卷五十四《食货志》。
⑤ 《新唐书》卷五十四《食货志》:"大历七年禁天下铸铜器。建中初户部侍郎韩洄以商州红崖冶铜多,请复洛源废盐,起十炉,岁铸钱七万二千缗,每千钱费九百。德宗从之。"
⑥ 《唐会要》卷八十九:"建中二年诸道盐铁使包佶奏,江淮百姓近日市肆交易钱交下粗恶,拣择纳官者三分才有二分,余并铅锡铜荡,不敷斤两,致使绢价腾贵,恶钱渐多。"
⑦ 《唐会要》卷八十九,建中四年六月:"判度支侍郎赵赞以常赋不足用,乃请采连州白铜铸大钱,以一当十,权其轻重……。"《册府元龟·邦计部经费》卷四八四:"建中四年对李希烈……判度支侍郎赵赞以常赋不足用,乃请采莲州白铜铸大钱以一当十,权其轻重。又请置大田……诏从其说。赞熟计之,自以为非便,皆寝不下。请行常平税竹木茶漆之法。"

值慢慢提高了①。但一直到德宗贞元时采行两税法以后,币值才向另外一个方向波动,而安史乱后的物价上涨阶段才真正告一个结束。

三　贞元元和间的通货回缩

李唐自德宗贞元(公元七八五到八〇五年)以后,发生一次通货紧缩的现象,前后闹了六七十年。这次紧缩是中国货币经济史上一件大事,其严重性可以同南齐的一次相比。但严格地讲起来,只能说是回缩。因为缩到最低点的时候,物价还是高于开元天宝时的水平。

回缩的原因,可以分析成四种:第一是自然的调整。因为在通货贬值之后,人民对货币失去信心,使货币购买力下跌的程度,超过减重的程度,使铜钱的市价低于他的币材价值,而发生私销的现象②。例如在代宗时因各种大小钱都平价流通,于是分量重的乾元和重轮两种钱都被人销熔为器。此外销钱铸佛像的事也很盛行,代宗时五台山的金阁寺,铸铜为瓦,销钱许多万万枚③;武则天的时候,武三思建议作天枢来纪则天的功德,销镕两百万斤④,若用标准开元钱,合得三亿二千万枚。这样使通货数量减少,购买力也就慢慢提高了。

---

①《新唐书》卷五十四《食货志》:"(建中)十年诏天下铸铜器每器一斤,其直不得过百六十,销钱者以盗铸论。然而民间钱益少,缯帛价轻。"

②《旧唐书》卷四十八《食货志》:"贞元九年正月张滂奏诸州府公私诸色铸造铜器杂物等,伏以国家钱少,损失多门,兴贩之徒,潜将销铸钱一千为铜六斤,造写器物,则斤直六百余,有利既厚,销铸遂多,江淮之间,钱实减耗。"

③《旧唐书》卷一一八《王缙传》:"代宗时……五台山有金阁寺,铸铜为瓦,涂金于上,照耀山谷,计钱巨亿万。"

④《新唐书》卷七十六后妃上高宗则天顺圣皇后:"延载二年,武三思率蕃夷诸酋及耆老请作天枢纪太后功德,以黜唐兴周,制可,使纳言姚璹护作,乃大裒铜铁合冶之,……无虑用铜铁二百万斤。"

第二是铸钱的减少。开元中,国内铸钱七十几炉,每年盈百万①,天宝十一年时每年铸钱总数为三十二万七千缗②,如以当时人口计算③,每人占六文。但宪宗时(公元八〇六年到八二〇年)全国只铸造十三万五千缗,太和八年(公元八三四年)还不及十万缗④。

第三是用钱区域的推广。杨于陵说:在"大历以前,淄青太原魏博,杂铅铁以通时用;岭南杂以金银丹砂象齿。"但大历以后,都用铜钱⑤。此外还加上铜钱的输出外国。本来自汉以后,中国铜钱,便有流到外国去的事,但那时只限于所谓西域,即现在的新疆西藏一带⑥。唐代国势隆盛,贸易发达,商贾所至,铜钱流布,远到

---

① 《新唐书》卷五十二《食货志》,引杨于陵的话。
② 《新唐书》卷五十四《食货志》。
③ 《旧唐书》卷九《玄宗纪》下载天宝十三年全国人口为五千二百八十八万另四百八十八人。
④ 《新唐书》卷五十四食货志。
⑤ 《新唐书》卷五十二《食货志》。
⑥ 斯坦因(Aurel Stein)在其一九〇六到一九〇八于新疆一带的发掘工作中,在许多地方如安得悦(Endere),罗布淖尔(Lop nor site),塔里木盆地(Tarim),疏勒河区(Su-lo Ho),敦煌以西,及 Nan Hu Oasis 等,都曾发现纯粹的汉钱或至少是南北朝时的钱。(Ruins of Desert Cathay Vol. I., pp. 231, 313, 372, 374, 382, 426; Vol. II., pp. 4, 51, 65, 77 及 Serindia, ch. VII., sec, iii, p. 282.)朱谦之《扶桑国考证》(商务印书馆史地小丛书)第一一二页说:"墨西哥首都博物院,陈列该国境内新出土之汉文古碑古砖古钱古装雕刻甚多。又该国农人曾于耕田时,发现几只石匣,中有许多泥塑佛像……又有古钱一串,刻中国文字,其穿钱的麻绳,亦为中国式。"又第一一三页:"南美洲厄瓜多尔博物院,陈列该国境内掘得的汉朝王莽所造的货币……"作者是想藉此证明扶桑即是墨西哥。可惜所谓墨西哥出土的古钱,究不知古到什么程度,也不知是哪几种钱。厄瓜多尔发掘的钱,也没有注明是什么钱,但既说是王莽所造的,则起码是唐以前的,因货泉等钱在南北朝时还有铸造。这一点对于该书作者的主张是有利的。不过唐古钱到后代还有流通,如果只发掘一二枚,或竟杂以近代钱,则可能是近代粤闽移民所带去的。又婆罗洲的沙劳越河口的山麓曾发现战国钱币和汉五铢以及南朝的钱币(李长传《南洋华侨史》第五十九页引《深尼幸太郎殖民地大鉴沙劳越国》和 Baring Gould & Bampfylda 的《沙劳越史》第三十七页)。

波斯湾的西拉夫(Siraf)也有中国铜钱①。日本也输入中国铜钱。当时日本同中国接触频繁,在睿宗元年迁都奈良之前两年,已开始铸钱②,完全是仿中国的开元钱,可见中国钱必早已流入日本③。不过当时日本社会还是停留在实物经济的阶段,他们自己铸造的钱都不大能流通,所以中国流到那里去的钱大概不多。

  第四是租税政策。安史乱后的苛捐杂税,在中国历史上,少有先例。历任宰臣如杨炎赵赞等,全副心力,都是用在租税政策上。建中元年(公元七八〇年),全国税收是一千三百五万六千七十贯,较贞观初增加六七倍。以当时人口计算④,每户占四贯二百三十二文,负担不算不重。但因李希烈等起事想推翻政府,每月军费百多万贯,帑廪不够支持几个月,于是赵赞等除向富商僦柜勒借外,又征收所谓间架税(即房屋税)和除陌税(即交易税),由百分之二增为百分之五,此外又征商货税也即货物税,按值抽百分之二,对竹木茶漆则抽百分之十。而因办事人员舞弊和没有效率,全国怨黩,李希烈军就是以不税间架除陌来争取人心。

---

  ① "The Chinese coin no Money besides the little Pieces of Copper,... There are some of these Pieces at Siraf with Chinese Characters upon them."(Ancient Accounts of India and China, p. 47.)

  ② 日本自八世纪初到十世纪中叶曾铸过十二次钱,即日本的钱币学家所谓的皇朝十二钱,每次铸新钱时,总是以一当旧钱十,所以照理在二百五十年间物价应涨成千亿倍。不过当时日本的货币经济还不发达。人民不愿使用,所以在铸钱的第四年(公元七一一年)竟制定所谓"蓄钱叙位法",以加奖励,当时日本人旅行,是携带粮食,有人在途中吃完所带的粮食而饿死。这也证明货币经济的不发达。日本初期铸钱,可能是雇用中国的工匠。后来完全废止了。

  ③ 《唐大和上东征传》记鉴真第二回日本渡船准备所载物品中有"……青钱,正炉钱"等。

  ④ 据《唐书·食货志》所载,当时人口为3085076户。通考则作3805076户。

租税政策中最重要的是杨炎的两税法。安史乱后通货贬值所引起的物价波动,到采用两税以后才真正稳定,通货紧缩也是行两税以后才开始,因为其他的苛捐杂税,扰民有余,收回的通货并不多。史书一再说到初定两税时还是货重钱轻,行后才货轻钱重。

唐代前半的税制是用租庸调法,租是输米谷,调是纳土产,庸是出人力;实物经济的色彩很浓厚。但自开元以后,全国的户籍久不调查,人丁有死亡迁移,田亩有买卖兼并。尤其自安史之乱以后,租庸调的办法,更加不便,代宗时(公元七六三到七七九年)才改为按亩征税。德宗建中初杨炎为相,乃制定两税法,一切税收,全用铜钱。

两税法虽然受到陆贽[1]白居易[2]等人的反对,但在中国的货币经济史上,有两种重要的意义。第一是使中国的货币经济作进一步的发展。中国的货币经济有两次跳跃式的发展,一次就是汉初的口赋,另一次就是唐时的两税。口赋使全国人民都有用钱的必要,对于钱币的流通,有很大的影响。两税使各种税收完全货币化,其影响不言可知。这是长期的影响。第二是短期的影响,就是自两税法行后,民间对于铜钱的需要大增。本来自代宗时,各种铜钱以平价流通后,分量重的乾元和重轮等钱多被销镕为器,或造佛

---

[1] 《旧唐书》卷三一九《陆贽传》:"粟可耕而得,帛可织而成,至钱非官铸不行;是贵民之所无,不如用粟帛为便。"

[2] 《白居易·长庆集》策曰:"夫赋敛之本者,量桑地以出租,计夫家以出庸,租庸者谷帛而已。今则谷帛之外,又责之钱。钱者桑地不生铜,私家不敢铸,业于农者何从而得之?至乃吏胥追征,官限迫蹙,则易其所有,以赴公程。当丰岁则贱粜半价,不足以充缗钱。遇凶年则息利倍称,不足以偿逋债。……"白居易赠友诗:"私家无钱炉,平地无铜山;胡为春夏税,岁岁输铜钱?钱力日以重,农力日已殚,贱粜粟与麦,贱贸丝与绵,岁暮衣食尽,焉得无饥寒?……"

像,通货数量已有减少的倾向;现在人人要钱纳税,而政府收进钱后,不大放出来,同时人民知道铜钱有供不应求的形势,大家竞为窖藏,于是骤然感到紧缩。

紧缩的现象,表现在物价上。譬如盐价,在顺宗永贞元年(公元八〇五年)便由每斗三百七十文或三百七十文以上减为二百五十文到三百文①。不过盐在中国古代是由政府专卖,价格的调整,虽然也足以反映物价的趋势,但反映得不灵敏;这就是说,调整的程度与时间,不一定完全与其他物价吻合。在程度上讲,要比一般物价缓和一点;在时间上讲,要比一般物价慢一点。一般物价的回跌,在建中年间便已开始了。

最能表示物价变动倾向的,莫过于米价和绢价。米价在建中元年是每石两千文,其后的几年间,不是兵荒,便有水旱,每石自五千到一万五千文②;但自贞元三年以后就开始下跌了。李翱于元和年间(公元八〇六到八二〇年)在进士策问题中,曾说初定两税的时候(建中元年)粟值一斗值钱一百,三十年后(约当元和五年),粟一斗不过二十个钱。又在疏改税法中说:米价在建中元年是两百钱一斗,四十年后,每斗不过五十钱③。这证明元和年间的紧缩,使物价减低到建中初的五分之一到四分之一。元和元年米价曾跌

---

① 《新唐书》卷五十四《食货志》四:"顺宗时始减江淮盐价,每斗为钱二百五十,河中两池盐,斗钱三百。"

② 《通鉴》卷二三一兴元元年五月:"时关中兵荒,米斗直钱五百。"同十一月,"今天下旱蝗,关中米斗千钱。"《旧唐书》卷十二《德宗纪》贞元元年二月:"河南河北饥,米斗千钱。"又二年五月:"自癸巳大雨,至于兹日,饥民俟夏麦将登,又此霖潦,人心甚恐,米斗复千钱。"又卷一四一张孝忠传:"贞元二年,河北蝗旱,米斗一千五百文。"

③ 《全唐文》卷六三四《进士策问二道》。

到两个钱一斗①。

至于绢价,大历中(公元七七二年),一匹直四千②。建中初,每匹三千二三百文。贞元八年前后,每匹一千五六百文③。到十九年跌成八百文④。这价格一直通行到元和⑤长庆(公元八二一年到八二四年)⑥间,如果以大历中的绢价为基数,那么到贞元末年已跌成百分之二十。

绢价指数表(一)

年别	指数
大历中(公元 773 年)	100.00
建中初(公元 780 年)	82.50
贞元 8 年(公元 792 年)	40.00
贞元 19 年(公元 803 年)	20.00
元和 15 年(公元 820 年)	20.00
长庆 2 年(公元 822 年)	20.00

这里我们有一点应当注意的:就是贞元间虽然因为通货紧缩而物价跌落,可是币值并没有恢复安史之乱以前的水准。尤其是绢价,因为有输出的必要,所以价格相当高。而且在文宗开成三年(公元八三八年)的时候,连产绢的江南也还要六百六七十文

---

① 《通鉴》卷二三八,元和六年:"是岁天下大稔,米斗有直二钱者。"
② 《新唐书》卷一六五《权德舆传》:"贞元十九年……又言大历中一缣直钱四千,今止八百。税入如旧,则出于民者五倍。"
③ 《陆宣公集》卷二十二均节赋税恤百姓第二条:"往者初定两税之时,百姓纳税一匹,折钱三千二三百,大率万钱为绢三匹。……近者百姓纳绢一匹折钱一千五六百文,大率万钱为绢六匹。"《旧唐书》卷一三九陆贽传。
④ 《新唐书·权德舆传》,见本页注②。
⑤ 《李文公集》卷九《疏改税法》:"臣以为自建中元年初定两税,至今四十年矣。……今税额如故,而粟帛日贱,钱益加重。绢一匹价不过八百。"
⑥ 《韩昌黎集》卷四十《论度盐法事宜状》(长庆二年):"今绢一匹,直钱八百。"

一匹①。如果以开元十六年五百五十钱一匹的绢价为基数,则制出的指数,就要改观了。

绢价指数表(二)

年别	指数
开元 16 年(公元 728 年)	100.00
天宝 5 年(公元 746 年)	36.36
肃宗时(公元 756 到 761 年)	1,818.18
大历中(公元 773 年)	727.27
建中初(公元 780 年)	600.00
贞元 8 年(公元 792 年)	302.90
贞元 19 年(公元 803 年)	145.45
长庆 2 年(公元 822 年)	145.45
开成 3 年(公元 838 年)	121.28

如果以天宝五年的二百钱一匹的价格为基数,则更要觉得贞元元和间的绢价并不低②。

米价的回跌情形也差不多。通货贬值时,斗米到七千。围城时由四五十千到七十千。战后动不动就是斗米千钱。贞元三年十二月每石就跌到一千五百文,八年跌到七百文③。元和六年竟有卖

---

① 《入唐求法巡礼记》(日僧圆仁稿本)卷第一记述在扬州"买白绢三匹,价二贯。"

② 以天宝五年的绢价为基数,则指数当如下:

年　别	指　数
天宝五年(公元 746 年)	100.00
大历中(公元 773 年)	2,000.00
建中初(公元 780 年)	1,650.00
贞元八年(公元 792 年)	800.00
贞元十九年(公元 803 年)	400.00
长庆二年(公元 822 年)	400.00
开成三年(公元 838 年)	333.33

③ 《陆宣公集》卷十八,请减京东水运收脚价于缘边州镇储蓄军粮事宜状。

到二十文一石的,但这是特殊的例子,而且仅见于《通鉴》一书。元和末年的正常米价大约是五百文一石①,这是回跌最厉害时候的价格,比战前的正常米价还是要高一倍以上。

然而币值最怕变动。由三钱一斗的米,变成七千钱一斗,固然使人民无法生活。由四千钱一匹的绢帛跌成八百钱一匹,对于人民的生活,照样是一种严重的打击,不问这八百钱一匹的价格比起五十年前的价格来是涨或是跌。

政府对于这过度的低物价,曾用各种方法来补救。贞元九年奖励采铜,禁止铸造铜器,所采的铜,由政府收买铸钱②。元和三年预告蓄钱之禁。十二年下令禁蓄钱,不问品秩高下,私贮现钱,不得超过五千贯,超过这数目的,依数目的多少,限于一个月到两个月之内,购买实物收贮。长庆四年又放宽期限,使贮钱超过法定数一万贯到十万贯的,在一年以内用出;超过十万贯到二十万贯的,则限于两年内处置完毕。这些办法分析起来,不外增加货币数量和货币的流通速度,当时囤积铜钱,的确也是一个紧缩的原因,据说囤积五十万贯的还算少③。不过货物囤积,尚且难以发觉,铜钱

---

① 《李文公集》卷九,疏改税法:"臣以为自建中元年初定两税,至今四十年矣。……今……米一斗不过五十。"

② 《旧唐书》卷十三《德宗纪》,贞元九年正月:"禁卖剑铜器。天下有铜山,任人采取,其铜官买。除铸镜外,不得铸造。"又卷四十八《食货志》上:"元和三年五月盐铁使李巽上言,得湖南院申柳州平阳高亭两县界有平阳冶及马迹曲木等古铜坑,约二百八十余井,差官检覆,实有铜锡,今请于旧州郴桂阳监置炉两所,采铜铸钱。每日约二十贯,计一年铸成七千贯,有益于人,从之。"又:"元和八年四月敕以钱重货轻,出内库钱五十万贯,令两市收市布帛,每端匹估加十之一。"

③ 《旧唐书·食货志》上:"(元和十二年)时京师里间区肆,所积多方镇钱,王锷、韩弘、李惟简少者不下五十万贯。"《新唐书》卷五十二《食货志》,"自建中定两税而物轻钱重,民以为患,至是(穆宗即位时)四十年,当时为绢二匹半者为八匹,大率加三倍,豪家大商,积钱以逐轻重,故农人困,末业日增。"

体积比较小,更是无法加以取缔了。所以没有得到预期的效果。于是又采用实物货币①。

到文宗开成三年,还在闹币轻钱重。太和八年(公元八三四年)时每年铸钱数还不到十万缗。但有一件矛盾的现象是值得注意的,就是一方面说物价低,一方面却仍有人在销钱为器,据说可以获利三四倍②,这只能说是铜器价格随着铜钱而贵,也证明这次紧缩实是回缩,而且物价比起天宝年间来还是高。开成年间米价一石大概要八百文③。

对付这次回缩最有效的措施,是武宗会昌五年(公元八四五年)的并省全国佛寺一举。自南北朝以来,中国的金和铜,用于佛寺方面的,不可胜计④。会昌五年四月全国佛寺有四千六百,兰若四万,僧尼二十六万五百。并省佛寺有三重意义:第一寺中的铜像

---

① 《旧唐书·食货志》上:"元和六年二月制公私交易,十贯钱已上即须兼用匹段。"同书卷十六穆宗纪元和十五年八月:"兵部尚书杨于陵总百僚钱货轻重之议,取天下两税榷酒盐utf等悉以布帛任土所产物充税,并不征见钱,则物渐重,钱渐轻。"

② 《旧唐书》卷一七六《杨嗣复传》,"禁铜之令,朝廷常典,但行之不严,不如无令。今江淮已南,铜器成肆,市井逐利者,销钱一缗,可为数器,售利三四倍。远民不知法令,率以为常,纵国加炉铸钱,何足以供销铸之弊,所以禁铜之令,不得不严。"

③ 《入唐求法巡礼记》(日僧圆仁稿本)中提到开成五年时各地粳米的价格,计莱州一斗九十文,蓬莱县七十文,北海县六十文,青州一百文,禹城县一百文。如果将这几个数字平均一下,每斗合得八十四文。但青州的价格是因三四年来的蝗灾所造成的,所以正常米价大概每石不会超过八百文。

④ 《魏书》卷一一四《释老志》:"兴光元年秋敕有司于五级大寺内为太祖已下五帝铸释迦立像五,各长一丈六尺,都用赤金二十五万斤……天安……(二年)又于天宫寺造释迦立像,高四十三尺,用赤金十万斤,黄金六百斤。"《北齐书》卷四十六《苏琼传》:"苏珍之迁左丞,行徐州事,徐州城中五级寺忽被盗铜像一百躯。"梁慧皎《高僧传》卷十三释法悦传记:"梁天监八年彭城宋王寺造一丈八金像,用铜四万三千斤。"《旧唐书》卷一一八《王缙传》(代宗时):"五台山有金阁寺,铸铜为瓦,涂金于上,照耀山谷,计钱巨亿万。"同书卷一五三《薛存诚子廷老传》:"宝历中,……敬宗荒恣,宫中造清思院新殿,用铜镜三千片,黄白金薄十万番。"

钟磬可以用来铸钱,金银也可以充裕国库。第二还俗的僧尼,成了征税的对象,而且可以增加生产。第三拆毁招提兰若可以增加膏腴上田几千万顷,也可以增加生产。

这一措施的结果,马上发生回涨的作用。会昌六年二月下令自七年正月起只用新钱,即会昌开元钱,旧钱暂停止流通几年。实际上旧钱并没有收回,所以通货数量大增,布绢价格上涨,文武百僚的薪俸也发现钱了。紧缩了六十年的通货才宽松了一下。

四 晚唐五代的币值

晚唐五代一百多年的币制很混乱,币值波动不定,这和当时政局的不安定有关系。可惜这时期的史料最为缺乏,研究起来很不方便。

自武宗会昌年间发行大批的新开元钱后,贞元以来的紧缩现象,大概宽松了一些。但宣宗即位以后(公元八四七到八五九年),完全推翻会昌年间的政策,据说将新钱再铸为佛像。大中年间的米价每斗四十文①,也许就是再铸佛像的结果。咸通九年(公元八六八年)庞勋在徐州起事的时候,米价每斗涨到两百②,史书就作为一件大事,可见当时的正常米价是不会很高的。

僖宗即位,农民起义军开始活动。乾符二年(公元八七五年)王仙芝聚集了几千人攻陷濮州,四年黄巢带了万人攻下郓州。那以后的三十几年,年年内战。中国偌大的国土,南自广州,北到潼

---

① 《太平广记》卷四九九王铎引《闻奇录》:"故相晋国公王铎为丞郎时,李骈判度支。……京国米价每斗四十。"按王铎于会昌初中进士,咸通年间地位才高。

② 《通鉴》卷二五四。

关,没有一个地方没有受到战争的蹂躏。到处农桑失业,耕种不时。战区则流尸塞江,血染坊市,俘人为食,白骨山积。活着的人也是鬼形鸠面,气息奄然。中和年间(公元八八一到八八四年)黄巢空守长安的时候,米价每斗卖到三十千①。光启年间(公元八八五到八八七年)每斗自三十千到五十千②,甚至黄金一斤,也买不到五升米③。不过这完全是由于粮食的缺乏,并不是因为货币的原因。

李唐政权的崩溃,经济原因很为显明,多年的苛捐杂税,使得人民无法生存,只得聚而起义。王仙芝黄巢等人都是这样起来的,朱温也是黄巢的部下。当时皇室腐败无能,任何有勇气的人,都可以获得许多群众。

然而唐末似乎没有发生通货贬值的事。虽然诗人描述黄巢攻长安时的情形,说"一斗黄金一斗粟"④,但那是物资缺乏,不是由于通货贬值。因为黄巢等人一起,国家机构差不多可以说就瓦解了,除了少数有野心的人以外,没有真正的抵抗,不管什么人来,总是投降。中央政府没有大批军费的负担,而且也负担不起。因为地

---

① 《旧唐书》卷二百下《黄巢传》:"贼坐空城,赋输无入,谷食腾踊,米斗三十千。官军皆执山砦百姓鬻于贼为食,人获数十万。"

② 《旧唐书》卷十九下《僖宗纪》光启二年五月:"荆南襄阳仍岁蝗旱,米斗三十千,人多相食。"《通鉴》卷二五六光启二年十二月:"秦宗言围荆南二年,张瓌婴城自守,城中米斗直钱四十缗。"《旧唐书》卷一八二高骈传:"自二年十一月雨雪阴晦,至三年二月不解,比岁不稔。……既而蔡贼……攻城,城中(扬州)米斗五十千,饿死太半。"《通鉴》卷二五七光启三年十月:"杨行密围广陵且半年,……城中无食,米斗直钱五十缗。"

③ 《旧唐书》卷一八二《秦彦传》,"扬州城中以宝贝市米,金一斤,通犀带一,得米五升。"

④ 韦庄《秦妇吟》,见商务印书馆出版周云青注的《秦妇吟笺注》。有些人引作"一斗黄金一升粟"(《通报》第二十卷第二七五页 A. C. Moule 的 A Life of Odoric of Pordenone)。

方租赋并不解缴中央,并且各地自己铸钱用。中央政府的府库空虚。朱温攻到襄城时,除密室中的几百锭金银外,一个钱也没有。

当时币值的情形,因为各地自行铸造,所以波动也是不规则的,同时在整个国家看起来,钱币大概还是缺乏。因此金银的使用比较普遍,尤其是白银,唐室末年有许多开支是用白银。

在南北朝的时候,那些少爷天子还可以耍阔,在五代则没有一个政府不是穷得厉害。朱温在襄城府署密室里破获金银几百锭,就以为是天意;河南、广州进献唐末积压的税款三十万贯,这样就开业了。到了李存勖的时候(公元九二三到九二六年),由各镇献货币几十万以助即位之费,他才敢做皇帝。末帝(公元九三四年)起自凤翔,大许诸军厚赏,但到得洛阳,一看内库,金帛总共不过两三万,搜刮京城民户,也无所获。刘承祐(汉隐帝)听得邺兵已到河上,大惧,李业叫他倾府库以赏诸军,每人分到的也不过一二十缗。官俸减半后,还要打折扣①。而且地方官吏的薪俸,多靠就地筹款,因此同品级的官吏,各地待遇不一律,要看各地的人口和贫富来决定②。

史家一向把梁唐晋汉周这五个小朝代认作正统。但这五代只偏处北方一小块地方;在政治上,晋汉两代几乎可以说是契丹的附庸。在币制方面,很少鼓铸。钱币家所收到的开平钱,即算真是后

---

① 《旧五代史·唐书·孔谦传》:"又奏百官俸钱虽多折支非实,请减半数皆支实钱。并从之。未几,半年俸复从虚折。"

② 《旧五代史》卷一〇三《汉书·隐帝纪下》:"乾祐三年七月三司使奏,州县令录佐官请据户籍多少量定俸。户县三千户已上,令月十千,主簿八千;二千户已上,令月八千,主簿五千;二千户已下,令月六千,主簿四千。每户月出钱五百。"同书卷一一一《周书太祖纪》第二广顺元年四月诏:"牧守之任,委遇非轻,分忧之务既同,制禄之数宜等,自前有富庶之郡,请给则优,或边远之州,俸料素薄。以至迁除之际,拟议亦难。既论资叙之高低,又患禄秩之升降。"

梁所铸,其作用也很小,因为太少了。就是后唐的天成元宝数目也不多。中国铜矿本来就少,北方那小块地方更是没有。所以刘仁恭刘守光父子只好用铁来铸钱,甚至用泥铸钱。后周向高丽买铜①,后来废国内佛寺三千三百三十六,毁其铜像来铸钱②,因此周元通宝数目比较多一点。实际上当时的重心在十国而不在五代。十国所统治的地方大,人民多,币制上的变革也大。楚的马殷曾铸铅铁钱,十枚当铜钱一枚。闽的王延义也铸过大铁钱,以一当十。

最重要的还要算南唐。南唐除保大年间(公元九四三至九五七年)的保大元宝以外,还铸造了永通泉货当十大钱。那大概也是保大年间的事,因为当时李景还是太子,困于用兵,依钟谟之请,铸造这种钱,是通货贬值的性质。后来钟谟得罪,这钱就作废了③。此外又铸唐国通宝和大唐通宝。有人说一文当开元钱二文④,有的说两文当开元钱一文⑤。照常理推测,应以第一说为是。而且唐国通宝钱比会昌开元钱整齐。但也许是指另一种阔边开元钱⑥。唐

---

① 《五代会要》卷二十七《泉货》,周显德四年二月十一日:"兼知高丽多有铜货,仍许青登莱州人户兴贩,如有将来中卖入官者,便仰给钱收买,即不得私下买卖。"

② 《新五代史·周本纪》第十二:"即位之明年,废天下佛寺三千三百三十六,是时中国乏钱,乃诏悉毁天下铜佛像以铸钱。尝曰吾闻佛说以身世为妄,而以利人为急。使其真身尚在,苟利于世,犹欲割截,况此铜像,岂有所惜哉?"

③ 《五代史》卷六十二《南唐世家》。

④ 《续唐书》卷六《元宗纪》:"交泰二年,周显德六年夏六月癸巳周主殂,梁王宗训嗣位,秋七月钟谟请铸大钱,文曰永通货泉,以一当十,与旧钱并行。又铸唐国通宝钱,一当开通钱之二。"

⑤ 同书《食货志》:"交泰二年秋七月用钟谟言铸大钱,以一当十,文曰永通钱货,右文曰货,左文曰泉,与旧钱并行。已又铸唐国通宝钱,二当开元钱之一。又铸大唐通宝钱,与唐国钱通用。数年渐敝,百姓盗铸,极为轻小。"《十国纪年·唐史》和王巩《随手杂录》有同样的记载。陆游《南唐书》说。二当开通钱之二。

⑥ 《文献通考》卷九:"江南曰唐国通宝,又别铸如唐制(按指开元通宝)而篆文(按尚有隶书的)。"

国钱和大唐钱因私铸关系,越来越轻小。到后主时(公元九六四年)乃铸铁钱。起初和铜钱同时作价流通①,结果发生恶币驱逐良币的现象,民间多藏匿铜钱,商人用十个铁钱交换一个铜钱运出国境,使流通界只剩下铁钱,不见铜钱,政府无法禁止,民间又盗铸,使物价腾贵,后主乃下令以铜钱一文作铁钱十文流通②。南唐亡后,各郡所积铜钱达六十七万缗。

这些铜铁钱铸造的数目,不得而知,但他们都是有地方性的,限于本地流通,尤其是铁钱铅钱,不为外区所接受。马殷的铅钱,只能在长沙城内行使,城外就用铜钱。因为流通区域小,局部的物价波动,一定是普遍的。刘仁恭父子在燕地大铸当千当万的钱,要物价不受影响,是不可能的事。四川是铜铁钱兼用,有一定的比价,起初一千二百文便可买一匹绢③,大概因为那时铁钱铸造得很精,而且数量不多。后来数量渐渐增加,以致物价上涨。到宋初,一匹罗要两万钱。南唐用铁钱的结果,也是物价上涨④。铁钱和铅

---

① 史书对于南唐钱的作价,记述得很不明确,除了唐国钱和大唐钱同开元钱的比价有互相矛盾的记载外,对于铁钱的作价,也不明确。《五代史·南唐世家》说韩熙载所铸铁钱,以一当二。这就很不合理,难道以一枚铁钱抵两枚铜钱流通么? 陆游《南唐书》说每十钱以铁钱六权铜钱四而行。

② 《五代史》卷六十二《南唐世家》:"太子景因于用兵,钟谟请铸大钱,以一当十文,曰永通泉货。谟尝得罪,而大钱废。韩熙载又铸铁钱,以一当二。"又"乾德二年,始用铁钱。民间多藏匿旧钱,旧钱并少。商贾多以十铁钱易一铜钱出境,官不可禁,煜因下令以一当十。"王捄《燕翼贻谋录》:"江南李唐旧用铁钱,盖因韩熙载建议以铁钱六权铜钱四,然铜钱之价相去甚远不可强也。江南末年铁钱十仅值铜钱一。"《文献通考》卷九。

③ 《成都记》:"伪蜀广政中始铸铁钱,每铁钱一千,兼以铜钱四百。凡银一两,直钱千七百,绢一匹,直钱千二百,而铁工精好,殆与铜钱等。"

④ 《续唐书·食货志》:"初嗣主铸唐国钱,其文曰唐国通宝,约一千重三斤十二两,至数年而弊生。百姓盗铸,仅止一斤,置之水上不沉,虽严禁不止。至是有铁钱之议。既行至数年,物价渐增,诸郡盗铸者颇多而轻小。"

钱流通的结果,铜钱一定被人销熔,隐匿起来。各地曾有禁止铁镴钱和铅锡钱的事,但在那种脆弱的小朝廷下,效果不会很大。

因为铜钱少的关系,所以虽是乱世,铜钱的购买力大概还相当高。后唐时牛肉一斤不过五钱[1],粟价每斗不过十钱[2]。长兴间(公元九三〇至九三三年)抽一种农器税,每亩只一个半钱。后晋天福八年(公元九四三年)折耗每升以两文足计算,每石两百文[3]。

由于钱币的区域性以及品质高下不一,因而有些商人从江南带来铅锡钱,到北方收换好铜钱。宋代币制的地方割据性,就是这时代的遗产。

因为铜钱少,所以除绢帛[4]外,白银的使用更加普遍了。几乎取得黄金在秦汉时的地位,赎罪[5]、贿赂[6]、日用[7]、租税[8]、贡奉[9]等

---

[1] 《旧五代史》卷三十八《唐书·明宗纪》第四:"天成二年三月丁卯诏所在府县纠察杀牛卖肉,犯者准条科断。其自死牛,即许货卖,肉斤不得过五钱。"

[2] 《旧五代史·唐书·明宗纪》,天成二年十二月:"山北甚安,诸蕃不相侵扰,雁门已北,东西数千里,斗粟不过十钱。"

[3] 《五代会要》卷二十七卷。

[4] 张齐贤《洛阳缙绅旧闻记》,梁太祖优行文士:"福建人徐夤下第献《过梁郊赋》,梁祖览而器重之,且曰古人酬文士有一字千金之语,军府费用多,且一字奉绢一匹。"

[5] 《旧五代史》卷四十《唐书·明宗纪》:"天成四年六月权知荆南军府事高从诲上章首罪,乞修职贡,仍进银三千两赎罪。"

[6] 《新五代史》第三十六《义儿传》李嗣昭:"继韬母杨氏善畜财,平生居积行贩,至赀百万。当嗣昭为梁围,以夹城弥年,军用无绝,杨之积,盖有助焉。至是乃斋银数十万两至京师厚赂宦官伶人,宦官伶人皆言继韬初无恶意,为奸人所误耳。"

[7] 《旧五代史》卷一三四《周书·僭伪列传》杨行密:"光启三年……初吕用之遇行密于天长,绐行密曰,用之有白金五十铤,瘗于所居之庑下,寇平之日,愿备将士倡楼一醉之资。"

[8] 许载《吴唐拾遗录》(著于大中祥符年间)劝农桑:"吴顺义年中,差官兴贩,簿定租税,厥田上上者每一顷税钱二贯一百文。中田一顷税钱一贯八百。下田一顷千五百。皆足陌见钱。如见钱不足,许依市价折以金银。"

[9] 《旧五代史》卷一一六《周书·世宗纪》:"显德三年三月江南国主李景遣其臣……奉表来上,仍进金一千两,银十万两。"

都有用白银的例子。因为白银虽然还没有普遍地取得十足货币的地位,但在这种币制混乱的时代,作为保存价值是一种很好的工具。譬如在南唐因通货贬值,物价上涨,但以白银计算的物价,却并不大高,一匹缣只值白银一两二钱①。

五 唐代物价小结

通观唐代货币的购买力,如果以对米为标准,自然是以安史乱前为最高。在七世纪中,尤其是三十年代和四十年代;米价最便宜。下半世纪除了永淳元年一年以外,也没有很高的米价。就已有的米价记录来平均,贞观年间,也即七世纪前半的后二十五年的米价,只要三十六个钱一石,七世纪后半也只要六十一个钱一石。但这些是特别丰收时的价格。正常价格在贞观年间我们可以假定一百文一石,或每公石一百六十文。七世纪后半为一百五十文,或每公石二百五十二文。八世纪前半每石以两百钱计算,每公石三百三十六文。

安史乱后,物价水平大为提高。八世纪后半,米价纪录非常高,同盛唐相反,是特别凶年或甚至是围城时的价格。平常米价大概要两三千文一石,五十年平均每石要一千零六文,每公石一千六百九十二文。九世纪前半正是通货紧缩最严重的时候,就已有的记录来平均,每石只要六百文,每公石约合一千文。

唐代货币购买力的变动,对于人民的经济生活有什么影响,需要同国民所得比照一下,才可以知道。可是由于资料的缺乏,国民所得无从算出来,只能就各朝官俸的变动及其购买力来研究。过

---

① 王巩《随手杂录》:"江表志云,江南李氏,……建隆初始申铜禁,铸泉货当十,又铸唐国通宝钱,两文当开元钱一文,又用韩熙载法变铸钱,其后一缣约卖三十索,银一两二十五索,余物称是。至开宝末,国帑磬矣。"

265

去史家以为中国历代俸禄以汉为最优①,这种论断是由于他们不知道历代度量衡的差异和货币购买力的不同。实际上,盛唐时官吏的真实所得,要超过两汉。唐代官俸前后变动有七八次,自然大多是根据货币购买力的变动而调整。就真实所得来讲,最高是开元制,最低是大历制。从货币数字上来看,官吏的所得是越来越多的:例如同是属于三公的等级,天宝年间的杨国忠单靠司空俸每月只能拿到几十贯钱;不过他身兼数职,每月有杂钱百万。大历年间的郭子仪单是太尉俸每月便有一百二十贯,而贞元时的马隧竟可以拿到两百贯。可是如果从真实所得上看来,情形就不同了:如果以米价为标准,杨国忠每月有一百六十公石,郭子仪还不到四十公石。低级官吏的情形也相仿。不过开元时七品以下的低级官吏的收入比较优裕,远非大历时的同级官吏所可比。

唐代官吏月俸变动表②

官级	开元制 货币所得(文)	开元制 真实所得(公石米)	大历制 货币所得(文)	大历制 真实所得(公石米)
一品	54,333	161.47	120,000	40.00
二品	40,666	120.84	80,000	26.67
三品	30,332	90.17	60,000	20.00
四品	21,567	64.10	40,000	13.33
五品	15,866	47.14	30,000	10.00
六品	8,632	25.66	20,000	6.67
七品	6,766	20.11	10,000	3.33
八品	4,875	14.49	4,116	1.37
九品	3,817	11.34	1,917	0.64

① 清朝《续文献通考》卷一四一职官二十七案:"俸禄惟汉最优,唐宋所不及。"
② 官俸依照《新唐书》卷五十五。表中米价开元制每石以二百文计,即每公石三百三十六文。大历制每石以两千文计,或每公石三千三百六十文。大历以后月俸系按官职分定,不论品第,表中所列,系为比较方便起见,斟酌排列,实非满意的办法。

可惜我们不能把开元制和西汉制来比较一下,因为西汉俸制记载不全。但如果我们把开元制和东汉延平制来比较一下,便可以知道,东汉(公元第二世纪初)官吏的所得,无论在货币数字上或在真实所得上,都远比不上盛唐(第八世纪前半)。东汉最高级的中二千石每月货币所得不过十八贯,折合真实所得为米二十八公石半。唐开元时的二品官,每月货币所得就在四十贯以上,真实所得合米一百二十公石。东汉号称一百石的最低级官吏每月的货币所得约为一千六百文,真实所得为米一公石九斗;唐开元时一个正九品的小官吏每月货币所得有三千八百多文,真实所得在十一公石米以上。两汉官禄因为是以米谷为计算标准,所以受货币购买力波动的影响比较少,只有俸额的增减和东西汉量法的不同,所以西汉盛时官吏所得与东汉相差不会十分远。就算照东汉加倍,也比不上开元制。不过汉代官吏经常得到帝王的赐予[1](3),这种赐予,也构成所得的一部分,而且在总所得中所占的比例,恐怕不小。后代赐予减少,而且每有硬性的规定,唐代便是一例。所以唐代所得中包括赐予在内。

汉唐二代官吏月俸比较表

官级	货币所得(单位:文)		真实所得(单位:公石米)	
	汉(延平)	唐(开元)	汉(延平)	唐(开元)
汉万石比唐一品		54,333		161.47
汉中二千石比唐二品	18,000	40,666	26.15	120.84
汉比二千石比唐三品	10,000	30,332	13.34	90.17

---

[1] 《汉书·贡禹传记禹上》书曰:"……至拜为谏大夫,秩八百石,奉钱月九千二百,廪食太官,又蒙赏赐四时杂缯绵絮衣服酒肉诸果物。……又拜为光禄大夫,秩二千石,奉钱月万二千,禄赐愈多,家日以益富。"

续表

汉千石比唐四品	8,000	21,567	11.23	64.10
汉六百石比唐五品	7,000	15,866	8.78	47.14
汉四百石比唐六品	5,000	8,632	6.27	25.66
汉三百石比唐七品	4,000	6,766	5.02	20.11
汉二百石比唐八品	2,000	4,875	3.10	14.49
汉一百石比唐九品	1,600	3,817	2.01	11.34

第三节 货币理论

李唐在中国历史上,虽是一个盛世,但在货币理论方面,并没有什么杰出的人物。只有玄宗时的刘秩、德宗时的陆贽、韩愈和穆宗时的杨于陵值得一提。

在玄宗开元二十年代,中国的货币问题是恶钱问题,也就是私铸问题。李唐对于铸钱本是不许私铸的,但有赐炉铸钱的办法,例如高祖即位的时候,对秦王和齐王各赐三炉,对裴寂也赐一炉,所以不能说是真正的集中铸造。

开元二十二年因为盗铸产生恶钱,张九龄主张不禁铸钱,裴耀和李林甫等反对,刘秩也举出五不可的理由。他说:

"先王以守财物,以御人事,而平天下也。是以命之曰衡,衡者使物一高一下,不得有常,故与之在君,夺之在君,富之在君,……用此术也,是为人主之权。今之钱即古之下币也。陛下若舍之任人,则上无以御下,下无以事上,其不可一也。夫物贱则伤农,钱轻则伤贾,故善为国者,观物之贵贱,钱之轻重。夫物重则钱轻,钱轻由乎物多①。多则作法收之使少;少则重,重则作法布之使轻。轻重之本,必由乎是,奈何而假于人?其不可二也。夫铸钱不杂以铅铁则无利,杂以铅铁则恶,恶不重禁之,不足以惩息。且方今塞其私铸之路,人犹冒死以犯之,况启其源,而欲人之从令乎?是设陷阱而诱之入,其不可三也。夫许人铸钱无利,则人不铸,有利则人去南亩者众,去南亩者众,则草不垦,草不垦又邻于寒馁,其不可四也。夫人富溢则不可以赏劝,贫馁则不可以威禁。法令不行,人之不理,皆由贫富之不齐也。若许其铸钱,则贫者必不能为臣,恐贫者弥贫,而服役于富室,富室乘之而益恣。……必欲许其私铸,是与人利权。而舍其柄,其不可五也。"(《旧唐书·食货志》)

他的五不可,并没有什么创见,多是抄袭汉人的意见。但他把货币看作一种政治制度,一种统治的手段,这和西汉的法家是一鼻孔出气的。他又想操纵货币的数量来平抑物价,这是数量论者的办法。

刘秩,在数量说方面,有一点意见是前人所没有说过的,就是货币价值和人口增减的关系。他说:

"夫钱重者,犹人日滋于前,而炉不加于旧。"(《旧唐书·食货志》)

---

① 这句话恐有错误,应当是钱重由乎物多,或钱轻由乎钱多。

这就是说，如果货币数量不变，而人口不断增加，币值就会增加。他这话说明了为什么唐初百年间的私铸没有引起大规模的物价上涨。因为在一百年之内，户口增加一倍以上。贞观时户不满三百万，到开元二十年，则增成七百八十六万一千二百三十六户。生产自然也发达。所以需要更多的通货数量。

在安史之乱的期间，政府发行大额钱币，这是变相的减重。主其事的是第五琦。同时他提出名目论的观点来替他的贬值政策作辩护。他说铸当十钱的目的是："冀实三官之资，用收十倍之利，所为于民不扰。"①大钱发行后，物价马上上涨，怎能说"于民不扰"呢？

德宗贞元间，因采行两税法之后，发生通货紧缩的现象；当时人民纳税，虽已改纳绫绢，但系依钱数折合，所以物价越跌，人民所要纳的绫绢越多。德宗乃征求陆贽（公元七五四到八〇五年）的意见，陆贽就提出六点，其中第二点同货币问题有关系。

"其二曰，播殖非力不成。故先王定赋以布麻缯纩百谷，勉人功也。又惧物失贵贱之平，交易难准。乃定货泉，以节轻重。盖为国之利权，守之在官，不以任下。然则谷帛人所为也，钱货官所为也。"（《新唐书》卷五十二《食货志》）

陆贽认为货币是先王所定，官所为，这是法家的见解。和后代的货币国定说完全一致。关于货币的功用和职能，他说是平贵贱和准交易，换言之，不只作为价值尺度，而且有平抑物价的

---

① 《唐会要》卷八十九《泉货》。

功用。

韩愈在他的"钱重物轻状"中发表他对于通货紧缩的对策。他提出四种办法①：

"一曰在物土贡。夫五谷布帛，农人之所能出也，工人之所能为也。人不能铸钱，而使之卖布帛谷米以输钱于官，是以物愈贱而钱愈贵也。今使出布之乡，租赋悉以布；出绵丝百货之乡，租赋悉以绵丝百货。去京百里悉出草，三百里以粟，五百里之内及河渭可漕入，愿以草粟租赋，悉以听之。则人益农，钱益轻，谷米布帛益重。"

这一段话很明显是反两税制的，带有浓厚的实物论的色彩，但韩愈不是一个实物论者，因为他一面主张征收实物，一面还是要用钱。

"二曰在塞其隙，无使之泄。禁人无得以铜为器皿；禁铸铜为浮屠佛像钟磬者。蓄铜过若干斤者，铸钱以为他物者，皆罪死不赦。禁钱不得出五岭。买卖一以银，盗以钱出岭及违令以买卖者，皆坐死。五岭旧钱听人载出，如此则钱必轻矣。"

韩愈不但不主张废用钱币，而且主张增加通货来制止紧缩现象。

"三曰更其文贵之，使一当五，而新旧兼用之。凡铸钱千，

---

① 《昌黎先生集》卷三十七。

> 其费亦千,今铸钱千而得钱五千,可立多也。"

这几句话完全是名目论的见解,是想实行通货贬值。

> "四曰扶其病使法必立,凡法始立必有病。今使人各输其土物,以为租赋,则州县无见钱,州县无见钱,而谷米布帛未重,则用不足,而官吏之禄俸月减。其将三之一各置铸钱,使新钱一当五者以给之,轻重平乃止。"

第四种办法实际上是上面三点的总结。总之韩愈这几点意见,与其说是理论,不如说是实际办法。一方面增加对于实物的需要,同时增加通货的供给。

在穆宗即位的时候(公元八二〇年),大家还是以货轻钱重为苦,穆宗叫百官想办法,大家都主张严禁人民铸铜。杨于陵(公元七五三到八三〇年)主张叫百姓用布帛土产充税,不必征收现钱,则物价可以上涨。

他对货币的态度,也在这一次议论里表明了。他说:

> "王者制钱,以权百货,贸迁有无,通变不倦,使物无甚贵甚贱;其术非他,在上而已。"(《新唐书》卷五十二《食货志》)

这和陆贽的意见,几乎完全一样,只说得明白一点。他是一个名目论者,以为货币是帝王所创制的,其价值可以由政府加以操纵,使物价不至于太高或太低。他对于货币的功用或职能,也是举出价值尺度(以权百货)和流通手段(贸迁有无)两种。

唐代的人，对于货币的流通与否很为注意，认为死藏着的货币是不发生货币的作用的。宪宗时的蓄钱禁便是从这原则出发的。蓄钱禁一方面是一种独特的货币政策，但背后有一种货币理论。后世政府对于调剂通货供需，常藉手于中央银行，其中一个办法就是用贴现率政策；当通货紧缩的时候，便减低利率，以增加通货的供应，间接使人不再把钱存到银行去，或不把已经存的款子提出去。古时没有中央银行，人民的储蓄多用窑藏的方法保存，政府既不能增加通货的数量，又不能以利率政策来吸引宝藏中的货币，只好采用禁止藏钱的办法。元和三年（公元八〇八年）下诏说：

"泉货之法义在通流，若钱有所壅，货当益贱，……"（《旧唐书·食货志》）

十二年又敕：

"近日布帛转轻，见钱渐少，皆缘所在壅塞，不得通流。"（同上）

这些诏敕背后藏着一种理论，就是货币的效用，要在流通的时候才发生。一个货币如果死藏在家里不用，就等于没有这货币，如果流通的次数多，就等于多有许多货币。这一个道理欧洲到十七世纪才有人说出来。

唐代关于钱币学方面也有一些著作，如封演的《续钱谱》一卷，张台的《钱录》一卷以及《徐氏钱谱》《石氏钱谱》等，都不传，但为洪遵所引过。封演的书大概只记录各种钱名及其铢两大小，而张台则偶尔有点考证。

第四节 信用与信用机关

一 商业的发达与长安金融市场之产生

唐初因为国家统一,天下太平,国内商业和对外贸易都很发达。大家对于国际贸易,多认为是一件好事,用一种惊喜的眼光来看待,觉得这种贸易使外国之货日至,各种奇物溢于中国,不可胜用①。魏征所谓"商贾来则边人为之利"②的话,可以代表全朝的态度。

汉代的对外贸易,不论是同西域或南域,都是以陆路为主。在南北朝那个战乱的期间,这条路线大概一时断了。自隋炀帝时裴矩再度打通西域的贸易路线之后,又有大批的胡商跑到中国来做买卖;而且海陆两条路都通,汉胡间的贸易很盛。所谓胡,包括波斯大食等国在内。当时正是伊斯兰教兴起的时候,阿拉伯人的势力膨胀,不论在军事上和商务上,都极活跃,到中国来做买卖的人非常多;有时将东方的物品带到埃及的亚历山大市再转运到欧洲,所以当时欧亚的通商是由阿拉伯人做中介。但中国人往往不分大食人或波斯人,通叫作波斯。也许因为波斯人来中国在阿拉伯人之前,而且因为阿拉伯人多是由波斯湾出发到中国来的。当时中国各地方如岭南,福建及扬州等都有这些外商居留。安史叛乱期间,田神功带兵到扬州,曾杀商胡波斯数千人。广州更是中国对外

---

① 韩愈《送郑南书》序。
② 《新唐书》卷九十七《魏征传》。

贸易的中心,每年波斯大食等国的商船来的很多,同中国交易。有时这种交易所产生的税收,竟至和两税相等①。据说唐末黄巢攻陷广州的时候,回教徒、犹太人、基督教徒和拜火教徒被杀的有十二万之多②。首都长安也有许多所谓波斯胡和波斯店。此外,中国商船常自福州等地方开往日本从事贸易。

至于国内商业的发达,也不是汉代所能比得上,这从两代都市的规模上可以看出来。汉朝最大的长安不过八街九陌闾里一百六十室③。班固说只有三条大街,十二通门④。《三辅黄图》说是有九市,各方二百六十六步⑤。那里能同唐代的都市比？唐代除首都长安外,还有纯粹的商业都市如国际贸易中心的广州和国内外商业重镇的扬州。所谓"十里长街市井连"⑥,"夜市千灯照碧云"⑦,可以想见当时的繁华。就是杭州也有几十万人口⑧。当时的中原,正是"旁通巴汉,前指闽越,七泽十薮,三江五湖,控引河洛,兼包淮海,弘舸巨舰,千舳万艘,交易往还,昧旦永日。"⑨商人的地位虽不

---

① 《旧唐书》卷一五一《王锷传》。
② *Ancient Accounts of India and China*, p. 41.
③ 《三辅旧事》:"一闾为二十五家,《周礼》称'五家为比,五比为闾'。"
④ 班固《西都赋》,"披三条之广路,立十二之通门。"
⑤ 见景明刻本《古今逸史》引卷二长安九市条。又卷一《汉长安故城条》引《汉旧仪》曰:"长安城中经纬各长三十二里十八步,地方九百九十三顷,八街九陌三宫九府三庙十二门九市十六桥。"《册府元龟》卷十三《都邑》条下说:"长安城方六十三里,经纬合长十五里,十二城门,九百七十三顷,城中皆属长安。……"
⑥ 宋王楙《野客丛书》卷十五《唐时扬州通州》条引张祐诗:"十里长街市井连,月明桥上有神仙;人生只合扬州死,禅智山光好墓田。"
⑦ 《野客丛书》引王建诗。但唐朝的夜市大概只限于东南的扬州和广州,长安洛阳等地是禁止夜行的。
⑧ 见吴自牧《梦粱录》。
⑨ 崔融(武则天时人)的话。

如官吏,但比一般老百姓是要高了①。

在这种内外贸易发达的条件下,不但货币经济大有进展,各种信用事业和机关也应运而生。

我们对于当时广州和扬州的情形,不大知道。可是就长安的情形看来,就可以晓得金融业的发达。长安在当时大概是中国最大的都市,已有几百年的历史。长安的商业集中在东西两市。东市的四周各六百步,"市内货财,二百二十行,四面立邸,四方珍奇,皆所积集"。但西市更加繁荣,有平准局,衣肆,秤行,窦家店及有名的景先宅②。长安的西市便是中国初期的金融市场,在这个金融市场里,流通着各种的信用,供给这些信用的,除个人性质的富商官吏以外,有供给抵押信用的质库和僦柜;有供给普通信用的公廨;有收受存款或供给保管便利的柜坊、寄附铺和各种商店;有从事兑换业买卖生金银的金银店;有办理汇兑业务的商人组织。现代的几种主要金融业务,当时都有了。

这个金融市场有时难免受到政治势力的摧残,譬如在八世纪

---

① 《旧唐书》卷七十四《马周传》:"武德中补博州助教,日饮醇酎,不以讲授为事,刺史达奚恕,屡加咎责。周乃佛衣游于……长安,宿于新丰逆旅,丰人唯供诸商贩,而不顾待周。"

② 《唐两京城坊考》卷三。据 Abu Zeyd 向当时曾到过长安的 Ebn Wahab 打听的情形,也和唐两京城坊考所载差不多。Ebn Wahab 说:"The City Was very large and extremely populoue; that it was divided into two great Parts by a very long and very broad Street; that the Emperor, his Chief Ministers, the Soldiery, the Supreme judge……lived in that Part of the City which is on the right hand Eastward;……the Part on left hand Westward is inhabited by the People and the Merchants, where are also great Squares and Market for all the Necessaries of life."(*Ancient Accounts of India and China*, p.58.)这明明是指长安的东西市。书中称长安为 Cumdan,译者注解说是南京,这是不懂中国的历史,他以为南京是当时中国的首都。其实 Cumdan 应是京城的音译,长安原名京城,若用广东音念起来和 Cumdan 比较接近。

末即德宗建中三年（公元七八二年）的时候，因为李希烈等起事，政府筹措军费，就向长安金融市场勒借至二百万。以前也曾向富商摊借，没有发生事故；但金融市场的钱是多数商民的；质库僦柜是以平民为对象的金融机关；柜坊的钱是许多商人存入的；因此长安为之罢市，结果政府不得不让步。这是商业资本家的一次大胜利。

二 放款

在放款方面，大别之可以分为两种：一种是信用放款，一种是抵押放款。

所谓信用放款，就是对人信用的意思，即南北朝时的出责和举贷。唐人叫作出举①，举放②，举债③，放债④，放息钱或责息钱⑤。

供给信用放款的，自然以富商为主，不论中国商人和外国商人⑥都

---

① 《唐令拾遗》卷八五七："诸公主及官人不得遣亲事帐内邑司客部曲等在市兴贩及邸店沽卖者出举。"

② 《唐会要》卷八十八《杂录》，开元十六年诏："比来公私举放，取利颇深，有损贫下，事须厘革，自今已后，天下负举；只宜四分收利，官本五分收利。"《陆宣公集》卷一，平朱泚后车驾还京大赦制，"建中四年年终已前……百司及诸军诸使举放利钱，今年六月已前，百姓欠负未纳者，亦并停征。"

③ 《太平广记》卷二三四："陇右水门村有店人曰刘钥匙者，不记其名，以举债为家业，累千金，能于规求善聚，难得之财，取民间资财，如秉钥匙开人箱箧帑藏、箧其珠珍不异也。故有钥匙之号。"

④ 《唐会要》卷八十八《杂录》："开元十五年，……敕应天下诸州县官寄附部人兴贩，及部内放债等，并宜禁断。"

⑤ 《新唐书》卷一一三《徐有功传》："（武后时）博州刺史琅邪王冲责息钱于贵乡，遣家奴督敛。"

⑥ 《全唐文》卷七十二："顷者京城内，衣冠子弟诸军使并商人百姓等，多举诸蕃客本钱。"

有。但也有官吏皇亲贵戚放款牟利的①。

　　放款的对象,除普通商民之外,官吏也是主要对象之一。从这里我们可以看出当时的高利贷资本家和封建统治者之间的斗争。如果封建统治者自己就从事高利贷,那么他当然可以借势盘剥;但如果单纯的高利贷者放款给官吏,那么官吏有时就赖债,这时就要看两者谁的势力大了②。如果系小官或新官,那么他只有加紧搜刮贪污,以便还债③。

　　唐代各朝,都有由政府拨款给各级机关运用牟利以供官吏薪俸的办法。这种资本叫作公廨本钱④或食利本钱⑤,这是隋代的遗制。在唐代有进一步的发展。这种事业则名之为捉钱,办理这种事务的叫作捉钱令史。贞观十二年(公元六三八年)曾由褚遂良谏止⑥,但后来又恢复了。有些人不要政府出本钱,而自立虚契,冒做这种事

---

①　《旧唐书》卷七十八《高季辅传》:"贞观初……又曰,今公主之室,封邑足以给资用,勋贵之家,俸禄足以供器服,乃戚戚于俭约,汲汲于华侈。放息出举,追求什一,公侯尚且求利,黎庶岂觉其非?"

②　《旧唐书》卷一五四《许孟容传》:(元和四年)"李昱假贷长安富人钱八千贯,满三岁不偿,孟容遣吏收捕械系,克日命还之。日不及期当死。"

③　《唐会要》卷九十二会昌元年:"選人官成后,皆于城中举债,到任填还,致其贪求,罔不由此。"《资治通鉴》卷二四三:"自大历以来,节度使多出禁军,其禁军大将资高者皆以倍称之息,贷钱于寓室,以赂中尉,动逾数万。"

④　《唐会要》卷九十三《诸司诸色本钱上》:"武德元年十二月置公廨本钱,以诸州令史主之,号捉钱令史,每司九人,补于吏部。所主才五万钱以下,市肆贩易,月纳息钱四千文,岁满授官。"

⑤　《唐会要》卷九十三《诸司诸色本钱》上元和十一年九月条。

⑥　《唐会要》卷九十一《内外官料钱》上:"贞观十二年二月谏议大夫褚遂良上疏曰……陛下近许诸司令史捉公廨本钱,诸司取此色人号为捉钱令史,不简性识,宁论书艺,但令身能估贩,家足资财,录牒吏部,使即依补。大率人捉五十贯已下,四十贯已上,任居市肆,恣其贩易,每月纳利四千,一年凡输五万,送利不远,年满受职。然有国家者,尝笑汉代卖官,今开此路,颇类于彼。……其月二十三日敕并停。"

业。因为捉钱者都免徭役,犯了罪府县也不敢劾治①。也有些官吏添入私人资本,甚至有些商贩富人,投身要司,依托官本,广求私利的,赚了钱则入私囊,如有拖欠亏本,则算公账②。至于政府的收益,也不固定,初期每年有本利对倍的,后来似乎渐渐减少,开元初每月七分③,开元中六分④,建中初五分⑤,到会昌时每月只有四分收入⑥。但这不足以表示唐代的利率是一步一步下降。因为这种收益和纯粹利息不同,收益大的时候,可能包括利润在内,因为资金的运用,除了放债以外,还有各种买卖和投机;甚至有租税的成分在内,因为可能有摊派的事。至于后来收益的减少,一则因为一部分入于私囊了;二则也许因正当通货紧缩,市面不景气,放款收不回来。政府放款,利率已是很高。私人高利贷的利率有时等于本金的几倍⑦。

---

① 《唐会要》卷九十三《诸司诸色本钱上》:"乾元元年敕长安万年两县,各备钱一万贯,每月收利以充871。时……二县置本钱配纳质债户收息以供费。诸使捉钱者给牒免徭役,有罪府县不敢劾治。民间有不取本钱,立虚契,子孙相承为之。"

② 《唐会要》卷九十三《诸司诸色本钱下》:"元和十一年八月……右御史中丞崔从奏,前件捉钱人等比缘皆以私钱添杂官本,所防耗折,裨补官利。近日访闻商贩富人,投身要司,依托官本,广求私利。可征索者自充家产,或逋欠者证是官钱。非理逼迫,为弊非一,今请许捉钱户,添放私本,不得过官本钱。勘责有胜,并请没官。从之。"

③ 《唐会要》卷八十八《杂录》(开元初):"五千之本,七分生利,一年所输四千二百,兼算劳费,不啻五千。"

④ 《唐会要》卷九十三《诸司诸色本钱上》开元十八年条。

⑤ 《新唐书》卷一三二《沈既济传》:"建中二年诏中书门下两省分置待诏官三十,……权公钱收子赡用度。既济谏曰,今日之治患在官烦,不患员少……今置员三十,大抵费用不减百万,以息准本,须二千万,得息百万。配户二百,又当复除其家,且得入流,所损甚甚。今关辅大病,皆言百司息钱,毁室破产……。"

⑥ 《唐会要》卷九十三《诸司诸色本钱下》:"会昌元年……六月河中晋绛慈隰等州观察使孙简奏准敕书节文,量县大小,各置本钱,逐月四分收利。"

⑦ 《太平广记》卷四三四引《原化记》:"贞元中苏州海盐县有戴文者,家富性贪,每乡人举债,必须收利数倍。"

无论私人放款，或政府放款，由于利息过重，结果债务人总是无力偿还，或则被逼死，或则逃亡。政府讨债逼得更凶。例如在元和十一年洛阳的御史台曾奏称：该台所作的放款，自贞元十一年到元和十一年那二十一年间，欠利息十倍以上（于本金）的有二十五户。自贞元十六年到元和十一年那十六年间，欠利息七倍以上的有一百五十六户；自贞元二十年到元和十一年那十二年间，欠利息四倍以上的有一百六十六户。这种本息，如果本人已死，就向其子孙讨，若没有子孙，就向其亲族傍支索取，如果没有支族，就征于保人，若保人逃亡或死亡，则另外找人代纳①。这可以说是一人借债，全体人民有责了。

借贷不限于现钱，有时以粟麦等实物为借贷的工具，偿还时有时用现钱，有时用原借实物②。

抵押放款有两种，一种是不动产抵押放款，一种是典当的押款。不动产抵押放款叫贴赁③或质④，押品多以田地为主，也有用房宅等物押款的。

最普通的押款自然是当铺的押款，唐人叫质或收质⑤，当铺则

---

① 《唐会要》卷九十三。
② 《唐令拾遗》："诸以粟麦出举，还为粟麦者，任依私契，官不为理。仍以一年为断。不得因本更令生利，又不得回利为本。"
③ 《通典》，开元二十五年令，"诸田不得贴赁及质，违者财没不追，地还本主，若从远役外任，无人守业，听贴赁及质。"文中诸田指口分田永业田等，可参阅加藤繁著《唐代しこ于クル不动产质しこ就レフこ》(《东洋学报》十二卷一号)。
④ 《资治通鉴》卷二三七，宪宗元和四年闰三月："魏征玄孙稠贫甚，以故第质钱于人。平卢节度使李师道请以私财赎出之。上命白居易草诏，居易奏言事关激劝，宜出朝廷，师道何人，敢掠斯美。望敕有司以官钱赎还后嗣，上从之。出内库钱二千缗，赎赐魏稠，仍禁质卖。"
⑤ 《太平广记》卷一六五《廉俭·阳城》："城之为朝士也，家苦贫，常以木枕布衾质钱数万，人争取之。"《李娃传》："天宝中，……他日娃谓生曰，与郎相知一年，尚无孕嗣，常闻竹林神者报应如响，将致荐酹求之可乎。生不知其计，大喜乃质衣于肆，以备牢礼，与娃同谒祠宇而祷祝焉。"

叫作质库,到五代时还是如此①。另外有一种僦柜,大概同质库的性质差不多②。南北朝时,经营典质的是寺观,但到了唐朝,就独立了。商人和官吏贵族,常开设质库来牟利③。

唐代政府,对于放款利率有所限制,然而有时加以伸缩变动,只对于复利则始终不许④。对典当放款也规定当铺不能随便变卖所当物品,如果利息超过本钱,还不赎当,才可以报告当地政府变卖,但在偿还押款后如有剩余,还须给还债务人⑤。

三　存款

唐朝以前,中国人对于闲置的资金,或是窖藏,或是寄存亲友处,这亲友照理只是保管性质,不能加以利用。所以这两种办法都不能说是存款,不是一种信用业务。

唐朝的人民,除窖藏外,将钱财寄存在外面的事情也很普遍。

---

① 《新五代史》卷五十三《慕容彦超传》:"在镇尝置库质钱,有奸民为伪银以质者。主吏久之乃觉。彦超阴教主吏夜穴库垣,尽徙其金帛于他所,而以盗告。彦超即榜于市,使民自占所质以偿之。民皆争以所质物自言,已而得质伪银者,置之深室,使教十余人日夜为之,皆铁为质,而包以银,号铁胎银。"

② 胡三省《通鉴》:"民间以物质钱,异时赎出,于母钱之外,复还子钱,谓之僦柜。"

③ 《旧唐书》卷一八三《武承嗣攸暨妻太平公主传》:"籍其家(太平公主),财货山积,珍奇宝物侔于御府,马牧羊牧田园质库,数年征敛不尽。"《全唐文》卷七十八会昌五年,"如闻朝列衣冠,或代承华胄,或在清途,私置质库楼店,与人争利。"

④ 《唐会要》卷八十八:"长安元年十一月十三日敕,负债出举,不得回利作本,并法外生利。仍令州县严加禁断。"

⑤ 《唐令拾遗》。

有时存在亲友的地方①,有时存在寺僧处②,这种办法如果保管人不能加以利用,仍和窖藏差不多。

南北朝时,商人出外贸易,寄居邸店,带来办货的钱,或卖货所得的价款,既不能一天到晚带在身上,只有锁在自己的箱子里,这样有许多不便和风险③。

到了唐朝,对于资金的存放,渐渐有了新的方便,供给这种方便的为各种商店。这种寄存和以前托亲友保管的性质稍微有点不同,这种寄存往往是因交易而起的④,或是同商业有关系的⑤;收受这种存款的有药店,有波斯店,都是当时的大商店;所谓波斯店相

---

① 《唐语林》卷一《德行》:"杜太保宣简公,大历中,有故人遗黄金百两。后三年为淮南节度使,其子来投,公取其黄金还之,缄封如故。"《旧五代史》卷五十八《唐书·赵光逢传》:"同光初,……尝有女冠寄黄金一镒于其家,时属乱离,女冠委化于他土。后二十年金无所归。纳于河南尹张全义,请付诸宫观,其旧封尚在。"

② 《会昌解颐录·牛生》:"牛生自河东赴举……至菩提寺,……僧喜曰,晋阳常寄钱三千贯文在此,绝不复来取。某年老,一朝溘至,便无所付,今尽以相与。"

③ 《周书》卷二十二《柳庆传》:"(太祖时)有贾人持金二十斤,诣京师交易。寄人停止。每欲出行,常自执管钥,无何缄闭,不异而失之。谓是人所窃。郡县讯问主人,遂自诬服。庆闻而叹之。乃召问贾人曰,'卿钥恒置何处?'对曰'恒自带之'。庆曰,'颇与人同宿乎?'曰,'无'。'与人同饮乎?'曰,'向者曾与一沙门再度酣宴,醉而昼寝。'庆曰,'主人特以痛自诬,非盗也。彼沙门乃真盗耳。'即遣使608捕,沙门乃怀金逃匿。后捕得,尽获所失之金。"

④ 《太平广记》卷二十三引《广异记·张李二公》:"唐开元中有张李二公同志,……天宝末,李仕至大理丞……张……谓李曰,'君欲几多钱,而遂其愿?'李云:'得三百千当办己事。'张有故席帽,谓李曰:'可持此诣药铺,问王老家张三,令持此取三百千贯钱,彼当与君也。'……明日,……遂持帽诣王家求钱。王老令送帽问家人,审是张老帽否? 其女云,'前所缀绿线犹在。'李问张是何人。王云:'是五十年前来茯苓主顾,今有二千余贯钱在药行中。'李领钱而回。"

⑤ 郑还古《续玄怪录·杜子春传》:"杜子春,周隋间人,少落魄,不事家产。……投于亲故,皆以不事事之见弃。方冬衣破腹空,徒行长安中,……有一老人策杖于前,问曰:'君子何叹?'子春言其心。……老人曰:'几缗则丰用?'子春曰:'三百万则可以活矣。'……于是袖出一缗曰:'给子今夕,明日午时俟子于西市波斯邸,慎无后期。'及时子春往,老人果与钱三百万,不告姓名而去。"

第四章 唐代的货币

当于后世的所谓洋行,即外国人开的铺子,不一定是波斯人开的,阿拉伯人也被称为波斯。但当时的店铺中,最接近于专门的存款机关的是柜坊和寄附铺。

柜坊一名词,在唐代文献中有几次提到,如温庭筠的乾䐑子①和乾符二年的赦文②等。但关于他的性质,却没有详细的记载。我们只知道是一种保管钱财的地方。书中有时讲到有钱锁在西市柜坊,有时单讲锁在西市③,有时说积钱在东西市④。大概当时长安的西市或甚至东西两市都有许多家柜坊⑤或其他收受存款的

---

① 温庭筠为宣宗时(九世纪中叶)人,乾䐑子已亡佚,但其中提到柜坊的扶风宝乂一篇为《太平广记》卷二四三所引。原文如次:"尝有胡人米亮,因饥寒,乂见辄与钱帛,凡七年不之问。异日又见亮,哀其饥寒,又与钱五千文。亮因感激,而谓乂曰:'亮终有所报大郎。'乂方闲居,无何亮且至,谓乂曰:'崇贤里有小宅出卖,直二百千文,大郎速买之,'又西市柜坊锁钱盈余,即依值出钱市之。书契且,亮语与乂曰:'亮攻于览玉,尝见宅内有异石,人罕知之,是捣衣砧,真于阗玉,大郎且立致富矣。'乂未之信,亮曰:'延寿坊召玉工观之。'玉工大惊曰:'此奇货也。攻之可得腰带銙二十副,每副百钱三千贯文。'遂令琢之,果得数百千价。又得合子执带头尾诸色杂类。鬻之又计获钱数十万贯云云。"

② 《唐大诏令》卷七十二,乾符二年南郊赦文:"……自今以后,如有人入钱买官,纳银求职,败露之后,言告之初,取与同罪,卜射无舍。其钱物等并令议官送御史台,以赃罪收管。如是波斯番人钱亦准此处分。其柜坊人户。明知事情,不来陈告,所有物业,并不纳官,严加惩断,决流边远。"

③ 《太平广记》引《广异记·三卫》:"开元初,有三卫……入京卖绢,买者闻求二万,莫不嗤骇,以为狂人。后数日有白马丈夫来买,直还二万,不复踌躇,其钱先已锁在西市。"同书卷四九九杂录七引《中朝故事》王氏子:"京辇自黄巢退后,修葺残毁之处。……僖宗诏令重修安国寺毕,亲降车辇,以设大斋,乃扣新钟十撞,舍钱一万贯,命诸大臣各取如意击,上曰:有能舍一千贯文者即打一槌。斋罢,王酒胡半醉入来,径上钟楼,连打一百下,便于西市运钱十万贯入寺。"

④ 《新唐书》卷一五二《李绛传》:"元和八年,帝乃下诏,能得贼者,赏钱千万,授五品官。与贼谋及舍贼能自言者亦赏。有不如诏,族之。积钱东西市,以募告者。"

⑤ 《新唐书》卷二〇八《宦者下田令孜传》:"僖宗即位,……发左藏齐天诸库金币,赐伎子歌儿者日巨万,国用耗尽。令孜……劝帝籍京师两市蕃旅华商宝货,举送内库,使者监阅柜坊茶阁,有来诉者皆杖死。"

283

商店。

从字义上看来,柜坊的起源,应当是箱柜,本是放置钱财衣物的一种普通用具。庄子中便有所谓"发匮之盗"。有些人家或店铺或许特别装置比较坚固的柜子来存放贵重品①。朱全忠在襄城所破获的几百锭金银,就是在一个大柜中发现的②。都市的邸店,为适应商旅的需要,而特别设一个柜子或甚至一间柜房,来替住客保管钱财,也是一件很自然的事情。后来因为需要这种便利的人多,于是有人专门开设柜坊。这可能就是柜坊演进的经过。在外国,现代的信用机关,还有以柜库为名的,如法文中的caisse、意大利文中的cassa、西班牙文的casa、德文的kassa、和俄文的касса③。中国近代的金融机关,虽然不是由柜坊演变出来的,但金库一名称,还同柜坊一辞的意义差不多。

柜坊能不能算是一种真正的信用机关,还有问题。第一我们不知道寄存保管是他们的专业或主要业务,还是只算一种副业。

---

① 《旧唐书》卷一三五《王叔文传》:"室中为无门大柜,唯开一窍,足以受物以藏金宝。"张说《虬髯客传》:"楼下匮中有钱十万。"皇甫氏《原化记·王贾》:"其空处如堂,有大石柜,高丈余,锁之,贾手开其锁,去其盖。引逼手登之,因同入柜中,又有金柜,可高三尺,金锁之。"《太平广记》卷四〇二《宝三水珠》:"大安国寺睿宗为相王时旧邸也。即尊位乃建道场焉。王尝施一宝珠,令镇常住库,云直亿万。寺僧纳之柜中,殊不为贵也。开元十年,寺僧造功德,开柜阅宝物,将货之。……"(宋)太平老人《袖中锦》:"偷儿云:夜入人家有三畏,一畏有老人,二畏有孩儿,三畏乳犬。如金银物有大柜,有铁钮,贼不能入。"

② 《旧五代史》卷二《太祖纪》,天祐二年九月:"是日入襄城,帝因周视府署,……屏中有一大匮,……内有金银数百锭。"

③ 法国银行有称为 Caisse（金库）的,如 Caisse d'epargne（储蓄金库）和 Caisse des Depots et des Consignation（存款信托局）。意大利也有称银行为 Cassa 的,和法文 Caisse 同意义。如 Basilicata 的州银行称为 Cassa Provinciale；撒丁尼亚的州立信用银行称为 Casse Provinciali di Credito；农村合作银行叫作 Casse rurali。苏联的储蓄金库称为 Сберегателънан касса。

第二我们不知道这种寄存到底是出租保管柜的性质而由寄存户负担风险,还是由柜坊方面完全负责。第三我们不知道柜坊对于存款是支付利息,还是征收保管费。第四我们不知道柜坊对于存款能否加以利用。这四点中后面两点最重要,而且也彼此有连带关系。本来寄存这种行为至少有两种解释:第一是财物的保管,那是保管人不能动的,到时应将原物归还。第二是货币的寄存,只讲明代为保管一个数额,如黄金若干两,铜钱若干缗,保管人到期只要能把这数目交出便可以,至于交出以前他动用与否,毫无关系,因为黄金和铜钱无须用原物交还①。唐代法律对于利用受寄财物的人是要加罪的②,但是既然法律上有此明文,也就可知民间对于寄附的财物有加以利用的事。如果柜坊能利用这种存款,那就可能支付利息,这样就成了真正的信用机关。但也可能不付利息,也不收保管费,而暗中加以利用;这样也可以说是一种信用机关。但如果只代为保管,完全不加利用,那就当然要收保管费。这种保管业务对于商人仍是一种便利,间接有助于商业的发展,而且也为近代银行业务之一,但柜坊单凭这种业务就不能说是真正的信用机关了。

无论柜坊的性质是怎样,唐朝的存款实已超过了保险箱式的阶段。因为支票的原理已经被应用了,所谓支票的原理,就是说存钱在外,不须自己去取,而可以将所有权转移给人。当时有些商店就提供这种便利,存户可以命令存款机关付款与第三人,有时以物

---

① 十六世纪时英国法律对于寄托分为三种。第一是纯粹寄托(bare naked bailment),所存者为加锁的箱柜袋或其他容器,完全为保管性质,保管人不得动用保管品。第二是保管人有使用保管品作某种特定用途之义务,如用作买卖。第三为货币的寄附(bailment of money),委托人只有一金额的债务,所以保管人对于保管的货币可以加以利用。Ellis T. Powell, Evolution of Money Market (1385—1915), chap. II.

② 《唐律疏议》卷二十六受寄物费用条。

为凭①，有时竟使用帖或书帖。这帖或书帖大概可以说是世界最早的支票，上面有付款数目，出帖日期，收款人姓名，出帖人署名，所和现代支票不同的，就是出于临时书写，而不是印好的空白格式②。这种寄附就完全是货币的寄存了。

柜坊之外，有一种寄附铺，大概和柜坊的性质差不多。中国人自古就有将钱财寄附在亲友处的事，大概唐朝就有人专设寄附铺来替商民保管金钱和其他贵重品。他们有时也代寄户出售寄存物品。长安西市的景先宅就是一家寄附铺③。

四　生金银买卖

中国自战国以后，黄金的使用渐多；汉以后，银器也流行了，所

---

① 《逸史·卢李二生》："又曰：'公所欠官钱多少？'曰：'二万贯。'乃与一柱杖，曰：'将此于波斯店取钱。'……波斯见柱杖，惊曰：'此处二舅柱杖，何以得之？'依言付钱。"（见旧小说）又《广异记》张李二公（见本节本项注④）。

② 《太平广记》卷一四六引《唐逸史·尉迟敬德》："隋末有书生，居太原，苦于家贫，以教授为业。所居抵官库，因穴而入，其内有钱数万贯，遂欲携挈。有金甲人持戈曰：'汝要钱，可索取尉迟公帖来。此是尉迟敬德钱也。'书生访求不见，至铁冶处，有锻铁尉迟敬德者也。方袒露蓬首，锻炼之次。书生伺其歇，乃前拜之。尉迟公曰：'何故？'曰：'某贫困，足下富贵，欲乞钱五百贯，得否？'尉迟公怒曰：'某打铁人，安有富贵？乃假我耳。'生曰：'若哀悯，但赐一帖，他日自知。'尉迟不得已，令书生执笔曰：'钱付某五百贯，'具月日，署名于后。书生拜谢而去。尉迟公与其徒拊掌大笑，以为妄也。书生既得帖，却至库中，复见金甲人，呈之，笑曰：'是也。'令系于梁上高处。遣书生取钱，止于五百贯。后敬德佐神尧，立殊功，请归乡里，敕赐钱，并一库未曾开者，遂得此钱。阅簿欠五百贯。忽于梁上得帖子，敬德视之，乃打铁时书帖。"

③ 《霍小玉传》："往往私令侍婢潜卖箧中服玩之物，多托于西市寄附铺侯景先家货卖。曾令侍婢浣沙将紫玉钗一只诣景先家货。路逢内作老玉工，见浣沙所执，前来认之，曰：'此钗吾所作也。皆霍王小女将欲上鬟，令我作此，酬我万钱，我尝不忘。汝是何人？从何得来？'……"

以一向就应当有金银的买卖①。固然金银的买卖不能说就是兑换，因为兑换乃是两种货币之间的交换，不过随着金银的货币性的增强，金银的买卖就变成兑换了。所以研究中国的兑换业或金银市场的历史，要从研究金银匠和金银店的历史着手。这种金银匠和金银店，在中国的金融发达史上，占有重要的地位。虽然他们没有像英国的同业一样，发展成现代的金融机关，但在钱庄出现以前，他们是中国主要的兑换机关，有时甚至超越兑换的业务。

金银匠的发展，自然是以金银工艺品的需要为前提。金银首饰的起源，大概与金银的发现同时。人类之所以采用金银作为价值的储藏工具和支付工具，就是因为他们有作为装饰品的用途。

两汉的王公显贵们，已使用金银器具，当时应当就有金银匠的存在。东汉魏晋，金饰流行，金银匠应当更多。不过东汉以前，金银器饰的制造，恐怕是出于显贵们自己家里的奴仆之手②，后来金饰普及到民间去，才产生一批真正的金银匠，但那时他们的地位，仍是很低，多由显贵们豢养在自己家里工作，是一种纯粹的匠人，不见得自己有多少本钱，他们自己大概不买卖金银。到后魏的时候（公元四四四年）还有禁止私养金银匠的事例③。不过那时已经有金店了，南齐的刘缵到后魏时，曾进金玉肆，想大加收买，被李安

---

① 《列子·说符》第八："昔齐人有欲金者，清旦衣冠而之市，适鬻金者之所，因攫其金而去。吏捕得之。问曰：人皆在焉，子攫人之金何？对曰：取金之时，不见人，徒见金。"《列子》一书有人说是晋人所伪托。

② 参阅第二章第一节《黄金条下》。

③ 《魏书》卷四《世祖纪》，太平真君五年正月诏："自王公已下，至于庶人，有私养沙门师巫及金银工巧之人在其家者，皆遣诣官曹，不得容匿。"《北齐书》卷四十七《酷吏传·毕义云》："文宣受禅，……义云从父兄僧明负官债，先任京畿长吏，不受其属，立限切征，由此挟嫌。……又坐私藏工匠，家有十余机织锦并造金银器物，乃被禁止。"

世几句话说得不好意思①。

到了唐朝,国内统一和平,工商业发达,金银匠的社会地位,随着他们的经济力而提高了,他们由巡游的匠人慢慢发展,自立门面,变成金银铺②。由许多的金银铺就成为一个金银市金银行③,这就是当时长安的兑换市场或生金银买卖市场。

金银铺的业务,自然以打造器饰为主。但同时大概兼营金银器饰和生金银的买卖,又因金银的买卖而产生金银鉴定的业务④。在唐朝,流通工具是以钱帛为主,但金银仍是主要的保值工具⑤,偶尔也有用为支付工具的,所以生金银买卖也有需要⑥。

---

① 《魏书》卷五十三《李安世传》:"国家有江南使至,多出藏内珍物,令都下富室好容服者货之。令使任情交易。使(南齐使刘缵)至金玉肆问价,缵曰北方金玉太贱,当是山川所出。安世曰圣朝不贵金玉,所以贱同瓦砾。又皇上德通神明,山不爱宝,故无川无金,无山无玉。缵初将大市,得安世言惭而罢。"

② 《太平广记》卷二八〇引《纂异记·刘景复》:"吴泰伯庙在东阊门之西。每春秋季,市肆皆率其党合牢醴,祈福于三让王,多图善马彩与女子以献之。非其月亦无虚日。乙丑春有金银行首纠合其徒,以绢画美人,捧胡琴以从,其貌出于旧绘者,名美人为胜儿,盖户牖墙壁,会前后所献者无以匹也。"

③ 《集异记·王四郎》:"到京但于金市访张蓬子付之,当得二百千。"(见《旧小说乙集》三)陆机《洛阳记》:"三市,大市名金市,在大城中。马市在城东,扬阳在城南。"(《太平御览》卷八二七资产七市)

④ 加藤繁在其《唐宋时代における金银の研究》里把唐代金银铺的业务分为四种(宋代则有五种):一、金银器饰之买卖;二、金银地金即金银铤金银饼等之买卖;三、金银之鉴定;四、金银器饰及地金之铸造。

⑤ 皇甫氏《原化记·裴谈》:"裴谈为怀州刺史,有樵者入太行山,见山穴开有黄金焉,可数间屋。入穴取金,得五铤,皆长尺余。"(见《旧小说》乙集四)冯翊《桂苑丛谈》李德裕:"有甘露寺主事僧诉交代得常住杂物,被前主事僧隐用却常住金若干两。"

⑥ 《原化记·周贤者》:"唐则天朝,……周生曰,事犹未萌,有得脱理。急至都,以吾书告兄,求取黄金五十镒,……贤者……谓司户曰,……吾与司户相知日久,不可令君与兄同祸,可求百两金与君一房章醮请帝,可以得免。……司户即市金与贤者。"(《旧小说》乙集四)《新唐书·食货志》:"穆宗即位,京师鬻金银十两,亦垫一两。"

生金银买卖和兑换性质不同。生金银买卖是把金银当作一种商品;兑换则是把金银当作货币。只因唐代有用金银作支付工具的事,白银在岭南更是通行的货币①,所以唐朝的金银铺多少有兑换机关的性质。到五代的时候,白银的使用增加,银匠店渐见重要②。

五 汇兑的产生

汇兑在外国发明很早③,中国到唐代才产生。唐朝产生汇兑的原因有四:第一是钱币缺乏;第二是因钱少各地渐有禁钱出境的事④;第三是税场多,税款常须移转;第四是商业发达,渐觉铜钱携带不便。

唐朝的汇兑叫作飞钱。经营飞钱的有商人,有衙门。当时各道的地方政府在京师都有代表办事处,叫作进奏院,专同中央政府

---

① 《日知录》银条引韩愈和元稹的奏状。
② 孙光宪《北梦琐言·何奎》:"伪王蜀时阆州人何奎不知何术而言事甚效,既非卜相,人号何见鬼。蜀之近贵,咸神之。鬻银肆有患白癜者,传于两世矣。何见之谓曰,尔所苦我知之矣,我为嫁聘少镮钏钗篦之属,尔能致之乎?即所苦立愈矣。"
③ 巴比伦在公元前第九世纪就有类似汇票的工具的使用。即甲地某人在土简上写明于若干时后由乙地某人付款若干。有时附记利息。这种办法也是起因于输送现金的不便。因为当时商旅都是用骆驼队(caravans),所经过的地方,盗贼很多。到了中世纪,在同样的情形下,犹太人和意大利人从新发明汇票(lettres de change)的办法。(A. R. Burns, Money and Monetary Policy in Early Times, pp. 284—285.)印度汇兑业务的产生,也远在中国之前。据说在二千五六百年前(中国战国初年)已经有发行汇票(Hundi)的事,而且那种汇票似乎和中国的飞钱接近。(L. C. Jain, Indigenous Banking in India, London, 1993)。不知飞钱同印度的汇票制度有没有关系。
④ 《唐会要》卷八十九大历十四年:"盐铁使李若初奏请诸道州府多以近日泉货数少,缯帛转轻,禁止见钱,不令出界,致使课利有缺,商贾不通,请指挥见钱,任其往来,勿使禁止,从之。"

联络,自然经常需要钱用。商人们在京师把货物卖出后,如果不愿意携带现款回家,就可以将货款交给他本道的进奏院,进奏院发行一张票券,叫作文牒或公据,这文牒或公据分成两半,一半给汇款人,其他半张寄回本道,商人回到本道的时候,合券核对不错,就可以领回货款。这样一方面消除商人携带现款的风险,同时也免得地方政府不断地运钱到京师去。这种合券取钱的办法,实是由借据转化而来的,不过由时间上的移转变为空间上的移转罢了。这是元和初年的事①。经营这种业务的政府机关,除各道进奏院外,还有各军各使,以及户部度支盐铁等机关。

至于商人办理飞钱的,是因他们在各道有联号或交易往来,为免输送现金,或甚至想因此牟利起见,亦招来这种业务。

但当时政府似乎不大明了这种汇兑的好处,所以于元和六年(公元八一一年)竟加以禁止②。汇兑本来可以节省货币的用途,可以解救通货紧缩的困难。一加禁止,商贾必须输送现款,一方面流通速度减低,一方面因商人运钱出京而使通货数量减少,于是物价更跌。这样政府才晓得禁飞钱的失策。就在元和七年再许商人向户部度支盐铁三司飞钱,但每一千钱要收汇费一百文,商人都不汇,乃改为平价汇兑。其实当时银根那样紧,政府应当用补贴政策,才可以使汇款增加。否则人民仍是将现钱留在身边③。

---

① 《新唐书》卷五十四《食货志》:"宪宗以钱少,复禁用铜器。时商贾至京师,委钱诸道进奏院及诸军诸使富家,以轻装趋四方,合券乃取之,号飞钱。"

② 《唐会要》卷八十九《泉货》:"元和六年……茶商等公私便换见钱,并须禁断。"《新唐书·食货志》:"京兆尹裴武请禁与商贾飞钱。"

③ 《新唐书》卷五十四《食货志》:"自京师禁飞钱,家有滞藏,物价寖轻。判度支卢坦兵部尚书判户部事王绍盐铁使王播请许商人于户部度支盐铁三司飞钱,每千钱增给百钱,然商人无至者。复许与商人敌贯而易之,然钱重帛轻如故。"

第四章 唐代的货币

飞钱也叫作便换①,实际上便换一词用得更多,唐以后完全叫便换。

飞钱便换,可以说是一种信用,商人汇款时无异是对承汇机关供给的一种放款。但也须付款单位守信用才行。譬如在京师把钱交给政府机关,便须地方政府守信用随时兑现,否则商民遭受损失,或至少感觉不便。在懿宗时(公元八三三到八七三年)商人把汇票拿到各州府去兑款,有被各州府留难的事,这样商人当然不敢再汇款了,所以于咸通八年(公元八六七年)下令各州府不许留难②。

---

① 《因话录》:"有士鬻产于外得钱数百缗,惧以川途之难费也,祈所知纳钱于公藏,而持牒以归,世所谓便换者。"《旧唐书》卷四十八《食货志》:"元和七年五月户部王绍度支卢坦盐铁王播等奏,伏以京都时用,多重见钱,官中支计,近日殊少,盖缘比来不许商人便换,因兹家有滞藏,所以物价转高(高字恐系低字之误),钱多不出,臣等今商量伏请许令商人于三司任便换见钱,……。"《册府元龟》卷五〇一:"度支户部盐铁等使奏先令差所由抬召商人每贯具加饶官中一百文换钱,今并无人情愿,伏请依元和五年例敌贯与商人对换,从之。"

② 《唐会要》:"咸通八年十月户部判度支崔彦昭奏,当司应收管江淮诸道州府今年已前两税榷酒诸色属省钱,准旧例逐年商人投状便换。自南蛮用兵以来,置供军使当司在诸州府场院钱,犹有商人便换,赍省司便换文牒至本州府请领,皆被诸州府称准供军使指挥占留,以此商人疑惑,乃致当司支用不充。乞下诸道州府场盐院,依限送纳,及给还商人,不得托称占留,从之。"

第五章 两宋的货币

第一节 货币制度

一 钱币

两宋的币制,仍是以钱为主。绢帛已渐退回日用品的地位,但白银却大大地重要起来了。纸币的产生和推行,是本朝币制最大的特点。

两宋的钱币,是中国钱币史上最复杂的。这种复杂性,表现在许多方面:首先是币材的种类多。铜铁钱兼用;这是五代的遗制,但在五代可以说是一种不正常的现象,两宋的铁钱,却是一种正规的制度。此外还有各种纸币,所以更复杂。第二是货币流通的地方性。一般通史家都认为赵宋是一个中央集权的封建帝国,这点在币制上丝毫看不出来。在币制上,两宋只有比其他朝代更分散。虽说铜铁钱兼用,但又不是各区都兼用铜铁钱,因此造成一种割据的局面。在北宋,大抵开封府、京东路、京西路、江北路、淮南路、两浙路、福建路、江南东西两路、荆湖南路、广南东西两路、荆西北路等十三路专用铜钱；成都府路、梓州路、利州路、夔州路等四路专用铁钱；陕府西路和河东路则铜铁钱兼用。在南宋，铜钱限于东南，四川用铁钱，而实际上各地都是使用纸币，金属货币根本不多；纸币也各地不同。第三是钱币之分大小以及铜铁钱作价之不一定，关于钱币面额的种类，宋朝当然比不上新莽时，但新莽的币制，为时短暂，并且没有真正推行；而宋钱的分大小，却是一种常制，一般都有小平钱和折二钱两种，往往另有折三折五和当十钱。南宋还有当百钱。至于铜铁钱的比价，可以说是没有一定的，即使有官定比价，也多维持不住。第四是钱名种类多。唐朝虽然也有乾封重宝、乾元重宝以及大历、建中等钱，但都具有它的特殊性，唐朝的钱基本上是开元钱。到了宋朝，情形就不同了。我们可以说，到了宋朝才真正流行年号钱，差不多每改一次年号就铸一种钱，只有极少数的例外。而宋朝年号改得特别多，和西汉武帝时一样，一个皇帝，要更改几次年号。兼之钱名有时称通宝，有时称元宝，有时一种钱兼有通宝和元宝。南宋的嘉定铁钱有一二十种宝。第五是钱文书法的多样性。北宋钱文有篆书、有隶书、有真书、有行书、有草书，有瘦金体。一般说来，每种钱至少有两种书体，有时有三种。

宋朝的钱制，南北宋大不相同。北宋以铜钱为主，南宋以铁钱为主；北宋以小平钱为主，南宋则以折二钱为主。

太祖在建隆元年（公元九六〇年）铸宋元通宝。这是赵宋第一种钱，而且不是年号钱。凡是把开元钱读作开通元宝的，就把这钱读作宋通元宝；同样，他们把五代的汉元通宝和周元通宝读作汉通元宝和周通元宝。通太祖之世，没有铸年号钱。乾德钱是十国钱，不是太祖乾德年间所铸。据说在建隆四年改元乾德的时候，自以为古所未有，后来在宫中看见铜镜上有乾德四年字样，问窦仪，说是蜀少主的年号,一查果然镜子是四川来的,乃叹曰:"宰相须用读书人!"宋元钱有光背,也有背星月的,种类很多,是仿周元钱的制作。但同一钱上,有星就没有月,星和月或在穿孔上面,或在下面,或在左右,月文有在穿孔的四角上的。宋元有铁钱,为四川雅州百丈县所铸①,小样,广穿,数量不多。

太宗在太平兴国年间(公元九七六到九八三年)铸太平通宝。这是赵宋第一种年号钱,背面也间有星月,但版别不如宋元钱多。四川也铸有铁钱。淳化五年(公元九九四年)铸淳化元宝。宋元钱和太平钱都是隶书,承开元钱的制度;到淳化时为之一变,正式成立赵宋的多种书体的钱制。淳化钱有三体书,即真书、行书、草书,据说是赵炅亲笔写的,所以这是所谓御书钱的滥觞。淳化钱也有铁钱,分大小两种,大钱是当十钱,但只铸造三千多贯②,留传极少。至道年间(公元九九五到九九七年)的至道元宝也分真、行、草三种书体,大概也是御书钱。至道年间钱监增加,譬如从饶州永平监分设池州永丰监,此外建州设置丰国监、江州设置广宁监③。所以至道钱比较多。

真宗在咸平年间(公元九九八到一○○三年)铸咸平元宝。景德年间(一○○四到一○○七年)铸景德元宝。大中祥符年间(公元一○○八到一○一六年)铸祥符元宝和祥符通宝。天禧年间(公元一○一七到一○二一年)铸天禧通宝。这几种钱只有真书,不成对钱。景德元宝有大铁钱,这是四川嘉邛二州所铸,每贯有二十五斤八两④,每枚重四钱以上。祥符元宝也有大铁钱,铸于大中祥符

---

① 《文献通考》。
② 《宋史·食货志》。
③ 《玉海》。
④ 《文献通考》。

七年,每贯重十二斤十两,以一当十①。天禧通宝也有铁钱。

仁宗在天圣元年(公元一〇二三年)铸天圣元宝。明道元年(公元一〇三二年)铸明道元宝。景祐元年(公元一〇三四年)铸景祐元宝。宝元二年铸皇宋通宝。这几种钱都是篆隶成对,多有铁钱。康定年间(公元一〇四〇年)只有康定元宝铁钱,没有铜钱。庆历年间(公元一〇四一到一〇四八年)只有大钱,没有小钱。大钱分铜铁两种,都是当十钱。钱文为庆历重宝,铜钱是环读,铁钱则有环读和直读两种。皇祐年间(公元一〇四九到一〇五三年)史书说曾铸皇祐元宝铜铁大钱②,但没有遗留下来。至和年间(公元一〇五四到一〇五五年)铸有至和元宝小平钱和至和重宝的折二钱和折三钱,但大钱铸得少。折三钱中,背面有号字和坊字的,这是宋钱中纪地最早的。至和小钱有对钱。嘉祐年间(公元一〇五六到一〇六三年)的嘉祐元宝和嘉祐通宝也成对钱。

英宗在治平年间(公元一〇六四到一〇六七年)铸有治平元宝和治平通宝,共有三体书体,其中有两种不同的篆体。当时铸铜钱的有饶、池、江、建、韶、仪六州的钱监;另有兴元府西县的济远监和惠州的阜民监。铁钱则有四川的嘉、邛、兴三州。

神宗时,钱币数量大增,而且折二钱开始通行。熙宁元年(公元一〇六八年)铸熙宁元宝。四年铸熙宁重宝当十钱,这是由于用兵,后来因为盗铸,乃改为当三,六年又改为折二。这是折二钱通行的缘由。因此熙宁重宝大小轻重不等,也难断定那是当十、那是当三、那是折二。至于小钱,版别更多,因为钱监数目增加,而各监

---

① 费著《钱币谱》。
② 《永乐大典》。

又增额铸钱。小钱背面间有文字的,都很模糊,既像衡字,又像卫字。两处都有钱监。熙宁钱都成对钱。元丰年间(公元一〇七八到一〇八五年)铸有元丰通宝小钱和折二钱。元丰时是宋代铸钱最多的时期,铜钱有十七监,每年铸钱五百多万贯,铁钱有九监,每年铸钱一百多万贯①。元丰钱也是篆书行书成对,版别极多。书

---

① 根据《文献通考》,元丰年间的钱监名称和每年铸额如下:
　　一、铜钱
　　　　西京阜财监　　　各二十万贯
　　　　卫州黎阳监　　　二十万贯
　　　　永兴军　　　　　二十万贯
　　　　　华州　　　　　二十万贯
　　　　　陕府　　　　　二十万贯
　　　　绛州垣曲监　　　二十六万贯
　　　　舒州同安监　　　十万贯
　　　　睦州神泉监　　　十万贯
　　　　兴国军富民监　　二十万贯
　　　　衡州监宁监　　　二十万贯
　　　　鄂州宝泉监　　　十万贯
　　　　江州广宁监　　　十万贯
　　　　池州永丰监　　　四十四万五千贯
　　　　饶州永平监　　　六十一万五千贯
　　　　建州丰国监　　　二十万贯
　　　　韶州永通监　　　八十万贯
　　　　惠州阜民监　　　七十万贯
　　二、铁钱
　　　　虢州在城监　　　十二万五千贯
　　　　　朱阳监　　　　十二万五千贯
　　　　商州阜民监　　　十二万五千贯
　　　　　洛南监　　　　十二万五千贯
　　　　通远军威远镇　　二十五万贯
　　　　岷州滔山镇　　　二十五万贯
　　　　　嘉州　　　　　二万五千贯
　　　　　邛州　　　　　七万三千二百三十四贯
　　　　　兴州　　　　　四万一千贯

法都是水平很高。有一种隶书的元丰钱相传是苏轼的笔迹，称为东坡元丰，但流传极少。熙宁钱和元丰钱由于大量铸造，十分精整的很少。

哲宗在元祐年间（公元一〇八六到一〇九三年）铸元祐通宝。有折二，有小平，有铜钱，有铁钱，两者都有对钱。钱文据说也是司马光、苏轼等人所写的。小平铜钱背面有陕字，是元祐八年八月陕西所铸的。绍圣年间（公元一〇九四到一〇九七年）铸绍圣元宝和绍圣通宝，元宝分铜铁两种，铜钱有小平和折二，铁钱除小平折二以外，还有折三。也都有篆书和行书成对。小平铜钱背面间有星月。绍圣通宝有铜铁两种，铜钱只有真书小平，铁钱也只有小平，但分直读、环读两种；直读有真书和隶书两种，环读的有一种铜母背有施字，这是湖北施州广积监所铸。元符年间（公元一〇九八到一一〇〇年）铸元符元宝，有小平和折二，铜铁都有。铜钱篆书行书成对。

徽宗在建中靖国元年（公元一一〇一年）铸圣宋元宝，有小平和折二，两者都有铁钱。圣宋钱不是年号钱，因为年号为四个字，不适于作为钱文。也不能仿太平兴国年间的例子铸建中钱，因建中为唐朝的年号。收藏家有一种建国元宝，制作的确是徽宗钱，但因系孤品，又不见史书记载，不知是否当时所铸。崇宁年间（公元一一〇二到一一〇六年）铸有崇宁通宝小平和当十，另有崇宁重宝当十钱和当二的夹锡钱。崇宁重宝有铁钱，另有一种崇宁元宝铁钱，较小。大观年间（公元一一〇七到一一一〇年）铸大观通宝大小几等，有小平、折二、折三、折五、当十。史书中说当五是夹锡铁钱，可是所谓夹锡铁钱是什么样子，历来的钱币学家和收藏家都说不出来。而铜钱中确有一种比折三厚重的，一般人都把他看作当五钱，这种钱数目比较少，也许是初铸的折三钱。大观有铁钱大小两种。除崇宁重宝是隶书外，其余崇宁钱和大观钱都是赵佶自己用瘦金体书写的，所谓铁画银钩，为历代收藏家所爱好。政和年间（公元一一一一到一一一七年）铸有政和通宝小平和政和重宝折二钱。重和年间（公元一一一八年）铸有重和通宝，为时仅有几个月，所以数目很少。宣和年间（公元一一一九到一一二五年）铸有宣和元宝和宝和通宝两种，元宝数量很少，通宝有小平和折二两等。小平有铁钱，瘦金体，背面穿上有一陕字，为陕西所铸。这种陕字宣和也有铜质的，一般说是铁钱的母钱，但数量却不算少。

宋朝的货币文化，到了这个时候，已达到了最高点。

所谓货币文化，主要是指钱币艺术。譬如古代希腊的钱币，就是艺术水平最高的，本身就是美术创作品。由这些钱币上，可以看出希腊美术在各个阶段中发展的实况。特别是人像雕刻的艺术，后代一直没有能赶上。中国和伊斯兰教的国家，在钱币上不用人像，连花纹也没有，根本没有图形，只有文字。伊斯兰教国家是为避免偶像崇拜之嫌，虽然可兰经并没有明白禁止，但谟罕穆德是反对任何形式的造像的。中国则由于历代科举制度的影响，使一般人重文轻艺，重书轻画。其实书和画的性质是不一样的：画是一种国际文字，人人能懂；书法美却只有认识这种文字的人才能欣赏。大概正是由于这种缘故，才是中国的旧文人把书法放在绘画之上。有些画家的画也和写字差不多。所以中国和伊斯兰教国家的钱币艺术就和欧洲不同了。

中国钱币艺术的内容包括钱币本身的形状、穿孔的大小、轮廓的阔狭、铜色的配合等等，但最重要的是钱文的书法。中国古代有许多钱币上的文字是很美的，如新莽的钱币和北周的钱币。开元钱的文字并且是名书家所写的。然而篆书隶书，笔画比较固定，书家少有发挥的余地,往往看不出写者的个性。到了宋朝,不但钱文的书体变化多,这本身就反映文化活动的强度,而且采用了真、行、草的书体,于是书家就能充分发挥他的才能了。因此宋钱上的文字,比前代要活泼流行,宋以后简直不能比拟。无论宋初的淳化钱和至道钱,或是后来的元丰钱和元祐钱,其文字都有足观的。然而给人印象最深的是赵佶的瘦金体。因为其他钱文的书法虽好,风格却和常人相近,而瘦金体却具有与众不同的风格,特别令人注目。而且崇宁大观等钱有大型的,书家有用武的余地。也因这二十几年间,钱币的制作特别精美,这加强了书法的美感。譬如宋钱的边,一般都比开元钱阔,有些阔边钱也有风味,另有其美感,但一般说来,阔边钱并不怎么样好看。徽宗时的钱币,都是狭缘的。自然赵佶个人的才华,以及他后来万里胡沙飘泊的身世,也替他的钱币添了不少光辉。

但徽宗治下的钱币中,并不全是用瘦金体,只有崇宁钱的大部分和大观钱的全部以及陕字宣和钱才是用瘦金体。有人说有些崇宁钱文是蔡京写的。政和钱中也有称为瘦金体的,但可以断言不是赵佶所写的。自崇宁到宣和,前后二十三年,钱文上的瘦金体是不断有发展变化的。崇宁初赵佶才二十二三岁,精力充沛,崇宁通宝四个字,一味地瘦硬,所谓铁画银钩,应当是指这一时期的字。大观时他已是接近三十岁的人了,三十岁本是年轻力壮,然而中国人体力弱,加以宫廷生活的腐化,可能已开始衰退,所以大观通宝四字就湿润了。到了宣和年间,他已是四十多岁的人,中国人往往自认已老,所以宣和的钱文圆融得一点劲道也没有了。这种发展过程只要看通宝两字就可以看出来,特别是通字的用部和宝字的贝部。在崇宁钱上,书者的精力从两肩上冲溢而出,大观钱上,两肩已平；到了宣和钱，则两肩低垂，大有不胜负担的样子。

后代的钱文，还有称为瘦金体的，包括南宋、金和明几朝的钱币，其实书者并不是有意学瘦金体的，只是无意中受了瘦金体的影响罢了，否则，不会学得这样不像。

宋朝钱币艺术的另一表现是对钱，就是同一种年号钱，同时用两种或三种书体。两者在形制方面，穿孔大小、轮郭阔狭、钱身厚薄、钱文的深浅以及铜的成分，都是一样，甚至有时两者同样错范、流铜和破裂。在文字方面，字体的大小和位置、笔画的粗细，都相符合，所不同的就是一篆一隶或一篆一楷，这样就产生一种对称美。有时一对钱在流通过程中，经历同样的命运，同时落土，则发出同样的锈色；同时下水，则发水锈；同遭火烧，则发黑色。这种对钱的办法，创始于南唐，盛行于北宋，到徽宗时达到了顶点。徽宗的钱币中，除崇宁钱和大观钱没有对钱外，圣宋钱、政和钱、重和钱和宣和钱，都是成对的，重和钱铸得很少，其余三种都各有几十对，配合起来是很有趣的。譬如宣和钱，单以铜色为标准来说，所谓"俯宣"是红铜的；所谓"狭用背四决"则成银白色。江西的饶赣钱监铸钱每缗用铁三两，所以那里所铸的一对所谓"短宝"有时发出铁锈，与众不同。

钦宗在靖康年间（公元一一二六到一一二七年）铸有靖康元宝和靖康通宝。各有小平和折二，都成对钱。元宝为篆隶对钱，通宝为篆真对钱。但因为时很短，而且正当金人南侵的时候，所以铸额非常少，小平更是凤毛麟角。通宝小平有铁钱。

南宋因为推行纸币，所以钱币的铸额大减，特别是小平钱。在十个宋钱中，难找到一个南宋钱。因为只有东南地区行使铜钱，四川专用铁钱。铁钱监最多，湖北和两淮也用铁钱。而且铜铁钱还都是作为纸币的辅助货币，有时用来支持纸币的购买力。

第五章 两宋的货币

南宋初年的钱制,还是继承北宋的遗风。钱文有几种书体,而且成对。譬如高宗时的建炎钱和绍兴钱都是这样。建炎钱(公元一一二七到一一三〇年)种类很复杂。有建炎通宝,有建炎元宝,还有建炎重宝。通宝分小平、折二、折三三等,都有篆书和真书成对。但四川所铸的小平钱是仿瘦金体,初铸的背后穿上有一川字。当三钱有大样的,有人说是当五,但不见史书记载。通宝有小铁钱。建炎元宝只发见折二钱,篆书。重宝则为当十钱,也是篆书。绍兴钱(公元一一三一到一一六二年)有元宝和通宝两类。元宝有小平和折二两种,篆书和真书成对。通宝有小平、折二、折三三等,分铜铁两类,都只有真书,不成对钱。铁钱背面穿上有利字,为利州绍兴监所铸。

孝宗在隆兴年间(公元一一六三到一一六四年)铸有隆兴元宝折二钱,篆书和真书成对。铁钱则除折二以外,还有小平钱。乾道年间(公元一一六五到一一七三年)铸有乾道元宝,铜钱也只有折二,篆真成对,小平只有铁钱。铜钱背面有上月下星的,也有穿上有正字和松字的,这是纪监名。折二铁钱背文有正字、松字、邛字。淳熙年间(公元一一七四到一一八九年)铸有淳熙元宝,分小平折二两种。铁钱有当三。蕲春监所铸折二钱有通宝。

北宋的钱风,只维持到淳熙六年为止,淳熙初年的钱还有对钱;但自七年起,就统一书体,一直到南宋末年,钱币上的文字都是用同一种书体,即宋体,这种书体最初出现于建炎钱上,淳熙以后,就是唯一的书体了。而且这以后的钱,几乎可以说没有版别,同一年的钱,好像是同一钱监所铸。文字庄重,制作也精整,不像北宋钱那样乱。另一特点就是在钱背铸明年份。如淳熙七年的钱在背上铸一"柒"字,八年铸一"捌",都是大写;九年以后改为小写,到十六为止。这一办法一直继续到宋末。最初采用这办法据说是为防止盗铸。这一说是不足信的，难道铸明年份就不能盗铸么？淳熙钱中，也有纪监名的，如泉字是纪严州神泉监。但这限于折二钱，而且大概是淳熙七年以前所铸。七年以后纪监名的只有铁钱，有邛（邛州惠民监）、松（舒州宿松监）、同（舒州同安监）、春（蕲州蕲春监）等。有时监名之外再加年份的数字，如同十四、春十六等。

光宗在绍熙年间（公元一一九○到一一九四年）铸有绍熙元宝小平、折二、折三三种，背文自元字到五字。但折三仅见有四字。另有绍熙通宝折三，背上也是四字。大概折三钱限于四年铸造，而且分元宝和通宝两种，两者都少见。铁钱有元宝和通宝两种。而且有当三，背文除年份外，多附监名，计有同、春、汉（汉阳监）等。当三铁钱背上有孕双星，或孕双星之外，左右尚有数目字，如四七、四八、四九等。四字大概是指绍熙四年，另外一数字的意义则不明。可能是钱范的号码。绍熙铁钱有篆书的。

宁宗在庆元年间（公元一一九五到一二〇〇年）铸有庆元通宝。铜钱有小平、折二、折三三种，背文自元字到六字。铁钱也有小平折二、折三，小平和折二背文除年份外，还有监名，计有同、春、汉三类。庆元虽只有六年，但蕲春监和汉阳监铸有春七、汉七的庆元钱，这无疑是在庆元六年底决定改元为嘉泰以前所预铸的。折三钱则另成一体系，有环读和直读两种，背上只有孕星，没有文字。另一种庆元元宝铁钱，形制稍大，有人说是当五，背面穿上有一川字，两旁有数目字，如三六、卅七，或穿上为川六，穿下为卅七，种类很多。

嘉泰年间（公元一二〇一到一二〇四年）铸有嘉泰通宝。铜钱有小平、折二和当五三种，小平和折背文自元字至四字，当五为光背。铁钱制作和庆元钱差不多，小平和折二背文除年份外还有同、春、汉三监的监名，折三（有人说是当五）则背上有川一、川二、川三等字样,背下有卅八、卅九、四十、四一等字样。

开禧年间(公元一二〇五到一二〇七年)铸有开禧通宝。铜钱有小平和折二两种,背文自元字至三字。铁钱还有当三,背文也是仿庆元钱和嘉泰钱。

嘉定年间(公元一二〇八到一二二四年)铸有嘉定通宝。铜钱有小平和折二两种。嘉定虽然前后有十七年,但钱背年份只到十四为止。另有嘉定元宝大钱,背面上下有折十两字。

嘉定铁钱是中国钱币史上最复杂的一种,至今还没有人知道到底有多少种。根据各家所藏实物的著录,已经是十分繁复。按钱监分,有利州绍兴监、邛州惠民监和嘉州丰远监,都在西川。各监所铸钱,都在背面加铸监名。按面额分,则有小平、折二、折三、折五四种。每一种面额又有各种宝。小平为元宝。折二钱有元宝、之宝、永宝、全宝、安宝、正宝、崇宝等,背面有各种文字或孕星。折三有元宝、之宝、永宝、全宝、安宝、真宝、新宝、正宝、万宝、洪宝、崇宝、珍宝、隆宝、泉宝等。折五有元宝、通宝、重宝、之宝、至宝、珍宝、封宝、兴宝等。上面各种宝中,元宝往往又有直读和环读两种,其余或为直读,或为环读。折三元宝有篆书的,折五重宝则有篆书、隶书和楷书三种。背面除小平直读元宝为光背外,其余大抵有文字,或纪监名,或纪年份,或纪值,或纪范,而且这些背文,彼此相结合①。另有隶书圣宋元宝和楷书圣宋重宝,有些钱币学家说是嘉定年间所铸。这种圣宋钱的文字和制作与徽宗时的圣宋钱显然不同,其为南宋所铸,毫无疑问。

---

① 关于嘉定铁钱的版别,可参看《古泉汇考》和罗伯昭《西川嘉定铁钱分析》(见《泉币》第十三期)。

理宗在宝庆年间（公元一二二五到一二二七年）铸大宋元宝。铜钱有小平、折二两种。背文自元字到三字。另有大宋通宝大钱，背面上下有当拾二字。铁钱有小平、折二、折三三种，背面有定、春、汉、泉等监名，另加年份。但铁钱有宝庆元宝。

绍定年间（公元一二二八到一二三三年）铸绍定通宝。铜钱有小平和折二两种，背文自元字到六字。铁钱通宝只见有小平，背文有春、汉等字；另有当三的元宝。绍定铁钱比较少，当三钱更是稀品。

端平年间（公元一二三四到一二三六年）铸有端平元宝小平。铜钱背面仅有元字一种。另有端平通宝和重宝折五钱，光背。铁钱则有通宝和元宝两种，都是大钱，背文种类很多。多出于邛、定、惠等钱监。监名和东南西北以及上下和数目字等相结合。最大的一种背面上下有折十二字，右边有利字。

嘉熙年间（公元一二三七到一二四〇年）铸有嘉熙通宝。铜钱有小平和折二两种，背文自元字到四字。另有嘉熙重宝折三（或作折五）钱，光背。铁钱有通宝折五和折十钱。背面有纪值和号码如东中或西一等。

淳祐年间（公元一二四一到一二五二年）铸有淳祐元宝。铜钱有小平和折二，背文自元字到十二。另有淳祐通宝小平和当百，小平是光背，当百钱则背面上下有当百两字，初铸的厚大，重量在七十公分以上，后来减重，只及十四多公分。小样的有光背的。铁钱也为通宝当百钱，有楷书篆书两种。这些当百钱是蒙古人侵略四川的时候所铸的。贵由就是在这一次战死的。

宝祐年间（公元一二五三到一二五八年）铸有皇宋元宝。有小平和折二两种，背文自元字到六字。元字钱有一种大样的，似乎是折三。皇宋没有铁钱。

开庆时（公元一二五九年）铸有开庆通宝。有小平和折二，背文仅有元字一种，也没有铁钱。

景定年间（公元一二六〇到一二六四年）铸有景定元宝，有小平和折二两种，背文自元字到五字。仅有铜钱。

度宗在咸淳年间（公元一二六五到一二七四年）铸有咸淳元宝，有小平和折二两种，背文自元字到八字。铁钱有折二钱。八年的咸淳钱是赵宋最后一次铸钱了，九年、十年大概都没有铸钱。以后的前幼帝、端宗和后幼帝也没有铸钱。有人把一种"兴赵重宝"说成是宋末所铸，即使能够证实，也是一种试铸。

南宋自淳熙年间起，钱的文字制作，特别是小平铜钱，忽然形成一种独特的风格，和北宋钱以及南宋初年的钱不一样。除了钱背的年份以外，最引人注目的，是他的文字美观大方，这就是后代所称的宋体字。建炎钱上，还不是正式的宋体字，正式的宋体字，最早出现于绍兴元宝上，但一直到淳熙年间，钱币上还是有各种不同的文字，譬如淳熙小钱，除了宋体字以外，还有篆书和隶书两种。自淳熙七年起，才完全用宋体字，只有极少数的例外，这些例外是大钱或铁钱，小平钱可以说没有例外。其次是南宋钱形制上的一致性。北宋钱无论在文字方面，或大小轻重方面，或是钱的成色方面，都是千变万化，没有标准的。但南宋钱却有高度的统一性，这在中国货币史上是少见的现象。南宋钱基本上没有什么版别，只有极少数的几个钱，笔画稍有不同；也只有极少数的几个钱，稍有大小之分。同一种钱，文字、大小、成色等，都是一样的。不但如此，整个南宋的钱，自淳熙以后，文字和大小都是一样的，只有极少数的几种钱，稍为轻薄一点，例如淳祐五六年间所铸以及咸淳最后的几种钱，就比较轻薄。然而文字还是一笔不苟，制作也规矩，铜色合乎标准。比起晚唐的钱币来，真有天壤之别。宋代的钱币文化，不愧是中国历史上最高的。宋以后，中国的钱币，就没有什么艺术性可言了。而南宋钱比起北宋钱来，其统一性是突出的。为什么会产生这种情形呢？第一，因为南宋钱铸造得少，容易求得统一。北宋的时候，铜钱是主要的货币，流通面也广，那时国内外贸易也发达，钱币的铸造数量是中国历史上最多的。同一种钱各处同时铸造，所以版别很多。到了南宋，铜钱的流通受到极大的限制，许多地方，根本不用铜钱，或用交会，或用铁钱；用铜钱的只有政治中心的东南，而这东南也不专用铜钱，而是以会子为主，铜钱也以折二钱为主，所以铸钱额一定不多。大概是在同一地方铸造，使用同样的母钱。遗留后代的南宋小铜钱是很少的。第二，北宋还有私铸，这增加了钱币的多样性，有些不美观的钱，大概是出于私铸。南宋由于纸币流通的推广，而且发生通货膨胀，铜钱的铸造成本很高，不利于私铸，只有私销。端平元年，就曾下令禁毁铜钱。所以南宋钱都是官炉钱，枚枚都精整美观。有些小钱，如绍熙元年所铸的，就是比起北宋徽宗时的钱币来，也毫无逊色。

　　宋钱轻重和唐钱差不多，可见唐宋的衡法是一样的。成色却有减低的趋势。唐朝开元天宝年间的铜钱含铜百分之八十三以上，宋钱根据著录以太平钱为最好，也只含铜百分之六十五六[①]。以后续有贬值，天禧三年的钱只含铜百分之六十四五，绍兴三年的钱只含铜百分之六十点六，绍兴以后只有百分之五十四。但这只是官方的数字，实际上唐钱也有成色很低的；有些开元钱，制作虽精美，可是发青灰色，可见锡的成分很多。而宋钱中也有成色很高

---

① 这种成色和公元前四百年时罗马帝国的阿斯铜币（As Signatum）很接近。阿斯的成色为百分之六十四至七十九（Mommsen-Blacas, Histoire de la Monnaié romaine, 1. 198）。

的,如宣和钱中就有红铜的。

蔡京行于陕西的当二夹锡钱①,每千钱重十四斤,用铜八斤,占百分之五十七点一四,黑锡四斤,占百分之二十八点五七,白锡两斤,占百分之十四点二九。

至于大观年间的夹锡铁钱的成色,则不见有记载。但从当局怕人染为铜色一点看来,大概是锡少铁多,和铁钱差不多,形制类当十钱②,后世难以区别。铁中和锡,使其不能为器,是为防止金人收买中国铁钱来造兵器。这和古代斯巴达的铁饼的性质相仿,那种铁饼,在铸造的时候,据说将烧红的铁侵入醋中,使其失去弹性,不能再作其他用途。

南宋曾铸过几种钱牌③,有上方下圆的,有上圆下方的,有纯长方形的。牌面有"临安府行用"五个字。建炎三年杭州改名为临安府,因而知道他是建炎三年以后所铸的。牌背有纪值的文字,分为"准二百文省","准三百文省","准五百文省"三种。省是省陌的意思。这种钱牌,只能算是一种代币。

二 金银

宋代的黄金仍常常同白银并提④,而且太祖开宝四年(公元九

---

① 《宋史·食货志·下二》。
② 《永乐大典》。
③ 铁牌的发行,不见记载,但吴自枚《梦粱录》卷一三《都市钱会条下》有:"朝省因钱法不通,杭城增造镴牌,以便行用。"不知是否指此。
④ 加藤繁以为黄金在宋代比唐代使用范围还要广,除唐代的用途外,还有赔偿、举债、赋税之折纳、纸币之收回等。但他也承认白银比黄金更普遍。(《唐宋时代に于けろ金银の研究》第十二章的结语。)

七一年)曾定出伪造黄金的罪律①。这是西汉以来第一次。可见政府还是把黄金看作一种正式的支付手段。不过在实际上,只偶然用作转移财富的工具。黄金的主要职能还是作为宝藏手段。广西产天然金,有人以砂金为赌博之资②。

白银的使用,经过长久的演进。后汉已经有赐银的例子,但一直到唐朝,白银的货币性能,还不及黄金。到唐末五代的时候,白银的使用才多起来。赵宋是从五代孕育出来的,所以就承继了这一种遗制。

白银在宋朝有浓厚的货币性。首先,它是一种重要的支付手段,他可以用来纳税。在唐朝,白银只能算是一种土贡,不能纳赋。宋初因为铜钱缺乏,转运副使张谔于太平兴国五年建议准许人民暂时用银绢代替铜钱纳税③,因此白银取得了部分的法偿资格④。其次,在政府方面,常用白银来赏赐赠与⑤,或支付兵饷,甚至用来

---

① 《宋史》卷三《太祖纪》。
② 《岭外代答》卷七《生金》:"广西所在产生金,融宜昭藤江滨与夫山谷皆有之。邕州溪洞及安南境,皆有金坑。其所产多于诸郡。邕管永安州与交址一水之隔尔,鹅鸭之属,至交址水浜游食而归者,遗粪类得金。在吾境水浜则无矣。凡金不自矿出,自然融结于沙土之中,小者如麦麸,大者如豆,更大者如指面,皆谓之生金。昔江南遗赵韩王瓜子金,即此物也。亦有大如鸡子者,谓之金母。得是者富。固可知交址金坑之利。遂买吾民为奴。今峒官之家,以大斛或金镇宅,博赛之钱,一掷以金一杓为注,其豪侈如此。"
③ 《宋史》卷一八〇《食货志》下二。
④ 《宋史》卷一七四《食货志上二·赋税》:"宋制……岁赋之物,其类有四:曰谷,曰帛,曰金铁,曰物产是也。……金铁之品四:一曰金,一曰银,三曰铁镴,四曰铜铁钱。"又:"绍兴元年臣僚言:古者租赋出于民之所有,不强其所无。今之为绢者,一倍折而为钱,再倍折而为银……。"
⑤ 《续资治通鉴》卷七《宋纪》:"太祖开宝四年十一月癸巳朔,南唐主遣其弟郑王从善来朝贡。……先是国主以银五万两遗宰相赵普,普告于帝,帝曰,此不可不受;但以书答谢,少赂其使者可也。"《宋史》卷二七五《刘福传》:"赐其子白金五千两,使市第宅。"《玉壶野史》:"真宗明年多召于近寝,从容延对。忽一日见公(禹州)衰甚,御袖掩目,泣曰,官邸旧僚,沦谢殆尽,存者唯卿尔,遽密赍银千两,绢千匹。"

籴米易粟①或作其他购买手段②。靖康元年吴玠曾在河池发行银会子,通行很久③,这可以说是一种银本位。南宋的会子,也常用白银来收兑④,这里白银成了纸币的兑现基金。在居民之间,用银的习惯也远超过前代⑤。

白银使用的增加,可以从对内和对外两方面来解释。在对外方面,由于邻近民族的苛求,中国有岁币的负担,所以才在岁输方面以银代钱。然而契丹、女真、蒙古等民族,为什么要白银呢?并不是因为他们的经济水平超过了中国,而是因为他们同西域有贸易关系,而西域是通行白银的。所以归根结蒂,中国的通行白银,还是受了中亚细亚的影响,否则为什么不用黄金呢?宋以前,黄金

---

① 《宋史》卷十《仁宗纪二》,宝元二年:"九月乙卯,出内库银四万两,易粟振益梓利夔路饥民。"

② 绍兴二十九年当局籴米二百三十万石,以备振贷。石降钱二千,以白子茶引及银充其数。(见《宋史》卷一七五食货上三和籴。)又宋末收买逾限的田地,千亩以上的交易,百分之五用白银支付。(见《宋史》卷一七三食货上一。)

③ 《皇宋中兴两朝圣政》卷二十一绍兴七年二月:"丙午川陕宣抚使吴玠初置银会子于河池,迄今不改。"

④ 《宋史》卷三十三孝宗纪一,乾道二年十一月己酉:"尽出内藏及南库银以易会子,官司并以钱银支遣,民间从便。"

⑤ 《宋史》卷四四〇《柳开传》(太宗真宗时人):"性倜傥,重义。在大名尝过酒肆饮,有士人在旁,辞貌稍异,开询其名,则至自京师,以贫不克葬其亲;闻王祜笃义,将丐之。问其费,曰,二十万足矣。开即罄所有得白金百余两,益钱数万遗之。"《夷坚志》甲集上吕使君宅:"淳熙初,殿前司牧马于吴郡平望,归途次临平。……遇林中一大第,……娘子者出,澹妆素裳。……凡三宿始别。赆以五花聪及白金百两,四卒各沽万钱之觋。"《夷坚志》丁集上,小陈留旅舍女:"黄寅字清之,建安人。政和二年试京师,未到六十里折小陈留旅舍宿夜,(遇双髻女子来寝就)……倏忽告别,携手而泣;寅发箧出银五两以赠。"《夷坚志》癸集下,沈大夫磨勘:"袖出银一笏授之日,聊以奉笔札。"张齐贤《洛阳缙绅旧闻记》,向中令徙义:"食讫命取道路银来,须臾一盗赍银一铤,牵一马至。……盗魁曰,仆射无马,聊代步尔,银到河东充茶汤之费。向皆纳之。"彭乘《墨客挥犀》厍一:"王延政据建州,令大将军某守建州城。尝遣部将某于军前,后期当斩,……其妻……与之银数十两,曰:迳行,毋顾家也。"

在中国的地位,是比白银重要的。另一方面,纯粹从内部来看,也有些因素为白银的使用提供了基础。这就是自五代以来,各地货币不统一;到了宋代,这种情形,并没有改善,甚至可以说更加恶化了;不但有铁钱区和铜钱区之别,而且还有各种不同的纸币在各地区流通,互不通用,只有银绢才不分地区,通行全国①。这里白银是作为一种转移财富的手段。固然黄金也可以作为这种手段,但由于对外的关系,政府已承认了白银的法偿力,所以这一方面的需要,也就以白银来满足了。

有人说,宋代白银的使用,是由于商业的发达和铜钱数量的不足②。这是不对的。宋朝的商业,的确比前代发达;但宋朝的货币数量和铜钱数量,也比前代增加。我们很难估计出宋代商业比前代增加的规模,但无论如何,这种规模决赶不上货币数量和铜钱数量增加的规模。因为北宋铜钱铸造额比唐朝增加十倍到三十倍。实际上有大量的铜钱流到外国去或贮在国库。南宋铸钱减少,但南宋铜钱的流通范围也大为缩小,何况还有纸币的流通。宋朝有几次发生所谓钱荒,那是特殊时期的特殊现象,是暂时的,绝不是促成白银流通的原因。铜钱不足说的基本错误,在于把白银看成十足的货币,而实际上白银在宋朝并不是十足的货币。它既不是价值尺度,也不是流通手段;他只是宝藏手段,有时作为支付手段,但也不是唯一的支付手段。在用它收兑纸币的时候,只是作为一种兑现

---

① 《建炎以来朝野杂记》卷十六《财赋三·金银坑冶》:"其实吴蜀钱币不能相通,舍银帛无以致远。"
② 加藤繁以为宋代金银比唐代更普及于社会,其原因有六:一为都市商业之发达,二为客商之增加,三为奢侈之流行,四为金银器饰之流行,五为庶民生活之向上,六为铜钱之不足及纸币信用之不好。(见《唐宋时代に于けろ金银の研究》)

基金。它并不能代替真实的货币,所以若是货币数量不够满足需要,只有增发纸币,或增铸铜铁钱,不能靠增加白银来满足。宋朝物价的不断上涨,毋宁证明了通货数量的过多,而不是过少。

金银的形式有各种各样,最普通的是铤①,野史中多称笏②,笏和铤是同一东西③。笏的形状是长方形的板,所以也称金银版④。但金银铤有大小不等,大的有五十两重的,小的大概没有一定的等级⑤。自然以银铤比较多,上面多有文字。曾见一铤,上有阴刻铭文"怀安军金堂县免夫钱折纳银每铤重伍拾两"⑥,可见这是四川的东西。怀安军建于乾德五年,免夫钱大概同免役钱差不多。宋代免役或输现钱,或纳斛斗,这里是以银折纳。南宋庆元年间的辇运令规定上供金银要用上等成色,白银鞘成铤,大铤五十两,小铤二

---

① 《夷坚志·叶德孚》:"(建炎三年事)建安人叶德孚,幼失二亲。……祖母年七十,不能行。尽以所蓄金五十两、银三十铤付之。"(《旧小说》丁集四)《洛阳缙绅旧闻记》,白万州遇剑客:"又月余,黄胡谓廷让曰:于尔弟处借银拾铤,皮箧一,好马一匹,仆二人,暂至华阳,回日,银与马却奉还。"(《旧小说》丁集一)

② 罗大经《鹤林玉露·冯京》:"冯京字当世,鄂州咸宁人。其父商也。壮年无子。将如京师,其妻授以白金数笏。"(《旧小说》丁集二)

③ 新编分门古今类事卷四李生白银:"李秀才者亮州人,家贫,置小学,教童蒙,日止十人。朝夕供给常不足。一日遇疾暴卒,二日乃甦。谓其妻曰:我死,地下见姚状元,主判人间衣食簿,与我昔日同场之好。谓我曰:贫甚矣,宜早归;衣食某之本职,不敢私,特为君添学生一十人,赠银一笏,是某之私羡也。其后,人忽送儿童上学,比旧果加十人。展修其屋,果获白银一铤。"(出《青琐高议》)

④ 吴增《能改斋漫录》卷一《银版》:"银笏亦可以称版。唐韩滉遣使献罗,每担夫与白金一版。"

⑤ 《金史》卷四十八《食货志》三:"旧例银每锭五十两。"这虽然说的是金人的事,但锭是中国的形制,金人应当是仿汉人的。

《夷坚志·甲集上·姜彦荣》:"潘阳医者姜彦荣,淳熙十二年迁居丰泰门内。……迟明发土二尺许,获银小锭,重十有二两。"

⑥ 藏美国纽约钱币博物馆(Museum of the American Numismatic Society),该会出版钱币小丛书第九十九种"Sycee Silver"(Phares O. Sig. ler)中有插图。

十二两,并且上面要镌明字号、官吏职位姓名等①。

另有银锭。宋以前金银似乎只称铤,不称锭,称锭始于宋金两朝。锭和铤是不是指同一东西,不得而知。但宋以后铤字少用,专用锭,锭的形状已不是长方形,而是砝码形,宋朝的银铤已经是砝码形。

宋朝曾铸造许多金银钱,甚至可以说是中国历史上使用金银钱最多的朝代。不但宫廷中多②,民间也多③。有时用作宫中的赐与④,有时作为帝王的殉葬⑤,或用作其他用途。但不能因为用作殉葬,就说是明钱,因为普通铜钱也有用来殉葬的。又因为偿赐关系,而流到民间去⑥,民间得到这种金银钱,大概是当作宝贝一样留作纪念品;富裕人家或者也用来辗转馈赠,尤其是作为生儿育女的吉礼⑦,

---

① 《庆元条法事类》(燕京大学图书馆藏版)卷三〇财用门辇运令。

② 《宣和录》:"金人入内,往取诸库珍珠四百二十三斤,玉六百二十三斤,珊瑚六百斤。……上皇阁分金钱四十贯,银钱八十贯;皇帝阁分金钱二十贯,银钱四十贯;皇后阁分金钱十一贯,银钱二十二贯。"(《建炎以来系年要录》卷二注解中所引。)

③ 《苏州府志》卷一四五载淳熙二年一书办受贿处死,其财产充公。财产中除金元宝一万五千七百二十两、金杯六千七百三十两、碎金五斗外,有金钱六十贯。

④ 《武林旧事》卷三《岁除》:"并随年金钱一百二十文。旋亦分赐亲王、贵邸、宰臣、巨珰。"又卷八《皇后归谒家庙,皇后散付本府亲属宅眷干办使臣名下》项下有"金钱"(共金五百两)、"银钱"。

⑤ 周密《癸辛杂识》别集上:"至十一月复掘徽钦高孝光五帝陵、孟韦吴谢四后陵,……金钱以万计,为尸气所蚀,如铜铁;以故诸凶弃而不取,往往为村民所得。……其余凡得金钱之家,非病即死。"

⑥ 《宣和遗事》亨集,宣和六年:"这四个得了圣旨,交撒下金钱银钱,与万姓抢金钱。那教坊大使袁陶曾作一词。名撒金钱。……是夜撒金钱后,万姓各各遍游市井。可谓是:灯火荧煌天不夜,笙歌嘈杂地长春。"《西湖二集》(明代关于宋朝的著作):"遂命宋五嫂进其鱼羹,太上食而美之,遂赐金钱十文,银钱百文,绢十匹。"耐得翁《都城纪胜·市井》:"隆兴间,高庙与六宫等在中瓦相对今修内司染房看位,观孝宗皇帝孟享回就观灯买市,帘前排立,内侍官帐行堆垛现钱,宣押市食歌叫,支赐钱物,或有得金银钱者。"

⑦ 吴自牧《梦粱录》卷二〇一《育子》:"如孕妇……至满月,则外家以彩画钱、金银钱、杂果,以及彩段……等送往其家。……亲朋亦以金钱银钗撒于盆中,谓之添盆。"

或作为娶妇时的撒帐钱①,但这种场合所用的金银钱可能不是普通金银钱,而是民间自己叫金银匠所打造的,上面文字也不是年号,而是些吉利语。金银钱也许有用作普通开支的,据说苏东坡曾用金钱在岭南惠州的丰湖筑苏公堤②。

  从遗留下来的实物看来,宋朝的金银钱,以北宋末年到南宋初年铸得最多。特别是徽宗的时候铸得最多。因为大观、政和、宣和等年号都有银钱留下来。大观通宝银钱有两种,一为篆书,一为隶书,成对钱。政和和宣和却只见楷书的。但宣和金钱有篆书的。靖康也有银钱。南宋有乾道元宝金钱,宋体书,和铁乾道一样。此外有几种太平通宝金银钱。这种太平通宝不能算是年号钱,因为他们不是北宋太平兴国年间所铸造的。金太平又有两种,一种隶书,重四公分,看钱文的书法,可以断定他是北宋钱,但又和铜太平通宝不同,通宝两字和徽宗钱相近,宝字的贝部略近方折,和政和钱很像,南宋钱上根本没有这种书法,所以可以看作是徽宗时的东西。另一种金太平为楷书,发现两枚,其中一枚比较精整,重量也是四公分。铸造时代难以判断,因为宋钱根本没有这种书体。银太平也有几种,一种是隶书,和第一种金太平相近,但背面穿上有仰月文,重四点二公分,大概也是徽宗时所铸的。一种是楷书,和楷书的金太平相近,重三公分七五。另一种银太平是瘦金体,重约三公分半,广穿狭缘,精美绝伦。这不但是金银钱中最精美的,而且在铜钱中也没有可以同他相比的。细审他的文字书法,和陕字宣和钱完全一样,大小则和铁铸宣和相同,也和小样靖康钱相同。

---

  ① 《东京梦华录》卷五《娶妇》:"拜毕就床,女向左,男向右,坐,妇女以金钱彩果散掷,谓之撒帐。"

  ② 《岭南杂记》。

因此晓得他的铸造年份应当和陕字宣和差不多。陕字宣和铸于蔡京再相之前。蔡京曾两次再相，宣和年间的一次是宣和六年十二月，所以陕字宣和应当是铸于宣和五六年间，银太平也相同。而且一定也是铸于陕西，因为北宋时陕西的铸造技术最高。世传崇宁大观等钱为徽宗御书，这当然没有理由可以怀疑，可是不见记载，只有陕字宣和之为徽宗御书是见诸正史①的。单从崇宁大观陕字宣和以及银太平几种钱币上就可以看出赵佶的瘦金体的演变。银太平的书法也可以证明他是徽宗晚年的笔迹，也即宣和末年的作品。但为什么不铸当时的年号，而用太平两个字呢？这可能是赵佶个人的愿望，也可能是赵宋一朝的总愿望。因为两宋几次铸造天平钱，特别是在宣和五六年的时候，金人正在跃跃欲试，而赵佶以及他的宠幸们还在"万井贺升平"。我们读"宣和遗事"，就能从字里行间，看出一种对于太平的强烈的愿望。此外还有一种折二的银太平在衡阳出土。

至于刘光世所铸的招纳信宝，则和上面所举的金银钱性质不同。刘光世知道金人部队中的中国人想家，乃铸造招纳信宝，分金银铜三种，叫俘虏把这种钱带回去，告诉其他人，有想回来的则执此钱为信②。所以是一种招降证或通行证一类的东西。但这种招纳信宝留传下来的极少。

宋朝的金银钱，在制作上有一特点，他们和唐朝的金银钱不同。唐朝的银开元，大小文字一切和铜开元一样。但宋朝的金银钱都比铜钱少，而且文字也和铜钱不一样。譬如银大观的钱文是

---

① 《宋史》卷二四七《宗室四子·湉传》。
② 《宋史》卷三六九《刘光世传》。

篆书和隶书,而铜钱却是瘦金体。银宣和是楷书,铜宣和则没有楷书的,只偶有一个字作楷书,如楷通、楷宣,没有四个字都作楷书的。钱文和通用的铜钱相同的只有乾道金钱,但乾道小平并没有铜钱。

三 纸币的产生

兑换券和纸币是中国所发明的。中国在正式使用纸币以前,已经有几次应用了纸币的原则。西汉的白鹿皮币和唐代的飞钱,都有一种纸币的性质。皮币不能说是实物货币,因为方尺的鹿皮,没有什么使用价值,至少实价远低于名价,和纸币的性质相近。至于飞钱,虽是一种汇票,而且我们不能证明他有被转让流通的事实。然而历来提到纸币的人,多说是从飞钱发展出来的①。两者的确有共同的地方:飞钱是异地兑现的票券,钞票是异时兑现的票券。后来真正的兑换券,还是常常带有飞钱的性质。所以说兑换券是由飞钱发展出来的话,是正确的。

中国纸币的产生和发展,是由几种经济原因所促成的。第一是宋代商业的发达,因此不但需要更多的通货,而且需要更轻便的通货。第二是自五代以来,中国形成许多货币区,不但用的钱不同,而且不准运钱出境。有时使用纸币的目的就是为防止铜钱外流。第

---

① 《宋史》卷一八一《食货志下三》:"会子交子之法,盖有取于唐之飞钱。"清代有些钱谱印有所谓大唐宝钞及许多其他乌有的纸币。西人耿爱德(Edward Kann)在其 *Chinese Paper Currency*(《中国的纸币》)一书中也加以影印。甚至有些现代的中国人也信以为真,如王孝通在其《中国商业史》中便认为大唐宝钞是中国纸币的起源。这些钞票的纯属虚构,只要看票面的告捕赏例便知。票上有"伪造者斩,告捕者赏银七百五十两。"唐代并不用银。而且宋朝都还没有用宝钞的名称。这种捏造事实,大概是古董商所为。

三是有许多区域使用体大值小的铁钱,携带非常不便。第四是两宋政府军费开支庞大,财政非常困难,常靠发行纸币来弥补开支。

大概在五代十国的时候,已经有纸币性质的流通手段。例如楚的马殷(公元九〇七到九三〇年)在长沙铸乾封泉宝大铁钱,又大又重,使得市面上用契券指垛来交易①,这岂不是和纸币的性质一样么?当时使用铁钱的地方很多,而四川比湖南还更厉害。四川正是最先采用兑换券的地方。

四川的币制,几乎自公孙述铸铁钱、刘备铸直百钱以后,就同外面有隔离的形势。南北朝以来,特别明显。对外贸易受有统制,物价也和外省不是同一水平②。这种情形,在五代及以后,更加厉害了。宋朝四川以铁钱为主,大的每千钱二十五斤,中等的十三斤③。这对于商旅是一个很大的阻碍。而且铁钱的不便,不只在其每枚钱体积之大和分量之重,还在其每枚钱购买力之小。譬如宋

---

① 《十国纪年·楚史》。

② 《宋书》卷四十五《刘粹传》记元嘉初年事:"远方商人多至蜀土,资货或有直数百万者。谦(督护费谦)等限布丝绵各不得过五十斤,马无善恶,限蜀钱二万。府又立冶一断私民鼓铸,而贵卖铁器。商旅吁嗟,百姓咸欲为乱。"关于四川的币制明曹学佺《蜀中广记》卷六十七有详细的记述。

③ 吕东莱说:"蜀用铁钱,其大者以二十五斤为一千,其中者以十三斤为一千,行旅赍持不便。故当时之券会,生于铁钱不便,缘轻重之推移,不可以挟持。交子之法,出之所自为,托之于官,所以可行。铁钱不便,交子即便。"《宋朝事实》卷十五张若谷、薛田奏:"川界用铁钱,小钱每十贯用六十五斤,折大钱一贯,重十二斤。街市买卖,至三五贯文,即难以携持。"王栐《燕翼贻谋录》:"……然川蜀陕西用之如故。川蜀每铁钱一贯重二十五斤,铜钱一当十三,小民镕为器用,卖钱二千,于是官钱皆为小民盗销,不可禁止。大中祥符七年知益州凌策请改铸每贯重十二斤,铜钱一当十,民间无镕销之利,不复为矣。庆历初知商州皮仲容议采洛南红崖虢州青水铜置阜民朱阳二监铸大钱,一可当小钱三,以之当十,民间趋利,盗铸不已。至八年张方平宋祁议以为当更,乃诏改铜钱当十。先是庆历元年十一月诏江饶池三州铸铁钱一百万贯,助陕西经费,所积尤多,钱重,民苦之,至是并罢铸铁钱,其患方息。"

初四川所行的铁钱,也有小平,并不比铜钱大,可是他的购买力低,一匹罗卖到两万个钱①,有一百三十斤重。所以纸币的产生于四川,不是偶然的。

中国最早的兑换券是交子。关于交子的起源,尚无法考据出来。有些学者②想把他同唐代的柜坊发生联系,说柜坊后来对存款发出收据,这收据在市面流通,就变成一种纸币。这一种说法,完全是假设,并没有举出例证来,所以不足为凭。

中国史书中有说是真宗时张咏所采用的③。有人指明是大中祥符四年(公元一〇一一年)的事④。这说也不可靠。《宋史·张咏传》没有提到这件事,张咏虽谈到铁钱,但他只报告各地铁钱的市价不一律,他反而不赞成划一铁钱行市⑤。说张咏作交子的,最

---

① 《宋史》卷一八〇《食货志》下二,引淳化二年赵安易言。

② 日本学者加藤繁和日野开三郎都有关于交子的论文发表。加藤繁有《交子的起源について》,载史学第九卷第二号。日野开三郎有《交子の发达について》,载《史学杂志》第四十五编第二、第三两号。日野开三郎将交子的发达分为三个阶段,第一个阶段是唐朝的票据,他以为当时的柜坊发行票据在市面流通,商人因为觉得现钱交易不便,多把现钱存到柜坊去,换领票据。第二个阶段是宋朝的交子铺,他认为这是由柜坊演变成的,而且大家组织同业公会。第三个阶段是发行权由政府接收。东洋历史大辞典中交子条也有约略相同的推论。这一说完全是以"想当然"为根据,并参照英国金店券的故事推论出来的。

③ 《宋史·食货志》下三:"真宗时张咏镇蜀,患蜀人铁钱重不便贸易,设质剂之法,一交一缗,以三年为一界而换之。六十五年为二十二界,谓之交子,富民十八户主之。……"《续资治通鉴长编》卷一〇一:"仁宗天圣元年,置益州交子务。初张咏知益州,患蜀人铁钱重,不便贸易,设质剂之法。"

④ 僧文莹《湘山野录上》:"公(张乖崖)祥符七年甲寅五月二十一日薨。开真之日,当小祥也。公以剑外铁钱辐重,设质剂之法,一交一缗,以三年为一界换之,始祥符辛亥,今熙宁丙辰,六十六年,计已二十二界矣。"

⑤ 《宋史》卷二九三《张咏传》。宋代各种笔记小说中,提到张咏治蜀的例子很多,如田况的《儒林公议》,释文莹的《玉壶清话》等,多对于张咏的政绩,加以赞扬,但都没有提到他作交子的事。宋史中其他提到交子的地方如孙甫传、薛田传等,都说是民间所产生。《蜀中广记》卷六十七在"钱"的一项中提到张咏,但在"交子"篇反而不提他的名字。

早是熙宁年间释文莹的《湘山野录》。而记载交子最详细的《宋朝事实》和《蜀中广记》则没有提到这事。

交子的产生,纵使不是在五代,也必定是在宋初。从各书①零乱的记载中,我们约略可以把交子的发展分为三个阶段:最初是自由发行时期,大概纯粹是代替铁钱流通。后来由十六家富商来主持,这至迟是在大中祥符年间(公元一〇〇八到一〇一六年)的事,可能还要早;因为在大中祥符年间,那十六家富商已经衰败,交子不能兑现,因而争讼数起。在大中祥符末已由薛田建议由政府接办。所以第一第二两个阶段,应当各有一个相当长的时期。最后在天圣元年(公元一〇二三年)政府才设置益州交子务,改由官办,这是第三个阶段。

关于第一个阶段的交子,我们所知道的最少,只有关于它的形制方面的一点点资料。我们知道交子是一种楮券,两面都有印记,有密码花押,朱墨间错。券上并没有交子的字样,票面金额也是临时填写的。料想是应商民的请求,领用者交来多少现钱,即开给他多少数目的交子。当时大概连式样也不统一,所谓印记,不过是指发行人的图章,整个说来,恐怕同普通收据没有多大分别。

在第二阶段里,交子的形制大概有所改进,因为现在已不再是零乱发行,而是由许多富商联合发行②。这时的交子,肯定是有图案的,并且是用一律的纸张印造,图案是屋木人物。至于其他方面,如密码、图章等,仍保留前一阶段的办法,形成所谓朱墨间错。券上大概仍没有交子的字样,金额也是临时应领用人的申请填写。

---

① 《蜀中广记》卷六十七《交子》。这是引用元费著的著作,大概另有所本。

② 《蜀中广记》说是"其后富民十六户主之",而《宋朝事实》卷十五则说是"益州豪民十余万户连保作交子",大概十余万的万字是多余的。

随时可以兑现,但兑现时每贯收手续费三十文。

这种交子不但在经济史上是一件划时代的事,在文化史上也有划时代的意义。首先他的印刷,大概是使用铜板,这是世界印刷史和出版史上的头等大事。其次是上面的图案,这在板画史上应当也是价值很大的。

当时发行交子的富商称为交子铺或交子户,而且交子既能远近行使,又随时需要兑现,所以除成都外,各地还有分铺。每年丝蚕米麦将熟的时候,商民需要流通手段和支付手段,这是交子发行最多的时期。但那些富商后来把收进的现钱,用来大买房地产,或作其他经营,经营不善,资财就会衰落,在领用交子的人拿来兑现的时候,有时就不能应付,而至于打官司;有时因为交子铺户的诈伪,激起民愤,而发生挤兑的事,交子户则闭门不出,后来政府出来干涉,每贯只能兑到七八百。这是交子收归国营的一个原因。

最初提议由政府接办交子发行事宜的是转运使薛田,他在大中祥符末年奏请设立交子务,但当时的政府没有采纳。后来知府事谏议大夫寇瑊奏请废除交子不用,他曾诱劝交子户王昌懿等收闭交子铺,封印桌,不许再发行;外县的交子户也将印桌毁弃[①]。但不久寇瑊去职,由薛田接任,政府叫他和转运使张若谷斟酌利害,他们都觉得废除交子有不便,仍主张由政府设交子务来主持[②],政府终于接受了这建议,于天圣元年设置益州交子务。自二年二月起发行官交子。

---

① 《蜀中广记》和《宋朝事实》。
② 《宋朝事实》引张若谷薛田奏称:"川界用铁钱,小钱每十贯重六十五斤,折大钱一贯,重十二斤,街市买卖至三五贯文,即难以携持。自来交子之法,久为民便;今街市并无交子行用,合是交子之法,归于官中。臣等相度欲于益州就系官廨宇,拨差京朝官别置一务,……。"

官交子的形制，大概和私交子差不多，因为张若谷和薛田的奏文中曾说："其交子一依自来百姓出给者阔狭大小，仍使本州铜印印记。"①当然所同的只是大小和一部分图案，券上的文字不一定相同，官交子可以规定流通的范围和兑钱的数目，因为宋代是以七百七十文为一贯的。券面大概还是不印交子的字样，金额也还是临时填写。不过有一定的等级，起初是自一贯到十贯；宝元二年（公元一○三九年）改为十贯和五贯两种，并且规定发行额中，八成是十贯的，两成是五贯的。到熙宁元年（公元一○六八年）又改为一贯和五百文两种，六成为一贯，四成为五百文的②。券上金额的表示，可能使用套印的办法，也可能各种面额使用不同的格式或图案。

官交子是分界发行，界满以新交子收回旧交子。《宋史·食货志》说私交子以三年为一界，但《宋朝事实》所引的成都记和《蜀中广记》所引的元费著交子篇都没有提到私交子的界分，《宋史》对于交子起源的记述既不大可靠，则对于私交子的界分的说法，也未必可信。私交子可能是随时兑现的。所谓三年为一界应当是指官交子，而且所谓三年只是说挂带三个年头，并不是说满三年。中国人算年岁一向是不算足年的。所谓三年一换，实际上就是两足年一换。

官交子似乎有一个发行限额，而且有现金准备。发行限额每界是一百二十五万六千三百四十缗。但这是最高额，并不是每界实际的发行数字；如果请领的人不多，发行数就不到限额。后来把交子用来发军饷，常常超过限额。至于现金准备，是用四川通行的铁钱，每次用三十六万缗，如果照发行限额计算，那就是百分之二十八强。

崇宁大观间实行了一次币制改革，把交子改为钱引，四川以外

---

① 《宋朝事实》。
② 《蜀中广记》。

的各路在崇宁四年(公元一一〇五年)就印制新式的钱引,但四川一时还用旧法。到大观元年才正式改交子务为钱引务。不过元年的第四十三界还是使用旧印,使人不疑扰,到大观三年的四十四界才改用新的钞印印制①。至于崇宁四年外路所发行的钱引,和大观三年四川所印制的钱引,在形制上是否相同,那就不得而知了。

交子一名词的意义,不大好解释,大概是当时的方言。钱引的意义就明确了。钱引是和茶引对立的,茶引是领茶或卖茶的证书,钱引就是领钱的证书,也就是兑换券的意思。

关于钱引的形制,蜀中广记的交子篇有详细的说明。每张钱引用六颗印来印制,分三种颜色,这是多色印刷术的开始。第一颗印是敕字,第二是大料例,第三是年限,第四是背印;这四种印都是用黑色。第五是青面,用蓝色。第六是红团,用红色。六颗印都饰以花纹,例如敕字印上或饰以金鸡,或饰以金花,或饰以双龙,或饰以龙凤。每界不同。又如青面印则饰以花木动物景象,如合欢万岁藤、蜃楼去沧海、鱼跃龙门、缠枝太平花等。至于红团和背印则是图画故事,红团如龙龟负图书、朽粟红腐、孟尝还珠、诸葛孔明羽扇指挥三军、孟子见梁惠王、尧舜垂衣治天下等。背印如吴隐之酌贪泉赋诗、汉循吏增秩赐金、周宣王修车马备器械、舜作五弦之琴以歌南风、武侯木牛流马运、文王鸡鸣至寝门问安否等。拿整张钱引来说,最上面是写明界分,接着是年号(如辛巳绍兴三十一年),其次是贴头五行料例(如至富国财并等,多是些格言),其次是敕字花纹印,其次是青面花纹印,其次是红团故事印,其次是年限花纹印(如三耳卣龙文等,多为花草),再其次是背印,分一贯和五百文

---

① 《宋史·食货志下三》。《文献通考》卷九。

两种,最后是书放额数。

由这些内容,我们就可以晓得:钱引的形制,比交子要美观得多。《蜀中广记》所引,虽然是自绍兴三十一年的第七十界起到淳熙六年的第七十九界为止。但我们可以断定,这种形制,是徽宗时所创始的。徽宗朝是中国美术最发达的一个时代,赵佶本人便是一个杰出的书画家。他治下的钱币也是无比地精美。甚至他亲自书写钱文,对于版画岂有不重视之理?我们可以想象,当时钱引上的花纹图画,一定是艺术价值很高的。

北宋的交子通行还不广,有时候甚至还保持一点飞钱的性质,在一地出交子,在另一地领钱①。

南宋的纸币,流通范围比较广,种类也多。最初行的是关子,曾一度改为交子,但最通行的是会子。此外有几种地方性的纸币如川引(限四川用的钱引),淮交(限淮南用的交子)和湖会(限广湖用的会子)等。

关子起初也是汇票的性质。绍兴元年,因婺州屯兵,交通不便,不能运输现钱,乃召商人请他们出现钱,在婺州付以关子,他们拿到关子,到杭州向政府的榷货务领钱,也可以领茶盐香货钞引。所谓茶盐香货钞引,就是贩卖茶盐香货的特许证或执照。所以关子和唐朝的飞钱很接近。关子之中有所谓现钱关子,意思是指不兑茶盐钞引,而专兑与现钱。又有所谓公据关子;铜钱关子。末年

---

① 《续资治通鉴长编》卷四五七,元祐六年四月:"尚书省言,陕府系铜铁交界之处。西人之来,必须换易铜钱,方能东去,即令民间以铁钱千七百,始能换铜钱一千。遂致铁钱愈轻。……东去官员合支券料钱及东去过军合支券料等钱,如愿于陕州并硖石镇换铜钱者听其换钱。每铁钱一千铜钱八百文。愿于陕州并硖石镇出交子,于西京请领者听,从之。"

贾似道也曾造铜钱关子。

绍兴年间也曾发行过交子,并在杭州设置交子务,本想流通于东南各路,但是因为办理得不好,后来仍旧改为关子①。

会子起初也是民间所发行,叫作便钱会子,大概仍带便换的性质。后来钱处和主持临安府,才收为官营。其后钱处和调为户部侍郎,于是由户部接办②,那是绍兴三十年(公元一一六〇年)的事。起初止行于两浙,后来通行到淮浙湖北京西等区,纳税和交易,多可使用,几乎成了一种法币③。

会子的式样似乎和钱引大不相同,从遗留下来的会子板,我们可以知道仍是长方竖形,上半为赏格,即"敕伪造会子犯人处斩。赏钱壹阡贯。如不愿支赏,与补进义校尉,若徒中及窝藏之家,能自告首,特与免罪,亦支上件赏钱,或愿补前项各目者听。"这赏格的右边为票面金额如"大壹贯文省",左边为号码,称第若干

---

① 《皇宋中兴两朝圣政》卷十九绍兴四年五月乙酉诏:"籴本交子,并依逐年所降关子已得指挥其官吏并罢。初用张澄议,置交子务于行在,而未有所椿见钱。于是言者极论其害。以为四川交子行之几二百年,公私两利,不闻有异议者,岂非官有椿垛之钱,执交子而来者,欲钱得钱,无可疑者叹?今行在建券之初,印造三十万,令榷货务椿拨见钱矣。续降指挥印造和籴本钱交子,两浙江东西一百五十万,而未闻椿拨此钱,何以示信于人乎。窃见前年和籴,用见钱关子,已而赴榷货务请钱者,以分数支,民间行使,亦以分数论。去年和籴关子一百三十万,先令榷货务椿足见缗,日具数申省部,民间行使亦依见缗用。然则可信者固在此,不在彼也。欲乞应印造交子,先令库务椿垛见钱,行使之日赍至,请钱者,不以多寡,即时给付,则民无疑心,而行之可久矣。其或一节有碍,则商旅贸迁,井邑交易之际,必有不行者矣。……又言昨见朝廷令榷货务椿见钱二十万贯,措置见钱关子,许江南东路行使,其后改为交子,欲广行用,广南福建等六路交子三十万,两浙路交子一十万,临安府界小交子一十万,并见造江南两浙预椿籴本交子一百五十万,其合用钱并未见椿管,由是远近士民,议论纷然,皆以为不便。……江西制置大使李纲亦遗执政书,言其不可行,繇是遂复为关子焉。"

② 《建炎以来朝野杂记》卷十六《财赋三·东南会子》。

③ 《宋史·食货志下三》。

料。赏格下面一行大字，自右至左"行在会子库"五字，再下面为花纹①。大概仍是用红蓝黑三种颜色，可能没有钱引那样精美，因为南宋的文化水平似乎要比北宋差。

会子的面额分为四种：最初以一贯为一会，后来增发二百文、三百文及五百文三种②。以三年为一界③。

两宋各种纸币的兑现，以铜铁钱为主，但也常常用金银度牒等。僧道度牒在宋代是一种很通行的证券④。

---

① 关于会子的形制，除会子铜板实物外，《朱文公文集》卷十九《奏状》按唐仲友第四状贴黄及第六状关于造假会子的官司，也可以看出一点来。第六状有云："据蒋辉供云，是明州百姓。淳熙四年六月内因同已断配人方百二等伪造官会事发……断配台州。……去年三月内唐仲友叫上辉就公使库开雕杨子荀子等印版。……次日金婆婆将描摹一贯文省会子样入来，人物是接复先生模样，……言是大营前住人贺选在里书院描样，……当时将梨木板一片与辉，十日雕造了。……至十二月中旬金婆婆将藤箱贮出会子纸二百道并雕下会子板及土朱靛青棕墨等物付与辉，印下会子二百道了，未使朱印再乘在箱子内……至次日金婆婆将出篆写一贯文省并专典官押三字，又青花上写字号二字。辉是实方使朱印三颗……共印二千六百道……。"这里虽提到梨木板，但官会子是用铜板。《文献通考》卷九有："淳熙三年诏第三界四界各展限三年，令都茶场会子库将第四界铜板接续印造会子二百万赴南库椿管。"

② 《宋史·食货志下三》："孝宗隆兴元年诏会子以隆兴尚书户部官印会子之印为文。更造五百文会，又造二百三百文会。"

③ 《宋史·食货志下三》："乾道……四年，以取到旧会毁抹，付会子局重造，三年立为一界，界以一千万贯为额，随界造新换旧。"

④ 王栐《燕翼贻谋录》："僧道度牒每岁试补刊印板，用纸摹印。新法既行，献议者立价出卖，每牒一纸，为价百三十千，然犹岁立为定额，不得过数。熙宁元年七月始出卖于民间。初岁不过三四千人，至元丰六年限以万数。而夔州转运司增卖至三百千，以次减为百九十千。建中靖国元年增为二百二十千。大观四年岁卖三万余纸。新旧积压，民间折价至九十千。朝廷病其滥，住卖三年。仍追在民间毁抹。诸路民间闻之，一时争折价求售，至二十千一纸。……六年又诏改用绫纸，依将仕郎校尉例。宣和七年以天下僧道逾百万数，遂诏住给五年；继更兵火，废格不行。南渡以后，再立新法，度牒自六十千增至百千。淳熙初增为三百千，又增为五百千，又增为七百千；然朝廷谨重爱惜，不轻出卖，往往持钱入行都，多方经营，而后得之。后又著为停榻之会，许客人增百千兴贩，又增作八百千。近岁给降转多，州郡至减价以求售也。"

绍兴七年吴玠在河池发行一种银会子①，面额分为一钱和半钱两种。每年换一次。十七年有一次改革，改为两年一换。银会子同川引发生联系，银会四钱折钱引一贯。又有金银会子②。末年贾似道作金银关子③。

第二节 货币的购买力

一 北宋初年的币值

赵宋一朝，三百年中，不断地受外敌的压迫：先有西夏和契丹打扰，次有女真的侵略，最后为蒙古人所灭亡。可以说没有一天的真正安宁。虽然一些文人学士，不断地在咏花歌月，表现出一种太平盛世的熙攘景况，但那只是一种虚假的景象，实质上国势是衰弱的。这种情形反映在货币经济上，就是货币购买力的连续波动。

---

① 《宋史》卷二十八《高宗本纪五》，绍兴七年二月："吴玠置银会子于河池。"《建炎以来系年要录》："川陕宣抚副使吴玠初置银会子于河池，迄今不改。"《建炎以来朝野杂记》甲集卷十六关外银会子，"关外银会子者，绍兴七年，吴涪王为宣抚副使始置于河池。其法一钱或半钱。凡一钱银会子十四万纸，四纸折钱引一贯，半钱银会子一万纸，每八纸折钱亦如之。初但行于鱼关及阶成岷凤兴文六州，岁一易，其钱隶军中，武安麓，遂属计所，十七年七月复造于大安军，再岁一易。乾道四年四月始增一钱银三万纸，九月行于文州，其后稍盛，增迄今每二年印给六十一万余纸，共折川钱引十五万缗。"

② 《建炎以来朝野杂记》乙集卷十六四川总领所小会子："丁卯岁陈逢孺以用不足始创小会子。……宣抚使又为金银会子，后亦不行。"

③ 《宋史》卷四七四《贾似道传》："复以楮作银关，以一准十八界会之三，自制其印文如贾字状行之，十七界废不用。"《宋季三朝政要》卷三，理宗景定五年正月："造金银见钱关子，以一准十八界会之三，出奉宸库珍货收弊楮，废十七界不用，其关子之制，上黑印如西字，中印红三相连如目字，下两旁各一小长黑印，宛然一贯字也。"

研究两宋的币值,有一点应当注意,就是波动的局部性。特别是北宋。中国因为国土广大,交通不便,本来各朝的币制和币值的变动都有地方性,各地的情形,不一定相同。这种隔离性,自五代以后更加厉害了。政治上虽是一个统一的国家,在币制上俨然许多独立的单位,差不多和春秋战国时一样。许多区域有其独特的通货,尤其是两淮和四川,他们的铁钱不许出界,外面的铜钱也不许入境①。在这种情形之下,有时候一个地方通货贬值,别的地方却不受影响。例如太宗时四川的铁钱,因发行过多②,一匹罗要两

---

① 《文献通考》:"自平广南江南听权用旧钱,勿得过本路之境。铁钱者川陕福州用之,开宝三年令雅州百丈县置监铸铁钱,禁铜钱入两川。后令兼行铜钱,一当铁钱十。"

② 北宋铁钱,以四川区为最多。日野开三郎在其"交子の发达について"一文中(《史学杂志》第四十五编第三号)将四川四路铁钱铸造数列成一表如下:

年号	公元	铸钱数	钱监数
淳化以前	993以前	50万贯	5
天禧末年	1021	21万贯	3
皇祐年间	1050前后	27万贯	3
嘉祐初年	1055	15万贯	3
治平年间	1065	3万贯	1
熙宁末年	1077	23.6万贯	3
元丰三年	1080	13.9万贯	3

他在《东洋中世史》第三篇第三章中所制的四川铁钱铸造额表则在年号和钱监数目方面,稍有不同。明曹学佺《蜀中广记》卷六十七:"孟氏广政间增铸铁钱于外郡边界参用,每钱千分,四百为铜,六百为铁。逮至末年,流入成都,率铜钱十分杂铁钱一分。大盈库往往有铁钱与铜钱相混莫辨,盖铸工精也。孟昶失国,乾德四年,知府吕公余庆转运使沈公义伦奏拣铜钱计纲以发蜀地,上行铁钱,以千一百易铜钱千文,索铜器铸钱附发仍增铸铜钱市金上供。然失于裁制,物价滋长,铁钱弥贱,至以五千易铜钱一千。太平兴国四年诏两税及诸课利钱,率十分铜钱一分。时旧钱已竭,民间骚扰。北客乘时贩铜钱入蜀,以一钱易铁钱十四,至有因铜钱三五毁发古冢,剔取神像犯law者。朝廷察知,诏仍旧,止输铁钱,人心乃安。淳化五年诏两川以铜铁钱兼行,铜钱一当铁钱十,民颇便之。"除四川外,福建在北宋初年也是一个重要的铁钱区,但总数不过十万贯。《宋史·食货志》载:"是时(太平兴国年间)以福建铜钱数少,令建州铸大铁钱并行。寻罢铸,而官私所有铁钱十万贯不出ικη境。"

万钱。在真宗咸平五年七月还特别增加川陕的官俸钱①。可是在整个国家看来,那时币值还算稳定。又如真宗景德年间嘉、邛州铸大铁钱②,而淮蔡间麦子每斗十钱,粳米每斛两百③。

北宋最初的几十年间,一方面在求政治上的统一,一方面也想整理五代所遗留下来的混乱的币制,如禁止小铁镴钱,罢南唐铁钱,禁江南各州小钱,禁河南各州私铸铅锡恶钱及轻小钱等。但十国中北汉的刘继元到太平兴国四年五月才纳款投降,而三月间就同契丹打起来了,所以这些企图,都没有多大成就,尤其是川陕的铁钱,照旧流通。

然而大体上说来,北宋最初的七八十年间,货币的购买力还算高。大家都说当时"物价至贱"④。这虽然只是比较的话,但因初年社会稍为安定,人口又不多,所以东西应当是便宜的。太祖开宝四年(公元九七一年),因米价腾贵,曾官定每斗七十文⑤。在丰年,米

---

① 《宋史》卷六《真宗纪一》。
② 《宋史》卷七《真宗纪二》:"景德二年二月嘉邛州铸大铁钱。"《宋史·食货志下》二:"嘉邛二州所铸(铁)钱,贯二十五斤八两,铜钱一当小铁钱十兼用。后以铁重多盗镕为器,每二十五斤鬻之值二千。"释文莹《玉壶清话》卷六:"张尚书咏再知益州,……时贼锋方敛,纪纲过肃,蜀民尚怀击析之愒,而嘉、邛二州,新铸景德大铁钱。利害未定,横议蜂起,朝廷虑之。"
③ 《宋史》卷七《真宗纪二》,景德四年十二月:"诸路丰稔,淮蔡间麦斗十钱,粳米斛二百。"
④ 《宋会要稿·食货》四一:"太祖建隆中,河北谷贱,添价散籴,以惠贫民。"又《食货》五三:"太宗淳化三年六月诏,京畿大穰,物价至贱。"又《食货志》三九真宗大中祥符五年六月二十日:"帝谓王旦等曰,诸道皆奏丰稔,京东州郡,物价尤贱。"《范文正公政府奏议》卷上《答手诏条陈十事》:"皇朝之初,承五代乱离之后,民庶凋弊,时物至贱。"王栐《燕翼贻谋录》卷二:"国初……物价甚廉。"
⑤ 《宋史》卷二七六《陈从信传》:"今市米腾贵,官价斗钱七十,贾者失利,无敢致于京师。虽居商厚储,亦匿不粜,是以米益贵。"

价还要低。司马光曾说太宗平河东的时候,米价每斗十余钱①,那大概是太平兴国四年的事。端拱二年粟价每斗十钱②。淳化二年岭南米价每斗只要四五个钱③。咸平年间用铁钱的四川也只要三十六钱一斗④。景德四年底(公元一○○七到一○○八年)淮蔡间粳米两百钱一斛⑤。次年斗米自七八个钱到三十个钱⑥。大中祥符五年底河东一斛米卖一百钱⑦。就是在发行交子以后的乾兴元年(公元一○二二年),京西的谷价,还跌到过每斗十钱⑧。天圣六年有同样的报告⑨。

北宋第一次比较重要的物价波动,是西夏元昊的叛乱和侵略所引起的。仁宗宝元二年正月,元昊表请称帝,十二月便同中国打起来。本来北宋并没有享受过真正的和平,尤其是边境上,总是很紧张的。乾兴元年十二月已有人报告,说"商旅往来,边食常艰,物价腾涌,匹帛金银,比旧价倍;斛食粮草,所在涌贵。"⑩当时农民多被征去当兵,不但生产减少,而且灾害也会增加。对西夏战事一发

---

① 《宋会要稿·食货》四。《宋史》卷三三六司马光传作每斗十钱。
② 《续通鉴长编》卷三十,端拱二年夏四月李觉上言:"近岁以来,都下粟麦至贱……斗直十钱。"
③ 《宋会要稿·食货》五七,淳化二年四月诏:"岭南管内诸州官仓米,先每岁粜之,斗为钱四五,无所直。"
④ 范镇《东斋记事》卷三:"张尚书咏在蜀时,米斗三十六文。"
⑤ 见前注。
⑥ 《宋史》卷七《真宗纪》,大中祥符元年:"诸路言岁稔,米斗七八钱。"《续通鉴长编》卷六十九,大中祥符元年七月:"是月襄许荆南夔归峡州,米斛钱三百,麦斗钱十二。"
⑦ 《宋会要稿·食货》三九,大中祥符五年十二月十二日:"时河东丰稔,米斛百钱。"
⑧ 《宋会要稿·食货》三九,乾兴元年十一月:"京西转运司言,'谷价每斗十钱,恐太贱伤农,乞下三司及早市籴'。"
⑨ 《宋史》卷九《仁宗纪》,天圣六年十一月戊午:"京西言,'谷斗十钱'。"
⑩ 《宋会要稿·食货》一之二○。

生,财政上自然更加困难。所以次年底(公元一〇四一年年初)就铸造当十钱来助边费①。庆历元年九月元昊侵陷丰州知州等地,所以又命河东铸大铁钱;十一月令江饶池三州铸铁钱三百万缗充陕军费②。五年又铸当十的庆历重宝铜钱和铁钱③。当十铜钱不到两钱重,等于减重成五分之一以下。铁钱的铸造,溢利更大,尤其是当十铁钱,铸造成本不到十分之一。宋朝历代都铸铁钱,但数目不多,而康定庆历间铸造的数目却比较多④,他们的价值很低,使铜钱

---

① 《宋史》卷十《仁宗纪》,康定元年十二月戊申:"铸当十钱,权助边费。"《宋会要稿·食货》一一之六:"康定元年因陕西移用不足,屯田员外郎皮仲容建议增监冶铸。因敕江南铸大钱,而江池虢饶州又铸小铁钱悉辇致关中。"查康定年号仅有小铁钱,这里所称当十钱,当是康定元宝。

② 《宋史》卷一一《仁宗纪》。

③ 《宋史》卷一八〇《食货志》。《宋会要稿·食货》一一之六:"庆历元年十一月诏江饶池三州铸铁钱三百万缗备陕西军费。"《续通鉴长编》卷一六四庆历八年六月:"初陕西军兴,移用不足。知商州皮仲容始献议采洛南县红崖山虢州青水冶青铜,置阜民朱阳二监以铸钱。既而陕西都转运使张奎知永兴军范雍请铸大钱,与小钱兼行,大钱一当小钱十。奎等又请因晋州积铁铸小钱。及奎徙河东,又铸大铁钱于晋泽二州,亦以一当十,以助关中军费。未几三司奏罢河东铸铁钱,而陕西复采仪州竹尖岭黄铜,置博济监铸大钱。朝廷因敕江南铸大铜钱,而江池饶虢州又铸小铁钱,悉辇致关中。数州钱杂行。大约小铜钱三,可铸当十大铜钱一,以故民间盗铸者众。钱文大乱,物价翔踊,公私患之。于是奎复奏晋泽石三州及威胜军日铸小铁钱,独留用河东,而河东铁钱既行,盗铸者获利十之六,钱轻货重,其患如陕西。"

④ 庆庆年间单是晋泽二州铸造大小铁钱情形如下(见《东洋中世史》第三篇第三章日野开三郎所制统计表):

种类	铸造地	铸造额(千贯)	名目价值	铸造费	铸造溢利	利率
当十	晋州	28.8	288	17.8	270.2	15倍
	泽州	16.0	160	6.4	153.6	24倍
当一	晋州	114.5		46.00	68.50	1.5倍
	泽州	4.0		0.99	3.02	3倍

隐匿①,物价自然腾贵②。甚至连小铁钱也可能被销镕改铸③。庆历八年停铸铁钱④,将大铜钱改为一当三⑤。

当时的币值下跌,不仅由于铜铁钱的贬值,还由于钞票的使用。北宋的交子正是在仁宗时改由国家发行,虽然发行额以一百二十五万多缗为限,但因流通区域小,所以加强了货币贬值的趋势。文彦博于庆历八九年间知益州时曾上奏,谈到成都交子务发行交子每年获利很厚,因为当时已没有现钱作准备⑥。

至于在这一时期,物价到底涨到什么程度呢?天圣四年的米价每斗约自七十文到一百文足钱⑦。前面说过,天圣六年谷价每斗还跌到十文。明道初因江淮间旱蝗,米一斗曾卖到几百文⑧。但庆

---

① 王巩《随手杂录》:"陕西每铜钱一贯,用铁钱一贯三十文可换,后因常平司指挥诸州,勿出铜钱,诸司遂效之。民间相传铁钱将不用矣,家家收蓄铜钱,轻用铁钱。由是钱贱而物加贵。"

② 《宋史》卷三二〇《王素传》:"铁钱布满两蜀,而鼓铸不止,币益轻,商贾不行,命罢铸十年以权物价。"苏辙《栾城三集》卷六《策问论》:"大泉直十行于世仅十年矣。物重而泉轻,私铸如故,百物踊贵,民病之久矣。"

③ 庆历小铁钱当时铸造似乎不少,但很少有留传下来的,而大铁钱却不难见到。所以小铁钱可能在当时被人销镕改铸大钱。

④ 《宋史》卷一一《仁宗纪》,庆历八年七月辛丑:"罢铸铁钱。"

⑤ 《玉海》载庆历八年诏大铜钱以一当三。

⑥ 《文潞公集》卷一四:"益州交子务所用交子,岁获公利甚厚。复虑间要借使用。盖比之铁钱,便于赍持转易。今因秦州入中粮草,两次支却六十万贯文,交子之未有桂椿见钱准向去给还客人。深虑将来一二年间,界分欲满,客人将交子赴官,却无钱给还,有误请领,便至坏却交子之法,公私受弊。伏乞朝廷指挥本路转运司,于辖下诸司军内,每月须管共收聚诸般课利钱三五万贯,拨充益州交子务,准备还给客人交子钱。免致向去坏却旧法,官私困弊,取进止。"

⑦ 《宋会要稿·食货》三九,天圣四年闰五月二日:"三司言,荆湖江淮南四路州军米价,每斗或七十至百文足。"

⑧ 刘敞《公是集》卷五一《先考益州府君行状》:"明道元年,江淮大旱,蝗虫起,扬楚间尤甚。……是岁米一斗数百钱。"

历三年在产米区的江浙,每斗还是要六七十文足到一百文省①。北方大概更贵。庆历八年后,河北地方每斗七百,有时高到一千②。皇祐二年两浙饥荒;要一百二十文一斗谷③。未遭饥荒的孟州,小麦价格在麦熟时是六十文一斗,过时当局收籴,每斗自九十文到一百二十文④。大抵在皇祐年间,东南的米价,在丰熟的时候,每斗五六十文或八九十文;饥馑的时候,则每斗一百二三十文或二百二三十文⑤。其他商品也都有涨价的记载⑥。

---

① 《续通鉴长编》卷一四三,庆历三年九月丁卯:"今江浙之米,石不下六七百文足至一贯文省。"

② 《东斋记事》:"河北入中粮草,旧用见钱。庆历八年后,以茶盐香药见钱为四说,缘边用之。茶盐香药为三说,近里州军用之。商旅不时得钱,贱市交钞,而贵粜粮斛,由是物价翔贵,米斗七百,甚者至千钱。"《宋史》卷一八四食货志茶下:"庆历七年……不数年茶法复坏,刍粟之直,大约虚估居十之八。米斗七百,甚者千钱。"

③ 吴曾《能改斋漫录》卷二:"范蜀公记:范文正治杭州,二浙阻饥(为皇祐二年事,见沈括《梦溪笔谈》卷一一)谷价方涌,斗钱百二十。"

④ 陈襄《古灵先生文集》卷一六知河阳县乞抛降和籴小麦价钱状(同书卷二六叶祖洽古灵先生行状说皇祐三年知孟州河阳县):"臣窃见本州每岁抛降和籴小麦万数,多是过时收籴。每一斛官支价钱不下九十文以上至一百二十文。比之民间麦熟之时所直市价,常多三四十文。……每小麦一斛,依麦熟时民间价例,止于六十文。"

⑤ 李觏《李直讲文集》卷二十八寄上孙安抚书:"皇祐四年十一月十三日,……大抵东南土田美田,虽其饥馑之岁,亦有丰熟之地。比来诸郡各自为谋,纵有余粮,不令出境。昨见十程之内,或一斗米粜五六十价,或八九十,或一百二三十,或二百二三十价。鸡犬之声相闻,而舟楫不许上下,是使贱处农不得钱,贵处人不得食,此非计也。"

⑥ 《宋会要稿·食货》二三引包拯言:"方军兴之际,至于翎毛筋角胶漆铁炭瓦木石灰之类,并得博易。猾商贪贾,乘时射利,与官吏通为弊,以邀厚价。凡橡木一对,定价一千,取盐一席。……"《范文正公政府奏议》卷上奏为置官专管每年上供军须杂物:"臣窃见兵兴以来,天下科率,如牛皮筋角弓弩材料箭干枪干胶鳔翎毛漆蜡一切之物,皆出于民,谓之和买,多非土产之处,素已难得。既称军须,动加刑宪。物价十倍,吏辱百端。"《宋史》卷一八四《食货志》,皇祐二年诏:"比食货法坏,刍粟价益倍。"《续通鉴长编》卷一五八庆历六年五月戊子,"(四川)初盐课听以五分折银䌷绢。盐一斤计钱二十至三十。银一两,䌷绢一匹,折钱九百至一千二百。后尝诏以课利折金帛者从时估,于是梓州路转运司请增银䌷绢之直,下三司议,以为银䌷绢直视旧虽增至三千以上,然盐直亦非旧比,鬻于市斤为钱百四十。"

331

至和元年，西夏被契丹征服，而中国同契丹暂时是处于盟国的关系，所以对外战争就告了一个段落。铁钱已暂时停止铸造，大铜钱作价也有改变，而且开铸小铜钱，物价大概逐渐平复了。史书说熙丰以前米石不过六七百[1]，应当就是指这个时期。不过至今未见皇祐小钱，至和钱仍是比较轻小，制作也粗恶，而且还有大钱。就是嘉祐钱和治平钱，也赶不上战前各钱的精整。可见当时的平复只是物价不再上涨，谈不上繁荣。

二　熙丰年间的币值

赵宋一代，如果要说有繁荣时期，这繁荣时期就是熙宁元丰的一二十年间。这一期间约略相当于唐代的开元天宝。

宋代在神宗和哲宗治下的三十几年间，物价没有大的波动。尤其在熙宁元丰间，各地常有丰收的报告[2]。熙宁二年（公元一〇六九年）京师米价每斗虽要百钱，但外郡只要四十钱[3]。河朔则七

---

[1] 《宋史》卷一八二《食货志·盐》中。

[2] 《续通鉴长编》卷二二八熙宁四年十二月辛酉上批："河北便籴司减军粮数太多。当此丰年物贱之际，实为可惜。"又卷二四八熙宁六年十二月戊寅陈枢言："熙宁五年苏湖大稔，米价视淮南才十之五。"又卷二七八熙宁九年十月戊子皮公弼言："本路今岁极丰，而常平多积钱。"《宋会要稿·食货》三九，熙宁十年十一月十五日三司言："陕西以今岁秋田倍丰，物斛至贱。"《续通鉴长编》卷二九二元丰元年九月丙戌徐禧言："陕西路至并边，丰稔异常，物价至贱。"又卷三〇〇元丰二年十月辛丑吴雍言："淮浙连岁丰稔，谷贱。"又卷三〇七元丰三年八月乙卯司农寺言："缘逐路今岁秋熟，物价甚贱。"又卷三三七元丰五年七月丁卯海东转运司言："岁事甚丰，粮草价贱。"又卷三三八元丰六年八月丁亥李谅言："今岁沿边秋稼倍稔。"又卷四〇二元祐二年六月壬辰户部言："淮南河北京东京西府界，今岁夏麦丰熟，谷价甚贱。"又卷四二九元祐四年六月癸亥傅尧俞言："臣伏见今岁诸路蚕麦并熟处甚多，其价随而过贱。"

[3] 《宋史》卷一七五《食货志·和籴》，熙宁二年王珪奏："外郡用钱四十，可致斗米于京师，今京师乏钱，反用钱百坐仓籴斗米，此极非计。"

八十钱①。三年陕西大旱,四年每斗一百文足②,但陈米每斗七十五文的③。五年八十文④。六年汴京方面自七十五文到一百零五文⑤。七年自九十到一百五十文⑥。八年自八十到一百⑦,产米区每斗只要五十文⑧。元丰二年乡村一斗米卖二十文⑨。七年京西麦价每斗不过三十⑩,陕西四十⑪。元祐年间,物价仍然很低。元年

---

① 《宋史》卷一七六《食货志·常平义仓》,熙宁三年:"去岁河朔丰稔,米斗不过七八十钱。"

② 《温国文正公文集》卷四三《乞不添屯军马》:"去年(熙宁三年)陕西经夏大旱,入秋霖雨,五谷例皆不热。……即令每斜白米价钱一百文足。"

③ 同上卷四四《奏为乞不将米折青苗状》:"向去夏秋五谷,有丰有俭,其谷麦之价,固难豫定。今将陈色白米,每斗细作见钱七十五文。"

④ 《大日本佛教全书·成寻参天台五台山记》卷一,熙宁五年五月七日(绍兴府):"以钱四百文买米五升。"

⑤ 《西塘先生文集》卷一《开仓粜米》,熙宁六年:"自三月初十日以来,闻知市易司抵当米往支。十一日以后,闻米价日有增长,自八十五丈一斗,增至二十五日米一斗一百五文。准三月二十七日敕,京城差官于诸寺舍粜米,当日米价顿减。至三月三十日,在市米价斗七十五文。"《续定范氏义庄规矩》,熙宁六年六月:"充诸位教授月给糙米五石(若遇米价每石及一贯以上,即每石只支钱一贯文)。"

⑥ 《续通鉴长编》卷二五一,熙宁七年三月甲子:"时米价斗钱百五十。已诏司农寺以常平米三十二万斛,三司米百九十万斛,平其价至斗百钱;至是又减十钱,并至官场出粜。"又卷二五二熙宁七年四月乙亥:"又诏三司,以上等粳米每石为钱一千,……中等粳米,每斗为钱八十五文。"

⑦ 同上卷二六五引《吕惠卿日录》熙宁八年九月十六日:"元初只见在京八十价籴了米。司农寺以一百价赊籴了米。"《宋史》卷一五《神宗纪》,熙宁八年八月:"诏发运司体实淮南、江东两浙米价,州县所在上供来毋过百万石,减直予民,斗钱勿过八十。"

⑧ 《续通鉴长编》卷二六七,熙宁八年八月吕惠卿答神宗问:"苏州臣等皆有田,在彼一贯典得一亩,岁收米四五斗。然常有拖欠。如两岁一收,上田得米三斗。斗五十文,不过百五十文。"

⑨ 《经进东坡文集事略》卷四五《答秦太虚书》:"(黄州)外县米斗二十。……鱼蟹不论钱。"(苏轼于元丰二年贬黄州团练副使。)

⑩ 《续通鉴长编》卷三四八,元丰七年八月戊辰蹇序辰言:"闻京西麦斗钱不过三十。"

⑪ 《温国文正公文集》卷四四,奏为乞不将来折青苗状。

(公元一〇八六年)每斗米四五十文,最低仅三二十文①。四年浙西水旱,杭州每斗由六十文涨到九十五文,因当局宽减上供额,次年又跌回六七十文②。五年苏湖常秀一带灾荒,苏州每斗自六十七文足涨到九十五文足,浙西涨到一百文足③。六年淮南宿亳等地灾伤,每斗涨到七十七文,江东七十文④。四川米价在元祐年间每斗为六七十文⑤或七八十文⑥。

这些物价数字,到底表示什么呢?是低物价呢?还是高物价呢?他们比庆历皇祐年间的物价要低,但比宋初几十年间的物价要高。当时的人,或则加以歌颂,或则提出诉苦。歌颂的是当时物产的丰富,所谓"水满陂塘谷满篝,漫移蔬果亦多收""露积成山百种收,渔梁亦自富虾鲻""家家露积如山垄,黄发咨叹见未曾"⑦。

---

① 《续通鉴长编》卷三六五元祐元年二月乙丑:"平时一斗直钱者不过直四五十,更急则直三二十矣。"

② 同上卷四五一元祐五年十一月:"去年浙西数郡,先水后旱。……杭州米价每斗至八九十。"又"本司勘会八九月间,杭州在市米价每斗六十文足。至十一月长至九十五文足。其势方踊贵间,因朝旨宽减转运司上借额斛三分之一,即时米价减落。……今来在市米,见今已是七十五文足。"

③ 同上:"见今苏湖杭秀等州米价日长;杭州……每斗不下六十七至七十足钱。"又戊寅,"见今访闻苏州在市米价已是九十五文足。"又十一月,"七月间(浙西)斗及百钱足陌。"

④ 同上卷四五六元祐六年三月乙酉。

⑤ 《忠肃集》卷五,乞体量成都漕司折科税米奏:"臣闻成都路……民间米每斗六七十文。"

⑥ 《净德集》卷四奉使回奏十事状:"蜀中比年米谷极贱,……米一石直七八百文。"

⑦ 王安石《歌元丰五首》:
"水满陂塘谷满篝,漫移蔬果亦多收;神林处处传箫鼓,共赛元丰第一秋。
露积成山百种收,渔梁亦自富虾鲻;无羊说梦非真事,岂见元丰第二秋。
湖海元丰岁又登,稌生犹足暗沟塍;家家露积如山垄,黄发咨嗟见未曾。
放歌扶杖出前林,遥知丰年击壤音;曾侍玉阶知帝力,曲中时有誉尧心。
豚栅鸡埘晻霭间,暮林摇落献南山;丰年处处人家好,随意飘然得往还。"

诉苦的是有东西卖不出去,所谓"东家米粒白如银,西家稻束大于鼓,再三入市又负归,殷勤减价无售主"①。甚至有人日夜祷祠,愿逢饥荒②。这两种态度所代表的立场不同。表面上看,歌颂的人是站在消费者的立场,诉苦的人是站在生产者的立场。物价下跌对生产者的工农多少有打击③。然而丰年究竟是应当歌颂的,那些愿逢饥荒的人,只是希望别人饥荒,而自己仍能丰收,以便高价卖给饥饿的人。如果全国普遍饥荒,则他自己不但没有东西可卖,而且还要饿饭。这是一种幸灾乐祸的心理。我们只能批评当时政府不出来设法利用多余的物产。总之,不管这两种态度如何对立,却能证明当时人都认为物价便宜,甚至太便宜。

在频年丰收下的米价,为什么还有那样高呢?为什么没有产生像汉唐那样的低价格呢?这原因要向货币方面去寻找。换句话说,就是货币价值下跌了,数量大为增加了:四川的交子,自熙宁五年起,以两界同时流通,即增加一倍,共两百五十万贯,已不能维持他的平价了,每贯只值九百多文④。我们就假定仍旧维持一百多万贯的数额,这已经是凭空加出来的。至于现铜钱,价值也减低了,这由于产铜的生产力提高了,铜价下跌,影响他的价值。铜钱的铸

---

① 吕南公《灌园集》卷四山中即事寄上知县宣德。
② 《通考》卷一四元祐八年苏轼上言:"臣顷在黄州,亲见累岁谷熟,农夫连车载米入市,不了盐酪之费,所蓄之家,日夜祷祠,愿逢饥荒。"郑侠《西塘先生文集》卷六上王荆公书:"至于收成之际,……贱粜于市,而暴之利十,今不售其五六。质钱于坊郭,则不典而解。其甚者至于无衣褐而典解。"
③ 黄裳《演山集》卷四六钱重物轻:"钱重而物轻,在粟帛也伤农,在器械也伤工。……惟工与农,独受其弊焉。"
④ 《宋史》卷一八一食货志下三熙宁五年:"交子有两界自此始。时交子给多,而钱不足,致价太贱。"吕陶《净德集》卷一,熙宁十年奏状:"在州(彭州)现在实值,第二十七界交子,卖九百六十。茶场司指挥作一贯文支用。第二十六界卖九百四十,茶场司指挥作九百六十文用。"苏辙《栾城集》卷三六元祐元年奏文:"昔日蜀人利交子之轻便,一贯有卖一贯一百者,近岁止卖九百以上。"

335

造数目也有飞跃式的增加。西汉元帝时，外戚的资产少有到千万个钱的，但在宋朝，则中下户也有这么多①。盛唐时每年铸钱数，最多到过三十二三万贯，以全国人口计，每人不过占六七文。北宋初年就在十倍以上。到了熙宁元丰间，则合盛唐的三十倍以上。此外还有铁钱，虽然没有铜钱多，但也是唐代所没有，和纸币一样，是凭空增加出来的。这些增加出来的货币，大部分是用于非生产方面。

北宋铸钱额表②

年份	每年铸造额	每人所占额
太平兴国六年(公元 981 年)	50 万贯	——
至道中(公元 996 年)	80 万贯	40 文
咸平三年(公元 1000 年)	135 万贯	——
景德中(公元 1006 年)	183 万贯	90 文
大中祥符八年(公元 1015 年)	125 万贯	58 文
天禧末(公元 1021 年)	105 万贯	53 文
天圣间(公元 1030 年)	100 余万贯	——
庆历间(公元 1045 年)	300 万贯	131 文
皇祐年间(公元 1050 年)	146 万贯	——
治平年间(公元 1066 年)	170 万贯	58 文
熙宁末年(公元 1077 年)	373 万贯	121 文
元丰间(公元 1080 年)	506 万贯	203 文
崇宁四年(公元 1105 年)	289 万余贯	——
大观前后(公元 1107 到 1111 年)	290 万贯	66 文
重和二年(公元 1119 年)	约 300 万贯	——

---

① 《通考·钱币考》引石林叶氏语。

② 太平兴国铸钱额见《宋史》卷二六五《张齐贤传》。至道景德天禧数见《宋史·食货志》下二。咸平数见《宋会要》食货十一之一。庆历数见《古今图书集成》所引《梦溪笔谈》。元丰数见《文献通考》。大观前后数见《宋史·食货志》。《宋会要·食货》十一之一说大观中每年铸钱二百八十九万四百缗。其余根据日野开三郎在《东洋中世史》第三编第三章中表列的数字。他没有注明出处。元丰间的数字，除表中的铜钱外，据当时毕仲衍所进中书备对，尚有铁钱八十八万九千二百三十四贯。人口数字，根据《宋会要稿》《宋史》《通志》《通考》《续通典》等书，取其最接近表中年份的数字。

336

北宋铸钱的数量,既然几十倍于盛唐,而丰稔的频数和程度,也不见得超过盛唐。至于垦田的面积,在仁宗时还远不如盛唐。因为唐开元时全国户数为八百多万,垦田一千四百三十多万顷,每户占一百六十亩。宋仁宗时全国户数为七百三十多万,垦田只有二百十五万顷①,每户只占十五亩。相差十倍以上。虽然在熙丰年间,垦田数大有增加②,但无法证明总面积超过盛唐。那么为什么熙丰年间的物价,并不比盛唐的物价高几十倍呢?我们可以举出许多理由来。

　　第一,史书中所载铸钱数额,不能代表当时通货的实际供给量和流通量。书中的数字,只是官方的数字,私铸不在内。盛唐时,私铸非常厉害,而且因官钱太少,有此需要,所以当政府收回恶钱时,商民反而觉得不便。而北宋的私铸问题除了对西夏战争期间以外,并不严重。就是在对西夏战争期间,似乎也没有唐代那样猖獗。至于熙宁元丰间,则因官方铸造数额多,不但没有发生私铸的问题,反而盛行私销,即销钱为器③。所以唐宋间通货流通数量的差异,并不如史书中所记载的那样大。

　　第二,熙丰间,王安石的免役法把通货集中国库,冲销了一部分通货的作用。免役法包括免役钱、助役钱、和免役宽剩钱。免役钱是劳役的货币化,其作用应当同杨炎的两税法差不多。助役钱

---

① 《宋史》卷三一七《钱彦远传》。
② 《宋会要稿·食货》七〇政和三年九月二十八日王璹言:"本路唐邓襄汝等州,治平以前,地多山林,人少耕殖。自熙宁中,四方之民辐凑,开垦环数千里,并为良田。"
③ 《续通鉴长编》卷二六九熙宁八年十月壬辰,"又自废罢铜禁,民间销毁,无复可辨。销镕十钱,得精铜一两,造作器物,获利五倍。如此则逐州置炉,每炉增课,是犹畎浍之益,而供尾闾之池也。"

和免役宽剩钱则和西汉的口赋相像,这些都使货币流进国库①。单就免役宽剩钱一项来说,熙宁十年吕陶报告四川彭州四县在四年间便积了四万八千七百多贯,他计算全国应当有六七百万贯在官库里②。元祐元年苏轼说自取宽剩钱以来,十六七年间已有三千多万贯积而不用③。所以熙丰年间钱币虽然铸造得多,但实际流通数却少;有些钱铸造后根本没有发行出来流通。例如熙宁间各州的折二钱积存很多,后来到崇宁时才用来改铸当十钱。因此不但没有发生通货过多的现象,反而产生通货紧缩的现象,即当时人所谓的钱荒。关于钱荒的原因,有些人归因于役钱的收敛④,另外一些人则说是钱币的外流。

第三,熙丰年间铜钱输往外国的数目,远超过唐代。唐代铜钱的外流,只有文化上的意义,没有经济上的重要性。因为数量实在不多。譬如日本输入唐钱,并不是为流通,而是一种文化的输入,以便仿铸。实际上日本当时的社会还没有发展到用货币的阶段。至于波斯湾的中国钱,恐怕是一些进出口商当作纪念品性质带去的。无论如何,数量不会多。到了宋代就不同了。朝廷常常把铜

---

① 《温国文正公文集》卷四七,乞罢免役状(元丰四年):"比年以来,物价愈贱,而间阎益困,所以然者,钱皆聚于官中……故也。"《续通鉴长编》卷三九三,元祐元年十二月戊申,引王岩叟言:"国家自聚敛之吏倚法以削天下缗钱,出私室而归公府者,盖十分而九。……缗钱一入于公,而无复流通于外……。"苏辙《栾城集》卷三七,乞借常平钱置上供及诸州军粮状:"自熙宁以来,民间出钱免役,又出常平息钱。官库之钱,贯朽而不可较。民间官钱,搜索殆尽。市井所用,多私铸小钱……。"

② 《宋史》卷一七七《食货志·役法》上。

③ 同上。

④ 《续通鉴长编》卷二九四,熙宁八年十月壬辰引张方平《论钱禁铜法事》,元祐二年正月庚午苏轼言:"免役之害,掊敛民财,十室九空,钱聚于上,而下有钱荒之患。"查自熙宁八年到绍圣年间都有人谈到钱荒的事,只有苏轼硬说是免役钱所引起的,其余或则不说原因,或则说是钱币外流所引起的。

钱颁赐外国使节①,虽然这些铜钱多被用来购置他物或金银②,很少带回去。可是有些国家,使用中国铜钱,这种国家的使节,不但把赏赐的铜钱带回去,而且还多方设法私运出境。本来中国是不许铜钱出境的,偷运一贯就处死罪。熙宁七年解除此禁,于是"边关重车而出,海舶饱载而回"。据说沿边州军对于铜钱出境,只论贯收税,这是造成当时钱荒的一个重要原因③。当时需要中国铜钱的地方,除北方的契丹女真等以外,日本人已在这时候进入货币经济的阶段,而他们自己自公元九五八年第十二次铸钱以后,完全失去人民的信任,不再鼓铸,全靠输入中国钱。安南是在北宋开始铸钱的,大概也输入中国钱。南洋的使用中国钱,大概也是在这时候开始,因为近年爪哇日惹发掘几十枚中国钱中,除两枚开元钱外,全是北宋钱,而以元丰钱为最多④。

第四,宋代的货币经济远较盛唐发达。唐代在两税法施行以前,自然经济的成分很浓厚。许多地方不用钱而用绢帛。宋代的

---

① 《岭外代答》卷二《占城国》,"其属有宾瞳龙国,宾陁陵国,……哲宗元祐元年十二月,又进贡,有诏赐钱二千六百缗。其慕化抑可嘉也。"

② 《宋会要稿·蕃夷》四之九五,景德元年正月诏:"上元节夜中使命押拌蒲端使观灯宴饮。仍赐缯钱。五月遣使李苞罕等来贡方物。九月有司言蒲端多市汉物金银归国。"又七之三一治平元年三月一日:"押伴于阗国进奉所言,罗撒温等朝辞,特赐钱五千贯文。今如赐见钱,虑以买物为名,未肯进发。欲望以绢绫锦充,从之。"

③ 《续通鉴长编》卷二六九熙宁八年十月壬辰:"钱既难得,谷帛益贱,人情窘迫,谓之钱荒。府库例皆空虚,人户又无居积,不知岁所铸钱,今将安在?……自熙宁七年颁行新敕,删去旧条,削除钱禁,以此边关重车而出,海舶饱载而回。闻缘边州军钱出外界,但每贯量收税钱而已。……今自广南福建两浙山东,恣其所往,所在官司公为隐庇。诸系禁物,私行买卖,莫不载钱而去。钱乃中国实货,今乃与四夷共用。"刘挚《忠肃集》卷五《乞复钱禁疏》:"天下诸路监冶所铸,入于王府,岁亡忧数十百万缗。……然今都内之藏,既不闻于贯朽,而民间乏匮时,或谓之钱荒,此何谓也?其故大者,在泄于四夷而已。……而又至于销毁法钱。"

④ 关于爪哇所发掘的中国钱,详本节第五项南宋会子的膨胀注中。

交易支付,多用钱币。而且宋代国内外贸易更为发达,也需要更多的通货。上面所说的运钱出境,一大部分就是对外贸易的结果,甚至因此许多人反对对外贸易。国内商业也很发达,尤其是都市中的商业,比唐代要发达。唐代都市的商业,多集中于几个市,如长安的东市和西市。到了宋朝,都市里到处可以开店做买卖。又唐代都市除南方的扬州等地外,多禁止夜市,日午开市,日落以前即闭市①,宋代都市如汴京就有夜市②。

第五,宋代物价数字都用省陌,名为一千文的,实际上只付七百七十文或七百七十文以下③。所以各种物价要打一折扣才能同盛唐物价比较,盛唐是用足钱的。

第六,宋石大于唐石约十分之一强④。所以宋代的粮食价格,即折合成实钱,也还要打一折扣才能同唐代比较。

如果假定宋代的米价,除注明为足陌的以外,全部以七十七陌

---

① 宋敏求《长安志》卷八卷一〇。徐松《唐两京城坊考》卷三卷四卷五。《唐会要》开元五年敕:"京夜市直令禁断。"马缟《中华古今注》:"唐旧制京城内金吾,昏晓时呼,以戒行者。"《李娃传》:"……久之,日暮,鼓声四动,姆曰,鼓已发矣,当速归,勿犯禁。"

② 《东京梦华录》卷二《州桥夜市》。

③ 省陌制起源于南北朝(见第三章第二节三注)。盛唐是用足陌钱,但宪宗元和中京师用钱每贯除二十文。昭宗末京师以八百五十为贯,每陌八十五。唐末兵乱,以八十五钱为一百。后唐天成中减五钱,后汉乾祐初又减三钱。宋初纳税用八十钱或八十五钱为一百。但各州私用不一律,至有以四十八钱为一百的。到太平兴国二年才下诏一律以七十七钱为一百(《宋史》卷一八〇)。罗大经《鹤林玉露》卷四:"《五代史》汉王章为三司使,征利剥,缗钱出入,元以八十为陌,章每出钱陌,必减其三;至今七十七为官省钱者自章始。然今官府于七十七之中,又除头子钱五文有奇,则愈削于章矣。"欧阳修《归田录》卷二:"用钱之法,自五代以来,以七十七为百,谓之省陌。今市井交易,又克其五,谓之依除。"《东京梦华录》卷三《都市钱陌》:"都市钱陌,官用七十七,街市通用七十五,鱼肉菜七十二陌,金银七十四,珠珍雇婢妮买虫蚁六十八,文字五十文陌,行市各有长短使用。"

④ 根据吴承洛《中国度量衡史》,唐石以零点五九四四公石计算,宋石以零点六六四一公石计算。

第五章 两宋的货币

为标准,将其折合成足钱,那么北宋最初的一百三十年,即十世纪的七十年代起到十一世纪底,每石平均约值三百四十六文,折成公石,则每石值五百二十文。在西夏战争前的六七十年间,每公石米只合二百五十三文,盛唐(八世纪前半)要三百三十六文。不过盛唐的数字,不是实际上纪录的平均数字,而是根据纪录的数字估定一个正常米价。如果根据开元天宝间纪录的米价来平均,则每公石只要一百三十六文。北宋的这一数字则是各种纪录的平均数字,那些纪录也大多数是丰年的纪录,正常米价应当要高百分之五十到一倍。无论如何,比盛唐的米价应当要高。西夏战争以后的米价纪录,比较能代表正常价格。十一世纪后半每公石合八百七十五文。所以北宋百多年间米价约上涨一倍。

这种趋势,从绢价上不大能看出来。北宋的岁赋,一部分用绢折纳,所以绢帛常有一种官价。官价的变动自然没有市价那样敏锐。虽然也常有增减,可是长期看来,百多年间,涨跌并不大。北宋初年每匹大概是九百文或千文[1]。太平兴国二年江西官方由每匹一千增为一千三百[2]。咸平中一匹折钱千文[3],但川陕四路只要三百文折绢一匹[4]。大中祥符九年山东一匹直八百[5]。庆历六年四

---

[1]《续通鉴长编》卷一五八庆历六年五月戊子:"初盐课听以五分折银䌷绢。盐一斤计钱二十至三十。银一两䌷绢一匹,折钱九百至一千二百。"

[2]《宋史》卷一七四《食货志》上二赋税:"太平兴国二年江西转运使言,……绢上等旧估匹一千,今请估一千三百。"

[3]《宋史》卷一七五《食货志》上三:"神宗即位……输绢匹为钱千。"

[4]《建炎以来朝野杂记》卷一四《财赋》一,东南折帛钱:"咸平三年……川陕四路大抵以税钱三百文折绢料一匹,此咸平间实直也。"

[5] 同上:"大中祥符九年……青齐间绢直八百,䌷六百,官给率增二百,民甚便之。"

341

川梓州绢价由九百至一千二百增到三千以上①。这是北宋最高的价钱。这无疑是钱币贬值的结果,嘉祐中冀州每匹一千三百②。熙宁二年和三年每匹都是折一千,以后增为一千五百③。末年四川每匹市价一千四五百文④。元丰二年成都为一千三百文⑤。元祐年间成都每匹一千七八百文⑥,但四年浙江每匹只要一贯⑦。北宋绢价之所以比较平稳,应当是由于生产的增加和生产力的提高。但北宋绢价还是远高于盛唐的绢价。

北宋因为通货购买力减低,需要的数量增加,自然影响于国家岁入和居民的收入。宋初每年收入一千六百多万缗,等于唐肃宗初年的二三十倍,比大历末年的岁入还要多三分之一。天禧末年岁入又增为二千六百五十多万;嘉祐间增为三千六百八十多万;熙丰间增为六千多万⑧。

在居民的收入方面,则分配得不均。高级官吏的待遇空前地

---

① 《续通鉴长编》卷一五八庆历六年五月戊子:"……后尝诏以课利折金帛者从时估,于是梓州路转运司请增银䌷绢之直。下三司议,以为银䌷绢直视旧虽增至三千以上;然盐直亦非旧比,鬻于市斤为钱百四十。"这一段中关于绢价的记载稍暧昧。看语气是比旧价增加三千以上,则新价究竟多少,不得而知。

② 《宋史》卷三四〇《刘挚传》:"冀州……自是绢为钱千三百,绵七十有六,民欢呼至泣下。"

③ 《宋史》卷一七五《食货志》:"神宗即位,……令次年输绢匹为钱千。"又,"熙宁三年御史程颢言,京东转运司和买䌷绢,增数抑配,率千钱课绢一匹。其后和买并税,绢匹皆输钱千五百。"

④ 吕陶(熙宁十年知彭州)《净德集》卷五,奉使回奏十事状:"蜀中比年……绢一匹乃为钱千四五百。"

⑤ 《宋史》卷一九九《刑法志》,"元丰二年成都府利路钤辖言,往时川陕绢匹为钱二千六进,以此估赃,两铁钱得比铜钱之一,近绢匹不过千三百。"

⑥ 《忠肃集》卷五,乞体量成都漕司折科税米奏:"臣风闻成都……绢价每匹一贯七八百文。"

⑦ 《续通鉴长编》卷四三二元祐四年八月乙丑,苏轼言:"章等既请和买官钱,每匹一贯,不合将低价收买昌化县疏糊药短绢纳官。"

⑧ 《建炎以来朝野杂记》甲集卷一四《财赋》。

优厚；而低级官吏的俸给和劳动人民的收入则非常低。高级官吏的所得，无论在货币数量上或真实所得上，都是远超过前代的，并且赢得许多官僚阶级代言人的赞扬羡慕①。

历代高级官吏月俸比较表②

朝　　别	官　　级	货币所得	真实所得（米）
汉建武制	万　　石	约 31 贯 500 文	约 41 公石 6 斗
唐开元制	一　　品	约 54 贯	约 161 公石
宋元丰制	三太三少	约 416 贯	约 614 公石

但低级官吏的景况就不同了，不但比起高级官吏来差得远，而且比起盛唐的低级官吏来也不如。

历代低级官吏月俸比较表

朝　　别	官　　级	货币所得	真实所得（米）
汉建武制	百　　石	约 1 贯 438 文	约 1 公石 9 斗
唐开元制	从九品	3 贯 645 文	约 10 公石 8 斗 5
宋元丰制	承节郎	约 4 贯 670 文	约 7 公石

至于劳动人民的收入，自然更低。但资料缺乏，计算也困难，因为往往兼用现钱和实物来支付。例如元丰年间，一个搬运夫到外省去，每天可得五十钱，或五十钱之外另加米二升③。这种待遇单从货币所得上看来，可以抵得过唐初的一个九品官。不过货币购买力

---

① 《廿二史札记·宋制禄之厚》："惟其给赐优裕，故入仕者不复以全家为虑，备自勉其治行，观于真仁英诸朝，名臣辈出，吏治循良，及有事之秋，犹多慷慨报国。"

② 宋代高级官吏所得，除月俸外，还有各种实物如绫绢绵、禄粟、随身傔人衣粮及餐钱等。元丰制除月俸外，还有职钱。但月俸很少实发，而系折支，而且史书的记载又非常含糊，所以无法加以确切地计算。这里三太三少的月俸四百贯以折支三分之二计，绢一匹作钱一千三百文，一罗作三绢，一绫作二绢，其他如粟禄职钱一概不计。而米价则一公石以八百七十四文计，这是十一世纪后半的平均米价。

③ 《宋史》卷一七五《食货·赤漕运》。

大不相同，而且这是临时性质，是偶然的工作，不能看作当时工人收入的标准。又如兵饷，初年每人每月自三百到五百钱①。真宗时每人每日食米二升半②。治平元年地方义勇军在防守时期每人每天可得米二升，另外每月发酱菜钱三百③。如以每人每天二升米为北宋的正常收入，则每月合七斗五升或五公斗。就以元丰时的最高收入每天五十钱加二升米计算，每月也不过一公石七斗二升的米。

三　崇观年间币值的下跌

北宋自从徽宗即位（公元一一〇一年）以后，天下便多事了。对内有蔡京弄权，民不聊生，引起方腊宋江等人的反抗；对外因童贯启祸，失却信用，招至金人的进攻。开支增加，发生通货膨胀。

宋代矿产以熙丰间为最盛。例如铜产，皇祐中每年约出五百万斤。天禧七百万斤。元丰元年增为一千四百六十万斤。铅锡也有同样的增加，所以熙丰间能铸造那样多的货币。元丰以后，产量就逐渐减少了。绍圣初做了户部尚书的蔡京曾多方想发展当时的坑冶事业，但没有什么成绩。宣和六年当局正式承认，阮冶之利，"稽之熙丰，十不逮一"④。所以自元祐以来，铸钱数额减少⑤。

但铸钱数额减少，并不就等于通货数量减少。自元祐间王安石

---

① 《宋史》卷一九四《廪禄之制》。
② 宋王明清《挥麈录》："真宗……问曰，朕东封粮草得备否？晋公曰，……随驾兵士，大约不过十万人，每日请口食米二升半。"
③ 《宋史》卷一九一《兵志》五。
④ 《宋史》卷一八五《食货志·坑冶》。
⑤ 蔡绦《国史补》："国朝铸钱，沿袭五代及南唐故事。岁铸之数日增。至庆历元丰间为最盛，铜钱岁无虑三百余万贯，及元祐绍圣而废弛。崇宁初则已不及祖宗之数多矣。"

死后,免役法废止,并且再禁铜钱输出国境,市面通货,应有增加,大概折二钱比小钱多,这就是贬值的性质,物价已开始上涨。尤其是以铁钱计算的物价①。元符年间米价每斗自三百而五六百,而至一千②。元符三年夏秋雨季都是丰收,但物价也没有回跌③。年底河北几州因有水灾,每斗米要三四百文④。一至十二世纪,就再也看不到以前那样的低物价了。建中靖国元年春天,即徽宗即位的一年,稍为边远的地方,如鄜延路新城堡砦籴米,每斗有到一贯四百文省的⑤。

崇宁元年(公元一一〇二年)蔡京得势。这年辰沅(湖南)猺人入寇,十二月便铸当五钱。次年又有安化蛮人作乱。于是又铸当十的崇宁重宝钱。除陕西、河东、四川等铸钱地带以外,都令通行。三年废止小平钱和当五钱,专用当十钱。连熙宁以来所积压的折二钱,也改铸为折十钱。这种大钱发行后,民间生出许多纷扰,甚至有拿钱买不到东西的⑥。因为无论从重量上来说,或从含铜的成

---

① 《续通鉴长编》卷五一二,元符二年七月癸卯吕惠卿言:"自元祐绍圣以来,铁钱日益轻,故米价日长。"

② 同上:"今且以渭州言之:昔日米麦每斗不过百钱,今日每斗三百文以上。新边城寨收籴,有至五六百文者。"又,"现今延安府官籴米价五百二十文足,市新米七百八十文足,陈米七百二十文足。"李新《跨鳌集》卷一九《上皇帝万言书》:"元符三年五月十一日……顷者河北水灾啮地千里。……自雍以西,米斗千钱,而京东西物价翔涌。"

③ 范纯仁《范侍郎公遗文》议进筑非便(建中靖国元年五月):"大兵之后,浍有凶年。虽去岁夏秋,雨经丰穰,而物价未甚减小。"

④ 《宋会要稿·食货》五九,元符三年十二月三日臣僚言:"河北滨国等数州,昨经水决,连亘千里,为之一空。……是以今米斛不下三四百钱。"

⑤ 范纯仁《议进筑非便》。

⑥ 《宋史》卷三二八章《楶传》:"时方铸崇宁大钱,令下,市区昼闭,人持钱买物,至日旰皇皇,无肯售。缚饰市易,务致百货,以小钱收之,且檄仓吏籴米以大钱予之,尽十日止,民心遂安。"曾敏行《独醒杂志》卷九:"崇宁二年铸大钱,蔡元长建议俾为折十,民间不便之。优人因内宴为卖浆者,或投一大钱饮一杯而索偿其余。卖浆者对以方出市,未有钱,可更饮浆。乃连饮至于五六,其人鼓腹曰,使相公改作折百钱奈何?上为之动,法由是改。"

分上来讲,一枚大钱都比不上天禧小平钱的三枚,每枚只有三钱重,含铜还不够六成,贬值成三分之一以下。结果钱分两等,市有二价,发生盗铸。苏州章继盗铸到几千万缗之多,至兴大狱。私铸的钱,重量自然不到三钱。小平钱多被人销镕改铸,后因物价上涨,乃令东南改为当五;然而仍有私铸,乃再改为当三。这大概是崇宁四年的事。①

大观元年(公元一一〇七年)蔡京再做宰相,又主张用当十钱。所以除小钱折二当三以外,又铸当十大钱,都以大观通宝为文。大观当十钱比崇宁当十钱虽然厚重得多②,然而比起小钱来,还是省铜,私铸还是有利。三年蔡京再下台,计大钱为害已有九年,各方都加以攻击,新宰相张商英主张收回,每十贯给银一两绢一匹。收回后挑选分量比较重的改为当三。这主张到政和元年(公元一一一一年)实行了。自然又有人受损失③。

蔡京在铸崇宁当十钱之后,又铸所谓夹锡钱,是一种铜锡合金,每缗用铜八斤,黑锡四斤,白锡二斤,每枚不到三钱重,当铜钱二枚。这是崇宁四年(公元一一〇五年)的事,本来限陕西使用,但有人提议通用于全国,蔡京以为对,刚好他又下台,所以终未通用。到大观元年(公元一一〇七年)恢复宰相职位后,改铸当五的夹锡

---

① 《大宋宣和遗事说》,崇宁当十钱是崇宁四年罢铸的。
② 有些史家以为大观当十钱和崇宁当十钱是一样的(如蔡绦《国史补》,及《通鉴长编纪事本末》卷一三六政和六年五月丁卯条)。其实大观当十钱重的有库平五钱多,就是普通认为当五的大观钱也有三钱多重。
③ 《宋史》卷三五一《侯蒙传》:"大钱法敝,朝廷议改十为三。主藏吏来告曰,诸府悉辇大钱市物于肆,皆疑法当变。蒙曰,吾府之积若干?曰八千缗,蒙叱曰,安有更革而吾不知?明日制下。"

铁钱。陕西一向只用铁钱,所以初见夹锡钱,倒反看得重①。只因成色越来越低,有时要七八文夹锡钱才抵得一个铜钱,和铁钱差不多。使物质上涨几倍②。三年蔡京再下台,曾废止东南所铸的夹锡钱。次年连河北河东京东等路的夹锡钱也废用,但陕西仍以夹锡钱和大铁钱并用,都作折二。于是东南的夹锡钱,全运到陕西去,结果跌成二十文当一文用③。政和二年蔡京又得政,又请复用夹锡,于是各路铜钱监鼓铸夹锡的政和通宝钱。夹锡乃表示一种成色,钱文仍用当时的年号,但因废了又用,用了又废,用时人民也常常拒用,则以法惩,闹了几年,纷纷扰扰,连徽宗自己也说夹锡钱之患,甚于当十钱。到重和年间关中还有铸造使用。

其实这个期间,不止铜钱贬值,川陕一带的纸钞也在膨胀。交子自元丰元年(公元一〇七八年)以来两界同时流通,在四川已发生局部的膨胀。绍圣(公元一〇九四到一〇九七年)以后,发行的数目屡有增加,用在陕西沿边募兵和办军粮。计绍圣元年增加十五万贯,元符元年增加四十八万贯④。因此价值大跌,换发的时候,新交子一缗收回旧交子四缗。崇宁三年(公元一一〇四年)京西路(今河南)也用交子,四年改为钱引,通用范围更广,除闽⑤浙湖广以外,差不多都可以用,所以他的重要性就更大。这时正在同西夏

---

① 《宋史》卷二八五《贾炎传》:"政和中……初陕西行铁钱,久币益轻。蔡京设法尽敛之,更铸夹锡钱,币稍重。"同书卷三四八《沈畸传》:"陕西旧无铜钱,故以夹锡为贵。"

② 《浮沚集》卷一《上皇帝书》:"又况夹锡未有一分之利,而物已三倍之贵。是以比岁以来,物价愈重,而国用愈屈。"

③ 李纲《梁溪全集》卷一四四御戎论:"自东南夹锡钱罢不行,悉运于陕西,物价翔踊,而钱益轻,凡二十而当一。"

④ 《蜀中广记》。

⑤ 《宋史》卷一八一《食货志·会子》:"赵挺之以为闽乃蔡京乡里,故得免焉。"

作战，军费开支浩繁，发行额不断增加①。崇宁元年增两百万。二年增一千二百四十三万五千。四年增五百七万五千。大观元年增五百五十四万五千六百六十六②，超过天圣年间界额的二十倍。后来（公元一一〇八年）不再有现金准备，钱引一缗只值得十几个钱或几十个钱③。大观年间改革四川币制，发行钱引，发行额以天圣的一百二十五万多缗为限，但旧交子不许兑现④。等于作废，商人至于自杀。

总之，崇宁大观以后，物价更加上涨⑤。崇宁初鄜廊在特殊情形下，米价每斗也过三四贯足⑥。绢价在建中靖国元年每匹要一贯四五百文足⑦，大观二年徽宗曾亲批"方今绢价倍高"⑧的字句。连

---

① 历年交子钱引的流通数字，没有确实的记载，虽有人加以推测，但不可靠。例如大观元年的流通额，连南宋的李心传也先后不符。他在《系年要录》卷一六建炎二年六月条下说"增多是二千六百万余缗。"后来在《朝野杂记》甲集卷一六四川钱引条下则说"增印至二千四百三十万缗"。

② 《蜀中广记》。

③ 《通考》："大凡旧造一界，备本钱三十六万缗，新旧相因。大观中，不蓄本钱，而增造无艺，至引一缗，当数十钱。"（《宋史·食货志》作"当钱十数"。）

④ 《宋史》卷三二八章楶传："（崇宁大观发行后）未几新钞法行，旧钞尽废，一时商贾束手或自杀。缒得诉者所持旧钞，为钱以千计者三十万，上疏言钞法误民，请如约以示大信。上怒罢椁。"《建炎以来朝野杂记》甲集卷一六四《川钱》引："崇观间陕西用兵，增印至二千四百三十万缗，……由是引法大坏，……蔡京患之，大观元年改交子为钱引，旧交子皆毋得兑。"

⑤ 《宋会要稿·食货》五九，崇宁二年十月十四日诏："两浙杭越温婺等州秋田不收，……致人户渐至逃移，贼盗滋多，物价增长，细民不易。"又大观三年九月六日诏："东南路比闻例有灾伤，斛斗踊贵。"

⑥ 《续通鉴长编·拾遗》卷二三，崇宁三年四月辛酉："然当时（崇宁初）运粮入中，不计价之贵。鄜廊米斗不下三四贯足。"

⑦ 同上卷一八，建中靖国元年八月壬子："且以无为军言之，民间买绢一匹，须用一贯四五百交足。"

⑧ 《宋会要稿·食货》三八大观二年三月四日。

京师的房租也加倍①。政和初（公元一一一一年）"诸路䌷绢布帛比价高数倍"②。政和二年米的市价是每斗一百二十文③。宣和四年榷货务说米价比熙宁元丰以前高四倍④。熙宁二年的米价，外郡是每石四百，京师一千，八年政府曾以八百一石的价格粜给人民。宣和四年每石是二千五百到三千。七年底每石要一万⑤。这些还是钱价，如果折成纸币价格，更不知要高若干倍了。

北宋到了这个时候，就是没有金人侵略，经济基础也发生动摇了。宫中奢侈无度，政府则滥授官爵。在太宗的时候，一个官人月俸只五贯钱，且有低到七百文的。但神宗时一个贵妃每月料钱八百缗。嫁一个公主花到七十万缗。政府官吏在景德时是一万多人，皇祐增加到二万多人，治平时为二万四千人。徽宗时更是变本加厉，卖官鬻爵，京师有童谣说："三百贯，曰通判；五百索，直秘阁。"节度使有八十几个，刺史有几千，而且有一身兼十几个人俸给的⑥。所以当时有人说"百物踊贵，只一味士大夫贱"⑦。实际上这班士大夫并不贱，因为人民要花许多钱来供养他们。这种现象也许是通货膨胀的结果，但在朝的人既不知道紧缩无谓的开支，只有铸钱抽税来应

---

① 《宋会要稿·刑法》二大观元年八月十二日诏："在京有房廊屋业之家，近来多以翻修为名，增添房钱，往往过倍；日来尤甚。"

② 《宋史》卷一七五《食货志上·三布帛》。

③ 《宋会要稿·均籴》。

④ 《宋史》卷一八二《食货志·盐》中："（宣和）四年，榷货务建议，古有斗米斤盐之说，熙丰以前，米石不过六七百，时盐价斤为钱六七十；今米价石两千五百至三千，而盐仍旧六十。"

⑤ 《续通鉴长编·拾遗补》卷五一，宣和七年十二月甲子。

⑥ 《宋史》卷一七九《食货志·会计》。

⑦ 《萍洲可谈》卷一："兴国贾公自京师归，余问物价贵贱，贾曰，百物踊贵，只一味士大夫贱。"

付,使人民的负担加重,人民只好逃亡。方腊、宋江、张万仙等,便是因此而起来的。这些农民起义刚被镇压,金人已分道犯境了。

四　金人侵略所引起的通货膨胀

金人于宣和七年(公元一一二五年)十二月发动攻势后,势如破竹。宋兵看见金兵便回头跑。宣和六年的东京,还是"灯火荧煌天不夜,笙歌嘈杂地长春"①,但不久就落在敌人的手中了。米价涨到每斗三千文,猪肉一斤六千,羊肉八千②。建炎三年曾涨到四五万文③。大部分的金银绢帛都被金人括去,使金银也涨价④。

南渡以后,不但中原陕右都叫金人占据了,就是长江以南的江西、浙江、湖南也受到蹂躏。大批人民逃难到南方来,而许多铜钱却遗留在汴京带不出来。江南的铸炉,则因战祸而荒废。所以小平钱的购买力很高,而物价低⑤。南宋政府第一步是想恢复铸钱,但因为铜钱铅锡的供应减少,绍兴初每年只能铸十万缗,反花了二十万成本,常至于罢铸。绍兴六年(公元一一三六年)收敛民间的铜器,所铸也不过四十万缗。十三年为十万缗,二十七年十五万缗。以这一点数目,如何能给养那许多士兵来保卫那半壁江山?

---

① 《宣和遗事前集·宣和六年》。
② 《南渡录》卷一,靖康元年十二月十九日:"京师大雪,深数尺。米价腾贵,斗米至三千钱。"《建炎以来系年要录》卷四记建炎元年四月辛酉金人退出开封时:"物价踊贵,米升至三百,猪肉斤六千,羊八千,驴二千,一鼠亦直数百。"
③ 《建炎以来系年要录》卷二五,建炎三年七月:"时东京米升四五千。"
④ 详本节第六白银的购买力。
⑤ 《续通鉴》建炎元年,"始通当三大钱于诸路,用张悫请也。政和旧法,当三大钱止行于京畿东南及河东北,由是东南小平钱甚重而物轻。"

第五章 两宋的货币

战后四方的贡赋,也不按时缴送,虽然定出各种各样的税钱,也不能应付局面,只好取给于纸币了。

绍兴初(公元一一三一年)就在东南发行关子,关子本来是一种汇票的性质,因屯兵婺州,运钱不便,叫商人在婺州出钱领关子,到杭州兑现。但不到几年,政府没有钱兑现,有时只能兑到六七成,商人不愿意领关子,地方政府竟加以抑配。六年曾发行交子,但马上又改成关子。

当时韩世忠岳飞等人正在同金人作战,国内各地驻有重庆。这些驻军虽然多是当地赡养,但作战的费用,还是中央政府负担。所以政府的财政,总是入不敷出;不敷的数目,每年自几十万缗到几千万缗。这些赤字,自然是靠发行纸币来应付①。

绍兴年间的币值,可以从米价和绢价上看出来。北宋熙宁二年,政府用百钱一斗的价格收米,王珪司马光等人便大骂吕惠卿。政和二年市价是每斗百二十钱。绍兴元年(公元一一三一年)高宗问知浙西米价由一千二百文一斗减作六百文一斗,便大喜,说可免饿殍②。二年春雨浙又涨到每斗千文③。三年高宗说"饮食衣帛之

---

① 《建炎以来系年要录》卷一一一,绍兴七年李迨言:"绍兴四年所收钱物,计三千三百四十二万余缗,比所支计阙五十一万余缗,五年收三千六十万余缗,比所支计阙一千万余缗。皆以宣抚司攒剩钱及次年所收登带通那应副。六年未见收数,支计三千二百七十六万余缗。今年所收计三千六百六十七万余缗,比所支计阙一百六十一万余缗。……自来遇岁计有阙,即添支钱引,补助支遣。绍兴四年添印五百七十六万道;五年添印二百万道;六年添印六百万道。见今泛料太多,引价减落,本司缘此不增添印。"

② 《宋会要稿·食货》四〇,绍兴元年七月三日:"上问昨夕闻已籴新米,莫少减价否?张守奏,有人自渐西来,前此斗一千二百者,今减作六百。上大喜曰,不但军不乏食,自此可免饿殍。在细民岂小补?"

③ 《宋史》卷六七《五行志》,绍兴二年春:"两浙福建饥,米斗千钱。"

直,比宣和不啻三倍"①。五年市价为每斗七百文②。在秋收米贱的时候,民间往往也只要三百足钱一斗③。千文两千文一斗的价格大抵都是饥荒时的价格④。十一年湖南曾跌到一百钱一斗,臣僚们就说"谷价之贱未有如此时者"⑤。十二年也相同⑥。范成大的"二麦俱收斗百钱,田家唤作小丰年"的诗句,大概就是指这种情形。十三年荆湖丰稔,据说曾跌到六七文一斗⑦。到了二十六年便宜的也要一百三十文一斗⑧。二十九年政府籴米备赈是两千一石⑨,但三十年湖广又跌到几十钱一斗⑩。米价因受天时地利的影响大,涨跌的频数和幅度也大。大体上讲来,绍兴年间的米价,或十二世纪

---

① 《建炎以来系年要录》卷六七。

② 同上卷八八,绍兴五年四月庚戌李光言:"近来两浙米价例长,街市每斗已七百文。"

③ 《宋会要稿·食货》四〇,绍兴八年九月四日萧振言:"臣尝询浙西,凡秋成米贱之时,其价概以官斗,每一斗民间率用钱三百足。亦有三百已下。今来收籴,须是量增价值。其价随时高昂,为之增减,常使官中比民间价十分中多一二分。"

④ 《宋史》卷六七《五行志》,绍兴五年夏:"潼川路饥,米斗二千,人食糟糠。"又六年夏,"蜀亦大饥,米斗二千,利路倍之,道殣枕藉。"《建炎以来系年要录》卷一〇九,绍兴七年:"春广西大饥,斗米千钱,人多饿死。"又,"四川饥馑,米斗价钱三千。"《宋史》卷六五《五行志》,绍兴九年:"江东西浙东饥,米斗千钱,饶信州尤甚。"

⑤ 《宋会要稿·食货》四十之十四,绍兴十一年八月十三日臣僚言:"荆湖之南即今米斗百余钱,谷价之贱,未有如此时者。今日钱荒之币,无甚于湖南。兼并之家,积谷于廪,以待凶荒。"

⑥ 《宋会要稿·食货》四十之十四,绍兴十二年十一月十六日诏:"今米价每斗止于百钱。"

⑦ 《宋史》卷一七五《食货志·和籴》,绍兴十三年:"荆湖岁稔,米斗六七钱,乃就籴以宽江浙之民。"

⑧ 熊克《中兴小历》绍兴二十六年七月:"淮南曹司具到。米价最贱处每斗一百三十文。"

⑨ 《宋史》卷一七五《食货志·和籴》:"二十九年籴二百三十万石,以备振贷,石降钱二千,以关子茶引及银充其数。"

⑩ 《建炎以来系年要录》卷一八七:"此年江西湖广米斗方数十钱,而职田米乃令折价至三四千。"(三十一年十一月陈俊卿言。)

前半的米价,每石约须三千多文,这价格比北宋初要高七八倍,比熙宁年间也要高三四倍。

这一时期的绢价,有很大的变动。北宋到熙宁元丰间,每匹绢是一千到一千三百上下;崇宁大观间稍有上涨①。后来因为大钱和夹锡钱的废止,以及纸币的整理②,可能稍有回跌,但南渡以后,就是从两千一匹起价了。

南宋绢帛价格表③

年份	每匹价格	所据
建炎元年(公元1127年)	2000文	《宋会要》刑法三
三年	2000文	《宋史》食货志上三布帛
绍兴元年(公元1131年)	2000文	《宋会要》食货三八
二年	4500文省至5000文足	《宋会要》食货九
三年	3000文至6500文	《宋史》食货志上三
四年	4000文至10000文	《宋会要》食货三八及六四
五年	5500文足	《宋会要》食货六四
六年	6500文至7000文	《宋史》食货志上二赋税
八年	8400文	《宋会要》食货二六

---

① 《续通鉴长编拾遗补》卷一建中靖国元年八月壬子引《九朝编年备要》:"且以无为军言之,民间买绢一匹,须用一贯四五百文足。"《宋会要稿·食货》二六绍兴八年二月二十八日:"盖当时(崇宁二年)县令不谨其始,却将下户募脚盐钱每二百二十文,折纳绢九尺。"大观初江西十郡和买一匹约合九百钱(《宋史》卷一七五食货志上三)。这种和买等于一半征用。

② 钱引在大观年间经过一次整理之后,购买力提高。《宋史》卷一八一食货志会子条载:"及张商英秉政,奉诏复循旧法。宣和中商英录奏当时所行,以为自旧法之用,至今引价复平。"所谓旧法,就是限制发行和蓄有准备金。

③ 表中价格,包括市价和官价。市价比官价敏感,变动得多。但官价也追随市价。又政府收绢则作价低,出绢则作价高。

续表

十七年	6000 文至 10000 文	《宋史》食货志上三，《宋会要》赋税杂录
十八年	6000 文	《宋会要》食货九
二十六年	4000 文至 5500 文	《建炎以来系年要录》卷一七一，《宋会要》食货九

绢价的上涨，一部分是由于通货膨胀，同时大概也因生产受到战争的破坏。

当时的政治中心虽在东南，军事重心则在川陕。币制上的各种新的措施，如铁钱纸币也都是在川陕行起来的。后来陕西为金人所占，四川赖吴玠兄弟得以保全。但因驻有重兵，他的负担也特别重。绍兴七年李迨论到四川的财政，说唐朝刘晏的时候，全国的岁收是一千二百万，现在四川区区一隅，光是盐酒税，一年便有一千九十一万，连其他的收入，要三倍于刘晏时全国的岁入，而于维持当时的大军，一年还阙一百六十一万。刘晏时以一千二百万贯赡养六师规复中原而有余，现在以三千六百万贯还不够赡养驻川陕的一军①。李迨的话说明了四川通货膨胀的情形和原因。

四川的纸币，在北宋时因对西夏战争已由一百二十几万增发到两千多万，使价值大跌。大观时经过一次整理，恢复天圣时的限额。但南渡以后，又渐增发，建炎二年（公元一一二八年）靳博文因为利州路增加驻军，加印六十二万缗②，三年张浚又增印一百万缗

---

① 《建炎以来系年要录》卷一一一。《宋史》卷三七四《李迨传》。
② 《建炎以来系年要录》卷一六建炎二年六月："至是博文以利州路增屯西兵，军食不继……后以便宜，增印钱引六十二万缗。自后诸大臣相继视师，率增印矣。"

作军饷。那以后八年间，共增加两千五十四万缗①。到绍兴七年的时候，三界并行，发行总额是三千七百八十几万缗②。三十年间增加三十倍，引价的跌落是可以想象的。四川的物价，利州路往往比他处高一倍，大概也是这个缘故。军费既不能减少，缓和的办法只有铸钱，因为当时钱引不能兑现，所以价值更跌，大家以为若有钱兑现，跌价的趋势便可以缓和了。因此在绍兴年间先后在利州、邛州、施州等地铸钱，来救济钱引，但数目很有限③。对于几百倍的纸币，没有多大作用。

---

① 《建炎以来系年要录》卷二九建炎三年十一月："宣抚处置使张俊以便宜增印钱引一百万缗，以助军食。其余八年间，累增二千五十四万缗。俊又置钱引务于秦州，以佐边用。"《宋史》卷三七四李迨传："自来遇岁计有阙，即添支钱引补助。绍兴四年添印五百七十六万道，五年添印二百万道；六年添印六百万道。见今泛料太多，引价顿落。缘此未曾添印。"据《蜀中广记》，自绍兴元年到六年，共增二千零七十万。计元年增六十万，二年增一百四十万，三年增五百万，四年增五百七十万，五年增二百万，六年增六百万，八年又增三百万，九年增二百万，十年增五百万，十三年增四百万，二十九年增一百七十万。《宋史》卷二九《高宗纪》，绍兴十年三月，"增印钱引五百万缗付宣抚司市军储。川陕宣抚副使胡世将屡言金人必渝盟，宜为备。"

② 《通考》，绍兴七年二月："川陕副帅吴玠请置银会于河地，五月中书省言引数已多，虑害成法，诏止之。盖祖宗时，蜀交书放两界，每界止一百二十余万，今三界通行，为三千七百八十余万。以至于绍兴末年，积至四千一百四十七万余贯，所有铁钱，仅及七十万贯。"

③ 《建炎以来朝野杂记》卷一六《财赋三·川陕铸钱》："川陕旧皆行铁钱。祖宗时，益利夔三州皆有铁冶，故即山铸钱，邛州旧铸钱十二（万？）缗。建炎初转运判官靳博文，以为岁费本钱二十一万，得不偿费，乃罢之。绍兴十年郑亨仲为四川宣抚使，始即利州铸钱，岁十二（万？）缗，以救钱引之弊，率费二千而得千钱。……二十三年……明年诏邛州岁铸三万缗，利州九万缗，共费本钱引十七万五千缗，每千率费千四百缗。二十五年又诏利州铸大小钱各二万，凡大钱千重十二斤，小钱千重七斤有半，于是岁省鼓铸本钱三万。三十一年再减利州钱为六万缗，大小各半之。施州旧亦铸钱万缗，南平军数千缗，绍兴末皆减。今蜀中岁铸十万七千。"《建炎以来系年要录》卷一五四，"十五年七月戊申复置利州绍兴监，岁铸钱十万缗，以救钱引之弊。"

绍兴三十一年钱引发行总额为四千一百多万缗①,准备金只有铁钱七十万贯和盐酒等实物。当时王之望总领四川财赋,引价的维持,是他的责任。他的政策是把钱引分布到陕西去。那时陕西是在金人手中,但陕西人需要的布、帛、茶、药,都是四川货。王之望请政府下令,如商人将钱引带往陕西,将来收复陕西,可以照样通行,这样钱引通行的范围就广了。他对于钱引的增发,主张十分谨慎,说如果引法一坏,四川就完了。如果有增发的必要,必须秘密中一步一步进行,不可让外面知道增发的数目②。当时金主亮(海陵王)大举进攻,有窥蜀的企图。王之望对于四川财政的擘划,煞费苦心。因为"战胜则有重赏,纳降则有大费"③,胜败都要花钱。高宗也说川陕用兵,全靠王之望:"大军十余万众,数月与金角敌,而蜀人不知,他人安能办此?之望在蜀,几如萧何之在关中。"④

通观建炎以来的三四十年间,虽然生产衰退,军费浩繁,而且除四川外,东南也发行纸币;可是物价的高涨,仅限于绍兴十年以前的一二十年间。而这二十年间(公元一一二一到一一四〇年)的米价,似乎还没有涨到唐代安史之乱那二十年间(公元七五一到七七〇年)的程度。八世纪的五六十年代,米价每公石平均要一万七八千文,而十二世纪的二三十年代,每公石平均只要一万一千多

---

① 见上页注。《宋史》卷三七四《赵开传》,"又法成都府法,于秦州置钱引务,……初钱引两科通行才二百五十万有奇。至是添印至四千一百九十余万,人亦不厌其多,价亦不削。"

② 《建炎以来系年要录》卷一九三及《宋史》卷一八一食货志。

③ 《建炎以来系年要录》卷一九八绍兴三十二年三月:"王之望遗宰执书言,见今三帅分头征讨,官军义士与招降之众,已十二万人。前此用兵,无如今日,犒赐激赏,籴博粮草之费,已一千余万引。自休兵以来,二十年间,纤微积累之数,及累次朝廷支降钱物,皆已费用,所存无几耳。"

④ 《建炎以来系年要录》卷一九九,绍兴三十二年九月。

文。绢价则两个时期都是以万钱一匹为最高价格。但唐中叶对于绢帛的需要,除国际贸易方面以外,是以国内的社会经济为主,即民间以绢帛代替一部分货币的职能,那种需要不是急迫的,有则用,没有也可。宋室南渡前后,对于绢帛的需要,除国际贸易方面已超过唐代的规模以外,对北方的民族,有巨额岁币的供应义务①。而且绢价自宋初以来即贵。唐代涨成万钱一匹,是涨成五十倍;宋代涨成万钱一匹,不过涨成十倍。这种情形在地少人多的南宋,一定有特别原因。这特别原因一方面是生产逐渐恢复,因为绢帛本是南方出产,而另一方面钱币数量减少了。就是东南所发行的纸币也不很多。熙丰间所铸的钱,一部分流出国外,一部分在国内被销镕,而新的补充又极为有限。所以又发生钱荒,使物价大涨不起来②。绍兴十年以后物价反而跌下来了。

五 南宋会子的膨胀

绍兴三十一年夏,金海陵王亮率领大军南下进攻。鏖战几个月,打到长江下游,占领扬州,直到十一月被厌战的部下所杀,才议和北返。那时金人已在汴京另立海陵王的从弟为皇帝,称为世宗。南宋高宗也在次年让位,由孝宗继承。但双方仍是不断地冲突。

在金人进攻之前,中国已采用了一种新的纸币会子。会子在

---

① 真宗澶渊之盟,每年对契丹赠绢二十万匹,银十万两。仁宗时每年增绢十万匹,银十万两。徽宗时因约金灭辽,又对金人每年纳四十万匹。靖康元年金人攻汴时遣使索帛一千万匹(《续资治通鉴》卷九七)。

② 见348页注④。《建炎以来系年要录》卷七九,绍兴四年八月癸巳陈槼言:"今日之弊,物贵而钱少。"

那时也不是一个新名辞,绍兴七年吴玠就在四川河池发行过银会子,不过东南大规模的使用纸币,却是自发行会子开始。应付金人的战争,自然也大部分靠会子。

会子的流通范围,起初限于两浙,后来推行到两淮、湖北、京西等区域去。淳熙初曾用京会尽数收回湖广会子①,可见湖广也属于这一系统。除了盐本用钱以外,其余各种用途,差不多都可以用会子。

会子的发行,超初似乎没有一定的限额。乾道三年(公元一一六七年)正月度支郎中唐琢说自绍兴三十一年到乾道二年七月那五年间,总共印过会子二千八百多万道,一道即一贯。到乾道二年十一月十四日为止,共发行过一千五百六十几万道。而实际流通额只有九百八十万。三年正月六日尚有八百多万贯在流通中,大约每月只收兑六七十万②。

乾道二年政府便觉得发行太多,而以一百万两白银来收兑。当时米价有卖到五六百钱一斗的③。三年又出内库银二百万两换钱收会子焚弃。四年改革会子的发行制度,定三年为一界,每界以一千万贯为限,这已等于北宋交子界额的八倍以上。九年会子每贯只值得铜钱六百文足钱④。

---

① 《宋史》卷三八四《叶衡传》:"拜参知政事,(据《宋史》卷二一三宰辅表为淳熙元年六月事)衡奏二事:……二令户部取湖广会子实数尽以京会立限易之。从之。"

② 《通考》卷九。《皇宋中兴两朝圣政》卷四六,乾道三年正月:"是月度支郎唐琢言,自绍兴三十一年即造会子,至乾道二年七月共印造二千八百余万道。乾道三年正月六日以前措置收换外,尚有八百余万贯在民间未收,今来诸路纲运依近降旨挥,并要十分现钱,故州县不许民户输纳会子,致流转不行,商贾低价收买,辐凑行在,所以六务支取,拥并喧闹。"

③ 《宋史》卷一七八《食货志》上六,引咸淳二年监察御史赵顺孙言。

④ 《宋会要稿·食货》四十之十四,乾道九年闰正月七日李安国言:"若用会子一贯四百文省得米一硕,以见钱纽算,每升计钱八文四分足,自旧即无上件价例,窃恐传闻差误。"

然而在战争状态之下,会子的膨胀是难免的。淳熙初,会子的流通额就有两千两百多万,购买力下跌,政府不得不用金银铜钱等全数收回①。淳熙三年(公元一一七六年)让第三界第四界会子各展期三年,这就是正式让发行额加倍。不过人民收到会子,便用纳税的方式送回国库。当时户部岁收一千二百万贯中,一半是会子。同时当局又用金银收回四百万,所以实际流通数,只超过界额两百万。十二年临安会子一贯,只值钱七百五十文。到了光宗绍熙元年(公元一一九〇年),第七第八两界会子又展限三年。庆元元年(公元一一九五年)索性把每界的发行数增为三千万,等于乾道四年的三倍。而且伪造的很多。于是一贯跌成六百二十文。当局虽想维持每贯合钱七百七十文的比价,但不大成功②。嘉定三年(公元一二一〇年),会子一贯只值三四百文③。发行既多,政府赋税收入也增加:淳熙末就有六千五百三十多万,等于南宋初的六七倍。史家或加以夸耀,或替人民忧虑④,其实这是通货膨胀时应有的现象。

宁宗开禧年间(公元一二〇五到一二〇七年),韩侂胄当国,妄起兵端,金兵陷荆襄两淮,东南大震;所以嘉定二年(公元一二〇九年),会子的流通额就增加成一亿一千五百六十万贯,等于乾道四年

---

① 《宋史》卷一八一《食货志》。

② 《容斋三笔》卷十四《官会折阅》:"淳熙十二年迈自婺召还,见临安人揭小帖,以七百五十钱兑一楮。……然是后蠹弊又生,且伪造者所在有之。及其败获,又未尝正治其诛,故行用愈轻。迨庆元乙卯(元年)多换六百二十,朝廷以为忧。诏江浙诸道,必以七百七十钱买楮币一道。此意固善,而不深思,用钱易纸,非有微利,谁肯为之。"

③ 《宋会要稿·食货》二八之五一,嘉定三年八月二十七日诏:"亭塌钞引之家,低价买会,每贯用钱三四百文。"

④ 《建炎以来朝野杂记》甲集卷一四财赋。

(公元一一六八年)额的十一倍。此外还有各种铜铁钱。理宗绍定三年,李全称乱于淮东,四年蒙古兵攻川陕,所以五年(公元一二三二年)两界会子就有三亿二千九百多万①。六十五年间,增加三十三倍。膨胀的速度虽不算快,但程度却不小。这还是指政府发行的,如果连假会子②计算在内,数目更要多。本来纸币因为耗损率大,收回的时候,应当比发出的数目要少③,但实际上收回的时候,常比发行数多,这证明伪造之盛④。

会子并不是全国性的货币,就是在南宋治下,也不是全用会子。单是四川的钱引,在绍兴末已积至四千多万。后来因战事关系,屡有增发,到宁宗嘉泰末(公元一二〇四年),两界发行到五千三百多万缗,三界合计共约八千万缗。嘉定初每缗直不得四百个

---

① 这些数字来源于《宋史·食货志》。同书卷四二三王迈传的数字稍有出入。王迈说:"国贫楮多,弊始于兵。乾淳初行楮币,止二千万,时南方休息也。开禧兵兴,增至一亿四千万矣。绍定有事山东,增至二亿九千万矣。议者徒患楮穷,而弗惩兵祸。姑以今之尺籍校之,嘉定增至二十八万八千有奇,……今无他策,核军实窒边衅捄楮币第一义也。"同书卷四一五《黄畴若传》:(开禧间)"自军兴费广,朝廷给会子数多。至是折阅日甚,朝论颇严称提,民愈不售,郡县科配,民皆闭门牢避,行旅持券终日,有不获一钱一物者。"

② 《夷坚志》戊集上黄池牛:"黄池镇隶太平州,其东即为宣城县境,十里间有聚落,皆亡赖恶子及不逞宗室,啸聚屠牛杀狗,酿私酒,铸毛钱,造楮币,凡违禁害人之事,靡所不有。"

③ 绍兴十一年钱引收换时,不来兑现因而作废的有二十几万缗,号称水火不到钱(《建炎以来系年要录》卷一四一)。

④ 《宋史·食货志会子》:"三年臣僚言,今官印之数虽损,而伪造之券愈增。且以十五十六界会子言之,其所入之数,宜减于所出之数,今收换之际,元额既溢,来者未已,若非伪造,其何能致多如是。"钱引也有伪造。《宋史》卷三七四《赵开传》载:"宣司获伪引三十万,盗五十人。"《宋会要稿·刑法》二之一四五嘉定十六年正月五日臣僚言:"年来伪楮日甚。丁卯旧楮缀补以为新者有之,蜀道楮纲潜易于中流者有之,小夫妻人之家,盗天子之权,私铸印文者亦有之。如一界之楮,为数若干,行之数年之间,耗于水火,耗于破损,耗于避方,逾界而不易者,又不知其几也。及其界满而收也,其数常溢,则伪楮之多可知。"

钱,后来跌到百钱①。

纸币增发的结果,引起硬币的减少或隐匿。或被人销镕,或逃亡国外。

北宋的交子和南宋绍兴年间的关子,民间日常还少使用,到会子发行以后,真正成了一种通行的货币②。后来以纸币计算的物价上涨,人民与其使用铜钱,不如销镕为器,还可以得到很大的利润,所以淳祐八年(公元一二四八年)监察御史陈求鲁说,衢信的铜器和醴泉的乐器都是用铜钱制造的,单是长沙一郡中,乌山就有铜炉六十四所,麻潭鹅羊山有铜户几百家。

铜钱的输出,在南宋是一个严重的问题③。较之北宋的熙丰年间还更严重。熙丰年间的铜钱外流,只引起一点紧缩作用。南宋铜钱的减少,使纸币的购买力跌得更快。输出的途径,似乎仍是通过对外贸易,而铜钱的去向,也仍旧是那些使用中国钱的地区。

---

① 《宋史》卷一八一《食货志会子》:"孝宗隆兴二年饷臣赵沂添印(钱引)二百万。淳熙五年以蜀引增至四千五百余万,立额不令再增。光宗绍熙二年,诏川引展界行使。宁宗嘉泰末,两界出放凡五千三百余万缗,通三界出放益多矣。"《建炎以来朝野杂记》卷一六《四川收兑九十界钱引本末》:"至嘉泰末两界书放凡五千三百余万缗,通三界所书放视天圣祖额,至六十四倍。逮嘉定初每缗止直钱四百以下……议论凡数月,至是忽行下诸州,听民间以旧引输官课及赴利州市金银,期以岁终官司毋得受,榜出民间大惊……四川诸州去总领所远者千数百里,……引之值仅售百钱。"

② 《夷坚志》中的故事,凡是绍兴以后的,常提到用楮币的事。如乙集上《茶仆崔三》:"黄州市民李十云开茶肆于观风桥下,淳熙八年春底,(一少女扣门入),……一夕女曰汝月得雇直不过千钱,常不足给用,袖出官券一千与之,其余屡致薄助。"

③ 《建炎以来系年要录》卷七九:"绍兴四年八月癸巳太常少卿陈桷言,今日之币,物贵而钱少,祖宗以来,有司鼓铸之数既多,而泄于四裔,其禁甚严,川陕之间,以铁易铜而行之。"《宋史》卷一八〇《食货志》下二:"淳祐四年右谏议大夫刘晋之言,巨家停积,犹可以发泄,铜器镶销,犹可以止遏,唯一入海舟,往而不返。"

宋朝自南渡以后，汉唐以来通西方的陆路，已被切断；铜钱的去路，表面上似乎少了一条①。但实际上不是这样。汉唐间经由大陆上的贸易路线而流出去的铜钱并不多，因为西方国家并不使用中国铜钱。商旅们所带出去的，大概限于离开中国时身边所剩的几枚。陆路旅行最怕笨重的东西，如果他们剩的铜钱多，一定会换成金银或丝绢。南渡后，因陆路闭塞，反而使海路特别发达。海船载重，远超过驼马，而且因政府滥发纸币来收兑铜钱，使铜钱逃亡得更多更快。近自马来亚②、爪哇③，远至印度④、非洲⑤，都曾吸收过若干中国的铜钱。当时中国由外国输入香药、珠玉、象牙、犀角，

---

① 斯坦因在中亚细亚所发现的铜钱中，最晚的是到北宋底为止（如政和通宝），似乎南宋的铜钱已不流到哪一方面去（Ruins of Desert Cathay）。可是实际上北宋的铜钱不一定是在北宋时流出，因为南宋铸钱数目很少，大部分是用北宋钱或甚至北宋以前的古钱。所以单是看见只有北宋钱，不足以证明是在北宋时流出的。

② 一八二七年新加坡附近发掘许多宋钱（Crawfurd, A Descriptive Dictionary of the Indian Islands, p. 94）。

③ Dr. Karl Ritter von Scherzen 曾在爪哇的雅加达发掘三十五枚中国铜钱，共为十八种，除了两枚开元通宝外，全是宋钱，开元通宝宋时尚通行，所以大概也为宋时所输出。其余的铜钱计圣宋元宝一枚，景德元宝一枚，天禧通宝一枚，天圣元宝一枚，皇祐通宝三枚，嘉祐通宝二枚，熙宁元宝二枚，元丰通宝九枚（内三枚为草书），元祐通宝五枚（内二枚为篆书），绍圣元宝三枚，（内一枚为草书），政和通宝一枚，宣和通宝一枚（T'oung Pao, Serie I, Vol. X., Geographical Notes by C. Schlegel 引 Pfizmaier 之 Bericht ueber einige von Hrn. Dr. Karl Ritter von Scherzen eingesandte Chin. und Jap. Muenzen. Wien, Karl Gerold's Sohn, 1861）。

④ 在南印度的马八儿（Mabar）地方，也曾几次发掘中国铜钱，（见 Yule and Cordier, Marco Polo, Vol. II., P. 337.）。

⑤ Dr. S. W. Bushell 说 Sir John Kirk 曾在非洲 Zanzibar 发掘宋钱。（F. Hirth and W. W. Rockhill 在其译著 Chau Ju-kua（赵汝适）第一二七页 Zanguebar 条下注中引 North China Daily News, May 9, 1888，另见 Hirth, J. A. O. S, XXX, 55—57. 及 S. W. Bushell, Description of Chinese Pottery and Porcelein, XVI.）又一八九八年德人某在非洲索马里岸（Somali Coast）的 Mugedoshu 也曾发掘宋钱（F. Hirth, Early Chinese Notices of East African Territories; J. A. O. S., 1909, pp. 55, 57）。

除了一部分是用丝绢瓷器偿付外，差额就是用金银铜钱来了结①，外国人当然不要中国的纸币。譬如阇婆国（即爪哇）因"胡椒萃聚，商舶利倍蓰之获，往往冒禁潜载铜钱博换"②，后来竟至以中国铜钱为正式的流通工具③。不过有些大国，如大食，自己有独立的币制，他们的商民得到中国铜钱，仍是用来换成金银匹帛带回去④。中东曾有中国银锭出土⑤。

所以铜钱最大的去路，是那些使用中国钱的国家，也可以说是当时的宋钱区。其中最重要的北方的金人和东方的日本。金人似乎是有计划地吸收江南的铜钱⑥，他们虽然自己也铸钱，

---

① 《宋史》卷一八六《食货志》下八："凡大食、古逻、阇婆、占城、勃泥、麻逸、三佛齐诸蕃，并通货。易以金银、缗钱、铅锡、杂色帛、瓷器，市售香药、犀象、珊瑚、琥珀、珠琲、镔铁、鼉皮、玳瑁、玛瑙、车渠、水精、蕃布、乌樠、苏木等物。"《建炎以来系年要录》卷六九，绍兴三年十月："又闻邕钦廉三州与交址海道相连。逐年规利之徒，贸易金香，必以小平钱为约，而又下令其国，小平钱许入而不许出，若不申严禁止，其害甚大。"《续文献通考》钱币考，引淳祐八年陈求鲁言："蕃舶巨艘，形若山岳，乘风驾浪，深入遐陬，贩于中国者，皆浮靡无用之异物，而泄于外国者，乃国家富贵之操柄，所得几何，而所失不可胜计矣。"

② 赵汝适《诸蕃志》卷上《阇婆国》。

③ 马欢《瀛涯胜览·爪哇国》。

④ 《宋会要稿·蕃夷》四之九三，绍兴四年七月三日广南东路提刑司言："大食国进奉使人蒲亚里将进贡回赐到钱置大银六百锭，及金银器物匹帛，被贼数十人持刃上船杀死。"

⑤ 丹麦考古队曾在巴林发现两枚宋朝的银币（见一九五八年二月二十七日香港南华早报）。所谓银币，大概是银锭。

⑥ 《建炎以来系年要录》卷一八六，绍兴三十年九月壬午王淮言："两淮多私相贸易之币，……若钱宝则有甚焉。盖封境例用短钱。南客以一缗过淮，则为数缗之用。况公然收贯头钱而过淮者，日数十人，其透漏可概见矣。"《宋会要稿·食货》三八之四二，乾道三年七月十二日唐琬言："襄阳府榷场，每客人一名入北界交易，其北界先收钱一贯三百方听入榷场。所将货物，又有税钱及宿食之用，并须见钱。大约一人往彼交易，非见钱三贯不可，岁月计之，走失见钱何可纪极。而北界商人未有一人过襄阳榷场者。闻于光州枣阳私相交易，每将货来，多欲见钱，仍短其陌，意在招诱。嗜利奔凑者众，今钱荒之甚，岂容阑出如此？"

但数目不多,大部分靠用中国铜钱。而且极力防止铜钱的南流,所以也在开封发行纸币,以收兑宋钱运到黄河以北去①。高丽也属于中国货币体系,但高丽的货币经济,发达得比较晚,北宋时还多以布米贸易,有时以银论价,中国铜钱的输入,只藏之府库,而不流通②。崇宁以后才正式铸钱③,大概这时中国钱也流通了。属于中国货币体系的国家、而使用中国铜钱最多的,要算日本。北宋时,宋钱已流向日本,不过那时日本在藤原氏支配之下,对于中日间的贸易,加以限制,恐怕中国人到日本去的要比日本人到中国来的多,就是中国商人到日本去,也有各种限制。南宋时,日本的政权先后落在平源两家手中,这两家的将军都是奖励中日间的贸易的。淳熙六七年间,日本的藤原基广曾说到当时日本民间通行宋钱的情形。自源赖朝战胜平家之后,于淳熙十二年(公元一一八五年)在镰仓成立军政府。这一个时期,钱币在日本更是通行,有一批商人,专门从中国输入铜钱,以供给新起的放债人做资本④。

---

① 《九通分类总纂》引范成大《揽辔录》。《宋史》卷三七三《洪适传》:"乾道元年……八月……林安宅以铜钱多入北境,请禁之。即蜀中取铁钱行之淮上。"

② 徐兢《高丽图经》(宣和六年著)卷二贸易:"盖其俗无居肆,惟以日中为墟。男女老幼官吏工伎,各以其所有用以交易,无泉货之法,惟纻布银瓶以准其直。至日用微物,不及匹两者,则以米计锱铢而偿之。然民久安其俗,自以为便也。中间朝廷赐予钱宝,今皆藏之府库,时出以示官属传玩焉。"

③ 《宋史》卷四八七《高丽传》。

④ 关于南宋时日本通行宋钱的事散见日本的文献中,如本庄荣治郎、黑正岩共著《日本经济史》(《现代经济学全集》第六卷)第一九七页和第二一四页。Kenzo Akiyama, *The History of Nippon*, p.158. 又桑原骘藏《宋末之提举市舶西域人蒲寿庚之事迹》一书对于中国铜钱的外流也有讨论。王辑五《中国日本交通史》第八章二,宋代与日本之贸易。

宋室对于这种铜钱的外泄，自然非常注意，北宋时便曾下令严禁铜钱出口。南宋绍兴十三年又下令对于广东福建方面的船只都须加以严格的检查，不准带铜钱。孝宗乾道七年（公元一一七一年）三月曾立沿海州军私赍铜钱下海舶法。宁宗庆元五年（公元一一九九年）七月且指明禁止高丽日本商人博易铜钱。对于金人的吸收铜钱，更是千方百计加以防范。乾道二年八月诏两淮行铁钱，禁止铜钱过江北，以防其落入金人手中。淳熙七年又诏京西州军用铁钱和会子，民间的铜钱限于两个月内送官换取铁钱和会子。九年十一月又发会子收两淮的铜钱。光宗绍熙二年（公元一一九一年）连两淮的铁钱也用会子去收回来。然而这些禁令究竟有多少效力，却是疑问。因为利之所在，不但商人冒禁，就是专管贸易的官吏也以金钱出海办货；郡县的巡尉，自然不敢加以阻止①。

铜钱既然向外流出，又因成本太高，不能添铸。因此有些地方只能铸造铁钱。铁钱的成本比较低，铸造的人可以得到溢利，平时十文铁钱，成本只要四文，在铁炭贵的时候，也只要六文本钱便可以铸铁钱十文②。自乾道到开禧那三四十年间，同安和蕲春两监每

---

① 《建炎以来系年要录》卷一五〇，绍兴十三年："初申严淮海铜钱之禁。而闽广诸郡，多不举行。于是泉州商人，夜以小舟，载铜钱十余万缗入洋，舟重风急，遂沉于海，官司知而不问。"《宋史》卷一八〇《食货志》："自置市舶于浙于闽于广，舶商往来，钱宝所由以泄。是以自临安出门下江海皆有禁。淳熙九年诏广泉明秀漏泄铜钱，坐其守臣。嘉定元年三省言："自来有市舶处，不许私发番船。"绍兴末臣僚言："泉广二舶司及西南二泉司遣舟回易，悉载金钱。四司既自犯法，郡县巡尉，其能谁何。至于淮楚屯兵，月费五十万，见缗居其半。南北贸易，缗钱之入敌境者，不知其几。于是沿边皆用铁钱矣。"

② 张世南《游宦纪闻》卷二："蕲春铁钱监，五月至七月，号为铁冻，例阁炉鞴，本钱四可铸十，铁炭稍贵，六可铸十。工雇费皆在焉。其用工之序有三：曰沙模作；次曰磨钱作；末曰排整作。以一监约之，日役三百人，十日可铸一万缗。一岁用工九月，可得二十七万缗。"

年共铸铁钱约自二十万贯到四五十万贯,有渐次减少的倾向①,大概因为会子继续膨胀的结果,铸造铁钱也不合算了。

南宋因会子发行数量膨胀,所以物价比北宋高许多倍②。例如度牒,这是僧道取得法律地位的根据。古时僧道免税,出家的人多,对于度牒有很大的需要。度牒在宋代当作公债票或国库券一样买卖。在北宋初年,每张定价是一百三十缗;元丰六年,因发行限制,地方政府有增价到三百缗的,但不久就回跌到一百九十缗。南渡后重新发行,起初每张六十缗,后来增加到一百缗,淳熙初增加到三百缗,以后便扶摇直上,每张自五百缗到七百缗,八百缗③。这种涨势,难免同度牒本身的供求有关,但大部分是受了货币的影响,那是毫无疑义的。因为在端平年间,度牒已经没有人承买,当局竟用科配的办法,即以民户土地面积为比例,强销度牒④。又若以米价为例:熙丰以前是六七百文一石。

---

① 日野开三郎在《东洋中世史》第三篇第三章中统计同安蕲春两盐铁钱铸造额表如下(单位万贯):

年份	公元	同安监铸造额	蕲春监铸造额	合计
乾道六年	1170	20	10	30
淳熙五年	1178	30	15	45
八年	1181	25	15	40
九年	1182	15	15	30
十二年	1185	20	20	40
绍熙二年	1191	10	10	20
嘉泰三年	1203	罢铸	罢铸	0
开禧三年	1207	10	10	20

② 岳珂《愧郯录》(著于嘉定年间)卷一五《祖宗朝田米直》:"观太平兴国(米一斗十余钱)至熙宁(八年斗五十钱),止百余年,熙宁至今亦止百余年,田价米价,乃十百倍蓰如此。"周密《齐东野语》:"(孝宗时)周益公曰,……且以平江府论之,绍兴以前,归正添差等官,岁用五万缗,后来乃二十余万缗,则是岁添三倍以上。"

③ 《燕翼贻谋录》。

④ 《西山先生真文忠公文集》卷一七。

崇观间涨到七八千一石。政和宣和间回跌到一二千文一石。靖康建炎间又大涨。南渡前后，一石米总在万钱以上。绍兴的第一个十年还是在八九千文一石，以后由于钱荒，回跌到二千文左右一石。乾道年间有些地方要五六百钱一斗①，但有些地方六百多钱便可以买一石②。普通仍是两千文上下一石③。淳熙年间也差不多④。绍熙年间郴州官定折税钱一石为二贯一百五十文足⑤。庆元五年因折价之外，另有附加，每石有纳七贯的，有人说这是当时米价的一倍以上⑥。可见还没有大的涨落。自开禧用兵以后，物价又上涨。嘉定到端平年间，一石米大约要三四贯⑦，若遇饥荒，则

---

① 《宋史》卷一七八食货上六："乾道间郡有米斗直五六百钱者。"《齐东野语》："苗头一石直三千，州府受纳，则令折科，增三千为五千，增五千为七千。"

② 陆游《入蜀记》："公安……井邑亦颇繁富，米斗六七十钱。"

③ 《宋史》卷一七五《食货志》上三："乾道四年籴本给会子及钱银，石钱二贯五百文。"《宋会要稿》食货四十之十四，乾道八年十二月十三日中书门下言："访闻江西湖南及贵州汉阳军等处，今岁丰稔，米价每硕不过一贯四百文，合措置收籴。"

④ 《朱文公文集》卷八八《刘公神道碑》："淳熙二年……又贷诸司钱合三万万，遣官籴米上江，得十四万九千斛。"《宋史》卷三八六《刘琪传》有同样纪录，但贷诸司钱数作三万。应系脱误。《宋会要稿·食货》四十之十四，淳熙十二年正月二十八日诏："淳熙五年米每升一十九文。淳熙九年米每升二十三文。今秋早晚稻收成……每石价钱不等，自一贯六百文至二贯五十文。"

⑤ 《宋会要稿·食货·赋税杂录》，绍熙二年四月二十日诏："郴州每岁折税钱，每石只许二贯一百五十文足，永为定例。"

⑥ 《宋会要稿·食货》七十《赋税杂录》，庆元五年四月二十九日臣僚言："今乃复于折米麦之外，变纳价钱，麦一石 或折钱五千；米一斗或纳钱七百；计其价直，何止倍输？"

⑦ 西山先生《真文忠公文集》中有几种米价，卷六奏乞分州措置荒政等事一文中说嘉定八年江东九郡："市籴翔踊，斗几千钱……以平时三数日之资为一日之籴，犹不能饱。"可见平时最多一石三贯。卷十二《奏乞将知宁国府张忠恕丞赐罢黜》文中说（嘉定八年）："粳米每石一贯文足。"卷七申省第三状（嘉定九年？）说："每石三贯。"《申省第四状》说因灾伤（广德）"城市米价每一省升为钱四十余足。"政府赈粜每升先作二十四文足，后减作十八文。卷十七《申尚书省免和籴尽数状说》，嘉定十七年"每石计官会三贯七百五十文。"卷十五《申尚书省乞拨降度牒添助宗子请给》中（端平三年？）说米价："以中价计之，每硕为钱三贯文。"同一文中说：白银每两三千四百六十文。是则米价每石合银八钱六分九。

要一二十贯①。绍定末襄阳到过每石十万②,京鄂之间,每石值湖会六七十贯③。嘉熙四年因浙左大旱,米价波动非常厉害,起初三十六贯一石,渐渐上涨④,到一百贯⑤,最高到过三百四十贯⑥。这种上涨,一部分虽是由于天旱米少,但通货膨胀也是一个重要的原因⑦。所以在淳祐年间还要百贯一石⑧。这些数字,大概都是用纸币计算的价格或纸币和铜钱的混合价格,如果以铜钱计算,自然不会那样高,因为钱价和物价同时上涨⑨。然而以铜钱计算的物价,

---

① 《宋史》卷六七《五行志》,嘉定元年:"淮民大饥,食草木,流于江浙者百万人。先是淮郡罢兵,农久失业,米斗二千。殍死者十三四。炮人肉马矢食之。……是岁行都亦饥,米斗千钱。"又二年春:"雨淮荆襄建康府大饥,米斗数千。"

② 《鹤林集》卷一九《论中原机会不易乞先内修政事札子》记绍定六年八月事:"襄州米石,贵直百千。"

③ 《许国公奏议》卷一《应诏上封事条陈国家大体治道要务凡九事》:"京鄂之间,米石为湖会六七十券,百姓狼顾,枕籍道途。"

④ 俞文豹《吹剑录》外集:"嘉熙庚子大旱,京尹赵存耕科敷巨室籴米,始官给三十六千一石;未几,粒价增四五倍,豪民巨姓破家荡产,气绝缢死者相踵。至今父老痛之。"原注"廷博案三十六千一句似有误字。"还是注者不明当时的情形。

⑤ 《杜清献公集》卷一〇记嘉熙四年八月已见札子:"物价胜踊,昔固有之,而升米一千,其增未已;日用所需,十倍于前,昔所无也。"又卷一一上《已见三事》:"臣窃见今岁之旱,京辅为甚。……斗米十千,又复日长。"
《清正存稿》卷一《奏乞科拨籴本赈济饥民札》:"臣入境以来……自南康池阳太平以达于建康,凡历四郡……目下米一斛廉者六七十千,高者至百余千。流离殍死,气象萧然。"

⑥ 经筵《奏论救楮之策所关系者莫重于公私之籴》(嘉熙四年):"夫古今未有石米之直为缗丝三百四十千,而国不穷,民不困,天下不危乱者也。"

⑦ 《杜清献公集》卷一〇《吏部侍郎已见第一札》:"且去岁浙左旱叹异常,浙右虽得中熟,而仰食既多,米价十倍其涌。"《鹤林集》卷二四申省二状:"率十分减三,而谷尚贵;以五券税一,而楮弗昂。"

⑧ 李曾伯《可斋杂稿》卷一七《除淮阃》内引奏札(淳祐年间所作):"姑以迩年已验者言之,……京畿近地,米石百千。殍殣相望,中外凛凛,天变可谓极矣。"

⑨ 《宋史》卷一八〇《食货志》记淳祐八年陈求鲁言:"夫钱贵则物宜贱,今物与钱俱重,此一世之所共忧也。"

比起北宋来,恐怕也上涨很多①。因为在乾道九年时,有人报告江西湖南等地丰稔,米价每石只要一贯四百文。李安国为之折合现铜钱只合八百四十文足,说从来没有这种低价,恐怕是传闻错误。可见当时以铜钱计算,每石一定也要一两千文。不过南宋的铜钱,是以折二钱为主,小平钱很少。而且小平钱比起北宋来也减重了。乾道年间根本没有铸造小平钱。所以铜钱的物价是折二钱的物价。

如果我们以十年为一期、来看两宋的米价,虽然会发现其波动的不规则性,但也能看出他的上涨的倾向。

宋代米价表(一)②

期别	每公石价格(单位:文)	期别	每公石价格(单位:文)
961—970	190	1001—1010	419
971—980	509	1011—1020	386
981—990	192	1021—1030	399

---

① 戴埴《鼠璞》:"今日病在楮多,不在钱少。如欲钱与楮俱多,则物益重矣。且未有楮之时,诸多皆贱,楮愈多,则物愈贵。计以实钱,犹增一倍。"

② 表中数字所根据的米价,约有两百三十种。有些太不正常的米价没有计入。如建炎四年的二千贯一石和绍兴十三年的六十五文一石。每十年期中,有时只有一两年的数字。又如十世纪的六十年代,书中没有实在的米价,只说建隆中谷贱,所以姑且斟酌太祖太宗两朝的低价纪录,一公石以足钱一百九十文计算,作为六十年代的平均米价。又如十一世纪的三十年代(公元一〇三一到一〇四〇年)没有找到米价纪录,但《宋史》卷二八三《夏竦传》载:"宝元初,……许人入粟赎罪,铜一斤为粟五斗。"钱重以每文一钱计,则粟一石约当钱三百二十文,但宋代用省陌,以七十七文为一百,故粟应为每石四百文以上。米贵于粟,故作每石七百文。又如十一世纪最后十年的价格,无法求得合理的平均数。因为我们所有的数字是公元一〇九一年的每石七百七十文与每石七百文。以后许多年间没有数字;直到公元一〇九九和一一〇〇年才有许多记载,而这些记载恐怕是以铁钱为标准,当时大概要十枚铁钱换一枚铜钱。表中数字是假定公元一〇九一年的价格是铜钱价格,而公元一〇九九和一一〇〇年的价格是铁钱的价格,而以十文铁钱换算成一文铜钱。又计算方法,一年以内的是用简单算术平均法,一年以上的如十年期半世纪一世纪等都用几何平均法。钱文以足陌计算。

续表

期别	每公石价格（单位：文）	期别	每公石价格（单位：文）
991—1000	241	1031—1040	804
1041—1050	2,902	1151—1160	2626
1051—1060	1,034	1161—1170	2881
1061—1070	525	1171—1180	2484
1071—1080	1,125	1181—1190	3001
1081—1090	791	1191—1200	4598
1091—1100	859	1201—1210	
1101—1110	1,827	1211—1220	3989
1111—1120	1,391	1221—1230	4348
1121—1130	12,209	1231—1240	3480
1131—1140	11,421	1241—1250	
1141—1150	1,420		

如果以五十年为一期，这种上涨的倾向更要清楚些。

宋代米价表（二）

期别	每公石平均价格（单位：文）
十世纪后半	259
十一世纪前半	705
后半	786
十二世纪前半	3,506
后半	3,039
十三世纪前半	3,923

自十世纪末到十二世纪前半那一两百年间，米价上涨的倾向是很明显的。但十二世纪后半却有回跌。这种回跌，一部分由于十二世纪前半有许多战争，有些年份的价格太高。一部分由于绍兴中叶以后铜钱又大规模外流，造成钱荒。虽然乾道以后的物价，是铜钱和会子的混合物价，但铜钱购买力的提高，自然也要影响物价。十三世纪前半，物价纪录极少，而且都不正常，但当时滥发纸币，购买力的确也大降。铜钱的减少，使纸币对铜钱价格跌得更快。政府为要

缓和楮价的跌势,就想多铸钱,然而宋代产铜,偏偏以那时为最少。

宋代产铜数额表

年份	每年产额(单位:斤)
皇祐中(1051)	5,100,834
治平中(1066)	6,970,834
元丰元年(1078)	14,605,969
乾道二年(1166)	263,160

因为铜少,只好搜索民间的旧铜器,绍兴二十八年除拿出御府铜器千五百件付泉司铸钱外,还搜得民间铜器两万多斤,并禁止寺观添造钟磬饶钹。次年限制官吏止能留钱两万贯,平民一万贯,超过的限两年内买存金银茶盐香矾钞引等。乾道七年舒蕲守臣都因铸钱而升官①。而所谓浸铜的办法②,也是宋朝发明的。这是中国的炼金术。

在淳熙年间,虽然还有因纸币轻便而加以收买作输送工具的③,但一般讲起来,拿到纸币的人,多是及早换成铜钱④,以保持购

---

① 《宋史·食货志》下二。
② 《宋史》卷一八〇《食货志》下二钱币注:"以生铁锻成薄片,排置胆水槽中,浸渍数日,铁片为胆水所薄,上生赤煤;取刮铁煤入炉三炼成铜。大率用铁三斤四两得铜一斤。饶州兴利场信州铅山场各有岁额,所谓胆铜是也。"《皇宋中兴两朝圣政》卷一二绍兴二年十月:"辛卯朝议……饶信二州铜场……皆产胆水,浸铁成铜。元祐中始置饶州兴利场,岁额五万余斤。绍圣三年又置信州铅山场,岁额三十八万斤。其法以片铁排胆水槽中,数日而出,三炼成铜。"
③ 《夷坚志》癸集上,闻人氏事记:"闻人尧民伯封,嘉兴人也。淳熙六年赴楚州录……经三月积俸钱百千,买楮券遣仆持归遗母。"
④ 《夷坚志》丁集下《王七六僧伽》:"丽水商人王七六,每以布帛贩货于衢婺间,绍熙四年,到衢州诣市驵赵十三家,所贵直三百千,赵……杀之。纳尸于箧内……俟半夜人定,欲投诸深渊……邻居屠者姜一讦其荒扰,执赵手欲视睨,不能隐,乃告以实,略以五楮券,姜不听,曰我当诉尔于官,……后增十券,姜喜乃舍去。是日不买猪,即归而持易钱。"《宋史》卷三九五李大性传:"(光宗时)江陵旧使铜镪,钱重楮轻,民持赍入市,有终日不得一钱者。大性奏乞依襄郢例通用铁钱,于是泉货流通,民始复业。"

买力。因为铜钱的购买力相当高①。这样加速纸币的流通速度,使他的价值跌得更快。到嘉定初年,会子已经折阅得不能通行②,政府一时虽还继续发行,但人民多不愿接受,已经有的只好用来纳税。

各种地方纸币如川引湖会淮交等,到了嘉定年间还在增发,价值一天一天下跌。例如四川的钱引,在嘉定初(公元一二〇八年)每缗止值得铁钱四百以下,有人主张用金银度牒一千三百万去收回半界,但收回有限期,有些地方离总所有千多里路,赶不及。加上官吏作弊,使得一引跌到一百个钱。后来政府申明:不换的仍旧通用,引价才恢复到铁钱五百③,在关外用铜钱的地方,每引只值得一百七十个钱④。这还算管理得好。嘉定十一年(公元一二一八年)因金人进攻,又增印五百万作军费。宝祐二年(公元一二五四年)曾发行银会子,以一当百。使钱引的价值大跌,米价每石二千引,后来涨为五千引⑤。度宗咸淳五年规定每年以发行五百万缗为

---

① 《夷坚志》癸集上《薛湘潭》(淳熙间):"媪曰此间村酒二十四钱一升耳。我家却无。薛取百钱求买二升。媪利其所赢,挈瓶去,少顷,得酒来,与媪共饮,媪喜甚,献牛肉一盘。"《岭外代答》(序于淳熙五年)卷四《常平》,"且广州斗米五十钱,谷贱莫甚焉。夫其贱非诚多谷也,正以生齿不蕃,食谷不多了。……连遇大凶年,米斗仅至二百钱,则人民已有流离之祸,州县拱手,无策以处之。"
② 《宋史》卷三九《宁宗纪》三:"嘉定四年十二月癸未以会子折阅不行,遣官体访江浙诸州。"关于嘉定初年会子跌价的情形,真西山在西山先生真文忠公文集中屡有提到,如卷第二癸酉(嘉定六年)五月二十二日《直前奏事》之二,卷第三《对越甲藁奏札轮对札子》(二月十一日草就),卷之五故事(七年七月十一日进)等。
③ 《续通典》。《宋史》卷四一二《陈咸传》:"蜀钱引旧约两界五千余万,半藏于官,自军兴,引皆散于民,宣总三司增创三界通行八千余万,价日益落;咸捐一千二百余万缗以收十九界(应为九十界)之半,又与丙议合茶马司之力,再收九十一界,续造九十三界以兑之,于是引价复昂,籴价顿减。"
④ 《通考卷九》。
⑤ 李曾伯《可斋续稿》卷三《救蜀楮密奏》。《宋季三朝政要》卷二理宗条下说是在宝祐四年发行新川会,大概就是指银会。

第五章 两宋的货币

额。湖广会子在淳熙初年曾用京会收回,但后来似乎又有发行。到嘉定年间价值又下跌①。两淮交子似乎是绍熙年间发行的②,也因发行数目太多,不能维持他的购买力③。

在理宗朝,当局维持会子的努力,也没有多大成就④。绍定三年(公元一二三〇年)在杭州会子库设置监官。端平元年(公元一二三四年)又禁铜钱下海,并出内库缗钱兑易楮币⑤。当时金人已经被蒙古人所灭亡,理应有所好转。可是事实上不然。金人亡后,中国又要对付蒙古人,所以又发行十六十七两界会子;在前一年,旧会一贯尚有值钱五百的地方,新会发行之后,旧会每贯只值钱三百三十文,同时旧会一贯三百可以换到新会一贯,折算起来,新会一贯只值钱四百二十九文,反而不如未发行新会时的旧会⑥。端平

---

① 《通考》:"嘉定十四年诏造湖广会子二十万,对换破损会。自行因仍行之。"《宋会要稿·食货》漕运四,嘉定十五年三月二十五日:"以今市直论之,二贯七百湖广会仅可换铜交子一贯行使。"这里的铜交子,不知是指什么。

② 《宋会要稿·食货》二八之三八,绍熙三年十月十七日诏:"先是淮东……今来既行交子……。"

③ 《宋会要稿·食货》二八之四八,嘉泰二年十二月十八日诏:"淮东提盐司贴纳盐钱与免纳二分文子。……旧例用钱会各四分,交子二分,至是客人诉其不便故也。"《通考》:"嘉定十五年增印(淮交)及三百万,其数日增,价亦日损,称提无其术也。"

④ 《古今图书集成》引《癸辛杂识》:"真文忠公,一时重望。端平更化人。傒其来,若元祐之冻水翁也。是时楮轻物重,民生颇艰,意谓真儒一用,必有建明。转移之间,立可致治。于是民间为之语曰,若欲百物贱,直待真直院。及童马入朝,敷陈之际,首以遵崇道学正心诚意为一义。继而复以《大学衍义》进。愚民无知,乃以其所言为不切于时务。复以俚语足前句云:吃了西湖水,打作一锅面。市井小儿,嚣然诵之。士有投公书云:先生绍术道统,辅翼圣经,为天地立心,为生民立命,愚民无知,乃欲以琐琐俗吏之事望公。虽然负天下之名者必负天下之责。楮币极坏之际,岂一儒者所可挽回哉?责望不亦过乎?"

⑤ 《宋季三朝政要》卷一。

⑥ 端平元年吴潜应诏上封事条陈国家大体治道要务凡九事。《续文献通考》卷七,嘉熙四年九月:"令措置十八界会子,收换十六界。将十七界以五准十八界一券行用。如民间辄行减落,或官司自有违戾,径赴台省越诉。"

二三年又准备造十八界会子。嘉熙四年（公元一二四〇年）春季规定以十七界会子五贯抵十八界会子一贯，并收回十六界，当时单是十六十七两界会子，便有五万万贯之多，价钱怎能不跌[①]？那年国内发生旱灾，物价大涨，政府向巨室籴米，每石给三十六千，这已经是够高了，但不久又增加四五倍，使得豪民巨室破家荡产，自杀的很多[②]。当局下令纳税仍旧一半用会子，一半用现钱，会子中一半用十八界会子平价计算，一半用十七界会子折纳。淳祐五年（公元一二四五年）又以会子百万贯犒赏水陆战守诸军。六年各界会子共计六亿五千万贯[③]。八年并且规定十七十八两界会子永远通行[④]。

淳祐四五年以后的一个期间，各种犒赏，多用现钱和金银。二十年间，支出的缗钱在一亿九千万以上，白银也用了五千万两，黄金千两[⑤]以上。南宋铸钱减少，但开庆景定年间都曾铸钱，而且还有用会子从各地收换进来的铜钱，所以数目也有可观。在这同一期间内，对于会子则极力讲求秤提管理，屡次出度牒或铜钱等来换

[①] 袁甫《论会子疏》："目今（嘉熙四年）十六十七两界会子，五十千万，数目多，价日低。救弊之策，幸有十八界新会一著。若不善用之，则适足以滋弊。今白札子遽欲以十八界会子旋印旋支。其说谓一新之直，可当旧之五六，故欲停旧造新。然……十八界既出，则新旧三界，杂然并行，区处愈费力矣。据白札子虽云，以新会照时价买旧会，而暗毁之。然当此用度窘迫，既曰不必顿造新会，则安能每月以三分之一而买旧会，必至三界并行，愈多愈贱。"

[②] 俞文豹《吹剑录》外集。原注："廷博案三十六千一石句似有误字。"这因注者不知当时通货膨胀的存在。三十六千如果是指十七界会，则只合十八界会七贯许。《宋史》卷四一九徐荣叟传："嘉熙四年……入对，言楮币不通，物价倍长而民始怨。自米运多阻，粒食孔艰，而民益怨，此见之京师者然也。"

[③] 孙梦观《雪窗集》卷一丙午轮对第二札。

[④] 《宋季三朝政要》卷二《理宗》。

[⑤] 根据《宋史·理宗纪》中最后二十年的纪录。

易破旧会子。然而赵宋的天下,大势已去。固然也有不少"忠义"之士,舍身捐财①,以求保持现状,但大部分的人,多是望风投降,不加抵抗。

景定四年(公元一二六三年)陈尧道建议限田的办法,预计自两浙江东西官民户逾限的田中,抽三分之一,买充公田,可得一千万亩,每年就有六七百万斛的收入,可以饷军,可以免籴;可以重楮,可以平物而安富,一举有五利。但他不知收买逾限的田,每天要增印会子到十五万贯之多。五年贾似道发行金银现钱关子,每百作七十七文,一贯等于十八界会子三贯;并且废十七界会子不用。币值还是下跌。政府虽极力设法平粜,以抑物价,但富人多囤谷不卖,市面只见纸币不见米,所以粒食翔踊②。桑价"三百变三千"③。十八界会子二百贯不够买一双草鞋④。当时有人制一副对联,描写社会的萧条,说是"人家如破寺,十室九空。太守若头陀,两粥一饭"。咸淳十年(公元一二七四年)十一月蒙古方面的伯颜已率大军到复州,而宋室还发出一千万贯的关子,叫贾似道出师抗敌,然而已来不及了。

两宋的纸币,因为采用分界发行的办法,所以从物价上,看不出通货膨胀的真相来。且以末期的会子为例,在嘉定三年的时候,因为十六界的旧会子跌价,曾以一对二的比率用新会子去收回来;

---

① 《宋史》卷四四《理宗纪》四,宝祐六年十二月:"向士璧不俟朝命,进师归州,捎赀百万,以供军费。马光祖不待奏请,招兵万人捐奉银万两,以募壮士。"又开庆元年四月:"知施州谢昌元自备缗钱百万,米麦千石,筑郡城有功,诏官一转。"

② 张培仁《妙香室丛话》卷一《典淮郡谢启》条引宋文本心谢贾似道启。

③ 高斯得《耻堂存稿》卷六《桑贵有感》。

④ 《桐江集》卷六《乙亥前上书本末》载方回上书诛贾似道:"自更易关子以来,十八界二百不足以贸一草履,而以供战士一日之需。"

后来十七界会子再跌价，在收换时，以十八界会子一贯当十七界会子五贯。这时以十八界会子所计算的物价，可能同正常的物价水准接近。但后来又跌价了，乃以铜钱关子一贯抵十八界会子三贯。假定米价一石值得铜钱关子一贯，看来物价并不高。其实这就等于十八界会子的三贯，十七界会子的十五贯，嘉定时会子的三十贯，越推上去，才越晓得物价上涨的厉害。再以纸币的钱价来说：铜钱关子一贯合现钱七百七十文，十八界会子合二百五十七文，十七界会子五十一文；则嘉定时的旧会子一贯只合铜钱二十五文，如果推到第一界去，恐怕一贯会子不能值一文。所以分界发行的办法，对于物价的上涨，有掩蔽的作用。因此南宋虽然通货膨胀了几十百年，却没有惊人的物价数字。只有当时身受的人才晓得人民的疾苦。

至于南宋纸币到底膨胀到多少倍呢？这因为各界收换的比率，不见有详尽的记载，所以无法知道。不过单就已经有的一点资料，也可以看出膨胀的倍数不小。当蒙古人于公元一二七六年征服江南的时候，是用中统钞来收回旧钞，书中所说的是会子，但实际上应当就是贾似道的现钱关子。当时收回的比率是中统钞一贯合旧钞五十贯。这也就是说现钱关子要一百贯才值得白银一两。再从关子推算上去，则十六界会子要二千二百五十贯才值得中统钞一贯，或四千五百贯合白银一两。如果从第一界会子算起，不知是多少万倍了。

南宋官吏的俸给所得，应当比北宋低，因物价水平已提高。一个佃农如果耕田三十亩，每亩在江南平均约收米二石，至少有一石要作地租送给地主，每年实际收入为三十石，约合二十公石，一家五口，每人摊到四公石。百分之六十在自家消费，其余用来交换油盐香烛药饵等物①。这是太平时候的产米区,而实际上地主的量器大,有时百分之七八十归地主。至于工资,则乾道年间大约每人每日给米二升②。每月仅得四公斗。

六 白银的购买力

两宋的物价,是以铜铁钱表示;南宋夹用纸币③。白银只作大数目的支付,不用来表示物价;南宋流通银会子的区域可能是例外。但在全国看来,民间的日常交易,不用白银;所以不能说是十足的货币。但租税的折纳,往往用银④;银价的纪录,也比任何前代要多。

宋代因为铜铁钱的购买力逐渐降低,纸币更是膨胀得厉害,所以用钱钞计算的银价,也有上涨的趋势。宋初每两不过六七百文,

---

① 方回(南宋人)《续古今考》:"予往在秀之魏塘王文政家,望吴侬之野,茅屋炊烟,无穷无极,皆佃户也。一农可耕今田三十亩,假如亩收三石或二石,姑以二石为中,亩以一石还主家,庄斡量石五以上,且曰纳主三十石,佃户自得三十石。五口之家,人日食一升,一年食十八石,有十二石之余。多常见佃户携来或一石或五七三四升,至其肆易香烛纸马油酱醯浆粉麸面椒姜药饵之类不一。整日得米数十石。每一百石舟运至杭至秀至南浔至姑苏枭钱;复买物货归售,水乡佃户如此,山乡则不然。要知佃户岁计惟食用,田山之所种,纳主家卅外,不知有军兵徭役之事,亦苟且辛苦过一世耳。"

② 《宋会要稿·食货》八之十一乾道七年十二月八日臣僚又言:"绍兴府诸暨县,……开凿约用六十八万一千五百工,每工日给米二升,计用米一万三千六百三十硕。"

③ 《宋会要稿·食货·受纳》:"绍熙二年三月二十二日诏潼川府……等县,支移赴隆庆府三仓送纳米,可改理估钱送纳,每石连耗并头子勘合钱,共纳钱引八道。"

④ 《宋会要稿·食货》四十之十四绍兴三年四月:"令户部于椿管高丽绢内支一万五千匹,每匹作六贯;见在由内支二万匹,每匹作五贯。余不足三千贯,并以银折支,每两作二贯二百。"又《赋税杂录》乾道五年正月二十日诏:"今后受纳绢帛银,照依左藏库价,与民户折纳,不得辄有减降。……先是递年民户输银于官者每两折直三千二百,而输之左藏库,却折三千三百,每两暗赢人户百钱。臣僚言之,故有是命。"

后来涨成每两三千多文。虽然有官价与市价之别,而且铜钱区与铁钱区的价格不相同,但上涨的倾向,是可以看出来的。

宋代银价表

年份	每两价格	备注
蜀广政中(936—965)	六百八十文	西蜀官估
	一千七百文	西蜀市价,系铁钱价格。(见《成都记》)
太平兴国二年(977)	一千文	剑南定赃
七年(982)	一千七百文	市价,或系铁钱价格
咸平中(998—1003)	八百文	汴京官价
景德四年(1007)	七百五十文	官估
	一千文	河东路市价
大中祥符八年(1015)	一千六百文以上	汴京市价
天圣五年(1027)	二万	益州市价,用小铁钱。(见《宋会要稿·食货》卷三十七之十)
康定元年(1040)	二千	汴京官价(《宋史》卷一八三),或系铁钱或大钱价格。
庆历六年(1046)	三千	官价。系铁钱或大钱价格
	三千以上	梓州路市价。系铁钱价格。
熙宁八年(1075)	一千六百文	四川蜀州,恐系铁钱价格。
九年(1076)	一千四百文	四川蜀州,恐系铁钱价格。
崇宁三年(1104)	一千二百五十	官价(见《宋会要稿·食货》卷四十三之八十)
靖康元年正月(1126)	一千五百	汴京官价
年底(1127)	二千三百	汴京官价
同	二千五百	汴京官价
二年正月(1127)	二千五百	汴京官价
二月(1127)	二千五百	汴京官价
三年(1128)	二千二百	汴京官价

续表

年份	每两价格	备注
绍兴三年(1133)	二千二百	杭州官价(《宋会要稿·食货》四〇之一七)
四年(1134)	二千三百	杭州官价(《岳柯金佗续编》卷五)
	三千有奇	广东市价(《宋会要稿·食货》二六)
三十年(1160)	三千至四千	广西路官价(《宋会要稿·食货》二七)
又	二千文足	同上市价
隆兴二年(1164)	三千三百	镇江官价(《宋会要稿·食货》二七之九)
又	三千	同上市价
乾道五年(1169)	三千二百至三千三百	杭州官价(《宋会要稿·食货》九之一一)
八年(1172)	三千六百	(《宋会要稿·食货》五十一之四八)
淳熙十年(1183)	二千九百四十九文足	广州(《宋会要稿·食货》二八之二三)
庆元间(1195—1200)	三千三百文	杭州官价
又	三千文未满	杭州市价
宝庆中(1226?)	三千三百	杭州官价
绍定元年(1228)	三千三百文以下	杭州官价(《宋史》卷一七九《食货志》)
端平三年(1236)	三千四百六十文	泉州价(《西山先生真文忠公文集》卷十五)

大体上，在十世纪后半，每两约合铜钱七八百文。一千多文的兑价大概是用四川铁钱计算。十一世纪前半银价开始上涨，每两由七八百文涨到一千多文。但康定庆历间的高价却是用大钱和铁钱计算的，不能同其他的数字比较。后半就在四川也不过千多文一两。十二世纪前半每两自一千二三百文到两千五百文，后半则

379

每两三千到三千三百文。十三世纪前半每两也是三千三百文上下。都是以省陌计算,大约以七十七文为一百,但各地可能并不一律。

如果宋代是以白银来表示物价,一定要比用钱文计算的物价稳定得多。试以米价为例,若换算成白银,则在宋代的两三百年间,虽然也是常常波动,而且长期看来,上涨成三倍。在十世纪底每石约值银二钱多,每公石值银十六公分。到十二世纪后半,每石平均约值银八钱,或每公石值银四十六公分。十三世纪后半的初年(宝祐年间)四川每石值银六钱六分六,或每公石三十七八公分[①],但比起用钱文计算的米价来,要稳定得多。

宋代米价表(三)

期别	每公石平均价格 (单位:银两)	银钱折算率 (每两合铜钱数[②])
961—970	0.329	750
971—980	0.826	800
981—990	0.312	800
991—1000	0.391	800
1001—1010	0.604	900
1011—1020	0.313	1,600

---

① 李曾伯《可斋续稿》卷三救蜀楮密奏:"自宝祐二年,更印银会,以一当百,一时权于济用,将以重楮,然自此而楮益轻。……姑举一二言之:银价去春每两仅三千引,今每两七千五百引矣。籴价去春每石仅二千引,今每石五千引矣。其他百货增涨者称是。"

② 这里是以省陌为准,所以宋代米价表(一)中的数字,须先除以七十七,再行换算。但十二世纪的二十年代和三十年代的米价似嫌太高,因不知其是用铜钱计算还是用铁钱计算或用折二钱计算。

表中银钱折价,多少是用武断的方法,并非当时全国的平均银价,而系考虑各该期间米价数字的来源及价格标准后定出来的。如果某一十年期的米价数字,大部分来自四川,那么银钱折算率也以四川的为主;如果米价是以铁钱计算,那么银价只好也用铁钱计算。

续表

期别	每公石平均价格 （单位：银两）	银钱折算率 （每两合铜钱数）
1021—1030	0.324	1,600
1031—1040	0.522	2,000
1041—1050	1.256	3,000
1051—1060	0.446	3,000
1061—1070	0.682	1,000
1071—1080	1.461	1,000
1081—1090	0.856	1,200
1091—1100	0.930	1,200
1101—1110	1.582	1,500
1111—1120	1.204	1,500
1121—1130	7.044	2,250
1131—1140	6.449	2,300
1141—1150	0.801	2,300
1151—1160	1.137	3,000
1161—1170	1.169	3,200
1171—1180	0.977	3,300
1181—1190	1.181	3,300
1191—1200	1.809	3,300
1211—1220	1.209	3,300
1221—1230	1.318	3,300
1231—1240	1.006	3,460
1251—1260	1.004	

整个宋代的米价，如果以白银计算，每公石平均为八九钱。十一世纪米价还低，那是赵宋最繁荣的时代，生产增加，货币数量也多。但十二世纪前半物价特别高，因为那时蔡京等人主政，铸大钱，使钱的价值减低；又启外祸，国内动乱，生产受阻而减少。然而十二世纪后半，江南的米价还不算太高。

中国货币史

宋代米价表（四）

期别	每公石平均价格（单位：银两）
十世纪后半	0.427
十一世纪前半	0.526
后半	0.815
十二世纪前半	2.337
后半	1.227
十三世纪前半	1.171

绢价的情形以白银计算，涨得更加缓和。以铜钱计算的绢价，自宋初的千钱一匹，建炎时涨到两千；南渡后三千四千五千，一直涨下去，最高到过一万钱一匹。但如果折成银价，则除了绍兴年间的波动以外，几乎没有什么大的涨跌，宋初一匹是一两二三钱，末年也不过一两五六钱，上涨还不到百分之二十五。

宋代绢价表（一）

期别	每匹平均价格（单位：银两）	银钱折价①
971—980	1.25	800
981—990	——	——
991—1000	1.28	800
1001—1010	——	——
1011—1020	0.65	1,600
1021—1030	——	——
1031—1040	——	——
1041—1050	1.00	——
1051—1060	1.30	1,000
1061—1070	1.44	1,000
1071—1080	1.30	1,000
1081—1090	1.10	1,200
1091—1100	1.00	——

---

① 这里的折价与米价表中的折价有几项不符的地方，因为这里概以铜钱为标准。

续表

期别	每匹平均价格(单位:银两)	银钱折价
1101—1110	——	——
1111—1120	——	——
1121—1130	0.81	2,250
1131—1140	2.35	2,300
1141—1150	3.20	2,300
1151—1160	1.71	3,000
1161—1170	1.48	3,200
1171—1180	1.51	3,300
1181—1190	1.51	3,300
1191—1200	1.56	3,300

宋代两百多年的绢价，平均每匹约一两三四钱。这就说明，银绢价格约略一同起落。其原因可能因为绢是输出品，而且欧洲和中亚一带买卖丝绢，都用白银，所以银绢的比价，可能受国际市场的影响，而不能代表白银对其他商品的购买力。

宋代绢价表(二)

期别	每匹平均价格(单位:银两)
十世纪后半	1.26
十一世纪前半	0.81
后半	1.22
十二世纪前半	1.83
后半	1.55

白银的购买力，虽然比钱文稳定，但其减低的倾向，是很明显的。这种降低，应当是由于白银的跌价。白银的数量也增加了：一方面是本国生产的增加，另一方面是外国白银的流入或本国白银外流的减少。唐代产银，每年不过一二万两[①]。北宋每年自二三十

---

① 《唐书》卷五四《食货志》："元和初天下银冶废者四十岁，采银万二千两。……及宣宗……天下岁率银一万五千两。"

万两①到一二千万两②。南渡以后,银矿停闭很多③,生产困难,而且金银铜钱外流,所以白银的购买力,没有再向下跌。

黄金对钱文的价格,在宋代特别高。唐末每两只要六七千文,宋初稍涨,大中祥符八年,真宗就提到金银价格上涨的现象④。仁宗以后,大概金价涨得比银价厉害⑤。靖康元年,金银价扶摇直上,尤其是金价。

宋代金价表⑥

年代	每两价格(单位:文)	备注
太平兴国二年六月(977)	10,000	江南西路官估
同年改定	8,000	同上
至道四年(998)	5,000	京东官价(见《宋会要稿·食货》三四之一三)

---

① 《宋史》卷一八五《食货志》下七《坑冶条》记载,皇祐中岁得银二十一万九千八百二十九两。治平中得银三十一万五千二百一十三两。元丰元年二十一万五千三百八十五两。

② 《建炎以来朝野杂记》卷一六《财赋三·金银坑冶》:"祖宗时除沙石中所产黄金外,岁贡额银至一千八百六十余万两。"

③ 同上:"渡江后停闭金坑一百四十二,银坑八十四。"

④ 《燕翼诒谋录》:"祖宗立国之初,崇尚俭素,金银为服用者鲜。士大夫罕以侈靡相胜。故公卿以清节为高,而金银之价甚贱。至东封西祀,天书降,天神现,而侈费浸广。公卿士大夫上则是效,而金银之价亦从而增。故大中祥符八年十一月乙巳真宗皇帝览三司奏,乏银支用,问辅臣曰:咸平中银两八百,金两五千;今何增踊如此?"

⑤ 同上:"仁宗明道二年正月癸未诏:册宝法物,凡用金者并改用银,而以金涂之。十省其九,至今惟宝用金,余皆涂金也。"

⑥ 表中数字,除靖康元年底每两五万的市价和隆兴二年的数字外,其余都依据加藤繁在《唐宋时代に于けろ金银の研究》中所举的数字。靖康数字见《续资治通鉴》卷九十七,隆兴数字由《金史》的一段记载推算。《金史》卷九十三《宗浩传载》"大定中宋人乞和,……又来书云:通谢礼币之外,别备钱一百万贯,折金银各三万两;专以塞再增之责。"查所谓大定中宋人乞和,当是指隆兴二年年底的一次,当时杭州银价大约是每两三千文,以此折算,则金价每两约合三万文。

续表

年代	每两价格（单位：文）	备注
咸平中（998—1003）	5,000	汴京市价
大中祥符八年十一月（1015）	10,000	汴京市价
哲宗徽宗时（1086—1125）	10,000	汴京市价
靖康元年正月（1126）	20,000	汴京官价
又	30,000	
同年年底（1127）	32,000	汴京官价
又	50,000	汴京官价
二年正月（1127）	35,000	汴京官价
二月	32,000	汴京官价
又	35,000	
绍兴四年（1134）	30,000	杭州官价
隆兴二年（1164）	30,000	杭州官价
嘉定二年（1209）	40,000	杭州官价

崇宁到绍兴那一期间以钱文计算的金银价格的上涨，尤其是金价的上涨，除了钱文本身的跌价以外，还有别的原因：第一是黄金生产的减退；皇祐中每年只有一万五千零九十五两；治平中竟减为五千四百三十九两；元丰元年也只有一万零七百一十两①。第二是民间窖藏需要的增加。因为崇宁到绍兴，正是宋朝社会最不安定的一个时期。人民不问是在战区或在非战区，都会增加对于金银尤其是对于黄金的需要。在战区的人看来，逃难的时候，黄金是最便于携带的财富；在非战区的人看来，因为时局的动荡，需要黄金来储藏。第三是金人尽量地搜刮。例如在宣和末汴京将陷的时

---

① 《宋史》卷一八五《食货志坑冶》。

候,金人对于议和的条件,是先要犒师金黄金五百万两,白银五千万两。宋室向民间搜括的结果,只得到黄金二十余万两,白银四百余万两①。靖康元年十二月金人又遣使来要黄金一千万锭,白银二千万锭,当局又大事搜括,于是金价涨到每两五万文,银价每两三千五百文②。其实宫中还有不少的金银不肯拿出来③,偏要榨取老百姓那一点储蓄。

---

① 《宣和遗事》前集,宣和六年:"京城破在顷刻……今议和须索犒师金五百万两,银五千万两。……时金人讲和索金银甚急,王孝迪揭榜立偿根,括在京军民官吏金银,违者斩之。得金二十余万两,银四百余万两,民间藏富为之一空。"李纲《靖康传信录》卷上:"宣和七年冬,金人败盟,下兵两道入寇。……至十二月中旬,贼马逼近,……而宰执裒聚金银自乘舆服御宗庙供具六宫官府器皿皆竭取,复索之于臣庶之家,金仅及三十万两,银仅及八百万两。翌日对于福宁殿,宰执以金银之数少,惶恐再拜谢罪,独余不谢,于是孝迪建议欲尽括在京官吏军民金银,以收簇犒设大金军兵为名,揭长膀于通衢,立限俾悉输之官,限满不输者斩之。许奴婢亲属及诸色人告,以其半赏之,都城大扰,限满得金二十余万两,银四百余万两,而民间藏富为之一空。"《大金吊伐录》卷一天会四年(即靖康元年)正月九日回宋书,"来示改添岁币七百万贯,今减五百万贯。除自来已合交送银绢两项外,拟只岁输二百万贯,合要赏军物帛并书籍下项书五监,金五百万两,银五千万两,杂色表段一百万匹,里绢一百万匹,马牛骡各一万头匹,驼一千头。"(《中国内乱外祸历史丛书》)《续资治通鉴》卷九十六,"靖康元年正月,金宗望军至京城西北,命李梲奉使……宗望约见之。……需金五百万两,银五千万两。……诏括借私家金银……得金二十万两,银四百万两,而民间已空。"

② 《续资治通鉴》卷九七:"靖康元年十二月癸亥,金遣使来索金一千万锭,银二千万锭,帛一千万匹,于是大括金银。金价至五十千,银价至三千五百。"

③ 《大金国志》卷三二:"金检视大宋库藏,有金三百万锭,银八百万锭。"《建炎以来系年要录》卷二引宣和录,"金人入内往取诸库……金砖一百四十一叶,王先生烧金,陈抟烧金,高丽进奉生金甲金头盔各六副,金鞍金马杓金杵刀金作子四百二十五副,……上皇阁分金钱四十贯;银钱八十贯。皇帝阁分金钱二十贯,银钱四十贯。皇后阁分金钱十一贯,银钱二十二贯;银火炉一百二十只,金火炉四只,金棹子一百二十只,银交椅二十只,金合大小四十只,金水桶四只,金盘盏八百副,金注碗二十副,金银匙箸不计数,金汤瓶二十只。"同书三月:"留守司以军前札子复须金银元数,遂分下二十三坊,每坊金四十四万五千两,银二百八十一万四千一百五十两,……下户金亦不减百,银不减千。"

由于白银购买力下跌，金银比价发生很大的变化。十世纪和十一世纪初，金银比价还是一比六点二五，大概千年来变动得很少。十二世纪初恐怕就开始在变，因为崇宁三年银价每两一千二百五十文，而金价则据说哲宗徽宗时是每两一万文许，折算起来，是一比八。固然这种折算不是十分妥当的，因金银两者的价格，不是同一来源，两者可能地区不同，也可能计算的标准不同，因为当时有铜钱，有铁钱，有小平钱，有大钱，这些钱的价格都是不同的。但无论如何，在靖康年间，金银比价是大变了。自一比十二点八到一比十四点二五。到绍兴四年还是一比十三。以后似乎又稍平复，隆兴二年可能是一比十上下，但嘉定初似乎又到过一比十二。不过这两种比价也是一种推算，不必一定可靠。

银价对金价的相对下跌，单从国内金银生产的比例以及对于金银需要的比例便可以解释。在供给方面：十一世纪前半的皇祐中，金银生产量的比例是金一银十四点五六。后半的治平中是金一银五十七点九五；元丰元年是金一银二十点一一。在需要方面：十二世纪前半的宣和末年金人所要求的犒师费是金一银十，靖康元年底的一次是金一银二；而当局向民间搜括的结果，所得是金一银二十。隆兴二年凡坑冶监官每年能收买金四千两银十万两的即升官①，可见当时还是金少银多。这些条件，已足够使金银比价发生变动。

宋代金银比价表

年代	黄金一两值银两数	备注
咸平中（998—1003）	6.25	见宋王栐《燕翼贻谋录》
大中祥符八年（1015）	6.25	同上

---

① 《宋史》卷一八五《食货志·坑冶》。

续表

年代	黄金一两值银两数	备注
靖康元年正月二十七日(1126)	13.33	见徐梦莘《三朝北盟会编》卷三十二
同年十二月十九日(1127)	13.04	见《靖炎两朝闻见录》上
同年年底	12.8	
又	14.25	见《续资治通鉴》卷九十七
二年正月十三日	14.0	见丁特起《靖康纪闻》
二月二十一日	14.0	见《靖炎两朝闻见录》上
二十四日	14.0	见《三朝北盟会编》卷八十三
绍兴四年(1134)	13.04	

然而金银比价的变动,还可能有国际的因素。我们对这两三百年中国际间金银的移动,不能有具体的数字提出来。但是根据欧洲和中亚的情形来看,白银的流入中国是有可能的。唐宋间东西贸易,有阿拉伯人的中介,非常旺盛。尤其自九世纪以来,佛兰克帝国的查理大帝同阿拉伯帝国的关系良好,由阿拉伯人把中国的丝帛运往欧洲。当时欧洲生产落后,没有什么商品为东方所需要的,只能用金银偿付货价。十世纪时欧洲的金银比价是一比十一到十二,而中国是一比六点二五,阿拉伯也是一比六,所以双方都以使用白银为有利。欧洲在十世纪时白银产量虽有限,但中亚一带是产银区,而奇怪的是这一区域在十世纪底普遍感到白银的缺乏,以至于停止铸造银币,而以低级金属来代替。他们的白银往哪里去了呢?有人[①]说是流到北方俄国和波罗的海一带去了;但也

---

① Robert P. Blake, *The Circulation of Silver in the Moslem East Down to the Mongol Epoch* (Harvard Journal of Asiatic Studies, Vol.Ⅱ., 1937. p. 291.)。

可能有流到中国来买丝绢的。中国的金银比价一直到十一世纪初似乎仍没有变动。十二三世纪欧洲的白银生产特别增加,所以欧洲的白银若有东来的事,当以这一时期为最盛。恰好中国银价的相对跌落是在这一期间。阿拉伯的金银比价似乎也由一比六变为一比八到一比十①。

因为钱文和白银的购买力,都有减退的倾向,而以钱文和白银计算的金价则上涨,所以黄金的购买力最为稳定。如果我们假定十世纪后半和十一世纪前半的金银比价为一比六点二五,十一世纪后半为一比八,十二世纪前半为一比十三,后半为一比十二,则黄金对米的购买力,在两百多年间,约减低百分之六十六。至于绢价,若以黄金计算,则不但没有上涨,反而有下跌,即每匹由十世纪后半的二钱跌为十二世纪后半的一钱三分。不过绢价的资料更加缺乏,尤其是在十世纪后半,只有三种价格,而且相差很大,每匹自六百到一千八百,所以不适于用来同十一二世纪比较。就是金价、米价以及金银比价的资料,也不够充分。

宋代米价表(五)

期别	每公石平均价格(单位:一两黄金)
十世纪后半	0.068
十一世纪前半	0.084
后半	0.102
十二世纪前半	0.179
后半	0.102

---

① 关于欧洲自六世纪到十五世纪的金银比价,J. L. Laughlin(Money, Credit and Prices, Vol. 1., pp. 95—96.)笼统地列为一比十五。这里依照 Alexander Del Mar (Money and Civilization)的数字。

宋室南渡后,黄金对白银,有慢慢回跌的倾向。回跌的原因,除了不再应金人的苛索外,还有黄金从外国输入。例如日本便是一个输出黄金的国家。日本对华输出品中,几乎以砂金占第一位,一年中最多达四五千两[1]。中国当局对于日本货本有抽分博买的办法,自理宗宝祐六年(公元一二五八年)起,准许日本的黄金到中国自由买卖。

第三节　货币理论

两宋的货币理论,大部分是讨论纸币的是非得失而引起的,所以以南宋为主。但在熙宁年间也有两个人发表对于货币的见解。第一个是苏辙,第二个是沈括。苏辙于熙宁二年(公元一○六九年)在他的"论钱币通用仓库充实之策"里说:

"钱币国之所为也,故发而散之于民。"[2]

他这句话和八百年后的货币国定说者的话完全吻合。

沈括对于货币的流通速度,有所说明。他曾对神宗说:

---

[1] 加藤繁《唐宋时代に于けろ金银の研究》。宝庆四明志提到金子和砂金。藤原兼《实玉叶》卷一二,"承安三年(乾道九年)法皇备莳绘手箱一合,纳入砂金百两,作为赠答物以致于宋。"《开庆四明续志》卷八,"倭人冒鲸波之险,舳舻相衔,以其物来售,市舶务实习之。然藉抽博之入,以裨国计,硫黄木板而已,金非所利也。倭金怀细所携,铢两几何? 而官吏之虐取,牙侩之控制,卒使之乾没焉。非朝廷怀远意。大使丞相吴公力陈于上,请弛其禁勿征,愿代输之、上可其奏。"

[2] 《历代名臣奏疏》。

"钱利于流借。十室之邑,有钱十万,而聚于一人之家,虽百岁,故十万也。贸而迁之,使人儥十万之利,遍于十室,则利百万矣,迁而不已,钱不可胜计。"①

他认为流通次数越多,则作用越大。欧洲的经济思想史,以为关于货币流通速度的理论,是十七世纪英国的洛克(John Locke)的重要贡献;洛克是说一个钱流通一百次,就等于发挥了一百个钱的作用。这见解基本上在六百年前就被沈括道破了。

关于纸币,在朝的人,多加赞成,如虞铸和辛弃疾等。虞铸曾在札子里说:

"臣自前年(光宗时)叨帅淮西,继移东漕,足迹所经历,耳目所闻见,未尝有以交子为不便者。……铜铁交会,各有定值,纵其间小有低昂,皆出于斯民之情愿,非官司强为之也。且如四川铁钱钱引。行之二百余年,公私流通,未有议其不便者。"②

这里他只站在统治者的立场,替纸币作辩护。对于货币的本质问题没有表示意见。

辛弃疾在他的论会子疏里说:

"世俗徒见铜可贵,而楮可贱;不知其寒不可衣,饥不可食,铜楮其实一也。……往时应民间输纳,则令见钱多而会子

---

① 《续通鉴长编》卷二八三熙宁十年六月。
② 王鎏《钱币刍言》。

少。官司支散，则见钱少而会子多。以故民间会子一贯换六百一二十文。……近年以来，民间输纳，用会子见钱中半。……盖换钱七百有奇矣。"①

辛弃疾在这段话中，表明了两种见解：第一，他认为铜钱和纸币一样，都是本身没有价值的东西，这是名目论的看法。第二，他说纸币跌价是发行太多，这是承认货币数量对于币值的影响。

宋朝因为发行太多，以致纸币跌价，在这明显的事实下，所以许多人是站在数量说的立场，并想运用这种原理来稳定币值。如刘定之曾说：

"少造之则钞贵，而过少则不足于用。多造之则钞贱，而过多则不可以行。"②

李觏也说：

"大抵钱多则轻，轻则物重；钱少则重，重则物轻。"③

又如宁宗时的袁燮，在他的《便民疏》上说：

"盖楮之为物，多则贱，少则贵，收之则少矣。贱则壅，贵则通，收之则通矣。"④

---

① 王鎏《钱币刍言》。
② 同上。
③ 《李直讲文集》卷一六《富国策》第八。
④ 《钱币刍言》。

他所谓"贱则壅,贵则通"的话,和现代一般人所公认的原则相反。现代货币学家都认为币值越跌,则人民越要用钱收买商品,因此货币的流通速度加快;反之币值越涨,则人民反而想储蓄起来,流通速度应当减低。但在特殊情形之下,袁燮的话也会实现。譬如通货跌价时商人囤货不卖,则货币无法流通,而发生壅塞的现象。反之如币值上涨,商人减价出货,也未始不可以增加人民的消费倾向。中国古时确有这种情形,尤其在宋朝纸币跌价的时候。

袁燮也曾提到恶币驱逐良币的现象。他在《便民疏》中说:

"当今州郡,大抵兼行楮币,所在填委,而钱常不足。间有纯用铜钱,不杂他币者,而钱每有余。以是知楮能害铜,非能济铜之所不及也。"①

袁甫(理宗时人)的意见和他的父亲(袁燮)差不多。他在《论会子疏》中说:

"臣愿陛下力持四戒:一戒新会三界并用,二戒轻变钱会中半,三戒空竭升润椿积,四戒新会不立界限。"②

但另一方面,在野的儒者,有许多反对纸币的。如叶适、马端临、吕东莱等。

叶适(公元一一五〇到一二二三年)在一篇《理财疏》中论到用

---

① 《续通典》。
② 《钱币刍言》。自淳祐七年以后,十七十八两界会子不立界限,永远行使(续通典)。

楮的害处,说:

"天下以钱为患,二十年矣。百物皆所以为货,而钱并制其权。钱有重轻大小,又自以相制,而资其所不及。盖三钱并行,则相制之术尽矣。而又不足,至于造楮以权之。凡今之所谓钱者,反听命于楮,楮行而钱益少。……大都市肆,四方所集,不复有金钱之用,尽以楮贸易,担囊而趋胜,一夫之力,辄为钱数百万,行旅之至于都者,皆轻他货以售楮,天下阴相折阅,不可胜计。故凡今之弊,岂惟使钱益少,而他货也并乏矣。……十年之后,四方之钱亦藏而不用矣。将交执空券,皇皇焉而无从得。……不知夫造楮之弊,驱天下之钱,内积于府库,外藏于富室,而欲以禁钱鼓铸益之耶?且钱之所以上下尊之,其权尽重于百物者,为其能通百物之用也,积而不发,则无异于一物。……徒知钱之不可以不积,而不知其障固而不流;徒知积之不可以不多,而不知其已聚者之不散。……昔为何而有余,今为何而不足?然则今日之患钱多而物少,钱贱而物贵也明矣。……故钱货纷纷于市,而不能多出于地。"①

叶适把一切的恶现象,都归咎于楮币,这在理论上讲来是不对的,因为他所痛恨的恶现象,都是通货膨胀所引起来的,并不是纸币制度本身的缺点。但他的注意力是集中在货币的流动方面。首先他对于恶币驱逐良币的现象,有很明白的解释。固然这点并不是他的发现,南朝的梁武帝在六百多年前便注意到了,他因为新的

---

① 《历代名臣奏议》。

好钱被旧的恶钱所逐,所以才铸铁钱。不过叶适把他清楚地讲了出来。他认为一个钱流通一百次,就发挥一百个钱的作用;如果取得他以后,积而不发,就只能算一个钱。所以他说紧缩的原因,不一定是钱少,有时候是因为货币流通速度减低。即他所谓"障固而不流",和"已聚者之不散"。这意见和北宋沈括的意见差不多。其次他认为货币的功用首在其为流通手段,即他所谓"通百物之用"。他甚至认为货币是起源于交易。他说:

"钱币之所起,起于商贾,通行四方,交至远近之制,物不可以自行,乃以金钱行之。"①

马端临在《文献通考》里论到宋代的币制,大骂纸币。他把物价的高涨、士兵的饥饿,以及官吏的不能保持廉洁,都归咎于纸币。

"籴本以楮,盐本以楮,百官之俸给以楮,军士支犒以楮,州县支吾,无一而非楮。铜钱以罕见为宝。前日椿积之本,皆绝口而不言矣。是宜物价翔腾,楮价损折,民生憔悴,战士常有不饱之忧,州县小吏,无以养廉为叹,皆楮之弊也。"

实际上这些都是通货膨胀的恶果,不过因为中国每次用纸币,必发生通货膨胀,所以人们就不加区别,而对纸币制加以攻击了。

但也有用客观的态度来批评纸币的。例如绍兴四年就有人分析过纸币的利害:

---

① 《通考钱币》考二。

"臣闻天下事,有利必有害,今之论交子者,其利有二,其害有四:一则馈粮实边,减搬辇之费;二则循环出入,钱少而用多;此交子之利也。一则市有二价,百物增贵;二则诈伪多有,狱讼益繁;三则人得交子,不可零细而用,或变转则又虑无人为售;四则钱与物渐重,民间必多收藏,交子尽归官中,则又难于支遣;此交子之害也。"①

宋朝通商口岸的官商,通过对外贸易而发财,所以他们是赞成对外贸易的,而且有时多少影响政府的态度②。但一般知识分子对于国际贸易的态度,完全和唐朝人相反。尤其是南宋,几乎没有一个人不是敌视对外贸易的。敌视对外贸易的背后,有金属论为理论上的根据。宋朝这种思想比欧洲的金属论早四百年,但论调差不多完全相同。

北宋时真宗问"咸平中银两八百,金五千,今则踊逾倍何也?"王旦就说,"两蕃南海,岁来贸易,有去无还。"③

南宋时因为通货膨胀,金银流出恐怕更多,所以反贸易的金属论也特别得势④。理宗淳祐四年(公元一二四四年)右谏议大夫刘晋之说:

---

① 《皇宋中兴两朝圣政》卷一九。
② 《粤海关志》卷二引《宋会要》太宗雍熙四年:"遣内侍八人赍敕书金帛分四纲各往海南诸蕃国,勾招进奉,博买香药、犀牙、真珠、龙脑,每纲赍空名诏书二道,于所至处赐之。"《宋史》卷一八五《食货志》下七:"绍兴六年知泉州连南夫奏请,诸市舶纲首能招诱舶舟抽解物货,累价及五万贯十万贯者,补官有差。"《粤海关志》引《宋会要》高宗绍兴七年谕:"市舶之利最厚,若措置合宜,所得动以百万计,岂不胜取之于民。"又十六年谕:"市舶之利,颇助国用,宜循旧法,以招徕远人,阜通货贿。"
③ 《续资治通鉴长编》上。
④ 《宋史》卷三八八《陈良祐传》:"又言陛下(孝字)躬行节俭,弗殖货利,或者托腑肺之亲,为市井之行,以公侯之贵,牟商贾之利,占田畴、擅山泽。甚者发舶舟,招蕃贾,贸易宝货,糜费金钱。"

"巨家停积,犹可发泄,铜器镶销,犹可以止遏,唯一入海舟,往而不返。"①

淳祐八年(公元一二四八年)监察御史陈求鲁也说:

"议者谓楮便于运转,故钱废于蛰藏。自称提之屡更,故囹法为无用,急于扶楮者嗾盗贼以窥人之闾奥,峻刑法以发人之窖藏。然不思患在于钱之荒,而不在于钱之积。夫钱贵则物宜贱,今物与钱俱重,此一世之所共忧也。蕃舶巨艘,形若山岳,乘风驾浪,深入遐陬,贩于中国者,皆浮靡无用之异物,而泄于外夷者,乃国家富贵之操柄,所得几何,所失者不可胜计矣。"②

陈求鲁的话可以分为两段,前段是说明当时的现象不是因为人民窖藏,而是因为钱少。他似乎不知道真正的原因是通货膨胀,看见钱和物都贵,以为奇怪。不知当时的价格是以纸币计算,铜钱几乎成了一种商品。他在后段则把钱财的外流归咎于对外贸易。欧洲最初的地金论者的言论和他的论调完全吻合。在十五世纪的三十年代,英国首先发现这种论调,说意大利带来无用的享受品,而把英国的黄金运走③。中国和欧洲的地金论者的见解

---

① 《宋史》卷一八〇《食货志》下二。
② 同上。
③ The Libelle of Englyshe Polycye, 1436. 在一五四九年 Hales 又在 *A Discourse of Common Weal of this Realm of England*(London 1581, ed. by E. Lammond, Cambridge, England,1893.)中警告英国人不要用贵重品(Substanciale wares)去交换无用之物,使得本国财宝消失(见 Encyclopaedia of the Social Sciences, Vol. III., Bullionist)。

既相同，所以政策也差不多。就是管理对外贸易和禁止金银铜钱出口①。

中国的钱币学可以说是自宋朝才真正开始。因为以前的著作都已散佚。近代研究钱币学的，多推绍兴年间洪遵的《泉志》为古典。这部书并不是钱谱，因为原著没有图，图是后人妄加的。《泉志》的内容是融化六朝唐宋各家的意见，再参照作者自己所收藏的钱币，以作论述，是一部谨审的著作。不过因几百年来，只有抄本，难免有错误失实的地方，再加上后人插入的图样的虚妄，使原书受到不应有的批评。该书的优点，是他所提到的钱币都是实有其物，当时收集古钱的风气还不很流行，没有制造假钱的人，即有假钱也是当时的私铸，是流通过的。《泉志》的缺点是对于古币的时代断定得不正确。宋代另一重要的钱币学家是北宋绍圣年间的李孝美，他著有《历代钱谱》十卷，据说是把顾烜张台的材料加以增订而成的，不过也没有留下来，他的意见散见于洪遵的《泉志》中。他对于钱币做了许多考据工作，得失互见。

第四节　信用和信用机关

宋代在信用事业和信用机关方面，只有量的增加，并没有质的

---

① 《宋史》卷一八六《食货志》下八，"太平兴国初私与蕃国人贸易者计直满百钱以上论罪，十五贯以上黥面流海岛，过此送阙下。"同书卷三五《孝宗纪》，淳熙九年九月："禁蕃舶贩易金银者为令。"英国在十六七世纪时的金属论者也主张限制输入奢侈品，禁止输出金银，用法令规定输入品所卖得的价款要用来购买本国货，并统制外汇等。（Encyclopaedia of the Social Sciences, Bullionist.）

改变。金融中心由长安移到汴京,再移到临安。

放款方面,仍可分为信用放款和抵押放款。信用放款叫做贷息钱①,出子本钱②,赊放③称贷④,有时仍叫出举⑤。利率大体上比较唐朝要低,也就是利息不得超过本金。

神宗熙宁年间,王安石所制定的市易和青苗法,都是政府放款。市易是一种抵押信用,人民赊贷地方当局的财货,以田宅或金帛为抵当,没有抵当就要有三个保人;周息二分;过期不输息,则每月罚钱百分之二⑥。青苗法是一种农业信用,春天放,秋天还,利率两分,合年息四分。当时的目的,一则为调节农村金融,二则为增

---

① 《玉壶野史》卷五:"李文靖公沆初知制诰,太宗知其贫,多负人息钱,曰,沆为一制诰,俸入几何,家食不给,岂暇偿逋耶? 特赐一百三十万令偿之。"

② 《夷坚志》丙集上许六郎:"湖州城南市民许六者,本以货饼钳蓼撒为生,人呼曰许塘饼。获利日给稍有宽余,因出子本钱于里间之急缺者,取息比他处稍多,家业渐进。……乾道六年病死。"

③ 《夷坚志》辛集上《张八道人犬》:"张八公……自称道人,唯赊放米谷取其赢息以赡家。每岁置一簿,遇贷则书之,已偿则勾去,近村程七借大麦二斗五升为钱五百。"

④ 《夷坚志》丁集下《盐城周氏女》:"偶铃辖葛旺之子,富于赀财,拉吴(公佐)博塞,吴仅有千钱,连掷获胜。通宵赢七百缗,葛不能堪,明日复战,浃辰之间,所得又十倍矣。启质肆,称贷军卒,不数年,例以万计。"同书甲集下《资圣土地》:"建昌孔目吏范荀为子纳妇,贷钱十千于资圣寺长老,经二十年,僧既死,荀亦归摄,因循失于偿。"

⑤ 《宋史》卷三三一《陈舜俞传》,熙宁三年上疏自劾曰:"民间出举财物,取息重止一倍,约偿缯钱,而谷粟布缕鱼盐薪蒎锯釜锜之属,得杂取之。"

⑥ 《宋史》卷三二七《王安石传》。同书卷一八六《食货志》下八《市易》,熙宁五年:"若欲市于官,则度其抵而贷之钱,责期使偿,半岁输息十一,及岁倍之。"又元丰三年:"九月王居卿又言,市易法有三:结保贷请一也;契要金银为抵二也;贸迁物货三也。三者惟保贷法行之久,负失益多。"同书卷三五五《吕嘉问传》:"明年安石复相。……言者交论市易之患被于天下,本钱无虑千二百万缗,率二分其息,十有五年之间,子本当数倍,今乃仅足本钱,盖买物入官,未转售,而先计息取赏。"《通考·市籴考》:"元丰二年诏,市易旧法,听人赊钱,以田宅或金银为抵当,无抵当者三人相保则给之。皆出息十分之二,过期不输,息外每月更罚钱百分之二。"

加政府收入，但受到反对党的猛烈攻击①。其实民间利率比这还要高。民间供给放款的，除普通有钱的商民外，寺僧放款的事也还普遍，大概当时寺僧仍相当富足。

政府的农业信用，并不限于青苗钱。还有所谓营田也可以得到农贷。凡是官田或逃田，以五顷为一庄，募民承佃，五家为保，共佃一庄，每庄给牛五具，耒耜及种副之，别给十亩为蔬圃。贷钱七十千，分五年偿还②。

供给抵押信用的，止有典当，宋朝仍叫作质库③或质肆④。押款时叫作典或典质⑤。也有叫作解库的⑥。据说江北人名之为解库，

---

① 《宋史》卷一五《神宗纪》二熙宁三年正月："诏诸路散青苗钱。"魏泰《东轩笔录》卷四："王荆公当国，始建常平钱之议，以谓百姓当五谷青黄未接之时，势多窘迫；贷钱于兼并之家，必有倍蓰之息。官于是结甲请钱，每千有二分之息，是亦济贫民而抑兼并之道，而民间呼为青苗钱。范镇以翰林学士知通进银台司，误会此意，将谓如建中间税青苗于田中也。"《宋史》卷一七六食货志上四常平义仓："苏辙自大名推官上书召对……安石出青苗法示之。辙曰，以钱贷民使出息二分，本非为利，然出纳之际，吏缘为奸，虽有法，不能禁。钱入民手，虽良民，不免非理费用。及其纳钱，虽富民，不免违限。"又韩琦曰："今放青苗钱，凡春贷十千，半年之内，便令纳利二千，秋再放十千，至岁终又令纳利二千，是则贷万钱者，不问远近，岁令出息四千。《周礼》至远之地，止出息二千，今青苗取息过《周礼》一倍。""文彦博亦数言不便。帝曰，吾遣二中使亲问民间，皆云甚便。彦博曰：韩琦三朝宰相不信而信二宦者乎？""司马光曰青苗出息，平民为之，尚能以蚕食，下户至饥寒流离，况县官法度之威乎？……欧阳修继韩琦论青苗之害。"

② 《宋史》卷一七六屯田、绍兴六年事。

③ 《东京梦华录》卷五《民俗》："质库掌事即着皂衫角带不顶帽之类。"《梦梁录》卷一八民俗："质库掌事，裹巾着皂衫角带。"

④ 见上注④第一例。

⑤ 《夷坚志》丁集上《吴升九》："绍兴二年春，竹溪民吴升九将种稻，从其母假其所著皂绨袍曰，明日插秧要典钱与雇夫工食费。"同戊集上《王彦谟妻》："绍兴癸亥梁企道侍郎寓居鄱阳妙果寺，随行王彦谟，提辖者携妻子处僧堂后，以典质取息自给。"

⑥ 《新编五代史平话》："慕容三郎道，不是恁地说，人有常言，遭一蹶者得一便，经一事者长一智。他前时不肖，被我赶将出去，今想老成似在先时分了，我且把这钱（三十贯）去令他纳粮，试他如何。若能了得这事回来，咱待把三五百贯钱与他开个解库，撰些清闲饭吃。怎不快活。"（《汉史平话》）

江南人名之为质库，宋人说①自南朝以来即如是，然而宋以前解库的名辞却少见。寺庙所经营的多称为长生库②。南宋时杭州城内外的质库有几十家，收解以千万计③。

在五代和宋初，开一家质库，大概有三五百贯钱也就够了④。至于质库除了押款以外，做不做信用放款，虽不得而知，但开质库的人，兼作信用放款，是一件很自然的事⑤。野史中甚且记述南宋时临安质库作接近投机性质的买卖⑥。

存款仍是不很发达，尤其在南宋那种战乱和通货膨胀的情形下，人民对于钱财不但更加小心，而且更加愿意保持流动性。金银钱物多取窖藏的方式来存储⑦。当时购买房宅，如果没有

---

① 吴曾《能改斋漫录》（著于绍兴年间）卷一《物质钱为解库》："江北人谓以物质钱为解库，江南人谓为质库，然自南朝已如此。"

② 《夷坚志》癸集下《徐谦山人》："永宁寺罗汉院萃众童，行本钱，启质库，储其息，以买度牒，谓之长生库。鄙诸邑无问禅律，悉为之。院僧行政择其徒智禧掌出入。庆元三年四月二十九日，将结月簿，点检架物，失去一金钗，遍索橱柜不可得，禧窘甚。"

③ 《梦粱录》卷一三《铺席》。《鬼董·周宝》："淳熙间木工周宝……绕西湖而行，过赤山见军人取质衣于肆，为缗钱十余，所欠者六钱，而肆主必欲得之，相诟骂，宝为之解纷，视箧中才余五钱，为代偿，而主者又必欲得一钱。"（《旧小说》丁集三）

④ 《新编五代史平话》："慕容三郎道，不是恁地说，人有常言，遭一蹶者得一便，经一事者长一智。他前时不肖，被我赶将出去，今想老成似在先时分了，我且把这钱（三十贯）去令他纳粮，试他如何。若能了得这事回来，咱待把三五百贯钱与他开个解库，撰些清闲饭吃。怎不快活。"（《汉史平话》）

⑤ 《夷坚志》丁集下《盐城周氏女》："偶铃辖葛旺之子，富于赀财，拉吴（公佐）博塞，吴仅有千钱，连掷获胜。通宵赢七百缗，葛不能堪，明日复战，浃辰之间，所得又十倍矣。启质肆，称贷军卒，不数年，例以万计。"同书甲集下《资圣土地》："建昌孔目吏范荀为子纳妇，贷钱十千于资圣寺长老，经二十年，僧既死，荀亦归摄，因循失于偿。"

⑥ 《宾退录》卷九引《夷坚志》戊集："裴老智数谓绍兴十年七月临安大火，延烧城内外室屋数万区，裴方寓居，有质库金及珠肆在通衢，皆不顾，遽命纪纲仆分往江下及徐村，而身出北关，遇行木砖瓦芦苇椽桷之属，无论多寡大小，尽评价买之。明日有旨，竹木材料，免征税抽解，城中人作屋者取之，裴获利数倍于所焚。"

⑦ 洪迈《容斋五笔》，贝州李忠："……妻问以生平所有，乃曰我有乌色马，兼有银数笏埋于东窗壁下……验之皆然。"（大中祥符间事）（《旧小说》丁集四）

发掘过的,除房价之外,还要出"掘钱"①,可见窖藏风气之盛。南北两宋都有柜坊②,不过对于他的性质仍是不清楚。书中往往把他看作一种下流机关③,在禁止之列;很少提到他所经营的业务。商店保管存款的事④,无疑还在实行着,因为有用书帖取钱

---

① 张世南《游宦纪闻·张文孝》:"洛中地内多宿藏,凡置地宅未经掘者,例出掘钱。张文孝左丞始以数千缗买洛大第,价已定,又求掘钱甚多,文孝必欲得之,累增至千余缗方售,人皆以为妄费;及营建庐舍,土中得一石匣……发匣黄金数百两,鬻之金价正如买之之直,剧掘钱亦在其数,不差一钱。"

② 《为政》第八:"司县到任,察奸细盗贼,阴私谋害,不明公事,密问三姑六婆、茶房、酒津、妓馆、食店、柜坊、马牙、解库、银铺、旅店、各立行老,察知物色名目,多必得情,密切报告,无不知也。"

③ 《武林旧事·游手》:"……有所谓……柜坊赌局,以博戏关扑结党手法骗钱。"《续资治通鉴长编》卷三一,太宗淳化二年闰二月乙丑诏:"京城无赖辈,相聚蒲博,开柜坊,屠牛马驴狗以食,销铸铜钱为器用杂物。令开封府戒坊市谨捕之,犯者斩,匿不以闻,及居人邸舍僦与恶少为柜坊者同罪。"《安居必用事类全集》辛集《为政九要·禁捕》第五:"司县约束赌博钱物,煞归拨牌,打破买鬼,双陆,象棋,樗蒲,掘槊,开阅柜房,帮闲子弟,破坏良家,穷极为盗,禁之可矣。"周密《武林旧事》(著于乾道淳熙间,述临安风俗习惯很详细),卷六《游手》:"浩穰之区,人物盛夥,游手奸黠,实繁有徒,有所谓美人局(原注:以娼优为姬妾诱引少年为事),柜坊,赌局(原注:以博戏关扑结党手法骗钱),水功德局,不一而足。"《止斋先生文集》卷四四,"敕诸开柜坊停止赌博财物者,邻州编管于出军营内停止者配本城,并许人吉厢耆巡察看营入宿提举人失觉察者杖八十(绍熙庚戌)。"《庆元条法事类》卷八〇《杂门》,《博戏财物杂敕》,和上相同。又同书《赏令》,"诸多获开柜坊或出军营内停止博戏赌财物者在席及停止出九和合人所得之物悉给之。"又《赏格·诸色人》,"告获开柜坊停止博戏财物或于出军营内停止者钱一十贯。"

④ 《夷坚志》甲集下《张和尚》:"张彦文尚书,大经长者也。布衣时与建昌景德寺僧绍光厚善。后……绍光死于乡,……请作佛事,以济冥途,忆有金一两在弟子姚和尚处,并有钱二十千在市上某家,傥索而用之,庶可获功。"又丙集下李氏二童,"李元佐,宰南城,尝挈家游麻姑山,诸子尚少,挟随行二童登齐云亭……童入林越深处,久不还……月余诸子见童,……始曰,向者扑蝶时,遇一道士,……掷一物与我,拾取视之,乃银也,回顾间,人屋俱失。……将银卖与市铺,其重十两,得钱一十二千,就寄铺中,时取以供衣食费。诸子未之信,询诸铺实然。是岁绍兴癸酉。"

402

的记载①。至于寄托亲友保管,那更是普遍。有些人怕财产被没收,将钱财隐寄他处②。

宋朝的兑换机关,比唐朝发达;因为黄金的使用,虽然唐宋差不多,但白银的地位,到了宋代,却重要多了。几乎比西汉时的黄金还更重要,通行得更广。办理兑换业务的,自然是以唐朝遗留下来的金银铺③或银铺④为主,南宋有时叫作金银交引铺⑤或金银钱

---

① 叶绍翁《四朝闻见录·杨和王相字》:"杨王沂中间,居郊外,遇相字者,以笔与札进,……遽用先所进纸批缗钱五百万,仍用尝所押字,命相者翌日诣司帑者征取。相者翌日持王批自言于司帑云,王授吾券,征钱五百万。司帑老于事王者,持券熟视久之,曰,尔何人,乃敢作我王赝押来脱吾钱。"吴曾《能改斋漫录》卷十八伍生遇五通神:"嘉祐中,临川人伍十八者,以善裁纱帽,入汴京,止于乡相晏元献宅前为肆以待售。一日至保康门,遇五少年,趯气球,伍生亦习此,即从少年趯之。少年见伍生颇妙,相与酬酢不已。时日西,四少年将去,……乃邀伍生上房家楼饮之,尽四角,问生本末甚详,饮罢取笔写帖付生曰,持此于梳行郭家取十千钱,与汝生业。生受之系带间……及天明……遂持帖诣郭家取钱。郭如数与之。"

② 《靖康纪闻》十二月十二日《开封府之榜》:"人户等将本家金银表段,竭其家赀赴府送纳,如敢藏埋,许诸色人告……知情藏寄之家,亦许告给赏。"《靖康要录》,靖康元年正月二十日圣旨:"其余士庶诸色人并仰于两日内罄所有金银立便送官,如有藏匿寄附送纳不尽之数,限满兹许诸色人告。"周密《癸辛杂识续集》下,"泉下有巨贾南蕃回佛莲者,蒲氏婿也,其家富甚,凡发海舶八十艘。癸巳岁殂,女少无子,官没其家赀,……省中有榜,许人告首隐寄债负等。"

③ 《东京梦华录》卷二《宣和楼前省府官宇》:"南门大街以东南则唐家金银铺、温州漆器杂物铺、大相国寺……。"《文献通考·钱币考》引《国史补》:"大观三年鲁公既罢,朝议改(当十钱)为当三,……宰执争辇钱而市黄金,在都金银铺未之知,不两月命下,时传以为讪笑。"《靖康纪闻》元年十二月十四日:"士庶纳金帛者纷然,朝廷又命开封府及使臣等于交济库金银匹帛诸铺,家至户到,摊认拘籍,一铺动以千万两到。"

④ 《夷坚志·秦楚材》:"秦楚材政和间自建康委入京师,……约同宿卜人,逢黩面道人,携小篮,揖秦曰,积金峰之别三百年矣,……无以赠君,探篮中白金一块,授之曰:他日却相见。……将货之以供酒食费,肆中人视金反覆咨玩不释手,问需几何钱,曰随市价见偿可也。人曰,吾家累世作银铺,未尝见此品。"

⑤ 《梦粱录》卷一三《铺席》:"杭城市肆……自淳祐年有名相传者如……沈家张家金银交引铺、刘家吕家陈家彩帛铺……李博士桥邓家金银铺、汪家金纸铺、……马家宋家领抹销金铺……。"

交易铺①，或金银盐钞引交易铺②或单称交引铺③。因为宋朝除了金银的买卖兑换以外，还有各种钞引的买卖，所谓钞引就是一种贩卖特许证，商人向京师榷货务缴费领茶引或盐钞，然后才许到茶场或盐场去贩卖。当时贩卖茶盐都是很赚钱的事，所以茶引和盐钞就成了一种商品，在金银铺中买卖。同时他们也可能兑换纸币。北宋时汴京金银铺很多，如唐家金银铺，王家金银铺等。屋宇雄壮，门面广阔，望之森然，每一交易，动辄千万④，俨然现代的银行区。实际上在唐朝就已经有金银行的称呼，不过那时是指金银区或金银业的意思，和金银市的名辞一样⑤，是一种泛称。南宋时杭州五间楼一带，金银钱交易铺有百余家。规模大的有沈家张家金银交引铺，邓家金银铺等。

宋朝有所谓兑坊的⑥，他的性质如何，不大详细。

宋代的汇兑业务，初年还是由政府机关办理，和唐宪宗时的办

---

① 陶宗仪（明）《说郛》节录《都城纪胜》："自五间楼北至官巷南到都街，多是土户，金银钱交易铺，仅百余家，内列金银看垛钱。"

② 《梦粱录》卷一三《铺席》："杭州大街……自五间楼北五官巷南街，两行多是金银盐钞引交易铺。前列金银器皿及见钱，谓之看垛钱，此钱备准榷货务算请盐钞引，并诸作分打钑炉鞴，纷纭无数。"

③ 《建炎以来系年要录》卷六九，绍兴三年十月己亥："每客人入纳稀少，则强抑交引铺户，先次纳钱，给空名文钞，俟入纳拥拼日，旋填姓名，出纳不公。"

④ 《东京梦华录》卷二《东角楼街巷》："南通一巷谓之界身，并是金银采交易之所，屋宇雄壮，门面广阔，望之森然，每一交易，动即千万，骇人闻见。"又卷三大内西右掖门外街巷："过街北即旧宜城楼，近西去金梁桥街西大街荆筐儿药铺枣王家金银铺。"

⑤ 西湖老人《繁胜录》："诸行市：川广生药市、象家玳瑁市、金银市。"

⑥ 《为政九要》卷五《禁铺》："停闲窝家，沽屠、破落户、酒肆、茶房、浴堂、兑房、妓馆、旅店、勾栏、庵舍、军旅卒屋、水手场屋、罢役弓守、庙宇贫子、打爻穷汉，若识此徒，万无一失，民自能安矣。"又"司县破落户泼底官往往造盐酒曲牢杀牛马，开阔兑房，窝藏盗贼，横塞神社，记散酒食，不畏国法，严威禁治，久而自息。"《水浒传》第二十九回："此间东门外有一座市井，地名唤做快活林，但是山东河北客商们都来那里做买卖，有百十处大客店，三二十处赌坊兑坊。"

法差不多;许人民在京师向左藏库付现款,到各州去取现,叫做便换。在开宝三年(公元九七〇年),政府特别设置便钱务,专门办理这种业务;同时命令各州,凡商人拿券来的,必须当日付款,不得搁延。在至道末(公元九九七年)汇款金额每年达一百七十多万贯。天禧末(公元一〇二一年)有两百八九十万贯①。后来用纸币,携带方便,而且纸币本身兼有汇票的作用,所以专门的便换业务,大概就衰落了②。

---

① 《宋史》卷一八〇《食货志》下二《钱币》。
② 《皇宋中兴两朝圣政》卷九绍兴元年十月尚书省省言:"便钱之法,自祖宗以来行于诸路,公私为便。比年有司奉行不务经久,致失信于民。"

第六章　金元的货币

第一节　货币制度

一　辽的钱币

中国自唐末五代起,国势渐衰。西北各民族崛起,对中国施以巨大的军事压力;起初侵占中国一部分土地,最后至于完全征服中国。这些民族,包括契丹、西夏、女真和蒙古,在文化上,都是落后于中国的,但由于他们的军事政治力量,在中国取得一部分或全部的统治权,所以对于中国,也起了不小的影响,币制方面也是如此。

契丹建国,如果连西辽也算在内,前后有两百八十年;中间几次(公元九三七到九八二年,公元一〇六六到一一二五年)称辽。在建国以前是一个游牧民族,"其富以马,其强以兵,纵马于野,弛兵于民。有事而战,骟骑介夫,卯命辰集,马逐水草,人仰湩酪,挽强射生,以给日用。"①但到了十世纪初,即中国五代的时候,受了中国文化的

---

①　《辽史》卷五九《食货志》上。

第六章　金元的货币

影响，设官立制，劝农商，教纺织，渐渐进入货币经济的阶段。

他们最初使用的钱币，是由中国输入的。据说太祖（阿保机，公元九一六到九二六年）以前便有钱币的铸造，太宗（德光，公元九二七到九四七年）曾置五冶太师，以总四方钱铁①。因此有些钱币学家②就把一些无考的钱币说成是契丹早期的钱，如开丹圣宝等，说丹字是指契丹，这是穿凿附会。开丹圣宝大概应该读作开圣丹宝，是赵宋的压胜钱③。只有通行泉货一种小平钱在制作上真像辽钱。

年号钱中，最早的是太祖时的天赞通宝（公元九二二到九二四年），隶书，有人④说是安南钱。太宗朝有天显通宝（公元九二七到九三六年），穆宗朝有应历通宝（公元九五一到九六八年），景宗朝有保宁通宝（公元九六八到九七八年），圣宗朝有统和通宝（公元九八三到一〇一一年）。这些钱留传极少。

比较多见的是兴宗的重熙通宝（公元一〇三二到一〇五五年），道宗的清宁通宝（公元一〇五五到一〇六四年）、咸雍通宝（公元一〇六五到一〇七四年）、大康元宝和大康通宝（公元一〇七四到一〇八二年）、大安元宝（公元一〇八三到一〇九一年）以及寿昌元宝（公元一〇九二到一一〇一年），天祚帝的乾统元宝（公元一一〇一到一一〇九年）和天庆元宝（公元一一一〇到一一一九年）。这些钱的铸造，多是辽史所记载的，不过书中遗漏了清宁通宝一种，而且把寿昌的年号误作寿隆。这些遗漏和错误只有根据钱币

---

① 《辽史》卷六〇《食货志》下。
② 李佐贤《续泉汇》。郑家相《辽钱考》，见丁福保《古钱大辞典》总论。
③ 金元裕之《续夷坚志》卷一《神霄丹宝》："宣和方士，烧水银为黄金，铸为钱，在神霄者，其文曰神霄丹宝，五福者曰五福丹宝，太乙者亦如之。汴梁下，钱归内府，海陵以赐幸臣，得者以为帽环。"（《内藏库使王寿孙说》。）
④ 平尾聚泉《丽德庄泉谱》。

实物才能更正。

辽东曾发现大辽天庆大钱,应当是天庆年间所铸的,但不一定是行用品。

契丹虽然自己制有文字,但钱币上全是用汉文,有一种大钱,文字似汉非汉,钱币学家有疑为契丹文的,实际上是"大泉五铢"四字,不过写法很奇怪。另一种大钱千秋万岁的书法也相同,这些钱大概都不是正用品。

辽钱的制作,都不精美,钱背常常错范,文字也不好,甚至一个钱上有两种字体。这些情形反映了当时契丹人的文化水平和技术水平。而且辽钱种类虽然不少,铸造数量大概不多,契丹人一直维持着实物经济的生活,到天祚帝保大五年(公元一一二三年)的时候,国已将亡,而交易和支付还有用牲的①。

二　西夏的钱币

西夏的领袖,在唐末曾被中国政府封为夏国公,赐姓李;宋朝政府赐姓赵,仁宗时封为夏王,但元昊自称大夏皇帝,为中国西陲一个强国,随时有寇边的可能。中国要纳岁币二十五万。宋初川陕的币制,受他们的军事压力的影响不小。可惜关于他们的历史还没有好好地研究出来。

西夏的钱币,证诸实物,约有一二十种,以币材分,有铜钱和铁钱;以文字分,则有西夏文和汉文。西夏文钱为从前的钱币学家所

---

① 《辽史》卷三〇《天祚皇帝纪》四:"保大五年……初令群牧运盐泺仓粟,而民盗之,议籍以偿,雅里乃自为直,每粟一车偿一羊,三车一牛,五车一马,八车一驼。左右曰,一羊易粟二斗,且不可得,乃偿一车。"

不识,说是什么屋驮钱。近代在凉州大云寺发现古碑,正面为西夏文,背面为汉文,有天祐民安五年(公元一〇九四年)的纪年,才知道是西夏文。西夏文已是一种死文字,除了碑文刻经和官印腰牌等外,钱币也算是重要的历史资料。现在所发现的有五种西夏文钱,即毅宗的福圣钱(𗴂𗸯①,公元一〇五三到一〇五六年),惠宗的大安钱(𘝞𗥃,公元一〇七五到一〇八五年),崇宗的贞观钱(𗼃𗣼,公元一一〇二到一一一四年),仁宗的乾祐钱(𗵒𗵐,公元一一七一到一一九三年),和桓宗的天庆钱(𗊏𗵐,公元一一九四到一二〇六年)。西夏文的钱多称钱宝,如天庆钱宝(𗊏𗵐𗢳𘂳)。但贞观钱似乎是元宝(𘝞𘏞)②。

单从钱币上来看西夏的文字,就可以看出他的发展过程来,福圣承道时的文字,笔画简朴,到了乾祐天庆年间,笔画就整齐有力了。

汉文钱有元德通宝和重宝(公元一一二〇到一一二六年)、天盛元宝(公元一一四九到一一七〇年)、乾祐元宝、天庆元宝、皇建元宝(公元一二一〇到一二一一年)、光定元宝(公元一二一二到一二二三年)。

西夏钱的制作,一般都很精整,文字也规矩,看来他们的文化,要远超过契丹人。

三　金人的币制

金人建国的期间,约略和南宋相同。那时中国可以说是第二

---

① 福圣两字在钱文上是圣福,这是圣字升书的关系。
② 西夏文似乎形容词是在名词之后,所以贞观钱照次序读来是贞观宝元。

次南北朝。在币制方面,他们主要是受了宋的影响,但同时也有许多比宋制进步的地方。例如银币的铸造和纸币的不分界。后来蒙古人受他们的影响比受南宋的影响还大。

金人的币制,最初是使用铜钱,后来钱钞兼用,再后来用银钞;通货膨胀末期,人民专用白银。所以他们的货币可以分为三种,第一是铜钱,第二是银币,第三是纸币。

在铜钱方面,最初是用辽宋的旧钱①,到海陵王正隆二年(公元一一五七年)才自铸正隆通宝,大小仿宋的小平钱。世宗大定十八年(公元一一七八年)铸大定通宝,有小平、折二两种。小平背面间有申字和酉字的,过去的钱币学家颇多穿凿附会,其实这应当是纪年,而且是受南宋的影响,因为南宋自淳熙七年起,开始在钱背纪年,那正是金大定二十年;金人到大定二十八年才加以仿效,二十八年是戊申,二十九年是己酉。章宗泰和年间(公元一二〇一年到一二〇八年)铸泰和通宝和重宝,分小平、折二、折三、当十四种,只有当十的重宝铸得比较多,其余都少见。当时已开始通货膨胀。至于泰和以后的铜钱如贞祐通宝,更是凤毛麟角了。贞祐通宝铜钱只发现三数枚。

刘豫降金后,于建炎四年(公元一一三〇年)被立为皇帝,国号齐,铸有阜昌钱,分为三等,小钱称元宝,折二为通宝,折三为重宝,都有篆书和真书两种,成对钱。

金人虽也有其自己的文字,但他们的钱币,都用汉文。而钱币的铸造,非常精美,技术水平极高。大定钱是仿宋徽宗的大观钱,

---

① 《通考》:"金初用辽宋旧钱,正隆而降,始议鼓铸。"《续通典》:"金初用辽宋旧钱,太宗天会末,亦用齐阜昌元宝阜昌重宝钱。"

文字带瘦金体。泰和重宝郭细肉深,篆如玉箸,比后代机器钱还要整齐。

金人一向通用白银,以五十两为一铤①。章宗承安二年(公元一一九七年即南宋宁宗庆元三年)铸造承安宝货银币,自一两到十两,分为五等,每两折钱二贯。这是汉武帝以来第一次的正式银币。金人对于黄金,虽然也加宝贵②,但不用作货币,流通支付只用白银,这对于中国的用银,影响很大。不过承安宝货没有实物遗留下来,钱币学家和收藏家所见过的承安宝货,都是铜的,即使不是假的,也是私铸。

金人的币制中,最重要的是纸币。他们发行纸币在铸造铜钱之前。海陵王贞元二年(公元一一五四年即南宋高宗绍兴二十四年)就设置交钞库,发行交钞,分大钞小钞两类,和辽宋铜钱并行。大钞分一贯、二贯、三贯、五贯、十贯五种,小钞分一百文、二百文、三百文、五百文、七百文五种。这种交钞,本来也以七年为限,到期换领新钞;但世宗大定二十九年(公元一一八九年即南宋孝宗淳熙十六年)就取消了七年厘革的制度。南宋会子的无限期流通,还是六十年以后的事,所以这在中国纸币发展史上,是一件划时代的事。

金人的纸币,虽不用分界的办法,但因为通货膨胀的关系,时常更换新钞。更换时连钞票名称也改变。第一次更换是宣宗贞祐三年(公元一二一五年即南宋宁宗嘉定八年),改称贞祐宝券;第二

---

① 《金史》卷四八《食货志》三,承安二年,"十二月尚书省议,谓时所给官兵俸及边戍军需,皆以银钞相兼。旧例银每铤五十两,其直百贯,民间或有截凿之者,其价亦随低昂。"《续夷坚志》卷一《戴十妻梁氏》:"白金一笏,就梁赎罪。"

② 《金史》卷五《海陵纪》:"常置黄金裯褥间,有喜之者,令自取之,而淫嬖不择骨肉,刑杀不问有罪。"

次更换是兴定元年(公元一二一七年),改称贞祐通宝;第三次是在兴定五年,改名为兴定宝泉;在元光二年(公元一二二三年)又发行绫制的元光珍货;天兴二年(公元一二三三年)又有天兴宝会;几个月后便亡国了。

金人交钞的形制,史书有所记载①。大体上是四周有花栏,栏内分上下两部分,上面部分小,下面部分大。上部中央是金额,右边是字料,左边是字号。字料外边有篆书"伪造交钞者斩",字号外边有篆书的告捕赏格。花栏下部为发行机关地区、赏格、年月日以及各级负责人的押印等。在花栏的上面和左右还有文字,上端有金额。右边有注明每张的工墨钱以及纳旧换新的手续费。左边则有各地"合同"的斜印,这是准许流通的区域。然而各地所发行的交钞,在文字上是有出入的。例如在热河大明城所发现的一张贞祐二年北京路印造的一百贯的交钞②和贞祐三年陕西东路所用的

---

① 《金史·食货志》三:"交钞之制,外为栏作花纹,其上衡书贯例,左曰某字料,右曰某字号;料号外篆书曰伪造交钞者斩,告捕者赏钱三百贯,料号衡栏下曰中都交钞库,准尚书户部符承都堂札付户部覆点勘令史姓名押字。又曰圣旨印造,逐路交钞于某处库纳钱换钞,更许于某处库纳钱换钱,官私同见钱流转。其钞不限年月行用,如字文故暗,钞纸擦磨,许于所属库ણ纳旧换新。若到库支钱,或倒换新钞,每贯克工墨钱若干文。库掏攒司库副副使使各押字,年月日,印造钞引库,库子库司副使各押字,上至尚书户部官亦押字,其搭印支钱处合同,余用印依常例。"

② 《通报》载热河大明废墟中发现一张交钞,面额为一百贯,为贞祐二年所发行,钞面文字和《金史·食货志》所载不同。花纹栏外右上角有"每纸工墨钱捌文足",右下有"纳旧换新减半"。上端侧写"壹伯贯"。花栏内上部中间有"壹伯贯八十足陌",左有字料,右有字号。右格为"伪造交钞者斩",左格为"赏钱叁伯贯"。下部为"北京路按察转运司奉户部承奏准印造通行交钞内中都南京交钞库北京上京咸平府省库倒换钱钞。"接着有攒司、库子、覆点勘讫的签字,都目的签字。再印"伪造交钞处斩,赏钱叁伯贯",然后印"贞祐二年月日"字样,有印造库子,印造钞官的签字,最后是"尚书户部委差官"全纸一点九二公寸长,一点零五公寸宽(T'oung Pao, Serie II, Vol. XXXIII. , Jos. Mulle, Une Planche à assignats de 1214)。

拾贯钞的钞版①,在文字上,都和史书所记载的有所不同,两者彼此又有不同。另有一块山东东路所用的钞版,甚至没有年号,如果不是有山东东路四个字,就无法知道他是金人的交钞②。各地交钞的大小似乎相差不多,以花栏为标准,大约长一公寸八,宽一公寸;以全钞为标准则长约一公寸九二,宽约一公寸零五。

贞祐宝券③则要比交钞大,长约三公寸,宽约一公寸八五。形制也和交钞稍有不同,譬如在栏内上方平列贞祐宝券四字,这是交钞所没有的。这下面的横栏则和交钞差不多,是书明金额和字料字号以及两侧的篆书(伪造者斩和赏格)。下栏共有九行,比交钞多两行。其中第二行有"行用不限年月"字样,是交钞所没有的规定。虽然交钞在后来实际上已是无限期流通了。栏外也有各地合同,这和交钞是差不多的。

---

① 钞版下部文字分七行如下:
通行交钞内陕西东路许于中都南京交
钞库京兆府河中府潞州府×倒换钱钞
攒司×库副×副使
伪造交钞斩赏×××贯
贞祐三年×月×日
印造钞引库副使
尚书户部句当官。

② 罗振玉《俑庐日札》著录交钞文字如下:"山东东路交钞铜板,已漫漶。王兰溪所藏。长约今尺五寸半。其式四周有花阑,阑外上端衡书壹拾贯,阑内衡书为二方,上方约三之一,下方约三之二;上方字三行,中书口每贯贯八十足陌,左曰△字料,右曰△字号。旁又有篆书二行,左曰伪造交钞斩,右曰赏钞三佰贯;下方中间书伪造交钞斩,赏钱叁佰贯;左方有山东东路云云小字三行,仅有山东东路及南京交钞库益等字可见,余漫漶不可辨。右方字三行:第一行印造钞口,第二行印造钞官,第三行尚书户部委口,而不著年号。使非山东东路四字,'不能知其为金之交钞也。阑外左方有字一行,曰每□□云云,漫不可辨'。"

③ 《俑庐日札》关于贞祐宝券的记述。

兴定宝泉也有钞版留下来①，这是两贯面额的钞版。长约二公寸四分许。形制和交钞以及贞祐宝券不同。交钞和宝券的栏纹作双线，宝泉的栏纹作单线。栏的上端不是横书金额，而是两贯钱的图形。栏内首先有两横栏，上为"兴定宝泉"四字，下为"贰贯闻省"四字，都是平列。下面有两个方栏，左为△字料，右为△字号。方栏下面又有横栏，平列南京路三字；方栏左右有篆书的伪造罪和赏格（赏陆伯贯）。这是全板的上半截。下半截中央为圆形，四周有牡丹花纹，中间一行为伪造罪和赏格，左边有五行字，前三行是："奏准印造兴定宝泉，并同见钱行用，不限年月，流转通行"；第四行为宝泉库子押和攒司押。第五行是印造库子押和攒司押。右边也有五行字，第一行是"兴定六年二月日"，第二行第三行是宝泉库使和印造库使等画押的地方，第四行是户部勘合令史押，第五行是尚书户部勾当官押。

四　元代的币制

蒙古人统治中国，对中国的币制，带来一种基本的变革，就是使中国从此采用白银为价值的尺度。中国的币制，可以根据各种标准来划分阶段。譬如根据铜钱的名称，是以唐代为一分水线，唐以前是用铢两货币，唐以后用宝钱。根据纸钞的采用，则以宋代为一分水线，宋以前用金属货币，宋以后使用纸币。但这些分别都不是基本的，因为宋以前主要的价值尺度是铜钱，两宋的交会是兑换券的性质，仍以缗文为单位。只有自元朝起，中国改用白银为价值

---

① 见《俑庐日札》。

尺度，并且逐渐发展到用白银为流通手段。

　　蒙古人是从游牧生活①受到邻近民族的影响、一跃而进入货币经济的。在铁木真的时候，还残留着物物交换的办法②。但由于邻近民族的影响，大概很快地就学会了使用白银。土耳其斯坦一带，一向使用银币，花剌子模的银币，在八世纪时就通行土耳其斯担一带③。而蒙古民族同花剌子模有密切的贸易关系。铁木真曾同花剌子模订过同盟，商队往来很为频繁。蒙古和花剌子模之间的战争，就是因为蒙古商队被花剌子模人所谋杀而引起的。这些说明蒙古人受花剌子模的影响的必然性。花剌子模是当时中亚的一个强大的国家，一切都比蒙古进步。所以蒙古人在征服中国以前，以及征服以后的初期，是使用白银的。不但贸易④和借贷⑤用银，物价也用银表示⑥。每年对于皇亲和将士的赏赐是用白银。买马也用银付价⑦。并且还有银币的铸造，币面有人骑马持刀像，但普

---

①　黄震《古今纪要逸编》："鞑靼之近汉尚能火食者，曰熟鞑靼。其远于汉、惟事射猎以为食、逐水草以为居、视草青为一岁者，曰生鞑靼。生鞑靼有二：曰黑曰白；而今盛者曰黑鞑靼……黑鞑靼至忒没真叛之，自称成吉思皇帝。"

②　《元朝秘史》卷一："朵奔篾儿干将得的鹿肉驮着回去，路间遇着一个穷乏的人，引着一个儿子行来……说……你那鹿肉将与我，我把这儿子与你去。……"同书卷六："阿三名字的回回，自汪古惕种的阿剌忽失的吉惕忽里处来，有羯羊一千，白驼一个，顺着额沍古涅河易换貂鼠青鼠，来至巴泐渚纳海子，饮羊时遇着成吉思。"

③　Robert P. Blake, *The Circulation of Silver in the Moslem East Down to the Mongol Epoch*. (Harvard Journal of Asiatic Studies, Vol. II, 1937., p. 302.)

④　《元史》卷一五〇《张荣传》："知济南府事，时贸易用银。民争发墓劫取，荣下令禁绝。"

⑤　宋彭大雅、徐霆《黑鞑事略》："其贾贩则自鞑主以至伪诸王伪太子伪公主等，皆付回回以银，或贷之民，而衍其息。"

⑥　李志常《长春真人西游记》卷一（太祖辛巳年六月事）："二十八日泊窝里朵之东，……黍米斗白金十两。"《元史》卷三《宪宗纪》七年九月："回鹘水精盆珍珠伞等物，可直银三万余锭。"

⑦　《元史》卷四《世祖纪》一，中统二年七月："马价银四千九百两。"

通多是打一兽印,如鼠、牛、虎儿等,以代表年份。他们统治中国以后,文书上还是用虎儿年鼠儿年的办法。蒙古人在统治中国之前,就开始铸造中国式的钱币,不但有铜钱,而且有银钱;大朝通宝①银钱便是一例。这种钱不论铜质和银质都是少见的。银钱只发现三枚,版别都不同。制作也不工整。大通宝三字的笔法仿北宋大观钱。有些银钱背面有印文,或一印,或二印,有人凭以推定他曾流通过。

在取得对中国的统治权以后,虽以使用纸币为主,而且曾几次禁止金银的流通和买卖②,但这种禁令都是短期的,而且执行的效果如何,也有问题。因为民间对于借贷③、劳务报酬④,物价的表示⑤和日常的交易⑥,似乎都有用银的。这时白银的形态,大概已不是以前外国式的银币,而是中国式的银锭,或元宝。据说银锭称元

---

① 大朝为蒙古未改国号大元以前的自称。翁树培《古泉汇考》对此有考证。关于大朝通宝银钱有宣愚公《大朝通宝续考》(见《古钱大辞典》下编三画第九十五到九十七页)。

② 元代曾在至元二十一年十月禁止金银的买卖,次年正月解禁(《元史》卷一三世祖纪十)。二十四年禁止,大德八年七月解禁(《元典章》卷二〇)。至大二年九月禁止(《元史》卷二三《武宗纪》),四年解禁(《元典章》卷二〇)。

③ 杂剧《鸳鸯被》第一折,刘员外云:"请你来别无他事,自从李府尹借了我十个银子,今经一年光景,不见回来,算本利该二十个银子还我,你与我讨去。"(《元曲选》三十)

④ 杂剧《桃花女破法嫁周公·楔子》:(小儿云)"老爹休怪,这一分银子,送你做课钱。"(《元曲选》三十)

⑤ 朱世杰《算学启蒙》(成宗大德年间所作):"今有片脑五斤七两一十八铢,每钱直银七厘二毫,问直几何?"杂剧《东堂老劝破家子弟》第二折(卖茶云):"我算一算账少下我茶钱五钱,酒钱三两,饭钱一两二钱,打发唱的耿妙莲五两,打双陆输的银八钱,共该十两五钱。"

⑥ 杂剧《桃花女破法嫁周公》,第一折(周公云):"分外与你一两银子,买些酒肉吃。"这些杂剧编写的确切日期不得而知,其中用银的事例也可能是指元初尚未禁用白银时的事。

宝,是元朝开始的。说是至元十三年蒙古兵征服了南宋回到扬州,丞相伯颜下令搜检将士行李,搜得的撒花银子,销铸成锭,每锭五十两;后来献给世祖,再分赏下来,因此民间有这种元宝流通。后来政府也自行铸造。至元十四年的每锭四十九两,十五年的四十八两①。但元宝的名辞,铜钱上早已用过②。而银锭重五十两的事也不是蒙古人创始的,金人就用过。元朝银锭是扁平的,成砝码(即▷◁)形,曾见一丁巳年(应为仁宗延祐四年,即公元一三一七年)的银锭,重约漕平五十两许,上面文字很多。文字虽然是阴文汉字,可是初看去好像蒙古文一样。除真定路的地名外,还有监纳、库使、库副、四名银匠和四名秤子的签字花押。日本的博多曾发掘元代的银锭,长约日尺四寸五分,重约四百九十目(约合中国五十两),大小五枚,稍有轻重,形状如砝码,面背都有文字,形制和元制银锭也差不多③。

在发行纸币之后,白银还是价值的尺度,初期的中统钞是以银为本位。后来的纸币,也都以锭为单位。就是在采用纯纸币流通制度的时候,还是规定对金银的比价。至于至大年间所发行的钞票,名字就叫作银钞,更是以银为基础了。

蒙古人使用纸币,可以分为四个时期。

第一个时期是在使用中统钞以前。蒙古人在铁木真的末年,因受宋金的影响,便有发行纸币的事,譬如何实便在博州发行过

---

① 陶宗仪《南村辍耕录》卷之三十。
② 铜钱称元宝起于唐初的开元通宝,民间有读作开通元宝的。这种读法,据说也有来历。《野客丛书》卷八引徐彭年《家范》说:"明皇时有富民王元宝,因命铸钱司皆书其名,遂有元宝字。"
③ 小叶田淳《日本货币流通史》(改订增补本)第二八四页引《牺轩小录》。

会子①；太宗八年（公元一二三六年）也曾发行交钞②。在这一个期间，金人的币制正在加速度崩溃，尤其在太宗六年金亡以后，金人的纸币自然不用，所以各地单独发行，互不相通，并且有仿照交会的办法，两三年一更换③。但当时币制的详细情形，则不得而知。

第二个时期有两种钞票：即丝钞和中统元宝宝钞。忽必烈在中统元年（公元一二六〇年即南宋理宗景定元年），印造交钞，以丝为本位，以两为单位，丝钞二两，值银一两。同年十月又造中统元宝宝钞，分为十种④：即十文、二十文、三十文、五十文、一百文、二百文、三百文、五百文、一贯、二贯。宝钞一贯，等于丝钞一两。后来称中统钞常以两为单位，一两就是一贯，五十两为一锭。两和锭的名称，显然是同白银相联系⑤，可是实际上中统钞一两只值得白银五钱。

此外在发行中统钞的时候，又曾以文绫织成中统银货，大概是仿金人的元光珍货，但没有流通。到至元十二年（公元一二七五

---

① 《续通考》："太祖末年，何实行元帅府事于博州，值兵火后，货物不通，实以丝数，印置会子，权行一方。"《元史》卷一五〇《何实传》："丁亥（公元一二二七年）……博（州）值兵火后，物货不通，实以丝数印置会子，权行一方，民获贸迁之利。"同书卷一六〇《刘肃传》："庚子世祖居潜邸，以肃为邢州安抚使，肃与铁冶及行楮币，公私赖焉。"

② 《元史》卷二《太宗纪》，八年正月："诏印造交钞行之。"

③ 《元史》卷一四七《史楫传》："辛亥……各道以楮币相贸易，不得出境，二三岁辄一易。钞本日耗，商旅不通。楫请立银钞相权法，人以为便。"王恽《秋涧先生大全文集》卷五四《史公神道碑铭》："辛亥岁……各道发楮币贸迁，例不越境，所司较固取息，二三岁一更易，致虚耗元胎，商旅不通。公腾奏皇太后，立银钞相权法，度低昂而重轻，变涩滞而为通便。"

④ 《元史·食货志》只举出九种，但同书卷二〇六《叛臣王文统传》则有："是年冬初行中统交钞，自十文至二贯文，凡十等。"再据王恽《中堂事记》卷上（见《秋涧先生大全文集》卷八〇），也说是共十种。

⑤ 《古今治平略》（《图书集成经济汇编·食货典》卷三五六《钱钞部》）："成宗时郑介夫议曰……国初以中统钞五十两为一锭者，盖则乎银锭也。"

418

年)加发小额纸币,叫作厘钞,分为二文三文五文三种。

第三个时期是至元二十四年(公元一二八七年)发行的至元钞。分为十一等,即五文、十文、二十文、三十文、五十文、一百文、二百文、三百文、五百文、一贯、二贯。和中统钞并行,一贯当中统钞五贯。在武宗至大二年(公元一三〇九年),曾发行至大银钞,自二厘到二两,分十三等。每两合至元钞五贯,或白银一两,或黄金一钱。但这种银钞,只行于至大三年一年,次年便收回,所以不大重要。

第四个时期是顺帝至正十年(公元一三五〇年)发行的至正交钞,一贯合铜钱一千文,或至元宝钞两贯。但单位大概不是用贯,而是用"两""钱""分",因为至正权钞钱是以分和钱为单位。这种至正钞大概是用原来的中统钞加盖至正交钞字样,因为许多书都说是印造中统交钞,甚至同一书中,说"改造至正,印造中统交钞"。① 近人多以为是书中的错误,应为至正交钞。但各书一再明言为中统交钞,而且有的说"昔时至元为母,中统为子,后子反居母上。"则至正十年所发行的纸币为中统交钞无疑。

元代的纸币中,以中统钞为最重要。因为这种钞票如同唐代的开元钱一样,始终通用;即在发行至元钞以后,各种计算,尤其是岁赐军饷等,仍旧以中统钞为标准②。大概到发行至正交钞以后,才以新钞为计算标准。

---

① 《元史》卷一三八《脱脱传》:至正十年,"吏部尚书偰哲笃建言,更造至正交钞,脱脱信之。"同书卷四二《顺帝纪》五及《食货志》都说是中统交钞。长谷真逸《农田余话》卷上:"前元印造中统交钞……至至正庚寅,中统已久废,改造至正,印造中统交钞,名曰新钞。……昔时至元为母,中统为子,后子反居母上,亦下凌上之象。"

② 《元史》卷一四世祖纪十一,至元二十四年三月:"更造至元宝钞,颁行天下。……凡岁赐周乏饷军皆以中统钞为准。"

元代纸钞所用的材料,似乎先后不一样。初期的中统钞曾以棉质的纸印造,边缘饰以绣金绸①。后来改用桑皮纸②。

至元钞版留传下来的尚多,特别是贰贯的钞版,各板文字的书法,稍有不同,长约二点七五公寸,宽约两公寸,比宋的交会和金的交钞要大得多,但比金人的贞祐宝券要小。面额小的还要更小一点。贰贯钞的形制,最上面是自右至左横写"至元通行宝钞"六字,下面是花纹栏,栏中也分上下两部,上部中央横写"贰贯"两字,两字下各有一串钱的图案,两边各有一行蒙文,不甚明晰,蒙文下右边是字料,左边是字号。花纹栏下部有十行字,头三行是"尚书省奉准印造至元宝钞宣课差发内,并行收受,不限年月,诸路通行"。然后分列宝钞库子攒司和印造库子攒司的签字,中央有"伪造者处死,"下面分两行写"首告者赏银伍定,仍给犯人家产"。其次是"至元年月日","宝钞库使副"签字,"印造库使副"签字,最后一行

---

① 王树枏《新疆访古录》,元中统元宝交钞:"曾炳煐云,宣统纪元春正,吐鲁番伊拉里克户民入山采薪,憩于沙碛水沟石圮中,有绣金绸袱,败絮重叠,隐隐有字。献诸厅署,启视为元世祖中统元宝交钞。棉质,印文漫漶破裂。"又"右元中统元宝交钞(二贯文),纸质纯棉。"卢布鲁基(Rubruck 即 Gulielms Rubruquis)于公元一二五三年(宪宗三年)由君士坦丁堡东来,在其游记中说:"中国的通用货币是用棉纸,大小如手掌,上面的印文如蒙哥的国玺。"("The common money of Cathay is a paper of cotton, in length and breadth a palm, and on it they stamp lines like those on the seal of Mangu."此段为 Yule 在其 *Cathay and the Way Thither* 第二册第二四〇页脚注中所引)。又托钵僧奥多里克(Friar Odoric)在泰定间曾在中国北部居住三年,也说中国的纸币如丝绸,... they have an edict from their Lord that every five shall pay to the great Khan annually a tax of one balish, i. e. of five pieces of paper like silk, a sum equal to one florin and a half. Yule, *Cathay and the Way Thither*, Vol. II., the Travels of Friar Odoric, p. 195。

② 关于元初纸币的印制,《马可波罗游记》(*The Travels of Marco Polo*, translated by Prof. Aldo Ricci. 或 *The Book of Ser Marco Polo*, translated and edited with notes by Colonel Sir Henry Yule.)有详细的叙述。

是"尚书省提举司"①。

元代发行中统钞的时候,是采用银本位制度②。在各省设立钞库,有十足的银准备,虽然没有铸造银币,但是准许人民兑现,每两只收工墨费三分③,而且如果市面钞票太多,马上抛银收回④。这种兑现的制度,并不是蒙古人的创举。他们不过把宋金的币制稍加改良罢了。中国用纸币,到元朝时已有三百年的历史,以前的纸币,都和中统钞一样,多少是一种兑换券的性质,代替金银钱币流通。当政者从来没有公开宣告纸币不能兑现。就是当南宋的会子膨胀到最后快亡国的时候,当局还是用金银铜钱实物来收换。

---

① 罗振玉《四朝钞币图录》有下列几种考释:"右至元二贯宝钞铜板,近年出土。"右至元壹伯文及参拾文宝钞二种。今藏俄京西西亚博物馆,乃得之我国甘肃。东友狩野博士直喜以影照本示予者。照时已缩小,其尺寸初不可知。其式与二贯宝钞同。衡阑上有印文,已不可辨。右侧斜捺合同印,亦漫漶,当是支钱路名。其制亦与金钞无殊也。……此钞阴面初不知有无印记文字。东友羽田学士亨昨自俄京归,言曾见博物馆所藏至元二贯钞,其阴实无文字印记云。"

② 关于发行中统钞时当局的方针和施行办法见王恽的《中堂事记》卷上。该书说:"时(中统二年二月五日)钞法初行,唯恐涩滞,公私不便,省官日与提举司官及采众议,深为讲究利病所在。其法大约随路设立钞库,如发钞若干,随降银货,即同见银流转。据倒到课银,不以多寡,即装垛各库作本,使子母相权,准平物估。钞有多少,银本常不亏欠。至互易银钞,及以昏换新,除工墨出入正法外,并无增减。又中间关防库司,略无少弊。所纳酒醋税盐引等课程大小一切差发,一以元宝为则。其出纳者虽昏烂,并会收受。七道宣抚司管限三日午前将彼中钞法有无底滞,及物价低昂,与钞相碍,于民有损者,画时规措,有法以制之。在都总库印到料钞,不以多寡,除支备随路库司关用外,一切经费虽缓急不许动支借贷,其钱贯显印钞面,将来以钱钞互为表里,此张本也。"

③ 《中堂事记》卷上(中统二年正月):"省府为发下中统宝交钞,榜谕随路。其文曰……如有诸人赍元宝交钞以便却行赴库倒换白银物货,即便依数支发,并不得停滞,每两止纳工墨钞三分外,别无克减添答钱数。照依下项拟定元宝交钞例行用。如有阻坏钞法之人,依条究治施行。"

④ 《元史新编》卷八七《食货志》:"中统建元……印造中统元宝。……稍有壅滞,出银收钞,恐民疑惑,随路椿积,元本金银,分文不动。"

到了元代，中国才有真正的不兑现的纸币，并且以他为法偿币。阿拉伯人伊本巴吐塔（Ibn Batuta）于至正五年前后来到中国游历，说中国用纸币，不用金银贸易。并说如果一个人带金银到市场上去买东西，商人会不肯接受，而且不加理会。直到将金银换成纸钞，然后才可以任意购买①。这是指第三个时期的至元钞。这在中国乃至世界币制史上是一件大事。第一因为这是中国和全世界最初的纯纸币流通制度，正如马可波罗所说，以区区一小块纸片，竟可以买到各种各样的商品②。第二这是第一次将货币制度用条文给以明确的规定。第三元代不但以纸币为主，甚至以铜钱来代替纸币，这是指各种至正权钞钱。世界上除了小额的辅币外，只有以纸币来代金属货币流通，而中国在元代居然以铜币来代替纸币流通。

元代纸币流通制度的采用，是根据两种建议。第一是至元十九年（公元一二八二年）中书省奏准的治钞法，包括通行条画九点③。

---

① Yule, *Cathay and the Way Thither*, Vol. IV., Travels of Ibn Batuta in Bengal, China and the Indian Archipelago.

② 外国有些作家说欧洲在中世纪曾用过兑换券。例如Del Mar在其*Money and Civilization*一书中屡次提到发行皮币的事，性质完全和近代钞票一样。并说（第二十九页）一一二二年威尼斯的Doge Michieli围攻Tyre时曾发行皮币。可是来自威尼斯的马可波罗似乎并不知道。

③ 至元十九年中书省奏准治钞法通行条画如下：一、钞库倒昏钞，每一两加工墨三分，如官吏人等，暗递添答工钱，私自倒换，十两以下决杖有差。一、买卖金银付官库依价倒换，私自买卖者，金银断没，一半给告捉人充赏，十两以下决杖有差。一、卖金银者自首免本罪，官收给价，买主自首者依上施行。一、金银匠开张打造之家，凭诸人将金银打造凿记匠人名姓于上，不许自用金银造卖，违者依私倒金银例断罪。一、拏获买卖金银人等，私行买放者，依例追没断罪，放者罪亦同科。一、收倒钞当面于昏钞上就印毁讫封记，将昏钞按季解纳，违者决杖五十七罢职。一、钞库官吏侵盗金银宝钞借贷移易使用者，依条画断罪，委管民长官按月计点。一、钞库官吏，将倒下金银添价倒出，更将本库金银捏合买者姓名用钞换出，暗地转卖与人者，无论多寡处死。一、诸人将金银到库，不得添减殊色，非理刁蹬，违者杖五十罢职。

第六章　金元的货币

规定收换破旧钞票的办法,禁止买卖金银,以及违犯者的处分。第二是叶李的十四条画(实际有十五条)①,这可以说是中国最早的币制条例。规定至元钞对中统钞和金银的比价,各种支付都要用纸钞,设立平准库,买卖金银,以维持钞价。同时政府先后采行两种平行的政策,第一就是禁用铜钱,用铜钱去向外国交换商品,后来连对外贸易也不许用。第二是集中全国现银于国库。当时虽然仍有准备金,即所谓钞本,但那是一种名义上的,目的是在稳定人心,实际上并不兑现,这种办法到二十世纪的三十年代,还为各国所仿行。

元代版图广阔,横跨欧亚,币制通行的范围自然也是空前地广:中国本部和满蒙青海及中亚细亚等地是不消说,因为和林和畏吾儿②等地设有正式的交钞提举司。南洋一带也可能有交钞的

---

① 叶李《十四条画》如下:一、至元宝钞一贯,当中统宝钞五贯。一、依中统之初,随路设官库,买卖金银,平准钞法。每花银一两,入库官价至元宝钞二贯,出库二贯五分。白银各依上买卖,课银一定,官价宝钞二定,发卖宝钞一百二贯五百文。赤金每两价钞二十贯,出库二十贯五百文。一、民间将昏钞赴平准库倒换至元宝钞,以一折五,其工墨依旧例,每贯三分。一、民户包银预纳中统宝钞者依旧听四贯,愿纳至元宝钞者折收八百文。一、随处盐课每引卖官价钞三十贯,今收卖引许用至元宝钞二贯,中统宝钞十贯,预纳至元宝钞十贯者听。一、茶酒醋税竹货丹粉锡碌诸色课程,收至元宝钞,以一当五,愿纳中统宝钞者听。一、系官并诸投下营运斡脱公私钱债,关借中统宝钞,还至元宝钞者,以一折五,出放斡脱人员,毋得阻滞。一、平准库官收差办课人等,如遇收支交易,务要听从民便,若不依条画,故行阻抑钞法者,断罪除名。一、如遇中统宝钞,贸易止依旧价,无得疑惑,斗涨价值,有高抬物价者罪之。一、访问民间缺少零钞,难为贴兑,今颁行至元宝钞,自二贯至五文凡十一等,便民行用。一、伪造通行宝钞者处死,首告者赏银五锭,仍给犯人家产。一、委各路总长及各路管民官,上下半月,计点平准钞库。长官公出,次官承行,各道宣慰司提刑按察司,常切体察。如有看徇通同作弊者,一体治罪;亦不得因而骚扰,阻坏钞法。一、应质典田宅,并以宝钞为则,无得该写丝绵等低昂钞法,违者罪之。一、提调官吏,不得赴平准库收买金银,及多将昏钞倒换,违者罪之。一、条画颁行之后,若禁治不严,流行滞涩,亏损公私,其亲管司县府官断罪解任,路府判官亦行究治。

② 《新元史》卷七四食货志及《元史》卷七、卷十一世祖纪都有记载。

流通①。波斯的凯哈图汗(Kaikhatu Khan 或称乞合都)在至元三十一年(公元一二九四年)曾在其境内发行纸币,也称为钞,全国各省都设有钞库②。日本在足利将军时代,即十三世纪末,也曾用过钞票,公元一三一九年(延祐六年)停发;但据说一部分流通到十五世纪③。印度的杜格拉克朝(Tughlak)据说在至顺初年(公元一三三〇到一三三一年)也曾试用钞票④。明朝初年,朝鲜也用楮币⑤。这些都是受中国的影响。

有些史书⑥说元代没有铸过钱,这是不对的。元代不但曾铸钱,而且钱的种类还不少。不过有许多特别小的钱是庙宇钱或所谓供养钱,不是正式的货币。而正式的钱币,在数量上的确比其他朝代少得多。类似正用品的最早有大朝通宝和中统元宝两种汉文钱,这些钱铸造得很少。

至元二十二年(公元一二八五年)卢世荣当政的时候,曾铸造至元通宝,这是见诸史书的⑦。另有一种蒙文的至元通宝(🀄 🀄 🀄 🀄),好像是折二钱。但也可能是在宫廷和蒙古贵族之间流通的钱。

武宗至大三年(公元一三一〇年)曾铸造两种钱,一种是汉文的

---

① 《元史》卷一三《世祖纪》:至元二十二年六月,"丙辰遣马速忽阿里赍钞千锭往马八图求奇宝。"

② 在 Yule 的 *Cathay and the Way Thither* 卷三第一五〇页也提到。

③ 关于日本行钞的事,见草间直方辑录《三货图汇》附录卷之三宝钞为替德政古文书之部。Alexander Del Mar 的 *Money and Civiliyation* 第三七三页也提到。

④ 在 Yule 的 *Cathay and the Way Thither* 卷三第一五〇页也提到。

⑤ 关于朝鲜用钞见《李朝实录》《太宗大王实录》《世宗大王实录》以及《增补文献备考》《经国大典》等书。

⑥ 《元史·食货志·钞法》:"元之交钞宝钞皆以钱为文,而钱则弗之铸也。"

⑦ 《元史》卷二〇五《卢世荣传》,至元二十二年:"世荣奏……为今之计,莫若依汉唐故事,括铜铸至元钱及制绫券与钞参行。"

至大通宝小钱,另一种是蒙文的大元通宝(󰀀 󰀁 󰀂 󰀃)当十大钱。

至正年间曾铸造至正通宝许多种。大体可以分为三类,第一类是地支纪年钱五种三等,共十五品,所谓五种就是说钱背的蒙文有五种,即󰀄(寅)、󰀅(卯)、󰀆(辰)、󰀇(巳)、󰀈(午)。每一种有小钱折二钱和折三钱三种。这几个字大概是纪年,即自至正十年庚寅(公元一三五〇年)到至正十四年甲午那五年间所铸。这一类的钱制作比较整齐。第二类是纪值钱,最为复杂,有些背面有蒙汉两种文字,有些只有蒙文。前者有折二钱和折三钱,折二钱背面穿上有一蒙文󰀉(二)字,穿下有一汉文二字;折三钱穿上有一蒙文󰀊(三)字,穿下一汉文三字。后者有当五钱和当十钱,当五钱在背面穿上有一蒙文󰀋(五)字,当十钱有一󰀌(十)字。另有一种更大的当十钱,背面穿上除了蒙文外,穿下有"壹两重"三字。此外还有几种,制作更不精。元钱上的蒙文,似乎是注音的性质,所以午字和五字用的蒙文相同。第三类是所谓权钞钱,都是大钱。正面是"至正之宝",背面穿上有一"吉"字,穿右有"权钞"二字,穿左则标明金额,有伍分、壹钱、壹钱五分、贰钱五分、伍钱五种。这种权钞钱不见记载,是否为正式通行的货币,不得而知。有人说钱文是周伯琦所写①。背面的吉字不知是什么意义。有人因在江西发现这种钱,就说吉字是指吉安②。所有这些都还待证实。这种权钞钱的

---

① 周伯琦的《近光集》有"仲冬诏行钱币,奉旨写至正……七律各一首。"这是根据一种明抄本,元刊本已失传。《近光集》是至正五年以前的诗,但仲冬指那一年则尚待查考。最初主张钱文为周伯琦所书的是张叔未的《古泉丛话》。《近光集》的资料是王荫嘉提出的,见《泉币》第十九期《周伯琦书至正权钞》。

② 权钞钱背面的吉字,从前有人说是吉金的意思。古钱业的戴葆庭说这种钱多出于江西,藏钱家罗伯昭说江西元时称吉安道,吉字是指铸地(见丁福保《古钱大辞典》下编六画至正通宝条下所引)。查元时江西并不称吉安道。吉安只是江西的一部分,至元十四年称为吉州路,元贞元年改为吉安路,领一司五县四州(见《元史》卷六二地理志)。

425

性质却有点特别。一般说来,只有用纸币来代表金属货币,而权钞钱是用本身有价值的金属货币来代表本身没有价值的纸币。他和后代纸币流通制度下的辅币也不同,因为辅币是小额的,而且流通有限制,而权钞钱是大额的货币;实际上作五钱用的在直径上讲是中国历史上最大的钱。这种权钞钱的支付力似乎是没有限制的。

还有一种特别的权钞钱。正面用北宋的年号,背面记值。遗留下来的有当五大小的大观通宝,背面有"半劲(钱)"二字,又有宣和小平钱,背面有"半分"二字。这些钱的制作不精,文字平夷。可能是当时地方性的或临时性的权钞钱。然而至正年间,去北宋已远,为何还用徽宗的年号钱,则令人不解。或则这些钱不是至正年间所铸,而为元初的权钞钱么?另外还有一种小平钱,正面为"支钞半分"四字,背面没有文字。这种钱的性质和上面的宣和通宝应当是相同的。

元末有许多起义的汉人也曾铸造钱币。

第一是张士诚的天佑钱。张士诚据高邮,国号大周,至正十三年(公元一三五三年)改元天佑①,毁铜佛铸天佑通宝,有小平折二折三折五四种。小平钱背上有一个一字,为当一的意思,折二的背上有贰字,折三有参字,折五有伍字,正面为楷书,背面为篆书,还有至正钱的风格。

第二是韩林儿的龙凤钱。至正十五年刘福通等立韩林儿为皇帝,国号宋,改元龙凤,铸龙凤通宝,有小平折二折三三种。

---

① 《元史》卷四三《顺帝纪》六说张士诚建元天祐。《明史》卷一二三《张士诚传》也说是天祐。这是史书的错误,天祐乃唐的年号。

第三是徐寿辉的天启钱和天定钱。徐寿辉于至正十八年改元天启,铸天启通宝;次年又改元天定,铸天定通宝;两种都有小平折二折三三种。

第四是陈友谅的大义钱。至正二十年陈友谅杀徐寿辉,改称大义元年,铸大义通宝,也有小平折二折三三种。

此外还有一种龙凤钱,背上有一永字,下面有一很大的新月,有些钱币学家以为是后人仿造韩林儿的龙凤钱,这是不对的;因为两种龙凤钱制作完全不同,而且韩林儿的龙凤钱是光背,所以永字龙凤绝不是仿铸品。看文字制作和有些洪武钱很接近。查明初有田九成自号汉明皇帝,改元龙凤①,应当就是他所铸造的。

元代仍有铜钱输入到日本去,有时日本用黄金来向中国交换铜钱②。但通常大概是经由贸易的途径。泰定二年(公元一三二五年)日本为筹建寺庙,曾派遣商船到中国来。至正元年日本的将军足利直义派了两条船到中国来从事贸易,不管赚钱赔本,回去时一定要缴纳现钱五千贯,以建造天龙寺③。据说那以后年年派遣,大家称为天龙寺船④。

----

① 沈德符(万历中人)《野获编》卷二九叛贼再僭龙凤年号:"元末韩林儿起称小明王,改元龙凤,为史所载久矣。其时相去无几,又有袭其年号者。陕西妖贼王金刚奴于洪武初,聚众于沔县西黑山等处,以佛法惑众。后又典沔县邵福等作乱。其党田九成者,自号汉明皇帝,改元龙凤,高福兴称弥勒佛,金刚奴称四天王。后长兴侯耿炳文讨平之。惟金刚奴未获,仍聚西黑山,至永乐七年潜还本州,始为官军所擒,送京师伏诛。此盗出开创之初,乃敢啸聚陇西,积三朝四十余年而始正法,亦剧贼矣。"《明史》卷一三〇郭英传说:洪武三十年副征西将军耿炳文备边陕西平沔县"贼"高福兴,大概田九成也在这时失败。
② 《元史》卷二〇八日本:"(至元)十四年日本遣商人持金来易铜钱,许之。"
③ 《春屋妙葩·天龙寺造营记录》(王辑五《中国日本交通史》所引)。
④ 《中国日本交通史引续本朝通鉴》。

黄金在元代,还是有使用,不但各种赐予有用黄金的①,就是商民旅行的盘费,也有使用黄金的②。云南的税赋,甚至以黄金来计算③。至元十年曾诏人带黄金十万两到狮子国去买药④。

元朝的金银钱除了前面提过的大朝通宝银钱外,至元年间曾铸至元通宝金钱⑤,此外还有元贞通宝小银钱,但这些金银钱,目的不是流通,和一些鎏金钱的性质差不多,大概是压胜钱或供养钱。

当时边远的地方,多使用实物货币,如云南一带用贝币,或称为肬子,二十索值黄金一钱⑥。康藏一带,则大数目用黄金,小数

---

① 《元史》卷九三《食货志》一:"成宗亦尝谓丞相完泽等曰,每岁天下金银钞币所入几何?……对曰岁入之数,金一万九千两,银六万两,钞三百六十万锭。"同书世祖纪,中统二年:"赐诸王塔齐尔金千两,银五千两,币三百匹。"又至元十四年:"赏拜达勒等千三百五十五人战功金百两银万五千一百两。"

② 杂剧《庞居士误放来生债》第一折:"(正末云)先生,这一饼金与先生做路费。"《元曲选》十《争报恩三虎下山》第一折:"〔赚煞尾〕我与你这金钗儿做盘缠,你去那银铺里自回倒,休得嫌多道少。"

③ 《元史》卷一二《世祖纪》九,至元十九年:"云南税赋,用金为则。"

④ 《元史》卷八《世祖纪》五。

⑤ 张居正《太岳集》:"皇城北苑中有广寒殿,瓦甓已坏,榱桷犹存,相传以为辽番后梳妆楼,……至万历七年五月四日,忽自倾圮,其梁上有金钱百二十文,盖镇物也。上以四文赐余,其文曰至元通宝。"沈德符《万历野获编》也有记载。

⑥ 《元史》卷一二《世祖纪》九,至元十九年:"云南税赋,用金为则,以贝子折纳,每金一钱,直贝子二十索。"《续文献通考》,至元十三年正月:"云南行交会肬子。……云南民以贝代钱,时初行钞法,民不便之,行省赛音谔德齐言云南不谙钞法,莫若以交会肬子公私通行为便,从之。至十九年九月,定云南税赋,用金为则,以贝子折纳,每金一钱直贝子二十索。成宗大德九年十一月,乃以钞万锭给云南行省,命与贝参用,其贝非出本土者,同伪钞论。"马可波罗对于中国西南用贝也有记述:"they use white porcelain, namely the shells one finds in the sea, such as are hung around a dog's neck. Eighty of them are worth a silver saggio, that is to say, two Venetian grossi, and you must know that eight saggi of fine silver are equivalent to one saggio of fine gold." (*The Travels of Marco Polo*, translated by prof. Aldo Ricci, p. 187.)

目通行盐币,用盐水煮成浓汁,然后用模子造成砖形,重约半磅,上圆下方,放在火旁烤硬,并加官印①。

第二节 货币的购买力

一 金人的通货膨胀

金人的货币经济,可以分为三个时期:在贞元前的四十年间(公元一一一五到一一五四年),自己没有货币,用的是辽宋的旧钱。在这一个期间,虽然也常有战争,但没有发生通货膨胀,因为他们所发动的侵略,没有遇到多少抵抗,每次攻陷中国的城池,总是取得大批的金银物资;战争的耗费,是由中国人负担。在靖康年间(公元一一二六到一一二七年),攻入汴京的时候,搜刮的金银财物,不可以数计②。以后按时有中国的岁币,有时除金银之外,表段里绢,牛马骡驼,甚至连书籍也要中国供给。

第二期是自贞元二年(公元一一五四年)发行交钞、到泰和六年(公元一二〇六年)蒙古人建国称元、金人停止用钱那五十三年。在这一期间,金人自己发行纸币,并铸造铜钱和银币。通货已经有逐渐膨胀的趋势。

---

① *The Travels of Marco Polo*, Translated by Ricci, p. 185.
② 关于金人在汴京搜刮金银的情形,见第五章第二节六 380 页注③。

第三期是泰和以后的通货膨胀时期。

在起初的一二十年间,交钞发行得不多,流通手段还是以钱币为主,而金人的区域内,不大产铜,所以几乎发生一种钱荒。大定初年(公元一一六一年)曾令陕西通用旧日的铁钱,后来因为不便才废止。政府当局一方面禁止民间销铜为器,连铸镜也不许;另一方面抛出官钱,并且多方访察铜矿,以资广铸。那时南宋通货已在膨胀,而且币制极不统一,所以南宋的使者跑到金国,反而觉得他们的币制简易①。

当时钱币之所以不够,与其说是数量太少,不如说是价值不高。在唐朝,一人一天的生活费,十一二文钱就够了②,北宋末苏东坡在岭南,一家六七人,一天的生活费也不过百文,每人也是十五六文③。但金大定四年(公元一一六四年)世宗叫扈从人员,凡借住民舍的,每人每天支钱一百文作为租钱④。这就可以看出钱币购买力的消长了。后来纸币发行增加,使铜钱实价高于名价,铸造成本过高⑤,于是铜钱隐匿起来,所以一方面在闹钱荒,一方面却有六千

---

① 《九通分类总纂》:"右石湖乾道间充泛使入金国,道汴京,有交钞。……其时中国亦以币权钱,然东南之地有会子,又有川引、淮交、湖会,而鼓铸之所,亦复不一,所以常困。钱币多而贱,秤提无策,而彼则惟以交钞行之河南,以中国旧钱行之河北,似反简易也。"

② 唐于逊《灵应录》:"纸商陈泰供养一僧,二年不倦,忽一日僧谓曰,尔有多少口,几许金便足?陈曰弟子幼累二十口,岁约一百缗粗备。"

③ 尚秉和《历代社会风俗事物考》引《东坡志林》在岭南每日费百文(六七人)。明张萱《西园闻见录》(崇祯时作)卷一四节俭:"东坡谪齐安日用不过五十。"

④ 《金史》卷六《世宗纪》上,大定四年正月壬寅:"诏扈从人舍民家者人日支钱一百与其租。"

⑤ 《续通典》,大定二十九年:"以代州曲阳二监岁铸钱十四万余贯,而岁所费至八十余万,遂罢之。"

多万贯积贮在偏僻的地方不拿出来用①。

　　章宗即位之后(公元一一八九年),通货便开始膨胀了。首先就增加百官俸给,然后废止交钞七年厘革的限制,使其永久通用。并且停止铸钱。起初交钞的信用还好,因为流通的数目,和现钱的数目差不多②。明昌四年(公元一一九三年)以后,发行数目增加,官兵俸给,有时全支交钞,于是流通就发生困难了。

　　承安元年(公元一一九六年),因同契丹构衅,支出更增加,次年一贯以上的大额交钞,不易流通,乃发行银币。银币作价是每两二贯钱,比南宋稍低。当时南宋(宁宗庆元三年)的银价是每两二千三百文上下。那已经是通货膨胀中的价格,因为白银的市价每两只要一千六百文③。所以承安宝货的作价不能算是低。后来民间盗铸的很多,杂以铜锡,商人至于罢市。乃于五年(公元一二〇〇年)废止承安宝货。当时金人上上下下只说是铜钱不够,不许官民贮钱,不知这是纸币膨胀的必然结果。

　　泰和四年(公元一二〇四年)因为要花十文钱才能铸一个钱④,乃铸造当十的泰和重宝。这时候白银已在民间行用,米价已有用白银计算的了⑤。这是蒙古人建国以前的情形。

---

　　① 《金史》卷四八《食货志》三,大定二十八年:"上谓宰臣曰,今者外路见钱,其数甚多,闻有六千余万贯,皆在僻处积贮,既不流散,公私无益。"

　　② 《金史·食货志》三,明昌三年五月:"敕尚书省曰,民间流转交钞,当限其数,毋令多于见钱也。"

　　③ 《金史·食货志》三:"泰和元年六月通州刺史卢构言,民间钞固已流行,独银价未平,官之所定,每铤以十万为准,而市肆才直八万。"

　　④ 《金史·食货志》三,泰和四年:"梁瑝等言,铸钱甚费,率费十钱,可得一钱。"

　　⑤ 《金史》卷一〇八《侯挚传》:"泰和四年……挚上言曰,今河朔饥甚,人至相食,观沧等州,斗米银十余两。"

蒙古的铁木真在泰和六年即南宋宁宗开禧二年（公元一二〇六年）建国称帝，大有扩充领土的野心；正好南宋的韩侂胄想报仇立功，乘机向金人进攻。金人在前一年便开始准备，甄拔军官，训练士卒。这在国防上讲，自然是一种正常的举动，不过在财政上和币制上看起来，这就是危机的开始了。

陕西的交钞，在泰和六年就没有人要，金人一方面用十万贯现钱去收回一部分，同时发行小钞，使人民用大钞换小钞，因为小钞信用比较好。不过人民信心已经动摇，政府乃禁止人民讨论币制问题①，并且索性添印大小交钞，民间的交易典质，一贯以上，都要用交钞，不得用钱。商旅所带现钱，不得超过十贯，超过十贯的，都要换成交钞。

那时金人的实力尚强，至少中国是打他不过。所以赵宋又逼得向他求和，把叔侄关系改成伯侄。增加岁币。但中国俗话说得好：大虫吃小虫，小虫吃毛虫。中国是毛虫，蒙古人却是大虫。大安二年（公元一二一〇年），"溃河之役，至以八十四车为军赏，兵衄国残；不遑救弊，交钞之轻，几于不能市易矣。"②从此蒙古人一步一步进逼，通货膨胀便急性化了。

宣宗贞祐二年（公元一二一四年）二月发行二十贯到百贯的大钞，这等于膨胀了十倍。跟着又发行二百贯到千贯的，这是膨胀一百倍。这时候税收虽然增加几倍，可是币值跌成千分之一，即每贯交钞只直一个钱，民间交易多用现钱。政府还想禁止用钱，于是现

---

① 《金史·食货志》三："时民以货币屡变，往往怨嗟聚语于市，上知之，论旨于御史台曰：自今都市敢有相聚论钞法难行者，许人捕告，赏钱三百贯。"

② 《金史·食货志》三。

钱反而流到南宋去①,因为金人的通货膨胀,至此已超过南宋了。南宋在这时候(宁宗嘉定八年),会子已不大流通,大家用钱交易。

贞祐三年七月元兵占济源县,金人把交钞改名为贞祐宝券,但军事上四面受敌,蒙古人打他,李全扰他,宋兵也攻他,币值如何能维持得住。金人乃实行议价的办法。使得商货不敢到京师来。议价是每月二次,而市价则旦暮不一,当局强行限价,商人就关门不做买卖。本来宝券是以河北、陕西各路发行最多,但商人多把他带到汴京来买金银,使汴京的物价大涨。一年之后宝券一贯,又只值得几个钱。

于是举朝大议币制问题,平章高琪及陕西省令史惠吉等人主张另换新钞,濮王守纯和陇州防御使完颜寓等人反对,而主张收回一部分旧钞和暂停印造。在理论上讲,后一说自然是救治之道;但战争不停止,如何能停止发行和收兑旧钞。所以结果还是采用惠吉的建议,发行贞祐通宝,一贯当宝券一千贯,这是政府公认纸币购买力跌成千分之一了。这时蒙古人几乎天天攻占城池,金人不知息兵,还因中国岁币不至,遣将南侵,不知自己的币制已在崩溃了。发行通宝的时候,规定四贯值白银一两,折合成宝券,则一两白银值得四千贯,宝券的价值跌成两千分之一。但不到五年(在兴定五年即公元一二二一年),一两白银又可以买到通宝八百多贯了。这就是说,通宝的价值又跌成了两百分之一以下,而白银对交钞或宝券,则涨了四十几万倍了。

---

① 《金史·食货志》三,胥鼎上言:"臣愚谓宜权禁见钱,且令计司以军须为名,量民力征敛,则泉货流通,而物价平矣。自是钱货不用,富家内困藏镪之限,外弊交钞屡变,皆至窘败,谓之坐化,商人往往舟运贸易于江淮,钱多入于宋矣。宋人以为喜,而金人不禁也。"

元光元年(公元一二二二年)改发兴定宝泉,每贯当通宝四百贯,两贯值白银一两,但第二年又跌得几乎不能用,当局只限制银价一两不得超过宝泉三百贯,这样折合起最初的交钞或宝券来,银价是涨了六千万倍了。

这时候,民间交易,完全用银①,或银绢兼用②,当局也无法禁止。兴定四年(公元一二二〇年)年底镇南节度使温迪罕思敬曾建议正式用银,当局不听。到天兴二年终采用银本位,发行天兴宝会,但大局已不及挽救了。

金人的通货膨胀,是中国历史上一个很好的教训。因为在军事上讲,金人始终不弱,而且是有自信的,对南宋总是采取一种傲慢的态度,南宋也总是打败仗。只因军费开支太大,征敛之外,加以恶性的通货膨胀,使人民难以自养,于是生产者倾族远逃,作战的丧失斗志,这样才至于被灭亡。

南宋端平元年吴潜谈到金人的通货膨胀,说末年一百缗的纸币只能买到一碗面。元初耶律楚材说"万贯唯易一饼"。不知他们是指那一种纸币。金人最后的纸币是天兴宝会。这天兴宝会对兴定宝泉的作价,不见记载。但到发行天兴宝会的时候,兴定宝泉已用了十年,其购买力一定跌得不足道,可能根本作废。所以天兴宝

---

① 《金史·食货志》三:"……行之未久,银价日贵,宝泉日贱,民但以银论价。"《金史》卷一〇七张行幸传,兴定二年上书:"市于洮州,以银百铤,几得马千匹云。……又闻蕃地今秋薄收,鬻马得银,辄以易粟。"同书卷一一九粘葛奴申传:"天兴初,……未几聚流亡数十万口,米一斛值白金四两,"同书卷一一五完颜奴申传:"天兴元年十二月……时汴京内外不通,米升银二两,百姓粮尽,殍者相望。"

② 《续夷坚志》卷二,阎大凭妇语:"穰县孙庄农民阎大正大中与同里刘进往商洛买牛,而阎病死,……欲与妻相见,母妻奔往相持而哭,问汝何死,曰我死天命,但为刘进所欺,先此相告,某牛价几何,用绢若干,某牛价几何,用银若干。"

会是以白银为单位,自一钱到四钱四等。因此金人通货膨胀最后到多少倍,已无法知道。

二 元初中统钞的膨胀

忽必烈征服中国,在币制上带来久已需要的统一。中国的币制,自五代以来,三百多年间,都在一种混乱状态之下。蒙古人在建造大帝国的过程中,一切都是大刀阔斧,以统一为要务。对于这些被征服民族的混乱的币制,自然不能任其继续,而况是膨胀的纸币。金人的纸币,可以说已经没有购买力。他们自己在北方各地发行的杂钞,在宪宗元年(公元一二五一年)曾采用所谓银钞相权法,一时用白银来维持其购买力,后来用中统钞平价收回①。到至元十二年(公元一二七五年)中统钞发行总额还不过一百六十多万锭。

蒙古人取得江南之后(至元十三年即宋前幼帝德祐二年,公元一二七六年),对于南宋交会的整理,有两派意见,一派如阿哈玛特(即阿合马)、陈汉归和杨诚等,主张用中统钞去收回;另外一派如姚枢、坦公履和巴延等,不主张收换。结果是采用前者的办法。以中统钞一贯合会子五十贯②。

---

① 《元史》卷一六〇《刘肃传》:"中统元年……时中统新钞行,罢钞银不用。真定以银钞交通于外者,凡八千余贯,公私嚣然,莫知所措。肃建三策:一曰仍用旧钞;二曰新旧兼用;三曰官吏以新钞如数易旧钞。中书从其第三策,遂降钞五十万贯。"王恽《中堂事记》卷上:"省府为发下中统元宝交钞,榜省谕诸路,其文曰……各路元行旧钞并白帖子,止勒岛发官司库官人等依数收倒,毋致亏损百姓,须管日近收倒尽绝,再不行使。"《元史新编》卷八七《食货志》:"中统建元,王文统执政,尽罢诸路交钞,印造中统元宝。"

② 《元文类》卷四〇《经世大典序录》:"(至元)十三年,江南平……以宋会五十贯准中统钞一贯。"陆友仁《砚北杂志》卷下:"宋会五十贯,准中统钞一贯。"

蒙古人的政策,是极力推行纸币,推行的成绩,起初比宋朝稍为好一点,比金人好得多。但没有能维持币值的稳定。换句话说,就是元朝也发生通货膨胀的现象。

蒙古人对于金人币制的失败,非常注意。因为政府中有耶律楚材曾在金章宗的朝廷做过官,知道金人通货膨胀的经过。所以主张交钞的印造,要以万锭为限①。对于准备也很认真,几乎有十足的现银作准备;没有现金银,就不许发出新钞②,所以币值相当稳定。譬如粟价,在至元三年(公元一二六六年)每石六百文,四年每石四百五十文。米价在至元七年前后每石为一贯四百文③。但这种低物价只限于最初的一二十年间④,后来就慢慢上涨了。

通货膨胀,自然又是战争所引起来的,除了在中国的战事以外,征伐日本也是一个大原因。蒙古人的征伐日本,是因日本人侵扰高丽,而高丽是蒙古人的东藩。又日本以前常常派使节到中国,现在却不来了,蒙古人觉得有失体面。征伐日本,在元初是一件大事,自至元十一年(公元一二七四年)第一次征日,到二十三年(公元一二八六年)罢征日本,前后筹备了十几年,造了无数的海船,不知费了多少财力和人力。蒙古人的东征舰队到底出发几次,不得而知,但据日本历史的记载,只有两次到达日本海岸,即至元十一

---

① 《续文献通考》卷九。《明史稿·列传》第四五范济传说是日造万锭。
② 《元史》卷一二五《布鲁海牙传》。
③ 《秋涧先生大全文集》卷八八《弹固安州官吏克落盐折粟价钱事状》中说:粟价在至元三年每石六钱,四年每石为四钱五分。又弹赵州平棘县尹郑亨事状(约为至元七年事)中有:"……白米一斗,无米敛金一钱四分。"按金一钱四分应为钞一百四十文。
④ 《元史新编·食货志》:"中统建元,……印造中统元宝……,行之十七八年,钞法无少低昂。"

年和十八年(公元一二八一年)。当时日本的天皇虽仍在平安,但政治重心,却在镰仓。那是日本武士阶级最发达的一个时期,同时也是日本的社会经济组织转变的时期。由于中国钱币的输入,使日本货币经济发达,导致庄园制度的解体。蒙古人的两次大舰队,虽然都被"神风"所破,但日本人为了应付战争,弄得几乎破产。镰仓政权从此就衰落了。

蒙古人的侵略行为,其本身既劳而无功,对中国人则带来无谓的负担。而且侵略日本和征服中国竟同时进行,难怪第二年阿哈玛特便因国用不足而增加赋税,增加发行①。又因为怕纸币跌价,索性禁用铜钱。但对于征日本的计划却不放弃,拼命建造军舰。这样下去,当然只有通货膨胀。

通货膨胀的现象,至元十七年(公元一二八〇年)便有人注意了,中书省臣建议疏通钞法,凡赏赐要多给币帛,租税则多收钞票。但耗费不减少,膨胀程度只有更加恶化。一贯钞的购买力只及往日的一百文②。十九年十月当局也下诏要整治钞法了。然而当事者竟不知稳定币值,唯有停止战争,减少不生产的开支,减少发行。而事实上却还在征粮备战,江南已因拘拉水手和造船,弄得民不聊生,"盗贼"相挺而起,虽有人提出警告也置之不顾。而况军事不限于对付日本,至元十九年远征占城和缅甸,二十一年又

---

① 《元文类》卷五八《李谦中书左丞张公神道碑》(至元十三年):"阿合马当国,创立宣司,行户部于东平大名,不与民事,惟印楮币是务。"

② 《秋涧先生大全文集》卷九〇《便民三十五事论钞法》:"窃见元宝交钞,民间流传,不为涩滞。但物重钞轻,谓如今一贯,才当往日一百,其虚至此,可谓极矣!"他举出几种原因,第一是现银准备都拿走了。第二是发行太多。第三是盛行信用购买,这是抢购的现象。第四是官吏作弊,对于旧钞兑换新钞敲诈留难,使钞票分出等级来。他主张用银收钞,或发行新钞以一当二的比价收回旧钞。

征安南。开支越增，币值越跌，于是币制没有整理，官吏俸给却不得不增加了①。

至元二十一年（公元一二八四年）因物价高涨，人民生活困难，不能再加漠视②。忽必烈叫中书省整治钞法，僧格（即桑哥）就推荐卢世荣。卢世荣就提出他的整套办法。他的计划，表面上似乎偏重于理财方面，但实际上，稳定币值和财政是有密切关系的。因为通货膨胀多是财政不健全的结果。卢世荣的治钞法归纳起来可以分为五点：第一是恢复人民买卖金银的自由；第二是发行绫券和铸造至元钱；第三是增加国库收入以收缩通货；第四是广事牧畜，以增加生产；第五是设立平准周急库，充实常平仓，来积极稳定钞值，平抑物价。计划的重心，在于增加国库收入，例如征收权势的不当所得，恢复榷酤的办法，海外贸易国营，征收商人商货税，铁器官铸等，他并且主张选用商人，来主持这件事，不一定要白身人。这些办法使他招致许多仇人。

卢世荣是一个杰出的理财家。他的失败，也许是由于权势们的阻挠，使得各种办法不能顺利推行；也许因为用的人不好，没有得到预期的效果；也许因时间不够，因为他提出计划后四个月就被劾入狱。但他的理论是很健全的。

① 《元史》卷一三《世祖纪》十，至元二十一年六月壬子："增官吏俸，以十分为率，不及一锭者量增五分。"同书卷九六食货志四俸秩："二十三年又命内外官吏俸以十分为率，添支五分。"

② 郑元祐《遂昌杂录》（至正年间著）："时江淮省改江浙省（按《元史》卷六二地理志载至元二十一年江淮行省改曰江浙行省）……公每出见杭士女出游，仍故都遗风，前后杂沓；公必停舆或驻马，戒饬之曰：汝辈尚曹昝耶，今日非南朝矣。勤俭力作尚虑不能供徭役，而犹若是惰游乎？是时三学诸生困甚。公出必拥遇叫呼曰，平章今日饿杀秀才也。从者叱之，公必使之前，以大囊贮中统小钞，探囊撮与之。公遂建言，以学校养士，从公始。"

卢世荣死后，钞法仍是没有治好，物价仍旧上涨，开支仍旧增加。至元二十三年当局虽宣布放弃征日本的企图，但第二年（公元一二八七年）又大举侵略交址，自元旦日起到二月中旬，用了五十万锭，即二千五百万贯，等于唐朝天宝年间全年税钱的十倍，或建中年间全国税收的两倍。终于另发新钞了。这就是至元宝钞，一贯当中统钞五贯，可见当局承认物价至少涨了五倍。发行至元钞的时候，虽然有收回中统钞的意思，可是结果是两种钞票并行，这样物价自然涨得更厉害。

　　通货膨胀的程度，从发行数字上，可以明白。元代的发行数字，史书中有确实的记载。当时的发行，已不用分界的办法，所以纸币的流通数量逐年累积起来。虽然每年总有一部分损耗，或作为昏钞送回平准库的，但究竟为数有限，所以如果每年增发的数目超过上年的损耗数，则通货流通数量，是越来越多的。北宋的交子每界收换的时候，约有百分之二十不送来兑换，这就是一种损耗。不过那时因为更换的次数太频繁，有些人觉得不胜其烦，或数目不多的，就宁愿负担那种损失，而不去兑换新钞，所以当时损耗率要高一点。现在我们假定每年的损耗率为百分之五，那么在至元二十三年的时候，中统交钞的流通数量，约等于中统元年初次发行数量的一百四十七倍。如果以人口计，则每人约占九千一百九十七文。都远超过前代。不过以中统元年的发行数字为基数来比较，是没有多大意义的；因为那时蒙古人的统治权限于北方，中统钞的流通范围比较小，数目也过低。照理说来，如果要从通货数量的增加上来推论币值的变动，自然应当以至元十二三年的数字为基点，当时蒙古人已完全取得江南，发行数字足以代表全国的需要量。如果以至元十二年为基数，则至元二十三年的流通数量约增加成四倍,若以十三年为基数,则只增加成三倍;但这是指政府发行的数目,民间也许有伪造的;实际上,至元二十三年的时候,中统钞的流通数目,大概等于至元十二三年时的五倍。不过至元十二三年的时候,因有大规模的军事行动,发行已经膨胀,当时中统钞的流通数量,应已超过全国人民在正常状态下所需要的通货数量。

元代发行额表(一)

年代	发行额(锭)	加权累积额(锭)①	每人所占额(文)②
中统元年(1260)	73,352	73,352	62
二年	39,139	108,823	92
三年	80,000	183,382	155
四年	74,000	248,213	211
至元元年	89,208	345,010	293
二年	116,208	443,967	377
三年	77,252	499,021	424
四年	109,488	583,558	496
五年	29,880	584,250	497
六年	22,896	577,933	491
七年	96,768	645,804	549
八年	47,000	660,514	561
九年	86,256	713,744	607
十年	110,192	788,249	670
十一年	247,440	996,276	847
十二年	398,194	1,344,656	1,143
十三年	1,419,665	2,697,088	2,293
十四年	1,021,645	3,583,879	3,047
十五年	1,023,400	4,428,085	3,765
十六年	788,320	4,795,000	4,077

① 本栏数字是以旧钞打九五折再加本年新钞数。
② 《续通典》载至元二十七年南北之户总书于策者一千三百一十九万六千二百六。口五千八百八十三万四千七百十一。本栏数字全以人口五千八百八十万计算。

续表

年代	发行额(锭)	加权累积额(锭)	每人所占额(文)
十七年	1,135,800	5,391,325	4,584
十八年	1,094,800	6,216,559	5,286
十九年	969,444	6,876,175	5,847
二十年	610,620	7,142,986	6,074
二十一年	629,904	7,415,741	6,306
二十二年	2,043,080	9,088,034	7,728
二十三年	2,181,600	10,815,232	9,196
二十四年①	83,200	10,357,671	8,807
同年②	5,088,285	15,445,956	13,134

至于当时物价到底涨到什么程度呢？史书没有确实的记载，至元二十一年调整官吏俸给的时候，是增加百分之五十。这百分比当然不能代表物价上涨的程度。民间买米造酒，每石官价本来是一贯钞，卢世荣立榷酤后改为十贯，至元二十二年九月减为五贯③，所以米价至少涨了五倍，这正和至元新钞的作价倍数相符。但实际上物价上涨不只五倍。王恽在发行至元钞之前就说一贯钞只值得往日的一百。在改发新钞之后，赵孟頫曾说二十几年间钞直相差几十倍④，又说："使客饮食之费，几十倍于前"⑤，可见物价确已上涨十几倍到几十倍。

---

① 只包括中统钞。
② 包括本年新发的至元钞。
③ 《元史·世祖纪》十，至元二十二年九月条。
④ 《元史》卷一七二《赵孟頫传》："诏集百官于刑部议法，众欲计至元钞二百贯赃满者死。孟頫曰，始造钞时，以银为本，虚实权ương，今二十余年间，轻重相去至数十倍，故改中统为至元，又二十年后，至元必复如中统。"
⑤ 《元史·赵孟頫传》，《松雪斋文集》附录杨载赵公行状："丁亥（至元二十四年）六月授奉训大夫兵部郎中，公总天下驿，置使客饮食之费，一岁之中，不过中统钞二千锭。此数乃至元十三年所定。计今物直高下，与是时相去几十余倍。……请于中书，增至二万锭。"

三　元末的通货膨胀

蒙古人征日本没有成功，国内已引起反抗了。义旗首先是由西南各民族举起的，如云南的金齿、八百媳妇、猫姥等，先后兴兵进攻，蒙古人镇压不住，军费支出不断增加，不但威信降落，政权也因此动摇了。

征日本所引起的通货膨胀，并没有因为发行至元钞而改善；发至元钞是通货膨胀的恶化。当局所谓子母相权是一套鬼话。如果放弃征日本以后，能在和平中休养生息，币值自可稳定，谁知又大侵交址和爪哇等地，使西南人民不能安居。叶李说得好，"遐方远夷，得之无益，军旅一兴，费糜钜万。"①自发行至元钞以后，只听得一片的加价声。至元二十六年（公元一二八九年）僧格建议盐课每引由中统钞三十贯加为五十贯（一锭），茶每引由五贯加为十贯②。至元二十九年，就是发舟千艘大侵爪哇的那一年，完泽等就说：一年的收入预计是二百九十七万八千三百五锭，到十月时支出已经有三百六十三万八千五百四十三锭，这差额自然只有靠发行来弥补。

成宗铁木耳即位之后，内乱便起来了。元贞元年（公元一二九五年）即征爪哇后的第三年，云南报告，金齿也叛服不常，八百媳妇也起兵反抗。大德三年（公元一二九九年）中书省臣说连年"公帑所费，动辄钜万，岁入之数，不支半岁。"其余全靠挪借，恐怕影响币制。但五年又调云南军队去镇压，因此云南的土官宋隆济率领猫姥紫江等族反抗，攻到贵州。

---

① 《元史》卷一七三《叶李传》。
② 《元史》卷二〇五《僧格巴丹传》。

第六章　金元的货币

　　大德六七年间,纸币发行大增,所以七年就加给内外官吏俸米①,这自然是因为币值跌落的关系。但十一年武宗即位后八九个月中书省臣反说帑藏空竭,他说常年国家岁收四百万锭,中央政府得二百八十万锭,支出也差不多;该年八九个月便已支出四百二十万锭,应支而未支的还有一百万锭,超出岁收一倍。后来竟至动用钞本七百一十多万锭。至大元年(公元一三〇八年)十一月又调整官吏俸给了,禄米取消,薪俸用至元钞依照中统钞的数目发付。这就是说,俸给加成五倍。全年支出竟至千万锭,即五万万贯,仍是超过岁收一倍。

　　武宗即位那年(即大德十一年)的十一月便有人主张用银钞铜钱,大概因中书省臣不赞成而作罢。至大二年(公元一三〇九年)又讨论变更钞法,结果是发行至大银钞,一跳又是五倍。同时恢复铜钱的使用,除历代旧钱外,加铸大元通宝和至大通宝。中统钞限一百天收回。各种支付以至大银钞计算。盐价每引增为至大银钞四两,合中统钞一百贯,比至元二十六年僧格所定的数目增加一倍。

　　但这一次改变是短命的,因为几个月后武宗就死了。仁宗一即位,便推翻武宗的办法,废止至大钱,收回至大银钞。收回至大钞是说倍数太多,会刺激物价,这话也许有几分理由。废止铜钱,是说不能有充分的供给,实际上是币值不稳定,铜钱是会隐匿的。

　　这些变革和反变革,都没有使纸币的购买力稳定下来。虽然有些像李孟那样谄媚之臣,知道大汗的心理,在刚刚昭告收回至大钞之后,就说"物价顿减,方知圣人神化之速"。② 幸而大汗不是那

---

　　① 《元史》卷九六《食货志》四:"大德七年始加给内外官吏俸米。凡俸一十两以下人员……每十两给米一斗,十两以上至二十五两,每员给米一石,余上之数,每俸一两给米一升,无米则验其时直给价,虽贵每石不过二十两。"

　　② 《元史》卷二四《仁宗纪》一,至大四年四月:"李孟进曰,陛下御极,物价顿减,方知圣人神化之速,敢以为贺。帝戚然曰,……今朕践祚,曾未逾月,宁有物价顿减之理,朕托卿甚重,兹言非所赖也。孟愧谢。"

443

样糊涂。然而也可见当时物价问题的严重。就在那年(至大四年)十一月李孟又说：当时每年用钞六百多万锭，土木营缮用几百万锭，降旨赏赐用三百多万锭，北边军需又六七百万锭，而国库中只有十一万多锭。这种赤字财政，不靠发钞，还有什么办法？

至元以后的发行，在成宗大德六七年间(公元一三〇二到一三〇三年)因为云南战事关系，大为增加。至大三年(公元一三一〇年)发行至大银钞一百四十五万锭，等于中统钞三千六百多万锭，通货数量骤增，虽然第二年就收回了，但以后至元钞的发行数字增加，而且又有小数目的中统钞发出来，所以通货流通数量，比至大银钞发行以前增加得很多。英宗至治(公元一三二一年)以后，发行渐少，明宗天历二年(公元一三二九年)纸币的流通数量，比至元钞发行之前大概增加七八倍，比至元十二三年增加自三十倍至六十倍。

元代发行额表(二)

年代	发行额(锭)①	加权累积额(锭)②	每人所占额(文)③
至元二十四年(1287)	5,088,285	15,445,956	13,134
二十五年	4,608,060	19,281,718	16,396
二十六年	8,900,465	27,217,097	23,144
二十七年	2,501,250	28,357,402	24,113

---

① 发行额是以中统钞的锭数为单位，所有的至元钞以及至大三年的至大银钞，都照比率化成中统钞。数字是根据《元史·食货志》所载，但至元二十七年的发行数字有些版本的《元史·食货志》说是五千万二百五十锭，应当是刻板的错误。天历二年以后的数字，散见《元史·本纪文》中。至顺元年数见文宗纪二，为天历二年十二月丁未所造，谅系至顺元年份的。其中所缺年份，则不知是没有新钞发行，还是书中遗漏。不过顺帝纪三至元六年三月甲申曾下诏停止该年印钞。又至正元年十二月癸亥以在库至元中统钞可支二年，又停造至正二年钞本。

② 累积数计算的方法，仍是以旧钞打九五折再加新钞，但至大三年发行的至大银钞因为不久就收回销毁，所以至大四年的累积额中，已把这笔完全减去。

③ 人口数字仍以五千八百八十万计算。

续表

年代	发行额(锭)	加权累积额(锭)	每人所占额(文)
二十八年	2,500,000	29,439,617	25,033
二十九年	2,500,000	30,377,636	25,831
三十年	1,300,000	30,158,755	25,645
三十一年	968,530	29,619,347	25,186
元贞元年	1,550,000	29,688,380	25,245
二年	2,000,000	30,203,961	25,684
大德元年	2,000,000	30,693,763	26,100
二年	1,499,550	30,658,625	26,070
三年	4,500,375	33,626,069	28,593
四年	3,000,000	33,944,765	28,865
五年	2,500,000	34,747,527	29,547
六年	10,000,000	43,010,150	36,573
七年	7,500,000	48,359,642	41,122
八年	2,500,000	48,451,660	41,200
九年	2,500,000	48,529,077	41,266
十年	5,000,000	51,102,623	43,625
十一年	5,000,000	53,547,492	45,533
至大元年	5,000,000	55,870,117	47,509
二年	5,000,000	58,076,611	49,385
三年	36,259,200	91,431,980	77,765
四年	10,900,000	63,314,162	53,838
皇庆元年	11,211,680	71,360,134	60,681
二年	10,200,000	78,092,127	66,405
延祐元年	10,100,000	84,287,521	71,673
二年	5,100,000	85,173,145	72,426
三年	2,100,000	83,014,488	70,590
四年	2,500,000	81,363,764	69,187
五年	2,100,000	79,395,576	67,513
六年	7,500,000	82,925,697	70,515
七年	7,500,000	86,279,141	73,367
至治元年	5,050,000	87,015,184	73,092
二年	4,050,000	86,714,425	73,736
三年	3,550,000	85,918,704	73,060
泰定元年	3,150,000	84,772,769	72,086
二年	2,100,000	82,634,130	70,265
三年	2,100,000	80,602,423	68,539

续表

年代	发行额(锭)	加权累积额(锭)	每人所占额(文)
四年	2,100,000	78,672,302	66,898
天历元年	1,585,110	76,323,797	64,901
二年	6,000,000	80,507,607	68,459
至顺元年	2,300,000	78,782,227	66,991
二年	4,455,250	79,298,365	67,430
三年	4,984,000	80,317,447	68,297
至元三年	7,500,000		
四年	6,000,000		
至正元年	4,960,000		

元代自中叶以后,发行并不统一。除政府的发行外,还有赏赐钞印的办法。例如张瑄和朱清两人,因为创办海运有功,于至元二十三年底受赐钞印,得任意发行,富埒朝廷。虽然后来也同西汉的吴王濞和邓通一样被诛,但他们的发行曾继续到十七年之久①。此外各省人民冒禁私印的钞票,当也不在少数②。这种私钞,大概随

---

① 《新元史》卷七四《食货志》七,至元二十三年:"是年以张瑄朱清并为海道运粮万户,赐钞印听其自印交钞。其钞色比官造加黑,印朱加红。自是瑄清富埒朝廷。卒以汰侈伏诛。"(据《元史》卷二一《成宗纪》,张瑄、朱清的伏诛是大德七年的事。)《续通考》卷九:"至元二十三年十一月以张瑄朱清为海道运粮万户赐钞印。"叶子奇《草木子》卷三卷四关于这事也有记载。

② 《古今治平略》引郑介夫言(成宗时):"惟钞用本之轻,故伪造者纷然。立法虽严,终莫能戢。"《元史》卷九七《食货志》五,"至正十年,……先是左司都事武祺尝建言云:钞法自世祖时已行之。……比年以来,……伪钞滋多。"同书卷一八一《黄溍传》:(仁宗时)"奸民(浙江诸暨)以伪钞钩结党与,胁攘人财。"同书卷一九二《林祖兴传》:"铅山素多伪造钞者,豪民吴友文为之魁,远至江淮燕蓟,莫不行使。"《黄学士文集》卷二六揭公神道碑:"徽州民伪造楮币于僧舍。"虞集《道园学古录》卷三《新喻州重修宣圣庙儒学记》:"李侯……尝官南海上,……沿海有大寇,维十数舟,近在岸谷,交结豪横,私盐伪钞,汗漫不可收拾(顺帝初时事)。"同书卷四一《建宁路崇安县尹邹君去思之碑》:"……山谷之民,愚不知法,憸而狙利,伪造者滋多。"《元明事类钞》卷二六引元人李存伪钞谣:"国朝钞法古今无,绝胜钱贯为青蚨。试令童子置怀袖,千里万里忘羁孤。岂期俗下有奸弊,往往伪造潜隩隅。设科定例非不重,赖此趋利甘捐躯。"

第六章 金元的货币

蒙古人政权的威信降而增加。

物价的上涨,大德年间,就有人提到①,不过各种物价上涨的程度不尽相同,譬如饮食方面,在至元二十四年就已高于十三年几十倍,但造船的物料,到武宗至大四年还有人说只涨了十倍②。田亩价格在大德元年的时候,比至元二十四年高涨三四倍③。江西米粮的运费,在至元三十一年比元初只增加一倍④。海运的运费到至大四年也不过比三十年前加倍⑤。金银价就涨得比较快了。在至正六年(公元一三四六年)的时候,已涨成中统初的十五倍⑥。但比起米价上涨的速度来却慢得多。

米价在至元十三年(公元一二七六年)前后是中统钞一贯买一

---

① 《元典章》卷一九,成宗大德元年六月江西省据龙兴路申:"江南归附之初,行使中统钞两,百物价值低微……目今百物踊贵,买卖房舍,价增数倍。"同书卷二二皇庆元年五月江西行省准中书省咨户部备主事片呈:"照得近年以来,物价踊贵,比之向日,增加数十余倍。"《古今治平略》引郑介夫言:"古者怀十文而出,可以饱醉而归,民安得不富。今则怀十文钞而出,虽买冰救渴亦不能敷,民安得而不贫。"

② 《大元海运记》,武宗至大四年中书奏:"三十年前海运创始之初,钞法贵重,百物价平,……今则物重钞轻,造船物料十倍价高。"

③ 《元典章》卷一九,大德七年三月《湖广行省准中书省咨来海北海南道宣慰司》呈《雷州路申吴粪告状》:"至元二十四年兄吴秋素将田四亩五分卖与唐政为主,价钱三十两;至元三十年,唐政添价一百两卖与王冯孙为主;大德元年王冯孙添价一百二十五两卖与韩二十为主。"

④ 《元典章》卷二六,至元三十一年正月《湖广行省为起运真州粮一十五万石事移准江西省咨》:"先为年例攒运真州米粮,旧例每石下水百里,支钞三分,船夫揭用不敷,本省议得每米一石量添三分,通作六分。"

⑤ 《大元海运记》卷上武宗至大四年中书奏:"三十年前海运创始之初,……运粮一石,支脚钞八两五钱(中统钞)。……今……虽蒙每石添作至元钞二两,其物价愈翔,不敷其用,……今量拟远者温台庆元船只运粮,每石带耗添至元钞一两,通作三两,其余船只装运糙白粮每石添钞六钱,通作二两六钱;稻谷每石添钞六钱,通作二两。"

⑥ 杉村勇造《元公牍拾零》载至正六年五月的金银价:"赤色金每两(中统)钞陆定;九成色每两钞伍定贰拾两;七成色每两钞肆定贰拾两。花银每两钞叁拾两;九成色每两钞贰拾柒两;七成色每两钞贰拾壹两。"

石,至元钞发行时(公元一二八七年)便涨成十几倍①。在大德十年(公元一三〇六年)以前,十贯一石是正常的价格,大德十年江浙饥荒,每石要三十贯以上②。至大四年(公元一三一一年)当局增所粜米价为每石二十五贯③。至正六年上等粳米每石四十两④,即等于平定江南时的四十倍。

当时物价上涨的程度,也可以从盐价上看出来。蒙古人在征服中国之前,因地处北漠,盐价是特别高的⑤。自取得江南之后,盐价就下跌,至元十三年每引(四百斤)为中统钞九贯。二十六年,因为通货膨胀,每引涨到五十贯,十三年间增成五倍以上。元贞二年(公元一二九六年)涨成六十五贯。自至大二年到延祐二年(公元一三一五年)七年间,每引涨到一百五十贯,四十年间涨了十六倍以上⑥。至于两浙的盐价涨得更凶:起初每引官价止中统钞五贯,后来增为九贯、十贯,以至三十、五十、六十、一百,到顺帝至元五年,加成三锭⑦,比最初增成三十倍。市价还要更贵,要一贯钞才能

---

① 《农田余话》卷上:"得江南初……时米沽一贯一石。……至是(世祖末)米值十倍于前。以中统言之,十余贯矣。"

② 刘埙《水云村泯稿》卷一四呈州转申廉访分司救荒状:"大德十年丙午岁春夏间江浙大饥。……常年米硕价止中统钞一十两,籴户犹曰艰难,今则价值日增,倍而又倍……每硕乃成三十两之上。"

③ 《元史·食货四·赈恤》。

④ 杉村勇造《元公牍拾零》(《服部先生古稀祝贺纪念论文集》)载至正六年五月:"粳米上等每石(中统)钞肆拾两,中等每石钞叁拾柒两伍钱;下等每石钞叁拾伍两。占米上等每石钞叁拾柒两伍钱;中等每石叁拾伍两;下等每石钞叁拾贰两。"

⑤ 《元史》卷九四《食货志》二《盐法》:"太宗庚寅年始行盐法,每盐一引,重四百斤,其价银一十两,世祖中统二年减银为七两。至元十三年既取宋,而江南之盐所入尤广,每引改为中统钞九贯。"关于元代的盐价另有叶知本的请减盐价疏,见顾炎武《天下郡国利病书》卷二二江南十。

⑥ 《元史·食货志》二《盐法》。

⑦ 《元史》卷九七《食货志》五《盐法》。

买到一斤盐,较之唐天宝时的两文钱一斤,高了五百倍。比宋代的最高盐价四十七文一斤也要高二十几倍。比蒙古人占据江南时高八十倍。

仁宗皇庆延祐间,因钞票购买力不稳,民间多发行代用币,如竹木牌和帖子等。延祐元年(公元一三一四年)中书曾下令限制,使酒肆所发的酒牌,只许雇客用来向本店支酒,不得在市面流通①。由此可以推想当时市面情形的混乱。

泰定以后(公元一三二四年),国内治安已成问题,各地起来反抗,开支增加。天历二年(公元一三二九年)的时候,关中饥荒,米价每斗十三贯,人民拿钞票买米,稍有破旧,就没有人要,到平准库去兑换,"则豪猾党蔽,易十与五,累日不可得"。② 当时官中养的鹰鹘狮豹,每年吃肉到一万三千八百锭,比以前增加六七十倍③。赏赐卫士,每人竟至八十锭之多④,合四千贯。在汉唐,只有大功臣才可以得到这样大的数目,而在晋朝则大臣也难得到这样大的赏赐,元末竟同时赏给一万三千人,共计五千二百万贯,够宋初全国两三年之用。唐朝在通货膨胀以后的大历末,全国岁入也不过一千二百万贯,要四五年才可以积得这样数目。可见通货膨胀的程度。天历二年七月岁出就已超过岁入几倍⑤,至顺二年九月陈思谦说,

---

① 《通制条格》卷一四《酒牌侵钞》:"延祐元年九月中书省近为街下构栏、酒肆、茶房、浴堂之家,往往自置造竹木牌子及写帖子,折当宝钞,贴水使用,侵衬钞法。其酒牌止于本店支酒,不许街市流转,其余竹木牌子纸帖,并行禁断。"
② 《元史》卷一七五《张养浩传》。
③ 《元史》卷三三《文宗纪》二。
④ 同上。
⑤ 《元史》卷三一《明宗纪》,天历二年七月监察御史把的千思说:"若以岁入经赋较之,则其所出已过数倍,况今诸王朝会,旧制一切供亿,俱尚未给。"

开支比至元三十年以前增加几十倍①。

至正年间曾周游海外的汪大渊于至正九年著《岛夷志略》，记载乌爹银币两钱八分值中统钞十两，可见在至正年间或以前中统钞的汇价已跌成十八分之一。又瓦撒夫说元代一金单位值十个银单位，一个银单位，值二十个钞单位②。可见钞价跌落的厉害。

顺帝至正十年（公元一三五〇年）又发行新钞，即至正交钞，一贯合至元钞两贯或铜钱一千文。同时铸造至正通宝钱。这可以说是实行武宗的政策，不过钞票的额面倍数小一点。发行数字，少见记录。仅仅知道至正十二年和十三年各发行至正钞一百九十万锭，至元钞十万锭。十五年十二月又发行次年度的钞本六百万锭，大概是至正钞。米价要旧钞六十七贯一石③。因为那时红巾党刘福通已起于江西颍州。徐寿辉兵陷江州。朱元璋也于至正十五年（公元一三五五年）起兵，夺取刘福通的地盘；陈友谅也长驱直入。蒙古人只有印刷钞票来对付。不久物价又上涨十倍以上④。"军储

---

① 《元史》卷一八四《陈思谦传》，至顺二年九月，陈思谦说："一切泛支，以至元三十年以前较之，动增数十倍。至顺经费缺二百三十九万余锭。"

② 冯承钧译多桑《蒙古史》上册第三卷附录二，巴里失之价值引 Ibn Fazcloullah 的 Kitab tedjziyét-ú-emssar ve tezdjiyet-ul A'ssar. 单位称巴里失（balish），或即为锭。所引比价的年度不明。是在其第一册忽必烈即位一章之末叙述的。

③ 《农田遗话》卷上："至至正庚寅，中统（钞）已久废，改造至正，印造中统交钞，名曰新钞，一贯准旧十贯，为钱一千文；米石价旧钞六十七贯，至是六十七倍于国初。尔后用兵，率印造以买军需及籴米，民间贸易，不复顾视，至群割据，遂无用矣。"

④ 《元史》卷九七《食货志》五《钞法》，至正十一年："置宝泉提举司，常鼓铸至正通宝钱，印造交钞，令民间通行用之，未久物价腾涌，价逾十倍。"《元史新编》卷八七："至正间丞相脱脱当承平无事，入贾鲁之说，欲有所建立于世，别立至正交钞，钞料既窳恶易败，难以倒换，遂涩滞不行，及兵乱国用不足，多印钞以贾兵，钞贱物贵，无所于授，其法遂废。"

赏犒,每日印造,不可计数。"到处是钞票,当时民谣所谓"人吃人,钞买钞。"①至正十二年的盐价有"一贯文才十四铢"的话②,即二十七贯一斤,就算是指中统钞,也比蒙古人平定江南时要高一百二十倍到二百一十六倍。至正十九年杭州米价卖到二十五贯一斗③。在燕京,则十锭钞票还买不到一斗粟④,合起米价来,每石六七百万文,等于董卓时最高物价的六七倍。如果以一贯一石为正常米价,那么元代通货膨胀的结果,物价涨了六七千倍,如果以中统钞计算,则涨了六七万倍。贿赂官吏,纸币用车载⑤,和千年前南梁的铁钱一样。结果人民回复实物交易或用铜钱⑥。蒙古人就在这种情形之下,退出中国的政治舞台。

至正钞发行的数目,我们虽没有完全的记录,但他最后的购买

---

① 《元史新编》卷八七:"公私所积之钞,视若敝楮,而国用遂困。时有民谣云,堂堂大元,奸佞擅权,开河变钞祸根源,惹红巾万千;官制滥,刑法重,黎民怨,人吃人,钞买钞,何曾见贼作官,官作贼,混愚贤,哀哉可怜!"

② 周霆震《石初集》卷五纪事:"万斛北盐局海隅,迩来商贩竞南趋,去年(至正十二年)今日城中价,一贯文才十四铢。"蒙古人平定江南时,北方是一引九贯,江南是一引五贯。

③ 《辍耕录》卷一一,至正十九年冬杭州:"城中米价涌贵,一斗值二十五缗。"

④ 《元史·食货志》五《钞法》:"又值海内大乱,军储供给赏赐犒劳,每日印造,不可数计。舟车装运,轴轳相接,交料之散满人间者,无处无之。昏软者不复行用。京师料钞,十锭易斗粟不可得,既而所在郡县,皆以物货相贸易,公私所积之钞,遂俱不行,人视之若币楮,而国用由是遂乏矣。"

⑤ 《元史》卷一三九《纽的该传》,至正十八年:"兴和路富民,调戏子妇系狱,车载楮币至京师行贿,以故刑部官持其事久不决。"袁彦章《书林外集》卷五丙申(至正十六年):"华发骎骎五十余,此生那见此艰虞;人情世人弃如土,米价年来贵似珠。"

⑥ 孔齐《静斋至正直记》卷一楮币之患:"至正壬辰(十二年)天下大乱,钞法颇艰。癸巳又艰涩。至于乙未年,将绝不用。遂有观音钞、画钞、折腰钞、波钞、熬不烂之说。观音钞描不成画不就,如观音美貌也。画者如画也。折腰者折半用也。波者俗言急走,谓不乐受即走去也。熬不烂如碎絮筋查也。而中绝不用,交易惟用铜钱。"

力，却由洪武元年（至正二十八年）的计赃时估①上可以看出来。当

---

① 《明会典》卷一七九《计赃时估》："洪武元年令，凡计赃者皆据犯处当时物价。若计佣赁器物为赃者，亦依犯时价值，其佣赁虽多，不得过其本物之价。一、金银铜锡之类：金一两四百贯，银一两八十贯，铜钱一千文八十贯，生熟铜一斤四贯，铁一斤一贯，锡一斤四贯，黑铅一斤三贯。一、珠玉之类：玉一片、长二寸、阔一寸、厚五分、八十贯，珍珠一颗、重一分、十六贯，宝石一粒、重一分、八贯，翠一个十贯。一、罗段布绢丝绵之类：纱一匹八十贯，绫一匹一百二十贯，纻丝一匹二百五十贯，罗一匹一百六十贯，改机一匹一百六十贯，锦一尺八贯，高丽布一匹三十贯，大青三梭布一匹五十五贯，大白三梭布一匹四十贯，中细白绵布一匹二卡贯，粗棉布一匹一十贯，粗纻布一匹二十二贯，细纻布一匹二十四贯，粗褐一匹四十贯，锦绸一匹五十贯，大绵布一匹二十贯，麻布一匹八贯，葛布一匹二十贯，大绢一匹五十贯，小绢一匹二十贯，细绒褐一匹二百四十贯，毡段一段五十贯，毯氆一段五十贯，丝绵一斤二十四贯，净绵花一斤三贯，麻一斤五百文。一、米麦之类：粳糯米每一石二十五贯，小麦一石二十贯，大麦一石十贯，芝麻一石二十五贯，蜀秫一石一十二贯，黄黑菉豌豆每一石一十八贯，粟米黄米每一石一十八贯，面一斤五百文。一、畜产之类：马一匹八百贯，骡一头五百贯，驴一头二百五十贯，驼一头一千贯，水牛一只三百贯，黄牛一只二百五十贯，大猪一口八十贯，羊一只四十贯，鹿一只八十贯，小猪一口一十二贯，犬一只一十贯，獐一只二十贯，猫一个三贯，兔一只四贯，虎豹皮每张四十贯，马皮一张一十六贯，牛皮一张二十四贯，鹿皮一张二十贯，马骡牛驴猪羊獐鹿肉一斤一贯，鹅一只八贯，鸭一只四贯，鸡野鸡每一只三贯，鸽鹌鹑每一只五百文，天鹅一只二十贯，鱼鳖虾蟹每一斤一贯。一、蔬果之类：核桃榛子每一斤一贯，枣栗柿饼每一斤一贯，菱芡一斤一贯，松子一斤一贯，葡萄一斤一贯，杨梅一斤一贯，西瓜一十个四贯，桃梨每一百个二贯，杏李林檎每一百个一贯，柑橙橘石榴每二十个一贯，柿子每三十个一贯，菜一百斤二贯，姜一十斤一贯，藕一十支二贯，莲房二十个一贯，冬瓜一个五百文，蒜头一百个五百文。一、巾帽衣服之类：纱帽一顶二十贯，胡帽一顶八贯，貂鼠披肩一顶四十贯，棕草帽一顶八贯，儒吏等巾每一顶八贯，纻丝罗帽每一顶六贯，毡帽一顶四十贯，绦一条一贯，毡袜一双四贯，毡衫一领四十贯，鹿皮靴一双二十四贯，麂皮靴一双四十贯，牛皮靴一双一十贯，鞓鞋一双二贯，靸鞋一双一贯五百文，纻丝罗荷包每一个一贯，包头一方一贯，手帕一方二贯，网巾一顶三贯，绵纻丝被每一床一百贯，绫被一床四十贯，䌷绢被每一床二十贯，毡条一条四十贯，花毯一条八十贯，绵纻丝褥一床八十贯，布褥一床十六贯，细布棉被一床三十贯，粗布棉花被一床二十贯，旧纻丝衣服一件三十贯，新纻丝衣服一件八十贯，旧罗衣服一件二十四贯，新罗衣服一件七十贯，旧纱衣服一件二十贯，新纱衣服一件六十贯，旧绵布衣服一件五贯，新棉布衣服一件一十六贯，旧纻丝小袄一件二十贯，新纻丝小袄一件四十贯，旧纱罗小衫每一件一十贯，新纱罗小衫每一件三十贯，旧纻丝裙一条二十五贯，新纻丝裙一条五十

第六章 金元的货币

时黄金一两作钞四百贯,银一两或铜钱一千文都是八十贯。这里所指的钞贯,大概是至正钞。那么在十八年之间,纸币价值跌成八十分之一,也就是物价涨了八十倍;折合成中统钞,则元朝百年间,物价上涨近千倍。计赃时估大概是参照各地的情形决定的,相当于一种平均价格,而且是一种官价,个别地区物价上涨的程度,远较这种官价为高。

元代的价格纪录比其他朝代少。所以对于那一百年间以金银计算的物价情形,只能根据仅有的几种纪录来作一个估计。以白

贯,旧罗纱裙每一条二十贯,新罗纱裙每一条四十贯,绫䌷衣服每一件二十贯,绒褐衣服一件八十贯,旧夏布衣服一件五贯,新夏布衣服一件十贯,绵布小衫一件五贯,绵布裙一件五贯,绵布裤一腰四贯。一、器用之类:门一扇五贯,板壁一扇一十贯,窗一扇三十贯,木板一片、阔一尺、长五尺、厚五寸、四贯,卓一张一十贯,凳一条四贯,杌一面二贯,交椅一把二十四贯,琴一张六十贯,扇一把一文,木箱一个八贯,大屏风一个二十四贯,竹帘一个二贯,棕蓑衣一件三十贯,笠一顶一贯,雨伞二把一贯,雨笼一个一贯,墙壁篱笆一丈一十贯,大瓷瓶一个一贯,大瓷缺一个一十贯,漆盘一个四贯,漆碟碗每一个一贯,乌木箸十双四贯,竹箸十双五百文,瓷碟碗每十个二贯,大木桶一只五贯,大木盆一只三贯,斛一张五贯,斗一量二贯,升一个五百文,大铁锅一口八贯,铜锅一口二十贯,铁锄一把二贯,铁犁一把二贯,铁锹一把二贯,大车一辆三百贯,小车一辆二十四贯,船一只、计料一百石、五百贯,马鞍一副六十贯,鼓一面五贯,碾磨每一副三十贯,女轿一顶八十贯,秤一把五百文,铁索一条一贯,锁头一个五百文,弓一张八贯,箭一千枝四贯,枪一根四贯,大刀一把五贯,小刀一把二贯,弩一张八贯,鱼叉一把一贯,禾叉一把一贯,大磬一口二十贯,铙钹一副四贯,柴草一小车一十五贯,木柴一百斤八贯,灰炭每十斤一贯,煤一石八贯,瓦一百片一十贯,砖一百个一十六贯,木一根、围一尺、长一丈、六贯,椽一根四贯,猫竹一根二贯,芦席一领一贯,笔竹一根五百文,秔秸谷草每一大车四十贯,白蜡一斤一十贯,黄蜡一斤二贯,香油一斤一贯,茶一斤一贯,酒醋每一瓶一贯,真粉一斤五百文,盐每十贯二贯五百文,蜂蜜沙糖每斤一贯,苏木一斤八贯,胡椒一斤八贯,花椒一斤一贯,银朱一斤一十贯,矾一斤五百文,朱砂一两四贯,硫黄一斤一贯,榜纸一百张四十贯,中夹纸一百张一十贯,奏本纸一百张一十六贯,手本纸一百张七贯,各色大笺纸一百张二十贯,墨一斤八贯,笔一十枝二贯。"

银计算的米价,在十三世纪后半,大约为每公石九钱①;十四世纪前半似乎已涨到每公石一两二钱②。从整个元代看来每公石③平均约值银一两零五分或值银三十九公分。元代金银比价为一比十,所以用黄金来计算,每公石约值三公分九厘。当时欧洲小麦的价格

---

① 南宋宝祐间米价每公石值银一两零四厘,见第五章第二节六375页注②。《元史》卷九三《食货志》一《税粮》:"中统二年……民户赴河仓输纳者,每石折输轻赍中统钞七钱。"这里所指为粟价,粟价通常在南方相当于米价的四分之三(参阅《计赃时估》),但北方大概为两石粟抵一石米,故米价应为每石中统钞一两四钱。这里估作白银七钱。《农田余话》说蒙古人取得江南时米沽是一贯一石。《元史》卷一三《世祖纪》十也说在卢世荣立榷酤以前,民间买米造酒,每石官价是一贯钞。至元二十四年改发至元钞时,米价是十贯一石,合白银一两。《元史·食货志·振恤》说元贞元年京师米贵,政府粜米白粳米每石中统钞十五两,白米十二两,但这些价格是照市价每石减低三贯到五贯计算的。如果至元十六年以前白银一两作中统钞二贯,以后作五贯;二十四年起作十贯,元贞元年作十五贯来折合各项米价,则十三世纪后半每石米约合八钱三四,每公石合三十三公分。

② 十四世纪第一个十年的米价每石约一两,因《元史》卷九六《食货志》有大德七年"无米则验时值给价,虽贵每石不过二十两(中统钞)"。又《水云村泯稿》卷一四说大德十年的米价由平时的十贯一石涨成三十贯一石,也可看作二十贯一石。第二个十年政府赈恤粜米每石为二十五贯(《元史·食货·赈恤》),市价应为二十八贯。合银约一两一钱。第三个十年有泰定二年政府的赈恤米价每石二十贯(《元史·食货》四),市价可作二十三贯。致和元年每石于五贯,市价作十八贯,平均起来,约合白银一两。第四个十年有至顺二年的折算。因元史卷三五有"十月遣官赍钞十万定、盐引三万五千道……优价和粜米三十万石"。天历二年盐价为每引一百五十贯,故米价每石约合三十四贯许。合白银约一两一钱许。第五个十年有杉村勇造的数字。每石合银一两二钱四分。元代金银价格只有发行中统钞时以二贯作银一两,以及杉村勇造关于至正六年的金银价,八十几年间,金银价涨成十五倍,而米价则涨成三四十倍,所以银价平均每三年每两涨价一贯。在这原则上,大德七年白银每两以二十贯计,至大四年官价二十五贯,但次年至大银钞作废,物价有回跌,所以银价也改以每两二十贯计。天历三年则作三十贯。金银比价通元代都以一比十计。

③ 元代一石以〇·九四八八公石计算;一两以三七·三公分计算(吴承洛《中国度量衡史》)。但元代有时用宋石。《元史》卷九三食货志税粮条下载:"至元十九年用姚元之请,命江南税粮依宋旧例折输锦绢杂物。……其输米者,止用宋斗斛,盖以宋一石当今七斗故也。"

每公石值银十六公分,或值金一公分多①,还是低于中国。尤其是用黄金计算,欧洲小麦价格,不到中国米价的一半。

元代工匠的收入,分货币和实物两种。这是政府对工匠的支付方法。货币收入多少,没有纪录;但购买力大概和实物收入相等。实物支付也曾用过几种办法,有时是按照工程计算,至元二十五年(公元一二八八年)三月当局规定各机关工匠的待遇,除支付货币以外,每人月支米三斗,盐半斤,另加家属津贴。家属又分为三等:家属大口每月支米二斗五升;家属小口和所谓驱大口(大概指佣工奴婢)每月支米一斗五升;驱口小口每月支米七升五合,但每户不得过四口②。当时米价一石大概合中统钞十贯,盐每引五十贯,即一百二十五文一斤。所以当时工匠收入若折合成公石,每月约自二斗九升一合到一石二斗三升九合。合中统钞自三贯到十三贯。合白银每月自十一公分二到四十八公分五。

第三节 货币理论

金元二代,中国由外族统治。虽然一切力求汉化,而且也有大批的中国人在政府做官。但在思想方面是没有什么建树的。对于

---

① The Dictionary of Statistics.
② 《通制条格》十三《工粮则例》,至元二十五年三月:"尚书省户部分拣到各衙应支盐粮人口,除请钱住支外,不曾请钱人户,拟四口并只身人口,除已分拣定四口为则外,验户请粮户数,亦合一体,每户多者,不过四口,少者验实有口数:正身月支米三斗,盐半斤;家属大口月支米二斗五升,家属小口并驱大口月支米一斗五升,驱口小口月支米七升五合,并印钞抄纸人匠,坝河倒坝人夫,每年俱有住闭月日,拟合实役月日,每名月支米三斗,盐半斤。都省准拟。"

货币理论,也没有什么贡献。

世宗完颜雍的三十年,是金朝最盛的时期,在币制方面,也比较是有作为的。当时还是钱钞兼用,币值相当稳定,然而膨胀主义的倾向,已流露于历次言谈之间。大定十年世宗对户部的人说:

"官钱积而不散,则民间钱重,贸易必艰,宜令市金银及诸物。"(《金史·食货志》)

这话证明他对于货币要在流通时才发生作用一点是看明白了。

元朝的人才比较多一点,但因为元朝的币制,自始至终,是以纸币为主,所以各种讨论,都集中在纸币问题上。

在至元三年的时候,有外国商人想收买纸币准备金,包办平准币值的工作,以增加政府的岁入为辞。户部尚书马亨反对,他说:

"交钞可以权万货者,法使然也。法者主上之柄,今使一贾擅之,废法从私,何以令天下。"①

这是法家式的论调。

元代在货币理论方面,只有许衡(公元一二〇九到一二八一年)曾提出一种新颖的见解。他看出通货膨胀的剥削性,认为纸币越跌价,则政府负于人民者越多。因此他反对纸币。他说:

"夫以数钱纸墨之资,得以易天下百倍之货。印造既易,生

---

① 《元史》卷一六三《马亨传》。另见《续通考》。

生无穷,源源不竭。此世人所谓神仙指瓦砾为黄金之术。……嘉定以一易二,是负民一半之货也;端平以一易五,是负民四倍之货也。无义为甚。"①

这些话虽然是从反对纸币的立场出发的,但实际上是中国古来反对通货膨胀最有力的一种论据,如果历代政府能注意到这一点,而引以为鉴,则人民受币值变动的痛苦,当可以减少许多。如果一般人能明了这一点,也就可以及时对政府提出抗议,以为预防。

第四节 信用和信用机关

十二三世纪的时候,亚欧两洲的民族,忽然活动起来;欧洲人要攻取亚洲,亚洲也有人要征服欧洲;好像彼此间有很大的吸引力一样。

在欧洲方面,几次的十字军远征,使得西方人同东方世界发生接触,看到许多珍奇的东方物品,引起他们对于东方的憧憬,酝酿着发现东来航路的愿望。马可波罗便是一个最早的先锋。

在亚洲方面,成吉思汗所派遣的蒙古铁骑,曾经践踏到欧洲的腹地,在欧洲人心目中,留下深刻的印象。

欧洲从这时候起,进步的速度加快了。在信用事业方面,有兑换店、放款团和典质的产生。因为商业逐渐发达,封建制度开始衰落,城市国家先后兴起;各地的钱币,流到城市来,成色重量都不划

---

① 王鎏《钱币刍言》。

一，劣币很多，盗削也是常事，兑换店就是因此而产生的。他们不但替商民估定钱币的成色重量和价值，而且代为保管钱财，代作债务的清算。后来并由本地的清算而发展成外地的清算，这就是汇兑。十二世纪末，意大利已经使用汇票了。中国的汇兑业务，因纸币的使用，反而衰落了。另一方面因为欧洲城市国家兴起，彼此间常常发生战争，而士兵的募集，不像封建制度下为人民之义务，必须用钱来雇用，这需要大笔款子，多不是那些城市政府所能负担得起的，因此常向当地的富商强制借款，并由他们组织一个团体来经理放款账目并代收用作抵押的税款，有时就利用这些税款来作放款。这种团体就成了另外一种金融机关。十二世纪的威尼斯共和国便有这种团体的产生。

中国的信用事业，在这一个期间，没有重大的新发展。在金人治下，信用上的通融，仍多靠私人的放债①，政府当局虽规定利率不得超过按月三分，积久只能到一倍；但实际上有时不到一个月便收息三倍②。

抵押信用仍旧是靠典当，叫作质典库或解库，这是民间经营的。另外有公典，叫作流泉，这倒是中国信用史上一件重要的事情。大定十三年（公元一一七三年），世宗因为民间质典利息太重，高到五七分，有时并用复利计算，因此下令在中都南京（即汴京）东平真定等处设置质典库，称为流泉，设专人管理，并规定典质的时

---

① 洪皓《松漠纪闻·银珠哥大王》："有银珠哥大王（金人）者，以战多贵显，而不熟民事。尝留守燕京，有银数十，家负富僧金六七百万缗，不肯偿。"（《旧小说》丁集四。）

② 《金史》卷五〇《食货志》五《和籴》："国朝立法，举财物者月利不过三分，积久至倍则止。今或不期月而息三倍，愿明敕有司，举行旧法，丰熟之日，增加和籴，则在公有益，在私无损失。"

候由使副亲评价值,押款数目照估价的七成,月息一分,不到一个月的,按天数计算。如果满了两年再遇一个月还不去赎取,就下架出卖。当票叫作帖子,上面写明质物人姓名,质物的名称和品质,或金银的等级和分两,以及质典的年月日和金额等。如果质物被遗失,照新物赔偿。大定二十八年十月添设流泉务二十八所①。

金人因为银钱纸币兼用,所以兑换业也相当发达。纸币的兑现,虽然有政府设立的交钞库,但老百姓很不容易走进衙门机关。好在商贾们也有经营兑换业务的②。这在货币流通混乱的条件下,大概是一种有利可图的业务,兑换商可以从买卖价的差额上取得厚利。

元代因为四方征伐,赋税特重,人民多借贷以输,于是放钱举债的人,便抬高其利息。最有名的是所谓羊羔息或羊羔利,一年翻一倍,经营这种放款的人似乎是西北的回鹘人,那是在蒙古统治中国以前。太宗(窝阔台)十二年(公元一二四〇年)曾用公款七万六千锭,代为偿还这种债务③。并规定从此借贷不论时间如何长久,

---

① 《金史》卷五十七《百官志》三。
② 《金史》卷四八《食货志》三,泰和七年十一月:"(高)汝砺对曰,今诸处置库,多在公廨内,小民出入颇难,虽有商贾易之,然患钞本不丰。"
③ 《元史》卷二太宗十二年:"是岁以官民贷回鹘金偿官者,岁加倍,名羊羔息,其害为甚,诏以官物代还。凡七万六千锭。仍命凡假贷岁久,惟子本相侔而止,着为令。"同书卷一四六《耶律楚材传》:"(太宗时)先是州县长吏,负借贾人银,以偿官息,累数倍,曰羊羔儿利,至奴其妻子犹不足偿,楚材奏令本利相侔而止,永为定制。民间所多者,官代为偿之。"同书卷一九一《良吏》一《谭澄传》:"官为称贷,积息数倍,民无以偿,澄入觐因中书耶律楚材面陈其害,太宗恻然,为免其逋,其私负者,年虽多,息取倍而止。"同书卷一五五《史天泽传》:"(太宗时)天泽还真定时,政烦赋重,贷钱于西北贾人以代输,累倍其息,谓之羊羔利,民不能给。天泽奏请官为偿,一本息而止。"同书卷一五一《王玉传》:"有民负西域贾人银,倍其母,不能偿,王出银五千两代偿之。"同书卷一五二《王珍传》:"(太宗时)珍言于帝曰:大各困于赋调,贷借西域贾人银八十锭,及逋粮五万斛,若复征之,民无生者矣。诏官偿所借银。"同书卷一五六《董文炳》:"前令因军兴乏用,称贷于人,而贷家取息岁倍,县以民蚕麦偿之。"

利息不得超过本金①。至元三年二月又下诏重申一本一利的原则②。十九年因为权豪势要之家,榨取债户,故仿金人的办法,规定民间贷钱,只能收息三分③。但一般放债人总是利用所谓"子本相侔"的原则,每次放款,偿还时总是本利对倍④。

至元二十二年(公元一二八五年)卢世荣奏请各路设立平准周急库,目的是平准币值,对人民供给低利放款,他认为当时虽然有平准机关,但是没有人会运用基金,使得钞价下跌,物价上涨;如果运用基金来放款生利,不但借的人多,而且本金不致损失。卢世荣的许多计划,比王安石的办法还更进一步。这平准周急库,可以说就是国家银行,他主张每路设一家,等于后代的省分行。几个月后卢世荣就被劾入狱而死,这些办法当然没有实行。但至元三十年曾以钞五千锭为本设立公典,叫广惠库,放典收息⑤。

---

① 《元史》卷一〇五《刑法志》四《禁令》:"诸称贷钱谷,年月虽多,不过一本一息,有辄取赢于人或转换券,息上加息,或占人牛马财产,夺人子女以为奴婢者,重加之罪,仍赏多取之息,其本息没官。诸典质不设正库,不立借帖,违例取息者禁之。"同书卷一二五布鲁海牙:"世祖即位,……命布鲁海牙使真定,真定富民出钱贷人者,不逾时,倍取其息,布鲁海牙正其罪,使偿者息如本而止。后定为令。"

② 《通制条格》卷第二八《违例取息》:"至元三年二月领奉圣旨,债负止还一本一利,虽有倒换文契,并不准使,并不得欠债人等强行扯拽,头匹准折财产,如违治罪。"

③ 《元史》卷一二《世祖纪》九,至元十九年四月:"定民间贷钱取息之法,以三分为率。"《通制条格》卷第二十八:"至元十九年四月中书省奏,随路权豪势要之家,举放钱债,逐急用度,添答利息,每两至于五分,或一倍之上,若无钱归还,呵除已纳利钱外,再行倒换文契,累算利钱。准扣人口头匹事产,实是于民不便。今后若取借钱债,每两出利不过三分。"

④ 杂剧《鸳鸯被》第一折,见前引。又《感天动地窦娥冤·楔子》:"(卜儿蔡婆上诗云)……家中颇有些钱财,这里一个窦秀才,从去年间我借了他二十两银子,如今本利该银四十两。我数次索取,那窦秀才只说贫难。"(元曲选)又翠红乡儿女团圆,第二折:"(王兽医上云)……这白鹭村韩弘道叔叔家,我少他十锭钞,本利该二十锭。"(《元曲选》)

⑤ 《元史》卷八九《百官志》。

元代民间的信用机关,还是以典当业为主。叫作解典库①、解典铺②、或解库③。他们不只做抵押放款,似乎还作普通信用放款。杂剧中有人到解典库去借盘缠④,也有关于解典库的职员出门收账的事⑤,这当然不是催赎,而是催偿普通放款。此外还有以解典库为中心而开设许多其他店铺的事,那些店铺受解典库的监督管理,或由解典库经常派人去查账⑥。俨然现代的投资公司,或托拉斯中的金融机关。

---

① 杂剧《鸳鸯被·楔子》:"(净扮刘员外上云)小生姓刘,双名彦明,家中颇有钱财,人皆员外称之。今日开开这解典库,看有什么人来。"(《元曲选》)又杀狗劝夫,第四折:"(正末上云)今日俺哥哥教我管着解典库,我且闲坐着。"(同)又东堂老劝破家子弟:楔子,"(正末云)老兄差矣,你负郭有田千顷,城中有油磨坊,解典库,有儿有妇,是扬州点一点二的财主。"(同)又《布袋和尚忍字记》,楔子:"(正末云)酒勾了也。老的每说来,酒要少饮,事要多知。俺且在这解典库闲坐,看有什么人来。"(同)又马丹阳度脱刘行者,第三折"(净扮林员外上云)小生姓林,名盛,字茂之。在这汴梁城内开着座解典库。"(同)

② 杂剧《合汗衫》第一折:"(正末云)老夫姓张名义,字文秀,本贯南京人也。……俺在这竹竿巷马行街居住,开着一座解典铺。"(《元曲选》)

③ 杂剧《东堂老劝破家子弟》第四折:"(扬州奴云)口海这解典库还依旧开放么?〔正末唱〕解库中有金共银。"(《元曲选》)

④ 杂剧《鸳鸯被·楔子》:"(李府尹云)刘道姑,你来了也。我如今有罪赴京听勘,争奈缺少盘缠,一径请你来,不问那里替我借十个银子,与我做盘缠。(道姑云)有,有,有刘员外家,广放私债,莫说十个、二十个也有,我就去。(净扮刘员外上云)……今日开开这解典库看有什么人来。"(《元曲选》)

⑤ 杂剧《合汗衫》第二折:"(张孝友同兴儿上云)……兄弟索钱去了,我且在这解典库中闷坐咱。"(元曲选)又布袋和尚忍字记,第一折"(刘均祐领杂当上云)小生刘均祐,自从哥哥(开解典库的刘圭)认我做义兄弟,可早半年光景也。原来我哥哥平日是个悭悋苦克的人,他一文不使,半文不用,放钱举债都是我。"同剧"〔正末唱〕(赚煞)则这欠债的有百十家,上解有三十号。"(同)

⑥ 杂剧《看钱奴买冤家债主》第二折:"(外扮德甫上诗云)……此处有一人,是贾老员外,有万贯家财,鸦飞不过的田产物业、油磨坊、解典库,金银珠翠,绫罗段匹,不知其数。……小可今日正在他家坐馆,这馆也不是教学的馆,无过在他解典库里上些账目。……今日无甚事,到解典库中看看去。(下)(净扮店小二上诗云)……俺这酒店是贾员外的,他家有个门馆先生,叫作陈德甫,三五日来算一遭账。……

至元十六年，因刚征服江南不久，各地典当，受官司科扰，所以只有有势力的人才敢开解库，当局因而下令禁止戢录事司们妄行生事，敷敛民户①。元贞三年下令解典金银，两周年不赎，才许下架，因当时有些解库周年后，便不许赎当②。

开设典当的人，除官商以外，寺庙和道观也很重要。这种寺观的产业是多方面的，除了解典库以外，还有园林、碾磨、店舍、铺席、浴堂等。这些产业都得到帝王的保护。根据遗留下来的圣旨碑，我们知道河南、河北、山东、陕西、山西、江西、湖北、云南等省，都是这种情形③。

元代的存款业务，毫无发展。店铺的寄托保管，是否还继续做，

（贾仁同小儿上云）……自从与那一分人家打墙，刨出一石槽金银来，那主人家也不知道，都被我悄悄的搬运家来，盖起这房廊屋舍、解典库、粉房、磨房、油房、酒房，做的生意，就如水也似长将起来。……我这解典库里有一个门馆先生，叫作陈德甫，他替我家收钱举债。"（《元曲选》）

① 《通制条格》卷第二十七《解典》："至元十六年六月中书省钦奉圣旨，石招讨奏，亡宋时民户人家有窖，官司听从开解。自归附之后，有势之家，方敢开解典，无势之家，不敢开库；盖因怕惧官司科扰，致阻民家生理。乞行下诸路省会，居民从便生理，仍禁戢录事司，不得妄行生事，敷敛民户。纵有误典贼赃，只宜取索。却不可以此为由，收拾致罪。"

② 《通制条格》卷二十七《解典》："元贞三年二月中书省江浙省咨姚起告，将珠翠银器衣服于费朝奉家典当钞两，周年后不肯放赎。都省议得今后诸人典解金银，二周岁不赎，许令下架。"

③ 法国的沙畹博士（Edouard Chavannes）曾搜集许多元代的碑文，其中有八篇提到解典库。沙畹将《解典库》译作《图书馆》（Bibliotheques），真是书生本色。不知中国的寺观不像欧洲中世纪的教会是研究学问的地方。中国寺观以治产为重。八篇碑文的年代自元贞二年（公元一二九六年）到至正元年（公元一三四一年）。地域有山东、河北、山西、湖北等。文字半通不通，乃是蒙古人写的汉文。（Edouard Chavannes, Inscription et Pieces de Chancellerie Chinois de L'epoque Mongole. T'oung Pao, Serie II., Vol. IX., pp, 356－411.）又蔡美彪《元代白话碑集录》（中国科学院语言研究所编辑）中提到《解典库》的碑文更多，包括的地区也更广。

不得而知。但柜坊似乎已经衰落了,本来柜坊产生于隋唐的长安,北宋的汴京和南宋的临安都有。长安经过唐末内战的摧残,汴京受到金人的掳掠,旧日的繁华,已荡然无存。元代的政治重心,已移到燕京去。在战争与通货膨胀之下,存款业务是不会发达的。

兑换业务则由于必要而日见发达。元朝经营兑换业的是银铺或银匠铺①。自金元以来,白银比黄金用得多,所以唐宋的金银铺改称为银铺。银铺自然是以打造银器为本业,但兑换对于他们大概也很重要。而且不限于白银,黄金也可以兑换②。后来民间使用铜钱,所以铜钱的兑换事业,大概也相当发达;顺帝至正十六年(公元一三五六年)曾有禁止贩卖铜钱的命令③。

元代的金价,对至元钞是每两二十贯,对至大银钞是每两值钞十两,对铜钱约为每两万文。银价每两合至元钞两贯,至大钞一两或至正铜钱一千文。不过元代名义上不许民间使用金银,铜钱既少铸造,纸币则价格常变。只有金银间的比价,始终是一比十。但在产金区则金价低,例如在云南,有些地方金银是一比八,有些地方是一比六和一比五④。大概黄金的供给,续有增加。日本不断将黄金输入中国。有时是用来交换中国的铜钱,如至元十四年的一

---

① 杂剧《罗李郎大闹相国寺》,第二折:"(外扮银匠上云)自家是个银匠,清早起来开铺儿看有什么人来。(净上云)一路上将盘缠都使尽了。则有这两个银子,拿去银匠铺里换些钱钞使用。(见科云)哥哥作揖。(外云)你待怎地?(净云)我有一锭银子换些盘缠使用,你要亦不要?(外云)将来我看。(净云)这不是银子,你看。(外看科云)哥哥你再有么?(净云)我这里还有一个。(外云)将来我看。好也,原来是假银子,明有禁例,我和你见官府去来。"(《元曲选》)
② 杂剧《争报恩·三虎下山》,第一折〔赚煞尼〕:"我与你这金钗儿做盘缠,你去那银铺里自回倒,休得嫌多道少。"(《元曲选》)
③ 《元史》卷四四《顺帝纪》七。
④ The Travels of Marco Polo, Book Ⅱ., chaps. XXXIX, XL, XLI and XLIII.

次。有时是用来向中国交换其他商品,例如镰仓净妙曾叫安禅人带黄金百镒到中国来购买福州版的大藏经①。元代曾用铜钱向海外交换金珠②,而对本国黄金出口则屡有禁令③,所以黄金只有流入。至元二十六年正月江淮行省平章沙木鼎请上市舶司岁输金三千四百两④,按当时市舶司对于番货抽取十分之一,如果这三千四百两黄金是一年中黄金进口数量的十分之一,则元代输入的黄金数就很可观了。

至于汇兑业务,自采用纸币后,已不大有需要,所以便换的办法,渐渐被人遗忘了。

---

① 《藏经舍利记》(《中国日本交通史》第一三八页引)。
② 《续通考·市籴考·市舶互市条》,至元十九年:"令以钱易海外金珠货物。"
③ 《续通考·市籴考·市舶互市条》,至元二十三年:"禁赍金银铜钱越海互市。"同书大德七年二月:"禁诸人毋以金银丝线等物下蕃。"同书武宗至大二年九月:"诏海舶兴贩金银铜钱绵丝布帛下海者禁之。"
④ 《续通考·市籴考·市舶互市条》。

第七章 明代的货币

第一节 货币制度

一 纸币

明朝初年,曾仿照蒙古人的办法:用钞不用钱,禁止民间以金银交易。但不久就加以变通,钱钞兼用,以纸币为主,钱为辅。后来纸币膨胀跌价,一切都以银钱支付。

明朝的纸币,是太祖洪武八年(公元一三七五年)发行的。额面分六种,即一百文、二百文、三百文、四百文、五百文、一贯。每贯等于铜钱一千文,或白银一两;四贯合黄金一两。金银只可以用来领用钞票,换句话说,只能卖给政府。洪武十年规定,一百文以下的数目用铜钱支付。商税的输纳,七成用钞,三成用钱。二十二年加发小钞,分十文、二十文、三十文、四十文、五十文,共五种。

明朝的纸币制度,有一点值得称述的,就是两百多年间,只用一种钞票。元朝虽曾统一宋金的分歧的币制,但几十年间,自己的钞票改了几次名称。到了明朝,就有更大的统一性了。这种统一性是前代所没有的。

大明宝钞也是用桑皮纸做钞料,长约三公寸六分四厘,宽约二公寸二分,要算是中国最大的钞票,但也限于一贯钞,小钞要小得多。在其他形制方面,大小钞是没有多大分别的。四周有龙纹花栏,上面横题大明通行宝钞六字。花纹栏内两边各有四个字一行的篆书:"大明宝钞,天下通行";中间有钱贯的图样,小钞则不是成串的钱,而是一枚一枚排列着。下面则印明为中书省或户部①奏准印造,与制钱通行,伪造者斩,以及告发者的赏银数目。末有洪武年月日。洪武以后,虽然继续发行,但仍用洪武年号②。

历代都有所谓倒钞法,就是将破旧的钞票拿去换易新钞,政府征收一点纸墨费,或工墨费,或叫贯头钱。北宋交子换易的时候,每缗收纸墨费三十文,南宋绍兴十一年(公元一一四一年)加成六十四文。金人的交钞兑现时收工墨钱十五文,大定二十三年起,每张只收八文,后来又减为二文。元朝是三十文,至元三年曾减为二十文,二十二年又恢复三十文的旧例。明朝是承袭元朝的办法,每贯收工墨费三十文,五百文以下则递减。但明朝的宝钞因为没有分界的办法,又不像金元一样,时常改革币制,发行新钞,所以旧钞越来越多,倒钞问题,就比前代麻烦了,因为人民常常把没有破旧的钞票拿去换易。这种情形自然是由于通货膨胀,商人对钞票的新旧加以差别待遇,同时税务员舞弊,利用新旧钞价格的不同,强迫人民用新钞纳税,他们则换成烂钞送国库,从中取利。有些人不明白这个原因,以为是倒钞法本身有什么缺点。

大明宝钞也和元代交钞一样,有一部分流到外国去。因为各国

---

① 洪武十三年以前印造的称中书省,十三年中书省废,造钞改属户部。
② 《明史》卷八一《食货志》五:"帝(成祖)初即位,户部尚书夏原吉请更钞版篆文为永乐,帝命仍其旧,自后终明世皆用洪武年号云。"

进贡时,明廷常常赏赐钞锭①。洪熙时范济曾说,"大明宝钞,华夷诸国莫不奉行。"②成化年间,满刺加国王几次来朝,前后赐钞五六十万贯③。不过除了高丽曾在明初自己曾发行楮钞以外,我们不能证明大明宝钞有在其他国家流通的事。而且天顺八年礼部奏称钞锭非夷人之便,请量赐匹绢布④,可见在外国未必流通。也许外国使节得到明廷赏赐的钞锭,就在中国换成货物,钞锭根本没有流到外国去。

正统以后,宝钞已不通行,只有官俸还是用钞折付。但经过几百年的使用,钞字已深入人心。到了明末,还以钞字来代表货币⑤,或称钱钞⑥,或称钞银⑦,而实际上支付的却是银或钱。

成化十六年邱濬提出的币制改革方案,表面上看似乎是银本位,但实际上是计划用钞票和铜钱来流通。⑧

---

① 欧洲托钵僧奥多利克记述永乐十八年明廷将钞赏赐与外国使节的事。"…whilst we find that Shah Rokh's embassy to the Ming Emperor in 1420 receives amongst other presents eight balish of silver. Another of the presents is five thousand 'chao', which was the genuine Chinese name for the paper money."(Yule, *Cathay and the Way Thither*, Vol. Ⅱ., The Travels of Friar Odoric, p. 195.)《洪熙实录》卷一〇洪熙元年五月:"庚午赐爪哇国贡使亚烈黄扶信等钞十五万九千五十锭。"

② 《宣德实录》卷六。

③ 《续文献通考》卷一〇《钱币考》:"成化九年九月,玛尔戬国王来朝,辞归赐钞四十万贯。……二十二年四月玛尔戬王再朝,赐钞三万余锭。盖自此钞行于域外矣。"《明史》卷三百二十五外国六满刺加条对于成化九年的一次,有同样的记载。

④ 《续文献通考》卷一〇《钱币考》四。

⑤ 《今古奇观》第五卷《杜十娘怒沉百宝箱》:"单表万历二十年间日本国关白作乱。……十娘道,公子虽在客边乏钞,谅三百金(白银三百两)还措办得来。"同书第七卷《卖油郎独占花魁》:"常言道,妓爱俏,妈爱钞。"

⑥ 《今古奇观》第一四卷《宋金郎团圆破毡笠》(正德年间):"见刘翁夫妇一团美意,不要他费一分钱钞,只索顺从。"《西游记》第四十回,"众神道,……小妖儿们又讨什么常例钱。行者道,汝等乃是阴鬼之仙,有何钱钞?"又第五十三回,"长老叫沙僧解开包取几文钱钞与他。"《金瓶梅》第五十六回:"桂姐道,……只造化齐香那小淫妇儿,……他家赚钱赚钞,带累俺们受惊怕。"

⑦ 《金瓶梅》第六十回:"通共十大车货,只纳了三十两五钱钞银子。"

⑧ 详第三节。

天启年间,由于财政困难,给事中惠世扬曾提议用钞。崇祯八年给事中何楷又请行钞①,都没有获准。十六年,明朝政权已到了摇摇欲坠的时候,一个书生蒋臣再议行钞,得到户部尚书倪元璐和侍郎王永鳌的赞助,一面把蒋臣擢用为户部司务,同时把他的办法作为户部的建议向庄烈帝提出。② 办法的内容是一年发行五千万贯③的钞票,发行后就可以减免五百万的租赋,连续发行四年则新练两饷可以全免,五年而夏秋两税也可以减少。他们似乎估计当时全国的白银约有二万五千万两,所以主张连续发行五年,刚好把这批白银全部收归国库。商民用白银来兑钞票的时候,只需付九钱七分就可以兑一贯钞,完粮纳税,则作一两用,以为这样会使人民争趋如鹜。同时又要铸造铜钱,钞一贯合钱千文④,崇祯帝赞成

---

① 《续通考·钱币考》。《明史·食货五》。
② 崇祯十六年十月丁丑《户部用司务蒋臣议行钞法条》上八事,全文见《崇祯长编》卷一。
③ 《明史》卷二五一《蒋德璟传》说是每年发行三千万贯。孙承泽《春明梦余录》说第一年发行三千万,以后每年发行五千万。
④ 关于这次行钞筹备的经过,《春明梦余录》记载得比较详细,据云:"崇祯十六年,桐城生员蒋臣言钞法可行,且云岁造三千万贯,一贯值一金,岁可得金三千万两;户部侍郎王鳌永专管钱钞,亦以钞为必可行,且言初年造三千万贯,可代加派二千余万,以触穷民,此后岁造五千万贯,可得五千万金,除免加派外,每省直复百万贯,分给地方官,以佐养廉,其言甚美,然实不可行也。帝特设内宝钞局昼夜督造,募商发卖,贯拟鬻一金,无肯应者,鳌永请每贯止鬻九钱七分,京商骚然,绸缎各铺皆卷篋而去。内阁言,民虽愚,谁肯以一金买一张纸? 帝曰,高皇帝如何偏行得? 内阁对,高皇帝亦以神道设教,当时只赏赐及折俸用钞,其余兵饷亦不曾用也。帝曰,只要法严。阁臣对,徒法亦难行。因言民困已极,且宜安静。其语颇多。然帝已决意行之。及内宝钞局言,造钞宜用桑穰二百万斤……乃分遣各珰催督。……又五城御史言,钞匠除现在五百人外,尚欠二千五百人,各城句摄,多未学习。……帝不怿,俱发改票,后竟以阁臣蒋德璟执奏而止。某氏谈,往日有保举生员蒋臣盛言钱钞,……及决意用纸钞时,有省臣条议纸钞有十七便之说,圣旨喜允,立刻造钞。……限日搭厂拨官选匠计工。……正拟议间,忽报流贼欲犯京师,已之。崇祯十六年十二月事也。"(见《续文献通考·钱币考》)

468

第七章 明代的货币

这办法,虽有御史白抱一和阁臣蒋德璟的反对,也不听①,特令设立内宝钞局,日夜赶造。但结果没有人去买钞,商店都关门歇业。当时传闻李自成要进攻京师,才于十七年二月作罢。蒋德璟说:"百姓虽愚,谁肯以一金买一纸?"

二 钱币

明朝钱比元代多,但比其他朝代少,尤其是万历以前,不但比不上宋代,就连汉唐也远不如②。

朱元璋在称吴国公的时候,即元至正二十一年(公元一三六一年),就设立宝源局,铸造大中通宝,以四百文为一贯,四十文为一

---

① 《续文献通考》卷一〇钱币考四。
② 明代铸钱之少,从实际铸钱数额上可以证明。从后代的铜钱流通情况也可以看出。这在本书第八章第二节末尾关于清末铜钱流通数量的估计的注中将要提到。但从日本的发掘情形也可以得到佐证。日本自唐宋以来,一直到明朝中叶,不断地输入中国铜钱;这种铜钱近代有大量的出土,看出土的内容,知道是明末落土的,而明钱的比重却很小。例如中川近礼根据常陆国井村等处所发掘的古钱统计如下(《室町时代に流通せじ钱货の种类》):

	种类	钱数
日 本	2	3
唐	2	31,008
北宋	25	292,098
南宋	17	928
元	1	31
明	4	3,077
朝鲜	4	128
其他	18	729
合计	73	327,705

又昭和五年(公元一九三〇年)入田整三根据对马等四十八个地方所发掘的铜钱加以分析统计,除了无法辨别的不计外,总数有五十五万四千七百十四个,其中中国钱就有五十五万三千八百零四个,占百分之九十九点八。分类如下:

469

两，四文为一钱。这种办法，使人疑惑不解。过去的史家和钱币学家也没有人作过解释①。所谓贯和两到底是什么意思？在元朝，

种类		钱数
唐	2	47,299
前蜀	5	68
后晋	1	3
南唐	2	445
后唐	1	11
后周	1	72
北宋	31	456,086
辽	4	6
西夏	1	5
南宋	22	8,065
金	2	1,016
元	3	163
汉陈友谅	1	4
明	4	40,559
合计	80	553,804

由此可以知道，北宋钱占总数的百分之八十二点四，唐钱占百分之八点五，而明钱只占百分之七点三。其中最多的十种钱如下：

元丰通宝 69,771 个　　永乐通宝 29,225 个
皇宋通宝 69,483 个　　天圣元宝 21,214 个
熙宁元宝 58,765 个　　圣宋元宝 20,835 个
开元通宝 45,696 个　　祥符元宝 18,860 个
元祐通宝 42,055 个　　绍圣元宝 15,593 个

单就明钱来分类，则

大中　　　129 个　　永乐　　29,225 个
洪武　　10,631 个　　宣德　　　574 个

日本这些发掘报告，很能反映明钱和唐宋钱的比重，也多少能反映中国在明代中叶钱币流通情形。但不能反映中国在万历以后的钱币流通情形，因为宣德以后，日本已不再能由明廷正式取得铜钱的供应，偷运的以私钱居多。万历以后，日本自己从事铸造，就不再输入中国钱了。

① 日本的三上香哉说洪武钱背的一钱、二钱、三钱、五钱、一两等文字是指四文为一钱、四十文为一两。平尾聚泉的《昭和泉谱》从其说。这无疑是把大中钱和洪武钱混淆起来了。中国史书是说大中钱以四百为一贯，四十为一两，而大中钱背面并没有一钱、一两的文字。

第七章　明代的货币

有时贯和两是同价值的，即铜钱一贯等于白银一两。譬如中统钞一千文既可称贯，又可称两。至正年间的交钞大概也是这样，为什么大中钱一贯等于十两呢？如果不是史书的误记，那么我们就必须寻找一种解释：大概一贯是指旧日的小平钱，包括元朝和元朝以前的旧钱，以大中通宝小钱四百文作旧钱一贯。当时之所以铸钱，就是由于米的官价是千文一石，而民间是三千文一石，所以用新铸的大中钱四百抵旧钱一贯，无非是利用币制改革来进行一次掠夺，这是后来通行的办法。至于两，可能是对至正权钞钱而言，权钞钱是以两和钱为单位的，在至正二十一年的时候，权钞钱自然已不是交钞的辅币。也可能是指其他至正钱，但决不是指白银一两，因为在乱世的时候，白银只有涨价，不会跌价，洪武元年要铜钱一千文合银一两。总之这种称两称钱的办法，无疑是受了蒙古人的影响。大中钱的铸造数目在第一年只有四百三十一万文；至正二十三年也只有三千七百九十一万文。

二十四年打败陈友谅之后，在江西设置宝泉局，铸造五种大中通宝钱，即小平、折二、折三、折五、当十，并在各省分设宝泉局鼓铸。这次铸的钱，背面有各省的局名，计有北平、豫、济、京、浙、福、鄂、广、桂等，每局有五等。小钱背面多只有局名，折二以上还有数目字，如广西铸的折二钱则为桂二，福建铸的折三钱则为三福。

洪武元年（公元一三六八年）颁布洪武通宝钱制，除京师南京的宝源局以外，各省都设宝泉局来铸洪武通宝，也分为五等，小平钱在背面穿孔右边有一钱两字，这是纪重。折二为二钱，折三三钱，折五五钱，当十为一两，这当十钱的背面，除了一两二字以外，穿孔上面还有一个十字，读起来是十一两，这是说当十钱重一两的意思。这也是脱胎于元代的至正钱，特别是当十钱，是仿照至正当十钱背后有壹两重三个字的。这种纪重的钱,大概是京师所铸,至于各省,则仍仿大中通宝的办法,只铸局名和纪值。

大中洪武小钱,偶然看到背面有加字治字木字的,那是日本在十六世纪后半在加治木地方所铸的。以治字比较多。

洪武四年曾将大中洪武大钱改铸小钱。八年因为发行宝钞,停止宝源局的鼓铸。九年停止各省铸造。十年才恢复各省宝泉局。二十年三月起又停铸了两年多。二十二年六月改定钱制,恢复鼓铸。小钱重一钱,折二重二钱,当三重三钱,当五重五钱,当十重一两。用生铜铸造。但次年又改钱制,因宝钞跌价,把钱的分量减成五分之一,一贯仍准钱一千文①。二十六年又停止各省的鼓铸。二十七年因宝钞跌价,禁用铜钱。

洪武钱虽然常常停铸,但小钱种类很多,特别是光背的版别非常多,各省中如桂字福字北平等也有许多版别。

洪武钱的成色,据史书所载②,似乎是十足的铜,实际上不是这

---

① 《明实录》卷二〇五洪武二十三年十月戊辰论。
② 根据《明会典》卷一九四铸钱,洪武间则例如下:

当十钱一千个,熏模用油一十一两三钱,铸钱连火耗用生铜六十六斤六两五钱,炭五十三斤一十五两二钱。

当五钱二千个,熏模用油一斤四两,铸钱连火耗用生铜六十六斤六两五钱,炭五十三斤一十五两二钱。

当三钱三千三百三十三个,熏模用油一斤一十四两,铸钱连火耗用生铜六十五斤九两二钱五分,炭五十三斤八两三钱五分。

折二钱五千个,熏模用油二斤五两五钱,铸钱连火耗用生铜六十六斤六两五钱,炭五十三斤一十五两二钱。

小钱一万个,熏模用油一斤四两,铸钱连火耗用生铜六十六斤六两五钱,炭五十三斤一十五两二钱。

铜一斤铸钱不等(外增火耗一两。弘治十八年题准每铜一斤,加好锡二两。)。

当十钱一十六个,折小钱一百六十文。

当五钱三十二个,折小钱一百六十文。

样。当时所用的铜,并不是经过提炼的,而是用废钱和旧铜器改铸,这些旧铜并不是纯铜,只是铸局不另掺铅锡罢了。所以洪武钱的成色是不一律的。

至于重量,在洪武二十二年以前,小钱每文重一钱,但各省所铸是不一致的。洪武二十二年之所以改定钱制,就是为想求得统一。但二十三年钱的重量又有改变,小钱每文改为二分,其余四等大钱依小钱递增。但二分重的洪武钱没有人见过。有些史书说是改为一钱二分,不过当时宝钞已跌价,铜钱的重量反而增加,这是一件不合常情的事。大概当时铜钱和宝钞已是两种独立的货币,宝钞并不能十足兑现,所以铜钱分量的增减,不反映宝钞购买力的变动[①]。

建文年间似乎没有铸钱,有一种薄小的建文通宝,乃是安南钱。但有人说当时实曾铸造,后为成祖所销毁[②]。

当三钱五十四个,折小钱一百六十文。
折二钱八十个,折小钱一百六十文。
小钱一百六十文。
铸匠每一名一日铸:
当十钱一百二十六个。
当五钱一百六十二个。
当三钱二百三十四个。
折二钱三百二十四个。
小钱六百三十个。

① 这里是根据《实录》和《会典》。但《续文献通考》卷一一《钱币考》说是改为每文一钱二分。照常理讲起来,当时实行铜钱减重,是一件很自然的事,不过洪武小钱似乎没有轻到二分的,而二钱重的当十洪武钱,从来没有人提过。可能这次改制没有实行,或则是史书记载的错误。

② 《钱币考》:"今所见建文钱,与洪武小钱略同。当由革余之际,记载疏漏,否则好事者为之也。"《杂录》:"明惠帝建文小平钱,予向有真品一枚,极精,为金吉石易去。近又得折二钱,甚精美。按建文铸泉,准洪武式,亦有大小五等,后为成祖追销,世无传者,故难得之。前见南京物产会陈列古泉,内有建文当五钱一枚的。可见当日确有大小五等式也。"

永乐通宝的开铸年份,各书记载颇不一致。有的说是永乐六年(公元一四○八年)[1],有的说是八年[2],有的说是九年[3]。可能是六年或八年先由京师开铸,九年由浙江、江西、广东、福建四布政司鼓铸。

永乐钱只有小平钱,没有折二以上的大钱。而且不论是京师所铸,或各省所铸,都是光背;钱的制作,不但精整,而且划一,版别很少,仅有的几种版别,都只有细微的差异。

中国的史家和钱币学家对于永乐钱很不注意,因为它在中国货币史上,并没有发生什么特别的作用。实际上由于当局的推行宝钞,它的作用反不如其他时期的钱币。然而永乐钱在日本的货币经济史上却有特殊的意义。因为日本自十六世纪中叶以后,以中国的永乐钱为主要的货币,尤其在关东地方,永乐钱的作价最高,一文抵其他的钱四文[4];几十年间,各种计算以永乐钱为标准,称之为永高。有许多地方曾限于使用永乐钱。其实流到日本去的永乐钱,在明钱中虽是数量最多的,但同北宋钱和开元钱比起来,并不算多;为什么永乐钱会在日本取得这样的地位呢?日本的经济学家或以为唐宋钱经过长久的使用,已有磨损,永乐钱是新钱,所以适于作为标准[5]。这种解释是不够的,因为明钱都是新钱,为

---

[1] 《会典》。
[2] 《续文献通考》引《春明梦余录》。
[3] 《明史·食货志》。
[4] 《安斋随笔》:"知行几贯。至室町家,与大明国通商,大明之永乐钱,带至日本者甚多,通用于日本,所用多永乐钱,呼永几十贯、几百贯,永者即谓永乐钱也。日本钱则呼毗多(镴)……毗多四文,只当永乐一文。今农家年账,仍记永几贯文,镴几贯文。"
[5] 小叶田淳《日本货币流通史》(改订增补版)。

什么不用洪武钱或宣德钱呢？真正的原因似乎应当是永乐钱制作的精整划一。当时日本通行的其他中国钱,非常复杂,所缺乏的正是这种整齐划一性。

洪熙年间,似乎没有铸钱①。

宣德八年(公元一四三三年)才恢复铸钱,铸造宣德通宝。分别由两京的工部和浙江、江西、福建、广东四布政司鼓铸。

宣德钱的数量和版别都比较多,但精整远不及永乐钱。我们想到宣德年间的精美的瓷器,再看看这些粗俗的铜钱,不免要大失所望。

宣德以后,大概有几十年不铸钱。当时宝钞的购买力大跌,而人民用铜钱交易,当局为要推行宝钞,乃于正统十三年(公元一四四八年)禁止使用铜钱。虽然天顺四年(公元一四六〇年)又准许铜钱的流通;成化元年(公元一四六五年)还致力于疏通铜钱,命令商税课程,要钱钞各半兼收。十一年还拟定铜钱折俸例。但实际上,由于宝钞的跌价和私铸的盛行,民间使用白银,官钱不大流通,所以正统、景泰、天顺、成化四个年号都没有铸钱。许多地区使用实物货币:云南用海𧴭,四川贵州用茴香花银和盐布,江西湖广用米谷银布,山西陕西间用毛布②。

弘治十六年(公元一五〇三年)才恢复鼓铸,铸造弘治通宝。铸钱的地区除了南北两京和山东等九省以外,还加上湖广、福建、云南、贵州四省。不过实际上铸钱既没有照定额,而流通也不顺利。

---

① 《武宗正德实录》卷之七十二正德六年二月庚寅条户部奏议中提到洪熙钱,但《续文献通考》在同一记事中没有洪熙字样。而且没有实物遗留下来。

② 《孝宗弘治实录》卷一九七弘治十六年三月戊子条。

弘治钱的成色和重量，在弘治十八年有新的规定，每文重一钱二分，铸钱每生铜一斤加好锡二两。据给事中许天锡的意见，铸钱加锡，是为使其液流速而易成。所以明朝自弘治以后，铜钱都是黄铜钱。而弘治钱的版别也比较多。

正德年间似乎也没有铸过年号钱。但流传的正德通宝数量却不少。而且有许多版别。就铜色上看来，决不是官炉钱，因为绝大部分都作灰白色，可见铜色很低。但从文字和轮郭上看来，却有明钱的气息，推想是明代的私铸。自然有一大部分是后代所铸的，因为旧日民间对于正德钱有各种传说和迷信，如传说天下只有两个半真正的正德钱，又如迷信说身边若有正德钱赌钱就会赢。这样自然会引起伪造。

嘉靖六年（公元一五二七年）铸造嘉靖通宝，成色黄铜占百分之九十点九，水锡占百分之九点一，每文重一钱二分。但四十二年成色改为铜九锡一，每文重一钱三分[①]。

嘉靖钱种类很多，单是史书所载，就有金背、火漆、镟边等名称。所谓金背，有人说是以金涂背[②]，实际上大概是铜色较好，或制作较精，钱身发金黄色，所以有此名。火漆钱有人说是用火将钱背熏黑，也有人说是以药涅之使黑[③]。镟边则是用镟车来磨边，后来

[①]《明会典》卷一九四铸钱项下嘉靖中则例如下：
通宝钱六百万文，合用：二火黄铜四万七千二百七十二斤，水锡四千七百二十八两，炸块一十四万五千斤，木炭三万斤，木柴二千三百五十斤，白麻七百五十斤，明矾七十斤，松香一千五百六十六斤，牛蹄甲十万个，砂罐三千五百二十个，铸匠工食每百文银三分八厘。但四十二年规定同数目的钱数用铜五万斤，锡五千斤，其中耗用四千斤，扣剩铜锡三千斤，所以六百万文铜钱的实重是四万八千斤，损耗约占百分之八。每文实重一钱二分八。如果六年制的铸耗也以百分之八计，则每文重一钱二分许。

[②] 谈孺木《枣林杂俎》。

[③]《枣林杂俎》说是用火熏黑。朱国祯《涌幢小品》说是以药涅之使黑。

因成本太大，改用鑞锡来锉，于是轮郭就粗粝了。

嘉靖二十三年曾仿洪武制铸大钱，有折二、当三、当五、当十四种，各三万文贮库。这种钱有留传下来的，但数量极少，背面有纪重的文字。

史书说嘉靖三十二年曾补铸洪武到正德九个年号的钱，每一个年号补铸一百万锭，嘉靖钱补铸一千万锭①。这是中国货币史上一个疑案。第一，因为如前面所说，洪熙、正统、天顺、成化等钱没有留传下来；第二，明代铸钱数量都很少，而这次一下子就补铸一千九百万锭，共九千五百万贯，在事实上不可能。中国历史上铸钱最多的是北宋元丰年间，每年也不过五百多万贯。可见这补铸的事最多是一种拟议，而且数目上可能还有错误。

隆庆四年（公元一五七〇年）铸隆庆通宝，每文重一钱三分，也有金背和火漆。

万历通宝是万历四年（公元一五七六年）开铸的。两京铸金背和火漆，各省铸镟边。金背钱用四火黄铜，火漆钱用二火黄铜，成色黄铜占百分之九十三点八，水锡占百分之六点二。每文实重一钱二分五厘。镟边钱重一钱三分②。

万历钱背面有纪局名的，计有工字、天字、正字、公字等。

史称郝敬曾奏请铸万历元宝大钱，或当十、或当三十、或当五十。背面铸私造罪和告捕赏格③。这建议没有被采纳。但万历通宝有大样的，无疑是折二钱。

---

① 《明会典》卷一九四铸钱。《明史》卷八一《食货志》。
② 见《明会典》《续文献通考》《明史·食货志》等书。
③ 王本《续通考》作万历元宝，其他版本作大明通宝。

一般的记载，多说万历钱精美①，的确万历钱中有特别精美的，但万历钱版别非常多，精美的大概是初年所铸。后来发生战事，就变得轻小粗涩了，有许多是私铸。明朝钱制自洪武以后就简单化了，大概铸造的数额不多，遗留下来的更少。既没有大钱，也没有背文，嘉靖五等钱是一个例外，而且可能没有发行流通。这种简单化完全是因为当局推行宝钞，不提倡用钱。但万历年间，宝钞已不用，而开支增加，所以就开了增炉鼓铸的风气。而钱背又开始有文字了。万历钱的背文有户、工、公、正、天、河、鹤等。不过有背文的万历钱比较少见。

光宗在位只有几个月（公元一六二〇年），没有铸钱。但熹宗即位后，补铸了泰昌通宝，而且数量不少。

天启元年（公元一六二一年）铸天启通宝。从此明朝的钱制就复杂起来了。正面的版别不要说，就是单讲背面的文字，也有许多种。其中纪局名地名的有户、工、京、浙、福、云、密、镇、府、院、新，纪重的有一钱、一钱一分、一钱二分、新一钱一分等。

古代帝王忌袭用旧年号，但天启年号已被用过几次，而当时的内阁不知道，宰相不读书，后世传为笑柄。

据说兵部尚书王象乾曾建议铸造当十、当百、当千三种大钱，用龙文，仿白金三品之制②。只是这种大钱没有遗下来。史书说后来有人言其弊，乃收回改铸③。这里史书大概把拟议中的三等大钱

---

① 顾炎武《亭林文集》："至万历而制益精，钱式每百重十有三两，轮郭周正，文字明洁。"

② 见《实录》《续通考》《明史》等书。

③ 《明史》卷八一食货五："天启元年铸泰昌钱。兵部尚书王象乾请铸当十、当百、当千三等大钱，用龙文，略仿白金三品之制。于是两京皆铸大钱。后有言大钱之弊者，诏南京停铸大钱，收大钱发局改铸。"《续文献通考》卷一一钱币考说元年八月开铸，次年七月户部进新铸大钱，到五年十月才命两京停铸大钱。一定是指当十大钱。

和实际铸造的当十钱①混同起来了。所收回的乃是当十钱,三等大钱根本没有铸造。这在下文还要提到。

天启有折二钱,但铸得不多。当十钱种类却很多,大小轻重不一。有光背的,但大部分背面有文字,如十、十一两、府、府十、镇、镇十、密十等。府大概是指宣府镇,密是指密云镇。

崇祯元年(公元一六二八年)铸崇祯通宝。起初每文重一钱三分②,三年改定钱制,北方所铸每文重一钱,南方所铸,每文重八分。

崇祯钱是中国铜钱中最复杂的一种。文字、制作、大小、轻重、厚薄,千变万化。单就钱背的文字来说就有几十种,一个字的计有:户、工、制、府、官、局、新、旧、重、加、共、捌、江、广、青、季、应、贵、忠、榆、沪、部、嘉、兵、行、甲、乙、丙、丁、戊、己、庚、辛、壬、癸等;两个字的有:奉制、奉旨、太平、一刅(钱字的简写)、乙刅、八刅、清忠、户旧等;三个字的有:重一刅。许多字的用意还不明了。

有一种南京铸的崇祯钱背面穿下有一奔马形,俗称跑马崇祯。这在中国的钱制史上是一种不正常的现象。因为中国钱币上很少用动物作图案的,这以前只有唐钱的背面偶有飞鸟形的,可谓先后媲美。可是在当时人民看来,这种事非瑞即妖。据说当时有民谣说"一马乱天下",而后人加以穿凿,就联想到南京后来为马士英所失。也有人说明亡于李自成,闯王的闯字就是一马进门。这些也只表示当时人民对于现状的不满。

---

① 天启通宝当十钱正史都遗漏,但冯梦龙《甲申纪事》(见《玄览堂丛书》)《钱法议》有:"天启初年曾铸当十大钱,钱重一两。"
② 《续通考》卷一一《钱币考》五,天启七年十二月(时庄烈帝已即位):"户工二部进崇祯新钱式,帝令每钱一文重一钱三分,务令宝色精彩,不必刊户工字样。"但侯恂《鼓铸事宜》说是一钱二分五:"崇祯元年从钱法侍郎孙君相议,每文改为重一钱二分五厘,体质坚厚,磨镕莫拖,人情便之。"

崇祯钱有大钱,分折二、当五、当十三种。这三种钱不是同时铸的,甚至可能不是同一地方铸的。史书只提到当五钱一种①,而且有说不及铸而亡的②。这是史书的错误和遗漏。折二钱背面有二字或穿上一星点。这种钱是大样的,每枚有七公分重。还有监二,钱身更大。也有背面没有文字只有星点的折二钱。此外还有户二和工二等,和大样小平差不多大小;这种钱到底是小平还是折二,还有研究的余地,也可能是减重后的折二钱。当五钱则有户五、工五、监五三种。当十钱是光背,存留很少。看铜色和制作,好像是云南所铸,而且可能不是崇祯年间所铸。这些大钱中,大概只有折二钱曾流通过。当五和当十,制作厚重,分量在五枚和十枚小钱以上,当时不会发出来流通③。

明末诸王都曾铸钱。其中有几种大明通宝,不知铸于什么年代。背面有户字、工字、帅字几种。史书载嘉靖时准备铸大明通宝④。隆庆时的杨家相也曾建议铸大明通宝,不准⑤;据说谭纶请铸大明通宝得旨允行⑥。万历时郝敬也建议铸大明通宝⑦。但所见的

---

① 《怀宗崇祯实录》卷一七,崇祯十七年二月丁卯:"停钞法,前市浙直作钞等料仍输京师,因铸当一当五钱。"

② 《明史·食货五》。

③ 《清朝世祖章皇帝实录》卷六,顺治元年七月辛丑条说:"工部左侍郎叶初春以新铸制钱每七文作银一分。钱价日增,民未称便,请颁по库旧铸当五制钱,并铸当二钱,以济民用,不允。"这里所指的大概就是崇祯当五钱。

④ 《明会典》嘉靖六年:"令晓谕京城内外,但有收积新钱,限一月内尽数赴府县并各兵马司出首,……听候铸大明通宝。"

⑤ 《明史·食货五》:"隆庆初……直隶巡按杨家相请铸大明通宝,不识年号,部议格不行。"

⑥ 《国朝典汇》:"隆庆元年总督蓟远侍郎谭纶言,请铸钱,以大明通宝为识,得旨允行。"

⑦ 《续文献通考》引《春明梦余录》:"万历中给事中郝敬钱法议曰:每钱一文……曰大明通宝。"

几种大明通宝大概是明末鲁王所铸的①,因为钱背铸户工等字的办法,天启以后才盛行。

以朝代为名的钱,始于南唐的大唐通宝。以后每朝都有。但奇怪的是:这种朝代钱,都不铸于朝初,而是铸于朝末,甚至铸于亡朝之后。例如唐朝几百年没有铸大唐通宝,而由五代十国时的南唐来铸大唐通宝。宋朝不在全国统一的北宋铸大宋通宝,而在仅仅保持半壁江山的南宋铸大宋元宝。蒙古人不在铁木真或至少忽必烈的时候铸大元通宝,而在币制将要维持不住的武宗时铸大元通宝。明朝不在洪武永乐时铸大明通宝,而到明末将亡的时候才铸造。由此可知,统治者越到他的统治权不稳固的时候,越喜欢夸大。这种自欺欺人的心理,在大明通宝上还不是最后一次的表现。

福王于崇祯十七年在南京即位,改次年为弘光元年,铸弘光通宝。分小平和折二两种。小平又分光背和背面有凤字的两种。

唐王据福州改元隆武(公元一六四五年),铸隆武通宝,也有小平和折二两种。小钱除了光背的以外,还有户字和工字的。

永明王在肇庆改元永历(公元一六四七年),铸永历通宝。永历年号比较长,钱的种类也很多。背面文字除户、工等字外,还有御、敕、督、部、道、府、留、粤、辅、明、定、国等字,这几个字大概是取自敕书中的语句。

永历钱中有对银作价的,这大概铸得比较晚一点,分为大小几等,小钱背面有二厘字样,以上有五厘和壹分,壹分又有大小两种,大概铸造时期有先后。壹分的永历钱有六钱四五分重,自然不是

---

① 黄宗羲《行朝录》:"崇祯十七年,(鲁)王回越,铸大明通宝钱。"三余氏《五藩实录》:"鲁王名以海,避难台州,乙酉六月立,十二月铸大明通宝。"

纪重。

永历钱的书法也是多样的，有篆书，有楷书，有行书。篆书和行书永历钱大概是郑成功在台湾所用的，是日本人在长崎替郑成功铸的。郑成功自永历三年奉永历年号，五年曾遣使通好日本，日本以铜铅相助，并代铸永历钱。后来郑经在康熙五年和十三年又有通日本并铸永历钱的事①。所以台湾在抵抗满清时期是使用永历钱的，一直到康熙二十七年以后，清廷才在台湾改铸康熙钱，但永历钱还是流通②。所以永历钱在台湾流通的时间，比在大陆流通的时间还要长。

李自成和张献忠都曾铸钱。李自成于崇祯十七年在西安称王，改元永昌，铸永昌通宝③，分小平和当五两种。张献忠于同年在成都即位，改元大顺，铸大顺通宝④。此外张献忠的义子孙可望在张献忠被杀后，入滇称东平王（公元一六四九年），铸兴朝通宝⑤，

---

① 江日升《台湾外记》（顺治八年十二月）："以甥礼遣使通好日本，王果大悦，相助铜铅，令官协理，铸铜烦、永历钱……。"又（康熙五年七月郑经据台湾时）："上通日本，……并铸永历钱。"又（十三年四月郑经在厦门时）："又差兵都事李德驾船往日本，铸永历钱。"

② 清朝《文献通考·钱币考》，康熙二十七年："福抚张仲举以台湾所用明桂王伪号钱文甚多，若一时骤行全禁，贫民无以为资。疏请开炉鼓铸，收买伪钱，销毁改铸，经部议准行。"潘来《遂初堂集·殷公武略记》："台湾在郑氏时，行永历钱。既入版图，有司请更铸钱，部颁台湾字钱式，镕故钱铸之。"

③ 关于李自成铸钱的事，传说很多，彼此矛盾。《明史·李自成传》："自成铸金玺及永昌钱，皆不就。"《燕都日记》："初二日颁谕铸永昌钱，初四日铸永昌钱，薄小，令更铸之。"（见《玄览堂丛书·甲申纪事》）《甲申传信录》卷六《清ής》："（崇祯十七年四月）初八日，铸永昌钱及当二钱。典钱局者系兵部侍郎刘裕子也。"

《绥寇纪略》说李自成曾铸直白金一两的大钱和当十钱、当五钱。

④ 彭遵泗《蜀碧》卷二："（甲申）……是时贼设铸局，取藩府所蓄古鼎玩器及城内外寺院铜像，镕液为钱，其文曰大顺通宝。"

⑤ 《明史》卷二七九《杨畏知传》："时永明王已称号于肇庆，而诏全不至。前御史临安任撰议，尊可望为国主，以干支纪年，铸兴朝通宝钱。"

有三等，小钱重一钱五分，光背；稍大的重二钱六分，背有五厘两字；最大的重约六钱四分，背有一分两字。这些也是折银钱。

明代流通的铜钱中，明钱只占一小部分，大部分是唐宋钱，尤其是宋钱①。就是私铸的人，也不一定是私铸明钱，而往往是私铸唐宋钱②。至于什么地方用什么钱，那就很复杂了，不但各地不同③，就是同一个地方，也可能常常变动，好像服饰的流行一样。拿福建漳浦县的情形来说，嘉靖三年四年用元丰钱，七年八年废元丰钱而用元祐钱，九年十年废元祐钱而用天圣钱，十三十四年废天圣钱而用崇宁当三钱和熙宁折二钱，万历三年废崇宁钱专用熙宁钱，五年又废熙宁钱而用万历制钱，过一年连万历钱也不用而用私钱，后来又改用白银④，真是如疯如狂。

中国古代铸钱的方法，不见有详细的记载。根据钱币的制作

---

① 《世宗嘉靖实录》卷一九二，嘉靖十五年九月甲子巡视五城御史阎邻等："国朝所用钱币有二，曰制钱，……如洪武、永乐、嘉靖等通宝是也。次曰旧钱，历代所铸，如开元、祥符、太平、淳化等钱是也。百六十年来，二钱并用。"陆深《燕闲录》："予少时，见民间所用皆宋钱，杂以金元钱，谓之好钱。"《五杂俎》："山东银钱杂用，其钱皆用宋年号者，每二可当新钱之一，而新钱废不用。然宋钱无铸者，多从土中掘出之。"
此外开元钱谅也不少。姜绍书《韵石斋笔谈》说，《古今图书集成·经济汇编·食货典》第三百五十八《钱钞部》艺文二之三，靳学颜《钱谷论》："今去宋不远，故所用钱多宋之物。"
顾炎武《日知录》："予幼时见市钱多南宋年号，后至北方，见多汴宋年号……间有一二唐钱。"

② 《皇朝名臣经济录》卷之二十四《铜楮之币》一《丘浚奏文》："凡市肆流行而通使者，皆盗铸之伪物耳。其文则旧，其器则新。……次敕内帑精选唐宋以来真钱如开元、太平之类，得百万，下户部分散天下，于圜圚市集所在，用绳联贯古钱百文，随所悬挂，以为式样，使小民知此样者是旧钱，非此样者，皆俾其具数赴官首告，官为收之。"

③ 顾炎武《天下郡国利病书》卷九四，福建四漳浦县："我朝钱法，遇改元即随年号各铸造通用。但民间使用则随其俗。如闽中福兴、汀邵、福宁，皆不用钱，漳泉延建间用之；泉漳所用之钱与延建异，泉又与漳异。……而诸县所用，又有美恶不齐，诏安极精，漳浦次之，龙溪则极恶亦用之。"

④ 《天下郡国利病书》卷九四。

和遗留下来的钱范,我们知道一直是用范铸。春秋战国时代是用土范,每范铸一次就毁坏,所以没有两枚钱币是完全一样的,而土范也没有遗留下来的。两汉采用铜范,这种铜范遗留下来的很多,他们是母范,文字是阳文,由这母范制成许多土范,土范的文字是阴文,所以铸出的钱币成阳文。魏晋南北朝以后又恢复土范的办法,一直到清末。不过这第二次的土范制度和先秦的办法不同,中世纪以来的土范是根据样钱或母钱造成的。在唐朝是先用蜡做成样钱,宋人有用木制的,明朝有铜制的万历母钱和锡制的崇祯母钱。这些都是雕成的,或称为雕母,然后根据这种母钱制成土范。但关于铸钱的情形,我们知道得很少。到明朝才有记载。即先以木料制成空匡,用极细的土和炭的粉末填满,洒一点杉木炭灰或柳木炭灰在上面,然后用母钱百枚排列在上面,再用同样的一匡盖上。这样下匡已印有钱币的一面,上匡为另一面。再将两匡颠倒一下,把刚才的下匡挪开,再以一匡覆上,这样可以复制许多范。铸钱时用绳将范的两半捆定,木匡上有现成的入铜孔道,这孔道联系一百枚钱纹,将铜液由孔道灌入,一次就成一百枚铜钱。冷后取出将钱文摘断,然后加工:先错边,即用竹木枝直贯几百文同时锉。边缘锉好,再分别锉平面①。这是明朝的铸钱方法,但也代表了魏晋南北朝以来的铸钱方法。其中当然有一些差异。譬如遗留下来的南梁的土范,则成小方块,每方只有四枚钱模,不过两面都利用了,一面是钱的正面,一面是钱的背面,而入铜孔道是在中央,铸钱时可以将许多土范垒起来,然后将铜液由中央的孔道中灌进去,铜液就会流入钱模中。当然还有其他的各种式样,但基本上是相同的。明朝铸钱已有精细的分

---

① 宋应星《天工开物》。

第七章　明代的货币

工,有匠头管钱币的轻重和成色,下面有翻砂匠、滚锉匠、磨洗匠、刷灰匠等①。然而明钱的制作并不比前代的精美,实际上比不上西汉和北宋的钱币,尤其比不上王莽的钱币和宋徽宗时的钱币。

　　范铸的方式,使得铸造费很高。且以万历镟边钱为例:万历五年(公元一五七七年)十一月山西巡抚高文荐奏钱法十议中,提到铸钱的费用。工料铜价每百斤值银七两,加上工匠杂费共九两二钱,可铸钱一万余文。他没有提到生锡和火耗的问题,也没有铸钱的确实数目,如果假定生锡是包含在杂费中,而且和火耗相抵,那么,应可铸造一万二千三百文,因为镟边钱每文是一钱三分重。当时银价是每两一千文。由此我们可以得出一些数字:第一,铸造费是百分之十七点九。第二,铸钱的溢利是百分之三十三点八。第三,铜钱的币材价值只等于币面价值的约百分之五十七。这似乎就赋予中国的铜钱以一种特殊的性质,使他和真正的本位货币不同,不是一种适当的宝藏手段,不能自发地调节货币的流通数量,在货币数量超过流通所需要的时候,没有人肯将铜钱镕化为铜,因为这样他会受到百分之四十三的损失。这就使铜钱的价值要受他的数量的影响。在目前的例子,他的价值可能降低百分之四十三。而且还要看铜的价格能不能保持每百斤七两的水平,如果镕化铜钱的人多了,铜的供给超过需要,铜价还是要降低的,因而钱的价值还会作进一步的降低。但这本身正是一个自发调节的过程,使钱的价值逐渐接近铜的价值。实际上,在铸钱产生溢利的条件下,不会发生私销问题,只有发生私铸问题。私铸的结果,使铜

---

　　① 侯恂《鼓铸事宜》:"崇祯元年……其铸法每钱一文,为令用黄铜二锉磨之,余只存一钱二分五厘。督铸官拣验钱轻色淡者责匠头,沙眼者责翻沙匠,边粗糙者责滚锉匠,磨不亮者责磨洗匠,灰不净者责刷灰匠。"

钱的名目价值接近于币材价值。正是由于这种自发的调节作用，所以铜钱还能发挥价值尺度和宝藏手段的职能。

明代有许多地方不用铜钱。前面曾提到各地的实物货币。特别是云南的海𧵅①，值得单独提出来。海𧵅就是元代的𧵅子，以索计算，当时西南各民族多用贝币。印度的孟加拉②和暹罗③都是用贝的地区。有人说八十贝为一索④。这种海𧵅，大概产于印度洋。据说马尔代夫有人专采，卖于孟加拉和暹罗⑤，可能云南的𧵅子也是同一来源。正统初年、一石米在云南折海𧵅七十索，十年改为一百索，十四年又减为六十索。成化十年底，户部定折收海𧵅的办法，三分征本色，七分用海𧵅；海𧵅一索折钞一贯到三贯⑥。

云南的币制在中国货币史上的特殊地位还不止于海𧵅的使用，倒是在于海𧵅的废除。这大概是在孙可望入滇以后的事。实际上弘治年间就曾在云南开局铸钱。嘉靖三十四年又叫云南每年铸钱三万三千十二贯，但只铸了十年。万历四年又开局铸钱⑦，但铸出的钱文，大概是缴解中央，民间仍用海𧵅。孙可望到云南后，可能曾铸造大顺通宝，后来改铸兴朝通宝。据说他曾禁止人民使

---

① 《孝宗弘治实录》卷之一百九十七弘治十六年三月戊子，工科左给事中张文陈铸钱事宜："云南专用海𧵅。"

② 马欢《瀛涯胜览·榜葛剌国》："零用海𧵅、番名考嚓，论个数交易。"费信《星槎胜览·榜葛剌国》："通使海𧵅，准钱使用。"黄省曾《西洋朝贡典录·榜葛剌国》："其交易以银钱、名曰倘伽，以海𧵅、名曰考嚓。"

③ 《瀛涯胜览·暹罗国》："买卖以海𧵅，当钱使用。"《星槎胜览》也有同样记载。

④ 朱国祯《涌幢小品》卷三〇西南夷："南人用贝、一枚曰庄，四庄曰手，四手曰苗，五苗曰索，贝之为索、犹钱之为缗也。"

⑤ 《瀛涯胜览·溜山国》。

⑥ 见明代各朝实录。

⑦ 《明史》卷八一《食货》五万历四年："云南巡按郭庭梧言……滇中产铜，不行鼓铸，而反以重价购海𧵅，非利也。遂开铸局。"

用蚆子①。永明王在云南大概也曾铸钱,而且铸了三种年号的钱,即崇祯、弘光和永历,因为在昆明墓中曾发现这三种年号的钱,制作完全一样,背面穿上有一星点,显然没有流通过,必定是同时同地铸的。后来吴三桂在永历十四年(即顺治十七年)又奏请铸钱,于是海蚆就退为妇女的装饰品。由于铜钱的铸造流通,使云南的铜矿得以充分地开采。后来清代铸钱,一大部分靠滇铜,而清代的铸钱数量也比明代多得多。明代银铜的比价,是铜价越来越高,但在清代,银铜比价的变动,就不是那样直线式了,两者互有高低。

西南有些民族,曾用牛作为货币,这也是值得一提的事。因为在各印度高加索民族间,牛曾经是最通行的货币②。拉丁语系的文字中,许多同货币有关的语汇,是从牛字演化出来的③。中国方面,先秦文献中常有皮币字样,而且有"问庶人之富,数畜以对"④的句子,所以有人以为中国古时也以牛为货币,这是不对的。关于皮币意义,在别的地方已有了解释,至于以畜来代表财富,并不能说畜就是货币。中国只有西南的一些民族,的确曾使用牛为交换的媒介⑤和价值尺度⑥。

---

① 严中平《清代云南铜政考》第一四页。
② 《荷马史诗》中屡以牛来表示价值。公元前七世纪末雅典德拉珂(Draco)的法律中也以牛为计算单位。印度的古典文献中也以牛羊计算价值。波斯古代也以牛羊作支付。意大利在公元五世纪中叶以前,无论在法律上和私人账目上都有关于牛币的规定。
③ 拉丁文的钱字 pecunia 是从牛字 pecua 演变出来的,由此再产生英法等文中的 peculation 等字来。英文中的费用的费字 fee 是从古文牛字 feeh 而来,现今德文的牛字还是 Vieh。印度的卢比 rupee 一字也是从梵文的牛畜 rûpya 一字而来的。
④ 《礼记·曲礼》。
⑤ 《涌幢小品》卷三〇《西南夷》:"广南诸夷、以牛货易。"
⑥ 《明纪》卷三九《神宗纪》,万历元年大盘山条下注:"鼓音洪者为上,可易千牛,次者七八百,得鼓二三,便可僭号称王。

三 白银

明代采取锁国政策,太祖不许寸板下海,郑和的几次下西洋,也没有多大增加中外的关系。在币制上,明代想回复用钱钞的办法,禁用金银,甚至禁开银矿。然而历史的前进是阻挡不住的,金元所遗留下来的银两制度,是不可能推翻的。自五代以来,白银的使用,一方面由于中国自己的需要,同时受了中亚币制的影响,已经酝酿了几百年,到明代才根深蒂固。

明初虽然想不用金银,但大明宝钞仍有对金银的比价。随着宝钞的跌价,白银的使用是不可避免的。自洪武二十七年禁用铜钱以后,许多地方,专用白银交易①。三十年三月当局明令禁用金银,但效果如何,却有问题②。

永乐九年金银铜钱曾一度解禁。

洪熙元年又禁金银布帛交易,似乎没有什么效果。因为宣德元年七月户部说民间只用金银。政府揭榜加严禁约,可是三年十一月江西又有人主张禁银③,可见民间还在使用白银。而且商税鱼课是正式征银④。

---

① 《明太祖洪武实录》卷之二百五十一洪武三十年三月甲子:"禁民间无以金银交易。时杭州诸郡商贾,不论货物贵贱,一以金银定价,由是钞法阻滞,公私病之,故有是命。"

② 《成祖永乐实录》卷之二十七永乐二年三月庚戌:"刑部尚书郑赐等奏,湖广江夏县民有父死以银营葬具者,在法以银交易,当徙边。上曰,……今民丧父,迫于治葬之急而违法,终非玩法贪利之心,古人哀有丧者,宜矜宥之。"

③ 《宣德实录》卷之四十八宣德三年十一月乙丑。

④ 同上,卷之八十宣德六年六月甲辰:"浙江温州知府何文渊言,……近虽禁使银,而商税鱼课仍征银。"

英宗即位后(公元一四三六年),放松用银的禁令,于是公开使用白银①,使白银取得了价值尺度和流通手段两种基本的货币职能。

景泰三年七月曾命京官俸准价折银;七年二月户部因内帑贮钞不多,对北京文武群臣上年度的折俸钞,用白银支付②。这些虽是暂时的,但把白银的使用,向前推进了一步。

成化十八年七月直隶泰州有人上疏,说曾遇异人,教以铅永炼银之术,宪宗居然派人去协助他试验③,可见白银在当时的重要性,当时欧洲人也正在热衷于炼金术。

弘治年间,邱浚曾主张采行一种银本位,而用钞票和铜钱在市面流通④。

正德以后,官吏的俸给,十分之九用白银,十分之一用铜钱。

嘉靖以后,白银在中国币制中是主要的因素,各种铜钱,都是同白银发生联系,规定比价。大数用银,小数用钱⑤,好像是一种银钱两本位制。有些地方,白银是惟一的货币,铜钱几乎等于被废弃了。

由此可知,白银的使用,至少在洪武末年便已盛行。英宗的放

---

① 《明史·食货五》:"英宗即位,收赋有米麦折银之令,遂减诸纳钞者,而以米银钱当钞。弛用银之禁,朝野率皆用银,其小者乃用钱;惟折官俸用钞,钞雍不行。"

② 三年例见《续通考》。七年例见《正统实录》卷之二百六十三。

③ 《宪宗成化实录》卷之二百二十九成化十八年七月甲申:"直隶泰州民李文昌上疏,自称曾遇异人,授以铅永炼银之术,上命中官监试之,凡五阅月,竟不就。"

④ 《大学衍义补》。

⑤ 《西游记》第八十四回:"赵寡妇道:我这里是上中下三样,上样者,五果五菜的筵席,狮仙斗糖的桌面;二位一张,请小娘儿来陪歇,每位该银五钱,连房钱在内。行者笑道,相应啊!我那里五钱银子还不够请小娘儿哩。……中的合盘桌儿,只是水果热酒,筛来凭自家猜枚行令,不用小娘儿,每位只该二钱银子。行者道,一发相应。下样儿怎么?妇人道,不敢在尊客面前说。行者道,也说说无妨,我们好拣相应的干。妇人道,下样者没人服侍,锅里有方便的饭,凭他怎么吃,吃饱了拿个草儿打个地铺,方便处睡觉,天光时凭赐几文饭钱,决不争竞。"

松禁令只证明政府没有能力禁止。后来甚至政府也不得不用白银来作支付。那么,白银在明代为什么有这种广泛而深入的流通呢?是不是由于生产增加,需要更多的货币呢?我们并不能证明明初的生产有什么飞跃式的增加。白银的使用实由于纸币的贬值和铜钱的减少,纸币贬值使人民需要一种稳定的货币。在正常状态下,人民就会使用铜钱,以求自卫。可是明初铸钱很少,洪武、永乐、宣德年间虽曾铸钱,但铸得不多;而且当局为了推行纸币,把这些钱贮存国库,不发行出来,或则只颁赐给外国的使节。宣德以后,五十年间完全没有铸钱,因此使民间的铜钱不够用。所以白银的通行,原是补充货币数量的不足额。后来恢复鼓铸,但由于私铸猖獗,钱分等级,不是适当的价值尺度,这更促进了白银的使用。

白银的形式,是以锭为主。最大的银锭有到五百两重的①,但普通大元宝是五十两一锭,下面再分各种大小的小锭②。银锭上多有文字,大锭上有铸造地名、重量和银匠的姓名,但小锭有时不铸明重量③,有时也铸明年号。所以银锭可以说是中国的银币,铸币的各种标志,他都具备了。

明代银锭的形制起了一个大变化。明以前的银铤是扁平的。譬如汉朝的银铤,乃是一种银条。宋元的银铤虽然已不再是长条

---

① 冯梦龙《甲申纪事》:"时内库尚存金一窖,银若干窖。元宝有重至五百两者,镌有永乐字,至是皆为贼有。"(见《玄览堂丛书》)。
② 《明会要》卷三五课程四:"嘉靖十四年,……每二十两倾成一锭。"又"四十一年……每五十两煎成锭,转解太仓,以备文武官员折俸等项支用。"《狯园》第三,青溪道人:"问之酒家云,此道人常日以银一小锭,止重七分,来买酒肉汤饼,恰够一日之费。其明日亦如之。"
③ 《兰台奏疏》卷一,马从聘查参解官疏:"题为解官换锭盗银,……臣等复取银锭原造字迹逐一辨验,每大锭上各造某州县漕折银一锭五十两整,及银匠姓名。小锭止造某州县及银匠姓名,并无造明银数。"

的形式,而是⿰或⿰形,但也是扁平的。到了明朝,银锭的两端翘起,好像一条船一样,这就是所谓元宝。为什么采取这种形制呢?这是一个使人不解的问题,因为这是一种退化的形制。事物的发展,应当是由繁趋简,由笨拙到方便。钱币形制的发展便是合乎规律的。可是银锭的发展却和这规律背道而驰。从携带和放置的方便上来看,宋元的银铤不如汉朝的银条,明清的元宝又不如宋元的银铤。这种退化的形态只能说明它还不是普遍的流通手段,而只是作为大数目的支付手段。

此外在银锭的文字上也有一种变革。明以前银锭上的文字都是阴文,而且多是铸后镌刻上去的。明初还用这种办法,但后来就兼用阳文,而且阳文逐渐变成正常的办法,阳文多是打印上去的,或铸成的,没有事后刻上去的。这种变化倒是合乎发展的规律。镌刻总是费时而麻烦的。但明中叶以前,银锭还没有大规模地通行,至少政府没有正式用银锭来作普遍的支付工具,所以还不觉得不方便。实际上那时文字的数目反而是很多的。元朝银铤上有五十多字的,明朝的银锭也有五六十字的,这些文字有时是说明银锭的来源,譬如犯人罪米的折银数或征实的折银数等,上面差不多都有银匠的姓名[1],这是银锭成色重量的保证。但这种文字内容都同

---

[1] 一九五五年春,四川洪雅县明墓出土银锭一百二十几块,都是元宝形。每块自市秤几钱重到二十几两。上面都有文字,阴文,字数自十几个到五六十个。大多数是正德年间所铸,少数为嘉靖初年所铸。文字内容约可分为四类。第一类如:"犯人周明钦罪米伍拾石民纸壹分,共银贰拾伍两壹钱贰分伍厘 银匠陈中"。第二类如:"龙溪县犯人蒋初阳敦义原侵正德八年分盐钞银重十两八钱正 银匠刘承一"。第三类如:"长泰县征收正德十六年分常平米价拾两正提召官吴秉刚 该催同吉 银匠郭廷"。第四类如:"漳州府龙溪县原编嘉靖贰年分按察司按察使录下只候壹名连闰月共银壹拾叁两正 该吏陈颙 银匠陈中"。(《文物参考资料》,一九五六年第五期第四五页刘志远《四川洪雅县明墓出土的银锭文字》)。

一时一地的具体事件联系着,自然只有临时镌刻,不能打印。这种银锭只具有历史价值,而不能算是一种铸币。有时用作普通支付,就无须那许多文字来说明,只需注明重量和银匠的姓名就够了。这就使得许多银锭可以使用同样的文字,也就不必一只一只来镌刻,而可以用打印的办法,并且可以用阳文。明代中叶以后,白银逐渐成了主要的支付工具,大概在文字上就发生了这种转变。

除了元宝之外,金银还被铸成各种形状。明朝政府设有银作局,铸造金银钱和金银豆叶等,作为赏赐之用①。这也是货币的一种职能,即支付手段的职能。豆是圆珠形,重量或一钱,或三五分。叶是方片,轻重不等。日本在德川幕府时期所通行的豆板银可能是受了中国的影响。

金银钱的使用,似乎也不减于前代②。遗留下来的有永乐通宝、万历通宝和天启通宝等银钱。永乐银钱的制作和铜钱一样,稍

---

① 刘若愚《酌中志》卷一六《内府衙门职掌》:"银作局,……专管造金银铎、针枝、个桃杖,金银钱,金银豆叶,豆者圆珠,重一钱或三五分不等;叶则方片,其重亦如豆不拘,以备钦赏之用。"

吕毖《明朝小史》卷八《正统纪·银豆谣》:"帝颇事声色,尝以银豆金钱等物撒地,令宫人及内侍争拾为哄笑。编修杨守陈赋银豆谣,以寓讽谏。其辞曰:'尚方承诏出九重,冶银为豆驱良工;颗颗匀圆夺天巧,朱函进入蓬莱宫。御手亲将十余把,琅玕乱洒金阶下;万颗珠玑走玉盘,一天雨雹敲鸳瓦。中官跪入多盈袖;金铛半堕罗裳绉;赢得天颜一笑欢,拜赐归来坐清画。闻知昨日六宫中,翠娥红袖承春风,黄金作豆竞拾得,羊车不至愁烟中。……'"(《玄览堂丛书》)宋应星《天工开物》:"皇家盛时,则冶银为豆,杂伯衰时,则铸铁为钱。"

② 《明史》卷一六三《李时勉传》:"宣德五年修《成祖实录》成,迁侍读学士。帝幸史馆,撒金钱赐诸学士,皆俯取,勉独正立,帝乃出余钱赐之。"吕毖《明朝小史》卷八《正统纪·金钱恩典》:"帝时初开经筵,每讲毕,必命中官布金钱于地,令讲官拾之,以为恩典。"《明史》卷一八二《马文升传》:"弘治元年,上言宪宗朝岳镇海渎诸庙,用方士言,置石函,周以符篆,贮金书道经、金银钱、宝石及五谷,为厌胜,具宜毁,从之。"朱国帧《涌幢小品》卷一《祀庙石函》条也记载这事,说"金银钱数枚。"

微小一点，重库平一钱。日本的丰臣秀吉在万历年间也曾铸过金银的永乐通宝，也是以中国的永乐铜钱为范，穿孔是打凿的，也有光背的，但有些有数目字或菊桐叶。由于日本曾大量铸造永乐银钱，种类很多，很难说哪一种是中国所铸，哪一种是日本所铸。此外近代曾有正德通宝的大金钱出土，但背面有龙凤花纹，和普通钱币不同。又文献中有关于嘉靖银钱的记载，钱文为"嘉靖年造"四字。

明代银钱中最值得注意的是万历矿银。万历年间，大开银矿，所以银钱的铸造，比其他朝代的金银钱要多。当时的矿银，可以说是有国际性的，十六世纪的时候，全世界都陷于开矿狂。上面所说的日本银永乐也是同开矿运动有关系的。同时期在德国有些地区，也在大铸矿银。中国的矿银有大小两种，正面都是万历通宝，背面穿孔上下分列矿银二字。大钱还在左右分列四钱两字，这是纪重。小钱没有纪重的文字，重量为库平五分。也有重四分的，大概是不够标准。有人看见大钱有四钱的纪重文字，就说小钱的标准重量是四分，这是没有充分理由的。四分的重量没什么意义。而且小钱遗留下来的比较多，而大钱可能只发现一枚，两者不是同时铸的。另外还有两种万历银钱，正面有万历年造四个字。

天启银钱也有几种。最重要的是制作类似铜钱中所谓鬼天启的一种，重四点七五公分。所谓鬼天启，是日本的钱币学家所起的名字，它的特点是钱小字大，肉厚缘狭。银钱和铜钱都是这样。明初的大中，洪武等钱都是狭缘，但嘉靖以后钱缘逐渐放宽，天启钱普通都是阔缘。只有鬼天启是狭缘。但这种钱一看即知不是私铸，而是正炉钱。铜质的鬼天启数量相当多，板别也不少，实际上不大有相同的。万历钱中也有这种制作的。鬼天启最容易使人联想到后来清乾隆年间在新疆所铸的红钱，因此使人要问：这是不是靠近新疆地区所铸造的。新疆地区的钱币,银铜币都有,制作小而厚,鬼天启正具备这些特点。只是西域一带的铜币是用红铜,鬼天启铜钱是用黄铜,这是一个区别。但如果确系西域或靠近西域的地区所铸,也是为中国人而铸的,铜色自然是仿中国的标准铜色。正如后代中国为新疆人民所铸的红钱,铜色是仿他们的标准铜色一样。天启铜钱对白银的比价在元年是六百文一两,三年四川是一千文一两,很可能有些地方是八百文一两,依这比价则银天启一枚正好合铜钱一百文。另有一种银质的天启通宝,很小,只有几分重。此外还有一种,正面是天启年造四字,背面有一钱二字。

  明朝曾铸有银牌,分为五钱和一两两种,用来对西域哈密等地作贸易上的支付①。这正证明当时同西域是有贸易关系的。

  明代各种形式的白银,标准既不划一,成色更难一望即知,每次支付,都须秤称②,所以普通叫卖商人都要随身携带戥子,这在一般人看来,很不方便;何况成色不是戥子所能称得出的。这些困难,替欧美银币的流通,准备了条件。闽广一带,在万历年间,已不用钱,完全用银③。而且这些白银据说是从西南夷来的④,可见当时美洲的白银已有相当数量流入中国。

---

  ① 《武宗正德实录》卷之一百一十六正德九年九月辛酉:"户部覆议,……西域哈密诸夷入贡,夹带土产货物,贸易图利。……兵部议覆,俱从所奏,惟格外赏恐各边援例,令总制官仍造为银牌,重五钱或一两者给之,马已发价,亦不给。"

  ② 《金瓶梅》第一回:"西门庆称出四两银子,叫家人来兴儿买了一口猪,一口羊,五六坛金华酒和香烛纸札鸡鸭案酒之物。"《玉娇梨》(即《双美奇缘》)第七回:"张轨如道:谋大事如何惜得小费? 称二两头与他。……张轨如没法,只得忍痛称了三两银子,用封筒封好。"

  ③ 谢肇淛《五杂俎》卷一二。

  ④ 何乔远《名山藏》:"闽广之间,则银从西南夷来。"

第七章 明代的货币

欧洲的金银币,在中世纪的时候,也不是整齐划一的,虽然铸成金币,在流通时也要秤称授受。而且由于生产和交换的不发达以及金银供应的不够,金银币都是小型的。但十五世纪后半,欧洲白银生产大增,有人开始铸造大银币,尤其是公元一五一八年波希米的封建主在约阿兴山谷(Joachimsthal)铸造一种银元,合撒克逊衡法一两。波希米是在神圣罗马帝国的范围内,而神圣罗马皇帝的位置于公元一五一九年就落在西班牙国王的头上,他采用了七钱二分重的大银元,这就是有名的双柱,后来在西班牙的殖民地墨西哥大量铸造,流到亚洲来。

美洲银元流入中国的途径,是通过菲律宾的华侨。西班牙人于公元一五七〇年(隆庆四年)侵入吕宋岛,次年开辟了马尼拉。当时菲律宾已有许多华侨从事贸易,因不堪西班牙殖民者的压迫,几次起而反抗,几次遭到惨无人道的屠杀。然而西班牙的殖民者又不能断绝同中国人的关系,因为当时他们的收入几乎完全靠对中国的贸易,而这种贸易是由华侨经营的。华侨将中国的土产运到菲律宾,然后由西班牙人按年运到美洲的西属殖民地去发卖,卖得的价款是银元,这些银元通过华侨流到中国来,这大概是万历年间的事①。

除了西班牙的银元以外,荷兰的银元也可能在明代就有流入。荷兰本是西班牙的属国。十六世纪有几个省份起来反抗西班牙的统治,后来并且铸造大银币,重量在库平八钱以上,图形是一人骑马持剑,所以在中国称为马钱或马剑。荷兰人同中国的关系比较

---

① 张燮《东西洋考》(著于万历四十六年)卷七《饷税考》:"加增饷者、东洋吕宋,地无他产。夷人悉用银钱易货,故归船自银钱外,无他携来。"

浅，但他们同日本的关系非常密切，这种银元的流入中国，可能是经由日本人的中介①，因为晚明曾从日本输入许多白银②。

第二节 货币的购买力

一 大明宝钞的膨胀

明朝的货币经济，整个说来，多少带一点紧缩性，和唐朝差不多，没有宋金元那样的宽松。虽然首尾都发生过通货贬值，尤其是初年的纸币膨胀，到了严重的程度；但当时人民多用银钱，而以银钱计算的物价却很低。

明朝的币制，从形式上看来，是一种完善的制度，有高度的统一性，层次也便利，而切合实用；百文以上用纸币，百文以下用铜

---

① 姚叔祥《见只编》："倭使小西飞来议封事。时以京营将佐杨贵绿为馆伴；小西飞昵杨，有私觌之礼，如刀盒之类，一犹常见。惟银钱多作人马之状。更有银一片，形类橡叶，厚二分，长七寸许，中有一背，阳凸阴凹，两旁斜擎数槌，酷似叶瓣，倒有一印，长寸余，阴起三字，曰石州银，皆中国字，惟州字斜飞耳。"（《盐邑志林》第五十帙）上面所记为万历年间事。银钱应即为荷兰的马剑。后面的银片为当时日本所铸造流通的银币。

② 小叶田淳在他的《日本货币流通史》（改订增补版）中搜集了一些资料，证明明末日本的白银流入中国。这里转录几条于后。《朝鲜李朝实录》中宗三十七年（公元一五四二年）记日本使臣的书契有云"我北陆有山，其名曰金山，近年产于真银，实季世之伟珍也。故往岁以上献于大明，大明喜悦，今以聘于贵国。"明宗八年七月（公元一五五三年）辛未："日本国银子多产，故上国之人交通往来贩买，而或因漂风来泊，作贼于我国海边。"郑若曾《筹海图编》卷之十二张时彻议："日本夷商唯以银易货，非若西番之载货交易也。"

钱,政府对于大钱,虽稍偷工,并不减料,不应引起私铸。这种制度比王莽的简单,比其他朝代更合理。如果不是纸币发行太多,人民一定可以享受一种比较稳定的物价。

洪武初年,西征敦煌,北伐沙漠,军需繁重。当时国内有钱炉三百二十几座,每年铸钱一亿九千万文左右,数目并不多。当时人口约为六千万,每人只占三文,自然不够应付,只有发行纸币。纸币的发行数字,史书中没有记录,但从倒钞问题的发生,我们可以知道,在洪武十三年便已有通货膨胀的现象。因为洪武十三年(公元一三八〇年)人民便常常把"堪用之钞"拿来掉换新钞,这表示钞票数目太多,超过实际需要的数量。当时新旧钞票之间,必已发生购买力上的差异。

然而国内军事还没有结束,蒙古人一方面在北方还想东山再起,一方面在云南守土以抗。徐达傅友德等人南征北伐,驰骋一二十年,发行自然不能减少。而民间大事制造伪钞①,加上政府官吏大规模的舞弊②,使钞票实际流通数量的增加以及其购买力的下跌,不可避免。洪武二十三年宝钞一贯在两浙只能值钱二百五十

---

① 《昭代王章》(《玄览堂丛书》,有洪武十八年十月序)伪钞第四十八:"宝钞通行天下,便民交易。其两浙江东西民有伪造者甚。惟句容县杨馒头本人起意,县民合谋者数多。……捕获到官,自京至於句容,其途九十里,所枭之尸相望,其刑甚矣,朕想决无复犯者。岂期不逾年,本县村民亦伪造宝钞。甚焉邻里互知而密行,死而后已。"

② 《御制大诰续编》(《玄览堂丛书》)《钞库作弊》第三十二:"宝钞提举司官吏冯良孙安等二十名,通同户部官栗恕郭恒,户科给事中屈伸等,并钞匠五百八十名,在局抄钞。其钞匠日工可办十分,诸匠等止认办七分。朕明知力有余,从其认办所以得存三分,不欲竭尽心力,后三处结党,诸匠尽力为之。洪武十八年二月二十五日造钞起,至十二月天寒止,无力所造钞六百九十四万六千五百九十九锭,临奏钞数已匿一百四十三万七千五百四十锭于广源库;杂诸处所进商税钞堆积,所奏者五百五十万九千五十九锭,将混同商税钞堆积,以代以外来商税课程。"

文①,因此下令改定钱制。二十四年(公元一三九一年)旧钞的购买力比新钞又减半②。当时的人都责备商民滥用倒钞法,其中也许有几分道理;朱元璋说,都是一贯,何必分新旧,更是说得不错。但问题是发行太多,如果不将新旧钞差别待遇,那么只有使全部钞票跌价。何况还有官吏作弊,难怪人民"揉烂以易新"了。

通洪武的三十一年,可以说年年用兵。通货膨胀不止表现在新旧钞票的差异上,更明显地表现在钞票对铜钱的价格上。洪武二十七年,在两浙江西闽广一带,宝钞一贯,只值得铜钱一百六十文③,这就是说,如果铜钱的购买力不变,则用宝钞计算的物价,涨了六倍以上。如果这里的铜钱是减重后的铜钱,则物价上涨的程度还不止此。于是索性禁止用钱④,人民就用金银,于是又在三十年三月禁用金银⑤。

其实这些措施,是一种鸵鸟政策,对于钞值的提高或稳定,一点帮助也没有;因为问题是钞票跌价,并不是铜钱和金银涨价。禁止使用铜钱和金银,物价还是上涨。洪武九年钞一贯或银一两折米一石⑥,到三十年白银一两在纳粮时可以折米四石,但钞票却要

---

① 《明实录》卷之二百零五。

② 《续文献通考·钱币考》,洪武二十四年:"八月命户部申明钞法。时民间昏烂钞,商贾贸易多高其值,以折抑之,以新钞加倍。"《明实录》卷之二百一十一。

③ 《明实录》卷之二百三十四,洪武二十七年八月丙戌:"诏禁用铜钱。时两浙之民,重钱轻钞,多行折使,至有以钱百六十文折钞一贯者,福建两广江西诸处,大率皆然,由是物价涌贵,而钞法益坏不行。"

④ 《明书》卷三《太祖高帝纪》三,洪武二十七年八月:"钞法沮坏,禁用钱。"

⑤ 《明实录》卷之二百五十一,洪武三十年三月甲子:"禁民间无以金银交易。时杭州诸郡商贾,不论货物贵贱,一以金银定价,由是钞法阻滞,公私病之,故有是命。"

⑥ 《明实录》卷之一百零五,洪武九年三月己丑:"令民以银钞钱绢代输今年租税。户部奏每银一两,钱千文,钞一贯,折输米一石,小麦则减直十之二,绵苎布一匹折米六斗,麦七斗,麻布一匹折米四斗,麦五斗。"

第七章 明代的货币

二贯五百文折米一石①,这表示白银对钞票涨成十倍。

当时物价上涨的真正原因,自然也有人知道,例如都御史陈瑛在永乐二年(公元一四〇四年)就说是因为"朝廷出钞太多,收敛无法,以致物重钞轻。"②他并且提出户口食盐法,来收缩通货。户口食盐法是一种盐税,令全国人民成年人每月食盐一斤纳钞一贯,未成年的减半,这样可以收回宝钞两三万万贯。这数目相当大,对人民的负担很不公平,但如果能够收而不发,而纸币的购买力当可以提高。可是永乐朝在明代是最膨胀的一朝,文化上也膨胀,军事上也膨胀,建设上也膨胀。譬如建设北京,曾徙山西民一万户;工人动以百万计;征伐鞑靼可汗,用兵五十万;后来又征瓦剌,讨安南,每次也是动兵数十百万;此外郑和多次出使南洋;这些都是耗财的事业。所以户口食盐法止成了一种财政政策,而不能说是一种货币政策,货币数量仍是不断增加,币值则继续下跌。

明朝官俸是用米计算,而用宝钞折支。洪武年间一贯抵一石,到永乐元年改为十贯一石,洪熙元年(公元一四二五年)加为二十五贯一石③,所以在永乐年间那种戎马倥偬中,米价比洪武初年涨成二十五倍。换句话说,就是五十年间,米价涨成二十五倍。这还是政府对宝钞估价过高,在他收进宝钞的时候,估价更低了。例如各种税粮的折纳,在洪武九年也是一贯钞抵一石米,但永乐五年就加成三十贯一石了;三十二年间米价涨了三十倍。这个倍数大概比较更接近市价。永乐五年各种可以代输税粮的日用品,折算率

---

① 《明实录》卷二百二十五。
② 《明史》卷八一《食货志》五。
③ 《明史》卷八二《食货志》六。

也都增加了，小麦和豆是三十倍，大苎布和小绵布增加成四十倍①。洪熙元年（公元一四二五年）仁宗自己说"民间诸物视洪武时值率增数十倍"。② 当时布一匹官给钱五十贯，棉花一斤六贯③，也许市价还要高。那时彭勖就已主张改革币制，说钞法扰乱市肆，无裨国用④。

宣宗的时候，加强租税政策，增加课税的数目和种类，藉以收缩通货，并增加人民对于宝钞的需要。宣德元年（公元一四二六年）令各处赃罚都照市价五倍折收宝钞⑤；三年并且停造新钞，破烂的则加以烧毁。四年连菜地、果树、房舍、裱褙铺、车院店、油房、磨房、堆卖木植、烧卖砖瓦、牛车、小车等，都要纳钞。这种政策，一方面是为了稳定币值，同时也想充裕财源，因为宣宗朝仍有军事行动，如亲征兀良哈，征讨安南等。但物价仍是上涨。宣德

---

① 根据《明会典》和《续通考》，永乐五年各物折价如下：金每两四百贯，银每两八十贯，米每石三十贯，小麦、豆每石二十五贯，大麦每石十五贯，青稞荞麦每石十贯，盐每大引一百贯，丝每斤四十贯，绵每斤二十五贯，大绢每匹五十贯，小绢每匹三十贯，小苎布每匹二十贯，大苎布每匹二十五贯，大绵布每匹三十贯，小绵布每匹二十五贯。（参阅第六章第二节注《洪武计赃时估》）

② 《洪熙实录》卷九下。

③ 《宣德实录》卷二。

④ 《明史》卷一六一《彭勖传》。

⑤ 《宣德实录》卷二二，宣德元年十月乙亥："户部言：比者钞法阻滞，朝廷屡严禁约，至今未见流通，盖由所出者多，所入者少。请自今凡官员军民人等赦后倒死亏欠马驼等俱令纳钞：马每匹三千贯，驼八千贯，骡二千贯，牛每头一千贯，猪羊每只三千贯，鹅八十贯，鸡鸭各三十贯。赦后至洪熙元年终各处欠鱼鳔等物，鱼鳔每斤二十五贯，鱼油十贯，茶五贯，翎毛每百根十贯，牛皮一张三百贯，羊皮以下每一张一百五十贯，芦柴每束二十五贯。赃罚金银诸物：金每两八千贯，银二千贯，铜锡每斤各二百贯，钱五十贯，铅一百贯，纻丝罗每匹各二千五百贯，绫二千贯，绸一千贯，官绢五百贯，小绢二百五十贯，官棉布二百贯，小棉布一百五十贯，小纻布一百贯，福生布洗白夏布各二百贯，高丽布一千贯。其有不尽载者各加时价五倍折钞，内外商税门摊等项俱依前例。"

四年,米一石,绵布一匹或丝一斤都要五十贯钞①,比洪武九年涨成五十倍。八年绢一匹折钞四百贯,布二百贯②,比洪武九年涨成三百三十多倍③。但这里目的是为收钞,不一定反映物价。民间已不用钞,专用金银。当时白银一两值钞百贯④,等于洪武九年的一百倍。

英宗即位以后(公元一四三六年),收赋令米麦折银,取消用银的禁令,于是银的使用变成合法,而用的地方更多了。政府还是承认宝钞的通用力,不过他的购买力一步一步下跌。正统年间,内外又有战事,九年米价每石折钞一百贯⑤,比宣德四年涨一倍,比洪武初涨一百倍。十三年宝钞对铜钱的价格,随钞票的新旧,每贯自一二文到十文⑥。

景帝景泰三年(公元一四五二年)七月令京官俸给,照时价给银,五百贯钞给银一两⑦,这就是公认宝钞对白银跌成五百分

---

① 《宣德实录》卷五十八宣德四年九月壬子:"户部议奏绢一匹准粮一石二斗,绵布一匹准一石,纻布一匹准七斗,丝一斤准一石,钞五十贯准一石,绵花绒一斤准二斗,钞五贯准草一束,从之。"(应天苏松等府并浙江属)

② 《宣德实录》卷一百,宣德八年三月庚辰兼掌行在户部事礼部尚书胡濙奏:"支钞愈多,钞法愈滞。请将七年分俸粮每石减旧数折钞一十五贯,以十分为率,七分折与官绢,每匹准钞四百贯,三分折与官棉布,每匹折钞二百贯,文武官俸米每石见折钞二十五贯,旗军月粮见有折十贯或五贯者,请自今京官每石减作一十五贯,……从之。"

③ 洪武时绢一匹折米一石二斗(见《明会典》卷二九《征收》洪武十八年条),所以推算初年绢价当为一贯二百文一匹。

④ 《明会典》说是宣德四年,《续通考》说是宣德七年。

⑤ 《明会典》卷二十九《征收》。当时官俸折算则仍止每石十五贯至二十五贯(见《明史》卷八十二《食货》六),但那等于官俸打折扣,不能代表米价。

⑥ 《续通考》,正统十三年五月,"时钞法久不行,新钞一贯,时估不过十钱。旧钞仅一二钱,甚至积之市肆,过者不顾。以十贯钞折俸一石,则斗米一钱也。"

⑦ 《续通考》。

之一。

　　那以后钞价激转直下。宪宗成化元年(公元一四六五年)宝钞一贯折钱四文,六年折钱二文。孝宗弘治元年(公元一四八八年)官俸每银一两折钞七百贯,当时铜钱七文折银一分①,所以钞一贯合铜钱一文。洪熙宣德间还有百文的小钞流通,到成化弘治年间则只有一贯的大钞了②。到世宗嘉靖十四年(公元一五三五年)宝钞一千贯才能折银四钱,白银对宝钞涨了二千五百倍,当时铜钱一千文折银一两四钱三分,所以钞票一千贯,只值得铜钱约二百八十文。铜钱对钞票涨了三千五百七十倍③。嘉靖四十五年要五千贯才折得白银一两④。万历四十六年(公元一六一八年)军饷还有用宝钞支付的,每军士给钞数百贯,只值几十文,大约十贯只值一文。军士领到宝钞马上兑换现钱,钞票流回政府⑤。但各地钞价稍有差异,政府的收价与付价也不相同。实际上自弘治以后,宝钞在货币经济上,已没有若何意义,人民在日常生活方面,所支付的是银和铜钱,钞票早已不用了。

----

　　① 《明会典》卷三五《课程四》。《明书》卷八三食货志:"成化初,每钞二贯折钱四文,六年减二文。"
　　② 陆容《菽园杂记》。
　　③ 《明会典·课程四》。《明书》卷八一《食货志》:"嘉靖中,御史魏有本上言,……每钞一张为一贯,每千张为一块,时价每块值银八钱,官价每块准银三两。……官价银一钱,值好钱七十文,时价每银一钱易好钱不过三十文。"
　　④ 《续通考》隆庆元年八月:"今南京新旧课钞,分别折银,命应天府属诸税课衙门,嘉靖四十五年以前课钞每贯折银二毫,先行上纳。隆庆元年以后,每贯折银六毫。"
　　⑤ 万历四十六年仲夏户部尚书李汝华《权时通变酌盈济虚疏》:"每军士给钞数百贯,计值不过数十文,随手而易之。九门钱户钞户逐月交纳,亦随纳而随易,各处钞关通同倒换只烦故事莫可究结。"(万历庚申天都程开祜仲秋父辑《筹辽硕画》卷八。)

第七章 明代的货币

大明宝钞价格表①

年份	官价(每贯值银钱数) 钱数(文)	官价(每贯值银钱数) 银数(两)	市价(每贯值银钱数) 钱数(文)	市价(每贯值银钱数) 银数(两)	所据
洪武九年(1376)	1000	1.00	1,000	1.00	《明史》
十九年(1386)	(200)	0.20			《续通考》
二十四年(1391)		0.20			《明实录》
二十五年(1392)			160		《明史》
二十七年(1394)			160		《续通考》
二十八年(1395)	(100)	(0.10)			《明史稿》
三十年(1397)	(71)	0.07153			《明会典》
永乐五年(1407)	(12)	0.0125			《续通考》
十一年(1413)	(47)	0.0476			《明会典》
中				0.012	《明书》
宣德元年(1426)		0.0025			《明实录》
四年(1429)	(10)	0.01			《明会典》
七年(1432)	(10)	0.01			《明会典》《实录》
正统元年(1436)				0.0009	《续通考》《实录》
十三年(1448)			1—10		《续通考》
景泰三年(1452)	(2)	0.002			《续通考》
七年(1456)		0.00142			《续通考》
成化元年(1465)	4	(0.005)	0.9		《明会典》

---

① 表中银钱数字而有括弧的,全是推算出来的,例如洪武十九年,据《续通考》载:"岁解税课钱钞,道里险难,致者许易金银以进……银一两钞一锭。"当时银价约为一两千文,所以在"钱数"栏内有每贯二百文的数字,而加以括弧。又如洪武二十八年,史书中并没有钞价的记载,但《明史稿·食货志》载全国逋租折牧布绢棉花及金银的定例,钞一锭折米一石,银一两折米二石,因此算出钞一贯值银一钱的数字,并再折成钱数。又其中成化元年和二十三年市价钱数的〇·九,是表示一贯不值一文。成文十三年市价银数的〇·〇〇〇四五,是表示钞千贯止值四十五钱。银钱的折算是依官价。成化以前以每两千文计算;成化元年起每两八十文。弘治元年起每两七十文。

503

续表

年份	官价(每贯值银钱数) 钱数(文)	官价(每贯值银钱数) 银数(两)	市价(每贯值银钱数) 钱数(文)	市价(每贯值银钱数) 银数(两)	所据
三年(1467)	4	(0.005)			《明会典》
六年(1470)	2	(0.0025)			《明会典》
七年(1471)			2—3		《明史》
十三年(1477)	(4)	0.005		0.00045	《续通考》
十六年(1480)	(4)	0.005			《续通考》
二十三年(1487)	(20)	0.025	0.9		《续通考》
弘治元年(1488)	1—2	0.001428—0.003			《明会典》《续通考》
六年(1493)	(2.1)	0.003			《明会典》
时				0.001333	《明书》
十四年(1501)	0.3—0.4375	0.000444—0.000625			《明史刑法》
正德二年(1507)	0.311				《明史》
六年(1511)		0.00143			《明史》
嘉靖四年(1525)	(2.1)	0.003			《明史》
六年(1527)		0.001143			《续通考》
七年(1528)	1.57	0.0009			《嘉靖实录》
八年(1529)	(2.1)	0.003	(0.24)	0.0008	《续通考》
十四年(1535)	0.2796	0.0004			《明会典》
四十五年(1566)		0.0002			《续通考》
隆庆元年(1567)		0.0006			《续通考》
万历四十六年(1618)			0.1	(0.00018)	《李汝华疏》

有人以为明初币制的失败,是不该钱钞兼用。这一点很需要讨论。明初币值的波动,完全因为纸币强行无度。纵使不用铜钱,钞价还是会下跌。从制度上来说,钱钞兼用,如同天平之有两端,必须两者平衡,才是一种健全的状态,如果两者价值上发生差异,就知道一方发行太多,或另一方数目太少。从人民生活上着想,铜钱的使用,不知减少了多少不便和损失。因为在纸币价值不断跌

落之下,人民因为使用铜钱,才能享受一种比较稳定的物价。

明初因为使用宝钞,官吏的薪俸,一部分以宝钞折发,使得他们的真实所得随着宝钞购买力的跌落而减少,一个正一品官在洪武初每月约可得到一百公石的米,那时全部发米。宣德八年,改搭一部分宝钞,于是只合得四十六公石的米。正统中宝钞占的成数增加,正一品每月所得只合得三十四五公石的米。成化七年减为二十公石上下,等于唐开元时的一个七品官。而且明代正一品官常缺,所以最高的待遇,每月只有十几石。至于低级,在搭发宝钞的成数上,虽然比较少一点,但他们的真实所得的逐渐减少,也是一样的。例如一个从九品官,在洪武初每个月有六公石半的米,正统中减成两石三四斗,成化间减成一石六斗。

明代官吏月俸表(单位:公石米)[1]

官级	洪武十三年制	洪武二十年制	宣德八年制	正统九年制	成化七年制
一品	116.32	93.41	45.94	34.80	21.02
二品	98.42	65.50	32.21	24.40	14.73
三品	80.53	37.58	21.76	14.00	8.35
四品	62.63	25.77	14.86	9.60	5.80
五品	33.10	17.18	12.70	6.40	3.86
六品	18.79	10.74	8.01	4.75	3.46
七品	14.32	8.05	6.69	3.56	2.59
八品	10.74	6.98	5.79	3.08	2.23
九品	8.50	5.91	5.90	2.61	1.90
从九品	8.05	5.37	5.37	2.54	1.73

---

[1] 官俸数字系依据《明史》卷八二《食货志》。洪武十三年制的米价每明石以一贯计。洪武二十九年制以全给米计算。宣德八年绢一匹以米一石二斗(明石)计,每石以五十贯计。正统制每石以折钞二十五贯计,但实价则以百贯计。成化制中的现钞以全数折布计算,布一匹作二百五十文,米每石以值银四钱七分六计,银一两以合铜钱八百文计。明石以一·○七三七公石计。

二　万历以前铜钱的购买力

明朝在纸币膨胀的过程中,人民的经济生活,倚赖银钱的庇护,如同暴风雨的时候,行旅躲在路旁亭子里的情形一样:虽然仍有阵风骤雨打进来,但比起外面来,究竟安稳多了。

铜钱的购买力,始终是很高的。例如米价,洪武初一石约值五百文到一千文,成化十八年,因大江南北灾荒,斗米卖到七八十文,便"民有饥色,野有饿殍"①。可见用铜钱计算的米价,没有多大涨落,从各种野史中,也可以看出整个明代铜钱购买力之高②。

实际上铜钱对白银还有上涨的倾向。洪武初白银一两合铜钱一千文③。成化时减为八百文④。弘治初再减为七

---

① 《明臣奏议》卷二王恕《乞取回中官王敬疏》。
② 《今古奇观》第九卷《转运汉巧遇洞庭红》:"话说国朝成化年间,苏州阊门外有一人,姓文,名若虚,……遇一个瞽目先生,……伸手顺袋里摸了一个钱,扯住占一卦,问问财气。"《西游记》第五十九回:"只见门外一个少年男子,推一辆红车儿,住在门旁,叫声卖糕。大圣拔根毫毛,变个铜钱,问那人买糕。那人接了钱,不论好歹,揭开车上衣里,热气腾腾,拿出一块糕,递与行者。"(嘉庆年间作)隔帘花影第十八回:"细珠道,如今有良心的少,一个屠二沙嘴日日受咱家恩,到了难中,还不肯借出一个钱买个馍馍给慧哥吃。"(万历年间作)《獪园》第四《玉龙山伞戏》:"金笑曰,不才之子,何足道哉! 给与钱数十文,令诣村店进少酒喙,乃出安宿,解人既获醉饱……。"
③ 《明会典》卷一七九《计赃时估》中,是以银一两合铜钱一千文。见本书第六章第二节注。《明史》卷八一《食货》五:"(洪武八年)每钞一贯,准钱千文,银一两,四贯准黄金一两。"
④ 《宪宗成化实录》卷之三十三,成化二年八月辛丑:"给事中丘弘言十一事,……一、通钱法,比者京师钱法不行,贸易不便,宜申令两京文武官员俸钞军官俸银俱各与钱兼支中半,一贯为钱四文,一钱八十文,……上从之。"同卷之二百一十,成化十六年十二月甲子:"户部言,京军民上言,前此京师钱价每银一钱易钱仅得八十文……"同卷之二百一十二,成化十七年二月戊午:"上曰,今后只许使历代并洪武永乐宣德钱,每八十文折银一钱。"

百文①。正德年间也相同②。嘉靖时官价没有更动③,但市价一两只能买到好钱三百文④。隆庆初,白银更加通行,钱价下跌,一两折金背钱八百文火漆钱和镟边钱一千文⑤。万历四年也相同,后来金背涨价,五文就可抵银一分,若是嘉靖金背,只要四文⑥。十三年依户部建言,万历金背改以八文准银一分。十五年户部说嘉靖金背每五文折银一分,万历金背每八文折银一分,遵行已久。可见十三年时嘉靖金背已是五文折银一分。十七年,似乎又改以五文折银一分,到三十九年市价是六十六文合银一钱⑦。所以制钱一贯所能换到的白银越来越多。

① 《孝宗弘治实录》卷之十一,弘治元年二月辛丑:"户部请……每钱七文,折收银一分……从之。"同卷之七十四弘治六年二月庚戌:"奉旨集廷臣议拟上三事……今后每钞一贯,折征银三厘,钱七文折银一分。"

② 《武宗正德实录》卷之九,正德元年正月辛亥:"户部言,每七百文折银一两。"《明史》食货五:"正德三年,……又从太监张永言,发天财库及户部布政司库钱,关给征收,每七十文交征银一钱。"

③ 《明会典》,嘉靖三年:"今后只用好钱,每银一钱七十文,低钱每银一钱一百四十文。"《明史·食货》五:"嘉靖四年,令宣课分司收税,钞一贯折银三厘,钱七文折银一分。"三十三年也有同样的规定。

④ 《续通考》卷一一《钱币考》五,嘉靖八年九月直隶巡按魏有本奏:"以钱言之,各处低钱盛行,好钱难得。官价银一钱值好钱七十文,时价每银一钱,买好钱不过三十文。"

⑤ 《明史·食货五》。《续通考》卷一一钱币五说隆庆四年金背钱每八文折银一分,火漆钱镟边钱十文折银一分。

⑥ 《续通考》卷一一钱币考五,说万历四年凡嘉靖隆庆万历金背钱八文准银一分,火漆镟边钱十文准银一分,旧钱十二文准银一分。神宗《万历实录》卷之四十九,万历四年四月壬申条也说:"各直省止许铸用镟边,每十文准银一分。"但卷之一百八十七,万历十五年六月辛未条说:"故嘉靖金背每五文折银一分,万历金背每八文折银一分,遵行已非一日。两月以来,将嘉靖金背悉置不用,而惟万历金背专用之。"两书对于嘉靖金背的作价不同。而《明史·食货五》却说:"初铸时,金背十文值银一分,今万历金背五文、嘉靖金背四文,各直银一分,火漆镟边亦如之。仅逾十年,而轻重不啻相半,钱重而物价腾踊。"

⑦ 上列几种兑价,都是根据《续文献通考》卷一一《钱币考》五。

明代制钱兑价表

时期	每贯合银两数
洪武元年(公元1368年)	1.00
成化二年(公元1466年)	1.25
弘治元年(公元1488年)	1.42857
嘉靖八年(公元1529年)	
官价	1.42857
市价	3.33
隆庆四年(公元1570年)	1.25
万历四年(公元1576年)	1.25
十三年	1.25—2.00
十七年	2.00
卅九年	1.515

钱价上涨的原因,首先是因为铜价上涨,也即是银铜比价的变动。按照洪武元年的计赃时估来推算,当时一百斤铜值银五两;景泰四年红铜是每百斤六两;万历五年据山西巡抚高文荐的奏文、每百斤是银七两;万历二十五年以后是每百斤十两五钱[1],所以到万历年间,以白银计算的铜价比明初已上涨一倍以上。

第二个原因就是制钱分量的一再增加。洪武钱每文重一钱,弘治钱重一钱二分,嘉靖钱重一钱三分。这也使制钱本身的价值增加了。

第三是由于当局推行宝钞的关系,铸钱数量不多。大中通宝两次铸造总共只有四万二千二百二十贯,其中一部分大钱后来用来改铸洪武小钱。洪武钱的铸造数额,史书只载元年的八万九千

---

[1] 项梦原《冬官记事》。万历四十四年也是这价钱。万历二十五年是指二火黄铜,四十四年是指四火黄铜。

多贯和八年的十九万九千八百四十九贯八百三十二文①。根据洪武二十六年的则例,当时除南京外,全国共有三百二十六个半炉座,一年可铸十九万零四百一十四贯八百文②,但实际上并不是年年铸造,而是时常停铸③。就是在铸造的年份,也不一定按照定额铸造。永乐钱铸造得更少,因为六年才由京师开铸,九年才叫浙江、江西、广东、福建四布政司铸。宣德钱到宣德八年才开铸,也只

① 《太祖洪武实录》。
② 洪武二十六年铸钱数各书所载稍有出入。《会典》卷一九四铸钱项下的记载如下:

地区	炉座数	每年铸钱数
北平	21	12,830,400 文
广西	15.5	9,039,600 文
陕西	39.5	23,036,400 文
广东	19.5	11,372,400 文
四川	10	5,832,000 文
山东	22.5	12,122,000 文
山西	40	23,328,000 文
河南	22.5	13,122,000 文
浙江	21	11,664,000 文
江西	115	67,068,000 文
合计	326.5	189,414,800 文

但傅维鳞《明书》卷八一《食货志》说洪武时全国共有三百二十五座铸炉。而谈孺木的《枣林杂俎·钱炉》条所记数字又不符,说北平山东云南各二十二炉,山西四十炉,浙江二十炉,江西一百一十五炉,广西四川各十炉,陕西三十九炉,广东十九炉。如果我们仔细研究一下,就可以发现各书都有错误。当时每一炉座的铸额似有一定,每炉每年铸七千八百三十二贯。以这标准来看《会典》的记载,则可以晓得北平不是二十一炉,而是二十二炉,这里《枣林杂俎》对了。浙江不是二十一炉,而是二十炉,也是《枣林杂俎》的数字正确。《吉羊》(《玄览堂丛书》)所载是二十座。剩下只有山东的炉数和钱数不符,但如果我们把钱数的一千二百多万改为一千三百多万,也就符合了。我们几乎可以断言应当这样改,因此洪武二十六年的铸钱例应当是三百二十六座半铸炉,每年共铸一亿九千零四十一万四千八百文。
③ 见本章第一节钱币。

有京师的工部和四布政司从事鼓铸,史书说只铸造十万贯①。即使这铸额再继续了几年也不算多。宣德以后,大概有五六十年不铸钱,一直到弘治十六年才铸弘治钱,鼓铸弘治钱的炉座似乎有增加,因为除恢复洪武时的原有炉座外,还增加湖广、福建、云南、贵州四省,南京铸额也增加,每年似乎可以铸造二十五万贯②。但这只是当局的定制,这定制并没有贯彻执行③。嘉靖通宝每年的铸额大概也不过十把万贯④。二十三年铸造的大钱更少,因为只北京工部一局铸造,而且极少留传下来。至于所谓补铸九个年号的钱一事,大概根本没有实行。隆庆通宝铸了一年多,户部只进缴二百万文。一直到万历初年,铸钱数量还是不多,每年只铸两万锭,十三年增为十五万锭,二十年为九万锭⑤。二十七年以后,炉座才逐渐

---

① 《宣宗宣德实录》卷之一百零六宣德八年九月乙亥。

② 弘治通宝的铸炉,北京照初年北平旧数,南京照北京加倍,山东、山西、河南、浙江、江西、广东、广西、四川等照旧,但另增四省铸钱,湖广照浙江数,福建照广东数,云南贵州照四川数。总共炉数为四百二十九座,每年可铸钱二十五万零七百七十六贯。

③ 《孝宗弘治实录》卷之二百一十三,弘治十七年六月庚辰:"工部覆奏,南京……杨守址等所言量减铸事,谓南京宝源局当鼓铸弘治通宝铜钱二千五百六十六万,所费不少,见今各处灾伤,南京特甚,乞暂停铸,俟年岁稍丰时再议。命量减原铸数三分之一。"同卷之二百二十四,弘治十八年五月己丑:"先是太常寺铺户领物价中,有洪武等钱币不通行,负累未便,上令户部查究其故。户部言,本朝原铸有洪武等通宝,民间久未行用,而贮于官库者甚多。……各处所铸弘治通宝,今所铸者,才十之一二。"

④ 《会典》说嘉靖六年北京宝源局铸一千八百八十三万零四百文,南京宝源局铸二千二百六十六万零八百文,又令工部查照永乐宣德年间事例差官於直隶河南闽广去铸钱。宝源局的数字可能有错误,因为和前代的数字只相差一个字,若照弘治通宝的办法,则北京宝源局应为一千二百八十三万零四百文,南京宝源局加倍,即二千五百六十六万零八百文。但无论如何,既说是查照永乐宣德年间的事例,则铸钱数额大约也不过十万贯左右。

⑤ 《明会典》卷一九四《铸钱》。

增加。所以明朝到十六世纪底为止的两百多年间，铸钱的数目并不多，总共恐怕不过千把万贯，而且有一大部分积存在官库①，不参加流通，实际流通的以前代旧钱和本朝的私钱为主。而明廷对于各种缴纳，往往限用本朝制钱，或则以旧钱二文折合制钱一文②，在这种情形之下，制钱的兑价自然上升。

明钱不但铸造得少，而且有一部分流到外国去。永乐年间每年遣内官到外番和西北买马收货，每次带出铜钱几千万③。当时南洋的爪哇和三佛齐（渤淋邦）完全用中国钱，据说锡兰也用中国铜钱④，这些地方的铜钱大概以宋钱为主。但日本却输入许多明钱，而以洪武钱和永乐钱为最多，宣德钱次之。日本的镰仓幕府早已倾覆，代之而起的是足利氏，这一百八十年（公元一三九二至一五七三年）称为室町时期，日本自己不铸钱，而因商业的发达，对于通

---

① 《孝宗弘治实录》卷之二十九，弘治二年八月甲寅："户部以四川重庆府知府毛泰奏请铸钱，因言国朝有洪武永乐宣德钱，皆积不用，宜疏通之。"《武宗正德实录》卷之二十九，正德二年八月壬申："……洪武永乐等钱，贮库虽多，给赏尚少。"万历四年十二月给事中丝训说："银库贮钱累千百万，壅积何益，宜令百官俸给四分支银，六分支钱。"

② 《续通考》引《春明梦余录》："弘治中……于是铸弘治通宝钱，官吏俸薪，并给通宝钱，诸税课衙门，一半收states永宣三朝制钱，如无三朝制钱者，折收旧钱二文，以示惩罚。"《五杂俎》："山东银钱杂用，其钱皆用宋年号者，每二可当新钱之一。"

③ 《续通考》卷一一《钱币考》五，永乐十九年四月："侍讲邹楫言，朝廷岁令天下有司铸铜钱，遣内官赍往外番及西北买马收货，所出常数千万，而所取曾不及其一二。"

④ 据黄省曾《西洋朝贡典录》，该两国的交易，都是用中国历代钱。那是郑和南巡时的情形。《续通考》卷一一引马欢《瀛涯胜览》："爪哇国通用中国历代铜钱，旧港国亦使中国铜钱，锡兰尤喜中国铜钱，每将珠宝换易。"十六七世纪荷兰人初到那一带，也说是使用有孔的铜钱。如 Lindchoten 在其《航行记》（Itinerarie Voyage）中写道："in sunda there is also no other kind of money than certain copper mynt called 'caixa', of the bigness of a Hollādes doite, but not half so thicke, in the middle whereof is a hole to hang it on a string, for that commonlie they put two hundred or a thousand upon one string."（Quoted by R. Charlmer's History of Currency in British Colonies，p. 372.）

货的需要很大,各地的封建地主(大名)全靠从事海外贸易的商人作经济上的支持,同时他们对商人则给以政治上的保护。许多商人是他们所派遣的。也有许多贸易是幕府所主持的,以进方物为名,来换取中国的铜钱。中国认为是进贡,照例按价给钱,而且作价很高。例如永乐二年对日本来使曾赏钞五十锭,钱千五百缗①。以后常有赏赐②。有时公然来讨钱,甚且发生争执③。在宣德以前,明廷推行宝钞,铜钱不大流通,有时甚至禁止流通,大量制钱积存官库中,所以常用来作对外支付。宣德十年十二月梧州知府李本奏准兼行钱钞。景泰年间琉球贡使请赐铜钱,礼部就说铜钱系中国所用,难以准给。那以后明廷不大肯给铜钱。于是日本许多私商就想从普通贸易上来取得铜钱。但明廷对外实行闭关主义,自太祖时就寸板不许下海,输出铜钱更是严禁。就是对于外国进贡,也有定例,例如日本在嘉靖六年以后,就只许十年一贡,使人百名,使船三只。违例就不接受。所以这些日本商人,不问他们是正式

---

① 《太宗永乐实录》卷之三十九,永乐三年十一月辛丑。

② 据《太宗永乐实录》所载,永乐五年五月明廷遣使到日本,赏银一千两,铜钱一万五千贯。六年五月对日本来使赏赐钞百锭,钱十万。九年又遣中官王进赴日赐钱五十缗。《英宗正统实录》卷之二百三十六,景泰四年十二月甲申:"礼部奏,日本国王有附进物。……比旧俱增数十倍。盖缘旧日获利而去,故今倍数而来,若如前例给直,除折绢布外,其铜钱总二十一万七千七百三十二贯一百文。"

③ 成化五年日本的幕府足利义政派了三条船到中国来,据《善邻国宝记》,日本的国书称:"书籍铜钱,仰之上国,其来久矣,今求二物,伏希奏达,以满所欲,书目见于左方。永乐间多给铜钱,近无此举,故今库索然,何以利民?钦待周急。"《明实录》对这件事也提到。《宪宗实录》卷之六十二,成化五年正月丙子礼部奏:"日本国所贡刀剑之属,例以钱绢酬其直,自来皆酌时宜,以增损其数。况近时钱钞价值贵贱相远,……而使臣清启犹援例争论不已。"同二月甲乙:"日本使臣清启船凡三号,……其三号船船土官玄树等奏称,海上遭风,丧失方物,乞如数给偿回国,庶王不见其罪。事下礼部,言……难以准给。上曰……但有国王效顺,可特赐王绢一百匹,彩段十表里。既而玄树又奏乞赐铜钱五千贯,……上曰,玄树准再与铜钱五百贯,速遣之去。"

的商人也好,流氓匪盗也好,明廷都称之为倭寇。自然其中有许多浪人的确是存心打劫的。不过他们取得的铜钱,不一定是制钱,大部分恐怕是旧钱和私钱。当时中国一两白银可换七八百文铜钱,而日本一两白银只能换到二百五十文铜钱①,所以铜钱自然向日本流。当时日本商船到中国来,在福建的月港和浙江的双屿靠岸,进行贸易,铜钱即从这两地流出。而私铸也以福建和浙江最多。输往日本的大概多系私钱,这种私钱每千值银一两二钱,也即私钱三文合制钱一文。然而通盘看来,宣德以后流到日本去的铜钱数目应当是不多的,因为日本商人已开始输入中国货物,这种货物在日本可以卖很高的价格。例如宣德正统年间的丝价,中国是一斤二百五十文,日本是一斤五贯文②。利润远大于铜钱的输入,所以日本商人以输入商品为有利,有时甚至把铜钱输到中国来③。

由于以上这些原因,所以制钱的购买力很高,米价在洪武年间,大约五百文一石;正统年间,大约只要三四百文④;成化五年和八年都有三百文一石的记载⑤;十一年折价只一百六十文⑥。不过明代的米价,多以白银计算,所以单是这里所举的几种数字,不能

---

① 筹海图编《古文钱条》下注:"倭不自铸,但用中国古钱而已。每一千文,价银四两,若福建私新钱,每千价银一两二钱。惟不用永乐开元二钱。"
② 小叶田淳《日本货币流通史》(改订增补版)第五九四页引楠叶入道(宣德正统年间随日本的遣明船来中国)的话。
③ 正德六年日本船到宁波时,牙行孙瓒向船长赊到铜钱等物。
④ 《英宗正统实录》卷之六十八正统五年六月戊寅:"今(广西)按察司奏,辅国将军赞忆复令家人杜胜雷椿收兴安等县禄米,每石逼折钱七百文,甚至一千五百文,比时价加三四倍,民何以堪?"
⑤ 《宪宗成化实录》卷之七十一成化五年九月壬辰:"(山东)每米一石,折银二钱五分,或大绵布一定,或钱三百文。"同卷之一百一十一成化八年十二月庚午:"(山东)每粮一石,粜铜钱三百文,或银三钱五分。"
⑥ 同上卷之一百四十五成化十一年十一月辛未。

513

完全代表制钱对米的购买力的倾向。如果将白银计算的平均米价折合成制钱,则每一公石米在洪武时约值四百六十文,永乐时二百八十五文,宣德时二百九十文,正统时二百五十几文,景泰时四百文,天顺时二百五六十文,成化时三百五十几文,弘治时三百六十几文,正德时三百三十几文,嘉靖时自一百七八十文到四百文,隆庆时四百七十几文,万历时自六百文以上跌到三百多文。但这种折算,意义不大;因为人民手中的钱,并不都是制钱,而往往是旧钱或私钱。实际上宣德以前因推行宝钞,常禁止铜钱的流通,宣德十年才取消禁令。但市面流通的钱多是旧钱和私钱,洪武永乐等制钱贮在库中不发出来。这也就是说:制钱的购买力虽高,钱价并不完全稳定。情形是很复杂的。只有官钱比较稳定,对白银来讲,甚至增值,但旧钱和私钱则向相反的方向波动,而且这种波动是不规则的。旧钱是指明以前的钱,在万历以前,流通数量比明钱要多得多。旧钱的重量多是一钱左右,制作一般尚整齐,只是经过长期的使用,不免有磨损。明朝对于完整的旧钱,一般都和明钱同样看待①,只有弘治中因为推行洪武等制钱,曾规定若民间不用制钱税课,而用旧钱,则以二文当一文②。但民间可能有折使的情事③。嘉

---

① 《明会典》卷一九四《铸钱》:"天顺四年令民间除假钱锡钱外,凡历代并洪武、永乐、宣德钱及折二、当三,依数准使,不许挑拣。"《宪宗成化实录》卷之二百一十成化十六年十二月甲子:"除伪造并破碎锡钱不用外,自余不问年代远近,无得拣选。"

② 《续通考》引《春明梦余录》:"弘治中……于是铸弘治通宝钱,官吏俸薪,并给通宝钱,诸税课衙门,一半收永宣三朝制钱,如无三朝制钱者,折收旧钱二文,以示惩罚。"《五杂俎》:"山东银钱杂用,其钱皆用宋年号者,每二可当新钱之一。"

③ 《武宗正德实录》卷之八十三,正德七年正月庚午:"初司礼监太监张永奏,洪武、宣德、弘治等钱暨历代旧钱,侭得兼行,但内无官给,外无征收,上下违隔,致令民间以二折一。"《续通考》卷之十一正德七年:"户部覆准榜谕,军民人等,不分远近钱样大小,但系囫囵铜钱,每七文作银一分,不许以二折一。"

靖年间,旧钱中又分出等级来,中样旧钱二文抵好钱一文①。

明代钱价的波动,主要是表现在私钱上。私钱问题,自洪武初年就发生了。洪武六年便因私钱的使用,使制钱不能顺利流通,当局乃作价收买,以为改铸。每斤给官钱一百九十文②。在推行宝钞的初期,铜钱可能隐匿起来,连私铸也不利。但后来宝钞对铜钱跌价,而明代制钱铸造得少,铜钱购买力很高,于是私铸就盛行了。

私铸铜钱,无论在什么朝代,都是禁止的。明代在洪武元年就严禁私铸。但中国历代的私铸,很少因法令的禁止而停止,倒是由禁令的频繁反映了私铸的猖獗。实际上明朝只禁止私铸,并不禁止私钱的流通。

景泰七年,又因内外私铸者多,重申禁约。当时的私铸,主要造于南方的苏州、松江等处,运到北京去贩卖,私钱中都掺以铁锡,成色很低。北京的军匠人等,也有从事私铸的③。

成化十三年,苏、松、常、镇、杭州、临清等地的人还在从事私铸,各处的商贩加以收买牟利,政府又通令禁止④。但十六年十二月户部说伪钱盛行,白银一钱值得一百三十文,钱贱米贵,而且拣选太甚,请加禁止⑤。十七年二月又说京城内外,私钱滥行,旧钱阻滞,钱轻物贵,再下禁令⑥。可见法令是不大收效的。

---

① 《会典》嘉靖六年:"又令晓谕京城内外行户人等,今后除私铸新破铅铁等项,首官易买不用外,但系囹圄中样旧钱,每一百四十文,准银一钱,与洪武、永乐等钱随便行使。"
② 《太祖洪武实录》卷之八十六,洪武六年十一月丙午。
③ 《续通考》。
④ 《续通考》卷一一《钱币考》五。
⑤ 《宪宗成化实录》卷之二百一十,成化十六年十二月甲子。
⑥ 同上卷之二百一十二,成化十七年二月戊午。

自弘治以后，私铸问题，有增无减。十六年鼓铸弘治通宝的时候，给事中张文陈铸钱事宜，说铸钱之费，一万文要费白银十两，反对铸钱，并提到朝廷的浪费①。这同私铸问题有关，私钱盛行，使官铸无利可图。成化弘治年间洪武等制钱大概很少流通②，弘治二年四川、重庆府知府请铸钱，户部说本朝的洪武、永乐、宣德钱都积压不用。工部也说民间都不用洪武等钱③，反对铸钱。到弘治末年，京师几乎专用私钱，以两文当好钱一文，谓之倒好④。

　　正德时曾一再禁止私铸，正德六年有人请求禁止使用纸钱，专用本朝制钱和大样的旧钱。次年除破损铁锡等钱外，都许使用，以七十文折银一两，禁止以两文作一文的办法。但私铸更加厉害。由倒好发展到倒三倒四，就是三四文折一文。当局也承认私铸之

---

① 《孝宗弘治实录》卷之一百九十七，弘治十六年三月戊子："工科左给事中张文陈铸钱事宜，谓铸钱之费，每岁一万，费银十两。……异时官铸盗铸相乘，恐又患其太多。往年专用旧钱，民犹私铸，今盛行鼓铸，是使之乘机作伪。……陛下诚能躬行节俭，以先天下，无三冗之费，有九年之积，则钱虽不铸，自可足用。"顾炎武在《天下郡国利病书·北直中论》到大名府的田赋志时，也认为自弘治以后，国势渐衰，人民负担加重，户口日耗。

② 陆容《菽园杂记》卷一〇："洪武钱民间全不行，予幼时尝见有之，今后不见一支，盖销毁为器矣。"

③ 《孝宗弘治实录》卷二九弘治二年八月甲寅。

④ 董谷《碧里杂存》："吾乡自国初至弘治以来，皆行好钱，每白金一分，准铜钱七枚，无以异也。但拣择太甚，以青者为色上。正德丁丑，余始游京师，初至见交易者皆称钱为板儿，怪而问焉，则所使者皆低恶之钱，以二折一，但取如数，而不视善否，人皆以为良便也。既而南迁，则吾乡皆行板儿矣。好钱遂搁不行。不知何以神速如此。既数年，板儿复行拣择，忘其加倍之由，而仍积如数，自是银贵钱贱矣，其机亦始於京师。"陆深《燕闲录》："予少时见民间所用皆宋钱，杂以金元钱，谓之好钱。……新铸者(按指私铸)谓之低钱，每以二文当好钱一文，人亦两用之。弘治末，京师好钱复不行，而惟行新钱，谓之倒好。正德中，则有倒三倒四，而盗铸者锋起矣。"

弊，岁久难变。有些恶烂不堪的，盛行所谓回倒四①。可能是八文当一文。

明代中叶的倒四，使人想起日本的情形来。日本同中国的关系，在文化上讲，应以唐朝为最密切；但从经济方面看来，明朝是极密切的。日本在室町时期，单从货币流通一点上看来，就是中国的一部分，也不为过甚。不止流通的工具相同，而且流通的状况也相同。最初也是由于明钱的流入而发生拣选的现象，后来日本也有私铸，于是发生价格上的差异，例如在弘治六年的时候，就有恶钱十贯折好钱四贯的事②。后来永乐钱成为主要的货币，其他铜钱要四文才抵永乐钱一文，这和中国正德年间的倒四的办法一样，不过这种办法在万历年间才传到日本去。

在嘉靖年间，私钱的问题更加恶化了。在一些偏远地方，特别是靠海的地方，私铸者可以贩到外国去。如福建的龙溪③和广东的新宁④都有这种情形。嘉靖三年政府曾出榜晓示京城内外的商人，好钱以七十文作银一钱，低钱以一百四十文作银一钱⑤，但六

---

① 《武宗正德实录》卷之八十三，正德七年正月庚午："时私铸之弊，岁久虽变，至有以四折一，恶烂不堪者回倒四亦盛行云。"

② 小叶田淳《日本货币流通史》第九〇页。

③ 《日本一鉴铜钱条》下注："宋史铜钱乾文大宝。元史遣商持金来易铜钱图书。私铸司罢铸已久，惟用中国古钱。每钱一文，价银四厘。向者福建龙溪地方私自铸钱市之，彼重中国之钱，不计龙溪之伪。"

④ 明嘉靖刊本《新宁县志·食货·钱法》："国初行洪武通宝时，设铸钱厂于郡城，新会民多为冶工，因窃其范法。自是本县蚝涌曹冈之民，咸铸伪钱，与真钱混行，每千文易好钱三百，有司累禁不能止。今其俗犹在，时与新会民交通，载往交趾广西，或下海售之。近来邑治钱法颇通，所用多旧钱；每银一两，易钱一千。大略同于新会，与广城少异。然其中亦间有蚝涌伪钱相混。但民多能识别之者，故其钱本邑视他处反少云。"

⑤ 《明会典》。（嘉靖三年事）

年时京师市面上流通的也全是私铸,制钱和前朝旧钱都不能流通,大概是被驱逐了。世宗说是官不为禁,其实是禁不住①。后来私钱对白银兑价由三四千文一两跌成六七千文一两②。十二年直隶的私钱有倒三、倒四、折六、折七等名称③,甚至有倒九、倒十的④。这种私钱,轻裂薄小,触手可碎,字文虽存,而点画莫辨;甚至不用铜而用铅铁,不以铸造,而以剪裁⑤。三十三年乃规定嘉靖钱和洪武等制钱以及前代完好的钱都以七文准银一分,其他的钱,依照其品质的高低,分成三等,或以十文准银一分,或以十四文准银一分,或以二十一文准银一分,至于那些不堪用的滥钱则加以禁止。可是政府发付文武官俸,却不论新旧,都作上等钱使用,以七文折银一分,于是官吏们也就以这行市强迫商民接受,民间骚然。结果允许小钱流通,六千文准银一两。又定嘉靖钱七百文、洪武等钱一千文、前代钱三千文抵银一两,于是民间都造嘉靖钱。后来只好取消作价的办法,各种钱任其自然涨跌,而课税和官俸,都用白银⑥。

隆庆初有许多人提出整顿币制的办法。第一是兵部侍郎谭纶,他说要使人民富足,必须重视布帛菽粟而贱银,贱银必须用钱;他主张恢复铜钱的法偿力。课税银三两以下都收钱,民间交易,一

---

① 《明世宗嘉靖实录》卷之八十三嘉靖六年十二月甲辰。
② 《明史·食货志》五:"(嘉靖时)先是民间行滥恶钱,率以三四十钱当银一分,后益杂铅锡,薄劣无形制,至六七十文当银一分。"
③ 《世宗嘉靖实录》卷之一百四十九嘉靖十二年四月丙子:"孙锦条陈畿辅事宜……一、定钱法,直隶奸民巧为薄小铅烂等钱,立为道三、道四、折五、折六、折七等名,致钱法不通。"
④ 《燕闲录》:"嘉靖以来,有(倒)五、六至九、十者。"
⑤ 《明书》卷八十一《食货志》嘉靖二十三年御史阎邻言。
⑥ 《明史·食货志》五。

钱白银以下,止许用钱①。第二是靳学颜,他也反对用银而废钱,主张令民以铜炭赎罪,政府用来铸钱,一切开支,都银钱兼用②。第三是直隶巡按杨家相,主张铸大明通宝③,这大概是因为那些年号钱的流通情形很混乱,所以不用年号,以示革新之意。第四是高拱,他主张采取自由放任政策,不要朝议夕改,使人民不相信④。穆宗赞成高拱的办法,并铸造了隆庆通宝。据说从此钱法稍通。当时八文合银一分。

但私铸问题并没有消灭,嘉靖万历等钱之有所谓金背火漆镟边等名称,无非就是在既有的设备下,防止私铸,正足反映私铸的猖獗。

三　晚明的铜钱贬值

明朝政权的经济基础,弘治正德以后,已渐露破绽,万历晚年,就动摇起来了。

万历以前的钱价问题,是指私钱而言,对于官炉制钱,只嫌其少;或受私钱的排挤,流通得不顺利,他的购买力是很高的。万历

---

① 《明史·食货志》五。
② 《明史》卷二一四靳学颜传:"隆庆初……应诏陈理财,凡万余言。言选兵铸钱积谷最切。其略曰……臣又睹天下之民皇皇以匮乏为虑者,非布帛五谷不足也,银不足耳。……奈何用银而废钱。钱益废,银益独行;独行则藏益深,而银益贵,货益贱,而折色之辨益难。豪右乘其贱而收之,时其贵出之,银积于豪右者愈厚,行于天下者愈少。……计者谓钱法之难有二,利不雠本,民不愿行,此皆非也。……诚令民以铜炭赎罪,而匠役则取之营军,一指麾间,钱遍天下矣。至不愿行钱者独奸豪尔。请自今事例罚赎征税赐赉宗禄官俸军饷之属,悉银钱兼支,上以是征,下以是输,何患其不行哉!"
③ 《明史·食货志》。
④ 同上。

初年,制钱的供给还是很少,所以兑价很高。朝鲜战争发生后,钱制才真正恶化。

丰臣秀吉这个野心家,也可以说是中国钱所豢养出来的。因为中国铜钱在日本的流通,刺激了日本的对内对外贸易,使日本的商业资本家抬头;各地的封建地主就靠这些商业资本家作资金上的供应。① 这样就使日本社会发生两种变化,第一是各地的封建主只以追求钱货为主,对幕府就不尊重了,结果促成了日本的战国时代。第二使平民也可以取得政治上的地位。丰臣秀吉原来是一个奴仆,十八岁当兵,以匹夫之勇,投乱世之机,居然成为一国的发号施令者,把几十万人的生命当工具,作征服亚洲的冒险。

但在万历年间,朝鲜战争给予明朝政权的财政基础一个重创②。郝敬建议铸大钱,分为当十、当三十、当五十三种,这是明代额面最大的铜钱,虽然没有实行,但这建议本身就反映了当时的困难。

万历二十八九年间,即十六世纪和十七世纪交接的时候,也是糜费的朝鲜战争结束之后一两年,京师除宝源局以外,再设大厂,来从事鼓铸,总共有一百二十几个炉座,而且户部和操院也计划铸钱了。明代铸钱行钞,在洪武初年本由中书省担任,洪武十三年废中书省,宝钞由户部发行,制钱由工部鼓铸,在京师设宝源局。现在不但户部也想铸钱,而且操院也要铸钱,后来连常平仓也铸钱。

---

① 本庄荣治郎黑正严的《日本经济史》第二一三页,认为山口的大内氏在日本西部获得大势力,完全是靠对中国的贸易。

② 《明史》卷三二二《日本传》:"自关白侵东国,前后七载,丧师数十万,糜饷数百万。"甚至有人以为明朝是亡于此。幸存篇引夏允彝的话说:"贼之发难以何事起? 天下嗷嗷,皆以加赋之故,然加赋于何年? 皆以东彝发难也。"

史书虽多认为户部到天启年间才真正开始鼓铸,但也有说万历年间已从事铸造的①。钱背的各种文字,无疑都是铸钱单位的名称。这些钱当时只在北京流通,因此购买力下跌,各军役匠作都不愿工资的三成用铜钱发付。同时由于钱价下跌,物价上涨,铜商也抬高铜价,这使得有些铸炉不得不停工,遣散铸匠,于是私铸又猖獗起来,因为以前铸匠是一种世业,熟悉的人少;自增加鼓铸后,许多人学会这种技术,他们被遣散之后,无以谋生,多从事铸钱,而且铸出的钱和官铸差不多,私铸开销少,所以能以低价卖给私贩者,于是私钱就充溢市面了②。战前金背钱只要四五十文便可折银一钱,战后官价虽然不改,但市价则银一钱可易钱六十文③。

北京如此,南京也不能例外。明代铸钱,以南京为最多,弘治年间已照北京加倍。明末其他省份可能也有由南京代铸的。所以两京的钱价发生差异,万历四十六年南京以十文抵银一分,北京以六文抵一分④。泰昌年间北京制钱以六十三文为一钱,南京以百文为一钱⑤。因为南京铸的钱比北京的薄小。

---

① 《明史·食货五》说万历四年命户工二部准嘉靖钱式,铸万历通宝。但别的书多说是天启年间户部才设局铸钱。
② 顾起元《客座赘语·铸钱》(万历年间作)。
③ 《神宗万历实录》卷之四百八十八,万历三十九年十月戊子:"商人刘伸智等告称,先年商价并未搭钱。万历一十七年间,户部议以五十文作银一钱,搭钱三分之一,每一万两可余银三千两,可以佐国。……今市价每银一钱易钱六十文,官仍遵先制,以五十文给商,每搭钱一万两,商折银三千两内外,商价一年不啻亏折数万余两。"
④ 《神宗万历实录》卷五七〇,万历四十六年五月丙辰户科官应震言。
⑤ 《神宗万历实录》卷之五百七十五,泰昌元年十二月戊申工部主事覆南京监督铸钱主事荆之琦疏言:"惟是南北各费,价料悬殊,故在南应从南议,以百文为一钱;在北应从北议,以六十三文为一钱。……上是之。"

自万历四十六年满洲人发动侵略之后,形势更加严重。努尔哈赤(清太祖)计划攻抚顺等地方的时候,朝议请发军饷百万,神宗止发十万。兵部援引征倭征播的先例,调兵十万,需饷三百万,然而国库不发。可见库藏的空虚。只好加税,但政府计算的结果,辽东一年需饷八百多万,而两次加编田亩税,加到每亩七厘,也不过四百万,农民早已不堪负担而逃亡。至于商税,则征多了只有使商人绝迹。据说朝鲜战争时,廷臣曾向利玛窦请教炼金术。炼金不成,只好铸钱。在江南富庶的乡村,物价虽然还是很低①,但在紧张的军事区域,则物价上涨几倍②。

由于钱币数量的增加,而且有折二钱,使其对白银的兑价下降。天启元年王象乾因军需浩大,请两京和十三省设局鼓铸,规定以六百文为一两③。三年四川巡按御史温皋谟又请铸钱,以千文为一两④。我们单看银钱折价,也许不觉得严重,但我们要晓得:当时白银的购买力已大为降低,所以铜钱购买力的下降,要超过他对白银兑价的减低。

就在这时候(天启元年)王象乾提议兼铸当十当百当千三等大钱,当十钱的重量为小钱的一倍,当百钱五倍,当千钱十倍。流通时也有一定的比例,每百文搭用当十钱四枚,每千文搭用当百钱四

---

① 《吴川县志》陈舜系《乱离见闻录》:"予生万历四十六岁戊午。时……家鱼米之乡,斗米钱未二十文,鱼钱一二,槟榔十颗钱二文,柴十来钱一文,斤肉只鸭钱六七文,斗盐钱三百。"
② 《三朝辽事实录》卷之五,天启元年八月王在晋题:"自金钱尽输于塞外,上颁转教于行间,决如壅泉,去如流水,而帑藏空。赋税既溢额以加编,叹潆又相仍而不已。……路狭人稠,商稀货少,米珠薪桂,百物沸腾,束草价增几倍,斗米贵至数钱。月饷未能周身,食力不堪糊口,兵之无以聊生易知也。"
③ 《熹宗天启实录》卷之八天启元年八月戊戌。
④ 同上,卷之二十五天启三年正月丙午。

枚,每万文搭用当千钱四枚①。假定小钱每文重一钱,而且各种钱的成色相同,那么,一万文的支付,应当可以用当千钱四枚,当百钱二十四枚,当十钱一百四十四枚,小钱二千一百六十枚,总重只有二百六十两八钱,原来应当是一千两,也就是说这三等大钱制的推行,意味着减重成百分之二十六。其他情形不变,则物价至少要上涨三倍八。

三等大钱也许没有铸造,也许铸造了没有发行就收回改铸。但当十大钱是铸造过的,而且铸造很多,官铸私铸都有。天启二年,户部正式设立宝泉局来铸钱,其铸额远超过工部的宝源局②,外地也有铸大钱的,如宣府、密云二镇。大钱厚重的虽在九钱以上,但轻小的则不到五钱。而且因数量多,买东西的人,就是三五个钱的,也付大钱,使卖主找偿,发生许多纠纷,因而有人建议值十文或二十文的货物,则整数用大钱,零数仍用小钱。结果大概不大好。所以五月十日两京停铸大钱,但仍旧通用。六年才下令收回大钱,可是越收越多,乃规定各种税课都用大钱,政府用来改铸小钱。在收兑大钱的时候,并不是十足兑与小钱,而是好钱给八文,低钱给六文,但书办往往实行克扣,八文只给七文③。

天启小钱本身也实行贬值,初铸的每文有一钱三分重,以五十五文折银一钱。但天启二年秋天,就减为每文七分许④,这是严重的减

---

① 《续通考》卷一一一《钱币考》五,天启元年八月。
② 《续通考》卷一一一《钱币考》五引《春明梦余录》:"明初铸钱,专属工部宝源局,虞衡司员外郎监督其事。至天启二年始增设户部宝泉局,以右侍郎督理之,名钱法堂。加炉铸造,以济军兴。其政属于户部。而工部之所铸微矣。"
③ 《熹宗天启实录》卷之六十六,天启六年五月己酉、甲子、戊辰各条,及《续文献通考》卷一一一《钱币考》五。
④ 《金陵琐事》:"初铸之钱,钱千文重四斤八两,后虽渐轻,至天启二年秋,小薄之甚,掷地即碎,仅四斤八两。较初铸者少四斤矣。此四斤之利,归之朝廷乎?官吏乎?工人乎?"

重。以前各朝铸钱，力求精整，所谓不爱铜、不惜工，只求防止私铸。天启钱有所谓白沙钱，比较工整①，可是不久就变了。史书说，当时"开局遍天下，重课钱息。"②铸钱的溢利的确很大。万历五年是百分之三十三点七，二十五年前后是百分之二十点三，但天启二三年间南京铸钱用本钱二十万九千零五十四两，获息十二万八千六百零六两八钱，溢利百分之六十一点五；天启四年用本钱十四万三千四百四十一两，获息十二万八千九百三十二两，溢利百分之八十九点九。这时的铜钱实等于辅币。而且铸局人员舞弊，铸造特别轻小的钱来充数，或降低铜的成色，应当是铜七铅三的，天启三年贬为铜铅各半。有些地方的制钱只有两三成铜，其余是铅砂，掷地可碎，百文不盈寸③。据说苏州等地的人民曾相约拒用天启钱到十个月之久④。

铜钱的减重和贬低成色，可能也由于铜价的继续上涨。前面说过，在万历年间，铜价已由明初的每百斤值银五两涨到十两五钱，但天启年间黄铜已涨到十二两，红铜则涨到十四两三钱⑤。一方面铜价上涨，同时铸钱溢利很大，这就可以想见钱币的滥恶了。

---

① 《金陵琐事》："天启初铸钱时，库有倭铅倭锡，杂铜铸钱，纯白色，字与轮郭分明，人呼为白沙钱，铜匠将白沙钱二文打小茶匙一张，可卖钱十文。故白沙钱最少，私铸者不能铸。

② 《明史·食货五》。

③ 《续通考》卷一一钱币考五，天启三年御史赵洪范言：臣令楚时，见布政使颁发天启新钱，大都铜止二三，铅砂七八，其脆薄则掷地可碎也。其轻小则百文不盈寸也。一处如此，他处可知。其弊在鼓铸之时，官不加严，任凭炉头恣意插和，私杂铅砂，则铜价已经半润私囊矣。"

④ 吴陈琰《旷园杂志》："天启间，苏州逮周忠介公顺昌，民变，击毙校尉。后苏民倡议，天启无道，互戒天启钱不用；各州府县从而和之，积天启钱无算。后传至京师，各省出示劝谕，钱乃复行。私禁凡十阅月。"

⑤ 侯恂《鼓铸事宜》。

第七章　明代的货币

　　由于当局的横征暴敛，钱财流到严嵩父子及魏忠贤等少数人的地窖里去①，人民无心耕种，多逃亡他乡；稍有水旱，便引起饥荒；于是"盗贼"四起。天启末年陕西延安一带就有严重的饥荒，草根掘尽，竟以白石充饥，儿童和单身人出门，便为人所宰食。高迎祥、李自成、张献忠等人便是从这些饥民中产生出来的，张献忠便是延安人。

　　正当满兵围攻锦州之后，陕西"流贼"分掠延安的时候，明廷又大铸崇祯钱。起初每文重一钱二三分②，以六十五文折银一钱。崇祯元年南京的铸息约为百分之五十，计三万九千多两，北京户部的铸息为百分之二十点四，八个半月获息二万六千多两③。后来大概因私钱轻小，官炉不能竞争，有些炉座关歇，除南北两京外，只留湖广陕西四川云南及宣密二镇。而且铸息不尽归朝廷，有人建议派遣官吏到各省去采铜铸钱，于是铸局大开。主要朱大受说，荆州一地，一年可以四铸，四铸之息，两倍于南，三倍于北。朝廷就叫他专管铸钱。乃改定钱式，每文重一钱，每千文折银一两。但南

----

① 《明书》卷一四九《严世蕃传》载籍没严嵩家财时有："狰金一万三千七十一两六钱零，纯金嵌珠玉珍玩壶杯盘盏共三千八百事有奇，重一万三千二百两有奇。纯金嵌珠玉苗睛宝石首饰六千五百五十事有奇，白金二百二万七千有奇。银含山屏人物等共重一万三千六百两零。王如汉始建国元年注水厄、晋永和镇宅世宝杯及玉人、玉马、玉炉、玉斗、玉壶等，共八百五十七件。又白玉、碧玉、黑玉、与夫嵌金镀金花素玉带共二百二条。金箱并花素犀角香等带共一百二十四条。金折丝纯金花素金箱珠玉带条环闹妆头篦三十三条。金箱壶玉寿鹿犀象璋瑁法蓝根盘瓯盆等共二千六百八十件……第宅田地山塘及各庄房牛马等共估价二十九万五千八百六十两有奇。此在江西原籍者然耳，他在京及扬州第宅庄田财物，犹不下数十万，皆没入官。……"关于严嵩父子的银窖和寄附品请参阅本章第四节注。《明武宗外纪·天水冰山录》另有资料。《明史·食货五》。《续通考》说户部自元年正月起到九月十五日止共铸钱一万二千九百四十八万九千九百八十四文。

② 《续通考·钱币考》天启七年十二月。

③ 侯恂《鼓铸事宜》。

京所铸,有轻到四分以下的,乃规定每文重八分①。而且搜括古钱古铜器②来改铸。史家说古钱销毁顿尽,这话倒未必真实,因为自启祯小钱发行后,厚重的古钱已隐匿起来,而且官吏们办公事的效率很低③,收买旧钱的工作,未必能做得彻底。明以后尚有许多古钱流通,这就是明证。不过外省钱价低于北京。例如在崇祯十一年的时候,北京白银一两,仍旧是八百文许,但河南山东有到一千五六百文的,大概有私钱在内④。

明末的私钱,名目繁多,天启时有所谓宽边、大版、金灯。崇祯初有胖头、歪脖、尖脚⑤,后来京钱百文值银五分,外省钱百文值银四分⑥。又有所谓煞儿、大眼贼、短命官等,一两白银可以换到五六千文⑦。

---

① 《明史·食货五》。
② 陈麟《明史集腋》:"崇祯十一年戊寅,上将内库历朝诸铜器尽发宝源局铸钱,内有三代及宣德年间物。制造精巧绝伦。商人不忍旧器毁弃,每秤千斤,愿纳铜二千斤。监督主某不可。谓古器虽毁弃可惜,我何敢为轻重。商人轻宝铜下炉,当存其质,至三代间物,则质轻清之极,下炉惟有青烟一缕耳,此则谁任其咎?监督谓圣惟猜疑甚重,……罪不在我,于是古器毁弃殆尽。"
③ 明末政府的腐败情形由张文衡对清太宗的奏文中可以看出来。他于天聪九年(即崇祯八年)说:"……不知中国惟有此时可取。彼文武大小官员,俱是钱买的。文的无谋,武的无勇;管军马者克军钱,造器械者减官钱。……上下里外,通同扯谎,事事俱坏极了。"(《明清史料》丙一。)
④ 《续文献通考》卷一一《钱币考》五。
⑤ 同上。
⑥ 王逋《蚓庵琐语》:"明朝制钱有京省之异,京钱曰黄钱,每文重一钱六分,七十文值银一钱;外省钱曰皮钱,每文重一钱,百文值银一钱。自崇祯六七年后,其价渐轻,至亡国时,京钱百文值银五分,皮钱百文值银四分。甚至崇祯通宝,民间绝不行使。"《续文献通考》卷一一钱币考五引某曰谈往曰:"至十六年癸未,竟卖至二千矣,夏秋间二千几百矣。"
⑦ 《明书》卷八一《食货志》:"崇祯中,内帑大竭,命各镇有兵马处,皆开炉鼓铸,以资军饷,而钱式不一,盗铸孔繁。末年每银一两,易钱五六千文,钱有煞儿、大眼贼、短命官诸号,因兆李自成之乱。"

第七章 明代的货币

明末的物价很混乱,在受到围攻的城镇,自然是米珠薪桂①,那是可以想象的。在一般地方,情形也不一致。崇祯十一年的时候,有人说当时米价约合千文一石,但因当时的量斗小,只有原斗的四分之一,所以名为一千文一石,实际上是四千文一石②。可是另外有人说,崇祯十七年的时候,一石米还不过七八百文③。无论如何,有些地方,可能有旧钱流通,而且好钱坏钱的购买力可能不一样,甚至可能有不用坏钱的地方,在这些情形下,物价一定要比较低,大家把铜钱看得重④。

---

① 《汴围湿襟录》记崇祯十五年围城时的情形说:"民间一粒如珠,官兵尚有余粮,皆迄之大户之家,乡绅巨室觅买,但得粟而不计价,升粟卖至万钱。"徐世传《江变纪略》卷三记述涨价的情形如下:"城中斗米渐至会一金。""城中斗米至六金。""城中升米二金矣。""城中米至六百金一石。"
② 《续文献通考》卷一一钱币考五引慎言疏言。
③ 《明清史料》乙编第六本崇祯十七年二月十六兵部行:"御前发下京营总督李国祯等奏稿,……单粮军丁月米一石,往年谷贵之日,操点视今犹宽,人尚恋此升斗,今米石所值不过七八百文,间遇粒米朽红,其贱如土。"
④ 康范生《仿指南录》,绍武元年十月初八日:"余因作数字寄家人,托永新胡秀才附往。胡字义者与安辐小童朱魁保皆在高部内,甚敬爱余。各持数钱见赠。且依依不忍别。"明末铜钱的购买力,可以从《醒世姻缘》一书中的物价上看出来。兹将其中比较重要的物价抄下,分为用银计算和用钱计算两种:

一、用银计算者:

棉花每斤一钱六分	青布夹袄每件四钱五分
潮蓝布每件三钱二分	绿梭布每匹四钱五分
平机白布每匹四钱八分	儿童学费(官家)每月一钱
儿童学费(中等)每月五分	小米每担五六钱
肉每斤一钱五分	好马每匹八十三两三三三
走骡每匹五十两	中等房子每月三两
地每亩二两	大松梁每根五六两
花红毛边纸每刀六两	谷每石五钱——八钱
粮每石五钱至一两三四钱	教私塾(几个学生)每月一两
一家三口生活每月一两	细色稻米每石二两
单教一学生每年四两	房子一栋四十五两

关于明代官吏的所得，前面曾经谈到。那种所得在成化以前是用宝钞支付，所以随着宝钞的跌价而减少。后来一部分用白银支付，最后完全用白银支付，所以官吏的所得也曾有所改善。但劳动人民的所得总是维持在很低的水平上。这种所得以长年计算的有时用米或白银表示，短期的一般都用铜钱表示。正统初常熟县大概是五六两白银代役一年①，折算起来，每月合得一公石七斗米。万历年间，佣工每日约可得铜钱三十文②，每月合得米两公石。但有时一天只能得二十四五文③，这样每月只有一公石一斗四升。到

佛手每个四钱　　　　　　赁三间小房连家具每月一两
旱磨每盘八钱　　　　　　草驴子每头一两二钱
白麦每石九钱　　　　　　绢罗每面五分
利息(复)每月二分　　　　松木棺材每具三两二钱
橄榄每斤一钱二分
二、用钱计算者：
膏药每张一文　　　　　　学费(普通人家)每月三十文
猫每头三四十文　　　　　银每两一吊至一千五百
白银每两一千文　　　　　赁两间房每月二百文
荸荠每个一百二十文　　　簸箕每个三十五文
罗床每个二十五文　　　　驴套每个十八文
笕子每个八十文　　　　　铁勾担仗每副四十文
盘秤每连三十六文　　　　炭每斤二文半

① 《英宗正统实录》卷之一百五十四，正统十二年五月癸丑："常熟县致仕知县郭南……与之(邑民)约曰，尔辈若出米四石，准役一年，愿否？皆曰，往者一年之役，需银五六两，今若此一两银耳，无有不愿者。"这里我们不能说正统十二年的工资是每月三斗多米，因为看语气便晓得这数字是低于当时的工资的。

② 《续文献通考》卷一一《钱币考》五，崇祯十一年九月条引慎言疏言："三十年前(应在万历三十六年前后)……当时佣力者，日得钱三十文上下，而可以饱妻子，今倍于是而不能。"

③ 《筹辽硕画》卷二九，万历四十七年詹府少詹事兼河南道御史徐光启题："都下贫民佣工，一日得钱二十四五文，仅足给食，三冬之月，衣不蔽体。"这里米价是以万历四十六年到天启七年的平均米价计算，即一两一钱许合一石米，白银一两以六百三十文计，工资每天以二十四文半计，正好每月得米一石，合一公石一斗四升。

了崇祯年间,每日约可得六十文,但那时钱的购买力已下跌,大概实际所得还不到两公石米①。

　　崇祯十六年的时候,张献忠的军队在湖北湖南势如破竹,李自成则陷潼关、西安等地,一步一步向京师进逼,当局想要发行钞票,又不能如愿,只好铸大钱②,不久明朝就亡了,而中国又再次受到外族的统治。

四　白银的购买力

　　中国用银虽有很久的历史,但西汉及以前,只作工艺上的用途。西汉武帝时的白金币,可能铜锡多于白银,而且几年内便废了。东汉以后偶有用作支付工具的。自五代时起,使用渐多,金人曾铸承安宝货。然而一直到元末,白银还算不得十足的货币。所以对白银购买力的研究,没有很大意义。到明英宗时放松银禁,于是各种物价多用银来表示,这样中国才真正成了一个用银之国,白银才真正货币化。至于其曾否铸成钱形,对于研究他的购买力,并不重要。外国古代虽有金银铸币,但流通时仍以重量为准。中国这种以银块来流通的办法,对于物价的研究,反而有许多方便之处。因为如果铸成银币,而物价以银币的个数计算,则因减重或贬值等关系,使各种物价数字,反而无从比较。

---

　　① 《续文献通考》卷一一钱币考五,崇祯十一年九月条引慎言疏言:"三十年前(应在万历三十六年前后)……当时佣力者,日得钱三十文上下,而可以饱妻子,今倍于是而不能。"

　　② 崇祯当五钱似乎没有发行流通,当十钱更少。但顾景星《白茅堂集·步李逊卿燕京醉酒楼雪歌韵诗》(作于顺治二年即隆武二年)有:"宝源新钱一当十,日暮提钱上酒楼。"可能当时有当十钱的流通。

在明以前，物价的记载太少，不能作有系统的研究。而且既有纪录，也是以铜钱或纸币为单位，铜钱的轻重成色各代都不划一，严格说来，是不能比较的；纸币更是常常更张，最多只能研究某种纸币购买力的消长，不能作长期的比较。自明初开放银禁后，五百年间的物价，多以白银来表示，物价的记载也多了，不但前后可以比较，甚至同外国也可以比较。

中国的物价中，记录得比较详细的是米价，这正同欧洲的小麦价格一样。欧洲有人以为小麦价格，在长期看来，最足以表示物价的倾向①。中国的米价也是如此。所以在没有物价指数的古代，用米价来代表，是相当正确的。有时研究一种重要消费品的价格，比研究物价指数还更具体，尤其同外国作比较研究的时候。因为各国编制物价指数的方法不同，采用的物品项目种类也不同，比较起来，有时不能令人满意。倒是从某一种重要商品的价格的比较上，可以看出两国的情形来。

譬如中国同英国，在明朝以前，两国的物价，就无从比较。自中国正式用银后，便可以比较了。十四世纪后半中国的小麦价格②，

---

① 英国的洛克以为小麦的价格，在长期看来，最足以代表一般物价。亚当·斯密也以为小麦价格比任何其他价格更能表示真实价值或各种价值的真实关系。美国自一七九八到一九三二年那百多年间小麦价格的变动和一般物价水准的变动几乎完全相同(见 Warren and Pearson Prices, p. 28. figure 12.)。

② 十四世纪后半，小麦价格，仅洪武元年的计赃时估中提到，一石合二钱五(《明会典》)，合米价的八成。洪武九年曾定银一两折输米一石，小麦减直十之二(《明史·食货志》)，也是等于米价的八成。本文的小麦价，是以米价打八折计算，因为小麦价格记录太少，米价有洪武元年计赃时估中的每石三钱二分；九年的每石一两，十八年的每石五钱(《明会典》卷二十九)，三十年有每石二钱五，和五钱两种价格，(《明史·食货志》)平均每石三钱七分五。十四世纪后半平均为每石五钱三分八厘。小麦每石约为四钱三分。

每公石约值白银十三四公分①,英国在同期间的小麦价格每公石约值银三十四公分②。由此我们可以得一结论:就是十四世纪后半白银在中国的购买力要比英国高一倍以上。小麦在英国和中国都是主要的生活必需品,而且两国都有大量的生产。如果用米价来比较,所得的结论,就不大正确了,米价在十四世纪后半的中国,是每公石值银十七公分一九③。而英国则要三百八十四公分④,比中国高二十倍,因为英国并不产米,日常也不吃米,他的米是从东方运去的,和香料并列,是奢侈品之一。

小麦对于中国人的重要性,仅次于米,可惜小麦价格的资料更加贫乏。好在明代小麦的价格,大体上相当于米价的八成。小麦和稻子所需要的气候不同,价格的变动,应当是不一致的,不过实际上,在各种文献中,麦价很少高于米价。

研究白银在中国的购买力,或研究米价,有几种困难是难以避免的。第一是度量衡的不统一,不但时代的先后有不同的标准,即同一时代,各地的标准也不尽同。第二是各地价格间的差异,这种差异的发生,是由于两种因素,一种是运费,因为中国的产米区在江南,北方食米有时要由江南运去。古代交通不便,运费往往高于原价。秦攻匈奴,自黄腄琅琊等郡运粟到北河,要费三十钟的成本才能运到一石,运输成本高于原价一百多倍。宋代绍兴四年,川陕

---

① 明代一石以一·〇七三七公石计算。一两以三七·三公分计算(吴承洛《中国度量衡史》)。

② 英国小麦价格根据 James E. Thorold Rogers 的 *A History of Agriculture and Prices in England* 的数字折合。以每 Quarter 合二九·〇九公石。

③ 见正文明代米价表(三)。

④ 根据 James E. Thorold Rogers, *A History of Agriculture and Prices in England*, Vols. I. and II. 中的数字折算。

宣抚吴玠调两川夫运米十五万斛到利州,平均要四十多贯才能运一斛①。所以有些米价中,一部分或大部分是运费。另一种因素是天灾。在欧洲的小国家,如遇水旱则整个国家受影响,各地物价一齐涨,差异比较小。在中国则不然,因为国土大,有时江浙水旱,四川可能丰收,所以各地物价有时相差很大。在这一点上,中国相当于整个欧洲。欧洲各国的小麦价格,在同一时期内,也是相差很大的。第三种困难是中国的物价数字只有间接的纪录,如各朝的实录及各种奏议,没有原始的文献。在英国,十三世纪的交易账目还丰富地保存下来②,数字更加确实可靠;在中国就没有这种方便了。中国各朝实录中所记的米价,有些是各地方官吏的实情报告,有些是税粮的折价,这种折价在长期看来,是可以代表物价倾向的,但个别的折价,却不一定同当时的市价相符。明朝有所谓军官俸粮,因明代官吏俸禄以米计算,有时实际以白银支付,其折算标准往往远低于市价,所以这种折价大部分不能用,否则使平均数失去其意义。

　　上面这些困难,在相当范围内,可以克服。克服的方法或条件,除对于价格纪录的采用,须加以若干选择外,搜集的项目要多,如果项目多,则各地的不正常价格就为平均价格所冲平了。这正是中国几百年来的平均米价比欧洲各国的小麦价格波动得少的原因,欧洲的十年期小麦价格,与其说表示货币的购买力,不如说是反映天时的变化。中国的十年期的米价,更能反映货币购买力的消长。

---

① 《宋史·漕运》。

② 英国在十三世纪时的小麦价格,有时一年有八九十种至一百多种的记录,如一二八九年就有一百零三种小麦价格,一二九〇年有九十三种,一二九三年九十二种。自一二五九到一四〇〇年的一百四十多年间,总共有七千多种小麦价格。见 James E. Thorold Rogers, *A History of Agriculture and Prices in England*, p. 226。

第七章　明代的货币

明代在英宗以前，各种价格还是以宝钞计算。我们只能从白银的钞价来折算，然而因为记录的项目太少，可能同当时的真正市价不符。自正统元年（公元一四三六年）起，价格多以银计算，而且价格的记录也多了。自正统元年到永历四年（公元一六五〇年），可用的米价搜集得四百多种，最多的每年有十三种记录，如嘉靖三十七年（公元一五五八年），次多的为十一种，如万历三十一年（公元一六〇三年）和万历四十三年（公元一六一五年）；平均每年只有两种。这点比英国差得多，但其所表现的长期倾向，是相当正确可靠的。

如果把各皇帝治下的米价来作比较的研究，则洪武年间的平均米价每公石约值银四钱六分。永乐年间二钱八九分。永乐年间本是明朝一个膨胀的时期，但那是用宝钞膨胀，白银的购买力高而平稳。宣德年间每公石平均为二钱九分。正统到天顺的三十年间每公石也是二钱九，还是相当平稳。最高是景泰七年京师米价曾到过每石一两[1]，最低是天顺元年每石到过一钱。成化年间购买力稍降，每公石要四钱四分。其间于成化七年因山陕旱雹，每石曾到过一两以上；二十年山西荒旱，每石到过二两以上。最低价格则为二十二年山西每石约二钱的折价。弘治年间的平均价格每公石是五钱一分八厘。其间元年有北方各省的灾伤，每石粮约折银一两，四川二两。十五年因边方多事，每石约用银二两。最低也有每石一二钱的[2]。正德年间，每公石平均为四钱七分五。这十六年间灾旱比较少，最高是四年因河南灾伤，紫荆新城等处边仓每石定一两

---

[1] 本段所引各价格，除另有注明者外，都见明代各朝实录。某一年的价格是以明石为标准，某一年号的平均价格则以公石为标准，银两概以库平为标准。

[2] 弘治八年马文升的话，他只说"丰年用粮八九石方得易银一两"（见《弘治实录》及《明臣奏议》卷十一）。并未指明是哪一年。

533

多。嘉靖年间平均每公石五钱八分多。仍属平稳。虽然嘉靖三十七年,因辽东大饥,每石卖到八九两,但为别省所扯平。万历年间灾荒较多,如十一年陕西每石二三两。连军士月粮都按每石二两计算。二十九年因畿辅山东山西辽东河南等省荒旱,每石又到二两;三十年贵阳遵义等地每石到过四两;三十四年河南又到过每石二两二钱;四十年关陕饥荒,每石到过三两。但整个万历四十八年的平均米价,每公石也不过六钱三四分。天启年间东北和西南已有军事行动,如元年沈阳陷后每石到过十二两;三年云南围城,每石高达一百九十两;但这种价格乃是特殊价格,不能用来平均。天启年间的平均价格是每公石九钱二分七。崇祯年间的米价更是混乱,史书所载,多是不正常价格;如十三年山东每石二十两,河南乃至一百五十两,十四年临清每石二十四两[①],其他记录大部分都是在每石一两以上。平均价格也当在一两以上。

明代米价表(一)

年号	每公石价格(单位银两)	每公石值银(公分)数
洪武(1368—1398)	0.461	17.19
建文(1399—1402)	——	
永乐(1403—1424)	0.285	10.63
洪熙(1425)		
宣德(1426—1435)	0.291	10.84
正统(1436—1449)	0.254	9.47
景泰(1450—1457)	0.413	15.41
天顺(1457—1464)	0.256	9.56

---

① 《明史》卷二七五《左懋第传》,崇祯十四年疏:"臣自静海抵临清……米石银二十四两。……去冬抵宿迁,见督漕臣史可法言,山东米石二十两,而河南乃至百五十两。"

续表

年号	每公石价格（单位银两）	每公石值银（公分）数
成化（1465—1487）	0.441	16.44
弘治（1488—1505）	0.518	19.31
正德（1506—1521）	0.475	17.72
嘉靖（1522—1566）	0.584	21.78
隆庆（1567—1572）	0.591	22.05
万历（1573—1620）	0.638	23.81
天启（1621—1627）	0.927	34.59
崇祯（1628—1644）	1.159	43.22

然而我们研究白银的购买力，对于因天时所引起的变动，只能算是一种阻碍，我们要尽力设法消除或减少这种阻碍，才能求得白银购买力的真实变动情形。这种变动也不是各代帝王及其政府所操纵的结果，他们的注意力是集中在纸币购买力的维持，最多在钱价的维持，白银的购买力，是他们所不能操纵的。我们所要注意的是货币方面的因素所引起的变动。尤其是定期的变动，例如每十年的变动，或每五十年的变动。十年期米价的变动，虽然是很不规则的，但上涨的倾向是很明显的。

明代米价表（二）

期别	每公石值银（公分）数	期别	每公石值银（公分）数
1361—1370	11.12	1511—1520	17.83
1371—1380	34.73	1521—1530	20.14
1381—1390	17.35	1531—1540	21.30
1391—1400	13.02	1541—1550	20.48
1401—1410	10.59	1551—1560	22.75
1411—1420	——	1561—1570	22.60
1421—1430	12.87	1571—1580	19.66
1431—1440	9.63	1581—1590	25.18
1441—1450	10.41	1591—1600	25.22
1451—1460	12.38	1601—1610	26.60

续表

期别	每公石值银（公分）数	期别	每公石值银（公分）数
1461—1470	15.07	1611—1620	22.57
1471—1480	15.33	1621—1630	36.37
1481—1490	18.39	1631—1640	33.57
1491—1500	22.31	1641—1650	47.11
1501—1510	21.30		

如果把期间定得更长一点，则波动更要少。以五十年为一期，则白银购买力变动的倾向，就表示得更要清楚。

明代米价表（三）

期别	每公石平均价格（单位：公分银）	每公斤白银所能购得之米（单位：公石）
十四世纪后半	17.19	58.17
十五世纪前半	10.84	92.22
后半	16.35	61.16
十六世纪前半	20.19	49.52
后半	23.00	43.48
十七世纪前半	32.19	31.07
平均	18.90	52.91

研究明代以白银计算的物价，有一事实引起我们注意，就是白银购买力的高。尤其是明初的一百年间，即十四世纪后半和十五世纪前半，平均每公石米仅值三钱七分或十四公分白银。这是宋元以来几百年间所未曾有过的事情。其原因恐怕大部分在于白银方面，而不是米的生产力有什么提高。白银方面的原因，只能从白银的生产力和供需关系来解释。中国一向不大产白银。产量最多要算北宋，南渡以后，坑冶大部分废弃了，大概矿藏也枯竭了。中国的白银自南宋以后大概是靠外国的输入。元代欧亚交通方便，往来频繁，白银的移动毫无阻碍。蒙古人在征服中国之后，用纸币

收兑中国的白银运往中亚和西亚,当时那一带地区完全以白银为货币,而中国反而禁止金银的流通。最明显的证据就是中亚西亚一带自十一世纪初以来因白银外流本已停止铸造银币,可是在十三世纪中叶又重新铸造了。他们所用的白银是中国去的,因为西亚产的白银多含铅质,故发黑,中国所产白银含锑,发白色;当时西亚各地如特列比松(Trebizond)和赛浦路斯(Cyprus)等所铸造的新银币竟以白为名①。由于中国白银的外流,一到明代正式用银时,就显得不够了。而欧洲自十三世纪底到十五世纪中,因为上层矿脉枯竭,深层积水无法排除,使白银生产力减退,许多城市与地方都禁止金银输出②。而中国方面对于白银的需要却增加了。白银在宋代只作一种辅助的支付工具。元代也不是普遍使用。到了明代,白银成了十足的货币,尤其是自十五世纪的三十年代起,政府正式取消用银的禁令,大部分的支付都用银。白银的购买力,也正是这时候最高。当时大明宝钞还在发行,民间则使用白银,对于白银的需要,空前地大。在这种情形之下,白银购买力的提高,是一件很自然的事。

但从整个明代来看,白银的购买力,仍有轻微的下跌。以十五世纪后半和十七世纪前半下跌得比较多。这种下跌,我们可以作两种解释:第一是铜钱的涨价。白银只通行于中上阶级,或用于大数目的交易。升斗小民,日常仍是使用铜钱;而人民中大部分是这种人,所以物价,尤其是零售价格,往往是以铜钱为标准,米的银价

---

① Robert P. Blake, *The Circulation of Silver in the Moslem East Down to the Mongol Epoch* (Harvard Journal of Asiatic Studies. Vol. II. ,1937. pp. 291 & 328.)。

② W. Sombart, *Modern Kapitalismus*. 中山文化教育馆译本第一卷第二分册第四篇第四〇五至四〇六页。

有时是由钱价折算出来的,所以钱价上涨,会压低银价。第二是白银生产的增加。洪武间曾禁开银矿,洪武二十四年,只产银二万四千七百四十两①。永乐宣德间开陕州、福建等地银坑,所以宣德五年,产银就增加到三十二万二百九十七两②。其间虽然又禁止几次,但为时很短,到天顺成化年间,又大事开采,单是云南,每年就有十万两的生产③。明季同南洋各地交易频繁,可能有白银的输入。

至于十七世纪前半的波动,也可以作两种解释:第一是天灾人祸使生产减少,物价上涨;第二是白银的增加。白银的增加可以分两方面,一方面是库藏白银的抛出,一方面是美洲低价白银的流入。

明代末年,极多糜费,糜费的原因,一是用兵,一是政府开支,用兵如宁夏之役,朝鲜之役和播州之役等,其中规模最大的是朝鲜事件。万历二十年(公元一五九二年),日本的丰臣秀吉,刚刚把国内那些大名制服后不久,取得关白的封号,就抱着征服大陆的迷梦,派兵侵略朝鲜,朝鲜国王因王京沦陷;向中国求救,神宗就发援兵。前后七年,费用以白银计,在二千六百万库平两以上。明廷的边防费,在弘治正德年间,每年止四十三万库平两,嘉靖时加至两

---

① 《明实录》。

② 《日知录·银条》:"国初所收天下田赋,未尝用银。惟坑冶之课有银。实录于每年之终,记所入之数,而洪武二十四年但有银二万四千七百四十两。至宣德五年,则三十二万二百九十七两,岁办视此为率。"《明史·坑冶》:"永乐间开陕州商县凤凰山银坑八所,遣官湖广贵州采办金银课,复遣中官御史往窍,又开福建浦城县马鞍等坑三所……宣宗初颇减福建课,其后增至四万余,而浙江亦增至九万余。"《明实录》。

③ 《明史·坑冶》:"天顺四年命中官罗永之浙江,罗□之云南,冯让之福建,何能之四川,课额浙闽大略如旧,云南十万两有奇,四川万三千有奇,总十八万三千有奇。"不过中国产银也以云南为主。宋应星(明人)《天工开物》卷下银条,"凡银中国则出浙江福建旧有坑场,国初或采或闭。江西饶信瑞三郡有坑从未开。湖广则出辰州;贵州则出铜仁;河南则宜阳赵保山宁秋树坡户氏高觜儿……四川……甘肃……然合八省所生,不敌云南之半。……"

百七十多万,万历年间加到三百八十多万。

除用兵之外,还有朝廷的奢侈妄费。各皇子结婚,要向国库支取二千四百万库平两,使户部宣告破产①。又如政府冗员之多,也是历来所少有的。刘体乾曾就这点作一比较,他说历代的官制,汉七千五百员,唐一万八千,宋朝冗员很多,到三万四千员,但本朝自成化五年起,单是武职就超过了八万人,文武职合计,在十万以上②。末年民谣有谓"职方贱如狗,都督满街走③。"

政府为应付这些开支,除了国库的白银尽量抛出外,并且从事开矿增税铸钱。三者性质是相同的,都是弄钱。因为中叶以后,大数目的支付,多是用银,所以非开矿采银不可。

采矿是万历二十四年开始的,当时朝鲜问题还没有解决。起初只限于畿内,后来推广到河南山东山西浙江陕西。这一举措,并没有引起物价狂涨,因为中国银矿根本不丰。不过影响是很坏的,因为这件事是叫宦官办理,先叫地方官报告矿脉所在,宦官就同这些地方官合采,如果采不到银,就叫当地居民出钱补偿;稍不听话,就加以逮捕。有些田地住宅,被他们硬指地下有矿藏而加以没收。廷臣谏疏前后百多次,闭居深宫的神宗总是不听。

增税和开矿是同时并进的,为了朝鲜事件曾加派田赋;为了播州事件,也加派田租;其他新增或加重的税,名目繁多,如天津店铺

---

① 《明史》卷二十《神宗》一,万历二十七年闰四月:"以诸皇子婚,诏取太仓银二千四百万两,户部告匮,命严窍天下积储。"

② 《明史》卷二一四《刘体乾传》。同书卷二七五解学龙传,天启二年:"上言辽左额兵旧九万四千有奇,岁饷四十余万,今关上兵止十余万,月饷乃二十二万,辽兵尽溃关门。……国初文职五千四百有奇,武职二万八千有奇,神祖时文增至一万六千余,武增至八万二千余矣。今不知又增几倍。"

③ 《枣林杂俎仁集》。

税，广州采珠税，两淮盐税，浙江闽广的市舶税，成都茶盐税，重庆名木税，长江船税，荆州店税，宝坻鱼苇税等。也是由太监主持，剥削无所不至，全国骚然。

上面这些情况，都可以使流通中的白银增加，而且流通速度加快；再加上外国低价白银的流入，那就难免要影响他的购买力了。

哥伦布于弘治五年（公元一四九二年）到达美洲，于是美洲巨额的金银，陆续为欧洲人所取得，大部分送回欧洲，小部分则随西班牙葡萄牙等国的商人流到东方来。正德年间葡萄牙人就来到中国的广东福建浙江等地。嘉靖三十六年取得中国政府的允许，在澳门居住。当时流入的白银大概不多。不过据说万历二十九年（公元一六〇一年）到四十八年（公元一六二〇年）的二十年间，输入远东的生银和银元，也值五十四万八千多镑①。到了崇祯年间，英国东印度公司的触角也伸张到中国来，于是白银的输入，日见增加。

明末的对外贸易量有限，英船来往的数目不多，其所带入的银币，尚不致引起中国物价的剧烈波动。当时米价的上涨，一部分是由于生产减少，也可以说是由于兵与荒。因为明朝末年的苛捐杂税，使得人民不胜其负担而逃亡，灾荒加多，生产减少，白银的购买力自然显得更低了。

也许有人要说：明代米价的上涨，不是由于银价下跌，而是由于人口增加，土地收益递减的关系，这一假说有多少真理在内，很难评断；最足以表示白银跌价的，无过于铜价和钱价，铜价在洪武元年每百斤值银五两，万历五年涨成七两，二十五年以后涨成十两五钱。钱价明初白银一两值钱一千文，自成化元年以后只能换得

---

① C. F. Remer, *The Foreign Trade of China*.

八百文;弘治元年以后减为七百文,万历年间的金背钱曾涨到四百文一两;天启元年以后一两白银也止换得五百五十文。再看看别的物价也可以晓得上涨的不止是米价一种。试举绢价为例:绢价的记录不多,但自十四世纪后半到十六世纪底那两百年间本书所能搜集的二十几种绢价,也表示出一种上涨的倾向。

明代绢价表

期别	每匹价格(单位银两)
十四世纪后半	0.5
十五世纪前半	0.44
后半	0.63
十六世纪前半	0.7
后半	0.7

从金银比价的变动上,也可以看出银价下跌的倾向来。中国金银价的消长是不规则的,但也不很乱。秦汉以后,金银比价相当稳定,到宋代才有很大的变动,即金价大涨。那以后金价回跌,到元朝是一比十,有些地方恢复一比六的比价。明代两百多年间,白银对黄金有逐渐跌价的倾向。自明初的一比四或一比五,到明末的一比十和一比十三。

明代金银比价变动表

年份	黄金一两所能换得银两的数目	所据
洪武元年(公元1368年)	5	《明会典·钞法》
八年(公元1375年)	4	《明史·食货》五
十八年(公元1385年)	5	《明会典·征收及明史赋役》
十九年(公元1386年)	6	《明实录》及《续通考》
廿八年(公元1395年)	5	《明史·蘷·食货志》
三十年(公元1397年)	5	《明会典·征收》
永乐五年(公元1407年)	5	《续通考·钱币四》

续表

年份	黄金一两所能换得银两的数目	所据
十一年(公元 1413 年)	4.8	《明书》
宣德元年(公元 1426 年)	7.5	《明会典·征收》
	4	《明实录》
六年(公元 1431 年)	6	《明实录》
成化十七年(公元 1481 年)	7	《明实录》
弘治十五年(公元 1502 年)	9	《明会典》
嘉靖九年(公元 1530 年)	6	《明会典》
十三年(公元 1534 年)	6.363	《天下郡国利病书》
隆庆六年(公元 1572 年)	8	《明实录》
万历中(公元 1596 年)	7.5	《日知录》
四十八年(公元 1620 年)	8	
崇祯中(公元 1635 年)	10	《日知录·东印度公司记录》
	13	《日知录·记江左比价》

明代的物价,无论以银计算或是以钱计算①,都比宋元要低一

---

① 嘉靖年间的物价,可以从《金瓶梅》中得到许多宝贵的资料。其中多是以白银计算。《西游记》也是嘉靖年间的著作,但里面物价的记载比较少。兹先将《金瓶梅》中的物价录出:
住宅甲(夏延龄房,门面七间,到底五层,仪门进去,大厅两边房鹿角顶,后边住宅花亭,周围群房,也有许多,街道又空阔)
　　　　　　　　　一,三〇〇两
住宅乙　　　　　七〇〇两　　住宅丙(居住小房)　　　　　　五四〇两
住宅丁　　　　　二五〇两　　住宅戊(门面两间,到底四层)　　一二〇两
住宅己(小房)　　七〇两　　　住宅庚(四间)　　　　　　　　三〇一四〇两
住宅辛(平房两间)三〇两　　　住宅壬(武大夫妇住的,上下两层四间)十数两
利率　每月　　　三分到五分　黄金　每两　　　　　　　　　　五两
猪一头,羊一口,金华酒五六坛,又香烛纸札鸡鸭案酒之物　共计　四两
拆字　　　　　　　　一分　　印刷绫壳陀罗五百部　每部　　　五分
印刷绢壳经一千部　每部　三分　磨镜　　　　　　　　　　　　五十文
《西游记》中有下列几种物价:
纸　每张　　　　　一文　　棺木　每具　　　　　　　　　　几两银
糕　每块　　　　　一文　　猪　每头　　　　　　　　　　　二两
羊　每头　　　　　一两二钱九分

点，这并不是说人民的生活水平提高了，因为明朝人民的货币所得也减少了。这从官吏的所得上便可以知道。历代官吏所得是否和一般国民所得成一定的比例，不得而知。从某种观点看来，官吏所得虽然是取之于民，也是用之于民。可是由于中国人的紧缩习惯，官吏很少将货币所得全数用作消费，一大部分是用来窖藏，所以官吏所得增加，多少要引起紧缩现象。从另一方面来说，中国历代的统治阶级对于人民的榨取，也有一种限度，就是要使人民还能维持其生存，否则政权就会站不稳。明初也想把官吏薪俸定得相当高，使其真实所得，接近南宋的水平，但这种水平不能维持。大体上说来，中国人民的生活水平自秦汉以后是渐渐提高，到唐宋就达到了顶点，南宋以后便渐渐下降了。蒙古人统治之下，官吏的最高所得没有超过每月一百公石米的。明朝竟减到二十石。这种情形不能说完全是由于币值变动的影响，而应当从中国人的生产力不提高、人口的增加以及行政机关和人员的无效能等因素来解释。正德以后，官俸九成用银，一成用钱，每石折银七钱。折钱数大概是照银一两合钱七百文计算，即一石米折钱四百九十文。这样计算，则正一品官每月可得白银五十四两八钱一分，另加铜钱四千二百六十三文许。正九品则一月可得白银三两四钱六分五厘，另加铜钱二百六十九文半。嘉靖末年以后，官俸全用白银支付。

第三节　货币理论

明朝学者对于货币理论方面，仍是以纸币问题为主题。而且因为宝钞自洪武末便跌价，大家看得清楚是发行太多的关系，所以多带数量说的观点。

成祖即位时,因为宝钞不行,问夏原吉(公元一四三〇年),原吉就说:

"钞多则轻,少则重。民间钞不行,缘散多敛少,宜为法敛之。请市肆门摊诸税,度量轻重,加其课程,钞入官,官取昏软者悉毁之。自今官钞宜少出,民间取钞难得,则自然重矣。"(《明史·食货志》)

他想借收缩通货来提高他的购买力。

主张户口食盐法的陈瑛,也有相同的见解,他在永乐二年(公元一四〇四年)说:

"比岁钞法不通,皆缘朝廷出钞太多,收敛无法,以致物重钞轻。莫若暂行户口食盐法……。"(《明史·食货志》)

他的户口食盐法和夏原吉的增税主张,目的是相同的。

因为纸币不断地跌价,而且历来用纸币,差不多没有一次不引起通货膨胀,所以怀疑或指责纸币制的人自然很多。邱浚(公元一四二〇到一四九五年)便是一个代表。他在成化十六年(公元一四八〇年)著有《大学衍义补》一书,其中有一段关于纸币的话。他说:

"自宋人为交会,金元承以为钞,所费之值,不过三五钱,而以售人千钱之物,民初受其欺,继畏其威,不得已而勉从之。

行之既久,天定人胜,终莫之行,非徒不得千钱之息,并与其三五钱之本而失之,且因以失人心,亏国用,而致乱亡之端,如元人可鉴已。"

在这段话里,他不但看出通货膨胀的结果,使统治阶级得不偿失,而且会动摇政权。然而邱浚并不认为纸币绝对不可以用,他又说:

"然而钞法终不可行哉?曰何不可行,其不可行者,以用之无权耳。"

他的所谓权,就是现金准备和兑现,他反对不兑现的纸币流通制度。因此他提议采用银本位,说:

"本朝制铜钱宝钞,相兼行使,日久弊生。钱之弊在于伪,钞之弊在于多,将以通行钞法,请稽古三币之法,以银为上币,钞为中币,钱为下币,以中下二币为公私通用之具,而一准上币以权之。……今日致用之法,莫若以银与钱钞相权而行,每银一分易钱十文,新制之钞,每贯易钱千文。"

中国用银虽然有许久的历史,但正式提议用银本位的,邱浚要算是第一个人。他的银本位似乎是一种银块本位或银准备本位,因为他不但没有说铸造银币,并且没有说要用银来流通,他是要用钞票和铜钱来代替流通。钞票当然是一种兑换券的性质,而铜钱大概也只能算是一种辅币。

到了末年,因为国用匮乏,银钱都不能任意增加,因此政府中的人又想行钞。例如倪元璐王鳌永等都赞成蒋臣的行钞计划。蒋臣的办法和邱浚的主张原则上差不多,主张要十足准备,一贯合银一两(实卖九钱七分)或铜钱一千文。不过他有一点不切实际,就是所谓准备,全靠用钞票去收换民间的白银,他估计当时民间的白银为二万五千万两,他说:

"今岁行五千万,五岁为界,是为二万五千万,则民间之白金,约已尽出,后且不可继矣,故一界以后,以旧易新。五界既行,则通天下之钱数,又足相抵。"(《崇祯长编》卷一)

这是书生之谈,就是在平时已不容易成功,何况政府财政正要破产的时候。

此外有陈子龙,他根本否认钞票是货币,说只能凭票取钱,但他却不反对采用它。他在钞币论中说:

"钱币壅即藏粟居货,无以平其重轻。楮非钱也,而可执券以取钱,无远致之劳,有厚赍之用。(王鎏《钱币刍言》)

明朝也有金属论者,这就是隆庆时的谭纶。他在隆庆三年(公元一五六九年)说:

"今之议钱法者,皆曰铸钱之费,与银相当,朝廷何利焉。臣以为岁铸钱一万金,则国家增一万金之钱,流布海内。铸钱愈

多,则增银亦愈多,是藏富之术也。"(《明书》卷八一《食货志》)

明朝讨论货币问题的,多以制度和政策为主题,提到货币本质的,似乎只有钱秉镫(公元一六一二到一六九三年)一人。他在他的《钱钞议》里说:

"夫钞止方寸之楮,加以工墨,命百则百,命千则千,而愚民以之为宝,衣食皆取资焉。惟其能上行也。盖必官司喜于收受,民心不疑,自可转易流通。"(《钱币刍言》)

后代货币国定说的理论同这种见解很接近。

第四节 信用和信用机关

一 典当业

信用事业在明初没有很大的进展。因为信用事业是同工商业一步一随的。在明初,工业固然谈不上,商业也不见发达。国内方面,仍停留在一种村落自给的经济阶段,都市经济甚至比以前落后了;因为旧的都市多因战争而衰落了。到永乐年间才开始建设北京,然而一个大都市不是一下就可以建设起来的。

对外方面,自宋以来,中国总是敌视对外贸易,对外关系总是采取一种消极的态度,譬如在十六七世纪的时候,中国人和欧洲人一样,多是一种金属论者,以为金银越多越好。可是欧洲因此而奖励对外贸易,中国却因此而取缔对外贸易①。欧洲人因为爱金银,所以想从对外贸易上取得外国的金银,这样自然刺激本国的制造业而引起发明和产业革命。中国当时的统治阶级因为爱金银,而怕外国人通过国际贸易把中国的金银运走,这完全是一种悲观的被动的心理,所以国内经济呆滞不进。如果中国金银矿特别丰富,那种恐惧心理,还可理解;可是中国不但金银矿很贫乏,连铜也不够。而我们的邻国如印度南洋和日本,却是有金银和铜的,日本甚至还请求以金银向中国换取铜钱。那时候如果中国人有一种积极的态度,我们不能说中国就会发生工业革命,但至少可以多弄得一些金银,这不是那些金属论者所愿望的么?

因为一般的经济不发达,所以信用事业也不进步。在乡村仍靠私人的借贷②,在城市除私人借贷外,仍以典当为主。

----

① 明代中国对外贸易的不发达,可以从中外物价的差异上看出来。譬如当时中国上层阶级所珍视的龙涎香,据说是产于大食国,在苏门答剌一斤只卖一百九十二个底那儿,合中国钱九千文(见正统元年的《星槎胜览》)。可是在中国的广州每两就要卖一百千,每斤合一千六百贯,等于苏门答剌的一百七十七倍。嘉靖三十四年三月司礼监传谕户部取龙涎香百斤,悬价每斤一千二百两,以好钱计算,一两合七百文,一千二百两即合铜钱八百四十贯,也等于苏门答剌的九十三倍。但派人到香山澳去访买,仅得十一两,并且货色不对。后来才有外国船携带一点到中国来贩卖,每两卖银一百两,还是很不容易得到(崇祯十四年周嘉胄著《香乘》卷二五,两朝取龙涎香条,引《广东通志》)。可见当时从事对外贸易的人不多,否则中外价格决不会相差这样大。另据朱国祯著《涌幢小品》卷一《购香条》,则谓"嘉靖四十年宫中龙涎香悉毁于火,上恚甚,命再购,户部尚书高耀进以八两,上嘉命给七百六十两。……未几广东进龙涎香至五十七斤。"但后者的价格不见有记录。当时欧洲人早已东来,对外贸易量稍增,也非由于中国人的经营。

② 徐复祚《三家村老委谈》卷一,柳御史:"柳御史名彦晖,吴人。入京无资,贷富翁陆坦金五十缗,不立券。"

又张第,"东街有李奎者亦张氏仆,与第平日最妮,曾贷第钱二千。"《今古奇观》第三卷《滕大尹断家私》(永乐年间事):"北直顺天府香河县有个倪太守,……罢官鳏居,虽然年老,只落得精神健旺,凡收租放债之事,件件关心。"《狯园》(万历年间的书)第十一,广利王:"广利王庙,香火盛于岭南,积贮民间施舍金钱,许人告借。有买人持券借金,筮卜于神前凡三次,皆大吉,三次计借过数百金,才出洋,便遇海盗劫取。"

第七章 明代的货币

　　明朝的当铺，名称极其繁多，如解库①，解铺②，典库③，典铺④，解典库⑤，解当铺，解当库⑥，典当铺⑦，当铺⑧，质库⑨，质铺⑩，印子铺⑪等。有些是承袭前代的称呼，有些是新名词，如当铺则成为日

---

① 《今古奇观》卷五《杜十娘怒沉百宝箱》（万历二十年间）："公子在院中阅得衣衫蓝缕，银子到手，未免到解库中取赎几件穿着。"《西湖二集》卷一二："我朝弘治年间的人，姓徐名鳌，……母舅张镇是个富户，开个解库，无料理，却教徐鳌照管，就住在东堂小厢房中。"

② 《拍案惊奇》卷之一五，卫朝奉狠心盘贵重，陈秀才巧计赚原房："陈秀才燥惯了脾胃，一时那里变得转，却是没银子使用。众人撺掇他写了一纸文书契，往那三山街(金陵)开解铺的徽州卫朝奉处，借银三百，……三分起息。"

③ 《狯园》第七《小韩负心报》："而朝自谓用计之得，鬼神所莫知也。广张典库，纵畜少艾，遂为杭城富人。"《石点头》第六卷《乞丐妇重配鸳俦》："公佐白手得钱，积累巨万，从此开起典库。那典库生理，取息二分，还且有限，惟称贷军装，买放军粮，利上加利，取赎无算。不五年间，遂成盐城大户，声达广济故乡。"

④ 《今古奇观》卷一四《宋金郎团圆破毡笠》（正德年间苏州昆山事），"门前开张典铺。"《金瓶梅》第五十七回："如今又是秋凉了，身下皮袄儿又当在典铺里。"

⑤ 《拍案惊奇》卷之二十二："元来那个大商，姓张名金，混名张多宝，在京都开几处解典库，又有几所绸缎铺，专一放官吏债，打大头脑的。至于居间说事，卖官鬻爵，只要他一口担当，就无不成，也有叫他做张多保的，只为凡事多是他保得过的，所以如此称呼。"

⑥ 《金瓶梅》第二十一回："又打开门面两间，兑出二千两银子来委传伙计贲第传开解当铺，女婿陈敬济，只掌钥匙出入寻讨，贲第传写账目，秤发货物。传伙计……看银色做买卖。……李瓶儿那边楼上厢成架子阁解当库收下的衣服首饰古董书画玩好之物，一日也当许多银子出门。"

⑦ 《西游记》第七十二回："你看那呆子，迎着笑道，师傅原来是典当铺里拿了去的。沙僧道，怎见得？八戒道，你不见师兄把他那些衣服都抢将来也。"《客座赘语》卷二民利："典当铺在正德前皆本京（南京）人开，今与绸缎铺盐店皆为外郡外省富民所据矣。"

⑧ 《缀白裘》六集卷二，《西秦腔·搬场拐妻》，"（丑）此去阳谷县有个金员外，他今开个当铺为生，……。"
《隔帘花影》第七回："城里当铺盐店香蜡店绸缎店何止二三十处。"

⑨ 《清平山堂话本》下《杨温拦路虎传》："周全茶博士道，我这茶坊主人却是市里一个财主，唤做杨员外，开着金银铺，又开质库。"《客座赘语》卷八，赏鉴："张择端清明上河图，旧云在南京一质库，后入魏公家。"

⑩ 《客座赘语》："向有……禁质铺之冈利……。"

⑪ 《金瓶梅》第九十五回："傅伙计到家，……呜呼哀哉死了。月娘见这等合气，把印子铺只是收本钱赎讨，再不解当出银子去了。"《明宪宗成化实录》卷二〇九成化十六年十一月壬辰，兵部尚书余子俊等言："近者京城内外，……闾巷恶少与各处逋逃

后的通称了。

明朝当铺的情形，只能从野史中看出一点。资本方面，大概自一二千两到万两[1]，内部职员当然随规模的大小而定，如果有三个人，则一个管库房出纳，一个管会计发货，一个管营业[2]。主要的业务，自然是接当，但同时大概也作普通放款[3]，和元朝的解典库一样。甚至兼营各种副业，如买卖军粮[4]，兑换铜钱[5]等。所以当铺

罪囚结聚，……开场赌博，博穷为盗，乃以所获衣物，质之于印子铺，抵取钱镪，苟图自给。"《熹宗天启实录》卷五二天启五年三月癸酉顾秉谦等题，"有中书官郑荣光等陈说前门绸缎印当等铺，一时俱关，且有逃去者，盖为陶朗先扳扯借贷各铺银，以抵赃欠。"

[1] 《醒世姻缘》第七十六回："过了几日，狄希陈要在兵洼部儿开个小当铺，赚的利钱，以供日用。赁了房屋，置了家伙，叫虎哥辞了长班，合狄周一同管铺掌柜，……狄希发了一千本钱。"(大概是永历年间作品)《金瓶梅》中西门庆的解当铺是二千两资本。《豆棚闲话》第三则，朝奉郎挥金倡霸："汪彦道，他年小性痴，且把三千两到下路开个小典，教他坐在那里看看罢了。……那平江是个货物码头，市井热闹，人烟凑集，开典铺的甚多，那三千两那里得够。兴哥开口说，须得万金方行……那老朝奉也道他说得有理，就凑足了一万两。"

[2] 《金瓶梅》第二十一回："又打开门面两间，兑出二千两银子来委传伙计赍第传开解当铺，女婿陈敬济，只掌钥匙出入寻讨，贲第传写账目，秤发货物。传伙计……看银色做买卖。……李瓶儿那边楼上厢成架子阁解当库收下的衣服首饰古董书画玩好之物，一日也当许多银子出门。"

[3] 《拍案惊奇》卷之二十二："元来那个大商，姓张名金，混名张多宝，在京都开几处解典库，又有几所绸缎铺，专一放官吏债，打大头脑的。至于居间说事，卖官鬻爵，只要他一口耽带，就无不成，也有叫他做张多保的，只为凡事多是他保得过，所以如此称呼。"

[4] 《狯园》第七《小韩负心报》："而朝自谓用计之得，鬼神所莫知也。广张典库，纵畜少艾，遂为杭城富人。"《石点头》第六卷，《乞丐妇重配鸾俦》："公佐白手得钱，积累巨万，从此开起典库。那典库生理，取息二分，还且有限，惟称贷军装，买放军粮，利上加利，取赀无算。不五年间，遂成盐城大户，声达广济故乡。"

[5] 《醒世姻缘》第五十回："狄宾梁问道，这折子钱那里有换的？黄桂吾道，东门秦敬宇家当铺里极多，要是好细丝银子还可一两换九十二三个哩！"又"高没鼻子走到前来问说，……东门里秦家当铺，只怕还有，他还活动些，差不多就罢了。西门外汪家当铺也还有，……除了这两家子，别家通没这钱了。"

第七章　明代的货币

在明朝仍是一种主要的信用机关。在万历三十五年（公元一六〇七年）单是河南一省便有两百十三家，多为安徽人所开①。当时正值政府财政拮据的时候，曾有人提议向典商征税②。

明朝放款的利息，大抵按月两三分到五分③，大明律中规定，"凡私放钱债及典当财物，每月收利并不得过三分，年月虽多，不过一本一利"④。

当票的形式和文字，不得而知，但借据的文字却可以由《金瓶梅》中的例子代表：

"立借票人蒋文蕙，系本县医生，为因妻丧无钱发送，凭保人张胜借到鲁名下白银三十两，月利三分，入手用度，约至次年本利交还，不致欠少，恐后无凭，立此借票存照。"⑤

---

① 《神宗万历实录》卷四三四，万历三十五年六月丁酉河南巡抚沈季文言："商贾之中，有开设典当者，但取子母，无赋役之烦，舟车之榷，江湖之险，此宜重税，反以厚赂而得轻之。……今徽商开当，遍于江北，赀数千金，课无十两。见在河南者计汪克等二百十三家，量派银二千六百余两。"

② 《熹宗天启实录》卷五二，天启五年三月壬申："周汝谟疏言，东西缺饷，不得已于杂项中稍可取赢者有八：曰鼓铸，曰盐政，曰屯种，曰税契，曰典铺，曰散官，曰冗役，曰邮传。……典铺之分征有难易，盖冲大邑铺多而本饶，即百千亦不为厉。僻壤下县，徽商裹足，数金犹难取赢，故不独酌其轻重，而且定其有无，庶输者无难，而征者自易，此不平而平之法也。"

③ 《金瓶梅》第十九回（也有作第二十回的）："这个人道……你前年借了我三十两银子，发送妻小，本利该我四十八两。"又第三十九回："伯爵道，哥若不做，叫他另拨别人，你只借二千两银子与他，每月五分行利，叫他关了银子还你。"

④ 关于明代对利率的限制，有一段有趣的传说。董汉阳《碧里杂存·沈万三秀条》载："太祖高皇帝尝于月朔召秀以洪武钱一文与之曰，烦汝为我生利，只以一月为期，初二日起至三十日止每日取一对合。秀忻然拜命。出而筹之，始知其难矣。盖该钱五万三千六百八十七万零九百一十二文；今按洪武钱每一百六十文重一斤，则一万六千文为一石，以石计之，亦该钱二万三千五百五十四石四十三斤零。沈虽富，岂能遽办此哉？圣祖缘是利息只以三分为率，年月虽多，不得过一本一利，著于律令者此也。"

⑤ 《金瓶梅》第十九回。

551

这就是嘉靖年间的期票了。所可注意的是借票上没有确切的偿还日期,这不是小说上的疏忽,大概实际情形是这样。

二　钱庄的兴起

在十五六世纪的时候,亚欧两洲,又有一种平行的发展。就是由于钱币的兑换而产生一种新的更进步的金融机关。

欧洲因为那些城市国家流通的许多外国钱币,轻重不一,真假难分,商民感觉不便,所以有兑换业的产生。起初规模不大,有些商人只在市场摆一个钱摊①,或设一个钱柜或钱桌。后来因为贸易发达,交易的数目增加,因此成立比较大的信用机关,不但替商民估定并兑换钱币,而且供给一种存款的便利,于收到各种钱币之后,折合成标准货币,记在账上,商人可以用这种账面货币清算债务,这样就可以免除秤称估价的麻烦。后来并且利用存款来作放款。这种机关盛行于十五六七世纪,正当中国的明朝。永乐六年在日诺亚成立圣乔治亚金库(Casa di San Giorgio)。威尼斯的利雅图银行(Banco di Rialto)是万历十五年(公元一五八七年)设立的。有名的阿姆斯特丹银行(Amsterdamsche Wisselbank)设立于万历三十七年(公元一六〇九年),跟着有万历四十七年(公元一六一九年)的汉堡银行和天启元年(公元一六二一年)的纽伦堡银行。

中国方面,兑换业务有很久的渊源。唐宋就有金银铺,固然金

---

① 英文 bank(银行)一字,原来是板凳(banck)的意思,起源于意大利,当初朗巴地的犹太人大概用板凳在市场中摆钱摊,叫作 banco,若不能履行债务,债权人便将他的板凳打翻,叫作 banco ratto,英文 bankrupt(破产)一辞便是由那字演变出来的。

银铺的业务是以打造器饰为主,买卖金银是副业。而且买卖金银在性质上和后代以铜钱为主的兑换究竟有点不同。贩卖铜钱,也有很久的历史。宋代就常常有这种事情。太平兴国时因两川铜钱作价高,商贾争以铜钱入川界换易铁钱。淳化年间荆湖岭南要用大钱纳税,商民用小钱二三枚换大钱一枚,官吏们也用俸钱来作兑换生意取利。崇宁年间私贩当十钱的事盛行,当局曾加禁止。契丹在宋仁宗嘉祐八年(公元一〇六三年)时为防止私铸,也有禁止人民贩卖铜钱的事。元朝至正十六年(公元一三五六年)又有禁止贩卖铜钱的命令。不过那些例子还真正是贩卖,把铜钱看作一种商品,也许同私铸的人有关系。到了明朝正统年间,因为大明宝钞跌价,取消用银的禁令,于是银钱公开合法流通。后来因为私铸关系,钱的重量成色杂乱不一致,制钱和私钱对白银的价格发生差异,而且时常变动,因此产生许多从事兑换业的人①。嘉靖六年户部尚书邹文盛曾谈到当时豪商巨贾私贩铜钱的情形以及其弊害②。后乃加以禁止,但效果不大;因为嘉靖十五年阎邻提到八年的禁例,说当时奸党们私相结约,"各闭钱市,以致物货翔踊",结果不得不放松禁令③。这里所谓钱市大概就是指钱桌或钱铺。

---

① 《宪宗成化实录》卷二六〇,成化二十一年正月庚寅以星变赦下诏曰:"一勋戚权要之家,不许霸占关厢渡口桥梁水陂及开设铺店,贩卖钞贯,抽要柴草,勒揞摆渡牙保秤水利等钱,侵害小民。"《武宗正德实录》卷一,"皇亲勋臣及势要之家,……霸占关厢渡口桥梁及开设铺店停勒客货,贩卖钞贯,抽要柴薪。"

② 《世宗嘉靖实录》卷八三,嘉靖六年十二月户部尚书邹文盛奏言钱法:"一严禁私贩,豪商巨贾,依凭势要,往来内外,或收买新钱,或收积好钱,乘其匮乏,因时贩卖,倏忽变更,展转射利。夫以匹夫之贱,而执泉货低昂之权,渐不可长,宜令尽数出首,官给其价,有隐匿者,罪如私铸。"

③ 《嘉靖实录》卷一九一。

钱铺这名辞①,最早出现于嘉靖年间的《金瓶梅》一书。当时正是政府大开铸炉之后,钱的数量和种类最多,单是制钱便有金背、火漆、镟边等。这是兑换业发达的机会。有些商人或其他经常收进铜钱的人,想要换成银两,就可以做贩卖铜钱的生意。例如寺观的僧道,平日收进施舍的许多钱米,就可以开一家钱米铺②。如果兑换业务发达,单靠换钱也可以维持,自然就有些人专门开钱铺了③。

钱铺在产生的初期,当然规模很小。万历五年庞尚鹏曾奏准设立钱铺,以市镇中的殷实之家充任,随其资金多寡,向官府买钱,以通交易④。万历年间的书中提到钱肆⑤钱庄⑥的时候,多透露出是一种赚钱事业的语气。此外还有兑店一名辞,也是经营银钱间的兑换生意⑦,或许就是钱店的别名。

---

① 日本的汉史家日野开三郎在平凡社出版的《世界历史大系》第六册《东洋中世史》第三篇第三章第二节"金融机关的发达"中说,钱铺一名辞,出现于宋代的文献中,但他并没有举出例证和出处,不足为凭。日野氏的结论,常出自臆测。例如北宋的交子,他说是柜坊所发行的。这也是一点凭据也没有。

② 《金瓶梅》(嘉靖三十七年)第九十三回:"敬济自此就在晏公庙做了道士。……那时朝廷运河初开,临清设二闸,以节水利,不拘官民,船到闸上,都来庙里,或求福神,或来祭愿,或讨卦与笤,或做好事。也有布施钱米的,也有馈送香油纸烛的,也有留松篙芦席的。这任道士将常署里多余的钱粮,都令家下徒弟,在码头上开设钱米铺,卖将银子,来积攒私囊。"

③ 《金瓶梅》第九十三回:"这冯金宝收泪道,……昨日听见陈三儿说,你在这里开钱铺,要见一见,不期今日会见一面,可不想杀我也。"

④ 《神宗万历实录》卷六六。

⑤ 《狯园》第十三,焦家桥女鬼:"常熟城中居民开钱肆于焦家桥侧近……。"

⑥ 《隔帘花影》第三十六回:第一季来旺一向得了南宫吉的本钱,在河下开了酒饭店,又卖青布,开钱庄,极是方便,吃的黑胖。"

⑦ 万历年间范濂著《云间据目钞》卷二《记风俗》:"行使假银,民间大害,而莫如近年为甚。盖昔之假银可辨,今则不可辨矣。昔之行使者尚少,今则在有之矣。昔犹潜踪灭迹,今则肆无忌矣。甚至投靠势豪,广开兑店,地方不敢举,官府不能禁,此万姓之所切齿也。"

第七章　明代的货币

到了末年,钱庄已成为一种近代的金融机关,不但可以兑换铜钱和金银①,而且积极地揽作放款,对顾客供给签发帖子取款的便利②。但也有小规模的兑钱铺③,这种机关于末年私钱盛行的情形下大概相当活跃。

不过中国明末的钱庄,同欧洲中世纪的银行比较,不但规模小,营业范围也小。欧洲的银行,由兑换而发展出存放款和汇兑的业务来;中国的钱庄,由兑换只发展出放款业务来。存款业务在明朝仍是没有进展,不论公家④或私人⑤,都是实行窖藏。严世蕃那许多白银也都埋在地下⑥,不能供人利用。所以中国的放款,只是个

---

① 《醒世姻缘》第十一回:"又想起那一日在钱庄上换钱,晁住正在那钱庄上换金子。"
② 《醒世姻缘》第一回:"那城中开钱庄的,放钱债的,备了大礼,上门馈送。开钱庄的说道,如宅上要用钱时,不拘多少,发帖来小庄支取。等头比别家不敢重,钱数比别家每两多二十文,使下低钱,任凭捡换。"又"不十日内,家人有了数十名,银子有了数千两,日费万钱,俱是发票向钱庄支用。"又"日用杂费,也有一班开钱铺的愿来供给。"
③ 《熹宗天启实录》卷七一,天启六年九月丁丑:"崔呈秀条陈鼓铸事宜,……其余外京棍徒,潜往京城开兑钱铺,于货物中夹带私铸,来京搀和混杂,而潜带废铜出京,以为私铸之资,皆为钱之害。"
④ 王鏊《震泽先生别集·震泽纪闻》下,梁芳韦兴:"初内帑积金十窖,窖凡若干万,盖累朝储之,以备边圉缓急,未尝轻费。"
⑤ 周玄暐《泾林续集》:"族伯祖安夫饶于财,积银一瓮,手埋于书馆地下,期年发用,止松泥一道而已。心甚惊惶,随泥发之,将三尺许,银卒不见。适次子从窗前过,呼之告以故,意必为人所窃。子乃代父发土,直至槛边方得其瓮,启视一无所失。取银二锭授其子。后遂不复地藏。"《震泽先生别集·震泽纪闻》下,万安:"安贪贿至巨万万,去时遗人一菜瓮,皆银也。买其宅者,于窖中得千金。及安死,妾媵子妇怀以奔人,家无遗者。"
⑥ 《泾林续集》:"世蕃纳贿,嵩未详知。始置筒筐,既付库藏,悉皆充牣。蕃妻乃掘地深一丈,方五尺,围及底砌以纹石,运银实其中,三昼夜始满,外存者犹无算。将覆土,忽曰,是乃翁所贻也,亦当令一见,因遣奴邀嵩至窖边。烂然夺目。崇见延袤颇广,已自愕然,复询深若干,左右以一丈对,嵩掩耳返走,口中喃喃言曰,多积者多厚亡,奇祸奇祸! 则嵩亦自知不免矣。此银败后车运至潞河,载以十巨艘犹弗胜,后俱籍没入官。"又"世蕃于分宜藏银亦如京邸式,而深广倍之。复积土高丈许,遍布椿木,市太湖石,累累成山,空处尽栽花木,毫无罅隙可乘,不啻万万而已。"

人间的通融,数目不大,多供消费。

存款业不发达,固然由于民族习惯,但习惯的养成也有其原因。中国社会乱的时候多,而且几千年来,没有进步成一个法治国家;一个人的财产放在外面,毫无保障。除了最亲信的人,有时或许有存寄的事情外①,谁愿将自己的钱;存到素不相识的店铺里去。何况古时工商业不发达,由经营的途径发财的比较少,发财多是由贪污贿赂而来,这种人对于他的财产,更是需要保守秘密。

古时财产存放他处的没有保障,不限于中国,外国也是一样,威尼斯的兑换店因为将人民的存款放出去,收不回来,使存户蒙受损失,所以法律上禁止他们放款。后来那些银行的放款,也不是完全合法的。又如英国,在十六七世纪的时候,商民鉴于伦敦塔的坚牢,而且有政府的保护,多将金银财物存到那里去,谁知在公元一六四〇年(崇祯十三年)的时候,政府因财政困难,查理第一竟挪用这笔财宝。于是人民都实行私藏。后来因为金店信用好,而且也有坚固的库房,大家又把钱财存到金店去,但金店因贪图利息,将钱借给政府,不久为了战争,国库停止支付债款,这种损失也是落到金店的存户头上去。这些都是存款业务失败的例子。中国唐朝建中年间搜刮僦柜一举,比英国还更厉害;英国帝王只是消极赖债或侵用存款,中国的统治者是积极抢劫存款,这样一来,谁还敢把钱存到公开的店铺去。

明朝的兑换,自纸币不用后,是一种三角兑换,即银钱的兑换,

---

① 严嵩家也有钱寄存在外。《明书》卷一四九《严嵩传》:"上令即弃之市,而谓嵩畏子欺君,大负恩眷,并其诸孙见任文武职,俱夺为编氓。拘役籍其家,黄金可三万余两,白金二万余两……追其受寄金钱垂二十年不尽。"马从聘参究钻刺武官疏:"若事得成,要谢礼银四百两,……大源应允,止先备银二百八十八两,寄在卖绸相识宋汝奇铺内。至二十六日比张思田洪俊宇约定,先至宋铺等候,大源随后邀同胡藻一齐到铺,眼同将前银拿出验过,仍付宋汝奇铺内质放。"见《兰台奏疏》卷一。

金钱的兑换和金银的兑换。黄金价值太大,不是真正的货币,所以他的价值只能从他同白银的比价上看出来。明初金价很低,但以后就一步一步上涨。

至于金银对铜钱的价格,因为铜钱的重量成色不一致,所以波动得很多。我们只可以就制钱计算的银价找出银铜或金银铜的比价来。

明代银铜比价表

年代	银铜比价
洪武年间	1∶100—120
成化年间	1∶96
弘治年间	1∶67.1
嘉靖年间	1∶32.76—76.44
万历年间	1∶58—93

从金银铜三者的关系上看来,都可以证明:不是金价和铜价上涨,而是银价下跌。

欧洲中世纪的银行,多作汇兑业务,但中国的钱庄,到明末还没有发达到这一个阶段。中国的汇兑业务,自北宋以后已没有人注意,因为纸币就可以代替汇票。自明朝中叶纸币不用,硬币的输送又使人觉得不便,所以又恢复了汇兑的办法,仍是由政府办理。崇祯十六年(公元一六四三年)思宗曾下令叫户部对于兑会一事,多方鼓励,一面派人到各关去办理付现的事,一面禁止官吏勒掯少付,并奖励兑银特别多的①。当时军需浩繁,政府想借此收入一笔

---

① 《崇祯长编》卷一,崇祯十六年十月戊辰论户部:"军需浩繁,兑会一事,奉行得宜,亦足济目前念需。着该都多方鼓劝,或一面兑会,一面差官赴各关照数支给。务使国用商资,两得便通。不许官胥勒掯减少,违者参治。其有兑银独多者,作何旌异,立限三日内议妥来奏。并察前次所兑商骡,曾否给足?如有压欠不完,即行参处示惩。"

现款,这也是借债的另一方式。

汇兑是取汇票的方式,当时叫作会票,在一地的官肆中付款取得会票,到目的地后向其联号凭票取款①。这种会票大概渐渐取得流通工具的地位。崇祯时倪元璐批评蒋臣的钞法计划,说那即是民间的会票,宋时谓之钱引②。可见会票是在市面流通的。也可能汇兑的会票和流通的会票是两种东西。

---

① 《云间据目钞》卷三《记祥异》:"华亭有子弑父者,……时有里人马姓者,携赀客于京,克温觇知之,往交纳。……乘间绐之曰,闻君将以某日归,而孤身涉数千里,得无患盗乎?我当为君寄赀徐氏官肆中,索会钞若券者,持归示徐人,徐人必偿如数,是君以空囊而赍宝赀也。"

② 《怀宗崇祯实录》卷一六崇祯十六年九月条。

第八章 清代的货币

第一节 货币制度

一 铜币

清朝的币制,大体上是银钱平行本位;大数用银,小数用钱,和明朝相同;只是白银的地位更加重要了。铜钱和银两之间,起初维持千文一两的比价,随时增减钱的重量,来适合银和钱的市场比价。但这是指新铸的制钱,对于旧钱,就不适用这种比价,到了后来,连制钱也不维持这比价了。

清朝的铜币制,大致可以分为两个阶段:起初的两百多年,是承袭两千年来的传统,用模型铸造制钱。到了末年,才向外国买机器铸造新式的铜钱和铜元。

满洲人在入关以前,便开始铸钱。努尔哈赤在明神宗万历四十四年(公元一六一六年)建国称帝,用天命年号,铸造满文的天命汗钱( )和汉文的天命通宝。满文钱大于汉文钱,大概是在宫廷中使用的。天启七年(公元一六二七年)为清的天聪元年,又铸当十的满文天聪汗之钱(󰀀 󰀀),背面穿左有满文十字(󰀀),穿右满文一两(󰀀)字样。完全是仿天启大钱的形制。满人在万历二十七年才仿照蒙古文创制他们自己的文字,到天聪六年经过一次改革,所以天命钱和天聪钱上的满文,是旧字,是未加圈点的文字,后来的新字是有圈点的文字。

顺治元年(公元一六四四年)仿照明朝的办法,由工部设置宝源局,户部设置宝泉局,开铸顺治通宝。制钱的金属成分是七成红铜,三成白铅,一千文为一串。钱的重量在元年定为每文一钱,二年改为一钱二分,八年改为一钱二分五厘,十四年改为一钱四分。银钱的比价,起初是仿明朝中叶的办法,每七文准银一分,旧钱十四文准银一分。二年(公元一六四五年)以后,改为每十文当银一分。

顺治钱有五种形式:第一种是光背,这是仿古钱。

第二种背面一个汉字,标明局名,如户、工等字,或在穿孔之上,或在穿孔之右,户字是指户部宝泉局所造,工字是指工部宝源局所造。其余的字如陕、临、宣、蓟、延、原、西、云、同、荆、河、昌、宁、江、浙、东、福、阳、襄、云等,是各省铸局的简称。这种钱是仿唐会昌开元和明大中洪武的钱制。以上两种钱式大概是顺治初年所铸。

第三种是顺治十年所采行的一厘钱,即在背面穿孔右边铸明局名,左边直书一厘二字。局名共有十七,即户、工、陕、临、宣、蓟、原、同、河、昌、宁、江、浙、东、福、阳、云。所谓一厘是指值银一厘的意思,千文合银一两,是一种权银钱,俨然和辅币一样。可见当时白银在币制上的重要性。这种权银钱,不只清朝政府铸造,当时许多其他政权也有铸造。例如南明永明王的永历通宝,背面有二厘、五厘和一分三种,就是对银而言。因为一分的永历钱大样的有六钱多重(二十三公分),当然不会是纪重。孙可望在云南铸的兴朝通宝,也有五厘和一分的。稍后的吴三桂所铸的利用通宝和昭武通宝,以及耿精忠在福建所铸的裕民通宝,都有对白银作价的。利用通宝除了光背和背有云字贵字的以外,有厘字、二厘、五厘、一分几种;昭武通宝篆书的大钱背面有一分两字;裕民通宝除光背的以外,有一分、一钱和浙一钱三种,都是对白银作价。只有吴世璠的洪化通宝不对银作价,大概那时权银钱的办法已被普遍放弃。顺治的一厘钱于十七年已停铸,十八年曾核准行使两年,到康熙二年收毁。所以这种钱,为时是很短的,但在中国的货币史上,有其特殊的地位。

第四种是背面有两个满字,穿左为宝(ᡦᠣᠣ)字、穿右为局名,这是十七年停铸一厘钱后采用的,但限于宝泉(ᠴᡳᠣᠸᠠᠨ)宝源(ᠶᡠᠸᠠᠨ)两局的钱。

第五种是满汉文钱,即背面穿左一个满字,穿右一个汉字,都是纪局名,总共只有十二种,即陕(ᡧᠠᠨ)、临(ᠯᡳᠨ)、宣(ᠰᡳᠣᠸᠠᠨ)、蓟(ᡤᡳ)、原(ᠶᡠᠸᠠᠨ)、同(ᡨᡠᠩ)、河(ᡥᠣ)、昌(ᠴᠠᠩ)、宁(ᠨᡳᠩ)、江(ᡤᡳᠶᠠᠩ)、浙(ᠵᡳ)、东(ᡩᡠᠩ)①。

康熙钱分两种:北京所铸的,背面只有两个满字,即宝泉和宝源,和顺治钱一样,也就是顺治钱的第四式。外省所铸的是采用顺治钱的第五式,即满汉文钱。但铸局的数目常有添废。起初外省

---

① 顺治钱背文所代表的局名如下:
陕(陕西省局)河(河南省局)临(山东临清局)昌(江西省局)宜(直隶宣府局)宁(甘肃宁夏府局)蓟(直隶蓟州局)江(江苏江宁府局)延(陕西延绥局)浙(浙江省局)原(山西省局)东(山东省局)云(山西密云镇局)福(福建省局)西(或为山西省局别名)阳(山西阳和镇局)同(山西大同府局)襄(湖广襄阳局)荆(湖广荆州局)云(云南省局)

只有十四局①,后来加成二十一局②,六十年(公元一七二一年)规定一省一局的原则,又裁减七局③。遗留下来的康熙钱,除了宝泉宝源两种以及顺治钱第五式的十二种外,还有宝福( )、宝苏( )、宝南( )、宝广( )、宝台( )、宝桂( )、宝云( )、宝漳( )、宝巩( )、宝西( )十种。满文在经过改革后,书法还是有点变迁,大抵是由繁而简,所以同一字有几种书法,例如南昌的昌字,有时作 ,有时作 ;陕西的陕字,在顺治康熙时作 ,后来改作 。

康熙二十三年(公元一六八四年),钱重减为一钱,金属成分是铜六铅四。但四十一年又加成一钱四分。另外铸造一种小钱,每文重七分,称为轻钱,一钱四分的钱称为重钱。两者作价不同,轻钱每千作银七钱,重钱每千作银一两。轻钱大概是一时的制度,但一直到乾隆年间还是和重钱一样,有法偿资格。

雍正以后,制钱都是用顺治钱第四式,除正面的年号外,背面都是两个满洲字。但有例外,宝福局所铸的钱,局名有时用汉字,不过不是常制。雍正钱的局名除河、陕、昌、浙、福、云、苏、南、广、桂、巩、台十二局系康熙时原有的以外,山西省局改为宝晋( ),山东省局改为宝济( ),另外新设的有三处,即湖北宝武局( )、四川宝川局( )和贵州宝黔局( )。另外有一满字 ,普通认为南字,但

---

① 河南省局(河)、陕西省局(陕)、临清府局(临)、宣府局(宣)、蓟州府局(蓟)、山西省局(原)、另一山西省局(西)、大同府局(同)、江西省局(昌)、宁夏府局(宁)、江宁府局(江)、浙江省局(浙)、山东省局(东)、福建省局(福)、云南省局(云)。

② 康熙六年以后增设,有江苏省局(苏)、湖南省局(南)、广东省局(广)、广西省局(桂)、甘肃巩川府局(巩)、福建漳州府局(漳)、台湾局(台湾)等七处。

③ 所废的是临清、宣府、大同、宁夏、江宁、漳州等七局。

少一点，应当是安字，为安徽所铸。安徽在雍正九年到十二年间曾在江宁府开设宝安局铸钱①。雍正十一年（公元一七三三年）以后钱重又减为一钱二分。

乾隆时保持了雍正十七局中的十五局，因为宝河、宝巩两局已停。另外设立了直隶的宝直（彡）局、伊犁的宝伊（彡）局，以及回疆（即新疆南路）的几局，如叶尔羌（彡）、原名叶尔奇木（彡）、乾隆二十六年改为叶尔羌）、阿克苏（彡）、乌什（彡）等。据说和阗和喀什噶尔也曾设局，但没有钱币留传下来，有人见过和阗的样钱，用黄铜铸，大概是北京宝泉局铸的。另外哈喇沙拉可能有铸局。新疆各局所铸的钱都是普尔钱，这是原来铜钱的单位，用红铜，形制则改用中国式的方孔钱，也称红钱。其中伊犁和哈喇沙拉的普尔钱和内地制钱通用，回疆的红钱都是每枚当制钱五文。这些钱的背文也有特点，穿孔左边是满文，右边是回文，连同正面的汉文，共有三种文字。

乾隆通宝红钱中，还有库车（彡）②地名的，分普通和当十两种，当十的背面穿孔的上下有"当十"两个汉字。但库车设局，史无明文，乾隆时不应有当十钱，而且普通钱的成色和道光八年的当十钱相仿，大概是道光六七年间所铸的，因为乾隆以后，新疆铸钱，一部分还用乾隆的年号。另外还有阿克苏的当十钱，背面或有"当十"二字，或有"阿十"二字，这些都应当是道光八年以后所铸的，甚至有些比较薄的钱，背面虽然没有十字，也可以看作是乾隆以后所铸的。

---

① 《清朝文献通考》卷一五钱币考三："雍正九年……安徽开局于江宁府，设炉四座，钱幕满文铸宝安二字。……十二年……停安徽宝安局鼓铸。"按是时安徽布政使司驻扎江宁府城，故江宁局钱幕用宝安字。

② 库车钱的背面，似乎两个字都是满文，而且有人疑心它不是库车的地名，而是宝源两字。

安南的阮光平也铸乾隆通宝,背面有安南两个汉字分列于穿孔的两边。

乾隆钱的成色先后不同,各地也不同。乾隆五年(公元一七四〇年)以前,铸钱不加锡,称为黄钱;五年以后加锡百分之二,叫作青钱。六年宝泉局的青钱每卯①共铸钱一万二千四百九十八串②。所用金属成分红铜占百分之五十,白铅占百分之四十一点五,黑铅占百分之六点五,点锡占百分之二。铸造青钱的原因,是为防止私销。据说若将青钱再投入炉内熔化,就不能打造器皿,一击即碎。在外表上,青钱和黄钱是没有多大区别的。当时虽曾令各省改铸青钱,并使同黄钱一起流通,但后来铸钱的成分并不完全依照这一比例,而多用铜六铅四的比例,例如乾隆十七年所铸的内廷钱文和五十九年所铸的制钱,便是这样。

嘉庆钱和道光钱各有十九种,计泉、源、直、晋、苏、昌、福、浙、武、南、陕、川、广、桂、云、黔、伊、阿克苏以及云南新设的东川府局,钱背为宝东,满文即用康熙钱的东字。

嘉庆四年铸钱用铜百分之五十二,白铅百分之四十一点五,黑铅百分之六点五。湖南贵州黑铅短绌,黑铅成分只有百分之三点二五。十年铸钱用铜百分之五十四,黑铅百分之八,白铅百分之三十六点五,高锡百分之一点五。但十一年又恢复四年的定例。宝伊局的普尔钱用红铜百分之七十,黑铅百分之二十九,点锡百分之

---

① 卯是一期所铸的数目。《皇朝通志》卷八九食货略九钱币:"开铸以一期为一卯。计数以千钱为一串……以一万二千串为一卯,每年铸额三十卯。"

② 《大清会典事例》卷二一四,钱法。《皇朝文献通考》卷一六《钱币考》四。当时每炉设炉头一人,其所需工价有八行匠役,即看火匠、翻砂匠、刷火匠、杂作匠、锉边匠、滚边匠、磨钱匠、洗眼匠。原料和工具则要用煤、罐子、黄沙、木炭、盐和串绳。

一。但一般普尔钱所含红铜的成分,似乎比这百分比要大得多。

道光六年,新疆的张格尔反抗清军,攻陷回疆的喀什噶尔、英吉沙尔、叶尔羌、和阗四城,清军云集阿克苏,对军饷需要大增,钱价昂贵,当局乃添炉赶铸。大概库车局就是在这时设立的,那些薄肉的乾隆红钱大概也是在这时铸造的。七年虽然收回了四城,但张格尔尚在,八年张格尔被擒,但回民又支持他的哥哥玉素继续和清军对抗,到十一年才平定。当局曾于八年开铸当十和当五钱,正面为道光通宝,背面除满回文的阿克苏地名外,穿孔上面有"八年"两个汉字,穿孔下面有一"十"字。当五钱则为一"五"字。从此以后,新疆南路就不再铸普通红钱。库车也铸当十钱,背面有"库十"二字。另有"新十"一种。乾隆通宝中的当十钱大概是在道光八年以后所铸的。

嘉庆道光年间,因白银外泄,银价上涨,有人主张铸造大钱,如许作屏、梁章钜①、汪本铨和廖鸿藻等。都没有为当局所采纳。咸

---

① 梁章钜《归田琐记》(道光二十五年)卷二请铸大钱:"余在广西巡抚任内,曾有请铸大钱之奏,为户部议格不行。嗣由江苏巡抚任内,引疾得请,于陈谢折内,复申此说,则留中未发。比年于邸报中知某御史亦有以此事陈请者,大约亦必被部驳不行。……今年回福州,廖仪卿观察(鸿藻)亦主此议。……因并录前后二稿示之。近日复读吾乡诈画山(作屏)青阳堂文集中,亦有请铸大钱一疏稿。画山官职非可奏事,当是为某大僚所拟。……其疏后所拟十款,则皆切实可行。……三曰精选铜。选铜之法,请专用红铜,我朝五代之钱,惟雍正钱间有用红铜者,然多经私毁,改造铜器,民间现存者百不得一。……四曰妙给价……今定以变铜之第三年正月令各直省藩司将各州县所解到铜斤,开局鼓铸,先铸当千大钱及当五百大钱。当千者作银一两,当五百者作银五钱。每花户交铜一斤,给当千者三枚,计作银三两;又给当五百者六枚,计作银三两。共合银六两。……五曰擅赢余。……每铜一斤,可铸当千大钱八枚,作银八两,除鼓铸工料之费,每铜斤去银四钱,又除州县连铜脚费每铜斤去银五分,……实存银七两五钱,今以六两给花户作铜价,计每铜斤净余银一两五钱,通计各直省共一千三百余州县,每州县通算约三万家,家输红铜约五斤,每县可得铜十五万斤。各直省通算约可得铜一万九千五百万斤。……约可得银二万九千二百五十万。且随时开采……。六曰精鼓铸,……阴文曰嘉庆通宝……。"

丰即位后,四川学政何绍基又力请实行,也没有准①。到三年,太平天国起事,局势一天一天严重,财赋一天一天困难,利部尚书周祖培又疏请收民间铜器铸大钱②,终加以采纳。但大体上是用许作屏的办法。

咸丰时铸局大为增加,除嘉道以来原有的炉座外,以前停铸的宝河、宝蓟、宝济、宝台、宝巩、叶尔羌、喀什噶尔(ᡬ)、库车等局又重开了,而且新设了热河的宝德局(ᡫ)和迪化的宝迪局(ᡪ)。

中国币制的复杂,前有王莽的宝货制,后有咸丰时的钱钞制。宝货制计值等级之多,空前绝后,但其他方面就变化少了,譬如同值的钱,文字相同,轻重有序;后世所见莽钱的不合标准,乃私铸的关系。咸丰钱就不同了。第一因随着币值的下跌,钱的分量常有变动,使得大小错出,轻重倒置:当五十的大于当百,当百的重于当千。第二因钱上有铸局名称,所以各局所铸,文字不同,而且福建所铸,除了计值以外,还有计重若干的文字。第三是文字种类多,宝货制只用汉文,咸丰钱则除汉文外,大部分有满文,新疆几局所铸的钱,兼有汉满回三种文字。第四是币材种类多,王莽时所用的金银,清代也有使用,而咸丰时还通行纸币。单就铸币来讲,还有铁钱和铅钱;铜钱中又分紫铜红铜黄铜。所以咸丰钱的复杂性要超过王莽时

---

① 咸丰帝对于何绍基的主张批评说:"小钱大钱,制虽异,用实同,现铸小钱,铜尚不足,何况大钱乎? 汝知一未知二也。"何绍基的大钱是不减重的,当十钱的重量即为小钱的十倍。

② 《清史列传·周祖培疏》:"军兴以来,糜费帑金至二千数百万之多。军事一日未竣,帑饷一日难省。……惟近来铜斤短少,不能增卯多铸。……其京城大小官员之家,若铜盆铜炉之类,散之则有限,聚之则充裕。凡五斤以上铜器,似应付局呈缴。……更可仿照汉唐成法,铸当十当百当千之大钱,因古制而酌今宜,又在部臣之妥为筹议也。"

的宝货制。在计值方面，咸丰钱可以分为十五级：自一文到当千。

咸丰钱分类表

计值等级	铸造局名	附注
制　钱	各局多有铸造①	铜铁铅三种都有
当　四	伊犁宝伊局	红铜
当　五	宝泉宝源等九局	有铜铁两种
当　八	迪化宝迪局	红铜
当　十	各局都有铸造	有铜铁铅三种
当二十	宝福、宝浙、宝苏	铜钱
当三十	宝浙、宝苏	铜钱
当四十	宝浙	铜钱
当五十	除宝晋、宝迪外多有铸造	有铜铁铅三种
当　百	除宝晋、宝迪、宝黔、宝昌外多有铸造	有铜铁铅三种
当二百	宝泉、克勤郡王所铸	铜钱
当三百	宝泉（仅见《大清会典》及《东华录》的记载）	铜钱
当四百	宝泉（仅见《大清会典》及《东华录》的记载）	铜钱
当五百	宝泉、宝源、宝河、宝陕、宝巩、宝伊等	铜铁铅都有
当　千	宝泉、宝源、宝河、宝陕、宝巩、宝伊等	铜铁铅都有

咸丰钱本有一定的称呼，或为通宝，或为重宝，或称元宝。大抵制钱称通宝，当四到当五十称重宝，当百到当千称元宝。背面上下为当几字样，左右为满文局名。但有些例外，例如福建所铸，当五以上或全称通宝，或全称重宝。陕西浙江有些钱用汉文标明地名。另有些钱根本不标明地名。

在太平军占领下的许多省份，另有一种货币制度。这种币制虽然也是以铜钱为主，但制作不同。币面文字全用汉文，正面多是

---

① 新疆仅宝伊有小钱，其余各局自当五起。此外宝晋、宝济、宝蓟也没有见过小钱。

太平天国四字，背面圣宝两字。也有正面太平圣宝，而背面天国的。而且背面的天国两字有时分列穿孔的上下，有时分列左右。也有正面天国圣宝，背面太平的。总之种类很多，而且也分不清哪一种是哪一省铸造的。因为不但币面不标明铸造的省份，而且作价也不注明。上列第一种制作共分大小五种，可能是小平、当五、当十、当五十、当百。而且有几种书体，如真书宋体书等。小刀会在上海起事后曾铸太平通宝钱，背有日月，象征明字，也有背面穿上有明字的，他们是以反清复明为口号的①。

同治年间铸钱很少，只有户工两局的当十钱同治重宝比较多。小制钱在咸丰年间就已停止铸造，而当十以上的大钱，也因民间不用而停铸。同治通宝小钱，只有宝浙宝苏比较多，其他如宝泉、宝源、宝川、宝福、宝昌、宝巩等都少见，有些省份，恐怕根本没有铸造。户工两局的当十钱在同治六年（公元一八六七年）铸的每枚重三钱二分，后来又减重。

回疆继续鼓铸当十红钱，计有阿克苏和叶尔羌两地的"当十"，另有"库十"和"新十"两种。这时南疆政治局势的变化也充分反映在币制上。同治初年，陕甘的回民，受太平天国的影响，起来反抗清朝政府；这种活动传到新疆，有库车的拉锡丁起事，自立为汗。当时浩罕汗国为俄国所蚕食，其汗裔布楚克同他的部将阿古柏乘机侵入新疆，逐渐夺取到南疆的八大城市。不久阿古柏排斥其主，在喀什噶尔自立为汗。后来拉锡丁也为他所杀。到光绪三年才为

---

① 黄本铨《枭林小史》："时城中（上海）富有金银，而独缺钱库。……至是收废铜悉铸之。文曰太平通宝。背作日月二形。"

左宗棠、刘锦棠所平定。拉锡丁和阿古柏都曾铸造货币。阿古柏所铸造的是他本国式的金银币铁剌和天罡,属于中亚细亚的货币体系。拉锡丁在库车所铸的,却是中国式的红钱,只是两面都用回文,是记他自己的名称和头衔以及年份和铸地。这种红钱和当时的同治通宝普尔钱在大小厚薄上完全一样。

光绪元年仍是铸造当十钱光绪重宝,铜六铅四;九年(公元一八八三年)规定每文重二钱六分。十三年才铸光绪通宝小制钱。光绪小钱比较多,所见到的除原有的宝泉、宝源、宝云、宝东、宝昌、宝直、宝川、宝黔、宝福、宝苏、宝河、宝陕、宝南、宝浙、宝晋、宝武等外,还有新局如宝津(ᡷ)、宝沽(?ᡷ)、宝吉(与宝蓟的满文同)等。后来用机器铸钱后,又恢复了宝漳,新设宝奉(ᡷ)和宝宁(ᡷ,即江南造币厂)。但光绪钱大半薄小不够分两。可能是各地的私铸。在回疆方面,有"阿十"、"库十"、"新十"和"喀十"等等,但喀十钱背面的满回文却不是喀什噶尔,而是阿克苏。光绪三十三年和三十四年的"新十"钱,正面不是光绪通宝,而是光绪丁未和光绪戊申,这在中国的钱制上是一种创制。但制作很窳劣。

宣统年间正式用旧法铸钱的,大概只有宝泉局,另外有宝广和宝福两种机器钱,以及一种有圆孔的大清铜币,每枚约三分重,因为当时铜价昂贵,各省竞铸新式铜元,岂肯亏本铸造旧式制钱?所见其他炉局的宣统钱只能看作是偶然铸造的①。新疆在光绪末年也已开始铸新式铜元,但还见有"库十"的宣统通宝,大小和光绪钱一样,这更不能算是正常了。

清末在钱币的铸造技术上,发生了一次革命。中国造币的方

---

① 据钱币业的马定祥说,旧式宣统通宝还有宝川和宝云两种。

法，自春秋战国时代到光绪年间，两千多年，全是用范铸①，毫无进步，北宋以后反有退步。外国古代，也曾用范铸的办法，例如罗马最早的铜币阿斯(as)，就是范铸的，但比他更早的希腊的银币已经是打造的。那是中国的战国时代。后来罗马所铸的银币德拿留斯(denarius)也是打造的。打造的办法，需要更多的设备和更高的技术，不容易假造盗铸。中国历代的货币问题，有一大部分是私铸问题，许多次的物价波动，是私铸所引起的。引起私铸的原因自然很多；其中铸钱方法的简单，也是一个因素。因为方法简单，几乎人人可以铸钱。不过中国也有不能用打造办法的原因。外国货币，自古以来就用金银，数目少，价值大，便于打造。而且他们的货币实际上没有深入民间；即到近代，还有许多人终生没有见过一次金币，可见需要的数目比较少。中国情形则不同：中国的货币，自古即以铜钱为主，而且自秦汉以来，就普及到民间去了，而中国又是一个大国，需要极大的数量，一枚一枚打造起来，实在不方便。所以要等到欧洲发明机器铸造的方法，中国才能加以利用。欧洲在十八世纪就利用新式机器铸钱，但中国到十九世纪末年才加以

---

① 《皇朝文献通考·钱币考》，雍正三年："鼓铸之法，由红炉、翻砂、刷灰、锉边、滚边、磨、洗，而后成钱。今私铸钱每文止重八九分，一炉之外，别无剉滚磨洗等事，俗称为沙板，为锤扁，既省铜斤，又省工力。"《皇朝文献通考》卷十六《钱币考》，乾隆六年："凡铸钱之法，先将净铜錾凿成重二钱三分者，曰祖钱。随铸造重一钱六七分不等者，曰母钱。然后印铸制钱。每遇更定钱制，例先将钱式进呈。其直省开局之始，亦例由户局先铸祖钱、母钱及制钱各一文，颁发各省，令照式鼓铸云。"钱咏《履园丛话》(道光五年)卷三《钱范》："翁宜泉太守有钱母说，即朱竹垞所谓泉范，以铜为之，所以鼓铸也。今官局鼓铸皆用翻沙。所云板板六十四者。余尝亲至钱局看鼓铸，有一板成二三十，有一板成四五十不等，未必定是六十四也。今钱范亦不等：有五铢泉一板成八枚者，有大泉五十一板成六枚者，亦有四枚两枚者。范为两块合成，中有二小笋，作牝牡形，所以符合，取不移动也。"

采用。

不论是打造也好,范铸也好,都是一种手工业的生产方式,是封建社会的办法。其结果就是钱币品质的良莠不齐和铸造费的高昂。在钱币的品质方面,我们且不说里底亚的白金中金银比例的不一致,也不说罗马帝国时代银币的贬值①,以及欧洲中世纪的低银币②。就是近代的英国,在使用机器铸造之前,尚且存在有这种现象。十七世纪英国的克朗银币,最轻的每枚值四先令九便士,最重的每枚值五先令三便士③。中国历代的铜钱,在形式上常有错范和流铜等现象,使钱币不整齐美观;在重量和成色上都是千差万别。在重量上,本来应当十二铢的秦半两,重的在库平六钱以上,轻的还不到两钱。就是同一炉所铸的钱,重量也不一定相同。在成色上更是难以辨别。古代流行所谓即山铸钱,钱的成分,随各地铜矿的成分而定。后代则故意和以铅锡铁鑞。

至于铸造费,欧洲在以前用打造方法的时候,金币是千分之六,大银币是百分之一点五到百分之三,小额币是百分之八到百分之二十五④。中国用范铸,手续比较简单,然而中国是用铜钱,本身价值小,所以铸造费的比重显得大。历代常因成本高而停铸,譬如南齐永明八年就曾因成本高而止⑤。南宋四川铸钱也常常因成本

---

① A. R. Burns, *Money and Monetary Policies in Early Times*, p. 412.
② 法国依据一三五九年三月十五日的法律所造的银币(denier blanc a l'ètoile),成色只有百分之十二点五为银,其余为铜。(见 A. Del Mar; Money and Civilization, p. 199.)
③ W. Sombart, Modern Kapitalismus. 见《中山文化教育馆》译本,第一卷第一分册第二十六章贰第三一四页。
④ 同上。
⑤ 《南齐书》卷三七《刘悛传》。

过高而罢铸①。金大定时也有同样情形②。万历四年工部提议铸钱事宜，估计一万文要用银十四两八钱九分③，当时银价每两八百文④，铸造费等于百分之十五。清乾隆初年的铸造费占金属价值自百分之九点七七到百分之二十二以上，全国平均为百分之十五以上⑤。乾隆年间在西藏所铸的银币，铸造费也占百分之十一。手工业铸造的两种困难，因使用近代机器铸造而解决了。近代各国铸造货币的成色和重量，同法定标准相差不会到千分之三以上，铸造费则金币也减成千分之三以下。

中国用机器铸钱是光绪八九年间的事。光绪八年（公元一八八二年）吉林曾用机器试铸银币。九年慈禧叫当局买洋铜交机器局铸钱，户部称不便，乃叫李鸿章在天津铸。十五年广东曾试铸机

---

① 据《建炎以来朝野杂记》，建炎初邛州铸钱十二缗，本钱要二十一万，因而罢铸。绍兴十年利州铸钱要两千文成本才可铸一千文。见第五章第二节注。

② 《续通典》大定二十九年。

③ 《明神宗万历实录》卷四九。隆庆到万历间，金背钱都是八百文合银一两（请参阅第七章第二节）。

④ 隆庆元年银每两折八百文（《古今图书集成》引《明会典》"隆庆元年令买卖货物，值银一钱以上者，银钱兼使，一钱以下者止许用钱，国朝制钱及先代旧钱每八文折银一分。"）万历二十六年郝敬条议钱法，说人民用银向政府换钱是每钱八十五文，该纳银而用钱的则每钱八十三文（见《续通考》），则平均每两合八百四十文。

⑤ 《大清会典》（商务光绪戊申本）卷二一户部钱法注中记载有宝直、宝晋、宝苏、宝昌、宝福、宝浙、宝武、宝南、宝陕、宝川、宝广、宝桂、宝云、宝东、宝黔以及大定等十六局的钱本，约分四项，即铜斤价脚银，铅斤价脚银，工料银及局费。但仅宝昌有局费。铜铅的价脚银都以银两计，而工料费则只有六局以银计，十局以串计。以银计的六局中，宝直的铸造费是百分之九点七七，大定的铸造费是百分之二十二点二。这是最低和最高的。如果把以串计的十局以一千五百文折银一两，而把十六局总计起来，则全国铸钱的工料费是百分之十五点三三。《皇朝文献通考》卷十六钱币考，乾隆四年工部侍郎韩光基言："宝泉宝源两局额铸钱各四十一卯，宝泉每年应给炉头工料钱九万串有奇，宝源局半之，共需十三万余串，是经年鼓铸之费，钱未出局，已于炉头项下耗去十分之二而有余。"文中若卯数没有错误，而每卯以一万二千八百八十贯计，则炉头应为百分之十二点七八。不过一卯往往不到定额。

器钱①。此外还有宝泉、宝源以及江苏、浙江、湖北、福建、吉林、奉天、江南、云南、东川等省局,都曾用机器铸钱。而以广东铸的最为通行。广东铸的机器钱,有制钱、当五、当十三等。当五当十大概是样钱。制钱中又有大小两种,大制钱又有两种,一种背面穿左为一满文广字,穿右为一汉文广字,穿上横写库平二字,穿下有一钱两字。另一种是顺治第五式,即背面有满文宝广二字。小制钱是光绪三十二年岑春煊任内所铸,每文重三分二厘。

光绪二十六年,广东开始铸造铜元。每枚重二钱,铜百分之九十五,铅百分之四,锡百分之一。正面为光绪元宝四字,中间没有方孔,而有宝广两个满字。下面靠近外郭有"广东省造,每百枚换一圆"字样。背面是蟠龙花纹,下面近外郭有英文"Kwangtung. One Cent"(广东一分)字样。可见最初的铜元是对银币作价,大概是想用作辅币。后来把背面的 One Cent 改为 Ten Cash(十文),而正面不变,于是正面的中文是对银作价,而背面的英文是对制钱作价。到光绪三十年才把正面的"每百枚换一圆"的文字改为"每元当制钱十文"。后来这种铜元成了一种实币,对银币没有一定的比价,可是对制钱却始终是十与一之比。

新铸铜元制作整齐精巧,大受人民欢迎,而政府也获大利,因此各省先后仿行。到光绪三十一年有十二省铸造铜元,计有广东、直隶(北洋)、山东、河南、安徽、江苏、江西、浙江、湖南、湖北、福建、四川等省。

清末的新式铜币,面额分为五等,即一文、二文、五文、十文、二十文。根据光绪三十一年七月颁布的整顿圜法章程,铜币的金属

---

① 张之洞开铸制钱及行用情形折(《张公襄公全集》卷二十五奏议二十五)。

成分是铜百分之九十五，铅百分之五；或铜百分之九十五，铅百分之四，锡百分之一。重量则当二十的铜元重库平四钱，当十铜元二钱，当五一钱，当二四分。当时当二铜元没有铸造，当一则用制钱。但后来北洋和湖北等省局曾铸造一文的小铜币，福建有二文的小铜币。而在流通方面，最通行的是当十铜元，即所谓单铜元。当二十的铜元或双铜元只行于北方和湖南湖北江西等省份，当五很少流通。

铜元在中国不过通行二十几年，但种类繁多，千变万化，在中国钱币学上成为一个独立的部门。不过重心在于当十铜元。清朝的这种铜元分为两大类：一类是光绪元宝，一类是大清铜币。光绪元宝花样版别最多，正面中央的文字是光绪元宝四字上下右左分列。上缘为铸造的省名或地名，或写某某省造，或单写局名，计有湖南、江西、湖北、河南、北洋、江苏、安徽、福建、广东、广西、四川、浙江、山东、吉林、奉天、江南、清江、新省等。下缘是作价，或对银圆作价，如广东初铸的铜元是"每百枚换一圆"，或对银两作价，如新疆所铸是"市银一分五厘"。大部分是对制钱作价，但措辞也有各种各样，单是湖南省造的铜元就有许多种写法，有"每元当钱十文"，"当十黄铜元"，"当十铜元"，"当钱十文"，"当十"。此外大都还有满文标明铸局，或置于中央，或分列于边缘的两旁，但北洋和清江等局所铸，只有光绪元宝四个满字在上缘，没有满文局名；江南省造的则有满文在背面的。至于新疆的则全是汉文，既无满文，也没有回文，也没有英文，这是一个奇特的例外。其余的当十铜元，背面周围总用英文标明省份和作价，作价时一般都用"Ten Cash"（十文），可是吉林作"Ten Cashes"，而安徽有一种作"One Cen"。背面的主要图形是中央的蟠龙纹，这是最千差万别的，蟠龙的形状,龙旁的云朵和边缘的星点,都变化很多,钱币收藏家根据这些小分别而整理出许多版别来。每省总有几十种。至于大清铜币倒比较简单统一,最中央是一个小字或两个小字,代表省名,计有湘、赣、鄂、汴、直、苏、皖、闽、粤、川滇、川、滇、云、浙、奉、宁、吉、东、淮等,也有无地名的。上端是大清铜币四个满文,满文的两旁是年份如丙午、丁未;边缘的中央分列户部二字,后来有用度支部三字的。也有把丁未二字放在户部二字的地位上的。下面一律是"当制钱十文"。背面中央也是蟠龙,变化比较少,上缘是"光绪年造"或"宣统年造",下缘是英文"Tai-Ching Ti-Kuo Copper Coin"(大清帝国铜币)。

二　白银和银币

清朝的币制,虽然是一种银钱平行本位,但从政府看来,重点是放在白银上①,而且有提倡用银的明白表示②。

清朝用银,可以分为三个阶段,第一个阶段是最初的一百年,国内大部分的地方,专用银块,虽然铸成锭形,但仍以两计算。第二个阶段是嘉庆以后的八九十年间,即十九世纪的大部分,外国银元渐深入中国,在中国变成一种选用货币。第三个阶段是清末

---

① 《皇朝文献通考·钱币考》一:"大抵自宋迄明,于铜钱之外,皆兼以钞为币。本朝始专以银为币。夫因谷帛而权之以钱,复因钱之艰于齎运,而权之以币。钞与银皆为权钱而起,然钞虚而银实,钞易昏烂,而银可久使;钞难零析,而银可分用;其得失固自判然。前代恐钞法之阻滞,并银与铜钱而禁之,至于用银者,以奸恶论,以钱交易者掠治其罪,亦为不揣其本末矣。"

② 《皇朝文献通考·钱币考》,乾隆十年:"嗣后官发银两之处,除工部应发钱文者仍用钱外,其支用银两,俱即以银给发,至民间日用,亦当以银为重。"

的几十年间，中国自己铸造银元，并赋以法偿资格。当然在第二、第三两个阶段里，银两还是通行。

银的名称和形式，种类繁多，在乾隆年间，江南浙江有元丝，湖广江西有盐撒，山西有西镨水丝，四川有土镨柳镨和茴香，陕甘有元镨，广西有北流，云南贵州有石镨和茶花；此外还有青丝、白丝、单倾、双倾、方镨、长镨等①，名目极多。大体可以分为四种：第一是元宝，普通叫作宝银，也叫作马蹄银，因为像一只马蹄，每只重五十两。这种元宝也有各种形式，所谓长镨就是根据他的形式而起的名称。第二是中锭，重约十两，也有各种形式，多为锤形，也有作马蹄形的，叫作小元宝。第三是小锞或锞子，像一个馒头，但也可以随意铸成各种形式，重一二两到三五两，也叫小锭。第四是散碎的银子，有滴珠、福珠等名称，重量在一两以下。

旧日秤砝不统一，同是所谓两，种类也很多，各地不一样。最重要的是库平两②、海关两③、广平两④和漕平两⑤四种。库平是国库收支所用，为全国纳税的标准秤。海关两适用于关税。广平是广东的衡法，因为广东同外国接触得早，所以比较重要。漕平是漕米改征折色以后所用的标准。这四种衡法本身也没有一定的标准，随时随地不同。大体上以海关两为最重，广东两次之，其次是库平两，漕平两最轻。

银两的成色，自古即不划一。清初政府虽以纹银为标准，但民

---

① 《皇朝文献通考·钱币考》四，乾隆十年。
② 《户部则例》第四条案语说，库平系指农工商部会同户部奏定划一度量衡章程，内称库平一两，合法国衡数三十七格兰姆（即公分）又千分之三百零一。
③ 关平一两约重五八一·四四英厘或三七·六八公分。
④ 广平一两约等于五七九·八四英厘或三七·五八公分。
⑤ 漕平一两约合五六五·六五英厘或三六·六四公分。

间所用的白银,有自七成、八成、九成一直到所谓十足,随时折合纹银计算,而纹银也不是十足的纯银,只是一种标准,实际上是不存在的,所以称为虚银两,实际流通的是宝银。

宝银就是指元宝,如苏宝银和武昌宝银等。从成色上看来,有足宝、二四宝、二五宝、二六宝、二七宝等。所谓足宝就是一种标准的纹银。二四宝就是说五十两重的宝银,在流通的时候,要申水二两四钱,换句话说,就是五十两重的二四宝银所含的纯银,等于五十二两四钱纹银所含的纯银。

所谓纹银是一种全国性的假想的标准银,成色是千分之九三五点三七四①,实际上并不存在。不过其他各种银两都是根据他来计算。例如上海商界用作计账单位的银两规元,其成色就是等于纹银的百分之九十八。所以称为九八规元。市面上的元宝,在支付时,先要折合成纹银,然后再换算成规元。例如一只二七宝银,等于五十二两七钱的纹银,再以百分之九十八去除,所得的五三点七七五五就是合规元的数目,换言之,一个五十两重的二七宝银,等于规元五十三两七钱七分五厘五毫。

规元是上海的记账银两单位,天津的单位叫作行化,成色是千分之九九二。汉口的单位是洋例。这种银两单位的采用,本来是因为市面没有一种标准的货币,使商业上的计算很不方便。譬如上海,本是以西班牙的本洋为标准,但自本洋停铸后,来源断绝,乃采用过去豆商的计算单位规元为单位,用意和中世纪威尼斯的银

---

① 纹银成色是化验宝银所推算出来的。先算出一块合规元一两的宝银是五六五·六九七英厘重,其中含纯银五一八·五五五英厘,成色是九一六·六六六;规元成色既等于纹银的百分之九十八,所以纹银的成色是:
916.666+98/100=935.374

行货币相同。然而各地有各地的标准货币,在全国看来,就等于没有标准了。

宝银的铸造,虽然多是银楼银炉的事,但有些机关用自己的名义发行宝银,如海关,官银钱局以及银行等。贵州官局曾发行估平足银一两的颗子。华俄道胜银行曾发大小元宝几种。

由于银色的纷繁,我们可以想象流通时人民所感到的不便。尤其是散碎的银子,一次交易,要把各种不同成色的银子折合计算①,不知要费多少心思;至于秤称的麻烦②还在其次。难怪人民乐于用钱;更难怪外国银元流入内地时,经过短期的试验后,便大受欢迎,而且作价高于他的实价了。

外国银元的流入,在中国的货币文化上,引起一次大革命。人类史上,主要只有两种独立的货币文化:一是希腊的体系,一是中国的体系。西方货币是以金银为主,没有穿孔,一开始就在币面铸些鸟兽人物草木。东方货币以铜铁为主,有方孔,币面只有文字,

---

① 《野叟曝言》(康熙时作品)第十二回:"敬亭把银打开,只有一锭是九三,其余多是九成散碎的,竟有许多八成在内。因说道,这银还合不上九成,差了四五色,如何使得。有谋道,契写九五,规矩原是九三,这银子牵算足有九二,下炉交易作九三是极公道的。素臣笑道,据老翁自己也只说是九二,怎写得九五上契?且银已九折,杂费俱无,老翁大号有谋,真可谓名不虚传。有谋被这几句话说红了脸,只得胀胖了颈脖又添上一钱八成银子。"

② 《石头记》(乾隆时作)卷五一:"宝玉道,王太医来了,给他多少?婆子笑道,……这个新的来了,一次须得给他一两银子。……宝玉听说,便命麝月去取银子。……于是开了抽屉,才看见一个小筐箩内放着几块银子,倒也有一杆戥子。麝月便拿了一块银提起戥子来,问宝玉那是一两的星么?宝玉笑道,你问的我有趣儿。你倒成了是才来的了。麝月也笑了,又要去问人。宝玉道,拣那大的给他一块就是了。又不做买卖,算这些做什么?麝月听了,便放下戥子,拣了块掂了一掂,笑道,这一块只怕是一两了。宁可多了些,别少了叫那穷小子笑话。不说咱们不认得戥子,倒说咱们有心小气似的。婆子站在门口笑道,那是五两的锭子,夹了半个,这一块至少还有二两呢?……"

没有图形;甚至若在一种钱币上发现有云朵或飞鸟走马,钱币学家就要疑心它不是正用品。由此可以知道,两种货币文化,是完全不同的。有些民族也曾有过独立的货币,印度便是一个例子,但这种独立的货币文化,还没有充分地发展,就为希腊的货币文化所征服了。西方的货币文化,在中世纪非常低落,自文艺复兴以后,又开始进步,后来完全适合资本主义经济的需要。中国的货币文化,自南宋以后,也开始后退,一直退到清朝末年,水平越来越低。自然更不足以适应资本主义社会的要求。所以中国的封建势力无论怎样强,经过两三百年的斗争,终于完全为西方资本主义的货币文化所征服。

外国银元,在明代就已流入中国。那时中外已有接触,一方面有葡萄牙人来到澳门、广州、宁波、泉州等地经商。同时菲律宾的华侨来往频繁。西班牙人在十六世纪就占据了吕宋,西班牙的银元在当地通行①,华侨们不断把这种银元带到中国来②。

顺治四年(公元一六四七年)曾限制外人只许在澳门贸易,但实际上他们的活动范围,一天一天推广,外国银元流入中国的,也一天比一天多了。当时的中外贸易,几乎是单方面的,因为中国人不用外国货,外国商人要买中国的丝、茶、磁器,就必须用白银来买。所

---

① 张燮《东西洋考》卷五《吕宋》,物产银钱项下有"犬者七钱五分,夷名黄币峙;次三钱六分,夷名突层;又次一钱八分,名罗料厘;小者九分,名黄料厘,俱自佛兰机携来。"这里所谓黄币峙无疑是 un peso 的译音,即一披索的意思。但重量恐系七钱二分之误。黄料厘为 un real 的译音。

② 同书卷七《饷税考》:"加增饷者,东洋吕宋,地无他产,夷人悉用银钱易货,故归船自银钱外,无他携来;即有货亦无几。故商人回澳征水陆二饷外,属吕宋船者更追银百五十两,谓之加征。后诸商苦难,万历十八年量减至百二十两。"顾炎武《天下郡国利病书》卷九三福建三洋税项下说到漳州用银钱的事。

以他们到中国来的船,载的全是银元,而回去的船载的是货。

康熙年间,流入中国的外国银币,除双柱(Pillar dollar)以外,还有威尼斯银元(duccatoon)、法国银元(écu),以及荷兰的银元(rix-dollar)①。所谓双柱,因为币面有两根柱子,这是西方神话中赫居里斯的柱子(Pillars of Hercules),代表吉布罗陀两岸的山岩,传说该处欧洲和非洲原是相连的,被力大的赫居里斯所拉开。银元上的双柱上各有一卷轴裹着,这是后代＄记号的来源。这些银元,成色有高低,以威尼斯银元成色最好,其次是双柱和法国银元。荷兰的银元成色差一点,因此在康熙四十二年(公元一七〇三年)发生贴水的现象,每百元贴水五元,当时外国银币的流通,还是凭重量。

乾隆年间,外国银币更加通行,除了购买中国土产外,还有一部分是为中国的高利率所吸引进来的。当时广州的利率自年息一分八到两分,以复利计算;有大批的银钱自印度流入中国。在乾隆四十四年(公元一七七九年)的时候,估计广州商人欠外商的债在三百八十万元以上,而他们实际借到的本金或赊到的货物不过一百万元②。中国人称外国银币为洋钱,广东人则称为番银③。乾隆初年在中国最通行的外国银币有三种:最大的是马钱,其次是花边

---

① H. B. Morse, The Chronicles of East India Company, ch. XI., p. 122. 东印度公司的记录只泛称 rix-dollar,这是北欧银元日耳曼帝国的银元和荷兰银元的通称,Morse 只说可能是北欧或日耳曼各国所铸,实际上更可能是荷兰的马剑,这是根据遗留下来的实物加以推断,由乾隆年间的记载也可以知道。王胜时《漫游记略》卷一闽游(康熙五十一年至五十二年):"纪物……钱币之属,……其曰蕃钱者则银也。来自海舶,上有文如城堞,或有若鸟兽人物形者,泉漳通用之。闻往时闽中巨室,皆擅海舶之利,西至欧罗巴,冬至日本之吕宋长崎,每一舶至,则钱货充牣。先朝禁通日本,然东之利倍蓰于西。"

② *Chronicles of East India Company*, Vol. II., p. 43.

③ 《清高宗实录》,乾隆五十六年四月谕。

钱,再次为十字钱①。马钱是荷兰各省在十七八世纪所铸的大银币,重库平八钱六七分,相当于三盾,一面有人骑马持剑,所以后来又称为马剑。一直铸到一七九二年荷兰被法国军队占领时为止。各省所铸,图形稍有不同,如同中国清末的铜元一样。花边钱是指双柱,因为自一七三二年起墨西哥城用机器铸造新式的双柱银币,边上有切纹。一七四〇年以前的马剑是光边的,所以双柱被称为花边,这名词后来变成银元的通称。当时双柱有大小几种都在中国流通。大的重七钱二分,小的有半元的,有四分之一的。还有八分之一的,但中国书中没有提到。十字钱(crusado)是葡萄牙的银币,一面有一十字,所以葡人和中国人都名之为十字钱,重约五钱六分。此外还有各种人像的银币。

嘉庆四年(公元一七九九年)抄查和珅的家产,有洋钱五万八千圆②,可见洋钱已流到北京了。当时清朝政府发觉一方面外国银币流入,同时中国的银块则有流出,有人主张加以禁止。因为外国银币成色不过九成多一点,中国的银块是纹银,以为是十足的。中国人因为喜欢外国银币铸造得精致,所以看同纹银。外人用钱币和中国的纹银等量交换,送往印度加尔各答,可以赚钱③。

道光年间,洋钱已深入内地,自广东福建一直到黄河以南,都

---

① 《皇朝文献通考》卷一六《钱币考》,乾隆十年:"福建广东近海之地,又多行使洋钱。其银皆范为钱式,来自西南二洋。约有数等:大者曰马钱,为海马形;次曰花边钱;又次曰十字钱。花边钱亦有大中小三等:大者重七钱有奇,中者重三钱有奇,小者重一钱有奇。又有刻作人面,或为全身,其背为宫室器皿禽兽花草之类,环以番字。亦有两面皆为人形者。闽粤之人,称为番银,或称为花边银。凡荷兰佛兰机诸国商船所载,每以数千万圆计。"

② 《庸庵笔记》,查抄和珅住宅花园清单。

③ Chronicles of East India Company, ch. LXVIII., p. 230.

有流通。当时对于各种洋钱有许多名称，如大髻、小髻、蓬头、蝙蝠、双柱、马剑等①。其中除双柱和马剑以外，其余就不容易确定是指什么银元。所谓大髻小髻蓬头，无疑都是指人像银币。西班牙的查理银元，有查理三世和四世的头像，都打有发髻。大髻小髻可能就是指这种银元。但这种银元不必一定是道光年间才流入，十七八世纪欧洲帝王和贵族都是披发的，当时的人像银元在中国人看来，都可以说是蓬头。美国在一七九四年发行的第一种银元，上面的自由神也是蓬头。法国革命时欧洲船不能来华，美国商船在中国活跃，带来不少这种银元，所谓蓬头，也许就是指此②。至于所谓蝙蝠，谅系指银元上的鹰。美国银元背面就有张翼的鹰，都市的商人把鹰看成蝙蝠，不足为怪。还有所谓三工四工工半③的名称，这也是指西班牙的查理银元，三工是指查理第三的银元，因为拉丁文的三字（Ⅲ）俨然三个工字的连写，而四工和工半是指查理第四的银元，因为拉丁文数目字的四字有时写作ⅢⅠ，有时写作Ⅳ。

在中国流通过的外国银元，总有几十种。但鸦片战争前后那几十年间，最通行的莫过于西班牙银元，普通叫作本洋。包括双柱、两种查理银元和费迪南七世的银元。多是在墨西哥铸造的。人像银元，广东人也称为佛头。英国东印度公司向中国买茶，绝大部分是用本洋，因为英国政府禁止输出他本国的银币。自康熙二

---

① 《清宣宗实录》卷一六三，道光九年十二月乙亥谕。
② 东印度公司的记录把美国的第一版银元上的自由神看作华盛顿像。这种错误在美国本国也有人犯过。美国钱币学界称这种银元为 flowing hair，为披发的意思，译为蓬头，也无不可。
③ 诸联《明斋小识》卷一二，洋钱："闻古老云，乾隆初年，市上咸用银。二十年后，银少而钱多，偶有洋钱，不为交易用也。嗣后洋钱盛行，每个重七钱三分五厘。有小洁、广板、建板、闽板、浙板、锡板、苏板之名，三工、四工、工半、正底、反衣之别。"

十年（公元一六八一年）到道光十三年（公元一八三三年）那一百五十三年中，输入中国的银元和银块纯额有七千多万两，合银元约一亿。大部分是东印度公司输入的；中国输入鸦片，也是用本洋偿付。自嘉庆十二年（公元一八〇七年）到道光十三年那二十七年间，单是东印度公司便输出七千多万元到印度去①。墨西哥独立以后，停止铸造本洋。中国各地久以本洋为主要的货币，现在来源断绝，于是发生申水的现象。后来上海就采用规元的银两单位，实际流通则用宝银，而墨西哥的新币鹰洋以及南美洲的各种银元也有流通。结果鹰洋代替了本洋的地位。但本洋在长江流域一带的势力，一直维持到十九世纪末，尤其是在安徽，直到一九〇〇年，每枚还值白银九钱以上。

  鹰洋是从一八二三年开始铸造的。上面有一鹰、嘴里咬着一条蛇，站在仙人掌上，这是墨西哥的国徽。墨西哥银币的图形，虽然常常有一点更动，但这国徽总是保持着的。所以通称为鹰洋，也有误称为英洋的②。鹰洋的成色比较好，而且多年不变。所以后来他的势力要超过以前的本洋，在中国各都市成了标准货币，许多早期的兑换券都规定以鹰洋兑现。据宣统二年（公元一九一〇年）度支部的调查，当时中国所流通的外国银元约有十一万万枚，其中三

---

  ① 关于白银输入的数字，请参阅本章第二节第四项内清代白银输入表（一）。这是最低额。自嘉庆十二年到道光十三年东印度公司由中国输出的白银而有确数可查的是七二，四三九，九六九元，其他国家曾输出四，〇七三，八一六元。（根据 Chronicles of East India Company）。这就说明自康熙二十年到道光十三年输入中国的白银总数当在一亿七千万元以上。

  ② 邹弢《三借庐笔谈》（光绪初年）卷五，鹰洋："英法两国所用之洋，各有款式，彼此不能通用。今中国所用之洋，面上有鹰，遂误鹰洋为英洋，谓洋自英吉利所铸，而不知非也。此洋皆铸自墨西哥，运来中国；实与英吉利无与。此洋亦不能用于英国。"

分之一是鹰洋。

英国因为禁止本国钱币出口,所以中国境内没有英国钱。同治五年(公元一八六六年)香港设立造币厂,铸造银元。正面为维多利亚女王的头像,背面图形中有"香港银圆"四个中国字。但因含银量低于鹰洋,而香港的中国人用惯了鹰洋,所以同治七年便停止铸造,并将机器卖给日本政府①。后来这香港银圆也通行了。此外英国还在一八九五年在远东发行一种银元,正面有不列颠尼亚女神手持叉杖的站像,并有英文一元字样,背面有中文和马莱文一圆的文字。这种银元多是孟买铸造的,但加尔各答和伦敦也有铸造,在上海、中国香港、新加坡、槟榔屿等地由英国的银行发行出来,中国人称为站人洋或杖洋。

日本人一向使用中国钱,直到丰臣秀吉的时候,自己才正式开铸。在德川幕府时代,实行一种金银平行本位。明治维新(同治七年即公元一八六八年)后采用银本位,用从香港买来的机器铸造银圆,后来虽改为金本位,银圆仍继续铸造,在通商口岸使用,想藉此驱逐鹰洋,当时日本市场也是盛行鹰洋。日本银圆,有大日本三字,所以流到中国时,乡村人民就称为大日本,也有称为日本龙洋的,因为背面也有蟠龙纹。

美国贸易银元(trade dollar)是专供对远东贸易使用的,和本洋、鹰洋的性质不同,本洋、鹰洋在他们本国也是通行的货币,而且在南北美洲也普遍通行。美国同中国贸易,最初也是使用本洋。十九世纪后半,因白银生产增加,于是在同治十二年(公元一八七

---

① W. F. Spalding, Eastern Exchange, *Currency & Finance*, p. 368.

三年)铸造贸易银元,币面是女神坐像,手中有一枝花,反面是鹰像。美国想用这种银币来抢夺鹰洋的地位,但成色低于鹰洋,所以终归失败,只行了十四年便收回去。这和一八六六年的香港银元的情况一样,恶币驱逐良币的法则不能发生作用。

各种外国银币流到中国,起初只当银块流通。但自十九世纪初起,就凭个数流通,而不再加以秤称。这样一来,使成色特别好的威尼斯银元和分量特别重的荷兰马剑很快就隐匿了。另一方面,使外国银元的流通,又向前推进一步。使中国朝野对这种情形,不能再完全漠视。

中国自西汉的白金以后,只有金人铸过承安宝货的银币。历代铸有金银钱,这种金银钱清代也有铸造使用①,但不能算是真正的货币。乾隆五十八年(公元一七九三年)曾在西藏铸造正式银币,叫作乾隆宝藏,嘉庆年间改铸嘉庆宝藏,道光时有道光宝藏,这种银币,成色很好,但钱身很薄,俗称薄片;和当时国内流通的银币不同。它的形制毋宁是属于中亚钱币的体系。那一体系可以上溯到波斯沙散王朝的迭列姆(derhem),后来为阿拉伯帝国所承继,由伊斯兰教文化传到中亚细亚一带。但西藏薄片上也有中国钱币文化的痕迹,因为上面除唐古特文字以外,还有汉文,而且中间还有一方形框纹,这是象征方孔,只是没有打穿。所以这种钱币可以说是波斯阿拉伯钱币文化和中国钱币文化的混血儿。西藏银币共有大中小三种,大样的每枚重一钱五分(库秤),以六枚作纹银一两;

---

① 《东华续录》乾隆一一二,乾隆五十五年十二月乙丑:"御书寿字以赐,以为新春吉庆。并加赏金线葫芦大荷包一对,小荷包四对,内分贮金钱二个,金八宝一分。"《高宗实录》卷一四九三,乾隆六十年十二月谕曰:"……特赏福康安和琳……金银钱各二枚。"

中样的每枚重一钱，以九枚作银一两；小样的每枚重五分，以十八枚作银一两①。实际上，分量多不合标准。三种中以中样的比较多。每枚上面除了年号之外，还有年份。如最初铸的，上下左右的边缘上有"五十八年"四个汉字。大样和小样的在乾隆年间只有一种，中样的有五十八年、五十九年、六十年三种。以后则并非年年改铸。

据说嘉庆年间（十八世纪末）银业方面曾仿造新式银元，以本洋为模本，后来因成色花纹不划一，且有贬值的现象，终被禁止。

道光十七八年间，台湾曾铸造一种银饼，币面镌一寿星，左边篆书"道光年铸"四字，右边有"足纹银饼"四字，寿星的下面有"库平柒贰"四字。背面是一鼎，上下左右有台湾府铸四个满字。初铸的有库平七钱二分重，据说道光二十二年以后逐渐减重，二十五年减轻百分之五。所见实物，都是凿痕很多，轻重不一。这种银币的铸造原由尚不得而知，形制是仿本洋，边纹和本洋相同。相传是张温在台南州起义时铸造的。台南称为老公饼。另有一种寿星银饼，正面没有足纹银饼四字，而代以嘉义县铸四字；下面也没有库平柒式四字。背面更是完全不同：中央是军饷二字，两旁分列足纹通行四字。道光十二年有陈办在台湾嘉义县起事，不知这一种寿星银饼同那次历史事件有没有联系。

道光年间，各地都曾仿铸造本洋，有所谓广板、福板、杭板、苏

---

① 《高宗纯皇帝实录》卷一四一四乾隆五十七年十二月。《东华续录》乾隆一一六，乾隆五十七年十二月谕，"再所定藏内鼓铸银钱章程，亦只可如此办理，藏内既不产铜，所需鼓铸钱文铜斤，仍向滇省采买。自滇至藏，一路崇山峻岭，购运维艰，自不若仍铸银钱，较为省便。但阅所进钱模，正面铸乾隆通宝四字，背面铸宝藏二字，俱用唐古特字，模印并无汉字，于同文规制，尚为未协；所铸银钱，其正面用汉字铸乾隆宝藏四字，背面用唐古特字亦铸乾隆宝藏四字。……"

板、锡板、吴庄、行庄①等名称,成色很低。

据说林则徐也曾铸造过银饼,行得不成功②,详情却不得而知。

咸丰六年底,上海有几家银号曾发行银饼,饼上只有文字,正面为"咸丰六年上海县号商某某某足纹银饼",背面是"朱源裕监倾曹平实重壹两银匠某某造",两面都是四字一行,分四行。发现的一两银饼共有三种,一种是王永盛,一种是经正记,一种是郁森盛,这都是发行银号的名称。以王永盛发行的为多。另有两种五钱银饼,由经正记和郁森盛所发行。这种银饼的铸造经过也不知道。据说③是用钢模铸造的,曾流通半年,主要是用来发付军饷,后因仿铸很盛,成色低劣,很快就停铸了。这里所指的是王永盛的一种。所谓仿造,不知是不是指其他两种,但无论如何,这一点是可疑的。因为其他两种,在数量上,比王永盛要更少;在成色上,并不低于王永盛;在重量上,甚至稍高于王永盛,特别是郁森盛的一种。此外所发现的仿制品,似乎都是后人做的,而且容易辨别。成色却不低。我们知道:在上海市场,一直到咸丰六年,还是以本洋为主要的货币,就是在这一年,本洋供应不继,上海才改用南市豆行的计算单位规元,而咸丰银饼的重量正和规元大体相符,即三六·六四

---

① 《清史稿·食货志》五《钱法》。同书卷一七二《祁寯藻传》:"道光十九年……并禁漳泉两府行使夷钱夹带私铸者。"林则徐《苏省并无洋银出洋折》(道光十五年):"内地镕化纹银,仿铸洋银,如原奏(指黄爵滋)苏板、吴庄、锡板等名目,向来诚有此种作为之弊,然仿铸原以牟利,自必掺杂铜铅,然后有利可牟。而民间近来兑验洋银,极为精细,苏板等类,较洋板成色悬殊,以之兑银,价值大减,是以客商剔出不用。"《宣宗成皇帝皇录》卷二四一道光十三年七月庚申论,"兹据该御史(黄爵滋)奏称,纹银出洋有禁,而洋银出洋无禁,内地仿铸洋银者多,诚恐不能尽绝偷漏。"

② 《清朝续文献通考·钱币考》四,周腾虎《铸银钱说》。

③ 关于咸丰银饼还没有找到中国方面的资料。但英人韦利(Wylie)在咸丰七年曾提到王永盛银饼(Coins of the Ta-tsing, or Present Dynasty of China)。

公分①。可见这种银饼的铸造，大概是由于本洋的缺乏，而其他各种外国银元，重量成色都不划一，数量也不够多，于是采用规元的银两单位，并由三家银号试铸这种银饼。后来墨西哥的鹰洋，取代了本洋的地位，但规元的计算单位却一直保持了几十年。

同治六年香港因自铸银元失败，想替中国铸造一两和小额的新式银币，并代为设计图形几种，如上海壹两和中华通宝。但没有被清廷接受。

此外还有几种铸造年份不明的银币。一种正面为一对交叉的笔，两旁有"府库"二字，背面为聚宝盆，两旁有"军饷"二字。传说是同治元年（公元一八六二年）五月戴万生在台湾彰化县起义时所铸造的。但银币两面的周围所环饰的花纹和香港于公元一八六六年所铸的银圆完全相同，在同治年间，香港仿效台湾一种地方币的可能性很小，如果是台湾仿香港银圆，那就不可能是在同治五年以前铸造的。另外一种和这相仿：正面为聚宝盆，两旁有"府库军饷"四字，背面是一对交叉的如意，两旁有"足纹通行"四字。相传是咸丰三年林恭在台湾凤山县起义时所铸的。四周有回纹的花饰。

---

① 英人伍德华（Woodward）曾秤过各种咸丰银饼的大小厚薄和重量，但他把仿制品也包括在内。兹选录其中的真品的重量于后，并由英厘化为公分（A. M. Tracey Woodward, The Coins of Shanghai, The China Journal, Vol. XXVII, No. 2, August, 1937）。

王永盛一两	三六点六一公分
郁森盛一两	三六点六四公分
经正记一两	三六点五六公分
郁森盛五钱	一八点一六公分
经正记五钱	一八点一一公分

但必须指出，上列数字，只是每样一种，并非平均数字。实际上每枚的重量是不完全一样的。我自己所藏王永盛一两饼重三六·六四公分，正为漕平两的标准重量；经正记五钱饼重一八·四公分，都比伍德华的重。

另外又有几种没有图形的银饼：一种在正面上端横列"漳州军饷"四字，下面有草书的签字，签字有两种，都不可识，但俗间加以穿凿附会，说一种是曾字，是同治三年曾国荃在漳州打败太平天国军队后所铸的。另一种签字是左字，是同治四年左宗棠占领漳州后所铸的。两种背后都有"足纹通行"四字。两种中前一种最少。另有一种没有漳州地名，其他则大同小异，下面也有签字，这签字一般认为是"谨慎"二字的连书。两面还有花星。这几种银饼，制作很简朴。

上面这些军饷银币，包括寿星银饼在内，虽然有大小厚薄不同，但最初都是仿本洋的，特别从他们的边纹上可以看出来。如果重量不符，那是后来减重的结果。第一种寿星银饼遗留下来的数量是其中最多的，大概铸造的时期也比较长。其他各种都存留很少，但他们的文字制作，都有联系。他们铸造的历史背景，还有待于进一步研究。

浙江有些地方的银号钱庄曾铸造一种七二银饼，制作原始，几乎可以称为银块。上面只有几个凿记，印明地名、银号名以及库纹七钱二分等字样。铸造时期不明，大概是因当地一时缺乏通行的外国银元，以此来代用。

光绪年间，湖南长沙曾铸造银饼许多种。这种银饼，在形制上，和福建、台湾的银饼大不相同，受外币的影响比较浅。最大的特点是饼身厚而小，上面也没有图形，只有文字，周围环以点线。发行这种银饼的有四个单位，即大清银行、湖南官钱局、阜南官局、长沙乾益字号。面额自湘平一钱到一两，但以一两的居多。此外贵州和山东等省也曾铸造银饼。

中国用机器铸造银币，是在吉林开始。事情经过的始末，还不知道。吉林在光绪初年，制钱缺乏，市面流通各种钱票，银价和物价上涨，所以想由机器局铸造银币，以两为单位，称为厂平。遗留下来的有光绪八年的铜铸壹两样币①，银币都是光绪十年的，分一两、七钱、半两、三钱、一钱等七种。八年版和十年版，图形文字稍有不同。八年版全用汉字，大概没有被采用。十年版有四个纪重的满字，大概行用得也不顺利。

光绪十三年（公元一八八七年）两广总督张之洞看见中国市面全是外国银币，奏请自铸银元，以谋抵制。于十五年由广东造币厂试铸银币，正面是光绪元宝四字，背面是蟠龙纹，大家称为龙洋。每枚重量是库平七钱三分，比当时通行的鹰洋重一分，想用以抵制鹰洋。币面用中英两种文字，中央的"光绪元宝"等字用中文，周围的省名和币重用英文，由政府下令作为法币行使，完粮纳税，都能通用。这是中国最早的正式新银元。但因分量重于鹰洋，终为鹰洋所驱逐，后乃改为七钱二分重。大概样币送到北京时，户部觉得正面的英文不妥，把英文移到背面去，这才是后来广泛流通的广东龙洋。据张之洞的奏议，则七三龙洋似乎也没有发行流通。然而遗留下来的实物却有打过戳子的，这证明确曾流通过。

自广东龙洋出现后，各省纷纷仿造。光绪二十一年武昌造币厂成立，次年天津造币厂成立，其他各厂如安徽、湖南、东三省、浙江、湖北、北洋、奉天、江南、黑龙江、福建、四川、台湾、云南等，也都铸造银币。不过各省银圆的重量成色都不一律。流通也受了地方性的限制，二十七年由中央政府规定银元每枚重库平七钱二分。

当时中国朝野，对于币制问题，讨论得很热烈，有主张采用金

---

① Dr. Guiseppe Ros 的吉林四两货币（货币第三十九号）。

本位的,有主张采用银本位的。就是关于银元的铸造,也有许多不同的主张,最重要的是七钱二分说和一两说①。实际上光绪二十九年户部曾铸造一两银币。三十年湖北所铸的一两银币且曾流通过。此外还有几省铸造过一两的银币。光绪三十三年曾就单位问题征询各省督抚的意见,有十一省主张以两为单位,八省赞成以七

---

① 《清史稿·食货志》。当时对于本位币的重量,有很热烈的争执,主张也很多,最重要的是一两说和七钱二分说。一两是中国固有的重量单位,清末也有用作价值单位的,如上海的规元等。七钱二分说是仿照鹰洋的重量,当时中国各省自己所铸的龙洋也略为七钱二分。而且当时一圆合制钱一千文。除了这两说外,还有五钱(即半两,因一两太重,价值太高),三分之一两(卫斯林所主张,用这单位可不必铸造千分之一的小单位,小额钱币成本比较高),十八公分(银币总重二十公分,含纯银十八公分,合制钱一千文),六钱六分六厘(即新币一枚半合银一两),六钱四分八厘(鹰洋含纯银的分量)等说。

《愚斋存稿》卷一四附各省督抚币制奏议摘要汇录:

(两江)刘坤一:"似不若仍旧为便。"(以为改铸一两及五钱二钱一钱等式银圆,无流通之把握。)

(湖广)张之洞:"京师银圆局断宜铸一两以下四……至外省现铸之七钱二分暂仍其旧。"

(闽浙)许应骙:"若改铸一两及五钱二钱等圆,仍与用纹银无异。……至闽省贸易,向论圆,不论两,尤不适用。"

(云贵)锡良:"滇似以仍铸减成之七钱二分并各小银元听民行使为便。"

(湖广)赵尔巽:"若用一两银元,各国信用与否不可知。"

(两广)张人骏:"若改用十成足色之一两暨五钱银圆为主币九成之一钱暨五分……无论主币杂质工耗亏赔甚巨。"

(吉林)朱家宝:"若铸一两十足银币,则与旧日生银无异,恐价贱则奸商囤积,价贵则销毁出口。"

(黑龙江)程德全:"今若以一两银元为主币,窃恐外元之侵灌,相率抬高其价,以七钱二分之银元,有时与我之一两之实银相等往来。"

(河南)林绍年:"设若改定银币,……民间视此国币仍与生银相等。各自为便,势必仍旧,是亦何贵有此一改乎。"

(江西)瑞良:"祛除积弊画一币制,非改用圆不可,用圆而仍系之以两,是人人心目中,仍有一两字之见存,则生银无废用之期。"

(浙江)冯汝骙:"两为衡法,枚为圆法,既铸币宜以圆计,勿以两计。"

(贵州)鹿鸿书:"若改用一两银圆为主币,恐商情未易转移。"

钱二分为单位。张之洞力主一两说,他说以前所铸七钱二分的银元,原系在各口岸流通,用以抵制外国银元,是暂时的办法。结果在次年九月间由会议政务处会同资政院议定大清币的制度,拟以一两为单位,成色为九八足银。度支部认为九八成色不大适宜。后来在宣统元年(公元一九〇九年)设立币制调查局,二年颁布币制则例①,正式采用银本位,以圆为货币的单位,重量为库平七钱二分,成色千分之九百,名为大清银币。宣统二年三年铸造了几种,原定限期收回其他各种大小银圆,但还没有发行便发生辛亥革命。宣统二年的大清银币,是仿照本洋的系统,即一圆、五角、二角,五分、一角几种,宣统三年铸的则分一圆、五角、二角、一角,这种银币在辛亥革命后,以军饷的形式发放出来,后来流通比较广。但五角的是用宣统二年板,其余都是用三年板,而以一元的为主。

自龙洋出现后,并没有驱逐各种外国银元,而是和他们一起流通②。由于清朝政府的无能,对于这种混乱的情形,没有采取什么

---

① 宣统二年的币制则例规定发行下列各种货币:
　　银币：　一圆(本位币)　总重库平七钱二分　成色百分之九十
　　　　　　五角　　　　　三钱六分　　　　　百分之八十
　　　　　　二角五分　　　一钱八分　　　　　百分之八十
　　　　　　一角　　　　　八分八厘四毫　　　百分之六十
　　镍币 }
　　铜币 } 另定

② 日本改革台湾的币制时,曾由台湾银行化验中国境内的各种银元,其结果如下(见康有为"金主币救国议"及梁启超"读币制则例及度支部筹办诸折书后"):

名称	重量(英厘)	成色
广东龙圆	420.88	900
美国银圆	412.5	900
美国贸易银圆	420	900
本洋	416.5	898

第八章 清代的货币

有效的措施。

除银元之外,清末也曾铸造小银币,称为角子或小洋。最早的是光绪十六年(公元一八九〇年)广东所铸的。额面分为五角、二角、一角、五分四种,成色是千分之八二〇,是一种辅币的性质,但因为铸造者有利可图,在数量上不加限制,而且成色越来越低,人民拿到这种小银币又不能平价兑成银元,于是小银币就失去其辅币的性质,而靠其本身的价值来流通。

辅币中流通最广的,是二角的银币,即所谓双毫。这是因为大小适中。欧洲有许多国家的货币单位就是这样大小的银币,包括全部拉丁货币联盟的国家的货币单位。德国的马克和英国的先令也是这样大小。这又一次证明了中国古代五铢钱的优越性。因为双毫的大小,正是同五铢钱差不多。中国的双毫有光绪元宝、宣统元宝和大清银币三类。而以光绪元宝的种类最多,各省都有铸造。

在边疆地方通行的银币,常常和内地不同一系统,如新疆和西

乙种本洋	414.98	896
丙种本洋	414	894
旧香港银圆	419.052	900
甲种香港银圆	416	900
乙种香港银圆	416	900
日本银圆	416	900
日本贸易银圆	420	900
甲种墨西哥银圆	417	902 或 903
乙种墨银	417.74	902.7
丙种墨银	416.5	898
甲种新墨银	416.16	未明
乙种新墨银	416	900

藏、新疆一带，用银的历史比内地久。但他们喜欢用银块。同治年间阿古柏曾在喀什噶尔铸造天罡银币，重两公分弱，两面回文，圆而不整，属于中亚货币体系。这种银币一直到民国年间还有流通。新疆的银币，到光绪年间才汉化，以两为单位，以饷银为名称，各地所铸不同，种类非常多。新疆自被左宗棠"平定"之后，银币都称饷银，有一钱、二钱、四钱、五钱、一两等许多种。而且他们的衡法是用湘秤，因为左宗棠是湖南人。

西藏的银币，除了宝藏局所铸各种薄片银币如乾隆宝藏、嘉庆宝藏、道光宝藏等以外，尼泊尔和印度的银币也有流通。特别是印度的卢比，不但在西藏流通，而且在云南、四川也有流通。四川当局在光绪年间曾铸造一种卢比与之抵抗，俗称四川卢比。当时印度卢比正面是英女皇维多利亚的半身像，中国则用光绪的半身像，服饰和背面的花纹，完全仿当时印度的卢比、半卢比、四分之一卢比三种，但币面没有文字，背面只有"四川省造"四字在花纹的中央上下右左分列。这种银币是有历史意义的；他标志着中英间的一场货币战争。而且他是中国最早的人像币，也是唯一有中国帝王像的货币。

清末，谈论金本位的人很多，但中国很少铸造金币。阿古柏曾在新疆的喀什噶尔铸造铁剌金币，那是和他本国浩罕的金币一样，两面全是回文。西藏于宣统年间也曾铸造金币，但也不属于中国的货币体系。天津造币厂在光绪三十二年三十三年曾铸造库平一两重的大清金币两种。但目的不是为流通，实际上也没有流通。清末真正使用过而且属于中国货币体系的金币，只有光绪三十三年由新疆机器局所铸造的饷金两种，一为饷金一钱，一为饷金二钱。背面为龙纹，环以回文。饷金一钱抵饷银三两。

第八章　清代的货币

三　钞票

清朝的钞票，也可以分为三个阶段，而且是很显明的三个阶段。第一是顺治年间的钞贯，第二是咸丰年间的官票宝钞，第三是光绪以后的兑换券。

满洲人是金人的后裔，大概对于他们祖先那段通货膨胀的历史，有深刻的印象。所以对于发行钞票一事，非常慎重，以不用为原则，只于不得已时才行之，难关一过，就加以废止。

第一次用钞是顺治八年（公元一六五一年），当时在军事上闯军虽已失败，福王也早被执，但许多地方在鲁王和永明王的旗帜下，还有坚强的抵抗。顺治八年正当清军进攻四明和舟山的时候，开支很大。在政治上，睿亲王多尔衮已死，顺治帝亲政，正由魏象枢整顿财政，就是普通预算也是入不敷出。这是发行钞贯的背景。但钞票发行每年不过十二万八千一百七十二贯四百七十文，而且十八年永明被杀，大局平定，纸币就停止发行；前后只用了十年，共一百二十八万一千七百二十四贯七百文。

关于这一期间的钞贯，资料非常缺乏，形制如何，完全不知道。史书说是仿明旧制，应当同大明宝钞差不多。从发行数字的纪录上，可以推想钞贯的面额大概是自十文起到一贯，也和大明宝钞一样。由于发行数目不多，而流通时期又短，所以重要性不大。

自从钞贯停发以后，清朝政府有一百九十多年没有发行过钞票，吴三桂之叛，延及十省，前后八年，也不见有纸币的发行。其后间或有人提议用钞的，当局都不采纳，甚至加以谴责。例如嘉庆十九年（公元一八一四年）侍讲学士蔡之定提议使用楮钞，不但没有被采纳,而且被认为妄言乱政而受惩处①。道光年间王鎏著《钱币刍言》,主张采纸币制度,以铜钱为辅币,废止用银②,这种主张似乎也没有引起当局的注意。咸丰二年(公元一八五二年)福建巡抚王懿德又奏请用钞,当局仍以为窒碍难行③。其实当时清朝政府的财政已入于困境,非用钞票不可了。

政府虽不发行钞票,市面上却早有钞票的流通。这种钞票产

---

① 清朝《续文献通考》嘉庆十九年谕:"侍讲学士蔡之定奏请行用楮票一折,前代行用钞法,其弊百端,小民趋利若鹜,楮币较之金钱,尤易作伪,必致讼狱繁兴,丽法者众,殊非利民便民之道。且国家经费,量入为出,不致遽行匮乏,何得轻改旧章,利未兴而害已滋甚乎。蔡之定著交部议处,以为妄言乱政者戒。"

② 王鎏所拟《钱钞条目》如下:

一、钞分七等:千贯、五百贯为大钞,百贯到五十贯为中钞,十贯三贯一贯为小钞。钱分三等:当百当十当一。

一、造钞必特选佳纸,洁白光厚耐久者。既用造钞,即禁民间不得买卖此纸。

一、大钞须精选天下善书者十人书先正格言,……千贯之钞约费本五十千文,一贯之钞费本一百文。

一、以金玉水晶银铜镌为玉印。

一、大钱用白铜,中钱小钱用黄铜红铜。

一、以钞与大钱发与钱庄,即禁其私出会票钱票。如领钞及大钱满一万贯者,半年之后,核其换银若干,以一分之利与钱庄,止收银九千贯之数,又以一分之利与百姓,止收八千贯之数。

一、钞既行,凡钱粮关税,悉皆收钞,一贯以下悉收钱。

一、造钞约已足天下之用,则当停止,俟二三十年之后,再行添造,仍如旧式,不必改法也。

一、五年或十年之后,钞法盛行,则民间之银,不得更以为币。

一、商人与外洋交易,但准以货易,不许以银,如彼国以银来,则令其先易中国之钞,然后准其买卖也。

③ 《清史稿·食货志》:"钞尝行于顺治八年,岁造十二万八千有奇,十年而罢。嘉庆间侍讲学士蔡之定请行钞。咸丰二年福建巡抚王懿德亦以为请,廷让以窒碍难行,却之。"《清文宗实录》卷六四,咸丰二年六月丁未:"先是福建巡抚王懿德奏铸行钞法,以济急需。命军机大臣会同户部议奏。至是奏称,民间行用铺户银钱各票,乃取银取钱之据,若用钞则钞即为银,钞即为钱,与铺户各票之持以取银钱者不同,必致民情不信,滞碍难行,该抚所请改行钞法之说,应毋庸议,报闻。"

生的经过以及它的形制,也都不得而知。除了会票①以外,自清初以来典当业和钱业所发行的银票也可以辗转流通②。银票是一种定期付现的本票③。到了嘉庆道光年间,除了银票会票之外,还有钱票④,钱票的起源,也无法考据。当初可能也是一种期票,临时填写⑤,其和银票不同的地方,大概只在于银与钱的分别。也许银票的面额大一点,钱票的面额小一点,因此钱票的流通性要更加大一点。根据各种野史的记载,钱票的面额有五百文、一吊、两吊、两吊五百文到五吊或五吊以上⑥。但各省情形不同,名称也繁多,例如

---

① 《野叟曝言》第七十七回,"但文爷媒运难发,财运不发,替天生如包为媒,白折了一万会银。"

② 《野叟曝言》第十二回:"壁上贴着立誓不入银会,不借当物的纸条。"

③ 《野叟曝言》第二十七回:"管账道,如今给了他(现钱)怕他变卦,小人同他到解铺里发一银票与他,候出殡过给他银子才是一了百了。"

④ 《清宣宗实录》卷三一二,道光十八年七月,山西巡抚申启贤奏:"查民间贸易货物,用银处少,用钱处多。是以江浙闽广等省,行用洋钱,直隶河南山东山西等省则用钱票。若一旦禁绝钱票,势必概用洋钱。……现查晋省行用钱票有凭帖、兑帖、上帖名目,均系票到付钱,与现钱无异,毋庸禁止。此外又有上帖壶瓶帖期帖名目,均非现钱交易,应请禁止。"梁恭辰《北东园笔录初编》(道光二十二年)卷五,贫家赠米:"廖仪卿观察言其祖光禄公,曾官百夫长,家贫岁暮,萧然无办。日哺独坐,有学射生送年敬一函,启视之钱票一千耳。……乃怀票牵马出门,往碓坊市米五斗余。"又拾遗不还:"廖仪卿又言,其家旧在城北之夹道坊,……一日……则案上遗一小布包,解视之,当票二纸,钱票五百余千。"许楣《钞币论》(道光二十六年七月):"议者曰民间多用钱票会票,每遇钱庄歇闭,全归无用。"又"百姓苦用银之重滞,故乐于用票,易之以钞,则顺民心之所欲。"

⑤ 《北东园笔录三编》(道光二十五年)卷三,生日做功德:"无锡有许长生者……时年六十,亲友劝之曰:凡过生日,必做一桩功德,……许问以所费几何,亲友对以约计三百余千文。许允诺,即于生日前数日将钱如数分写钱票若干张,先赴贫穷各亲友家散送……。"

⑥ 《品花宝鉴》第三回:"那卖玉器的那里肯信,道,老爷没有银子,就使票子。聘才道,连票子也没有。"又第九回,"到了次日,只得央了许顺借了十吊钱的票子,分作两张,写了一封字,叫四儿送与叶茂林。"又第十三回:"其观停了半晌向套裤里摸出一个皮帐夹,有一搭钱票,十吊八吊的凑起来,凑了二百吊京钱,递与蕙芳道,二百吊先拿去使罢。"又第二十三回:"便叫跟他小使王保拿了五吊大钱放在胡同口烟钱铺内换了十张票子。"

山西一省便有所谓凭帖、兑帖、上帖、壶瓶帖、期帖等，前三种是即期票，可以说是真正的钞票，后两种相当于后来的定期本票①。

道光咸丰年间，不但有本国钱庄银号所发行的银钱票在市面上流通，而且外国钞票也已出现了，这在王懿德的奏折中已经提到②。大概限于福建广东等地方，那时已开放五口，英国已在中国设立银行了。

清廷第二次发行钞票是咸丰三年，王懿德的奏折无疑有很大的影响。当时因太平军的进逼，主张发钞的人很多③，结果发行两

---

① 《清宣宗实录》卷三一二，道光十八年七月，山西巡抚申启贤奏："查民间贸易货物，用银处少，用钱处多。是以江浙闽广等省，行用洋钱，直隶河南山东山西等省则用钱票。若一旦禁绝钱票，势必概用洋钱。……现查晋省行用钱票有凭帖、兑帖、上帖名目，均系票到付钱，与现钱无异，毋庸禁止。此外又有上帖壶瓶帖期帖名目，均非现钱交易，应请禁止。"梁恭辰《北东园笔录初编》（道光二十二年）卷五，贫家赠米："廖仪卿观察言其祖光禄公，曾官百夫长，家贫岁暮，萧然无办。日晡独坐，有学射生送年敬一函，启视之钱票一千耳。……乃怀票牵马出门，往碓坊市米五斗余。"又拾遗不还："廖仪卿又言，其家旧在城北之夹道坊，……一日……则案上遗一小布包，解视之，当票二纸，钱票五百余千。"许楣《钞币论》（道光二十六年七月）："议者曰民间多用钱票会票，每过钱庄歇闭，全归无用。"又"百姓若用银之重滞，故乐于用票，易之以钞，则顺民心之所欲"。

② 《清史稿》卷二一四《王懿德传》，咸丰二年奏言："自海防多事，销费渐增，粤西军务，河工拨款，不下千数百万。目前已艰，善后何术？……与其筹画多银，不若改行钞引，历考畿辅山左，以及关东，多用钱票，即福建各属，银钱番票参互行使，便于携取，视同现金，商民亦操纸币信用。况天下之主，国库之重，饬造宝钞，尤易流转，惟钞式宜简，一两为率，颁发藩库，通喻四民，准完丁粮关税，自无窒滞。……疏入谕军机大臣同户部议行。"

③ 《清朝续文献通考》咸丰三年："户部奏咸丰二年九月奉上谕花沙纳奏请行钞法一折……因胪列造钞行钞换钞三十二条，并敷陈用钞十四利等因，……并请于京城内外招商设立官银钱号三所，每所由库发给成本银两，再将工两局每月交库卯钱，由银库均匀分给钱票在官号支取，俾见钱与钱票相辅而行，辗转流通，兵民两有裨益。至在京王公百官俸银，……拟请世职自亲郡王以下伯以上，文职自四品以上，武职自二品以上，均给予期票五成，统限于八月初一日持票赴库开支其秋季俸银。"又"两载以来，军需河饷……筹划为艰，中外臣工志切国事者，无不竭力殚忱，各抒所见，而请行钞法者为多"。

第八章 清代的货币

种钞票,一种是大清宝钞,以制钱为单位,又叫作钱票或钱钞,初分二百五十文、五百文、一千文、一千五百文和二千文几种。后来膨胀到五千文、十千文、五十千文和百千文的面额。另一种是户部官票,以银两为单位,又叫作银票。分一两、三两、五两、十两、五十两等许多种。这两种钞票的形制,略仿大明宝钞,但比较小。用白皮纸。宝钞比官票又要小。但官票和宝钞又各有大小,大抵金额大的,票形也大。官票上面有户部官票四字,左满右汉,皆双行;中标二两平足色银若干两。所谓二两平是说比北京市平少二两的意思。下曰:"户部奏行官票,凡愿将官票兑换银钱者与银一律,并准按部定章程搭交官项,伪造者依律治罪不贷。"四周有龙纹。钱钞则上面横题大清宝钞四汉字,中间是准足制钱若干文,两边分题天下通行,均平出入,下面写"此钞即代制钱行用,并准按成交纳地丁钱粮,一切税课捐项,京外各库一概收解,每钱钞贰千文抵换官票银壹两"。钞票的名称似乎是导源于此,即宝钞和官票的总名。

当时对于市面的私票,并不取缔①,而官票宝钞也不是完全的法偿币,缴纳钱粮,只能搭用三成或五成②。由于通货膨胀,在咸丰末年(公元一八六一年)就不得不加以清理③。所以这第二次的票钞和第一次的钞贯一样,是短命的。但民间的私票仍继续流通。

---

① 《清朝续文献通考》咸丰三年:"又谕……即照所请定为官票名目,先于京师行用,俟流通渐广,再行颁发各省,一律遵办。……其民间银钱私票,行用仍听其便。"

② 《清史稿·食货志》:"定议票银一两,抵制钱二千,钞二千抵银一两。票钞亦准是互相抵,民间完纳丁粮税课及一切官款,亦准五成,京外应放库款亦如之。"又"七年令顺天直隶各属钱粮,自本年上忙始,以宝银四成、宝钞三成、当十铜铁大钱三成搭交,一切用项亦按成搭放。"

③ 《清朝续文献通考》:"同治元年谕,……据称京师自上年清理官钱票后,钱价渐平。"

599

各省的官银钱号也多发行银钱票,限于当地使用。

鸦片战争以后,中国都市已有外商银行的设立。这些银行大都在中国发行钞票。他们的钞票可以分为两种,一种是用中国货币单位,一种是用外国单位。前者如麦加利、汇丰、德华和花旗等,他们都发行银元和银两两种钞票,这正是当时中国通行的单位。银元票分一元、五元、十元、五十元、百元五种;银两票有一两、五两、十两、五十两、百两五种。这些钞票在长江流域有很大的势力。用外国单位的如帝俄在东三省所发行的卢布票、日本于日俄战争时在东北发行的军用票、后来日本横滨正金银行的金票,以及华南所通行的港币。那时的港币也是英商银行所发行的。

这些外国钞票,虽然当时就有人批评①,但清朝政府不但不加以取缔,并且不知道加以检查管理,对于发行数目,准备情形,完全不过问。于是有人主张中国也设银行发行钞票②,然而清廷观望了许多年才知道加以仿效。

当时中国的私票,主要是由银号钱庄和当铺等机关发行,以钱

---

① 郑观应《盛世危言》(光绪十八年)卷四,银行上:"若今之洋商所用之银票,并不由中外官吏验看虚实,不论多少,惟所欲为。闻英商汇丰银票在粤通用之票百余万,该行已获利二百余万之谱。虽有华商股份,不与华商往来。"

② 光绪二十年左右盛京将军依克唐阿条陈请行钞法并设银行折:"方今时势急迫,仓猝聚亿万之财,收亿万之利,舍钞法别无良图。欲行钞法,舍银行无以取信。……夫泰西各国之富,犹赖钞法以济用,则行钞之利可知矣。查日本维新以前,国势凌弱,行钞法而即转为强。俄罗斯昔时地广民贫,行钞数十年国用充裕,至今赖以周转。此皆仿西法而著明效者。奴才于光绪初年在黑龙江副都统任内,亲见爱珲商贾,行用皆系俄帖,且华商购办货物,必须以银易帖,始可易货,以致边界数百里,俄帖充溢,不下数百万。追后调任珲春,见华俄互市,仍以俄帖为重,由今思之,中国如早行钞票,则以票换帖,自足相抵,亦可堵塞边隅漏卮。"《清史稿》卷二三德宗本纪,光绪二十一年五月谕:"近中外臣工条陈时务,如修铁路,铸钞币,造机器,开矿产。"

文或银两为单位,即钱票和银票。没有以银圆为单位的。最早的银圆票,据现在所知,要算北洋铁轨官路总局和"台湾民主国"所发行的。两者同是在光绪二十一年发行,但北洋铁路局早两三个月。他的钞票是在英国伦敦印制的,这或者要算中国最早的新式钞票。在形制上和旧式钞票不同,旧式钞票是竖型,新式钞票是横型,旧的大,新的小,而且新式钞票用中英两种文字。正面为火车过桥的图案,环以"光绪岁次乙未三月吉日制"等字样。是否尚有比这年份更早的,不得而知。但光绪二十四年的钞票上是用山海关内外铁路局的名称,年份改为"大清光绪二十有四年造"字样,其他图案相同。背面都用英文,用"Imperial Chinese Railways"(中华帝国铁路局)的名义,所以这可以算作是官方的货币。"台湾民主国"是第一次中日战争之后,清廷以台湾割让与日本,民怨沸腾,于光绪二十一年五月成立"台湾民主国"[1],设立台南官银钱票总局,发行官银票,分壹大员、伍大员、拾大员三种[2],在形制上完全是旧式钞票,竖形,分竹纸和毛纸两种,和咸丰时的宝钞和银票差不多。

　　光绪二十三年(公元一八九七年)清廷才接受盛宣怀的建议,设立中国通商银行,发行银两银元两种钞币,这是中国最早的银行兑换券,也是新式钞票,用中英两种文字。

　　各省官银钱局中,最先发行新式银圆票的,大概要算湖北,其次是广东。湖北原有官钱局,发行面额一千文的钱票。这是一种旧式的钱票。光绪二十五年,在张之洞任湖广总督的时候,首先发行新式银元票,由日本大藏省印制,纸张和印刷都比较精美,但仍是竖形。背面有张之洞和湖北巡抚于荫霖二人具名的告示。光绪

---

[1] 《清史纲要》卷一四第三页。
[2] 这种钞票系钱币业的王守义在台湾发现的,一大员票发现二十张,五大员票十张,拾大员票六张。

三十年改印新票,背面告示具名的改为张之洞和端方。广东的银元票也是在光绪三十年发行的。当时广西有黄和顺起义,声势浩大,清廷调岑春煊署理两广总督,筹款镇压;结果由广东钱局发行银元票三种,即壹元、伍元、拾元。也是由日本大藏省印制,但用横式,正面除了双龙图案外,左右还分列广东龙洋的图样。背面有岑春煊和广东巡抚李兴锐二人具名的告示。

光绪三十年(公元一九〇四年)户部才开始筹备设立政府银行,发行钞票。三十一年给事中彭述曾提供意见,主张最初要十足的现金准备,等到信用确立了,再增加发行额到现金准备的一两倍。对于私票则用印花税的办法来限制①。户部也奏称设立银行发行钞票的好处,并请先就北洋报局印制户部银行钞票②。年底就成立户部银行。次年户部奏请派员到日本考察纸币印刷的情形。并由商务印书馆印制大清户部银行兑换券。正面有满汉文,背面完全用英文。三十三年奏请创办印刷局及造纸厂,但没有多大成

---

① 彭述奏文有谓:"至于经久无弊,则在出票必有限制。西人言计学者,以储银得票之二成为足数兑换。惟中国当民信未孚之日,未可遽涉虚浮,必须开办之初,估计库款实储若干,制票即如其数;俟票已畅行,再酌量渐增,多于现储之一倍二倍而止。仍随时考察市面银根之盈绌而衰益之。其民间之私票,不必遽禁,俟官票通行,即无私票,亦足以资周转,自应量加限制。可仿印花税之法,凡商民出私票者,多黏印花,课以值百抽几之税。惟制票应由户部慎选工匠,严密监造,闻各省在外洋制票及印花,颇有伪造,不可不防。"(《财政部币制汇编》)

② 户部奏折有谓:"查银行为财政之枢纽,而纸币又为银行之枢纽。各国银行之设,平时发行纸币,收集金银现款。……大致银行通例,按照纸币数目,至少须储款十分之三;其余即以所购公债票及各项产业为抵;是以帑项可得周转之益,而兑换亦无匮乏之虞。臣部上年三月间,奏定试办银行章程,本有发行纸币之条。今该给事中请行钞票,核其所陈办法,……均与臣部拟议者,大略相同。……惟购机器,选募工匠,非迟至年余,不能集事。银行急须开设,确难久待。查北洋官报局,备有印刷机器,所印票纸,颇极精良,且系中国官局,与外洋定制不同,现已饬该银行总办等与该局妥订合同,俾先制备应用。俟臣部购机设厂后,再行自制……。"(《财政部币制汇编》)

绩,大部分的钞票,是在美国印造。

大清户部银行的钞票,根据章程是分为两种:第一是银两票,分一两、五两、十两、五十两、一百两五种。第二是银圆票,也分一圆、五圆、十圆、五十圆、百圆五种。不过实际上银两票有百两以上的,而银元票只发到十圆的面额为止。

新式钞票发行以后,各省官银钱号的钞票,还有保持旧时的形式的,货币单位则由制钱逐渐过渡到铜元。例如江南裕宁官银钱局在光绪三十三年以前发行的钞票,年份是临时填写的,货币单位是用九八制钱。如光绪二十九年曾发行"凭票发九八制钱壹串文"的钞票,后来新式铜元通行,于是就在票面加盖一"兑张当十铜元壹佰枚"的红戳。到光绪三十三年就正式发行"凭票取当十铜元壹百枚"的钞票。又如安徽裕皖官钱局本来发行"凭票发铜元足钱壹千文"的钞票,但光绪三十三年开始发行银圆票了。这种官银钱局号所发行的银钱票,背面通常都印有关于此项银钱票发行流通情形的长篇告示,如果背面没有这种告示,则正面多有说明。如裕宁官银钱局的钱票的背面没有告示,就在正面印有"此票准交纳本省公款及关税盐课厘金,如有私刻假票者,照私铸例治罪",铜元票则一面在背后有长篇的告示,同时又在正面印有和钱票上相同的文字。并加印"官票足串,各埠分局底串不同,该地照市折算,以便商民通用"。

当时钞票的发行,很为紊乱,单拿官办银行的兑换券来说,除银两票银元票之外,光绪三十四年以后,济南等地的分行,还发行钱票。又因各地银两成色不划一,银元种类也很多,所以同一银行在各地所发行的兑换券,多注明某处通用,这表示只能兑换某地通行的银两或银元[①]。此外中外各商业银行都自由发行,各省的银行

---

① 张家骧《中华币制史》第二编。

和官银钱号以及商号也都发行①。宣统年间当局曾有意加以整理和统一。例如元年(公元一九〇九年)曾由度支部奏定通用银钱票章程,不许官商银钱行号增发钞票,已经发行的逐渐收回。二年又奏定兑换纸币则例,由户部银行所改组的大清银行统一办理,并规定五成的现金准备,各省商号所发行的每年收回二成,五年收尽。但这些办法因为辛亥革命爆发,都没有实现。

第二节 货币的购买力

一 清初钱价的波动

清朝货币的购买力,继续下降。三百年间,白银的购买力,约减成三分之一,以铜钱计算的物价,涨成六七倍。然而除了咸丰年间曾发生过一次大规模的货币贬值之外,币值的变动,是渐进的。

清朝政府的开支,差不多完全用银,而且奖励民间用银。不过白银的购买力究竟比较高,而且因为不加以铸造,一分一厘的秤称,有其麻烦。所以日常的零用和小民的交易,仍是以铜钱为主。

---

① 清末发行钞票的除大清银行外,有交通银行、浙江兴业银行、四明银行、浙江银行、北洋保商银行、殖边银行、奉天官银号、黑龙江官银号(至清末发行钞票一百余万两)、黑龙江广信公司(清末止发行一万万吊)、湖北官银钱局(宣统三年以前已发行钱票一千七百余万串,银元票一百六十余万元)、新疆行政公署、河南官银钱局(清末止发行银票一百八十余万两,银元票十六万余元,钱票十一万余串)、贵州官钱局(清末止发行银票五十余万两)、直隶省银行、热河官银号、山西官钱局、广东官银钱局、安徽裕皖官钱局等。(发行数字系根据章宗元的《中国泉币沿革》)

这种现象,在乾隆年间便已明显。到了咸丰以后,因银少而贵,甚至纳粮也是以铜钱计算了。

币值虽少剧烈的变动,但小的波动是常有的,尤其是同人民生活关系密切的钱价,在清初的百年间,是一个麻烦的问题。

清廷方面,当时不懂得主币和辅币的道理,只晓得银和钱之间最好有一种固定的比价。这种比价,他们定为银一两合钱千文,自顺治二年(公元一六四五年)以后,就是想维持这种银钱比价,特别是十年以后所铸的厘字钱,标明每枚值银一厘。其他制钱也是时常增减分量来维持这个比价。但市场比价变动无常,因此流通的制钱有轻有重,而且轻钱重钱的购买力发生差异,而引起私销和私铸,即销镕大钱,铸造小钱。本来清朝的制钱分量比明朝的制钱重,尤其是顺治十七年把钱的分量加成一钱四分以后,对白银的作价并不提高,使铜钱的实价超过名价。毁钱为铜,获利以倍①。

毁钱的结果使制钱的数量减少,钱价上涨。这种现象在康熙十八年便为当局所注意了。到二十三年(公元一六八四年)银一两止能换得八九百文。所以以铜钱计算的日用饮食品的价格很低,一碗面只要十个钱,一碟馒头只要四文钱②。四百钱便可以买一头猪③。吏部侍郎陈廷敬提议减轻钱的分量,由一钱四分减成一钱,使铸钱的数目,可以增加四成,当时每年铸四十万四千八百串,减重之后,

---

① 《皇朝文献通考》卷一四,钱币考,康熙十二年。

② 见《野叟曝言》第二十一回和第十六回。康熙年间的物价,可以从该书的记载上看出来。第十六回有:"又李道,你这茶几个钱一壶? 店家道,茶是两文一壶,馒头、糖片、瓜子、腐干都是四文一卖。又李在顺袋内摸出两文钱来道,拿钱去,我止吃你半杯茶也算一壶了。"

③ 《虞初新志》卷之十九,《讱庵偶笔》,康熙十二年上海事。

可以增加十六万一千九百二十串①,这大概是那一年减重的原因。

减重之后,钱价就下跌,物价上涨,康熙三十六年(公元一六九七年)一千文只能换得白银三钱二三分②。比二十三年时相差三四倍,超过减重的程度,这无疑是私铸的关系。

康熙四十一年(公元一七〇二年)又恢复一钱四分的重量,另外铸造一种七分重的轻钱,大制钱每千文作银一两,小制钱千文作银七钱③。但由于制钱轻重不一,购买力也有大小不同,使钱的名称也繁多,有新钱,有老钱,有大钱,有小钱。京师以小钱为主,外省以大钱为主,所以大钱在北京以五十为一百,京钱二百,实际上是一百。曾有人主张废止小钱,但另有人说废小钱民间会惊扰,而且大钱数量不够。结果大小钱兼用,预计等到大钱数目多了,渐次销毁小钱。但实际上到乾隆三十六年湖南布政使吴虎炳奏请查禁古钱和小钱时,当局还声明康熙年间的小制钱不在禁例。

制钱加重之后,对白银的市场比价马上提高了。以前白银一两可以换钱八百八十文,康熙六十一年(公元一七二二年)止能换得制钱七百八十文④。不过这是指京师的大钱。小钱和私钱,情形则不一样。在雍正三年(公元一七二五年)的时候,湖广河南等省私铸的风

---

① 《皇朝文献通考》康熙二十三年,陈廷敬疏:"欲除毁钱之弊,求制钱之多,莫若铸稍轻之钱,……总计宝泉宝源二局,每年各处动税课银二十五万三千两,办解铜三百八十九万二千三百七斤有奇,内除耗铜三十五万三千三百七斤有奇,净铜三百五十四万二千斤,见铸钱四十万四千八百串,今若改每文重一钱,计每年可多铸钱十六万一千九百二十串,此利于民而亦利于国者也。"按陈廷敬所引铸钱数字,和《实录》及《东华录》所记数字不符。据《实录》及《东华录》所载,康熙二十三年前后,每年铸钱均为二十九万四千多贯。减重后也未加铸。或者实录所载乃宝泉一局之数。"

② 《清史稿》卷五四,萧永藻:"康熙三十六年……疏言,钱多价贱,每千市价三钱二三分。兵领一两之饷,不及数钱之用,……请暂停鼓铸。"

③ 《清史稿》卷五三,汤右曾。

④ 《皇朝文献通考·钱币考》。

气很盛。七年因直隶奉天等处钱价过低,而下令规定白银一两止许换制钱一千文。可见当时市价一两不止换一千文,然而乾隆二年(公元一七三七年)京师的大制钱仍只要八百文就可以换得白银一两。

私铸和私销是同时进行的,因为中国当时产铜有限。自康熙年间起便靠输入日本铜①。乾隆三年京局改用云南铜,江浙等省仍用日本铜。数量都不很多。至于私铸大部分是靠销镕大制钱,甚至有因为铜器贵而销钱为器的,这事在雍正年间常有所闻。当时官价白银一两换钱千文,市价止换得八百多文,制钱自然隐匿。因此又实行制钱减重。首先乾隆三年曾有人提议铸当十大钱,每文止重四钱②,没有获准。但通政使李世绰请将制钱重量减为一钱,五年直隶减为七分,九年湖北改为一钱,十一年两湖改为八分③,这些减重行为大概受到人民的反对,所以后来又恢复一钱二分的重量。但由此可见钱价问题在于铜钱对白银作价太低。

乾隆初年,当局对于钱价问题,费了一番心血。起初有人主张在北京城内外开设官钱局十所,听人民兑换铜钱,以收进的银两,酌量向各当铺收兑铜钱,因为人民赎当多用铜钱。当铺在需要铜钱的季节,也可以向官局兑换。但也有人反对这种办法,以为只要政府规定银钱的比价,让市上的经纪铺户照这比价按日领买若干串,并使他们稍有利润,这样铜钱就会顺利流通④。结果似乎是设立当局和钱行经纪,不过钱价仍没有平。

---

① 《皇朝文献通考》卷一七,钱币五。
② 《东华续录·乾隆八》,乾隆三年八月乙酉:"谕御史稽鲁……奏请铸当十钱,每钱一文重四钱,当小钱之十,见今制钱之五。大钱四十文得铜一斤,则钱价浮于铜价,盗销之弊,可不屏自除,并请复设钱行经纪等语,……持论悖谬,妄欲变乱成法,……稽鲁著交部严加议处。"
③ 唐与昆《制钱通考》。
④ 《皇朝经世文编》卷五三,户政二十八钱币下,乾隆二年给事中田懋上平钱价疏。

乾隆九年(公元一七四四年)大学士鄂尔泰等提议疏通铜钱的办法八条①,大意是:

一、集中铜匠,以监督其进铺铜斤及镕造。

二、放款于当铺,收钱交官局。

三、官米局卖米收钱,不必存贮,轮流上市易银。

四、各当铺积钱送局一并发市。

五、钱市经纪归并一处,官为稽查,以杜抬价。

六、京城各粮店收买杂粮,宜禁止使行钱文。

七、京城钱文宜严禁出京兴贩。

八、近京地方囤钱宜严行查禁。

各种办法都不能有很大的成效,当局想奖励用银,以减少对于制钱的需要,如乾隆六年广东粮道朱叔权曾奏请叫各地方官劝民银钱兼用,自数两以上,不要专用钱②。十年当局曾下令申明政府以用银为主的初衷。然而民间用钱的风气,有增无减。当局终于采取一种放任政策。因为问题的症结是白银跌价。后来日本的宽永钱流到中国来③;大概多少使局势缓和了一点。宽永钱制作虽然

---

① 《东华续录·乾隆》二十。

② 《清高宗实录》卷一三九,乾隆六年三月癸未:"广东粮道朱叔权奏称钱贵由于钱少,……昔年交易但用银,且古钱与银兼用,今则用银者多改用钱,用古钱者多改用今钱。即如黄河以南及苗疆各处,俱系用黄钱。……用饬地方官,劝民银钱兼用,自数两以上,毋专用钱,庶钱价平减。从之。"

③ 《东华续录·乾隆》三十六:"十七年七月甲申谕军机大臣等,向闻滨海地方,有行使宽永钱文之处。乾隆十四年曾经方观承奏请查禁,朕以见在制钱昂贵,未令深究,且以为不过如市井所称剪边砂板之类,仍属本朝名号耳。乃近日浙省搜获贼犯海票一案,又有行使宽永钱之语,竟系宽永通宝字样。夫制钱国宝,且系纪元年号,即或私铸小钱,掺和行使,其罪止于私铸,若别有宽永通宝钱文,则其由来不可不严为查究。又闻江淮以南,米市盐场,行使尤多,每银一两,所易制钱内,此项钱文几及其半。既铸成钱文,又入市行使,则必有开炉发卖之处。"又尹继善、庄有恭等奏:"宽永钱文乃东洋倭地所铸,由内地商船带回江苏之上海,浙江之宁波乍浦等海口,行使尤多。"

非常精整,分量则比清钱轻得多。乾隆末年市面上的钱贯多掺私钱如砂板鹅眼等。

大体上说来,清初的百多年间,钱价比较稳定。铜钱虽每年铸造,但因铜的供给有限,不能大量增加,全国每年铸钱数目,平均大概有三十万万文[①],赶不上人口的增加,所以铜钱多少有一点紧缩的现象。历代的用钱政策,也还算稳健,雍正年间更是实行紧缩。除产铜的云南以外,制钱对白银的价格是很高的。

[①] 《实录》所载顺治康熙雍正三朝铸钱数字如下:(应系北京宝泉、宝源两局数字,请参阅下文):

顺治元年	71,663,900 文有奇		
二年	443,751,760 有奇		
三年	624,823,960 有奇		
四年	1,333,384,794		
五年	1,449,494,200 有奇		
六年	1,096,910,000 有奇		
七年	1,682,424,510 有奇		
八年	2,430,509,050 有奇(另旧铸钱 213,370 文)		
九年	2,097,632,850 有奇(另旧铸钱 201,210 文)		
十年	2,521,663,740(厘钱)(旧铸钱 213,370 文)		
十一年	2,488,544,460(厘钱)(旧铸钱 201,210 文)		
十二年	2,413,878,080(厘钱)(旧铸钱 186,210 文)		
十三年	2,604,872,380(厘钱)(旧铸钱 213,370 文)		
十四年	2,340,870,816(厘钱)(旧铸钱 201,210 文)		
十五年	140,173,990(厘钱)(旧铸钱 201,210 文)		
十六年	191,805,710(厘钱)(旧铸钱 213,370 文)		
十七年	280,394,280(旧铸钱 201,210 文)		
十八年	291,584,600		
康熙元年	297,896,380	十九年	231,365,360
二年	295,735,360	二十年	231,398,600
三年	295,909,500	二十一年	294,851,480

四年	298,652,400	二十二年	294,851,480
五年	295,879,800	二十三年	294,851,480
六年	293,953,600	二十四年	294,851,480
七年	287,133,400	二十五年	289,869,080
八年	287,656,560	二十六年	289,936,700
九年	290,543,250	二十七年	289,869,080
十年	290,475,830	二十八年	289,930,650
十一年	298,652,400	二十九年	289,930,600
十二年	293,476,680	三十年	289,921,050
十三年	293,477,530	三十一年	289,925,400
十四年	293,476,600	三十二年	289,958,670
十五年	231,365,360	三十三年	236,536,550
十六年	231,365,360	三十四年	236,940,670
十七年	231,365,360	三十五年	237,063,050
十八年	231,365,300	三十六年	238,063,060
三十七年	238,065,400	五十六年	399,167,300
三十八年	238,065,400	五十七年	413,268,800
三十九年	238,065,800	五十八年	437,455,800
四十年	238,065,800	五十九年	437,325,800
四十一年	238,065,800	六十年	437,325,800
四十二年	238,065,800	六十一年	461,700
四十三年	238,065,900	雍正元年	499,200
四十四年	238,065,900	二年	409,200
四十五年	238,075,800	三年	675,160
四十六年	238,085,900	四年	675,160
四十七年	268,422,600	五年	723,528,000
四十八年	294,942,600	六年	746,304,000
四十九年	297,963,400	七年	748,480,000
五十年	374,933,400	八年	757,865,000
五十一年	374,936,800	九年	1,048,759,660
五十二年	375,629,800	十年	910,171,120
五十三年	386,559,900	十一年	684,362,000
五十四年	386,559,900	十二年	685,390,000
五十五年	398,969,900		

清代制钱市价表（一）

年份	白银一两合制钱数①
顺治元年(1644)	700
康熙二十三年(1684)	800—900
六十一年	780
雍正四年(1726)	845
乾隆二年(1737)	900
	800（京师）
四年	830
五年	800（各省）
	700（江苏）
六年	800（恶钱）
	800（江苏青钱）
八年	700—815（广东）
十三年	750（山东）
十四年	800（直隶）
十六年	781（山西）
	820（京师）
十八年	830—870
二十四年	885（甘肃）
二十五年	880
三十一年	1,100（云南）
三十五年	1,150（云南）
四十年	955（京师）
四十一年四月	955（京师大钱）
五月	885（京师大钱）
四十三年	890（陕西）
	1,200（云南）
四十四年	880（京师）
四十五年	910（直隶及近省）
五十六年	1,550（四川）
五十九年	2,450（云南）

① 表中数字是根据《实录》《清朝文献通考》和《大清会典事例》等书。其中除顺治元年的一项除外，都是市价。若论官价，则当局大体想维持千文一两的比价。

续表

年份	白银一两合制钱数
	1,400（闽浙）
六十年	1,000（山西）

  这里我们有一点要注意：就是所谓钱价，乃是对白银而言，不是对物价而言。清朝政府的各种计算，是以白银为标准，铜钱在他们看来，和商品差不多。而清初的百多年间，银价有下跌的趋势。尤其是乾隆年间，国内又有战争，支出多用银。虽然收支平衡，甚至国库常有剩余，但因外国银价下跌，白银大批流入，所以用白银计算的物价，上涨得相当厉害。杨锡绂在乾隆十年时说，他家乡的米价，在康熙时每石不过二三钱（银），雍正时涨到四五钱，现在每石要五六钱①。清朝政府的政策，既是极力维持银钱间的比价，而实际上在清初的百年多间，白银一两所换得制钱的数目自七八百文到八九百文，所以用铜钱计算的物价，在康熙雍正时很低②，但到

---

① 《清史稿》卷九五《杨锡绂传》。
② 雍正年间的物价，可从《儒林外史》（乾隆初年作品）一书的叙述中看出来。无论以白银计算或以铜钱计算，物价都相当低廉。第十四回描写马二先生游西湖的情形如下："马二先生独自一个带了几个钱，步出钱塘门，在茶亭里吃了几碗茶，……起来又走了里把多路，望着湖沿上接连着几个酒店，……马二先生没有了钱买了吃，……只得走进一个面店，十六个钱吃了一碗面，肚里不饱，又走到间壁一个茶室吃了一碗茶，买了两个钱处片嚼嚼，到觉有些滋味……只管在人窝子里撞，女人也不看他，他亦不看女人，前前后后跑了一趟，又出来坐在那茶亭内……吃了一碗茶。柜上摆着许多碟子，橘饼、芝麻糖、粽子、烧饼、处片、黑枣、煮栗子；马二先生买了几个钱，不论好歹吃了一饱。……看见有卖蓑衣饼的，叫打了十二个钱的饼吃了，……马二先生大喜，买了几十文饼和牛肉。"《儒林外史》中所记的物价有下列各种：

点心		二文	塾师包饭	每日	二分银
处片		二文	面	每碗	十六文或八分银
馒头	每个	三文	杂脍	每买	一钱二分银
烧饼	每个	二文	租房子	每间	十两
塾师馆金	每年	十二两银	一桌席		四两银

了乾隆时,银铜比价发生变化,即铜价稍涨;云南金钗厂的低铜每百斤价银九两,高铜十一两,江苏买洋铜本为十四两五钱,但市价涨到十九两八钱,于是官价也不得不于十四两五钱之外,另加水脚银三两①。不过由于铜钱的减重,使以铜钱计算的物价也跟着上涨②,而且上涨的程度比用白银计算的物价还要厉害一点。米价便是如此。

清代米价表(一)③

期别	每公石合制钱数(单位:文)
1651—1660	843
1661—1670	600
1671—1680	456
1681—1690	604
1691—1700	626
1701—1710	821
1711—1720	787
1721—1730	719
1731—1740	853
1741—1750	915
1751—1760	1,381
1761—1770	1,515
1771—1780	1,347
1781—1790	1,465
1791—1800	2,750

在新疆流通的普尔钱,则发生了严重的贬值现象,乾隆二十四

---

① 《制钱通考》。
② 钱泳《履园丛话》卷一《米价》:"康熙四十六年苏松常镇四府大旱。是时米价每升七文,竟涨至二十四文。次年大水。四十八年复大水;米价虽较前稍落,而每升亦不过十六七文。雍正乾隆初,米价每升十余文。二十年虫荒,四府相同,长至三十五六文。饿死者无算。余连岁丰稔,价渐复旧,然每升亦只十四五文,为常价也。至五十年大旱,则每升至五十六七文。自此以后,不论荒熟,总在二十七八至三十四五文之间,为常价矣。"
③ 清代官方米价多以白银来表示。表中数字,系从银价折算出来的。

年还是五十文作银一两,那时的钱很厚重。二十五年喀什噶尔就改以七十文作银一两,次年增为一百文。后来改铸当十钱,重量反比以前的平钱轻。所以要四百文才能抵银一两。①

一个时代的人民的生活水平,不单由币值或物价来决定,还须看人民所得的增减。换言之,人民的生活水平,要看人民的真实所得如何。清朝劳动人民的收入很低,康熙九年两河工程所给夫役工食每天是银四分,合四升米;服役远方的每天六分②,合六升米,折合铜钱约自三十二文到四十八文。乾隆十五年永定河工是每天一升米,折合制钱十文,另加盐菜钱五文③,所以真实工资是每天一升五合米,比康熙时相差很远。如果这两项纪录足以代表清初劳动人民收入的动向,则人民的真实所得比货币的购买力减得更快。康熙帝到了末年,也只说是四海承平,而承认没有做到家给人足。雍正则承认满洲人不事生产,止知消费④。汉人则生活困难。就是"殷实之家",每天吃肉的也很少。贫乏的则"孳孳谋食,仅堪糊口"⑤。有些农民常靠卖田度日。所以一般人所认为太平盛世的清初,也是表面的繁荣。

二 太平天国革命时清朝政府的通货贬值

清朝自乾隆末年起,吏治已坏,各级官吏,贪污聚敛,人民的储蓄,集中在少数人手里。嘉庆初年政府的岁入是七千万两,而和珅

---

① 《大清会典·事例》卷一六三《新疆赋税》。
② 《清圣祖实录》卷三四。
③ 《清高宗实录》卷三七八。
④ 《皇朝文献通考·国用考》。
⑤ 《皇朝文献通考·国用考》:"今汉人谋生,尚知节俭,殷实之家,每日肉食者甚少,其贫乏之人,孳孳谋食,仅堪糊口。"

第八章　清代的货币

做了二十年宰相,私财就有几万万两①,平均每年所得为四千万两,占全国岁入一半以上。这就是说:人民的租税等负担,大部分流入和珅的私囊。而贪污岂止和珅一人。所以表面上看来,清初的赋税并不重,但人民的实际负担是很重的。这样就引起人民的反抗。又因个人反抗没有力量,于是形成各种教团,如白莲教、八卦教。当局为谋应付,乃赋外加赋,横征暴敛,因果循环,社会就乱了。嘉庆道光年间,连接不断的事件,都证明清廷的无能。嘉庆十五年(公元一八一〇年)有天理教徒的暴动,道光初新疆伊斯兰教教徒开始反抗。乃至鸦片战争失败,清廷对内对外都威信扫地。结果出现洪秀全等人发动的太平天国运动。

银钱的关系,嘉庆年间是一个转折点。以前是钱贵银贱,嘉庆以后,变为银贵钱贱了。钱贱的原因在于私铸小钱和外国轻钱的流入。乾隆末年,小钱如水涌山出,贩者马骡重载②。道光间,外国钱除日本的宽永钱外,还有安南的景兴、光中、嘉隆等钱③,更加轻薄。嘉

---

①　关于和珅家产,《东华续录》等所记不全,《庸庵笔记》中有一查钞和珅住宅花园清单,共计一百零九号,其中有八十三号尚未估价,已经估价的只有二十六号,合算共值银二亿二千三百八十九万五千一百六十一两。若照比例推算,总数当不下八万万两。这清单本身虽不是十分可靠,但当时还有人以为和珅还有隐寄在外的财产。只因嘉庆帝不愿根究,所以没有查个明白。

②　岳震川《兴安郡志·食货论》:"圣清五朝之钱,顺治康熙多青铜,雍正青铜赤铜各半,乾隆六十年之钱,暨今上嘉庆钱,赤铜为多。……惟乾隆五十年后,承平日久,奸宄潜滋;山南二郡,小钱之多,如水涌而山出,西同乾凤诸郡无此患,兴汉二郡,其患独深,则以南连шло山,东接楚泽,奸民之渊薮,盗铸之巢穴也。贩小钱者或马骡重载,或舟舫潜贮,百方掩匿,期于不败。……十千可办之物,二十千弗可得。"(《皇朝经世文编》卷五三《户政二八·钱币下》)

③　《清史稿·食货志五》:"至道光年间,闽广杂行光中景兴嘉隆诸夷钱。奸民利之,辄从仿造。"《东华续录》道光十八、八年谕:"御史张曾奏,风闻广东省行使钱文,内有光中通宝、景盛通宝两种最多,间有景兴通宝、景兴巨宝、景兴大宝、嘉隆通宝,谓之夷钱,掺杂行使,十居六七,潮州尤甚,并有数处专使夷钱,内地奸民利其钱质浇薄,依样仿铸。"

615

隆通宝的重量只有一公分八上下，不到中国标准制钱的一半。

银贵的原因，在于白银的外流，这和鸦片贸易有关。铜钱减重，白银减少，结果是银价上涨。清初白银一两易制钱七八百文。嘉庆年间可以换到一千多文，道光咸丰年间，有换到二千文的。如果是小制钱（即所谓京钱）还要更多①，于是人民就重银轻钱了②。

清代制钱市价表（二）③

年份	白银一两合制钱数④
嘉庆四年（1799）	1,450（江苏）
七年	1,450（山东）
	1,650（同）
道光二年（1822）	2,000 以上（直隶京钱）
	3,000 以上（同）
八年	2,600（山东京钱）
	1,300（苏松）
	2,550（京钱）
九年	1,400（河南）
十年	2,700（山东京钱）
十二年	1,250（湖州）
十八年	1,650
二十二年	1,650（浙江）

---

① 《品花宝鉴》第三回："那卖玉器的……道，……整的不要要碎的，如今索性拉交情，整的是六两银，碎的是六吊大钱，十二吊京钱。"

② 《清史稿》卷二○八，朱嶟传，道光二十六年疏："方今盐务疲敝，皆以银贵钱贱为词，以盐卖钱而不卖银也。"又"今钱值日贱，物价日贵，泉府费两钱而成一钱，官兵领一钱，则仅当半钱。"《品花宝鉴》第八回："那些妙处无不令人醉心荡魄，其实花也有限，不过七八吊京钱，核起银子来，三两几钱。在南边摆一台花酒也还不够。"第三十四回："若说这个缺，一到任就有两万银子的现成规矩，这三千吊（谢议）钱算什么，核银子才一千二百两。"

③ 大部分是根据《实录》的记载。

④ 除了注明京钱的数字外，都是指大制钱。清末京钱只是一种价格标准，支付时用普通制钱，京钱二文合制钱一文。

续表

年份	白银一两合制钱数
二十六年	1,500（江南）
	1,500（河东）
二十七年	2,000（湖广）
咸丰二年(1852)	1,500（京师）
三年	1,600
	1,850
四年	2,000
五年	1,600
七年	1,190（上海）①
十一年	1,650
同治元年(1862)	1,550—1,650

  银钱比价的变动,对于物价自然会发生影响,但影响的性质,要看物价是根据什么计算,用什么来支付;如果是用银支付,物价应当有下跌的倾向,至少不会上涨;如果是用铜钱支付,则应当有上涨的趋势。有些物价是以银为标准,而用铜钱支付,这种物价一定会上涨。实际上嘉庆三年(公元一七九八年)就有人说物价比百年前涨了几倍②,这从米价数字得到证实。十八世纪底用铜钱计算的米价,等于十七世纪底的四五倍。在道光年间以白银计算的物价还是低廉③,但铜钱因为私铸和外国钱的流入,都已减重,虽然道光年间有十一省停铸④,而且自嘉庆元年到道光末年的五十五年间,人口增加一半,但用铜钱计算的物价,在十九世纪的前半,比十

---

① 咸丰七年上海英人收买制钱,故钱价贵。(见《清文宗实录》卷二三五。)
② 《清史稿》卷一一一《管干贞传》引嘉庆三年蒋兆奎的话:"旗丁运费,本有应得之项,惟定在数十百年前,今物价数倍,费用不敷。"
③ 《争春园》(道光二十九年出版)第十三回:"就是我弟兄二人,日间三餐,晚间的酒肴连房钱与你一两银子一天。小二听见说是一两银子一天,心中大喜。"
④ 《东华续录》道光四十四,道光二十一年八月丙申谕户部:"见据该部查明,停铸省分至十一省之多,且停铸多年,恐钱法渐至废弛,不足以资民用,著……各督抚务照每年应铸卯额,迅速开铸。"

八世纪后半增加约一倍。不过这种增加是渐进的。

  银钱比价的转变,对于农民是一种打击;因为他们卖粮的收入是以铜钱计算和支付,而纳税要用白银。如果银价对铜钱上涨五成,即意味着农民的租税负担要增加二分之一。这样使他们的生活水平降低,并且一定有许多人无力缴纳租税,因而影响政府的财政。所以嘉庆以后,一方面政府的剥削和官吏的勒索加强了,另一方面人民的生活更苦了,逼得起来反抗,如白莲教和八卦教等民间结社就是在这个时期兴起的。终于引起太平天国的革命运动。

  清代币值,变动得最剧烈的一次,是在太平天国得势的时候。道光二十七年广西大饥馑,三合会的人起义,打反清复明的旗帜。咸丰元年(公元一八五一年)洪秀全领导的太平军就占领永安州,不到两年便占领南京,东西八九省,前后十五年,各种情形和明末李自成张献忠的时候相像,而政治意识则更进一步。清朝在那时便应当覆亡了。可惜太平天国内部分化,而清廷罗致的一些人仍想维持旧日的秩序,后来又得到英美等帝国主义国家的帮忙,所以竟延长了腐化的清朝政权的寿命。

  咸丰三年的时候,军饷已用两千万,而太平军的进攻,势如破竹,赋税收入大为减少。当时鸦片贸易已合法化,白银不但不能增加,而且不能禁止其向外流出。云南的铜也因交通线被太平军切断而运不来,那么怎样应付呢,只有铸造大钱和发行纸币了。

  首先铸造的大钱是当十大钱,那是咸丰三年三月发行的,每枚重六钱。雍正以来的标准重量是每文一钱二分,咸丰小钱曾减为一钱重,但系试行性质。所以铸造当十大钱,就等于减重百分之五十。七月间王懿德请在福建添炉铸当十当二十当五十当百大钱[①]。

---

  ① 《清文宗实录》卷一〇一。

第八章　清代的货币

八月宝泉局铸当五十大钱,每枚重一两八钱,等于减重百分之七十。十一月又议加铸当百当五百和当千的大钱,当百钱每枚重一两四钱,减成九分之一;当五百的每枚重一两六钱,减成三十七分之一。当千的每枚重二两,减成六十分之一。这些大钱都在咸丰四年正月呈样开铸①。并将当五十大钱的分量减为一两二钱,当十大钱减为四钱四分,成色不变。此外加铸铁钱,制钱每文重一钱二分,当五重二钱四分,当十的重量不详,证诸实物是四钱五分上下。又有铅制钱,每文重一钱二分。

当千等大钱一出,私铸者风起云涌。用铜四两,铸大钱两枚,便可以抵白银一两,以之买旧钱,可得净铜六十两。这样套下去,最后可使制钱绝迹。当时政府铸造大钱的数目,由于铜的供给有限,大概不多②;但私铸③的数目可能超过官铸。所以大钱跌价。当

---

① 咸丰大钱铸造日期,各书记载不同,例如当千当五百大钱各书多说是咸丰三年十一月铸造,但据《实录》和《大清会典事例》,都说是咸丰四年才开铸。
② 《大清会典事例》卷二一四钱法载咸丰四年铸钱数目如下(以制钱为单位):

当千	29,114,000	当五百	27,794,000
当百	1,410,500	当五十	1,554,000
铅制钱	24,990,000	当百当五十	43,161,200
当百当五十	43,488,100	又	62,423,600
又	31,245,000		

又卷二一五,《户部钱法》曾提到当二百当三百当四百的大钱,但大概没有发行。黄钧宰《金壶遁墨》卷二《大钱》:"咸丰五年秋,道过清江,闻车声辚辚然来,视之钱也。问何为,曰铸钱。曰曷为以钱铸钱,曰帑金不足,官府费用无所出,今毁制钱为当十大钱,计除工费,十可赢四五,则何为而不铸? 是年冬再过清江,闻车声辚辚然来,视之大钱也。问何为,曰铸钱,曰曷为又以大钱铸钱,曰大钱不行,报捐者买之当十只值一二,今毁大钱为制钱而又小之,和以铅砂,计除工费,一可化三四,则何为而不铸?"
③ 《文宗显皇帝实录》卷一八五,咸丰五年十二月癸巳谕,"闻通州所辖地方及长兴店左近西山之内,均有私炉窃铸当十大钱,每银一两换私钱至十千有零,故钱愈贱,而银愈贵。"

千和当五百大钱,在咸丰四年七月间每千文只值得四五百文①,当百和当五十大钱自每千值五六百文跌到三百多文,以至于没有行市②。

然而单靠大钱,还是不够应付战争的开支,所以又发行纸币。先发行银票,那是咸丰三年的事。当时发行不多,流通不广,所以产生的影响不大。到年底(即一八五四年年初)发行钱票,三四个月就发行了一百几十万串③,后来为了收回当千当五百大钱,发行更有增加。使领到纸币的人,不容易兑到现钱。因为总局收钞,隔日一次,每次限收几十个号数,每号又限不得过一百张;所以持钞的人,多守候整日而换不到钱④。私人钱庄的钱票,信用比较好,所以人民重私票而轻官钞。这使钞价下跌。起初宝钞一千文还可以值得四五百文,这正是咸丰四年七月间当千大钱所值的数目。咸丰六年十二月银票一两在北京只值制钱八九百文,京外更少⑤。当时清朝政府的各种开支,都用纸币搭放,甚至只发出而不肯收进;人民拿纸币去买东西,商人或则故意加价,或则把货物藏起来;人民拿纸币去向官号兑现,即使能兑到,也是大钱⑥;加以官吏作弊,滥发纸币⑦,使其价值大跌。咸丰九年十一月银票每两在北京只值

---

① 光绪《顺天府志》。
② 咸丰四年十月十五日仙保奏为官私钱铺奸商谋利致坏钱法折。
③ 王茂荫《再议钞法折》。(王侍郎奏议卷六)
④ 杨重雅《流通钞法宜筹实济疏》。
⑤ 张修育奏折。但《清朝续文献通考》说,咸丰五年时银票一两只值制钱四五百文。
⑥ 《清史稿·食货·五钱法》。
⑦ 《清史稿》卷一七四《宗室·肃顺》:"咸丰八年……户部因军兴财匮行钞,置宝钞处,行大钱,置官钱总局,分领其事。又设官号,招商佐出纳。号乾字者四,字字者五。钞币大钞无信用,以法令强行之,官民交累,徒滋弊窦。肃顺察宝钞处所列字字五号欠款,与官钱总局存档不符,奏请究治,得朦混状,褫司员台斐音等职,与商人并论罪,籍没者数十家。又劾官票所官吏交通,褫关防员外郎景雪等职,籍没官吏亦数十家。"

得京钱五六百文,合制钱两三百文,而实银则每两值京钱十二千以上,这就是说,要二十两官票,才抵得实银一两①。

在大钱贬值和纸币膨胀的情形下,物价自然要受影响。咸丰四年,北京一带丰收,乡下粮价很低,北京却缺粮,因为大钱和纸币主要是在北京城内流通,农民不愿把粮食运进城去贩卖。所以乡下小麦每斤只要制钱十六七文,城中却要三十七八文,一城之隔,相差一倍②。这就说明当时当百当五十大钱的购买力已减低一半。中秋以后,形势更加严重,当铺停止收当,粮店纷纷关闭,使物价进一步上涨③。七年春间,粟米一石,要京钱十几千,八年正二月间涨到二十几千④。彭蕴章也说"自改用大钱,城中米贵"。⑤ 所以该年四月间当局不得不增加兵饷,每兵饷一两加一千文⑥。十一年六月间米价每石涨到纸币六七十千,银价每两二十八九千到三十千⑦。当时劳动人民每天所得不过几百文,只能买一二升米⑧。

膨胀期间,大部分物价,是以制钱计算;大钱和纸币,多按市价折合成制钱。买东西的时候,搭用几成大钱,物价就上涨

---

① 高延祐《银钞壅滞折》。
② 唐壬森《请推广大钱以足食便民折》。
③ 仙保官《私钱铺奸商谋利致坏钱法折》。
④ 陈鹤年《大钱壅滞物价日昂……折》。
⑤ 《清史稿》卷一七二彭蕴章传。《清史稿》卷二〇九,袁希祖传,咸丰九年疏:"咸丰初以道梗铜少,改铸大钱,未几当百当五十皆不行,惟当十行之,始直制钱三五,近则以十当一,银直增贵,百物腾踊,民间重困。旗饷月三两,改折钱十五千,致无以自活。向日制钱重一钱二分,大钱重四钱八分以之当十,赢五钱四分,今以十当一,是反以四钱八分铜,作一钱二分用也。民间私镕改铸,百病丛生。"
⑥ 户部片。
⑦ 李慈铭《越缦堂日记》辛集上,咸丰十一年六月十二日。
⑧ 福宽《变通钱价以救民生折》。

几成①。所以人民持钱买物，价格不一样。在咸丰七年春天的时候，若用铜制钱来买，则物价比起战前来，并没有多大涨跌；若用铅铁制钱来买，则物价就要高百分之二三十；若用当十铜钱，物价就要加倍；纸币和当十铜钱相同；若用当十铁钱，则物价还要高几倍②。

铁钱局设于咸丰五年。起初有东西南北四厂，八年添设中厂，共有二百二十五炉，每炉五卯，一个月铸钱二十六万五千六百二十五串，到九年四月共铸九百几十万串。当初每月搭放二成兵饷。因制作精整，民间并不加以歧视，甚至比当十铜钱还受欢迎。在八年春间，铁制钱每千文可抵当十铜钱二千。但后来开始跌价，到九年春天，就和当十铜钱平价流通③；七月间当十铜钱二百文可换铁制钱一千④。而且铁钱不仅有制钱，还有大钱，大到当千为止，而以当十钱铸得比较多，也以当十钱的问题比较大。这当十铁钱最不受人欢迎。在咸丰七年正月初十日，北京商人拒不肯用，十一日所有米店和零卖食物的铺户大半关闭，等于罢市⑤。少数继续营业的店铺，也用各种办法来拒收大铁钱。譬如白面，若以当十铜钱去买，虽然价格要比制钱价格高得多，但到底还买得到真面；若用当十铁钱去买，则不但价钱要高五倍，而且商人在面中掺杂他物，以致不能食用⑥。

---

① 《畿辅通志》引《陛见恭记》载咸丰七年二月山东藩司吴廷栋奏见："上即问直隶能否行大钱？对曰，直隶市肆前曾出示行使大钱二成，今春复推广行使三成。小民谨遵功令，原属行使。其实市中买卖，价值百文之物因行使大钱二成，即索价百二十文；今行使大钱三成，即索价加三成，暗中折算除去三成大钱不算。"
② 普安《奸商恶风把持行市……折》。
③ 恩霈《京城铁制钱现形壅滞……折》。
④ 刘有铭《奸商牟利居奇折》。
⑤ 张修育《铁大钱壅滞不行有妨民食折》。
⑥ 普安奏折。

这次通货膨胀,前后虽然也有几年之久,但膨胀的重心是在北方,譬如当五百和当千的大钱,只有北方几省铸造过;南方似乎完全没有铸造,这因为南方各省老早就为太平军所攻占,许多省份,连当百钱都来不及铸造。而在北方,膨胀得最厉害的地方是北京,各种大钱,在外省不大流通;钞票的使用,大概也多集中在北京等大都市。至于太平军所占领的许多省份,自然不受清廷货币政策的影响,他们有他们自己的币制。

物价既多根据制钱计算,而制钱的供给不但不能增加,反因销熔而减少,因此在通货膨胀中,又发生钱荒的现象[①]。所以用制钱计算的物价并没有上涨。这从米价上便可以看出来。

清代米价表(二)

期别	每公石合制钱数(单位:文)
1751—1800	1,626
1801—1810	3,262
1811—1820	3,330
1821—1830	2,524[②]
1831—1840	3,548
1841—1850	3,871
1851—1880	2,914

币制的整理也费了许多年的时间。当千和当五百的大钱,止用了几个月,咸丰四年七月便停止铸造。当时两种大钱发行数目共合制钱二十九万四千多串,当局估计可以用三分之一数目的制

---

① 《花月痕》第三十一回:"痴珠……道……我是不止说这个,还有许多时事,通要编成乐府叹,……第四是铜钱荒,第五是钞币弊……。"

② 公元一八二一至一八三〇年用京钱计算的米价为每石四六三〇文,白银每两合京钱二一五七文。表中数字系将京钱折合成制钱,二京钱等于一制钱。

钱去收回来①,实际上大概是用纸币去收回。总之那以后的大钱问题便是当百和当五十大钱的问题。这两种大钱不知道怎样处理,大概在咸丰四年十月以后已不流通。只有当十钱继续铸造行用,一直到光绪末年才停铸。不过,他的重量于同治初由每枚六钱减为三钱二分,光绪九年又减为二钱六分②。他的流通限于北京城内。他的作价不断减低,咸丰九年四月间曾跌到和制钱平价,于是发生私销,因为销毁一枚,可改铸制钱三四文③,以作轻薄制钱则可得五六文④。自同治光绪年间减重后,当十钱一般是作两文制钱使用。

纸币在咸丰十一年几乎已成废纸,只有一部分可以在捐纳方面搭用,或用来赎当,一千文只值当十钱一百多文⑤。同治初政府下令叫直隶、山东、河南、四川等省的各种税课,停止收钞,改收实银;各种开支,也不用钞⑥。但实际上直隶省还是继续使用,地粮收入以银九票一的比例搭收,用款则以银票各半的比例搭放,一直到同治七年以后,江西省也有同样的情形⑦。不过在全国看来,纸币流通已成为过去的了。

太平天国失败后,币值才稳定下来。乡村物价看来似乎还是

---

① 户部《遵旨再行妥议具奏折·附片》(咸丰四年七月二十六日)。
② 《清史稿》。
③ 《清文宗实录》卷二九三,咸丰九年九月谕:"御史徐启文奏请严禁私销私铸以通钱法一折,据称京师现行之铜当十钱,最为饶裕,近日骤行短绌。推原其故,京中铜当十钱,一文仅抵铜制钱二文,若改铸制钱,可得三四文,必有奸民牟利盗销改铸之弊。"
④ 《文宗实录》卷三一八,咸丰十年五月谕:"御史朱潮奏,……佥称大钱短少,并有奸民将当十大钱,毁质私铸,计当十大钱一枚,可作轻薄制钱五六文。"
⑤ 刘毓楠《官票壅滞……折》。
⑥ 沈葆祯《官票碍难停止酌拟办理情形折》(《沈文肃公政书》卷二)。
⑦ 刘坤一《遵议酌提制钱解津备用折》。

低廉①,但一般地说起来,经过这次战争之后,物价提高了。这由同治年间少铸制钱一点便可以知道。那时流通的多是战前所铸造的旧钱。

三　清末币值的变动

自咸丰年间到同治初年,铜钱对白银的比价,曾有不规则的波动。自同治十年起,银钱的关系,又发生一次转变:就是和清初一样,钱贵银贱。那时欧洲国家,先后采行金本位,对白银的需要大减,同时白银产量增加,银价下跌,铜价上涨。白银每两所能换得的制钱数目,逐渐减少。在咸丰年间,每两曾换过制钱二千文,同治十年还能换到一千八百多文,但光绪三十一年,每两只能换到一千零几十文了②。

---

① 《信征润集》卷上《草鞋翁》(同治七年作):"西城外有一周顺兴,年六十余,开一零卖酒店,列桌数张,来饮者二文一杯,发芽豆一钱一碟,用五六文钱,便可饮醉。……有卖草鞋者,隔数日即来饮。……其所卖之草鞋,七文钱一双。"《信征载集》(同治九年著)卷下《孽缘》:"有赵生某,往水德庵看演戏。午后至桥边小店内,酒三文钱一杯,五香煮豆二文钱一碟,用钱不多,已得半醉。"《信征别集》(同治六年作)下卷,《田佣》:"乃来本寺放牛,及年力壮,则守耕耘之事。暇则洒扫担水柴火泥土重致远,力所能为者,无不为之,问工钱若干,日初来数年则无,近二三年月得三百钱亦足衣食之需。"

② 《中外大事汇记》(光绪二十四年)京师钱业:"京师用钱,名目繁多,有票钱,有大个钱,有二路钱,有原串钱,背铸当十二字,均系一文作两文用。大个钱质地厚重,向用于内城及近内城外一带市面。原串钱质地极薄,如外省一文作一文用之沙壳钱相等,惟多当十二字,亦以一文作两文用;向用于外城一带者也。自奉旨禁钱店挑剔钱色后,于是近内城一带人入市买物者,均不用大个钱,而改用原串钱。原串与大个钱约八与十之比例,如兑洋一元,大个钱八百,原串钱可作一千。商人以奉旨禁挑,不敢争论,于是向日所用之大个钱,即有商人贩运出京,改铸二路原串等钱。约大个钱一文,可铸二路钱二文,原串钱三文;是真绝好一桩利市三倍之生意。"(《十月国闻报》)

清代制钱市价表(三)[①]

年份	白银一两合制钱数	年份	白银一两合制钱数
同治九年	1,856	十五年	1,569
十年	1,856	十六年	1,473
十一年	1,856	十七年	1,481
十二年	1,782	十八年	1,536
十三年	1,787	十九年	1,536
光绪元年(1875)	1,760	二十年	1,493
二年	1,705	二十一年	1,648
三年	1,660	二十二年	1,364
四年	1,582	二十三年	1,364
五年	1,604	二十四年	1,292
六年	1,636	二十五年	1,312
七年	1,673	二十六年	1,315
八年	1,668	二十七年	1,336
九年	1,668	二十八年	1,331
十年	1,634	二十九年	1,265
十一年	1,633	三十年	1,213
十二年	1,631	三十一年	1,089
十三年	1,530	三十二年	1,386
十四年	1,564	三十三年	1,485—1,683

因为白银跌价,铜钱涨价,所以用铜钱计算的物价,在同治到光绪前半那三十年间,有下跌的趋势。

[①] 表中数字系根据海关统计,见梁启超《各省滥铸铜元小史》(《饮冰室文集》二十一)。但原数字系以海关两为标准,兹为求统一并为比较便利起见,将海关两换算成库平。按库平一两等于关平九钱九分计算。

清代米价表(三)

期别	每公石合制钱数(单位:文)
1801—1850	3,267
1851—1860	2,914
1861—1870	4,480
1871—1880	2,991
1881—1890	2,311
1891—1900	3,449
1901—1910	5,250

但在整个清朝看来,以铜钱计算的物价还是上涨。最后的十年上涨得更多。如果以五十年为一单位时间,来看整个清朝的两百多年,则米价约上涨五倍。

清代米价表(四)

期别	每公石合制钱数	百分率
十七世纪后半	614	100.00
十八世纪前半	816	132.90
后半	1,626	264.82
十九世纪前半	3,267	532.08
后半	3,152	513.35

用铜钱计算的物价的上涨,不由于产米的减少,或人口的增加,而是由于铜钱价值的减低。铜钱价值的减低也不是因为铜价下跌,而是因为铜钱减重[①]。铜钱减重,主要不是通过制钱,因为制钱的重量,在长期看来,几乎是不变的。顺治元年的制钱,每文重

---

① 据上海英国领事馆的报告,乾隆以后的制钱,每百文的重量如下(见梁启超《各省滥铸铜元小史》):

乾隆钱　一二·一九益斯　嘉庆钱　一〇·七三益斯
道光钱　一〇·八〇益斯　咸丰钱　九·〇〇益斯
光绪旧钱　九·八〇益斯　光绪新钱　六·八〇益斯

一钱；光绪年间广东的机器制钱，每文也是一钱重。清初三朝的制钱，甚至有增重的事实。但乾隆以来，私铸猖獗；咸同以后，更是厉害。私钱比重很大，而私钱总是不够分量的，光绪钱有轻到三分以下的。到了末年，就是机器制钱也有减作四分重的。

物价的上涨，既非由于铜价下跌，而是由于铜钱减重，所以物价和铜钱的重量或含铜量成反比例变动。以中国人尤其是北方人最重要的食物馒头来说，康熙年间大约是一两文钱一只①，乾隆年间要两三文钱一只②，光绪年间就要四五文钱一只③了，约高于清初三四倍。如果清朝政府能始终维持一文一钱的重量，则以制钱计算的物价，一定要平稳得多。

光绪二十六年开始铸造铜元，这在中国货币史上，是一次大的变革；这种变革不止是制度上的，同时还影响了人民的生活水平，因为铜元的采用引起一次物价革命。所谓物价革命和普通的通货贬值或通货膨胀不同。中国历史上有过许多次货币贬值和通货膨胀，但在膨胀过后，物价多少总是恢复以前的水平。所以过去的货币贬值和通货膨胀所引起的物价变动，只是一种暂时的波动。好像一个人患病一样，病体复元之后，往往不现形迹。中国自汉以来，不问统治阶级用金也好，用银也好，用钞票也好，一般老百姓总是使用铜钱，甚至冒禁使用。而实际上，政府禁来禁去，最后总是

---

① 《野叟曝言》第十六回说馒头是四文钱一卖，一卖大概是四只，至少是两只。
② 《儒林外史》第十七回："于是走进一个馒头店，……那馒头三个钱一个，三公子只给他两个钱，就同那馒头店里吵起来。"可能当时正是由两文钱一个涨到三文钱一个的过渡期间。
③ 《官场现形记》(光绪二十九年作品)卷二："后来又说他今天在路上买馒头，四个钱一个，他硬要五个半钱一个；十二个馒头便赚了十八个钱，真是混账东西。"

让铜钱流通的。铜钱的分量和成色虽然代代不同,常常减重,但减来减去,结果总是回复到一钱或相近的标准重量去。过去之所以有那种情形,是因为两千年间,一般人民是以铜钱为货币单位。政府方面虽然也曾屡次发行过大额的货币,但人民总是极力抵抗,而且最后都得到胜利。先有王莽的大钱,最近又有咸丰的大钱,都没有得到人民的信任,结果总是恢复小钱。自铸造铜元以后,情形就大不同了。从制度上说起来,使用铜元,和使用当十大钱,并没有什么不同①。咸丰时的当十大钱最初每枚有六钱重,后来经过几次减重,每枚还有二钱六分重。而当十铜元每枚只有两钱重。当十大钱一出不久就跌价,后来一枚止值制钱两文。而铜元虽也对白银和银元跌价,但对制钱只有短时期内在个别地区曾跌价,一般说来,始终保持当十的身份。这是铜元和大钱不同的地方,也就是物价革命的关键。中国人民经过了两千年才找到并接受了一种新的货币单位,以代替旧式的铜钱。以钱文计算的物价,应当要上涨几倍。不过这一次物价革命在清末只是一个开端,到民国年间才完成。

人民之所以接受铜元,和他们接收银元是同一理由,就是形制精巧,大小一致。因为铜元减重最少。也可以说是机器战胜手工,或资本主义战胜封建主义。所以初出的时候,市价竟超过他的名价,原定银元一元当铜元一百枚,而实际上在光绪二十八年时,银

---

① 光绪二十三年御史陈其璋请饬户部添铸铜圆折:"议者或谓铜圆无异当十大钱,与其改造铜圆,何如整顿大钱,尚属我行我法,不知大钱虽系当十,而轻重不一,大小不齐,势不能信用于各省。(见左宗棠《光绪乙未后奏议辑览》卷六。)

元一元只能换到八十枚到九十枚①。而铜元的成本则每百枚只要白银三钱三分七厘五毫②。差不多有对倍的利润，各省官僚认为这是发财的捷径，于是大买机器，从事鼓铸。在光绪三十一年，设有铸造局的有十二省，共十五局，有机器八百四十六具。据当时上海外国商会的估计，这些机器如果全数开工，则每年应制造铜元一百六十四亿一千三百七十万枚。全国人口以四万万计，每人占四十枚。幸而这些机器只有十分之六开工，有些机器，还没有运到。后来因为外国使领馆方面的劝告，曾停铸一个短时期，但到清末止，铜元铸造的总数，当接近两百亿枚③。因此价格下跌。白银一两，由八十枚增到一百三十多枚。

---

① 据海关报告，光绪二十八年银元一元，苏州作八十八枚，杭州作九十枚。三十一年上海为九十二枚到九十五枚。胶州为八十枚，安庆及宁波为九十五枚。（见周伯棣译吉田虎雄著《中国货币史纲》第一三七页。）

② 梁启超《各省滥铸铜元小史》："各局之铸铜元，其原料，每铜一千斤而掺以亚铅五十斤，铜之市价每担约三十五两内外，亚铅每担则一两内外，故铜元原料每担所值实不及三十五两，而可以铸八千枚。故龙圆每元应得百六十九枚，库平每两应得二百二十八枚。更以制钱比较之，现行制钱一千文中，含有纯铜量二斤八两，专就铜以求其比价，则铜元百枚，等于制钱六百九十四文，而制钱现在之市价约每千五百文而易一两，故铜元当二百十三枚而易一两。每百枚应值银四钱四分八厘。"（文集二十一。）

③ 梁启超所记各年份铜元铸额如下：

年度	原料铜（担）	铸成铜元数（千枚）
光绪三十年	255,771	1,741,167
三十一年	749,000	4,696,920
三十二年	213,673	1,709,384
三十三年	356,400	2,851,200
三十四年	178,500	1,428,000
	1,753,344 担	12,426,671 千枚

而光绪二十八九年及宣统年间所铸的不在内，此外还有民间及外国人私铸的。梁启超估计在清末有铜元一百四十万万枚（见文集二十一各省滥铸铜元小史）。这数字似乎太少。另据民国二年十二月财政部泉币司的调查，大小铜元铸行之数已达二百九十余万万枚，所以清末铜元铸造额应有两百亿枚。

清末铜元市价表①

年代	白银一两合铜元数
光绪二十八九年间	80 枚
三十年底	88 枚
三十一年六月	96 枚
三十一年底	107 枚
三十二年正二月	110 枚
三十四年正二月	120 枚
三十四年	123 枚
宣统元年	127 枚
三年	134 枚

在以前，大钱跌价，则人民用制钱，物价又复原。但这次铜元跌价，都市人民的生活费就跟着涨了，再也没有人主张废铜元用制钱，这就是物价革命的一个特点。而且铜元跌价并不是因为白银涨价的关系，实际上在这个期间，白银本身也在跌价中，这就涉及物价革命的基本原因了。

中国同外国接触虽有很久的历史，但中国的物价以及生活水平是孤立的，一向不大受外国的影响。这因为在生活必需品方面，中国大部能自给。自太平天国失败以后，中外的关系渐密切了，对外贸易额也逐渐增加，中外的物价多少有接近的趋势。接着欧美各国采用金本位，银价大跌，中国各种支付，是以银计算，因此物价难免被牵动而上涨。

在物价上涨的过程中，通货的数量也增加了。清末中国货币的种类极多，就是不算各种银锭银块，也还有银元、银角、铜元、铜钱、钞票等。而且每一种货币中，又包含许多种类。如银元中包括外国银元和中国银元；钞票中不但有外国钞票和中国钞票之分，而且还有银

---

① 表中前六项数字根据梁启超《各省滥铸铜元小史》，后三项数字系根据海关报告。

两票、银元票、铜元票、铜钱票之分。非常复杂。这些货币的数量,都没有确实的统计数字,我们只能根据零星的数字和估计来作一个总估计。

银元中外国银元的数目据宣统二年度支部的调查为十一亿元①。中国银元没有清末的数字,但民国三年"财政部"的调查是二亿三千五百三十九万八千零五十元②,清末似乎应当少一点,若以二亿元计,则清末共有十三亿枚银元,明末全国存银据估计是二亿五千万两,所以清末单以银元来说,已经是超过明末许多倍了。实际上还有许多银锭。若以一元合制钱一千三百五十文的兑价来折合成钱文,则十三亿枚银元共计为十七亿五千五百吊。

银角的数目,据民国二年"财政部"泉币司的调查,为十五亿枚,但没有说明各种面额的银角所占的比重。银角中有五分、一角、二角、五角共四种,不过以二角的占绝大多数。这里姑且全部以双毫计算,而且照他们的额面价值计算,这样合得三亿元,或钱四万零五百万吊。

铜元的数目,照前面所估计,以单铜元二百亿枚计算,合银元一百四十八万一千四百八十一元,或钱二亿吊。清末铜元的流通,还只限于都市,乡村几乎全是用铜钱,就是在都市中,也还是有铜钱流通的。

铜钱的数目最难估计,似乎还没有人作过估计。清朝治下的铜钱供给,可以说得上正常。数量也许比不上北宋元丰时那样多,但年年有铸造,直到光绪末年铜元使用以后才停止。在清廷方面,除了顺治的厘字钱和咸丰大钱以外,将制钱收回改铸的事比较少,虽然顺、康、雍三朝的钱有被私铸者销镕的,但销熔是为了改铸,数量只有增加。到清末才有一部分铜钱被用来改铸铜元。此外清钱

---

① 银元折算以合单铜元一百三十五枚或铜钱一千三百五十文计。
② 见《币制节略》。宣统初年度支部估计各省所铸大银元有四十九兆(见梁启超《读币制则例》及《度支部筹办诸折》书后),但这数字和实际距离太远。

第八章　清代的货币

落土的也比较少。所以清代所铸造的制钱，大部分都是在流通界的，这里流通界的范围自然包括暂时储藏的铜钱。不过清朝两百多年到底铸了多少钱呢？却不见有完全的记录，实录所载顺、康、雍三朝总共铸了约四百三十四亿文，平均每年为四亿三千万文，这无疑是北京宝泉宝源两局的数字，而不是全国的数字，因单是云南一省每年就有几亿文①，据估计清代每年铸钱要用铜一千多万斤，约可铸三十亿文，就是铸钱比较少的同治年间，据说每年还有二十四五亿文②，不过同治年间铸的大部分恐怕是当十钱，而且实际也

---

① 严中平《清代云南铜政考》第二四页和第八九到九四页。
② 同治四年（公元一八六五年），制钱的铸造额如下（E. Kann 在其 *The Currencies of China* 第三版日文本第五四页引 S. W. Bushell 的数字）：

省名	地名	厂名	每年铸造额（文）
直隶	北京	宝泉	899,856,000
直隶	北京	宝源	449,928,000
直隶	保定	宝直	60,756,840
山西	太原	宝晋	17,472,000
江苏	苏州	宝苏	111,992,052
江西	南昌	宝昌	42,037,992
福建	福州	宝福	43,200,000
浙江	杭州	宝浙	129,600,000
湖北	武昌	宝鄂	84,420,000
湖南	长沙	宝南	48,054,000
陕西	西安	宝陕	94,589,040
四川	成都	宝川	157,733,333
广东	广州	宝广	34,560,000
广西	桂林	宝桂	24,000,000
云南	云南	宝云	125,682,480
云南	腾冲	宝腾	44,886,600
贵州	贵阳	宝黔	67,329,900
贵州	大定	宝黔	22,443,300
伊犁	固尔扎	宝伊	1,122,000
		合计	2,459,663,537

日译本表中文字有些错误，如宝源作宝元，宝晋作宝普。而湖北武昌并非宝鄂，而系宝武。但最大的问题在于数字的真确性。Bushall 的数字自然是引自中国的资料。但一个留心清钱的人，对此不免怀疑。同治钱是清钱中最少见的，表中有许多省局所铸的钱，从没有人见过。可能表中的数字是官方拟议铸造的数字，实际上由于成本高，许多炉局没有铸造。民间所流通的以旧钱为主。

没有这样多。整个清朝两百多年所铸的钱,应有八千亿文。清末流通的铜钱中,并不全是清钱。就算清末曾销熔一千亿文来改铸铜元,也还有七千亿文。又假定落土和改铸以及有些停铸或少铸的年份,共减去其中四成,也还有四千二百亿文。尚有许多前朝的旧钱和外国钱。这些旧钱和外国钱在铜钱中所占的比重各地方不同。有些地方,可能专用清钱,或仅有极少数的宽永钱和五铢开元等钱①。但另外有些地方,这种旧钱和外国钱所占的比重比较大②。大体上,闽广一带,因杂用轻小的钱,所以安南钱占的比例很大,例如厦门,在光绪十八年前后,流通着大量的安南钱,不下铜钱总数的百分之四十,清钱只占全部的半数,其余为日本的宽永钱和唐宋元明的旧钱③。福州情形大概也差不多。但浙江、江苏一带,因为不使用轻小钱,所以只有宽永钱和旧钱,安南钱不能流通。北京据说有许多琉球钱,这是外国人的记载,不一定可靠,因为询之当时正在北京居住的钱币收藏家,则北京在清末只用当十钱,根本不用小平钱,乡下则间有安南的光中、景兴等钱,大概外国人以为这些钱是琉球钱。总之,全国看来,在流通的铜钱中,大概有百分之五的外国钱和旧钱。照这样计算,清末至少有四千四百一十亿文,或三亿二千六七百万元。

钞票中可分为中国金融机关所发行的钞票和外国银行所发行的钞票。中国的金融机关所发行的钞票又可以分为银行所发行的

---

① 以我自己的家乡(江西安福严田)来说,在民国初年的时候,流通的铜钱中,几乎百分之九十九以上为清钱,偶然有一枚日本的宽永钱。清以前的旧钱,完全没有见到过。但几十里外的地方,据说偶然发现五铢和开元钱。

② 据一位广东的朋友说,他家乡(广东西南一带)的钱币中,宋钱的比重很大,一直到民国年间还是这样。但可能是安南所铸。而且不大用铜元。

③ W. J. Clennell, *Copper Cash Current in Amoy* (China Review. Vol. XX., No. 5, 1892—3)。文中没有提到各种钱的确实的百分比,只说清钱不超过半数许多。

第八章　清代的货币

银两票、银元票、铜钱票以及钱庄、商号所发行的钞票。各大银行和各省官银钱号的发行，依据各家的数字，估定为银两票一千四百二十四万八千九百零四两，折合铜钱二千五百九十六万八千六百二十七吊；银元票一亿三千八百三十万二千二百七十二元，折合铜钱一亿八千六百七十万八千零六十七吊；铜钱票一亿一千七百一十一万吊①。至于各地钱庄商号所发行的钞票，则没有统计，姑以

---

① 中国钞票一项，除钱庄商号所发行的以外，系根据张家骧的《中华币制史》，再根据章宗元的《中国泉币沿革》中的数字加以补正。张家骧的数字如下：

行名	年代	银两	银元
大清银行	宣统三年	5,438,911	12,459,908
交通银行	民国元年	793,558	——
中国通商银行	光绪三十一年		150,000
浙江兴业银行	宣统二年		728,100
四明商业银行	民国三年		190,000
直隶省银行	宣统二年	380,450	732,000
东三省官银号	民国三年		8,700,000
吉林永衡官银号	宣统三年		78,958,364
黑龙江官银号	宣统二年	1,190,000	——
广信公司	宣统元年		30,000,000
山东官银号	光绪二十四年	881,330	
河南官银钱局	宣统三年	1,700,000	110,600
山西官钱局	宣统三年		60,000
江苏官银钱局	民国元年		500,000
裕皖官钱局	光绪三十二年后		400,000
江西官银钱号	光绪二十九年		3,400,000
福建官钱局	民国元年		400,000
浙江省银行	宣统元年		600,000
湖北官银钱局	清末		1,600,000
湖南官银钱局	光绪二十九年	2,027,600	
陕西官银钱号			375,700
甘肃官银钱局		183,000	
新疆省城官钱局	前清末	1,000,000	
伊犁官钱局			

635

一亿吊计算。关于外国银行的钞票也没有统计数字，因为发行钞票的外商银行只有少数是专在中国发行的，大多数是各国的殖民地的发行银行，或兼在中国发行，或各殖民地的钞票流到中国来。各银行所发表的发行数字是他们的发行总额，在中国流通的钞票，只占他们发行数中的一小部分。清末外钞的流通，可以分为三大区域，第一是东北，有华俄道胜银行的钞票和日本的各种钞票，包括日本银行和横滨正金银行的钞票。据说在日俄战争时，单是日军在中国发行的军用票就有一万五千万圆①，后来大概是用正金银行的钞票去收回。数量可能减少了。但东北流通最多的纸币要算卢布票，称为羌帖。日俄战争以后，卢布票在南满的流通虽然受到限制，但北满各地如哈尔滨和黑河、满洲里等地一直以卢布票为主要的通货，大部分为华俄道胜银行和俄国国家银行所发行，数恐怕有两三亿元②。所以清末东北所流通的外钞，可能有三亿圆。第二

续表

四川银行	宣统三年	——	15,000,000
广东官钱局	光绪三十年	——	300,000
广西官银钱号	民国二年	——	10,000,000
贵州官钱局	前清时代	554,055	2,187,600
热河官银钱号	民国元年	——	50,000

上表中东三省官银号和吉林永衡官银号的数字包括银两票、大龙圆票、小银元票、东钱票（奉天省以制钱一百六十文为一吊叫作东钱）。黑龙江官银号的数字包括库平银票、济平银票及京钱票三种。广信公司的数字依据章宗元的中国泉币沿革改为一万万吊。河南官钱局的银两票依章宗元书改为一百八十万两，银元票改为十六万零六百元，另加钱票十一万吊。山西官钱局的数字为小银元。湖北官钱局依章宗元书另加钱票一千七百余万串。广西官银钱号的数字为一圆、五圆、十圆三种毫子票。热河官银钱号的数字包括银两票、银元票和钱票三种。

① 侯厚培、吴觉农《日本帝国主义对华经济侵略》第六章第三节。
② 《东三省经济调查录》（民国八年中国银行总管理处编印）中估计民国七八年时北满流通的羌帖有四万万卢布（第二百三十页）。

是华南,这主要是指广东,这是港纸流通的地盘。光绪十八年郑观应就说汇丰银票在广东流通的有一百多万圆①,以后每年当有增加,而且还有麦加利等银行的钞票。广西、云南则有法国的东方汇理银行的钞票流通,总计恐怕不下于五千万圆。第三是华东、华中、华北等地区,其中以上海为最重要。据说民国初年,上海通用的钞票,都是汇丰、正金、台湾等银行所发行的②,所以这一地区的外钞大概也不在五千万圆以下。全国流通的外钞合计为四亿圆。当时的钞票多是兑换券的性质,大清银行的现金准备是发行额的百分之五十,但有许多机关一定不到这比例,不过清朝政府并没有建立严格的检查制度,各发行机关随时都可以动用准备金,实际情形也是这样,因不能应付兑现而倒闭的银行多得很,所以这里不拟把准备金的数字从总额中扣除。

清末中国货币数量估计表

货币种类	数额	折合钱数(吊)	百分比
外国银元	1,100,000,000 元	1,485,000,000	39.38
中国银元	200,000,000 元	270,000,000	7.16
银角	300,000,000 元	405,000,000	10.74
铜元	20,000,000,000 枚	200,000,000	5.30
铜钱	441,000,000,000 文	441,000,000	11.70
中国钞票			
银两票	14,248,904 两	25,968,627	0.69
银元票	138,302,272 元	186,708,067	4.95
铜钱票	117,110,000 吊	117,110,000	3.11
私票	100,000,000 吊	100,000,000	2.65
外国钞票	400,000,000 元	540,000,000	14.32
合计		3,770,786,694	100.00

① 《盛世危言》卷四《银行》上。
② 侯厚培《中国近代经济发展史》。

根据上面的估计,清末全国的货币数量共计三十七八亿吊,或二十八亿元。全国人口以四万万计,每人约占九吊四百文或七元。不过新疆、西藏等地不在内,因为他们的货币,另成一个体系。又生银块和支票等信用货币不在内。值得注意的是硬币地位的重要,钞票只占全部货币数量的百分之二十五。不过在硬币中有一相当大的部分是被人收藏着,尤其是银元,流到乡村去之后,流通速度大为减低,每枚银元每年恐怕最多转手一次。甚至一部分外商银行的钞票也有被人收藏的。至于各发行机关所保持的现金准备,自然也暂时不参加流通,所以实际流通的货币数量,是要比上面的总数要小得多。而且各种货币在流通中的比重,在各地区是不同的。例如银元,只有大城市中才有流通,乡村中几乎只有收藏,而不流通。就是拿铜币来说,在清末,乡村中基本上都只用铜钱,不用铜元,小市镇则铜钱铜元参用,大城市则以铜元为主,铜钱已退到零找的地位去了。

四 白银的购买力

清代白银的购买力,是承继明代以来的倾向,虽然比铜钱的购买力要稳定一些,但仍有逐渐减低的趋势。以兵饷来说,清初每人一日银五分,太平天国失败以后,每人一日二钱。又如治河,清初黄河泛滥一次约费百万两,到道咸年间,一次要用千万两。如果以米价为标准,则十五世纪到十九世纪那五百年间白银的购买力减成百分之十七,平均每百年,米价上涨百分之五十五,五百年间涨成五六倍。

白银购买力变动表

期别	每一公斤白银所能购买之米 (单位:公石)	每公石米之价格 (单位:公分银)
十五世纪	75.11(100.00)	13.31(100.00)
十六世纪	46.44(61.83)	21.53(161.73)

续表

期别	每一公斤白银所能购买之米 （单位：公石）	每公石米之价格 （单位：公分银）
十七世纪	31.40（41.80）	31.84（239.19）
十八世纪	20.87（27.78）	47.91（359.84）
十九世纪	13.05（17.37）	76.63（575.56）

在这种长期平均之下，米价的上涨或白银购买力的下跌，好像是机械的、定期的，实际上并不然。每一百年间的上涨，并不是平均分摊的，其中波折很大。不但明代如此，清代也如此。就是以十年期的平均价格来说，每公石自二十四公分到一百四十五公分，相差七倍。

清代米价表（五）[①]

期别	每公石之价格 （单位：公分银）	期别	每公石之价格 （单位：公分银）
1641—1650	47.11	1781—1790	60.01
1651—1660	44.81	1791—1800	73.28
1661—1670	31.94	1801—1810	81.13
1671—1680	24.31	1811—1820	80.19

---

① 清代米价数字共搜集了约九百种，每年平均约三种。最多的年份有到二十八种的，如乾隆十六年。乾隆三年也有二十三种。不能用的不在内。数字的来源以清代各朝实录为主，另外参考了《东华录》和《清史稿》等书。清初米价记录比较少，这和明末一样，所以有些数字是得自各种野史。但限于有年份可考的。咸丰以后实录的记载也不详，一部分数字得自当时各家的奏疏，如《曾文正公全集》《左恪靖侯奏稿》《沈文肃公政书》《李肃毅奏议》《岑襄勤公奏稿》《陶云汀奏议》等。光绪以后，上海米价已有记录。平均数计算的方法，和明代相同，即先计算出每年的平均数，再求每十年或每二十五年的平均数，五十年期的平均数是五个十年期的数字的平均。百年的平均数，是两个五十年期数字的平均。至于每年的平均数，则系把该年内的各种米价数字相加后平均，包括实际交易和折价。特殊价格除了少数足以过分歪曲平均数者外，也都计算在内。普通情形下平均时不分地区。但有时某一省份遭天灾，米价很高而且报告的次数也多，在这种情形下，则先求出该省的平均价格，然后再同他省的价格平均。末年渐多偏重上海米价，但上海米价约较内地米价高一倍。有些外人（如 Jamieson）的数字，是根据一担一百斤计算的，这里也将其化成清石，然后加入计算。以银元计算的价格则照一元合七钱二分折合。

续表

期别	每公石之价格（单位:公分银）	期别	每公石之价格（单位:公分银）
1681—1690	32.22	1821—1830	72.44
1691—1700	27.50	1831—1840	90.19
1701—1710	36.01	1841—1850	84.13
1711—1720	34.53	1851—1860	63.72
1721—1730	32.84	1861—1870	97.84
1731—1740	37.37	1871—1880	64.88
1741—1750	42.69	1881—1890	53.72
1751—1760	61.06	1891—1900	89.72
1761—1770	64.22	1901—1910	145.28
1771—1780	56.75		

由米价数字可以知道：清初物价还高。到康熙初年，慢慢下跌，然后稳定了五十年。自十八世纪中叶起，开始上涨，直到十九世纪中叶，涨风才停；而且一时有回跌的样子。但十九世纪末到二十世纪初又上涨。不过这次上涨中有一部分是由于偏重上海市场的缘故，上海米价大体上要比各产米区高一倍。

当福临到北京即位时，米价有时还高到每石四五两。就是平均价格也是相当高的，和明末是同一阶段。崇祯时的平均米价是每公石一两一二钱。顺治朝的平均米价每公石也是一两一二钱。这在中国的物价演进史上还算太高。所谓太高，就是说其中一部分不是货币的原因，而是因社会秩序没有恢复，物资缺少的缘故。这只要拿顺治朝的米价同康熙雍正朝的米价一比较便可以知道。康熙朝的平均米价是每公石五钱九，几乎等于顺治朝的半价，正好同明代嘉靖朝的米价接得上。雍正朝比康熙朝稍为高一点，每公石约值银八钱七，还是低于顺治朝米价。史家称清初三朝为盛清，大概就是这个缘故。

乾隆以后情形就大不同了，如果以清初三朝为初期，则乾隆到道光是中叶，这一时期的物价突然上涨，乾隆朝米价平均是每公石一两四五钱，超过顺治朝的米价。嘉庆朝每公石平均二两一钱，比乾隆朝上涨百分之四十以上。道光朝每公石二两一钱六,比嘉庆朝稍高。咸丰朝白银购买力稍有增加,每公石米值一两九钱九。但同治朝物价又上涨,到光绪朝末年和宣统朝,涨势更凶。

清代米价表(六)

期别	每公石平均价格(单位:库平两)	每公石值银(公分)数
顺治	1.15	43.00
康熙	0.59	21.91
雍正	0.87	32.34
乾隆	1.48	55.19
嘉庆	2.10	78.31
道光	2.16	80.75
咸丰	1.99	74.34
同治	2.27	84.84
光绪	2.17	80.84
宣统	4.04	150.91

乾隆年间米价的上涨,曾引起当时人的深切注意。涨风自乾隆一即位便开始。乾隆十年,杨锡绂上疏言谷价上涨的现象及其原因,他的理由第一是户口加多,第二是奢侈,第三是田归富户,农民也要买谷,价钱就贵了①。乾隆十三年(公元一七四八年)当局曾通令各省,询问米价上涨的原因。各省的答复②几乎异口同声说是人口增加,偶然有人提到风俗的奢侈、酿酒以及其他技术问题。但没有一个说是白银跌价或白银数量增加。山东巡抚阿里衮明明看

---

① 《清史稿·杨锡绂传》付乾隆十年疏:"……户口多则需谷多,价亦逐渐加增。国初人经离乱,俗尚朴醇,数十年后,渐习奢靡,揭借为常,力日不给。甫屈冬春,农衆于市,谷乃愈乏,承平既久,地价日高,贫民卖田,既卖无力复买,田归富户,十之五六,富户谷不轻售,市者多而售者寡,其值安得不增。"
② 《清高宗实录》卷三一一乾隆十三年。各省答复如下:
安徽:"户口繁滋,采买过多。"
江西:"生齿日繁,地方官奉行未善。"

见布帛丝棉之属，样样涨价，甚至铜钱也涨价，而对银价的下跌，竟熟视无睹，一口咬定是生齿日众的缘故。

户口的增加，当是事实，但增加并不自乾隆时开始。清代每年有户口报告，我们不知道当时的督抚们曾否见过这些人口报告，如果见过，也许是受这些数字所蒙蔽。因为这些数字是不可靠的。据实录所载，顺治十八年比八年增加百分之八十，这可以解释作版图扩大的结果。至于雍正九年到乾隆六年，十年间增加到四倍半，那是绝不可能的事。其中原因是自康熙年间起，便有许多人不报户口，以逃避税役。这种现象当局慢慢也知道，所以康熙五十一年下谕照当时钱粮册目，无增无减，永为定额，这就是所谓永不加赋的人口，但结果人口报告增加还是不多。康熙乃清代的盛朝，政简费轻，人口的增加率应当是很大的，而米价却很平稳，可见人口增

湖北："户口渐增……谷价贵，势所必至，且民生既繁，争相置产，田价渐贵，农家按本计利……。"

湖南："米谷之贵，由于买食者多，买食者多，由于民贫，积渐之势有四：一曰户口繁滋，一曰风俗日奢，一曰田归富户，一曰仓谷采买。"

两广："一在禁止质当。贫农耕作之际，家中所有靡不在质库之中，待至秋成逐件清理，御冬之具，更所必需，每以食米转换寒衣，交春又以寒衣易谷。……向者出入于当铺，每石不过钱许之利，今则买米必须现银，买价与卖价相较，每石多至六七钱，少亦三四钱。"

云贵："米贵之由，一在生齿日繁，一在积贮失剂……雍正八九年间每石尚止四五钱，今则动至一两外，最贱亦八九钱。……国家定蜀百余年，户口之增，不下数十百万……。"

贵州："黔省崇山峻岭，不通舟车，土瘠民贫，夷多汉少。……雍正四年初莅黔省，……省会暨通衢各郡邑人烟疏散，铺店无几，士庶一切酬酢，率皆质朴，偏远乡曲，从无酒肆。……现今省会及各郡县铺店稠密，货物堆积，商贾日集，又如士庶一切冠婚丧祭，争趋繁华，风俗日奢，且……酿酒日多。"

山东："米贵由于生齿日众。逐末遂多，凡布帛丝绵之属靡不加昂，而钱价昂贵，尤与米谷相表里。"

第八章 清代的货币

加对于白银购买力的影响不大。至少乾隆年间银价的下跌,不是以人口增加为主要的原因。

乾隆年间物价上涨的表面原因,是开支增加,因为边疆各地,很多军事行动,单是乾隆二十二年,"平定"新疆,就花了两千多万两。四十一年,大小金川战争,前后用去七千多万两,然而乾隆年间物价上涨的基本原因,是美洲的低价白银流入中国。论理哥伦布到达美洲是在明朝中叶,而欧洲人到中国来通商也是明代的事,为什么白银到清朝中叶才流入中国呢?这一点只要明了当时欧洲情形和欧亚通商经过便知道。

美洲的金银对欧洲物价的影响,时间也并不一致;西班牙的反应最快,因为金银是先运到西班牙。所以西班牙的一般物价水准在十六世纪中叶便开始上涨,十七世纪初涨成四倍[①]。而英法的上

[①] 美洲金银流入西班牙的数量及其物价指数的变动情形如下(引自 G. F. Warren and F. A. Pearson 的 Gold and Prices。每 Peso 等于四二·二九公分纯银)

期别	金银流入数量(单位:Peso)	物价指数(1573—81 = 100)
1503—1510	1,187,293	40.1
1511—1520	2,188,751	40.7
1521—1530	1,172,609	50.9
1531—1540	5,588,124	54.4
1541—1550	10,462,718	63.0
1551—1560	17,864,531	74.3
1561—1570	25,348,752	90.6
1571—1580	29,158,552	99.5
1581—1590	53,180,243	109.4
1591—1600	68,643,364	121.7
1601—1610	55,808,536	136.8
1611—1620	54,640,581	129.3
1621—1630	51,965,206	129.8
1631—1640	33,425,457	131.3
1641—1650	25,534,351	
1651—1660	10,654,883	132.1

涨则晚于西班牙五十年,到十七世纪中叶才达到顶点①。这种时差是容易理解的,因为必须经过若干时候,美洲的金银才会由西班牙流入英法。

中国物价的上涨,比英法又慢一百年,而且上涨的程度没有英法那样厉害,正同英法的上涨没有西班牙那样厉害是一样,时间上和空间上的距离把那种涨势冲淡了。中国银价下跌之所以晚于英法一百年,是因为白银的流入中国,是经由英国东印度公司之手。由西班牙到英国既需要五十年,则由英国到中国,一百年并不算多。

葡萄牙人虽然在明代中叶就来到中国,可是他们的买卖不大,船只很少,不能带来许多白银。英国东印度公司于崇祯十年曾派凯撒林号(Catherine)来中国,但不久他们国内发生革命,没有继续前来,直到康熙年间,东来的船只每次还只一艘,而且几年一次,带的银元也不多。例如康熙二十年的巴拿迪斯顿号(Barnardiston)只带来六万元,大部分是用来买日本货。到康熙五十九年(公元一七二〇年)广州商人组织公行,次年起船只来的才多,每年有四艘。雍正十年除东印度公司的船以外,还有其他商船和荷兰、瑞典、西班牙等外国的船。以后渐渐增加。乾隆六年(公元一七四一年)广州曾到有法、瑞、荷、丹等国的船共十四艘。当时外国船到中国来,所带的东西,十分之九是白银,因为中国人不需要欧洲的其他货物,而外商向中国采办丝茶等货,三分之二必须用白银偿付货款,最多三分之一能用他们本国货来抵偿,有时四分之三的货要用现银支付。根据东印度公司的记录,自康熙二十年到道光十三年那一百五十三年间,欧洲船只输入中国的白银,其有确实数字或可约略估计出来

---

① Willard L. Thorp and George R. Taylor, *Price History*. (Encyclopaedia of Social Sciences)。关于英法的物价参阅本节第五项黄金的购买力中的中外物价比较表。

的,总计在七千万两以上。但自道光初年起,白银已开始外流,所以道光以前的一百四十年间,输入的白银数量要在八九千万两以上。

清代白银输入表(一)

期别	输入数(单位:两)①
1681—1690	189,264②
1691—1700	139,833
1701—1710	769,665③
1711—1720	6,312,798
1721—1730	2,287,676
1731—1740	2,528,338
1741—1750	642,000
1751—1760	412,800
1761—1770	3,411,453
1771—1780	7,564,320④
1781—1790	16,431,160
1791—1800	5,159,542
1801—1810	26,658,835
1811—1820	9,932,442
1821—1830	(出)2,282,038⑤
1831—1833	(出)9,922,712
纯输入额	70,235,376

---

① 折算率系根据摩斯书中的标准。一英镑作三两,一银元作七钱二分,或一二〇·八盎斯作一百两。

② 《东印度公司纪年史》第一册后面附表(Table of English Ships Which Traded to China for the East India Companies)中公元一六八一,一六八二,一六八七三年合计输入白银数共十三万五千两。其中一六八七仅十六万五千两,但据本文中(第六十二页)则该年除伦敦号带来银元十一箱外,另外曾派二船到厦门,载货共值一万四五千镑,其中大部为银元。

③ 由一七〇一到一七三二都是根据东印度公司纪年史的表格,再就本文中数字,加以补充,因外国船所载白银未列入表内。各船所载十分之九是白银。

④ 公元一七七一到一八〇四年输入的白银多以箱计,每箱四千元。

⑤ (出)表示白银出超,因鸦片输入关系,白银外流。

东印度公司所记载的数字,自然不能算是正式的统计,有些年份,没有确实的资料,无法列入,如公元一七五四到一七七四年那二十年间,因东印度公司的档案已遗失,表中的数字仅系一小部分。就是其他年份的数字,也不是绝对正确,因为东印度公司的记录,虽然包括其他国家的船只,但有时候仅是估计数或竟至于阙漏。虽然如此,当时的贸易,大部分是在东印度公司手里,所以这些数字大体上是有代表性的。而且把这些数字拿来同当时中国的米价一比较,马上可以看出两者的关系。不过我们有两点须要注意:第一白银不是消耗品,和米谷不同,所以公元一七二六到一七五〇年那二十五年间,输入的白银虽没有前一个二十五年间之多,但米价却仍是上涨,白银的增加应当每期累积起来计算才对。第二就是十八世纪第三个二十五年的白银数字仅系实际的一部分,所以同米价上涨的程度似乎不符。我并不是说,物价的上涨,和白银数量的增加,有机械的联系。那时世界白银的价值是已减低了,但在中国这一地区,对白银的生产力,还没有提高到世界其他地区的水平,所以白银还是维持着原有的购买力,一定要等到中国人能充分利用低价的白银,那时白银在中国的购买力,才会同他的价值相符。

白银输入与米价比较表

期别	白银输入数(单位:两)	米价指数
十七世纪后半	228,611	100.0
十八世纪前半	12,642,475	117.1
十八世纪后半	33,149,175	198.9
十九世纪前半	24,486,596①	246.0

① 仅到公元一八三三年为止。

第八章　清代的货币

　　咸丰朝因太平天国革命,发生一次钱钞的贬值,可是白银的购买力,反而有增加的倾向。换言之,在十九世纪后半,米价对白银有下跌的趋势。这种趋势,是白银的减少所引起的。而白银的减少,则为鸦片输入的结果。

　　中国知道鸦片虽然很早,但从前是作为一种药剂,使用的分量极少。到近代英国东印度公司的船员私带鸦片输入中国,才日见其重要。

　　根据东印度公司的纪录,第一次带鸦片到中国是康熙四十三年(公元一七〇四年),斯屈闪(Stretham)号取自印度的马德拉斯(Madras),数量微不足道。雍正七年(公元一七二九年)曾下令禁止输入鸦片。当时输入鸦片的数目每年只有两百箱。乾隆二十二年(公元一七五七年)东印度公司取得印度鸦片的专卖权,于是鸦片贸易乃渐渐发达。乾隆三十八年时每年输入增至一千箱。嘉庆以后,输入的数目激增:嘉庆年间每年约四千箱,道光初每年八千多箱,末年增到三万箱以上。咸丰年间每年曾到过六万多箱。

　　美洲白银的输入中国,大部分本是经由英商之手,但因为鸦片贸易的关系,自十八世纪末,输入白银的数目就大减。十九世纪初,英船就开始输出白银了。嘉庆七年(公元一八〇二年)东印度公司自中国输出白银两百四十多万两,以后,几乎年年有输出,少则几十万两到百多万两,多则五六百万两。据道光年间的鸿胪寺卿黄爵滋说,道光三年以前,每年白银流出几百万两,三年到十一年每年一千七八百万两;此外福建、浙江、山东、天津各海口,还有几千万两①。林则徐也说历年中国之银耗于外洋者,不下

---

① 《东华续录·道光》三十七,道光十八年黄爵滋上禁烟议疏。

647

几万万①。他们这些数字,大概是根据鸦片输入的数字推算出来的。实际上白银流出的数目,没有那样多。譬如在十九世纪最初的十年间,东印度公司已是按年输出白银,可是中国的白银还是入超,因为美商大量输入银元向中国买茶②,后来美商改用伦敦付款的汇票,不用现银,于是白银才成为出超。而米价也就跟着下跌了。

---

① 《信及录》,谕洋商责令夷人呈缴烟土稿。
② 第一艘美船中国皇后号(Empress of China)于乾隆四十九年(公元一七八四年)来到中国。后来英葡等国商人因鸦片贸易而输出的白银,多赖美商输入的白银所抵销。例如在公元一八〇七到一八二〇年那一期间的白银输出情形如下(Chronicles of East India Company):

年份	输入	输出
1807	美 6,128,000 元 葡 500,000 元	英 3,377,070 元
1808		英 4,102,660 元
1809	美 2,896,500 元 西 150,000 元	英 1,564,518 元
1810	美 2,679,126 元	英 1,402,461 元
1811	美 1,433,500 元 英(私商)75,000 元	英 1,158,685 元
1812	美 321,000 元 英 120,000 元	(因拿破仑战争不能输往英国)
1815	美 1,214,220 元 荷 92,000 元 瑞典 107,700 元 英 1,520,400 元	
1816	英 3,557,088 元	
1817		英 2,000,000 元
1818	美 7,330,000 元	英 3,088,679 元 葡 3,000,000 元
1819	美 6,297,000 元	英 861,410 元 其他 1,600,000 元
1820	美 2,023,000 元 英 2,754,084 元	英 495,000 元 其他 900,000 元

当时中国在朝的人,对于鸦片贸易的看法,多由金属论的观点出发。他们所忧虑的,不是鸦片有害国民健康,而是怕因此使中国损失白银。道光十六年太常寺少卿许乃济曾上书论禁止鸦片贸易之不当,他说只须以物易物,不得用现金支付①。

鸦片战争以后,鸦片的输入更是增加,白银以流出时居多②,物价下跌。这种情形,继续到光绪十四年,次年有六百万两白银输入,但那以后又有三年的出超,到光绪十九年(公元一八九三年)白银才又变成入超,一直到十九世纪底。

清代白银输入表(二)③

期别	输入数(单位:海关两)
1871—1880	30,000,000
1888—1890	537,228
1891—1900	88,182,693
1901—1910	(出)80,131,363

清末有两种似乎矛盾的现象:第一是中国国际贸易是长期入超,而十九世纪最后的三十年间反有白银进口。第二是二十世纪第一个十年间白银流出八千多万两,而米价反而骤涨。这两种现象要放在当时的国际和国内的金融形势下来看,就不觉得矛盾了。

---

① 许乃济说:"防遏雅片之输入,乃至停止通商,此绝不可也。自来法令愈严,贿赂愈多,下级官吏愈多刻薄。……防止秘密输入,而不能奏效者,以有绝大收入之希望存也。吸鸦片者,社会之蠹贼而已,吾人可以不顾,惟教济国家流出之现金,其处置岂可不讲哉。"(《清朝全史》所引)

② 光绪十四年以前,白银的输出入没有统计。据英国驻沪领事 G. Jamieson (The Silver Position in China)说在公元一八九三年以前的几十年间,中国输入的白银很少。

③ 根据海关所发表之统计,与杨端六、侯厚培编《六十五年来中国国际贸易统计》第二十表中的数字不尽符。

欧洲的金价,自十七世纪中叶以来,便是十五换上下,很少有大的波动,这种稳定的比价,维持了两百年之久。所以各国用金用银或用金银复本位,都没有什么大不方便。但自十九世纪的七十年代起,银价开始下跌。下跌的原因有二:一是白银生产力的增加,二是白银需要的减少。

白银的生产自十七世纪以来,每年约在千万两左右,十九世纪前四十年每年平均生产约为二千万两,那以后生产额渐增。到十九世纪底每年平均生产一亿两以上。

世界白银生产表[①]

期别	生产额(单位:两)
1851—1860	218,609,554
1861—1870	287,837,752
1871—1880	536,434,283
1881—1890	749,620,551
1891—1900	1,227,266,124
1901—1910	1,386,608,041

偏偏在白银生产力大增的时候,世界各国先后采用金本位,使白银的用途大减。计在十九世纪后半采行金本位的有葡、德、美、丹、瑞、拿、芬、海地、阿根廷、埃及、日、俄等国,另外有些国家采金汇兑本位制,如印度。又有些国家虽没有改用金本位制,但停止银币的自由铸造,而成为跛行本位制,如法国和其他拉丁货币联盟的国家,于是有大批的白银向国际银市场抛出,虽然黄金的生产力在同一期间也曾大增,还是把金价抬得很高。三四十年间涨了一倍。

[①] 根据 Edward Kann 在 *The Currencies of China* 中所引数字折算,以一·三一七益斯等于一两。

金银比价表[①]

期别	黄金一两合银两数
1851—1860	15.36
1861—1870	15.48
1871—1880	16.92
1881—1890	19.88
1891—1900	30.28
1901—1910	35.99

当时中国的一般老百姓甚至商人对于金银的生产情形自然不知道,但市上金价上涨,他们是不会不知道的。而他们日常所用的是银钱,以白银计算的物价,并没有上涨,于是许多人就把祖传的金饰拿出来变卖。在二十几年间,输出的黄金值八千多万海关两[②],其中大部分是十九世纪中输出的,计自公元一八八八到一九〇〇年那十三年间,输出的黄金值七千三百六十九万二千海关两,由此就可以晓得为什么在同时期内白银的输入有七千零六十二万多海关两了。物价的开始上涨,也是这个缘故。

至于清代最后的十年或二十世纪最初的十年为什么又有大量

[①] J. L. Laughlin, *Money, Credit and Prices*, Vol. 1., p. 56, University of Chicago Press, 1931.

[②] 公元一八八八至一九一〇年黄金出口情形如下:

年份	输出
1888—1890	5,036,000 海关两
1891—1900	68,656,007
1901—1910	13,565,469
合计	87,255,476

数字中,公元一八九〇年以前系根据 G. Jamieson 的 The Silver Position in China。公元一八九一年以后,根据杨端六、侯厚培编《六十五年来中国国际贸易统计》。两者都说是以海关两为单位,自然是以价值计算,所以实输出黄金多少,不得而知。

白银的流出呢？这一部分是因为历年来的入超关系；而主要是因为有大批赔款的汇出。根据马关条约的对日赔款二亿多万两和庚子赔款四亿五千万两，都是在那一时期开始分批偿付。至于白银有流出，国内物价为什么反而大增呢①？这因为当时中国钞票发行数量大增，而钞票的流通速度比白银快。钞票虽然原则上是可以兑现的，但实际上有许多私票随时有停止兑现，大银行的钞票也没有十足的现金准备，而发行数量又不是根据需要；物价自然上涨。

白银在中国的购买力，虽有逐渐减低的倾向，但其趋势，比起欧洲来要缓和一点，尤其在十九世纪中。这点只要比较一下中国的米价和欧洲的麦价便可以知道。欧洲的小麦价格，自十五世纪到十九世纪。上涨约九倍，而中国的米价，在同一期间，上涨还不到六倍。十七世纪后半和整个十八世纪那一百五十年间，白银对中国的米和对欧洲的小麦几乎有同样的购买力。中国米价稍高于欧洲的麦价，在中国国内，米价也是高于麦价二成的。所以十五世纪中白银在东西两方面的购买力也算得接近。

---

① 南开经济研究所根据进出口物品的价格编有一种白银购买力指数（见 Andron B. Lewis and Chang Lu-luan, Silver and the Chinese Price Level.）。中国是一个自足性很大的农业国家，进出口商品价格本不一定能代表一般物价水平。但实际上和中国米价的动向差不多。兹改以公元一八七一至一八八〇年为基期，并以十年为一单位，比较于下：

白银购买力指数表（公元一八七一至一八八〇年＝100）

期别	对米价（本书作者编）	对进出口商品价格（南开经济研究所编）
1871—1880	100.0	100.0
1881—1890	120.8	101.4
1891—1900	72.3	71.0
1901—1910	44.6	47.6

中外白银购买力比较表

期别	中国每公斤白银所能购买的米(单位:公石)	欧洲①每公斤白银所能购得的小麦(单位:公石)
十五世纪	75.11(100.00)	62.93(100.00)
十六世纪	46.44(61.83)	50.10(79.61)
十七世纪前半	31.07(41.37)	40.08(63.69)
后半	31.78(42.31)	30.86(49.04)
十八世纪前半	27.37(36.44)	24.85(39.49)
后半	15.92(21.19)	15.03(23.88)
十九世纪前半	12.30(16.38)	7.19(11.42)
后半②	13.87(18.46)	6.81(10.82)

由于中外关系的接近，使中国货币的对外价格，也渐重要起来了。在外国用银的时候，中外货币的汇价应当是稳定的，波动的范围，不能超过现银输送点。但自外国改用金本位以后，中国货币的对外价值就跟着金银比价的变动而变动了。中国货币汇价的变动，虽然也要受国际收支差额的影响，但这种影响比较小。大部分是同金银比价一同起落。在同治十年以前的两百年间，金银比价最为稳定，自一比十四点五到一比十五点五。同治十年以前的十年间的平均金价是十五换四八三，中国关平银一两约合英金六先令九便士③，以这为基数，则可以看出清末中国货币对外价值跌落的情形，以及同国内物价的关系。这种关系，并不是很密切的；长期的倾向虽然不同，但两者每年的涨跌，并不相符。由此可以知

---

① 欧洲小麦价格，根据 Landrin and Roswag 的数字折算。原数字见 Michael G. Mulhall 的 *The Dictionary of Statistics*。原为每盎斯白银所能购买小麦的数量，以镑为单位。资料来源没有说明，大概是以整个欧洲为对象。这里折算以一百七十六镑小麦为一公石。

② 仅有公元一八五一至一八八〇的数字。

③ 英金按黄金一盎斯合三镑十七先令十便士计算，一海关两等于一·三三盎斯。

道:中国国内物价的变动,不是受汇价的影响,而是汇价和物价受一共同因素的影响,即受银价下跌的影响。

清末银两对内外价值比较表

期别	白银一两的对英汇价（百分比）	银一两对米的购买力（百分比）
1851—1860	100	100
1891(光绪十七年)	73	98
1892	65	114
1893	58	71
1894	33	87
1895	48	74
1896	49	55
1897	44	59
1898	42	50
1899	45	55
1900	46	72
1901	44	71
1902	39	37
1903	39	44
1904	42	45
1905	45	64
1906	48	57
1907	48	33
1908	40	35
1909	39	46
1910	40	34
1911	40	31

清朝银价的下跌,对于吏治的败坏,有极大的影响。清朝官吏的待遇是以白银支付。他们的真实所得,比起明朝在大明宝钞膨胀下的官吏来,是比较高些,但比起明初的标准来,却差得远,而是和明末相衔接。收入是按年计算。一般来说,一品官的年俸是白

银一百八十两,禄米一百八十斛或九十石。九品是白银三十三两许,米十六石许。比不上北宋官吏的一月所得。乾隆二年起,官俸加倍发付,但自乾隆年间白银购买力下跌后,官吏的真实收入更加减少,所以乾隆晚年便出现了清朝第一个大贪官和珅。白银的购买力在嘉庆年间已跌成康熙年间的三分之一以下,而官吏的生活却更加奢侈了。一则由于洋货进口的增加,二则贪污本身就可以促进铺张浪费;中国俗语所谓"冤枉来,冤枉去"。所以后来官吏的养廉费的数目比正俸要大得多。然而在有些官吏看来,这养廉费还不是他们的廉耻的公平价格。所以在卖给清朝政府之后,还以黑市价格反复地在自由市场兜售。这样就造成乌黑一团了。

五 黄金的购买力

研究中国的金价,有两种意义:第一是看看中国金价和欧洲金价的关系,看看两者怎样从两个孤立的市场渐渐接近,终至将两地的价格扯平。第二是看看中国金价变动同银价变动以及物价变动的关系,看看如果中国采用金本位,是否使物价比在银本位之下更加稳定。

黄金在中国,从来没有正式货币化,但也不是一种普通的商品,他在各时代担任了各种不同的货币职能。而宝藏手段的职能和国际支付手段的职能,是在任何时代都具备的。

中国黄金的没有铸币化,反而使古代各种关于黄金购买力的记载更有意义。中国历史的金银比价,差不多都是市场比价,即一两纯金对一两纯银的自然比价。可是外国的比价,许多是法定比价,这种比价由于金银币成色的变动而失去其意义。有时候同一年内铸造各种成色的金银币,因而产生许多不同的金银法定比价。

金价在中国一向比较低。所谓低,就是比外国低。除了埃及古代据说银比金贵①,巴比伦在公元前二千年时金银比价为一对六以外②,自纪元前五世纪即中国春秋时代起,西方国家的金价就到了十三换。其间也曾低到十一二换,最低是罗马时代,曾跌到九换,以后又涨。而中国则自汉以来,就是五六换。其实古代的真实银价应当比史书中所记载的数字还要高。因为古代分解术不发达,白银的成色一般都很低。譬如遗留下来的汉代银铤,多发绿锈,可见里面铜质很多。所以所谓朱提银的价格特别高。王莽时黄金对所谓朱提银只合得三换一六。所谓朱提银,是指四川犍为县朱提山所产的银,大概成色比较好③,因此汉代银价和金银比价,至少应当以朱提银为标准。可能朱提银还不是纯银,而古代黄金的成色却是很好的。宋室南迁前后,因情形特殊,曾涨到十三四换,但不久就回跌。元朝的官价始终是十换,边远地区如云南,有低到五六换的。明代因为白银通行,需要增加,而且有许多白银在元朝时被输出国外,所以白银对黄金的比价很高,往往是四换或五换,到嘉万以后,黄金对白银的比价才提高④。如果用一种加权法来求出明代金银的平均比价来,则整个明朝的金银比价都在十换

---

① A. R. Burns, *Money and Monetary Policy in Early Times*, p. 474. 公元一九二六年于希腊的 Dendra 村附近发现公元前三千年前的古墓,其中有镀银的金杯。纪元前第二世纪 Agatharcides 曾谓当时的三千年前银一两可换金十两。(Edward Kann 引 Samuel Montagu 商会报告,见宫下忠雄译"カン支那通货论"第三七九页。按该译本系根据耿爱德氏著作的第三次改订版,译本反在原书出版之前。)

② A. R. Burns, *Money and Monetary Policy in Early Times*.

③ 明曹学佺《蜀中广记》卷六七第四页引《南中八部志》:"朱提山在犍为属国,旧有银窟数处,诸葛亮书'朱提银采之不足以自食'。韩愈诗'我有双饮盏,其银得朱提'是也。《汉志》朱提银以八两为一流,流直千五百八十,他银一流直千。"

④ 关于明代的金银比价见第七章第二节三。

第八章　清代的货币

以内。而欧洲则自罗马帝国成立以来,就很少在十换以下①。

明代金银比价表(二)②

期别	黄金一两合银两数
十四世纪后半	5
十五世纪前半	5
后半	6
十六世纪前半	7
后半	7.5
十七世纪前半	10
后半	10

中国同欧洲,自古即直接或间接有贸易上的往来。明代虽然采取一种闭关政策,但对外关系,并没有完全断绝,不论陆路水路,总是通的。为什么自宋元时代双方的金银比价曾相当接近以后,距离又远起来呢?为什么没有把金价扯平呢?第一,因为贸易量不大;第二,古代奢侈品如香料和丝帛的贸易比金银兑换的利润厚。中外金价的相差不过一倍,而香料丝绢等的贩卖,利润不止一倍。第三,古代中国同欧洲的贸易并非直接的,而是由阿拉伯印度等国人经手。阿拉伯和印度的金银比价既没有同欧洲的比价拉平,则中国的比价自然不会受欧洲的影响。第四,一国的金银比价要能影响他国,必须数量多,可以自由无限制的输出输入,可是欧洲和中国古代金银数量都不多。十五世纪欧洲的比价是一对十五,印度是一对六到一对八,中国也是一对六上下。自近代的海军发达以后,情形就不同了。尤其是自欧洲获得美洲的巨额金银以

---

① 欧洲金价根据 J. L. Laughlin, Money, Credit and Price, p. 95.
② 表中平均金价的计算,是将五十年的金价用算术平均法求得,凡没有金价记录的年份,就用前一年或最近一年的金价。

657

后,东方国家的金银比价就渐渐不能维持其孤立性了。

十七世纪后半,欧洲金价是十五换,中国还是十换。欧洲商人到中国来,把主要的货物办完之后,剩下的钱,用在中国的金饰上,是一种很好的投资。例如英国东印度公司于崇祯十年派到中国来的船,回去时所带的货品中,就有两项是黄金,一项是值四千三百三十银元的碎金,一项是十四条金链。

清初一百多年间,欧洲商船到中国来,很少不买黄金的,尤其是船员的私货。东印度公司规定船员带货,由英出口限带白银、珊瑚和琥珀,由中国出口只许带黄金和麝香,因为这些东西占的地位不大。

当时中国的黄金,多制成马蹄形,也有金条,约重十两,成色自百分之七十五到百分之百。交易起来,要折算金银两者的重量和成色,相当麻烦;但利之所在,大家仍是乐于为之。康熙四十三年(公元一七〇四年)斯屈闪号的大班花了一万八千八百两银子买到二千两足金,本银只值得六千二百五十英镑,买到的黄金若带回伦敦却值得九千三百五十镑,赚百分之五十。而且还有额外的利润,因为东方的黄金中多掺有白银,买黄金时只算出黄金的纯量,其所含的白银完全不计,所以成色越低的黄金,买者反而越占便宜。

这样流出的黄金,到底有多少,虽不得而知,料想不会十分多①。因为各船始终以办货的余款来收兑黄金,后来没有专来中国收买黄金的。一则因为当时普通贸易的利润,比买黄金的利润还是要大。二则因为当时日本的黄金比中国更便宜,如果他们要买黄金,

---

① 十八世纪最初三十年间,东印度公司船员在广州买黄金而有记录的,不过两万一千七百五十九两九钱四分(*Chronicles of East India Company*)。

会到日本去买①。

雍正十年(公元一七三二年)广州金价开始上涨,第一年约涨百分之五或六,第二年涨到十一换四五。乾隆三年(公元一七三八年)涨到十一换七;五年为十二换五;三十三年广州的金银比价,已接近欧洲,即十五换左右。四十年中国金价涨到十六换以上,欧洲商人在广州购买黄金,反而要赔本,因此开始输入黄金。有一个时期,在广州,黄金一两可换得白银十八两,而欧洲金价还在十五两以下。不过四十五年便因黄金输入过多而跌价。四十七年浙江当局没收四千七百四十八两黄金,而移送北京的是七三,五九四两白银,合十五换半②。还是比欧洲高。欧洲当时是十四换四二。不过随着中国同欧洲接触的频繁,双方的金价就慢慢扯平了。所以乾隆以后,广州的外商,就不大买黄金了。

中外金银比价对照表(一)

期别	中国金银比价③ (每两黄金合银两数)	欧洲金银比价④ (每两黄金合银两数)
1701—1710	10.0	15.27
1711—1720	10.0	15.15

---

① 据说当时日本的金银几乎同价。一五四五年葡人平脱(Mendez Pinto)的船被风吹到日本,大概将这种情形报告在宁波的葡萄牙商人。一两年后就派了九条船到日本去探险,仅一条船生还,但这条船的货物全换成了黄金。从此欧洲人通日本的门就大开了。不到五十年,日本的金银存量有三分之二被葡人运走了(A Del Mar, Money and Civilization p.379.)。又据说到公元一五九八年止,西葡两国人在澳门和马尼拉收到两千箱金银,值几千万镑,大部来自日本(Henri Martin, Histoire de France, Paris, 1862.),自公元一六〇一到一七〇八年,日本流出的黄金有六百一十九万多两(本庄荣治郎、黑正严合著《日本经济史》)。

② 《东华续录》。

③ 中国金价非十年的平均数,有时十年中仅一二年有金价数字。最初两个十年期的价格系大约数,以后则系根据各年的实际金价平均。平均时如某年无价格,则以上年金价为准。

④ 欧洲金价系十年间的平均数,根据 J. L. Laughlin, *Money, Credit and Prices.*

续表

期别	中国金银比价 （每两黄金合银两数）	欧洲金银比价 （每两黄金合银两数）
1721—1730	10.25	15.09
1731—1740	10.90	15.10
1741—1750	11.77	14.93
1751—1760	14.9	14.55
1761—1770	15.0	14.81
1771—1780	15.47	14.64
1781—1790	15.23	14.76
1791—1800	15.4	15.42

我们根据的数字，除小部分外，都是广州的价格。但因为广州有外商的收购，金价常比国内其他地方要高。譬如乾隆元年（公元一七三六年）广州金价是在十一换以上，而北京的估价是九换到十换①。不过广州所买卖的黄金，并非全靠本地所藏，而是有人到各地收购的，如安南、苏州、南京，甚至有来自陕西的②。所以随着交易量的增加或交通的发达，各地间的金价，正如中国和欧洲间的金价一样，相差是不会很大的。

当然中国和欧洲双方的比价，短期的局部的背离，是常常有的，例如太平军攻打南京的时候（公元一八五三年），上海的金价曾涨到十八换五③，这和欧洲的金价自然没有关系。除了这种局部的

---

① 乾隆元年纂修之《九卿议定物料价值》卷一："头等赤金每两银玖两壹钱五分，今核定银拾两。二等赤金每两银八两八钱五分，今核定银九两。"

② Chronicls of East India Company 记一七六八年十二月十四日驻广州代表团向伦敦总公司理事会所报告的情形。

③ 上海金价在公元一八五〇到一八五二那三年间广平每两值二十一元六角八分。公元一八五三年二月南京陷落前一月，涨到二十五元七角，公元一八五三年底为十七元四角七分。公元一八五五年底跌成十四元六角九分（H. B. Morse The International Relations of the Chinese Empire, ch. XⅧ., p.467.）。公元一八五三年欧洲的金价平均为十五换三二。

波动以外,中国的金价往往仍要低于欧洲。例如光绪二年(公元一八七六年),欧洲金价平均是十七换七五,而中国是十六换六①。因为外国用金,中国用银,双方需要相反,这种差异是难免的。

总之,十九世纪及以后,中国的金价,大体上同欧洲的金价接近。尤其是鸦片战争以后,更是以伦敦的市价为转移。例如十九世纪后半,欧洲银价大跌,金价大涨,中国的黄金马上向外流,结果把中外的金价又扯平了。

研究金价的主要目的,是要看看他的购买力如何,就是他同物价的关系如何。古代物价和金银价格,都不大有记录遗留下来。自五代起,白银的货币性才增加。宋代对于金银价格和米价的记录渐多。虽然仍是以铜钱和交会为流通工具,但是已经可以折算成金银的价格。宋末物价资料特别缺乏,元代和明初的记录也不多。自宣德年间起,我们对于金银的购买力,才能作出一个比较可靠的统计来。明清两代五百多年,真正使用白银,所以物价比纸币制下的物价,或甚至比铜钱制下的物价,要稳定一点。但是长期看来,以白银计算的物价,实在并不稳定。如果以米价为标准,每百年要上涨百分之五十以上。如果自明代以来,中国用金,而不用银,则物价会要更加稳定,至少米价要稳定得多。每百年上涨还不到百分之二十。十九世纪的平均价格比十五世纪上涨不过一倍。如果从十世纪后半算起,到二十世纪前半为止,一千年间,白银的购买力,丧失了百分之九十以上,而黄金的购买力则尚能保持到百分之四十五以上。一千年中,若以五十年为一单位,则以黄金计算的米价,涨跌的幅度,每公石自一公分六八到六公分多,相差不过

---

① 《沈文肃公(葆桢)政书》卷六,光绪二年闰五月初七日奉覆唐定套被评折:"……其由台湾带回赤金一万二千两……价值约需银二十万两有奇。"

四倍。一千年间平均每公石约值三公分,同最高平均和最低平均数相差都不过一倍。可是以白银计算的米价,则每公石自十公分到两百五十七公分,涨跌的幅度,相差二十几倍。

千年来金银购买力比较表①

期别	每公斤黄金所能购得之米 （单位：公石） （括弧中为百分数）	每公斤白银所能购得之米 （单位：公石） （括弧中为百分数）
十世纪后半	394.26(100.00)	62.79(100.00)
十一世纪前半	319.16(80.95)	50.97(81.18)
后半	263.16(66.74)	32.89(52.39)
十二世纪前半	149.78(36.80)	11.47(18.27)
后半	262.84(66.67)	21.85(34.80)
十三世纪前半	274.80(69.59)	22.90(36.47)
后半	303.59(77.00)	30.36(48.35)
十四世纪前半	230.20(58.39)	23.02(36.66)
后半	388.58(98.56)	58.17(92.64)
十五世纪前半	594.09(150.68)	92.25(146.92)
后半	354.73(89.97)	61.16(97.40)
十六世纪前半	331.78(84.16)	49.52(78.87)
后半	318.71(80.84)	43.48(69.25)
十七世纪前半	262.54(66.59)	31.07(49.48)
后半	317.87(80.63)	31.78(50.62)
十八世纪前半	290.70(73.73)	27.38(43.61)
后半	246.91(62.63)	15.92(25.35)

---

① 表中数字,在十五世纪以前,仅根据少数近似正常米价的数字计算。十三世纪前半金银比价以十二换计算。十五世纪以后,米价记录比较多,但即在二十世纪,也不能有完整的统计数字,本书的资料,以收到民国三十八年五月二十四日为止,就是其他年份,因当局常常禁止市价的登载,所以也不齐全。又十九世纪及以前的数字是全国性的数字,即包括各地的价格,二十世纪的数字,尤其是民国年间的数字,完全是上海的价格,这种数字比全国性的数字要高一点。请参阅各该章节本文。

续表

期别	每公斤黄金所能购得之米（单位:公石）（括弧中为百分数）	每公斤白银所能购得之米（单位:公石）（括弧中为百分数）
十九世纪前半①	192.31(48.78)	12.29(19.57)
后半	261.09(66.48)	13.87(22.09)
二十世纪前半	179.71(45.58)	3.89(6.20)

中国以黄金计算的物价,不但比用白银计算的物价要稳定,而且比欧洲国家用黄金计算的物价也要稳定。这只要比较一下中国的米价和英法两国的小麦价格便可以知道。

中外粮价比较表

期别	中国米价（每公石值黄金公分数）	英国小麦价②（每公石值黄金公分数）	法国小麦价（每公石值黄金公分数）
十五世纪前半	1.68(100.00)	0.99(100.00)	1.82(100.00)
后半	2.82(167.86)	0.87(87.88)	0.91(50.00)
十六世纪前半	3.01(179.17)	1.60(161.61)	1.77(97.25)
后半	3.11(185.12)	3.05(308.08)	4.81(264.28)
十七世纪前半	3.80(226.19)	5.77(582.83)	5.13(281.87)
后半	3.14(186.90)	5.84(589.90)	6.22(341.76)
十八世纪前半	3.44(204.76)	4.91(495.95)	4.49(246.70)

---

① 十九世纪的金银比价系根据欧洲的平均数。见 J. L. Laughlin, *Money, Credit and Price*.

② 英法两国的小麦价格,系根据 Sir Morton Eden 及 Marquis Garnier 的数字(The Dictionary of Statistics, p.468.)。以黄金一盎斯合三磅十七先令十便士折算。原表英法两国仅到一八八九年止,这里英国部分根据十四版的 Encyclopoedia Britannica 的 Prices 条下补足一八九〇到一九〇〇年的数字。英国的小麦价格在十九世纪最后十年间下跌很多,法国大概也有同样的情形,如果能补足最后十一年的数字来平均,则十九世纪后半的数字大概也要低于前半。

续表

期别	中国米价（每公石值黄金公分数）	英国小麦价（每公石值黄金公分数）	法国小麦价（每公石值黄金公分数）
后半	4.05(241.07)	6.80(686.87)	4.78(262.64)
十九世纪前半	5.20(309.52)	9.55(964.65)	6.73(369.78)
后半	3.83(227.97)	6.00(606.06)	7.04(386.81)①

中国以黄金计算的米价,在十五世纪和十六世纪前半那一百五十年间,要高于英法的小麦价格。这是因为当时欧洲黄金难得,价值增加。十六世纪后半,中国内外多事,如朝鲜战争等,使得生产受阻,物资缺乏,黄金购买力减低。但同时期的英法,因为受了美洲金银的刺激,黄金的购买力大跌,十七世纪前半物价就超过中国。自十七世纪后半到十九世纪前半,中国物价逐渐上涨,英法在十八世纪前半,物价回跌。但后半因为拿破仑战争,使英国物价又激涨,十九世纪前半涨得更凶。法国在十九世纪前半也上涨。十九世纪后半,三国物价都比较平稳,英国是战后所应有的回跌。中国下跌是因金价上涨,而中国是用银。而且当时以白银计算的米价也是下跌的,不过跌的程度比较轻一点。

自十五世纪到十九世纪那五百年间,从米麦的价格看来,中国只上涨一倍多一点,英国上涨六倍以上,法国也上涨三四倍。如果以五十年为单位,则中国最低和最高的平均米价,为一百与三百零九之比;英国的最低和最高的平均小麦价格,为一百与一千一百之比,法国约为一百与七百七十四之比。

如果几百千年来,中国是用黄金来流通,那么他的购买力可能

---

① 仅为公元一八五一到一八八九年的数字。

比上面的折算还要稳定,因为在那种情形下,对于黄金的需要大为增加,虽然这种需要会促使对于金矿的开采,但中国金矿似乎并不丰富,所以黄金的购买力一定还要高。

中国黄金购买力之所以异常稳定,有两种解释:主要自然是因为中国黄金的生产力和数量变动得不大剧烈。英法的采矿技术进步,而且还取得美洲的黄金,后来讲究重商主义,极力从其他国家吸收金银,物价自然上涨得更厉害。中国黄金的数量,千年来不大有突然的增减,清以前虽然历代有黄金输入,但数量不会很多,清初黄金的输出也不会怎样多,金银比价的调整,大部分是由于银价下跌。而中国历代产金量也不很大。公元一九〇七年中国产金只有六七千公斤,占世界产金额的百分之一[①]。其次也因为中国面积大,平均价格波动的幅度小,英法的面积,各相当于中国的一省,平均价格受天时的影响大,波动的幅度自然也大。

第三节 货币理论

一 货币理论

在清朝的两三百年间,欧洲的政治经济学理论,突飞猛进。而中国在这方面已经落后了。

[①] 美国造币厂估计中国于公元一九〇七年的产金额为六,七七一公斤纯金,该年世界产金额为六一七,七八四公斤,故中国占全世界的百分之一点零九六(Das Geld, von Prof. Dr. Karl Helferich, Fuenfte Unveranderte auflage, Leipzig,1921,S,115.)。

清初很少有人讨论货币问题。有些人提到物价的,往往不明白货币同物价的关系。例如乾隆年间的杨锡绂,他在乾隆十年(公元一七四五年)说:

"户口多则需谷多,价亦逐渐加增。"①

他这话不但忽视了生产方面的因素,而且忽略了货币的因素,所以无论从理论上看来或从当时的实际情形看来,都有毛病。从理论上来说,人口的增加固然需要更多的米谷,但是也需要更多的货币。唐朝天宝以后人口减少②,物价大涨,建中以后,人口增加③,物价反而下跌。就是因为生产和货币价值变动的关系。从实际情形看来,乾隆时物价的上涨,其中一个重要的原因是白银的跌价。

清初留心钱法的人,只是想维持银钱间的比价,对于银钱本身的价值,反而不大注意,最多只谈谈用银用钱的得失。为了要维持银钱间的比价,常常加减制钱的重量,以使铜钱跟着白银涨跌,这种"补正铜钱制"的思想,虽然一直实行着,但到乾隆十三年才有人明白主张。山东巡抚阿里衮说:

---

① 《清史稿》卷九五《杨锡绂传》。
② 天宝十四年有八百九十一万四千七百零九户,五千二百九十一万九千三百零九人(《通志·食货一》)。广德二年只有二百九十三万三千一百二十五户,一千六百九十二万零三百八十六人(《旧唐书》卷一〇《代宗纪》)。
③ 建中元年有三百零八万五千零七十六户(《旧唐书》卷一二德宗纪上)。长庆时有三百九十四万四千五百九十五户(《通典》)。《旧唐书》所载元和末及长庆初户口数不全。

第八章 清代的货币

"米贵由于生齿日众,逐末遂多,凡布帛丝棉之属,靡不加昂,而钱价昂贵,尤与米谷相表里,……补救之方……一、钱法宜变通。钱法与铜斤为子母,铜价平则钱应加重,铜价贵则钱应减轻。……"①

道光年间谈钱币的人渐多,但在见解方面,并没有什么进步。例如王鎏,在他的《钱币刍言》中主张用纸币,举出纸币的十二种优点②,其中有些并不是优点,另外有些虽是优点,却不是纸币所独有的。他又指出宋金元各朝行纸币失败的原因十五点,都没有什么创见。他说:

"论者谓金章宗之世,以万贯老钞易一饼,妄言行钞则物价腾踊,……不知……物价之腾踊,原不关乎行钞。《晋书·食货志》云,董卓之乱,五十万钱易米一石,又石季龙传云,金一斤易米二斗,此皆因米极少耳,夫岂以用钱与金而致物价之腾踊乎。"

他这话大体是对的,物价之涨,不在纸币本身。但他只知道物少价

---

① 《高宗纯皇帝实录》卷三二三。
② 王鎏举出纸币的十二种优点如下:一、他物为币有尽,惟钞则无尽。二、万物之利权收之于上,布之于下,则尊国家之体统。三、外洋不得以其币行中国,动远夷之畏服。四、国家财用不竭,则消奸民之逆志。五、用钞划一。六、钞行可收铜鼓铸,则极钱法之精好。七、钞值一定,商贾不得低昂,则绝民心之诈伪。八、富家或以土窖藏银,历久银益见少,今悉出易钞,则去壅滞之恶习。九、钞式宜变,从前分为七等,大钞书寺经,其次书先正格言,俾民识字,则寓教民之深意。十、漕务、河务、盐务皆有积弊当厘,人不敢议者,恐经费不足故也,行钞无难更定章程矣。一一、国计大裕,捐例永停,即损衔亦可无庸,则重朝廷之名器。一二、一切取民者从薄,予民者从厚,则行千载之仁政。

高,不知道纸币太多,物价也要涨。

王鎏似乎不是一个数量说者,但他同时代的人却多是数量说者。如朱嶟和魏源。道光二十六年(公元一八四六年)御史刘良驹条奏银钱画一的办法,政府叫各省督抚议奏,朱嶟就上疏说:

"物贱由乎钱少,少则重,重则加铸而散之,使轻。物重由乎钱多,多则轻,轻则作法而敛之使重。一轻一重,张弛在官,而权操于上。"①

这些话也不比《管子》书中和汉魏六朝论者的见解进步。

魏源是一个纯粹的数量论者。他说:

"论者曰,楮币行于宋元,然皆行于始而敝于终,何耶?万物以轻重相权,使黄金满天下,而多于土,则金土易价矣。天下非物之贵也,楮之多也,非楮之多也,国之贫也。"②

魏源这种论调,和百年前法国孟德斯鸠(Charles Louis de Secondat Montesquieu, 1689—1755)的论调很为接近。后者曾说如果自发现西印度群岛后,欧洲的金银增加到二十倍,则物价也应当增加到二十倍③。但魏源不止是一个数量说者,而且不承认历代的通货膨胀是由于纸币发行过多,他说是国家穷,这是明显地替统治阶级的膨胀政策作辩护。

---

① 《清史稿》卷二〇八朱嶟传。
② 《元史新编》。
③ Da l'esprit de lois, 1747.

第八章 清代的货币

和魏源同时代有许楺,他虽然承认纸币数量对于他的购买力的影响,但对于金银的看法却和魏源完全相反。许楺的言论散见于他兄弟许楣的钞币论①中。他说:

"多出数百千万之钞于天下,则天下轻之;多散数百千万之金银于天下,天下必不轻也。亦可见物之贵贱,皆其所自定,而非人之所能颠倒矣。"

许楺认为纸币是本身没有价值的,可惜他对于纸币购买力的来源,没有加以说明,这和欧洲的数量说是一样。他认为金银本身是有价值的。而且他们的价值,不受数量的影响。但金银的价值怎样来的,他还是没有指出。

王鎏可以说是一个名目论者,其余三人都是反名目论者,朱嶟、魏源是从数量说出发,许楺是从金属论出发。不过他们的反名目论是暗示的,并没有提出名目论的主题来反驳。到咸丰年间的王茂荫才明白指出名目论者的错误。

王茂荫反对纸币和大钱,认为两者都难以经久。他在咸丰元年九月就说:

"钞无定数,则出之不穷,似为大利;不知出愈多,值愈贱。"②

咸丰三年初他又以"银票亏商,银号亏国"为理由,而反对发行

---

① 道光二十六年出版。
② 王侍郎《奏议》卷一。

纸币。十一月间政府要开铸当百当五百和当千大钱,当时一般人以为只要把钱的面额定得高,分量减轻也不会影响他的购买力。他又批驳这种思想,他说:

"论者又谓,国家定制,当百则百,当千则千,谁敢有违?是诚然矣,然官能定钱之值,而不能限物之值。钱当千民不敢以为百,物值百民不难以为千。"①

这段话把货币的额面价值或名目价值和购买力分别得很清楚。王茂荫所谓钱值,是指钱的额面价值;物值则是指商品价格或钱的购买力。政府虽能决定货币的名目价值,但不能决定他的购买力。这是一种正确的见解。

清代钱币学非常发达,著书立说的有几十人。但清初的著作多是根据古谱,没有什么创见。乾嘉以后,才有进步。值得一提的有翁树培的《古泉汇考》和刘燕庭的《古泉苑》。另有马伯昂《货布文字考》和初渭园的《吉金所见录》,以刀布为列国时代的货币,打破历来归之于三皇五帝的谬说。关于钱谱,规模最大的是李竹朋的《古泉汇》,收录钱图近六千种。但系木刻而不是拓印,所以同原品不无出入,尤其他所收的外国货币,文字尽失原形。

清末的变法自强运动,引起许多人对于币制改革的热忱,因为正如梁启超所说,货币为生计学中最复杂之现象②。所以留心货币问题的人多了。如刘世珩、康有为、梁启超等人,都发表过一些关

---

① 王侍郎《奏议》卷六。
② 《币制条议》。

于货币问题的著作。由于他们多少接触过外国的事物,读过一些日本或欧美的书籍,受到了一些现代社会科学的熏陶,所以他们对问题的看法,尤其是研究的方法,比过去大有提高。但他们也只作了一些启蒙的工作,只把一些关于货币制度问题的知识,如本位问题、自由铸造问题、主币和辅币的关系、恶币驱逐良币的法则等,介绍过来,最多只谈谈货币的职能。在货币理论和历史研究方面,并没有大的贡献。譬如梁启超,关于货币问题,著述最多,光绪三十年有中国货币问题,宣统二年有《币制条议》和《各省滥铸铜元小史》等,而且处处以学理为标榜,实际上他自己无论对于学理和实际问题都是不够深入的,譬如他以为国家不能以法律强定金银的市价,但能强定金币银币的比价①。这是自相矛盾。国家既不能决定金银的市价,怎样能决定金银币的比价呢?又如他以为本洋是日本人铸造的,鹰洋是美国人铸造的②。这在当时可以说是常识问题。

二 清末各种改革币制的方案

同治末年,欧洲许多大国都采行金本位,白银跌价,中国货币的对外价值也不断下跌,而对外贸易的入超反而一年一年增加。这在当时的人看来,是对中国极不利的。因此有人主张改革币制。尤其在第一次中日战争之后,币制改革的主张,成了一种风气。银价下跌,中国偿还外债和支付赔款,无形中负担加重,因为借款和

---

① 《币制条议》。
② 《读币制则例及度支部筹办诸折书》后。

赔款是以黄金为标准的。所以主张改革币制的，都是以采用金本位为目的①。

其实以前就有人主张中国用金。咸丰三年（公元一八五三年）给事中张祥晋就奏请将内府旧藏金器改铸金钱，颁行天下，与白银并用。四年八月陕西巡抚王庆云又以银少价昂，主张三金并用，以黄金红铜辅银而行。他不主张铸金币，只以生金块流通，一两折银二十两。后来署陕西巡抚戴龄也赞成这办法②。不过那是在战时，通货不够，想用黄金来补充的意思，不是主张金本位。

光绪二十一年（公元一八九五年）顺天府尹胡燏棻提出变法自强案，主张各省口岸设局开铸金银铜三品之钱，并由户部设立银行，发行钞票。二十二年盛宣怀也奏请改革币制，主张在京师设立银元总局，其他省市设立分局，开铸银币，每元京平九成银一两，再酌铸金钱及小银钱并行。禁用元宝小锭。同时在京沪开设银行。此外还有许多人主张币制改革，如杨宜治、彭谷孙、胡维德等，不过都没有提出具体的办法③。直到光绪二十六年八国联军侵略中国以后，几万万两的赔款要折成金币偿付，银价越下跌，中国的负担

---

① 《清朝续文献通考·钱币考》，光绪二十三年通政使参议杨宜治奏："查江海关刘麒祥来电称，本日英金镑价规平银一两合二先令四本士，次日传询总税务司赫德，声称，近来镑价自七两涨至八两有奇……各等语，镑价愈涨，则中国征收所入，使费所出，无一不加倍吃亏。借款一项，吃亏尤巨……臣暴年周历各国，……各国之币，皆可通行，惟金钱尤便。……同治年间，每镑合中国规银三两三钱三分。光绪十三年春，每镑合规银四两一钱六分五厘，……今则一金镑合规银八两有奇。"杨氏于请仿造金银钱折中以为英国先令，只重一钱五分，而足抵四钱四分生银之用，以为我国也可以把一钱五分的生银，铸成和英国先令同式等重的华先，来购买船械，偿还借款，也抵四钱四分白银。当时梁启超已加以反驳，说英国先令的支付，只限于十九枚内可用，二十枚以上就用金镑（见《时务报》三十九论商务）。

② 《清朝续文献通考》。

③ 同上。

越重,非设法稳定本国货币的对外汇价不可。因此才有各种具体办法提出来。

第一是光绪二十九年(公元一九〇三年)江苏候补道刘世珩条陈的《圜法刍议》,主张采用金币本位,铸造五圆、十圆、二十圆的金币,及银铜的辅币,并设立国家银行发行钞票。本位币(指一圆的金币)不必铸造,只规定等于库平银一两的价值。二十圆的金币则重库平六钱二分五。成色九〇三①。他没有说明如果金银比价变动时怎么办。

第二是同年海关总税务司赫德(Sir Robert Hart)条陈的中国银

---

① 刘世珩《圜法刍议》内容如下(《清朝续文献通考》):

一、制三等之币,以金为本位,以抵制各国之圜法。

二、一国制币必归一局。……宜于京师设立一局,专铸三等制币,通行各省,其各省向设局所,宜停止归并。

三、请先设分析局一所于京师造币局之旁,聘用精于化学分析者主之。凡铸出货币由分析局分析其成分,列表示众。

四、先与通商各国议订金银汇兑酌中之价,三等之币,以金单数本位为主,而此金本位一元须价值库平银一两之金质,故金银之价,此为最要关键。

五、练设全国巡警警察,以防私铸。

附拟三等制币:

一、金币　　二十倍　金二十圆　库平六钱二分五、成色九〇三、铜一〇〇

　　　　　　　　　　十圆　　　三钱一分二五

　　　　　　　　　　五圆

　　　　　　　　　　金本位　(此币可毋庸铸)

　　银币　　十分之一　银五钱　　二钱　　　　一钱

　　白铜　　百分之五　　五分

　　紫铜　　百分之二　　二分　　一分

　　寻常铜币　　　　　　五厘　　二厘　　　　一厘

二、限期收兑铜质通宝钱,改铸一厘二厘铜币,以便内地之民用。

三、行使钞票以代表金圜:1.寻常通用钞票一元、五元、十元、二十元、五十元、百元、二百元、五百元。共发九千万元。2.内地各埠往来汇兑票。3.外国各埠往来汇兑票。4.国民积存金票。5.公债票。

四、设立国家银行,分布各处,以流通圜法。

价确定金价论①。主张采用金汇兑本位制。由政府设立统一的造币厂,铸造一两、五钱、二钱五分、一钱四种银币和铜币作流通用。本位币不必铸造,只规定维持新币八两合英金一镑的比价。但银币可以自由铸造,所以成了一种金汇与银币的复本位制。

第三是精琪的计划。美国在光绪二十九年(公元一九〇三年)接受墨西哥和中国的建议,在国会中设立一个国际汇兑委员会,以研讨稳定用金国和用银国之间的汇价,精琪(Geremiah W Jenks)是其中委员之一。他于光绪二十九年著《中国新圜法条议》和《中国新圜法案诠解》,提出他的十七点建议。也是主张金汇兑本位制,以相当于白银一两的黄金为单位,人民得自由请求铸造这单位的倍数的金币。同时铸造银币,金银间维持一对三十二的比价。由政府在伦敦等地开立信用户,出售金汇票以维持比价。他主张中国政府聘请一外国人为司泉官,让他全权处理。这一点受到中国朝野猛烈的抨击。认为有伤国家主权②。

---

① 赫德提案内容如下(见金国宝《中国币制问题》):
一、中央政府自行设一造币总厂,铸造新币,现行各省之造币厂,一律停闭,庶几成色重量,可以划一。
二、新币价格准照库平为一两、五钱、二钱五分、一钱四种,均为银币。铜币则分一分、一厘二种。银与金之比价,须永远固定。凡新币八两,常等英金一镑。
三、造币总厂技师须请外国有经验者充当,各省造币厂机器须一律送交总厂备用。
四、银币成色一两及五钱者为九成,二钱五分及一钱者为八成。
五、此新币厂得准人民自由铸造,至于旧币暂时可以流通,但至一定时期以后不准通行。
六、此币厂开铸之后,外国货币与生银,不准通行,有生银者得换给新币。
七、外国商人只准使用新币,凡外人持有金币者,得照法价换取新币。
八、换得之金币宜存储,以备支付外债及改铸金币之用。
② 反对精琪提案最烈的为刘世珩和张之洞等人,梁启超也于光绪三十年著中国货币问题,加以介绍评论。

第八章 清代的货币

　　第四是光绪三十三年（公元一九〇七年）出使英国大臣汪大燮条陈行用金币的办法四种。第一是先将银圆的价值提高二成，然后规定对黄金的比价。第二是先规定金银比价，然后提高银圆的价值二成。第三是除照第二办法外，参用纸币，以代银元。第四是发行兑金纸币以吸收市面的白银，人民要求兑现时也用白银支付①。汪大燮以为采用金本位之后，中国可以用估值过高的银辅币来偿付一切赔款和铁路赎款②。可见他是一个名目论者，以为货币的价值可以由政府任意决定。

　　第五是卫斯林的金汇兑本位制计划。清末政府聘请荷兰的经济学者卫斯林（G. Vessering）为顾问，后来他著有《中国币制改革刍议》③，主张分三期。第一期是采定金单位为记账货币，设立银行发行金单位的钞票，积贮金准备。第二期规定虚币和新辅币的重量和成色。第三期逐渐收回旧银币、纹银及制钱等。

　　清末那些主张改革币制的人，异口同声要采用金本位。然而结果为什么在宣统三年采用银本位呢？原因自然很多很复杂，但最主要的是当时中国朝野对于货币完全外行，又不加研究。反对金本位的人如张之洞，以为外国物价贵，生活程度高，可以用金本位；中国的贫民一天饮食只花一二十文铜钱，沿海市镇则用银，黄

---

　　① 《清朝续文献通考·钱币考》。
　　② 《清朝续文献通考·钱币考》，光绪三十三年度支部奏："该大臣原奏：大率以用金之国日多，金价日昂，故用银之国，必改用金。日本为最后用金之国，其金币银币原质之较量，不过以二十八而准一，其制成银币，高于银块时价十分之二。若以日本银币为率，藉以稽我国输出之款，则赔还洋款赎回铁路以及约计武备等费，皆节省二成，计年可省银一千七八百万。又以中国人民四百兆，当铸八百兆银币，银币既高于银块十分之二，若岁铸银币一百兆枚，则可得铸羡一千四百余万。又以八百兆为银币准数，而以五之一制钞，可得钞羡一千四百余万。"
　　③ *Chinese Currency*.

675

金价值太大,不适于中国①。这话表面上很有理由:当时中国的物价革命还在演进中,人民的日用计算,只由制钱进展到铜元,最多由用铜进到用银,用黄金的机会的确很少。但金本位不一定要使用金币,金本位的目的是求汇价稳定,并不是要人民使用金币。西亚各国如波斯等,在中国的春秋时代(公元前第六世纪)就用金币了,中国本身自战国到两汉,大体是以黄金作为计算标准,那时波斯人和中国人的生活程度也不会很高。英国在南宋理宗宝祐五年(公元一二五七年)是用金银复本位,但英国人中大部分人一生见不到金币。采用金本位只是把中国的币值钉住在黄金的价值上,人民仍可以用银币或铜元铜钱,不一定要提高生活程度。

---

① 光绪三十年七月张之洞奏驳虚金本位疏:"查外国商务盛,货价贵,民业富,日用费,故百年以前多用银,或金银并用,百年以来,欧洲各国专用金者始渐多。三十年来,各国遂专用金,盖商日多,费日广,货日贵。一物之值,一餐之费,罕有仅值洋银数角者;中人一日之需,断无仅值洋银一圆者,故以用金为便。中国则不然,民贫物贱,工役获利微,庶民食用俭,故日用率以钱计;其贫民每人一日口食仅止一二十文,中人一日口食仅止六七十文;……其沿海沿江通商大埠,尚参用生银银圆,而内地土货,无论巨细,买卖皆用铜钱积算,虽大宗货易,间用生银折算,然总以钱为本位。大率两广滇黔及江浙之沿海口岸市镇,则用银者十之七八,用钱者十之二三;其上游长江南北之口岸市镇,则已银钱兼用,若长江南北内地之州县,则银一而钱九,至大河南北各省,则用钱者百分之九十九,用银者百分之一二。今计中国全国,仍是银铜并用,而用铜之地,十倍于用银之地。大率中国国用皆以银计,民用仍多以钱计。是中国虽外人名之为用银之国,实则尚是用铜之国。……目前中国情形,若欲行用金币,不但无金可铸,即有金可铸,亦非所宜。……窃谓此时唯有先从银铜二币入手,讲求划一畅行之策,然后酌定银钱准价之价,每银一两,限定值钱若干,……二十年后……果须参用金币,再行斟酌试办。……五十年后,……中国已成为用银之国,则必可兼用金币矣。"(《张文襄公全集》卷六十三奏议六十三,虚定金价改用金币不合情势折)《清朝续文献通考》,光绪三十三年:"自精琦议行金汇兑本位制,国人和者继起。张之洞奏陈痛驳,梁启超至斥为童稚之言。平心论之,所驳虽未中肯,而环顾中国现象,却亦未可轻试。盖金汇兑本位,必负汇票贴平之义务。主是制者亦认此亏,谓有银币抬高之利抵注有余。不知我国银币尚未统一,民间习用生银铜元已久,一时不易变更,是所谓利,尚属理想,而汇兑之亏,无可逃避。"

当时不止反对金本位的人不懂得货币学,就是主张的人,除了几个外国专家外,也都是外行。刘世珩所主张的金单位竟根据银两来决定,并且认为这是最要关键,似乎有意要维持金银间的比价,使银币成为一种实币。这样如何能说是金本位呢。汪大燮以为可以用估价过高的银辅币来偿付外债,那真是异想天开。至于几个外国人,对于货币问题虽然有所认识,但多不懂中国的情形,而且不相信中国人,所以精琪要中国请外国人来管理中国的币制,这点是张之洞等痛驳的主要对象。就是金汇兑本位制本身,也引起中国人的怀疑,因为当时采用金汇兑本位制的全是殖民地。

第四节 信用机关

一 银铺和典当业

中国的信用机关,比起欧洲国家来,也和货币理论一样,在清朝落后了。欧洲各国的银行制度,都是在这两三百年中形成的。近代第一家发行银行瑞典银行是在顺治十三年(公元一六五六年)设立的。英兰银行成立于康熙三十三年(公元一六九四年),这是第一家大规模的现代银行。康熙五十五年(公元一七一六年)约翰罗在法国设立一家银行。乾隆三十年(公元一七六五年)非德烈大帝在柏林创设皇家银行。连新兴的美国也在乾隆五十六年(公元一七九一年)设立美国第一银行。但中国则在光绪以前,各种信用业务仍是在许多小规模的旧式金融机关手中,如典当、银铺、钱庄和票号等。

银铺在清朝还是相当重要,因为清朝完纳钱粮多用白银,而银的成色重量不一,多先交给银铺倾铸成锭,然后缴纳。有些银匠暗加戥头,多方勒索。有时乡村的税银运到州县,又要另叫银匠镕铸大锭,才送到布政司去,这又是一次揩油的机会。所以当局屡有禁令①。中国最初自造的银币,便是银匠所铸的。

银铺的主业还是在于器饰的打造。兼营金银的买卖,其中有一种银炉,以镕铸银锭为专业,可以说是银铺的变形。后来上海金融市场发达,银炉的地位很重要,上海没有公估局,银色的鉴定就由银炉担任。

银炉这名称,在明朝便有了②。但清朝更多③。有时也叫炉房,

---

① 《皇朝文献通考》卷一五《钱币》三:"雍正二年,……刑部尚书励廷议奏言,完缴钱粮,例易银上纳,民间买卖色银,未必即系足纹,必投银铺倾镕,而后入柜。官银匠当倾镕之时,每苛酷成色,横加勒索,各有戳字为认。对州县拆封后,再发匠另镕大锭,方始解布政司,银匠见非其字戳,必以成色低潮禀官,责令完户重补,以致重耗累民。嗣后请严禁银匠借口成色包揽需索之弊。"《皇朝通志》卷八十三,食货略赋税上:"康熙三十九年乃设立滚单法……甲内首各挨次滚催令纳户自封投柜,不许里长银匠柜役称收。"又"先是四川火耗较他省独重,自雍正年间陆续截减,有司不得中饱,因有暗加戥头,百两重至一钱有余,而收粮之书吏,倾销之银匠,又从而侵渔之。"《东华续录》乾隆八,乾隆三年十二月丙申论:"向来四川火耗较他省为重,……今闻该省银钱无减,而不肖有司巧为营私之计,将戥头暗中加重,有每两加至一钱有余者,彼收粮之书吏,倾销之银匠,又从而侵渔之,则小民受剥削之害不小矣。"

② 文秉《烈皇小识》卷五:"天启十一年四月真定巡按李模疏监臣'贪肆非常'事曰,……乃令郭旗鼓向每营将官索要三千两,各先送过五百两,独火功营将王震仲素负骨气,不肯应承,……送银炉银如意各一件,……"

③ 《儒林外史》第六回:"那开米店的赵老三,扯银炉的赵老汉,本来上不得抬盘的。"

并有所谓官炉和私炉。官炉的设立要经过户部的核准。但末年限制放宽了。他们兼营钱业,而且发行钞票①。

炉房也有兼营信用业务的。例如营口的银炉,本来是替人铸造元宝的,自营口开放为商埠后,交易发达,制钱不够应付,白银使用增加。一般商民平日收到的零星银块,因成色不划一,不便流通,多送到银炉去铸成元宝,后来请求铸造的人多,应接不暇,银炉方面,乃于收到银块之后,扣去亏耗和手续费等,折成银宝分量,出一收据,这种收据就在市面流通,如同钞票或支票一样。有些商家,特意把银块存入银炉,开立往来户,以取得这种便利。甚至没有现银,也商请炉房开立户头,发行凭条。这样使银炉成了一种真正的信用机关。光绪九年(公元一八八三年)的时候,营口各银炉曾成立公议会,决议每年以三月、六月、九月、十二月的初一日为结账期,叫作卯期。后来在第一次中日战争时,在义和团运动时,在日俄战争时,受到几次打击,倒闭的很多②。从此就

---

① 徐珂《清稗类钞·农商类》第四十六页炉房:"炉房,亦称银炉,专铸马蹄银。京师天津上海汉口均有之。亦兼营钱业,发行纸币,流通市中,其效力与庄票同。自银币通行,炉房之业遂衰。"

② 张家骧《中华币制史》。徐珂《清稗类钞》,农商类第六十六页营口银市之变迁:"营口之炉银,即过账银也。以炉房为过账机关,故名。营口开埠之初(按系公元一八五八年),商界交易,均用营平现宝;其后市面日盛,进出口货交易日巨,现宝求过于供,不敷周转,特行此炉银以代。惟定每年三、六、九、十二四个月朔为结码变现之期,即曰卯期,到卯凡有炉银,一律变现现银收付。商民称便。相沿既久,遂成一种习惯。及小银币通用,营市金融为之一变。小银币日渐见多,现宝遂日渐见少。炉银到卯变现,自不能不因时势之所趋而随与转移。于是定有每炉银一锭计重五十三两五钱到卯变为现小银币八十一元之价格。光绪庚子拳匪之变,甲辰日俄之役,奉天商号倒闭频仍,皆由炉房借口商业受损,任意操纵。到卯不能变现应付,以致炉银信用渐失。虽历经当道整顿,终未克规复八十一元之定格也。然炉银一锭,市价尚在小洋六七十元之间。"

衰落了。

典当业在清朝仍占很重要的地位。顺治九年(公元一六五二年)规定各省当铺每年纳税银五两,北京的当铺则照铺面的大小征收①。康熙三年(公元一六六四年)又重新规定每年五两的当铺税②。当时每年约可收入十一万多两③,可见当铺的数目有两万多家。以山西省为最多,其次为广东、直隶、福建、甘肃、贵州等省。

---

① 《皇朝通志》卷八二,食货略三赋税上。
② 《皇朝通志》卷九〇食货略十行帖。
③ 《大清会典事例》卷二四五,牙帖商行当铺税。各省当税数额如下(内吉林与四川包括牙税):

山西	23475 两
广东	13440
直隶	9835
福建(包括台湾)	8630
甘肃	8125
贵州	8001
陕西	7410
江苏	6665
浙江	5360
安徽	4435
山东	4370
河南	2775
盛京	2197.5
云南	2012
江西	1675
四川	1485.8
广西	985
湖南	690
吉林	456.5
共计	112022.8 两

第八章　清代的货币

当铺在清初还有叫作解铺①的，康熙以后多叫当铺②或典铺③，质典的行为多称典当④，嘉庆以后有称典押⑤的。

清朝典当业的规模比以前大了，从野史中可以知道典当的资本是一朝一朝增加的：

历代当铺资本额表

朝代	一家当铺所需资本
宋	300—500 贯⑥
明	1,000 两（小当铺）⑦

---

① 《野叟曝言》第二十八回："过两日上坟之后，大姨三姨合管账家人，都来缴账，连解铺发票，共用四百八十余两银子。"（康熙时作）

② 《雨花香》（雍正时作）第二十八种亦佛歌："扬州大东门有个开当铺的许长年……虽有几万之富，为人最贪最吝。"《石头记》卷四八："内有一个张德辉，自幼在薛蟠当铺内揽总，家内也有二三千金的过活。"又卷五七："忽见湘云走来，手里拿着一张当票……黛玉瞧了不认得。"又卷八一："王夫人道，……那个人叫做什么潘三保，有一所房子卖与斜对过当铺里，这房子加了几倍价钱，潘三保还要加，当铺那里还肯。"《品花宝鉴》（道光年间作）第十三回："这潘老爷叫潘其观，是本京富翁，有百万家财，开了三个银号，两个当铺……原籍山西。"《笑林广记》（光绪年间作），不识货，"一徽州人开当铺，不识货，有人拿单被鼓来当，报曰皮锣一面，当钱五百。有拿笙来当，报曰斑竹酒壶一把，当钱八百。有拿笛来当，报曰丝羹火筒一根，当钱二百。……"《官场现形记》（光绪末年作）第十一回："且说邹太爷拿了衣包一走，走到当铺里，柜上朝奉打开来一看，只肯当四百铜钱。"

③ 《东华续录》乾隆一一七，乾隆五十八年六月丙子谕："书麟等奏，审拟溧水县知县陈璜干县民陶仁广在无服族祖陶宇春典铺内为伙，窃物潜逃。"

④ 《儒林外史》第二十六回："这人是内桥胡家的女儿，胡家是布政使司的衙门，起初他嫁了安丰管典当的王三胖"《争春园》第七回："莫伦说道，我怎敢变卖，言毕竟自出门去了。拿着这对金镯，那里去典当，就三文不值二文的他就与人家兑换了七十多两银子……写了一张假当票。"

⑤ 《信征前集》卷下《十金得官》："嘉庆年间……杨赶马生业逐年不顺……资斧已竭，店主讨火食银甚迫，检衣出门欲典押以偿，才入当铺门口，有坐玻璃轿者来……"。

⑥ 《新编五代史平话》中慕容三郎准备以三五百贯钱开一家解库。

⑦ 《醒世姻缘》。

续表

朝代	一家当铺所需资本
清	2,000两(城中解当铺)① 3,000两(繁盛区小典铺) 10,000两(繁盛区大典铺)② 1,000余两(村镇典铺)③ 4,000两(中等城市小当铺)④ 80,000两⑤ 20,000余两(咸丰年间北京小当) 30,000—40,000两(同上中当) 40,000—50,000两(同上大当)⑥

当铺的资本既加多，业务也扩充了。不但作放款，而且接受存款。清初叫作生息银，乾隆三年因宁夏镇发生地震，次年政府曾下令豁免被灾各当铺所领的生息本银八千五十七两⑦。十六年云南开化还设了两家所谓生息当铺，似系政府资本⑧。但这里所谓生息

---

① 《金瓶梅》西门庆家解当铺的资本。

② 《豆棚闲话》第三则汪念想用三千两叫他儿子到平江去开个小典，他儿子说要一万才够。

③ 《东华续录》乾隆一一七，乾隆五十八年谕："村镇典铺资本不过千余金，而陶仁广所窃估赃竟多至三百余两。"

④ 《儒林外史》第五十二回："且说这毛二胡子，先年在杭城开了个绒线铺，原有二千余两的本钱，后来攒到胡二公子家做篾片，又赚了他两千银子，搬到嘉兴府开了个小当铺。"

⑤ 和珅在通州、蓟州等地方曾开设当铺，但对资本的估计，则各书所载不同。《中国内乱外祸历史》丛书所收"查抄和珅家产清单"中说："银号十处，本银六十万，当铺十处，本银八十万。"平均每家八万两。陈其光(同治十一年)著《庸闲斋笔记》(见《笔记小说大观》)作"当铺七处，本银八十万两。"《庸庵笔记》的清单中估价每家平均三四十万两，或许过高。

⑥ 见张修育奏折。

⑦ 《清高宗实录》卷八八。

⑧ 《清高宗纯皇帝实录》卷三九九乾隆十六年九月云南开化镇总兵张凌霞奏，"再开化设有生息当铺二处，因原定以钱一千一百文作银一两，出入之数，与市价高低不一，恐有亏折，概不当钱。兵民不乐赴当，遂至生息不敷。现搭换制钱二千余串，银出银入，钱当钱赎，原本无碍。"

第八章　清代的货币

当铺,并不是指接受存款的当铺,而是说这种当铺通过他们的业务而产生利息(实即利润)①。四川也有官营当铺②。嘉庆初宣布和珅的罪状中,就有一条是说借款十余万于通州附近之当铺钱店,以生利息③。这里所谓借款,实际上就是存款;只因中国古来存款业不发达,存款这名辞不大有人用。本来存款和放款并没有多大分别,是同一种信用交易的两种名称。而且并不限于正式的信用机关,普通商店也常接受这种存款④。道光年间地方政府曾有将捐输钱六十万串存入典铺生息的事⑤。乾隆年间的这种存款可以得到一分以上的利息⑥。

---

① 《清高宗纯皇帝实录》卷一一六八乾隆四十七年十月谕,"据何裕城奏,陈辉祖交伊妻舅申兆仑银三万两,令开当铺生息。"

② 《清高宗纯皇帝实录》卷七三五乾隆三十年四月四川总督阿尔泰奏:"川省兵红白事件赏需银,……经前督臣……奏请将川省各营内交商生息之项,全数征回,归还原本。其重庆夔州二处,向无民当,营中自行开设,生息亳赏,仍令照旧开设。……而重夔二当本银四万一千九百余两,每年息银仅获五千三四百两,较之钱局悬殊。……不若将营员所设官当概停,其当本银……酌留一万九千余两交钱局随卯带铸。……得旨皆如所议行。"

③ 《庸庵笔记》。

④ 袁枚《子不语》卷一二,银隔世走归原主:"告以生此子三日掘地埋胞衣,因得此金,以无所用,付之布肆中取息,已五年矣。"《续子不语》卷一,伏波滩义犬:"……乃出券示之,曰,此项现存某行,执券往索可得。"《清高宗纯皇帝实录》卷一四四六乾隆五十九年二月谕:"诺穆三者同系协领(吉林),何以赀财独厚,即据现经查出房地外,诺穆三尚有寄存帽铺银一千两,钱铺银二千两;托蒙阿交有寄存泰来当商一千两,杂货铺银五百两。"

⑤ 《东华续录》道光五十八,道光二十八年七月壬子谕:"前据御史杨彤如奏,……前贾鲁河完工后,经该抚奏明将捐输钱六十万串交典铺生息,作为岁修之用。今既责令各员赔修,此项钱文毋庸再作开销等语。"

⑥ 《清高宗纯皇帝实录》卷五一七乾隆二十一年七月山西巡抚明德奏,"查晋省当商颇多,亦善营运,司库现存闲款,请动借八万两,交商以一分生息。五六年后,除归新旧帑本外,可存本银七万余两,每年生息八千六百余两,足敷通省惠兵之用。……得旨允行。"同书卷一一七六乾隆四十八年三月又谕,"各省存公款项,交典商生息名色,本不应有,但闻商人等向俱乐于承借官项,以其轻于民间之三分利息也。"

683

因为接受存款,所以当铺可以签发银票。银票起初大概是一种本票的性质,就是发行人自己定期付现的期票①,多是应存户的请求而发。后来存户可以直接签发,那就变成支票了。

清初闹钱价问题的时候,政府曾屡次想利用当铺来稳定钱价。乾隆二年(公元一七三七年)田懋在平钱价疏里曾提出这主张。九年(公元一七四四年)鄂尔泰等所提疏通钱法八条,也是要谋取当铺的合作。当时北京城内外大小当铺有六七百家,有些是官吏开的,有些是商营的。钱文出入最多。所以想对他们增资,叫他们吸收铜钱送官局发卖②。当时钱庄似乎是同政府站在对立的地位,政府说他们有意操纵钱价。当铺倒成了半官式的信用机关了。我们也可以说当铺代表封建官僚的利益,而钱庄在当时是代表一种商人阶层的利益。

---

① 《野叟曝言》第二十七回:"管账道,如今给了他,怕他变卦,小人同他到解铺里发一银票与他,候出殡过给他银子,才是一了百了。"
② 《东华续录·乾隆》二十,乾隆九年鄂尔泰等的疏通钱法第二条和第四条如下:

"一、京城各当铺,宜酌量借给资本银,收钱发布流转。查城内外官民大小当铺,共六七百座,钱文出入最多。见在平减钱价,各当铺如得官借资本,收钱上市发卖,在当铺既多添资本,而在市逐日又多添钱文发卖。两有裨益。应将京城各当铺,无论官民,每大当资本丰厚,应派给银三千两,听其营运。将所领银两存留作本,每一日交制钱二十四串,运送官局上市发卖,每制钱一串,加钱十文为局费;其卖出银,仍交各当铺收回作本。至于小当,资本原有多寡不等,有情愿借银者,准赴局具呈,查明现有架本,酌量借给,所缴钱文并卖钱易回银两,俱照大当一例办理。再借给大小当铺资本约银五六十万两,核算每日可收钱数千串,须设公局收贮,派员经理。

一、京城各当铺见在积钱,宜酌钱数送局,一并发市。查京师当铺六七百座,每于秋冬之际,存贮钱最多。此项虽系各当铺营运之资本,以济小民一时之缓急。但堆积过多,未能流通,转于民用不便。现在钱价昂贵,开设官钱局平价。而开设之始,钱尚不能充裕。在各当铺当时冬令,正值闲贮之际,应将京城内外大小当铺,无论官民,每大当一撤出制钱三百串,小当一撤出制钱一百串,俱自行运送官局交局员发卖,陆续易银给还。如运局钱卖终及半,各当铺陆续运送补足,倘小当一时不能如数,令将一百串之数陆续送足交局,如已经颁借官局资本,前项钱免交。"

嘉庆间因为财政困难，曾有人建议向典当业募债，分五年偿还。这计划虽然没有实现①，可见当时典当业还是重要的信用机关，而且那也是清廷募集公债的先声。

五口开放以后，都市商业发达，典当又有进一步的发展，而分出等级来。以前也有等级，即所谓大当小当，但后来各等级有其特别名称。最大的是典铺，不但资本多，当期也长，普通为十八个月；利息也比较轻；而且对于质物的数额，不加限制。其次是当铺，当铺如果财力不够，可以婉辞拒当。再次是质铺。最小的是押店。押店期限最短，普通是六个月到八个月，利息也最重。详细情形各地方不同，甚至名称也不完全一致。在上海一地，据光绪三十一年（公元一九〇五年）的调查②，南北两市和租界共有典当一百五十多家。

此外还有一种印局，性质和当铺差不多。印局的名辞大概同印子钱有关系。印子钱是一种高利贷的形式，自清初便盛行，和元朝的羊羔息相同。印局的放债，金额比较小，每次自京钱一串到二三串，要熟人担保，按日或按月计算。

二 钱庄和银号

钱庄的规模和业务，在明末清初的时候，有进一步的扩充；他

---

① 《东华续录》嘉庆三十七，嘉庆十九年二月戊午谕："大学士会同户部议驳百龄朱理奏请江苏及各省当铺按照成本多寡将息银输纳二成分作五年给还一折。……至原折内称，当商等多系仕宦旧族，各有报效之心；此语尤属虚诞，仕宦家固亦有治生营运者，然此辈大抵市侩居多，强其所不欲，而滥及名器，亦太不计利弊重轻矣。"

② 民国二十四年《上海市年鉴·上海典押业》。

685

们利用私铸的猖獗，从中渔利①，甚至囤积制钱②，操纵钱价③，有些摊子式的钱桌④，可能慢慢扩充成钱店，本来是兑换铜钱的，变成作存放款的信用机关。

钱庄的主要业务，就是到了清朝，也还是兑换。兑换自然附带评定金银的成色和重量⑤，评定银色是兑换的基本知识。元明以来银铺的兑换生意，很快就给钱庄抢去了。

存放款的业务，只有资本多规模大的钱庄才能够经营。应当是放款业务先发展，存款业务的发展比较晚。明末已经有作放款的，收受存款大概是清朝的事。清初仍有银票会票的使用⑥。银票

---

① 《皇朝文献通考》，"顺治十四年……定私铸铜钱禁例。……其卖钱之经纪铺户有兴贩搀和私钱者，杖一百，流徙南阳堡。"

② 《皇朝文献通考》卷三二，市籴考："乾隆三年御史陶正靖等条奏裁革，嗣是囤钱各铺无人说合，转致居奇，请照旧设立牙官十二名，……再铺户囤积钱文，向有例禁，未经核定数目，仍属虚文……。"

③ 《皇朝文献通考》卷一六，钱币考四："乾隆二年……户部会同提督衙门奏言，见在京城……兑换之柄，操之于钱铺之手，而官不司其事，故奸商得任意高昂，以图厚利。"

④ 《崇祯长编》卷一，崇祯十六年十一月己酉谕户工二部都察院："屡有旨疏通钱法，本欲足国便民，近闻贱滥愈甚，小民翻成苦累。……其京城内外，所有钱桌、钱市，著厂卫五城衙门严行禁缉，仍将过数目，一月一奏。"

⑤ 《儒林外史》第十四回："晚间果然烧起一炉火来，把罐子顿上那火，吱吱的响了一阵，取罐倾了出来，竟是一锭细丝纹银。马二先生喜出望外，一连倾了六七罐，倒出六七锭大纹银，心里疑惑，不知可用得否。当夜睡了，次日清晨上街到钱店里去看，都说是十足纹银，随即兑换了些铜钱拿回收好，赶到洪憨大仙下处来谢。"《石头记》卷二十四："且说贾芸偶然碰了这种事，心下也十分稀罕，想那倪二到果然有些意思，……因走到一个钱铺内，将那银子称了称，分量不错，心中越发欢喜。"《镜花缘》第七十六回："紫芝等的发燥，只得上前拱手道，诸位请了，我要兑换几两银子。青钿道，此话怎讲？紫芝道，这里钱亦有，算盘亦有，不是要开钱店么？青钿道，开钱店倒还有点油水，就只看银水眼力还平常，惟恐换亦不好，不换亦不好，心里疑疑惑惑，所以不敢就开。"

⑥ 《野叟曝言》第十二回："壁上贴着立誓不入银会，不借当物的纸条。"

是期票,钱庄当铺等机关都可以发行,存款收据也叫作银票①,后来似乎存户也可以签发,命令钱庄或当铺付款②。会票本是异地的支付命令书③,但因为发行的庄铺信用好,所以也能在市面上辗转流通,和银票差不多④。同治年间才叫作汇票⑤。

清初另有一种信用机关出现,叫作银号。这一名称的起源,还不能确定。可能是由银铺发展出来的。在同时代的英国,的确有这种事情。英国的金店因为把人民的存款放给政府,在康熙十一

---

① 许楣《钞币论》(道光二十六年):"银票虽存本取息,亦须岁易其票。"

② 《东华续录》嘉庆十三,嘉庆七年正月乙未谕:"本日军机大臣会同刑部审讯袁锡等开圈聚赌一案,将袁锡供词进呈,内有曾托鄂罗锡叶勒图向明安说情,交给一千两银票之语。"《信征绪集》卷上,争气:"卢曰,既恐货不能售,我一人买之,照簿原值给价,物不可移动半件,计物给值,共银一万四千三百两,卢先给银票一万两,令先到看水银店认明收清。"《天豹图》第二回:"李荣春闻了店主人此言,默默不语,少间遂应道,罢了,你去算算该多少价钱,我就赔你。那主人约略一算说,共该银三百八十四两。李爷道,我写一张银票与你,到如春银号去取。那店主人道,多谢大爷。李荣春写完了银票,直向花家而来。"

③ 陆世仪《论钱币》:"今人家多有移重资至京师者,以道路不便,委钱于京师富商之家,取票至京师取值,谓之会票。此即飞钱之遗意⋯⋯。"(《皇朝经世文编》卷五二,户政二十七钱币上。)《红楼梦》第十六回贾琏同贾蔷商量南下购置元春省亲物事时:"贾蔷道,刚才也议到这里,赖爷爷说,竟不用从京里带银子去,江南甄家,还收着我们五万银子。明日写一封书信会票,我们带去先支三万两,剩二万两存着等置办彩灯花烛,并各色帘帏帐幔等使用。"(乾隆初年事)许楣《钞币论》:"若会票则交银子于此,取银于彼,从无空票。"

④ 《野叟曝言》第八十回:"但文爷媒运虽发,财运不发,替天生如包为媒,白折了一万会银。"(康熙末年事)许楣《钞币论》:"议者曰,民间多用钱票会票,每遇钱庄歇闭,全归无用。"又,"今之会票有至累千金者。"又:"钱会有辗转相受,不取钱者。"毛祥麟《墨余录》(同治九年)卷二,记癸丑沪陷时事:"盖洪杨之取金陵也,大江以南,岌焉如不终日。⋯⋯时余以各捐户俱以现银缴局,数虽未集,已有七八万之多。睹此时艰,因持请于袁公,令捐生各出会票,俟营员提饷时,集银面缴。"

⑤ 《信征纪集》(同治九年作)卷下,贯石:"一日路有石桥为水冲倒,左近居民募题重修,文竟出五千金助之。三月而回,则桥已鼎新,实未见文有多银携带也。疑而问之,文曰,吾以汇票付之,彼自往取。"

年(公元一六七二年)为了同荷兰打仗,政府不能偿还,金店大受打击,结果发生分化,一部分金店回复打造器饰的专业,另一部分则演变成纯粹的信用机关。中国的银铺虽然没有受到什么打击,但因为兑换业务乃至评定银色的工作,都被钱店抢去了,其中一部分就索性把业务重心放在兑换上,以和钱庄竞争,也是自然的事;后来并且作存放款,就和钱庄一样了。不过传统式的银铺自然仍旧存在①。由于银号和钱庄业务差不多,一般人对两种机关不大加以区别②,有人把规模较大的称为银号。也有人说北方的信用机关多称银号。但乾隆年间北京有钱店和银号并存,经营兑换金银等业务③。

  钱庄和银号在乾隆年间很为活跃④,钱价的波动,多少受他们

---

  ① 《东华续录》乾隆七十二:"三十五年七月辛酉谕迈拉逊等,查审陆宏方国秀控告刘永相偷用寄放银两一案,省城银铺与藩司吏胥表里作奸,最为弊薮,今何彰年承领藩库倾换钱粮银两,辄敢私行那用,……其原告陆宏方国秀领出官银寄放银号,系向来常有之事,且因其情急控告,始得究出银铺舞弊情形。"

  ② 嘉庆帝在宣示和珅罪状时说:"附近通州蓟州地方,均有当铺钱店。"后面又说,"况银号当铺尚未抄毕,已有数千余万两。"(《中国内乱外祸历史丛书·埏珅志略》)

  ③ 潘荣陛《帝京岁时纪胜》(乾隆二十三年),十二月市卖:"……初十外则卖街画,门神,挂钱,金银箔,锞子,黄钱,销金倒酉马子,烧纸,玻璃镜,窗户眼,请十八佛天地百分。钱店银号,号换押岁金银小梅花海棠元宝。"

  ④ 王棨华《局外散人消闲戏墨》:"乾隆末年,白金价高,腾踊日甚,郡内天宝钱铺郭某兴隆钱铺李某各赍千金赴白沟河买粮,到彼投某粮店解装,尚未议及粮价若何。郭见窗间置邸报,取来翻阅,有某御使一摺,言ён钱通壅,轩轾不行,请发帑银,以平时价云云。郭心动,私语李曰,买粮胜负,尚未可知,若帑银一出,银价必暴缩。何不乘人未觉,将此买粮之银,暂且易钱,十天半月,可获倍息,再来买粮未迟。李亦然之。乃……束装奔省垣,定更时仅能进城,投金泰钱铺,将二千银随行合钱批帖过账。酒饭毕请客安寝。盖钱行生意人最机警,金泰号疑此二人来之有因,命将客房加锁,夜间客若呼唤,切莫应声。即着人载四千银星夜出城赴定州探听行情。……及天明,……二人……脱驰而回,到铺金泰号之人尚未行,两家各买二千金对月钱,多加二数,业已成交,无可挽回。此风一播,银价骤减,一二日内,两家赔钱四五百缗。帑银未出,钱价已平。"

的操纵①,所以当局的应付,也是以钱庄为对象②。当时他们的存款业务已相当发达;政府的公款,往往存在银号中,这样提高他们的信誉不少,因而更能获得私人存款③。

乾隆二年(公元一七三七年)户部和提督衙门奏请在京师内外开设官钱局十所,用银两向当铺收进制钱再向市面抛出,以平钱价④。这建议大概被采纳了,因为次年乾隆帝曾提到这些官局⑤。这可以说是清初的政府信用机关。民间有钱庄和银号两种名称,后来政府也有官钱局和官银号两种名称。

嘉庆年间,北京的钱铺不但从兑换中取利,而且发行钱票,有些甚至陡然歇业逃匿,使持有钱票的人无从兑现⑥。

道光年间还是盛行这种投机倒把的事。当时北京城内大概总

---

① 《皇朝文献通考》卷三二,市籴考,乾隆二十七年:"向来每大制钱一千文,市例扣底四文,近来钱铺竟有短至二十文者,此又暗中增价巧于取利之一端。"

② 《东华续录》乾隆二十,乾隆九年鄂尔泰等所提疏通钱法第五条:"钱市经纪宜归并一处,官为稽查,以杜抬价。查钱市向设经纪十二名,各铺户有高抬钱价者,责成经纪,严谕平减,不许垄断。但该经纪等散居各处,早晚时价难规划一,向无专员约束,或与钱铺通同勒索。查正阳门外为商贾云集之地。应令经纪等聚集一处,每日上市招集买卖铺户商人遵照官定市价,公平交易,以杜私买私卖之弊。"

③ 《北东园笔录》四编(道光二十八年)卷二,雷州太守:"罗茗香曰,道光九年在京师阅邸报抄,有部选雷州知府某行至高邮,遇雷震死。……此人……初选知府时,……置胬母于京师,托言资斧不足……且言所住屋已给房租三千,并有经折,可向某钱店,按月取钱若干为养赡,……乃甫一月而房东即来催租,某钱店亦不复发钱,始知房租仅给过一月,而钱店亦止存钱数千也。"

④ 田懋《平钱价疏》:"户部会同提督衙门奏称,工部现有余钱八万串,请于京师内外开设官钱局十处,令各部派员管理。再于京城内外当铺赎当钱文,令各官局将兑收银两酌量各当铺存贮钱文之多寡,依照市价公平易出,以为官局输转之资。将来交春之际,各当铺须钱,仍许向各官局兑换,以作资本。"(《皇朝经世文编》卷五三,户政二十八钱币下。)

⑤ 《东华续录》乾隆七。

⑥ 《仁宗睿皇帝实录》卷二二五嘉庆十五年二月。

有四五百家,有些是康熙乾隆年间开设的。但无疑有许多是资力薄弱的,即使不是有意欺骗,也可能因经营不善而倒闭,倒闭后对于持有钱票的人,最多只能付以几成现钱。道光十年由都察院奏定新章程,规定关于歇业钱铺的处理办法。并规定新设钱铺要由五家钱铺担保;如果这五家中有倒闭的,就要找一家补保。然而这种规定只有官样文章。

道光年间,清廷也曾设立政府的信用机关,由内务府在北京设立官钱铺五家,发行钱票。另外在各通商口岸设立官银号,鸦片战争以后,外国商人的税银,都由官银号代收。

咸丰三年,太平天国革命在北京的钱业界曾引起一次挤兑的风潮。二月中旬,北京谣言很盛,持有钱票的人,一齐到钱铺去兑现;昼夜填街塞巷,大家争先恐后;钱铺措手不及,纷纷倒闭,十五日一天内就关闭了两百多家。有些粮店也受到影响而倒闭。但到咸丰九年九月间,北京城内还有五百十一家钱铺,其中有三百八十九家是道光十年以前设立的,没有互保关系;其于一百二十二家是有联保的。另外还有金店、参店、烟店、布店等,不挂钱幌,但也兼营银钱兑换业务。钱铺虽有互保,但五家铺保中,总有一二家或三四家已经关闭,他们发行钱票的数目,总是等于他们的资本许多倍。一家钱铺关歇,往往有盈千累万的钱票在人民手中,这些钱票最多只能兑到几成现钱;人民一点保障也没有。县署的承办房书接受贿赂,不照章程办事;贿赂若少,则多方留难,贿赂若多,则房书代为捏写保状,甚至有用关闭几年的铺户来担保新开的钱铺。所以咸丰九年九月间当局又定出限制章程,加强互保制度①。

---

① 张祥河等遵旨查明京城钱铺数目酌议限制章程折。

咸丰年间也设立了许多家官钱铺。四家所谓天字官钱铺,五家乾字官钱铺,五家宇字官钱铺,总共十四家。目的是为推行大钱和纸币。但清朝的私人钱铺,同政府多少处于对立的地位,乾隆年间是这样,咸丰年间还是这样;譬如咸丰四年的时候,一般钱铺对于政府发行的纸币就采取不合作的态度,有意压抑,以致一般人民重私票轻官钞。所以官钱铺总是难以久持的,咸丰年间的这十四家官钱铺,不到几年都关歇了。

同治年间,钱铺关歇问题,还是严重。北京城内,几乎每月有几家关歇,甚至有些资本比较大、历史比较久的,如乾源、公源、源隆等,也在同治八年关歇了。这种关歇的行为,动机多是不好的,每家所收揽的存款,自五六万串到一二十万串。这些存款很少是官吏或富人存进去的,因为他们对自己的财产知道怎样保护;大半为佣工贩卖的零星存款,由一两串到二三十串。这些人的需要是很迫切的,如果钱铺关歇,就是将来有全部付清的希望,也是缓不济急的,所以总是听任司坊皂吏用两三成现钱将钱票加以收买,等到法院判决清偿的日期到了,有钱有势的人,可以亲自到官署去照数面领,穷人则不容易进衙门,而且手中存票也不多,即使能领到两三成,也恐怕还不够应付衙门里的勒索,所以多放弃权利。一家钱铺若是发行十万串的钱票,关铺后只要用一二万串便可以了事。

钱票似乎是根据存款而发行的,至少他的起源大概是这样。所以他的形式和收据差不多。收到顾客的现钱,即填发一张"寄存现钱若干文"的收据,这种收据既是认票不认人,自然会慢慢地在市面流通起来。后来除各种印章以外,连"寄存现钱"等字都不必用笔写,而用印章了。

钱铺和银号是采取独立经营制,不是分支连锁制,所以单位多而规模不大。不论官营或商营,都是这样。在规模上,比不上同时代欧洲的银行。例如英兰银行一成立便有一百二十万镑的资本,一镑以合白银三两计,共值三百六十万两。固然当时欧洲的私人银行,规模要小得多,但中国的银号,普通只有几万两的资本。乾隆年间和珅的银号,每家资本平均就不过几万两[1]。不过在样样进步得慢的中国看来,钱庄和银号要算是发展得快。当铺经过千年的演进,业务的扩充改进很为有限。而后起的钱庄银号,倒在一两百年之间,就走到当铺的前面去了。

银号和钱庄的业务虽差不多,但因为有一部分钱庄还是以兑换为专业而没有能力作存放款的。而银号大概很少专作零兑的,因此大家觉得银号规模比较大。道光年间已经有所谓烟钱铺[2],卖烟兼换钱,这是日后都市上最多的一种店铺,和明朝中叶的钱米店的性质差不多,要算是最低级的钱庄了。

晚清几十年间,是钱庄银号的最盛时期。他们的活动中心,渐移到长江流域,尤其是集中在上海。然而其间也遭受过几次打击:第一次是太平军攻打上海的时候。南市的钱庄倒闭的很多。战后上海异常繁荣,不过钱庄的重心移到北市去了。光绪二年(公元一八七六年)单是汇划庄便有一百零五家之多[3],其中设在南市的有

---

[1] 《庸庵笔记》所录清单中有银号四十二座,资本银四千万两。所以每家平均是九十五万余两。另据《中国内乱外祸历史丛书》所收查钞和珅家产清单目录中则有"银号十处,本银六十万两。"每家平均只有六万两。同治年间的《庸闲斋笔记》也说是"银号十处,本银六十万两。"

[2] 《品花宝鉴》第二十三回:"话说子玉逛运河这一天,李元茂向子玉借钱。少顷账房送出八吊大钱。李元茂心花尽开。又想道,这些钱身上难带,不如票便当,便叫跟他的小使王仆拿了五吊大钱放在胡同口烟钱铺内换了十张票子。"

[3] 《上海市年鉴·金融》。

四十二家,设在北市的有六十三家①。所谓汇划庄就是上海的大钱庄,他们组织一家汇划总会,作为一种清算机关,加入汇划总会的就叫作汇划庄。

第二次打击是光绪七年(公元一八八一年)中法战争的时候。上海市面很萧条,也有许多家钱庄倒闭。八九年间发生倒账风潮。有一丝栈亏空倒闭,钱庄中被连累的有四十家。倒闭的商店也有二十家。九年开市,南北两市的大小钱庄只有五十八家②。

第三次是光绪二十三年的贴票风潮。当时因贩运鸦片有厚利,市面对现款需要殷切,因此钱庄出重利吸收存款,以放给商贩。有些奸商利用商民贪利的心理,假设钱庄来骗取存款,到期不能付现,因而影响正当的钱庄,结果倒闭也很多。二十六年八国联军侵入北京的时候,北京天津一带的信用机关,遭遇一次重大的打击。抢掠之后,继以焚烧。库银房屋和契据都荡然无存。当时北京最大的四家钱铺即所谓四大恒,现银全被联军车载以去,搬运了三天③。清朝的金融中心本在北京,自太平军失败之后,上海日渐繁荣;经过义和团事变后,中国的金融中心,乃真正移到上海来了。

第四次是宣统二年(公元一九一〇年)的橡皮风潮。当时有一外国人在上海开设橡皮股票公司,大肆宣传,说橡皮事业怎样可以赚钱,许多商人向钱庄借钱买股票,钱庄自己也购买;后来那外国

---

① 王孝通《中国商业史》第三编第一章第十四节,清代之金融机关。
② 光绪八年旧历十二月初,有金嘉记源号丝栈因亏折款项五十六万两,突然倒闭,因而发生风潮,各钱庄赶将放款收回,但正当年底。据十二月三十日之调查,为银根紧所累而倒闭的商号有二十家。总数计一百五六十万两。钱庄中有一半停业清理。(王孝通《中国商业史》)
③ 徐珂《清稗类钞·农商类》第五十二页京师四大恒。

人卷款逃回本国,大家才知受骗,倒闭的钱庄有几十家。

上海的汇划庄又叫作大同行。其余的钱庄统称为小同行。小同行中分为元亨利贞四个等级。元字庄叫作挑打钱庄,有时候也经营存放款。但数目比较小。从前运送制钱,都用人挑送,当时称之为挑担钱庄,后来讹为挑打钱庄。亨字庄又叫作关门挑打,对于每天的收解,都托汇划庄和元字庄代办。利字庄不做存放款,只做银钱的趸批买卖,也做零兑,所以又叫作拆兑钱庄。贞字庄最小,就是所谓现兑钱庄,专做零兑生意,兼卖香烟①。

光绪二十三年(公元一八九七年)中国设立第一家新式银行,里面职员多为钱业界的人。但仍不能同钱业竞争。单就存款来说,各省各关存解的官款,仍旧存在私人的银号钱庄,而不存在奉旨设立的银行去②。至于一般商民,自然更是同钱庄往来。光绪二十六年(公元一九〇〇年)义和团事变的时候,外国人为保护他们在上海的产业,曾同钱业合作,以维持上海金融,可见他们承认钱庄在上海的重要性③。

清末钱庄的业务,大概多少受了外商银行的影响。除普通存放款以外,还有贴现④,这是中国旧时所没有的业务。当时市面上

---

① 潘子豪《中国钱庄概要》,引《时事新报》。
② 光绪二十四年中外大事记,户部奏。
③ 《西巡回銮始末记·南省保卫记》:"西人以各国产业在上海者巨,故尤注意。所有订约互保上海章程如下:……五、沪市以钱业为大宗,而钱业须赖银行零拆转输。若银行不照常零拆,或到期收银迫促,钱市一有拥倒,生意必皆窒碍。市面一坏,人心即震动不安,应请中外各银行东及钱业董事,互相通融缓急,务使钱行可以支持。六、钞票应照旧行用,只须道台会同各领事出示晓谕,声明各行并于收银搭几成钞票,由各钱业照付。"(《中国内乱外祸历史丛书》)
④ 《官场现形记》卷三十四:"回到局里一看,是一张期票。远水救不得近火,……只得托本局账房朋友,花了几块洋钱到小钱庄上去贴现。"

的票据有期票①、庄票②、汇票③、银票④等。在法律上，钱庄在清末已包括在银行在内。光绪三十四年（公元一九〇八年）的银行通行则例所列举银行经营的业务如票据贴现、短期拆息、存放款、买卖生金银和兑换、代收票款、发行汇票和银钱票等，都为钱庄所经营。

上海一地清末有两百多家钱庄，其中有四十家汇划庄。他们的资源除了资本和存款外，常向外国银行借款，利息是七厘，转放给商人，则为一分⑤。

清末各省纷纷设立省金融机关，或称为官钱局，如湖南、广东、安徽、山西、新疆、贵州等；或称为官钱号，如山东；或称为官银钱局，如河南、湖北、甘肃等；或称官银钱号，如陕西、江西等；或称官银号，如黑龙江和吉林等。性质都差不多。

三　票号的兴衰

票号完全是清朝的产物，而且和清朝同时衰亡。

---

① 咸丰年间就有期票的名辞。王茂荫条奏部议银票银号难行折，"……及大员俸银，给与期票，令其届期关支。《王侍郎奏议》卷三。《官场现形记》卷四："他这人生平顶爱的是钱。自从署任以来，怕人说他的闲话，还不敢公然出卖缺差。今因……有的是现钱，就是出张到任后的期票，这位大人也收。"

② 《官场现形记》卷六："次日上府果然带了一张三千块钱月底期的庄票。"又卷八，"起初每次出门，陶子尧一定要到钱庄带几百银子庄票，一二百块洋钱钞票在身边。"

③ 《官场现形记》卷八："抚台亦到了，把公事谈完，随手在靴页子里掏出一张四万银子的汇丰银行的汇票。……"

④ 《官场现形记》卷三："胡理也不答言，靴掖子里拿出一张银票，上写凭票付京平银二十五两正，下面还有个图书，却是一个四恒的票子。"

⑤ J. Edkins, *Banking and Prices in China*, pp. 33—34. 但在另处（第二页）又说一千两放款每月收五两为利息。

关于票号的起源，说法很多，有些外国人，说票号起源于隋末唐初①，或把唐宪宗时的飞钱和票号连在一起②。中国人方面，意见也不一致。有人说是明朝中叶产生的，在清初因战争的摧残，消灭殆尽③。有人说是起于明末清初，因李闯败走时，把军中所有的金银财宝，放在山西太原康家的院子里，康家拾得八百万两，就用来创设票号④。甚至有人说票号中的规则是顾炎武所拟订的⑤。另外有人说是创始于康熙乾隆时代⑥。这几种说法，都不能提出证据来。中国自明朝中叶以后的小说，如《金瓶梅》《獪园》《隔帘花影》《醒世姻缘》《儒林外史》《红楼梦》《镜花缘》等，都有关于

---

① 清末上海的传教师叶德景（Joseph Edkins）在其 Banking and Prices in China（1905）一书中，因在山西曾发现罗马的钱币，就说罗马商人在山西买铁，山西商人游行远近各地，招揽生意，成为金融业者。

② S. R. Wagel 在其 Chinese Currency and Banking 中完全根据叶德景的说法。并说自公元九百年（唐昭宗光化三年）就已经起手经营这种事业。

③ 上海银行周报第七号第八号有东海"山西票号"一文，说是明朝中叶兴起的，"当时成立未久，势力犹尚薄弱，营业区城，仅限于北京之少数地方。及至李闯之乱，消灭殆尽。"日本大正四年（民国四年）的"支那"杂志第六第七号载有"山西票庄"一文，也有同样的说法。（见陈其田《山西票庄考略》第七页。）

④ 日本明治四十年（清光绪二十九年）出版的《支那经济全书》（中文译本名《中国经济全书》，宣统二年出版）第三辑第五编"山西票庄"最初作这种主张（见《山西票庄考略》第八页）。大概是中国的一种传说。

⑤ 徐珂《清稗类钞》："相传明季李自成携巨资，败走山西。及死，山西人得其资以设票号。其号中规则极严，为顾炎武所订。遵行不废，称雄于商界者二百余年。"张一麟在《五十年来国事丛谭》（上海申报，最近之五十年）中有下列歌词："莫打鼓来莫打锣，听我唱个因果歌。那李闯逼死崇祯帝，那文武百官一网罗。那闯将同声敲夹烙，霎时间金银堆积满岩河。冲冠一怒吴三桂，借清兵驱贼出京都。贼兵舍不得金银走，马上累累"没奈何"（金银大块名）。一路追出潮涌至，把金银向山西境上掩埋过。贼兵一去不复返，农夫掘地富翁多。三百年票庄称雄久，不成文法孰蹉磨。相传是亭林青主两公笔，这一桩公案确无讹。"袭用此说的人最多。陈其田在其《山西票庄考略》中（第十页）疑心是自《支那经济全书》演绎而来。这话不确。第一《清稗类钞》所提顾炎武规则的事，不见《支那经济全书》，第二《支那经济全书》所记决非杜撰，一定是在中国调查的结果。大概这是中国当时最流行的一种传说。

⑥ 《山西票庄成败记序》。

钱庄的事,但都没有提到票号。清初书中偶尔提到西客①,有人说西客是票号的别名。实际上西客只能说是山西客商②,不能说都是山西票号。而且明末的汇兑业务,还是由政府办理,这也可以证明当时没有票号。

比较可信的是发源于日升昌颜料铺的说法。据说在乾隆嘉庆年间,有山西平遥人雷履泰在天津开设日升昌颜料铺,所贩颜料中,有铜绿一种,产于四川,因自往重庆制造铜绿运到天津。当时现银的运送,数目多的则由镖局保送,但有时仍有被劫的事,雷履泰于是创办汇兑的办法③。后来就改称票庄。

汇兑的办法,并不是雷履泰所创办的,唐的飞钱和宋的便换不必说,明清④都有会票的办法。雷履泰不过加以仿效罢了。这一点不很重要,重要的是票号出现于什么时候,换言之,就是日升昌或日升长⑤颜料铺什么时候改成日升昌票庄。据说该庄平遥总号的经理说是道光年间,北京的经理则说是道光十一年。

---

① 《野叟曝言》。
② 《石头记》第八十四回:"凤姐道,'人参家里常有,这牛黄倒怕未必有,外头买去,只是要真的才好。'王夫人道,'等我打发人到姨太太那边去找。他家蟠儿是向与那些西客们做买卖,或者有真的,也未可知'。"《清高宗纯皇帝实录》卷一〇六八乾隆四十三年十月又谕,"兹据依龄阿奏,查得本年三月内有西客张名远从口外来苏,后来四月间有高朴家人李姓等住在他家,携带物料甚多,约值价银数十万两。……高朴家人……贩卖玉石,肆行牟利,值价数十万两。"
③ 《山西票庄考略》引《晋商盛衰记》。另有平遥李宏龄序山西票商成败记说票庄创始于康熙乾隆年间。范椿年(山西票号之组织及沿革)说李正华出资三十万两,雷履泰出资二万两,于嘉庆二年创设日升昌票号。
④ 顾炎武在《日知录》中说当时有会票的办法。康熙年间的《野叟曝言》中也有"壁上贴着立誓不入银会"的话。
⑤ 北京日升昌经理说,该号在颜料铺时代是叫日升长,道光十一年改为票庄,才称日升昌。(见《山西票庄考略》第二十六页。)

对于票号的起源,虽有各种说法,但有两点是大家一致的。第一是票号和汇兑的关系,第二是票号和山西人的关系。山西人从事商业的,一向很多,几乎每家必有人出外经商。南至粤桂,北至满蒙莫斯科,都有他们的足迹。清初的野史中,常常提到西商[1]。经过清初百多年间的太平,资财颇有累积[2],乃能从事信用事业。清朝中叶以后,山西人在中国信用事业上,特别活跃,无论银号[3]、

---

[1] 纪昀《阅微草堂笔记》中常提到西商,《如是我闻四》有:"新城王符九言,其友人某,选贵州一令,贷于西商,抑勒剥削,机械百出……。"又《滦阳续录五》有"山西人多商于外,十余岁辄从人学贸易,侯蓄积有资始归,纳妇后仍出营利,率二三年一归省,其常例也。"

[2] 徐珂《清稗类钞》农商类第六十九页山西多富商:山西富室,多以经商起家。亢氏号称数千万两。实为最巨。今以光绪时资产之七八百万两至三十万两者,列表如左:

姓	资产额	住址
侯	7,000,000—8,000,000 两	介休县
曹	6,000,000—7,000,000 两	太谷县
乔	4,000,000—5,000,000 两	祁县
渠	3,000,000—4,000,000 两	祁县
常	百数十万两	榆次县
刘	1,000,000 两内外	太谷县
侯	800,000 两	榆次县
王	500,000 两	榆次县
武	500,000 两	太谷县
孟	400,000 两	太谷县
何	400,000 两	榆次县
杨	300,000 两	太谷县
冀	300,000 两	介休县
郝	300,000 两	榆次县

[3] 《品花宝鉴》第十三回:"这潘老爷叫潘其观,是本京富翁,有百万家财,开了三个银号,两个当铺,……原籍山西。"

典当①或放私债②,都以山西人为多。至于票号,可以说百分之九十是山西人开的,里面办事人员也是山西人。

票号的发达,大概是在咸丰年间,可能是在咸丰末年,因为咸丰初年的汇兑,似乎还是由银号办理③。当时国内各地治安不好,不便于运送现金,清朝政府在对太平天国和回捻作战的时候,各省的协饷输送中央,中央也有款项须要汇往各省,大概票号就是这样兴起来的④。光绪年间是票号的最盛时期,国库省库几乎全由他们经理。

票号因为以汇兑为主,所以采取分支连锁制,就是在外地设立分庄或联号。因此票号虽是山西人开的,但各省都有连络,远到广东新加坡。有时叫作票庄、汇兑庄或汇号,日升昌的分号有二十四处之多⑤。票号职员中有通各种语文的,比如在蒙古的通蒙古语,在满洲的通满洲语,在俄国边境的通俄语⑥。他们的汇兑方法和现

---

① 《信征补集》卷上,惠慈:"李翁陶斋……昆明人,……曰,吾乡典当皆山陕人垄断焉,月利三分,年限二载,穷民可悯也。翁乃自开典当,禀请宪示,减月利作二分,宽年限作三载。山陕人讼之,由县府道司以至督抚,翁馈送各衙内外丰厚,理直讼赢。不逾时翁又曰,月息二分,穷民难应,可悯也。又禀请宪示,减作分五厘,山陕人再讼之,翁再馈送各衙内外如初,理再直,讼再赢。未久又减作押至十金,月利一分。于是山陕人皆歇业而去。"

② 《信征增集》卷下,辨冤:"本夫姓田,山西人,以放账为业。"《信征闻集》卷上,草鞋翁:"有高姓者山西人,放债为业。"

③ 杨以增军务河工待饷孔亟请通行官票以济要需折(咸丰三年十一月十九日),"查各省银号汇兑银两,盈千累万。……"

④ 李宏龄《山西票商成败记》序:"……洎乎咸丰初年,筹饷例开,报捐者纷纷,大半归票商承办其事,而营业渐次扩张。嗣遭洪氏之变,南七省用兵筹饷,急如星火,而道路梗塞,转运艰难,朝廷环顾各商,惟票商一业忠实可恃,于是军饷丁粮,胥归汇兑。同治以后,基础愈固,……。"

⑤ 徐珂《清稗类钞·农商类》第七十二页山西票号之沿革。

⑥ 同上第七十一页山西票号。

代银行的办法不一样。除汇条外,还有所谓符节和飞符,就是一种暗号或凭证,多用银制。形式有各种各样,或方或圆或椭圆。一种飞符总是分作两半,彼此有往来的联号各存一半,汇款时两符相合为凭,还是唐朝合券取款的遗制。汇兑手续办完后,飞符的另一半退回原发行汇票的机关①。

票号和钱庄当时同为中国的信用机关,但有许多明显的不同点。在制度上讲,钱庄是独立经营制,票号是分支联锁制;就地方性来讲,钱庄是以南方为中心,多为江浙人所开设,票号则以北方为大本营,大多数为山西人所主持;从业务上来说,钱庄是起源于兑换,而票号是起源于汇兑;从顾客来说,同钱庄往来的,多是商人,同票号往来的,多是政府官吏。

但正如钱庄的起源是兑换,而后来业务不限于兑换一样,票号的业务也不限于汇兑。到了后来,存放款对于他们恐怕还更重要。他们的势力,也是从放款给政府和官吏而来的。他们的目的,自然是取得政府的公款,所以对于政府官吏的连络,可以说是不遗余力,钱庄并不是不想联络官吏②,只因为他们的重心在于商业区的南方,没有票号那样方便。

从前读书人进京赶考,由于携带现金不便,往往先把款子交票

---

① 郑行巽《中国商业史》。
② 《官场现形记》卷二十七:"王博高……竟往前门大栅栏黄胖姑钱庄而来。……黄胖姑便知他来历不小。……连忙亲自出来相陪。……王博高先问道,有个贾润孙贾观察,阁下可是一向同他相好的?黄胖姑是何等样人,一听这话,便知话内有因,就不肯说真话。慢慢的回答道,认虽认得,也是一个朋友介绍的,一向并没什么深交,就是小号里他也不常来。"又卷二十一,"顷刻间打麻雀的已完,别的赌友也来的多了,双三爷一一引见,无非某太守某观察,……当中还有几个盐商的子弟,参店的老板,票号钱庄的挡手。"

号汇去①,有些人甚至向票号预借旅费,尤其是考中了的人,多向票号借钱。因为赴考的有许多比较贫穷的人,及第以后,只有少数人留在北京做官,大部分总是分派到外省去。中国官吏爱面子,好应酬;一旦发表做官,非有巨款不能应付场面。票号也乐于承做这种放款:第一,本利稳妥可靠,官吏一到任便有钱②,而且新官为面子关系,很少拖欠。第二,利息很大,而且往往先扣,新官上任,对于利息是不大计较的。第三,同这些官吏发生交情后,他们所管辖内的官款,就会存进来。第四,同官吏有交情就能提高本身的地位,不但有种种实际的便利,而且商民也更信任他们。

票号因为各地有联号,所以消息灵通③,如某地有官出缺,他们先知道。一般官吏最需要这种消息,这使票号容易同官吏发生关系,再加上信用上的往来④,使官吏更要倚赖票号,而至于互相勾结了⑤。

---

① 《官场现形记》卷二十四,"单说贾大少爷这一趟差使,钱亦赚饱了,红顶子也戴上了,送部引见也保到手了。正是志满心高,十分得意,在家里将息了两个月,他便想进京引见,谋干他的前程,……预先把赚来的银子托票号里替他汇十万进京。"

② 《官场现形记》卷四:"这一接印,一分到任规,一分漕规,再做一个寿,论不定新任过了年出京,再收一分年礼,至少要弄万把银子。"

③ 《官场现形记》卷一〇:"子尧……对来人说道,……他这信息是那里来的?那人道,听说是个票庄上的朋友说的,据说王观察那边昨天已经着山东电报机器照办,不够的银子由山东汇下来。"

④ 《官场现形记》卷四:"三大人说,昨天九江府出缺,今天一早票号里一个朋友接到他那里的首县一个电报,托号里替他垫送二千银子求委这首县代理一两个月。"

⑤ 《官场现形记》卷十九:"黄三溜子虽然有钱,但是官场上并无熟人,只好把他一向存放银子有往来的裕记票号里的二掌柜的请了来,同他商议,请他划策。二掌柜的道,这事情幸亏观察教到做晚的,……现在这位中峰面子上虽然清廉,骨底子也是个见钱眼开的人。前个月里放钦差下来,都是小号一家经手替他汇进京的,足有五十多万。后来奉旨罢任又把银子追转来,现在存在小号里。为今之计,观察能够拨出两万银子,做晚的替你去打点打点,大约可保无事。"

光绪十年间的征课问题和停止汇款问题，便充分表现出官吏们同票号的密切关系。票号因为后起，活动比较自由。比如捐税，典当业早就要按年缴纳，而汇兑票号却反而免税。这种消极的奖励，也可以算是票号发展得快的一个原因。然而票号也有经营不良的，倒闭时公私方面都受损失。光绪九年的阜康及胡通裕票号倒闭，便引起当局的注意，因而制定请领部帖的办法，而且每家每年要缴纳六百两银子，各省每年还要将省内的票号造成清册陈报政府①。这一命令发下之后，在天津的李鸿章便上疏说天津汇兑票号是由北京所分设，只替北京上海各庄传递信息，函运银两，并非自做生意，所以无力完课②。又当政府想停止由票号汇兑公款时，四川的丁宝桢就替四川的九家山西票号辩护，强调他们的功绩③，并说他们同

---

① 《皇朝道咸同光奏议》卷二六上，户政类，理财上，户部遵旨会议开源节流事宜疏："光绪十年九月初五日钦奉……谕旨……一汇兑号商入咨给帖。查农民力田，皆完纳丁漕，贩商当商，亦纳厘税，惟京外各处富商分设汇兑票号，毫无交官之款。凭票罔利，坐拥厚资。即以银钱而论，查刑部定例，不准私自开设，不准私自出票。……乃近来票庄纷纷任意添设，全无限制，奸商设为骗。……上年胡光墉所开阜康及胡通裕票号倒欠公私款项极多，尤为可恶。嗣后京内外汇兑票号，应令请领部帖，以便稽查。拟仿仿牙帖办法。如有汇兑票号，……每号每年应令纳帖课银六百两。各省于前一年八月以前，造具简明清册，……如无部帖，私自开设银号，即照私自开设钱铺例治罪。"

② 同上李鸿章《议覆开源节流疏》。

③ 同上光绪十一年六月初二日丁宝桢《议覆户部开源节流各条疏》："川省开设汇兑票号，只有天成亨、协同庆、蔚丰厚、协和、新泰厚、元丰玖、百川通、日升昌、蔚泰厚等九家，均由山西平遥介休等县承领东本来川开设店号。川省因近年报解京饷及各省协拨等款甚多，以道路远近不一，又值各省多事，委解颇难。皆令该九号承认分领汇兑，以期省便。此外该号贸易之多少有无，并不得知。……该商等咸称上年山西大灾之后，东号出本渐次收小，兼之近年生意萧条，易放难收，各处均系勉力支持，万无能力缴兹巨款，以领部票。且本号各有东家，即须办理，亦必责之号东，乃可承办等语。"

南帮的钱庄银号不同,他们都是殷实可靠的①。而且说得路上怎样不安全,运送现金很多风险。福建的许应骙也作同样的辩护。

新式银行成立以后,一般官吏仍旧同票号往来,因为票号对于账目保守秘密。官吏们都不敢把贪污得来的钱存到新式银行去,恐怕万一事发,要被政府没收。存到票号去就没有这种风险,因为就是官吏受抄查处分时,票号也不以实告。

光绪二十年代在北京大约有三十家票号,资本总额约为一千零七十万两②:

---

① 《皇朝道咸同光奏议》卷二六下,理财下,丁宝桢川省应解京饷仍发商汇兑片:"再臣准户部咨开片奏停止汇兑一案……查川省情形,与他省不同,西商银号与南商迥异。他省南商银号,或根底未深,或交易太滥,不免凌虚蹈空之弊。其倒闭实由自取。川省银号,向无南商,止有西商,均系寀道殷实,悬迁有无,多历年所,公私款项,从无亏短。与南省康阜有别。川省西号现在承领官项者有九家,皆连环互保,以每次解银二十余万两计之,每月每次不过汇兑银一万余两,为数无多,交纳不致迟误。即有意外之虞,一家倒闭,八家分赔,断不能同日歇业。……且该西商谙知每年必有银两汇京,亦必预为筹备,京都市廛,贸易亦可借此周转。……近闻山西各处,亦多抢劫之案……"此外福建的许应骙也请仍由商号汇兑。"

② 日本的横滨正金银行北京分行代理行长泽村荣太郎在清末曾作一次调查,说共有票庄三十三家,资本总额约为四千万两。但他只举出三十家的名字,而且资本合计只有一千零七十万两。三十家名号及其资本数如下(见《支那经济全书》):

志一堂(四十万两)　　三晋源(三十万两)
蔚长厚(四十万两)　　长盛川(二十万两)
新泰厚(四十万两)　　大德玉(三十万两)
协同庆(五十万两)　　恒隆光(二十万两)
大德恒(三十万两)　　公合全(十五万两)
天德隆(二十万两)　　日升昌(五十万两)
裕源永(二十万两)　　蔚盛长(四十万两)
协成乾(四十万两)　　永泰庆(三十万两)
蔚泰厚(四十万两)　　大盛川(二十万两)
百川通(五十万两)　　大美玉(三十万两)
协同信(三十万两)　　福成德(二十五万两)
大德通(三十万两)　　公升庆(十万两)

清末北京票号资本额分类表

资本额	家数
100,000 两的	2 家
150,000 两的	1 家
200,000 两的	6 家
250,000 两的	1 家
300,000 两的	7 家
400,000 两的	7 家
500,000 两的	4 家
1,000,000 两的	2 家

其中有两家最大的是南帮,其余多是西帮。除总号外,分号共四百十四家,分布于二十一省(十八省及东三省)及蒙古、新疆。北京、天津、汉口、上海和沙市是票号最多的五个都市,约占总数百分之二十五。若以省份论,则以山西、直隶、江苏、湖北、四川五省为最多,约占总数百分之六十二①。

票号的组织很为特别,为一种封建式的劳资合营性质,有出钱的股东,称为银股;有出力的股东,称为身股。招募的职员,多选年

合盛元(二十万两)　　　　南帮
义盛谦(十万两)　　　　　义养源(百万两)(合肥李氏)
存义公(五十万两)　　　　源丰润(百万两)(宁波人)
蔚丰厚(四十万两)

陈其田在其《山西票庄考略》根据《支那半月刊》、《晋商盛衰记》,山西票号之组织及沿革等书补充成四十九家,但各书调查的年代不同,所以这里不录。

① 根据《支那经济全书》的数字,计盛京二十二家,吉林一家,直隶五十八家,蒙古二十五家,江苏四十六家,安徽三家,山东七家,山西一百二十家,河南二十一家,陕西二十二家,甘肃十一家,新疆二家,福建九家,浙江一家,江西五家,湖北四十家,湖南二十三家,四川二十七家,广东十二家,广西六家,云南一家,贵州一家,未知者五家。其中有几家不是西帮,另有几家疑是钱庄(《山西票庄考略》)。又 J. Edkins 在其 Banking and Prices in China (1905)一书说上海有二十家票号,但没有说明究系分号,还是总号。

少略知写算的，起初作为伙计，过了几年，若主管人员认为他可以造就，就给他身股。不给工资，只每年供给衣物的费用。三年结账一次，按股分利。使大家都尽职。这无非是一种笼络的方法。伙计没有得到身股时，不许回家。稍有过失，即予开除，别的票号也不用①。而且职员既多是山西人，若有作弊情事，老板很容易找到他的家族追究。这正是中国人爱用同乡的一种理由。

内部的组织有正掌柜、副掌柜、外账房、内账房、跑街、招待、管银、小伙及司务等。正掌柜权力很大。

票号的存款分定期和活期两种。定期自三个月到半年，利率为月息四五厘到八厘，活期由两厘到四厘。放款利率自五厘到一分。

票号比钱庄还更保守。光绪二十九年袁世凯任北洋大臣的时候，曾招山西商人经办天津官银号，他们不肯。三十年创办户部银行的时候，又邀他们入股，他们也拒绝。政府终于将官款改存新式银行，票号大受影响②。当时火车轮船已通行，交通方便，不但银行承做汇兑，邮局和信局也作汇兑业务，因此票号就衰落了。票业中有人主张改组为银行，但为山西的总号所反对。

---

① 徐珂《清稗类钞·农商类》第七十页山西票号。

② 光绪三十四年京都祁、太、平票帮致山西总号的公函说："……乃自甲午庚子以后，不惟倒欠累累，即官商各界生意亦日见萧疏。推原其故，固由于市面空虚，亦实以户部及各省银行次第成立，夺我权利。而各国银行复接踵而至，出全力与我竞争。默计同行二十余家，其生意之减少，已十之四五。存款之提取，更十之六七也。即如户部银行所到之处，官款即全归其汇兑，我行之向做交库生意者，至此已成束手之势。我行存款至多向不过四厘行息，而银行则可得五六厘，放款者以彼利多，遂提我之款，移于彼处。且彼挟国库藩库之力，资财雄厚，有余则缩减利息，散布市面，我欲不减不得也。不足则一口吸尽，利息顿长，我欲不增又不得也。彼实司操纵之权，我时时从人之后，其吃亏容有数乎？至于外国银行，渐将及于内地，所有商家贸易，官绅存款，必将尽为所夺，外人之素习商战，更非我所能敌。"（引自陈其田《山西票庄考略》第四〇页。）

四　银行的兴起

银行这一名辞,虽然是外国名词的译语,却有浓厚的中国传统色彩。自唐代起,金银在价值上虽有贵贱之分,其在币制上,地位已约略相等,而白银有得势的倾向。宋以后,白银比黄金用得多,所以到清朝道光年间,白银在中国币制上占优势,已有千年的历史。银字往往就代表货币。而历朝的信用机关多用银字为名,如银店、银铺、银号等。行字在以前虽然是指一种职业,如唐代的金银行,是一种集体的称呼。康熙年间广东有银行会馆①。但后来就有用作商号的意思。明代称店铺为铺行②。清初有公行的名称。后来外国的商店多称洋行。乾隆致英皇的第二封信中,提到洋行的次数很多,而且另有货行的名称。所以后来把新式信用机关译为银行,是一件很自然的事③。

中国人在什么时候起使用银行这一名辞呢?嘉庆二十四年(公元一八一九年)英人穆里逊(R. Morrison)的汉文字典(*Dictionary of the Chinese Language*)里面,只有银铺、银票,而没有银行④。道

---

①　广东银号所组织的银业忠信堂内,有一挂钟,钟铭有银行会馆字样,并有康熙五十三年的日期。(《银行周报》第十三卷第四十七期"银行"名词之考证)

②　《明神宗万历实录》卷六六,万历五年闰八月辛卯福建庞尚鹏商为政条议不法十四事:"议将铺行诚实有身家者,听其愿领铸钱,存留官银,以为资本。即照原定折易之数,以钱还官。"

③　日本方面,有人说银行一辞是日本在明治五年制定国立银行条例时所翻译。明治五年是公元一八七二年,即清同治十一年。那时中国早已使用银行的名辞。

④　该书第三部为英汉对译,其中 Bank bill 译为银票,Banker 译为银铺,可是 Bankruptcy 译为倒行。

光二十九年(公元一八四九年)的英汉历(Anglo-Chinese Calendar, 1849)里,广州的外人名单中,有 Oriental Bank(东方银行)一家,仅注译作"银房",可见那时还没有用银行这一名辞。不过当时对于各种商店既有称行的习惯,如隆顺行、公司行等,大概后来对于专门处理银钱事务的行号就称为银行。

最早提到银行一辞的似乎是咸丰六年(公元一八五六年)香港出版的智环启蒙塾课初步一书,其中 Bank note 译作银行钱票。而咸丰九年太平天国的干王洪仁玕著的《资政新篇》中也有"兴银行"一条。洪仁玕正是来自香港,可见当时银行一辞在香港已相当普遍了。同治五年(公元一八六六年)香港出版的《英华字典》中的 Bank 一字下,第一个译语就是银行,其次才是银铺、银号、钱铺等。同年英国的 Oriental Bank 发行钞票,中文名为东藩汇理银行。

与其说外国银元在中国的流通是代表资本主义势力的侵入中国,不如说外国银行的出现于中国是代表资本主义势力侵入中国。因为外国银元的流入中国,明朝就开始了,清初已盛行。而且流入中国最多的银元,并不是后来侵略中国最厉害的英法俄日等国家的,而是对中国关系比较不大的西班牙的银元和同中国几乎完全没有敌对关系的墨西哥的银元。这些银元不但在中国流通,而且在其他许多国家流通,甚至英国也用过西班牙银元,美国更是长期使用过。外国银行的情形就不同了。外国银行在中国的势力完全同资本主义列强的侵略势力一致,他们出现于中国的迟早,也和各资本主义列强对中国实行侵略的迟早一致;他们在中国分布的地区,也和各国的势力范围一致;他们在中国经营的业务,很明显带有侵略性,侵害了中国的主权。

侵入中国最早的国家莫过于英国,所以最早出现于中国的外国银行便是英国人开设的。英国人在嘉庆年间便在印度开设银行,在中国比较晚。有人说①在鸦片战争之前,就有英国商人计划在广州等地开设印度银行和亚细亚银行,但为东印度公司所阻止。那时英国在远东的商务,由东印度公司所垄断。同时中国政府也反对。所以当时广州的信用机关仍是银铺②。自开放五口通商以后,外国商人在中国的活动就没有阻碍了。道光二十八年(公元一八四八年),英国人便在香港设立东藩汇理银行(Oriental Bank Corporation)。次年在广州设立分行。有人说该行的中文名是丽如银行,这可能是在广州或上海的译名,中国人自然不喜欢"东藩"这种称谓,而且外国银行在香港和上海常有不同的中文名称。该行上海办事处是在咸丰元年(公元一八五一年)开设的。同年广州另外有汇隆银行(Commercial Bank of India)。咸丰四年(公元一八五四年)有利银行(Mercantile Bank of India, London and China)③和汇隆银行在上海设立分行。当时在广州又有一家新银行,即阿格拉银行(Agra and United Service Bank)④。麦加利银行(Chartered Bank of India, Australia and China 香港称为渣打银行)也在上海设立分行。

同治三年(公元一八六四年)中英美德和波斯等国的商人合设汇丰银行(Hongkong and Shanghai Banking Corporation),后来因为中美等国的资方退出,而成了一家纯粹的英商银行,他在中国的信用

---

① A. S. G. Baster, *The International Banks*.

② 林则徐《信及录·论洋商责令夷人呈缴烟土稿》(己亥二月初四日行):"况夷馆系该商所盖,租与夷人居住。……附近银铺皆与该商所与交易者,乃十余年来,无不写会单之银铺,无不通窑口之马占。"

③ 光绪十八年(公元一八九二年)改名 The Mercantile Bank of India。

④ 道光二十八年到咸丰五年间的各外商银行的名称,见公元一八四八、一八四九、一八五一、一八五四年份的英汉历(Anglo Chinese Calendar)。

机关发展史上占有极重要的地位。几十年间,对于中国的金融财政有很大的支配势力。

除了英商银行之外,最重要的是帝俄的金融势力,这势力是以华俄道胜银行(Русско-Китайскій Баикь)为代表。该行成立于第一次中日战争之后,因俄法德三国压迫日本归还辽东半岛给中国,而由中国增加赔款的数目,这笔赔款是向俄国借的,当年(光绪二十一年)便创设这家银行。名称虽叫华俄,却是由帝俄和法国出资成立的,管理权也在俄法两国手里。成立后第二年准许中国政府存入五百万库平两白银,并得分红。这就叫作合办。在光绪二十九年(公元一九〇三年)就有十五处分支行,分设于哈尔滨、吉林、海拉尔、奉天、铁岭、旅顺、营口、天津、北京、上海、汉口、香港、张家口、库伦及乌里雅苏台等地。并取得中东铁路的建筑权,后来由该行所收买的中东铁路公司的股票,转交帝俄政府。日俄战争之后,该行遭受打击。到宣统二年(公元一九一〇年)依照法国方面的建议,同北方银行合并,俄文名改为Русско-Азіатскій Баннь[①],中文名称不变。另外发行股票两万四千多股,其中只六分之一是在俄国推销,其余大概落在法国资本家的手里[②]。此外俄国在哈尔滨还有借款银行,是宣统元年开设的。

日本方面多是由日本本国的特殊银行到中国来活动。最早是横滨正金银行,在光绪二十三年便有分行设在上海和香港,不久又在天津、牛庄、营口、大连、奉天、长春、铁岭、安东、公主岭等地添设

---

① 关于华俄道胜银行的情形请阅 D. K. Lieu, *Foreign Investments in China*, 1929. 及 C. F. Remer, Foreign Investments in China。

② 亚特拉斯(M. C. АТЛАС)著,彭健华译,《苏联银行国有之史的发展》(НАЦИОН-АЛИЗАЦИЯ БАНКОВ В СССР)第八页。

支行。台湾银行在光绪二十六年以前便到中国厦门设分行。但日本的金融势力在东北特别雄厚，尤其是在日俄战争之后，极力排斥俄国的势力，而想取得垄断的地位。除了正金银行以外，还有朝鲜银行和正隆银行等。朝鲜银行是清末和民国初年打入东北的。正隆银行是光绪三十一年在营口设立的，宣统三年改组后，总行迁大连，另在营口、奉天、长春、旅顺、开原、天津等地设支行。此外还有一些小银行如铁岭银行等。

此外德国有德华银行（Deutsche-Asiatische Bank），法国有巴黎贴现银行（Comptoir d'Escompte de Paris）和东方汇理银行（Crédit Agricole CIB），美国有花旗银行（International Banking Corporation）。其他如荷兰等国的银行大概在清末就已开始到中国来活动①。

这些外国银行，吸收存款②，发行钞票③，对于中国商人反加以

---

① 《官场现形记》卷三十三："次日轮船到了上海。上海县接着迎入公馆，跟手进城去拜上海道。见面之后，叙及要到银行查账之事。上海道道，但不知余某人的银子是放在那一只银行里的。藩台大惊道：难道银行还有两家吗？上海道道：但只英国就有麦加利汇丰两只银行；此外俄国有道胜银行，日本有正金银行；以及荷兰国，法兰西，统通有银行，一共有十几家呢。藩台听说楞了半天，又说道，我们在省里只晓得有汇丰银行，汇丰洋票；几年头里兄弟在上海的时候，也曾使过几张，却不晓得有许多的银行。"

② 郑观应《盛世危言》卷四，银行上："西国有官银行，有商银行。昔年西商在香港上海招集中外股本创设汇丰银行，许人以零星洋银随意存入，凡有零星之款，自一元至百元，皆可陆续寄放，一月之中，存银者以百元为率，百元之外，则归下月。一年以一千二百元为度，满五千元则归并大行，不在零存之列。息银则以三厘半按月计算，以本月所存入最少之数为准。"《孽海花》第二十二回："郭掌柜笑道，……他的生意很高，有的银子，都存外国银行里，什么汇丰呀，道胜呀，我们中国号家钱庄，休想摸着他一个边儿。可奇怪，到了今天，忽然变了卦了，要想把银子匀点出来，分存京津各号。"

③ 《盛世危言》卷四，银行上："若今之洋商所用银票，并不由中外官吏验看虚实，不论多少，惟所欲为。闻英商汇丰银票在粤通用之票百余万，该行已获利二百余万之谱，虽有华商股份，不与华商往来，即有殷实华商公司股票，亦不抵押。惟外国公司货物股票，均可抵押。西商操其权，而华商失其利。华商助其资，而西商受其益。强为区别，是诚何心？"

第八章 清代的货币

歧视,不相往来。中国公司的股票也不能向他们抵押。这种喧宾夺主的情形,自然不是没有人注意到。中国最早主张开办银行的是太平天国的干王洪仁玕,他在咸丰九年就主张兴办银行来发行纸币①。郑观应等在光绪十八年(公元一八九二年)也力言中国自己设立银行的重要②。中日战后,主张的人更多了。终于接受盛宣怀的意见,于光绪二十三年四月二十六日在上海设立中国通商银行,这是中国第一家新式银行。接着在天津、汉口、广州、汕头、烟台、镇江、北京等处开设分行。

中国通商银行样样以汇丰银行为蓝本,经理也是聘请英国人担任,另外从钱业方面找一个人作华经理。这家银行乃是一家私人股份银行,虽然享有发行权,但他所发行的钞票,地位应当和私立钱庄商号的银钱票和私帖是相同的。实际上在开办之后,各级政府的公款还有存放票庄银号的,而都市上商民的钱,仍旧存在外国银行。

郑观应所主张的银行是政府银行,由关税中拨四成作为资本。当时各海关每年收入二千二百多万两,四成当有八九百万两。此外北京的英商福公司(Pekin Syndicate)曾在光绪二十四年向清廷建议由其代为筹办中国官银行,称为大清银行,以五十年为限,资本

---

① 洪仁玕《资政新篇》:"一,兴银行。倘有百万家财者,先将家赀禀报入库,然后准颁一百五十万银纸,刻以精细花草,盖以国印图章。或银货相易,或纸银相易;皆准每两取息三厘。或三四富民共请立,或一人请立,均无不可也。此事大利于商贾士民:出入便于携带;身有万金,而人不觉;沉于江河,则损于一己,而益于银行,财宝仍在也;即遇贼劫,亦难骤然拿去也。"

② 《盛世危言》卷四,银行上:"中国钱庄资本二三万,放款数十万,稍有倒欠,呼应不灵,所谓倒持太阿,授人以柄,非欤? 今为之计,非筹集巨款,创设银行,不能以挽救商情,而维持市面也。"

一千万镑，其中六百万镑为华股，每年纯利中支付八厘股息，剩下的以百分之三十归中国国库，百分之七十由银行保持①。这种办法无疑是想援英兰银行的例，因为英兰银行也是商人同政府讲条件设立的。但当时中国金融界已经为外商所把持，中国正想要自设银行来挽回利权，怎能让外国人来经办政府银行呢。

设立政府银行的需要，主要是为整理币制。当时中国可以说没有一种标准的货币。光绪二十八年的中英通商条约中竟至规定中国要设法发行一种有法偿资格的统一货币。光绪三十年乃由户部奏请设立国家银行，当年就决定成立大清户部银行，资本四百万两，股东限于中国人。但民间对于认股毫不踊跃，因为中国人还不晓得银行的性质，有钱的人多喜欢买房地产，没有投资的习惯。结果由政府先拨出二十万两，到第二年才在北京的西交民巷开业，其余资本数目，到光绪三十四年才陆续付足。由于营业不坏，竟增资为一千万两。户部银行的总行设在北京，另在上海、天津、汉口、库伦、恰克图、张家口、烟台、青岛、营口、奉天等处设分支行。

光绪三十四年户部改称度支部，乃将银行名称中户部两字除去，称为大清银行，从新颁布大清银行则例，赋以代理国家发行纸币并代理国库的权限。

自官商合办的户部银行创设以后，别的新式银行也渐多了，例如光绪三十一年四川的浚川源银行，是第一家省银行。三十三年的交通银行，是由邮传部奏准设立的，也是官商合办，股本总额为库平银一千万两，先收一半。除普通银行业务以外，并经理路电邮航四种官款，也发行钞票。所以交通银行的地位和户部银行是差不多的。

---

① 《光绪二十四年中外大事汇记》，京师福公司请设官银行说帖章程。

自光绪三十三年起，股份银行渐次发达，这一年就有浙江兴业银行等两家，次年又有四明银行等四家。宣统元年有浙江省银行；二年有北洋保商银行；三年有殖边银行等三家。所以在清末，中国已有了十几家新式银行，如果连外国银行在内，当不下二三十家。

光绪三十四年，在颁布大清银行则例的同时，又颁布了银行通行则例，规定银行的九项业务，即一、票据贴现，二、短期拆款，三、存款，四、放款，五、买卖生金银，六、兑换，七、代收票据，八、发行票据，九、发行银钱票。凡是经营这九种业务的店铺，都称之为银行。所以票号、银号和钱庄都适用这一则例。又规定银行的资本构成可以为独资、合名或合资，但对于资本的数额却没有规定。

在关于发行银钱票的项下，规定在纸币法律尚未颁布以前，各种官私行号，都可以暂时发行银钱票。只有官设行号，每月要将发行数目及准备金数目，按期咨报度支部，该部也可以随时派员前往稽查。而私设行号，似乎反而不受管理。宣统二年才拟定兑换纸币则例，规定发行准备须有五成现金，五成有价证券。

实际上，当时的银行，不论是官商合办的或商办的股份银行，差不多全是着眼在发行钞票，也可以说全靠发行钞票来维持和赚钱。本来银行的作用在于扶助工商业，应当以存放款为主要业务。但当时中国的工商业不发达，除非银行方面有积极发展工商业的计划，而采取主动，否则当没有适当的工商业可以扶助。当时办银行的人，很少有为社会增进福利着想的。在人民方面，有钱的人，除买置房地产以外，剩下的多加以埋藏①。所以银行无法收集大额

---

① 毛祥麟《墨余录》卷四，掘藏："江南自兵燹后，田园荒废，民无以生，而当乱时迁避者，所有资财，多掘地窖藏。因是失业贫民，惟日在瓦砾中搜剔。……常州某姓兄弟二人，……依方掘之，深丈余果得如藏单之数。遂将此银行运。今已起屋开银铺于甘棠桥，称富有焉。"

的存款。少数的存款，都被外国银行和本国的票号钱庄所取得。中国人不但没有存款的习惯，甚至借贷都不大肯；只有穷到不得已，才肯向人借，而这种人却又往往不能提供抵押品。所以清末的新式银行不能有一种正常的发展。

中国货币史大事年表

说明：1. 年号钱中史书未记发行年份的都系于元年。
    2. 非年号钱中发行年份不明的不列。
    3. 元代庙宇钱或近似庙宇钱的不列。
    4. 外国货币史上有世界意义的或同中国货币史有关的重大事件附列在括弧内。

公元前

3000—1122　贝壳从装饰品发展成支付手段。
1500—1122　开始铸造铜贝。
1154—1122　传说殷纣王厚赋税，以实鹿台之钱。
1122　传说周武王克商，散鹿台之钱。
800—700　早期空首布产生。
700—600　（小亚细亚和希腊铸造金银币，这是西方铸币之始。）
613—591　传说楚庄王改小钱为大钱，孙叔敖谏止。
524　传说周景王铸大钱。
521　（波斯铸金银币。）
480　战国开始。
403　晋分裂为韩、赵、魏三国。
386　田和称齐公，齐造邦刀或铸于此时。

361	魏迁都大梁,当孚币的铸造当在此以后。
336	秦惠文王行钱。(马其顿的亚历山大铸金币。)
290—200	(罗马铸重阿斯铜币。)
284—279	燕军攻占齐国七十余城,齐明刀应铸于此时。
278	楚迁都陈。
248	(安息铸银铜币。)
241—223	楚迁都寿春,铸郢爰等金币。
221	秦始皇统一全国币制,推行半两,黄金以镒为单位。
204	西汉政权建立,半两开始减重,黄金以斤为单位。许民铸钱。
190	(罗马铸德纳留斯银币。)
186	半两减为八铢。禁民铸钱(?)。
182	半两减为二铢四累,称五分钱。
175	铸四铢半两。又许民铸钱。
144	定铸钱伪黄金弃市律。
140	汉武帝铸三铢。
136	废三铢,复行半两。三朱、四朱方形和圆形小钱当铸于此时。
119	发行白金和皮币。
118	铸五铢。
117	废白金。
115	行赤侧五铢,一当五。
114	颁布告缗令。
113	废赤侧五铢当五制,集中全国铸币权于上林三官。
95	铸麟趾裹蹄金。

公元

7	王莽第一次改革币制：铸错刀、契刀和大泉。
9	王莽第二次改革币制：废刀币、专用大小泉。
10	王莽第三次改革币制：採宝货制。
14	王莽第四次改革币制：铸货泉和货布。调整金银价格。
24	刘玄（淮阳王）铸五铢。
30	公孙述铸铁钱。
40	东汉光武帝恢复五铢。
184	黄巾军起事。
186	灵帝铸四出五铢。
190—193	董卓铸小钱。
208	曹操为丞相，恢复五铢。
214	刘备在益州铸直百五铢。
221	曹丕废五铢，用谷帛。
227	曹魏再复五铢。（波斯萨珊王朝铸金银币。）
236	孙权在江东铸大泉五百。
238	孙权铸大泉当千。
246	孙权收回大泉。
312	（君士坦丁改革罗马帝国币制。）
313	张轨在河西恢复五铢。
319	石勒铸丰货。
324	沈充被杀，沈郎五铢当铸于此以前。
338	李寿铸汉兴。
376	太元货泉或铸于此时。
430	刘宋铸四铢。

447	刘宋制大钱当两。
448	取消大钱当两制。
454	刘宋铸孝建四铢。
465	刘宋铸永光和景和。
490	萧齐在四川铸钱。
491—518	（拜占庭铸币开始。）
495	北魏铸太和五铢。
502	萧梁铸五铢和公式女钱。
510	北魏铸五铢。
524	萧梁铸铁五铢。
529	北魏铸永安五铢。
540	西魏改铸。
543	东魏改铸永安五铢。
546	西魏第二次改铸。
552	萧梁铸当十钱。
553	北齐铸常平五铢。
557	萧梁铸四柱钱，一当二十。
561	北周铸布泉，河西诸郡用西域金银币。
562	陈铸五铢。
574	北周铸五行大布。
579	陈铸太货六铢。北周铸永通万国。
589	隋铸五铢。
590	许杨广在扬州铸钱（白钱？）。
598	许杨谅在并州铸钱。杨广又在鄂州铸钱。杨秀在益州铸钱。

621	唐高祖废五铢,铸开元通宝。
666	铸乾封泉宝当十钱。
667	废乾封钱,复用开元钱。
695	(阿拉伯正式制定币制。)
708	(日本铸和铜开珎)
732	令市面通用绫罗绢布杂货。
750	安禄山在上谷铸钱。
755—768	(法国铸德涅银币,为欧洲中世纪铸币之始。)
758	铸乾元重宝当十钱。
759	铸重轮乾元重宝当五十钱。史思明在洛阳铸得壹元宝和顺天元宝当百钱。
762	大小乾元钱和开元钱平价流通。
766—779	大历元宝铸于此时。
780	行两税法。
780—783	建中通宝铸于此时。
796	令市井交易以绫罗绢布杂货与钱兼用。
817	禁止蓄钱。
845	唐武宗废全国佛寺铜像铸会昌开元。
870	桂阳监铸咸通玄宝。
907	后梁铸开平通宝。
911	楚马殷铸天策府宝。前蜀王建铸永平元宝。
916	王建铸通正元宝。闽王审知铸开元通宝铅钱。
917	王建铸天汉元宝。大越刘岩(即刘龑)铸乾亨重宝。
918	王建铸光天元宝。南汉刘岩铸乾亨重宝铅钱。
919	蜀后主铸乾德元宝。

922	契丹铸天赞通宝。闽王审知铸开元通宝大铁钱。
924	闽王延羲铸永隆通宝大铁钱。
925	蜀后主铸咸康元宝。契丹铸天显通宝。楚马殷铸铅钱。
926	后唐铸天成元宝,马殷铸乾封泉宝大铁钱,市肆以契券指垛交易。
938	后晋许民间铸天福元宝。后蜀铸广政通宝。
942	闽王延羲铸永隆通宝。
944	福建殷王延政在建州铸天德通宝大铁钱。
948	后汉铸汉元通宝。
951	辽铸应历通宝。
955	后周世宗毁全国佛寺铜像铸周元通宝。
959	南唐铸永通泉货当十钱。又铸唐国通宝和大唐通宝。
961	宋太祖铸宋元通宝。
962	后蜀行广政通宝铁钱。
964	南唐后主发行铁钱。
968	辽铸保宁通宝。
970	(越南丁部领铸太平兴宝。)
971	北宋定伪造黄金罪。
976	铸太平通宝。
980	白银取得纳税的资格。
983	契丹铸统和通宝。
990	铸淳化通宝。
994	李顺在成都铸应运元宝和通宝铜铁钱。
995	成都商民私以交子为市。铸至道通宝。

996	（朝鲜铸乾元重宝铁钱和铜钱。）
998	铸咸平通宝。
1004	铸景德通宝。
1008	铸祥符通宝。
1017	铸天禧通宝。
1023	设置益州交子务。铸天圣元宝。
1024	政府在益州发行第一界官交子，自一贯到十贯。
1032	契丹铸重熙通宝。
1034	铸景祐通宝。
1039	交子改分五贯和十贯两种。铸皇宋通宝。
1041	因西夏战争铸当十铁钱。
1045	铸庆历重宝当十铜铁钱。
1053	西夏铸福圣钱。
1054	铸至和元宝小钱和至和重宝折二、折三钱。
1055	契丹铸清宁通宝。
1056	铸嘉祐元宝和通宝。
1064	铸治平元宝。
1066	辽铸咸雍通宝。
1068	交子改分一贯和五百文两种。铸熙宁元宝。
1069	置潞州交子务，交子行于河东路。
1070	罢潞州交子务。
1071	交子行于陕西。铸熙宁重宝当十钱。
1072	交子两界流通。
1073	改当十钱为折二，这是折二钱通行之始。
1074	辽铸大康元宝和通宝。

1076	罢陕西交子。西夏铸大安钱。
1078	铸元丰通宝。
1083	辽铸大安元宝。
1092	辽铸寿昌元宝。
1093	铸元祐通宝。
1094	铸绍圣元宝和通宝。
1098	铸元符通宝。
1101	铸圣宋通宝。辽铸乾统元宝。
1102	陕西复行交子。西夏铸贞观钱。
1103	蔡京铸崇宁重宝当五和当十钱。
1104	京西路行交子。
1105	外路改交子为钱引。通行区域扩大到京东、京西、淮南、京师等地。发行额增至天圣原额的二十倍。铸夹锡钱。
1107	四川交子务改为钱引务。铸大观通宝,自小平到当十。
1109	四川发行钱引,旧交子作废。
1110	辽铸天庆元宝。
1111	废当十钱。铸政和通宝。
1118	铸重和通宝。
1119	铸宣和元宝和通宝。
1120	西夏铸元德通宝和元宝。
1126	铸靖康通宝和元宝。
1127	南宋铸建炎通宝。
1131	铸绍兴通宝和元宝。刘豫铸阜昌钱。
1137	吴玠在河池发行银会子,这是中国最早的银本位制。

1149	西夏铸天盛元宝。
1151	金人发行交钞。
1157	金人铸正隆通宝。
1160	东南会子由户部发行。
1163	湖北发行直便会子。兴元府发行铁钱会子。
1165	铸乾道元宝折二钱。
1166	两淮用交子。
1168	改革会子的发行制度,以千万贯为限额。
1171	西夏铸乾祐钱。
1173	金设公典,称流泉。
1174	铸淳熙元宝。
1178	金铸大定通宝。
1180	钱背加铸年份。(英国铸银便士。)
1188	金添设流泉务二十八所。
1189	金取消纸币的分界制,交钞永远通行。
1190	铸绍熙元宝。
1194	西夏铸天庆钱。
1195	铸庆元通宝。
1197	金铸承安宝货银锭。
1201	铸嘉泰通宝。金铸泰和通宝和重宝。
1205	铸开禧通宝。
1208	铸嘉定通宝。
1210	西夏铸皇建元宝。
1211	西夏铸光定元宝。
1215	金改发贞祐宝券。

1217	金改发贞祐通宝。
1222	金改发兴定宝泉。
1223	金发行元光珍货。
1225	铸大宋元宝。
1227	蒙古统治区内何实在博州印置会子。
1228	铸绍定通宝。
1233	金在蔡州发行天兴宝会,数月后为蒙古人所灭。
1234	铸端平元宝。
1236	窝阔台发行交钞。
1237	铸嘉熙通宝和重宝。
1240	蒙古统治区内刘肃在邢州发行楮币。
1241	铸淳祐元宝。四川铸淳祐通宝当百钱。
1247	会子永远通行。
1249	川引以十年为一界。
1251	北方各地纸币互不通用,蒙哥定银钞相权法。
1252	(佛罗伦斯铸佛洛林金币。)
1253	铸皇宋元宝。
1259	铸开庆通宝。
1260	铸景定元宝。蒙古人发行中统钞,收回北方各地杂钞。
1264	贾似道发行金银铜钱关子。十七界会子作废。
1265	铸咸淳元宝。
1266	(法国路易第九仿阿拉伯的迪尔亨姆铸格罗银币。)
1276	蒙古人统治江南,用中统钞收兑南宋纸币。伯颜铸银元宝。
1285	卢世荣提出整治钞法计划。铸至元通宝。(威尼斯

铸杜卡特金币。)

1287	元世祖发行至元钞。
1292	设公典广惠库,资本钞五千锭。
1294	(波斯伊尔汗国仿行中国钞法。)
1295	铸元贞通宝和元宝。(日本行钞。)
1297	铸大德通宝。
1309	元武宗实行币制改革,发行至大银钞,并铸大元通宝和至大通宝。
1311	仁宗收回至大银钞,废至大钱。
1350	币制改革,发行至正交钞,铸至正通宝。
1353	张士诚铸天祐通宝。
1355	韩林儿铸龙凤通宝。
1358	徐寿辉铸天启通宝。
1359	徐寿辉铸天定通宝。
1360	陈友谅铸大义通宝。
1361	朱元璋铸大中通宝。
1368	明太祖铸洪武通宝,颁布洪武通宝钱制。
1375	发行大明宝钞。停止宝源局铸钱。
1376	停止各省铸钱。
1377	恢复各省铸钱。
1389	恢复宝源局铸钱。
1393	再停止各省铸钱。
1394	禁用铜钱。
1397	再停宝源局铸钱。禁用金银。
1399	恢复铸钱,改定钱制。

1400	再改钱制。
1408	铸永乐通宝。
1411	金银解禁。
1425	再禁金银。
1433	铸宣德通宝。
1436	放松用银禁令。
1448	禁用铜钱。
1457	（琉球铸大世通宝。）
1460	恢复铜钱流通。
1465	令商税课程钱钞各半兼收。
1503	铸弘治通宝。
1518	（日耳曼帝国铸塔勒大银圆。）
1527	铸嘉靖通宝。
1557	葡萄牙人侵入澳门。
1570	铸隆庆通宝。西班牙人侵入吕宋，开本洋流入中国之路。
1576	铸万历通宝。
1596	采矿热潮开始。
1616	满人铸天命钱。
1621	铸泰昌通宝和天启通宝大小钱。王象乾请铸三等大钱。
1625	（日本开铸宽永通宝。）
1627	满人铸天聪钱。
1628	铸崇祯通宝。
1637	英国东印度公司船初来中国。

1643	铸崇祯当十钱。蒋臣提行钞计划。
1644	清世祖在北京铸顺治通宝。福王在南京铸弘光通宝。李自成在西安铸永昌通宝。张献忠在成都铸大顺通宝。
1645	顺治钱增重为一钱二分。唐王在福州铸隆武通宝。
1646	鲁王在绍兴铸大明通宝。
1647	永明王在肇庆铸永历通宝。
1649	孙可望在云南铸兴朝通宝。
1651	发行钞贯。顺治钱增重为一钱二分五。日本铸永历通宝助郑成功。
1653	铸一厘钱。
1657	顺治钱增重为一钱四分。
1662	铸康熙通宝。
1663	(英国铸基尼金币。)
1674	吴三桂铸利用通宝。耿精忠在福建浙江铸裕民通宝。
1678	吴三桂铸昭武通宝。吴世璠铸洪化通宝。
1684	康熙钱减重为一钱。
1702	康熙钱又增为一钱四分。另铸七分重的小钱。
1706	日本实行货币减重,宽永钱开始流入中国。
1720	广州商人组织公行,外国银元大量流入。
1723	铸雍正通宝。
1731	北京设立官钱局。
1733	雍正钱减为一钱二分。
1736	铸乾隆通宝。
1737	北京开设官钱局十所,以平钱价。

1743	禁用光中景兴等外国钱。
1745	停闭官钱局。
1759	新疆开铸普尔红钱。
1793	西藏设宝藏局,铸乾隆宝藏银币。
1794	(美国开铸银元。)
1796	铸嘉庆通宝。
1814	广东设立粤海关官银号。
1816	(英国采行金本位制。)
1821	铸道光通宝。
1828	新疆铸造当五和当十红钱。
1830	奏定关于处理歇业钱铺办法新章程。
1832	(墨西哥开铸鹰洋。欧文发行劳动券。)
1837—1838	台湾铸寿星银饼。
1848	英商丽如银行在广州设分行。
1851	铸咸丰通宝。
1852	咸丰钱减为一钱。
1853	因太平天国革命北京发生挤兑风潮。铸咸丰当十钱。北京设立官银钱号三家。令各省设立官钱局。发行户部官票和咸丰宝钞。太平天国政府在南京等地铸太平天国圣宝。
1854	正月铸当百、当五百、当千大钱,后用宝钞收回大钱。英国的有利银行和汇隆银行在上海设分行。
1855	铸铁钱和铅钱。
1856	上海几家银号用钢模铸咸丰银饼。小刀会在上海铸太平通宝日月钱。

1857	北京商人罢市，拒用大铁钱。宝苏局用钢模铸咸丰通宝银钱。英国麦加利银行在上海设分行。
1862	官票停止流通。铸同治通宝。
1864	汇丰银行成立。拉锡丁在新疆库车铸回文钱。
1866	香港铸造银元。

理解中国货币历史的起源与变迁

王宇

《中国货币史》是彭信威先生花费毕生精力完成的学术巨著。无论是内容之丰富、史料之翔实，还是涉及范围之广阔，溯源历史之久远，都堪称经典之述、传世之作。该书由商务印书馆重新出版，这对于中国知识界、学术界和出版界来说，都是一件非常有意义的事情；对于提升中国货币史、中国金融史和中国经济史的研究水平也必将发挥积极的作用。

目前国际国内经济金融形势都在快速调整、深刻变化，认真阅读这本书，认识中国货币的起源与兴衰，理解中国货币制度演进的背后逻辑和深层原因，可以使我们更好地认识中国经济金融的现实、把握中国经济金融的未来。

一、中国货币和货币制度的起源和发展

（一）中国铜钱和铜钱体系

铜钱是中国最早的货币，也是流通时间最久的货币。唐朝中

期布帛、谷粟等实物货币退出流通后，铜钱成为主要货币。从秦朝到清代，无论中国货币和货币制度发生什么变化，在民间交易中，始终可以使用铜钱，尤其是足额铜钱。从某种意义上讲，对中国货币的研究可以从铜钱开始。

1. 秦、汉、唐的铜钱与铜钱体系

公元前221年秦朝建立。秦始皇统一中国后，废除了各诸侯国的货币和货币制度，将货币统一于黄金和铜钱。秦朝实行金钱平行本位制度，以黄金为上币，黄金按重量行使，单位为"镒"；以铜钱为下币，铜钱按枚使用，每枚半两。黄金主要用于大数额支付，铜钱主要用于日常交易。秦朝还建立了全国统一的铜钱"半两钱"制度，并为此而设置了专门官署，制定了统一形制，采用了统一的度量衡。"方孔圆钱可能不是秦始皇创造的，但自秦朝起，这一货币形态就固定下来，两千多年都没有改变，还影响了其他众多民族。"

公元前206汉朝建立。汉朝承袭了秦朝的货币制度，实行金钱平行本位，只是黄金单位不再用"镒"，而是统一用"斤"。"一斤黄金等于一万个铜钱"。汉朝时期黄金白银大都被帝王用于赏赐、馈赠、器饰和储藏，日常流通以铜钱为主。"黄金可以作为价值尺度、支付工具、贮藏手段和世界货币，但并不作为流通手段。"当时专司货币流通职能的是铜钱。

公元前118年，汉朝开始铸造和发行汉朝铜钱"五铢钱"。初期"五铢钱"由各郡国铸造，私铸盛行。公元前113年，汉武帝实行币制改革，成立专门的铸币机构，由中央政府统一铸造"五铢钱"，禁止民间私铸和郡县官铸。同时，要求全国统一使用中央政府铸造的"五铢钱"。"五铢钱"每枚重5铢，钱面铸五铢字样。"五铢钱"是中国使用时间最久的铜钱，从两汉及其后的三国、两晋、南北朝、隋朝，到唐朝初年，"五铢钱"一直作为主要货币流通。

618年唐朝建立。唐朝实行钱帛平行本位制度，唐朝初年以绢帛为主，唐朝中后期以铜钱为主。621年唐高祖进行币制改革，废除汉代"五铢钱"，铸造唐朝铜钱"开元通宝"。"开元通宝"每1文重1钱，每10文重1两，每1贯重6斤4两。"开元通宝"结束了中国古代钱币纪重的历史，开创了通宝钱制的先河，成为唐代以后历朝的铸币标准。唐朝铜钱"开元通宝"与秦代铜钱"秦半两"、汉朝铜钱"五铢钱"一起，共同奠定了中国早期铜钱体系的基础。

2. 宋、元、明的铜钱与铜钱体系

宋朝先后经历了铜钱、铁钱和纸币三种主要货币。960年宋朝建都开封，铜钱是北宋初年的主要货币。最初宋朝政府试图建立单一的铜钱货币体系，975年宋朝政府在饶州永平置监铸造铜钱，饶州永平监与池州永丰监、江州广宁监、建州丰国监一起，被称为北宋四大铜钱监。由于当时铜矿匮乏，开采技术落后，铜料奇缺，铜钱供给远远不能满足需求。为此，早在宋朝建立之前就有铁钱铸造，北宋初年形成了铁钱与铜钱双重流通体系。976年纸币出现之后，又形成了纸币与铜钱双重流通制度。不过，铜钱始终是两宋纸币的价值标准。

宋代铜钱的名称和种类繁多。宋朝时期流行年号钱，几乎每换一次年号就铸一次铜钱。北宋九帝改了35次年号，铸造了27种年号钱。南宋7帝改了20次年号，铸造了18种年号钱。

1271年元朝建立。元朝结束了宋代铜钱、铁钱与纸币并存的局面，建立了单一纸币流通制度，成为历史上第一个在全国范围内统一使用纸币的朝代。元朝政府大量印制和发行纸币，造成恶性通胀和货币贬值，导致元朝经济崩溃，加速元朝政权灭亡。

元朝时期只有过两次官方铸造铜钱、作为法定货币使用的短暂经历。元朝第一次铸造铜钱是1308—1311年。1308年元武宗在京城建立资国院,在山东、河东、辽阳、江淮、湖广、四川等六地建立泉货监,在全国产铜之地设立了十九处提举司,铸造铜钱"大元通宝"和"至大通宝"。其本意是"以铜钱为子,纸币为母,以铜钱推动纸币的发行与使用。但由于钱重钞轻,结果使元朝币值更加混乱。"1311年,元仁宗废除了"至大通宝"和"大元通宝"。

元朝第二次铸造铜钱是1350—1354年。1350年为了挽救元朝钞法崩溃,元顺帝提出改革钞法,再开钱禁,恢复了诸路宝泉都提举司,取代了诸路宝钞提举司,开始铸造"至正通宝"。这是元代第二次铸造铜钱。到1354年明朝政府撤销诸路宝泉提举司停铸"至正通宝"为止,共持续了4年多时间。

1368年明朝建立。明朝货币和货币制度经历了起伏较大的变化过程:"起始用钱,不久改为用钞,继而钱钞并用,以钞为主、钱为辅。因纸钞贬值,最后使用白银。"也就是说,明朝前期以铜钱为主,明朝中期以纸币为主,明朝后期以白银为主。

明朝建立前夕,为了避免元朝滥发纸币的灾难重演,朱元璋决定恢复铜钱发行,再一次设想建立全国统一的铜钱流通制度。1356年朱元璋攻占应天后不久,即下令铸造铜钱,称为"应天通宝"。1361年朱元璋在应天设置宝源局,铸造铜钱"大中通宝","大中通宝"400文为1贯,40文为1两,4文为1钱。1368年,明朝政府令京城工部宝源局及各省宝泉局铸行"洪武通宝","其制凡五等,当十钱重一两,当五钱重五钱,当三钱重三钱,当二钱重二钱,小钱重一钱。"受当时铜矿匮乏所致,朱元璋始终无法生产出能够满足其需要的铜钱数量来。于是,明朝政府再次屈服于纸币的诱惑,放弃铜钱,走向纸币。

1375年，明朝发行纸币"大明宝钞"，同时，罢撤工部宝源局，要求各省的宝泉局停止铸钱。初行钞法时，明政府规定，大额税收和大额交易均以纸币作为支付手段，铜钱只在民间交易中充当支付货币，金银则处于非法货币的地位。"凡商税课，钱钞兼收，钱十之三，钞十之七，一百文以下则止用铜钱。"后来由于"大明宝钞"严重贬值，明朝政府不得不默许铜钱流通。铜料极度短缺的现实使得铜钱私铸现象大量出现，铜钱的颓势已经无法挽回。最后明朝政府不仅放弃了建立全国统一铜钱流通体系的设想，而且放弃了铜钱本身。白银成为明末的主要货币。

3. 清朝的铜钱与铜钱体系

1636年清朝建立。清朝实行银钱平行本位制度，大数用白银，小数用铜钱。白银主要用于政府税收、官员俸禄和供应军需，铜钱主要用于民间小额交易。努尔哈赤称帝后，曾在满州铸造铜钱"天命汗钱"和"天命通宝"。1644年清军入关后，工部设宝源局，户部设宝泉局，开始铸造清朝铜钱"顺治通宝"，"强制实行官铸官销，私铸私销按法律治罪"。

1886年，福建开始铸造机制铜钱，此为我国最早的机制铜钱，后来浙江和天津等地也纷纷试铸。1887年"张之洞订购英国造币机，在广东钱局首铸机制铜元"。1889年广东钱局正式开铸机制铜钱，这是我国使用机器大规模铸造铜钱的开端。"光绪元宝"是清朝最初的机制铜元，每枚重2钱，含铜95%，由清朝19个省局铸造，除中央户部，地方省所铸铜元，皆在其正面上缘镌写省名。

1905年，清朝开始铸造新式铜元"大清铜币"。"大清铜币"共分为四种，"当20重4钱，当10重2钱，当5重1钱，当2重4分"。"由户部颁发祖模，均与总厂所铸一律，惟于正面加铸省名一字，以便查考。每次铸出,均须呈送财政处户部化验,并由财政处户部随时遵派要员前往稽查"。各省所铸铜币,"应令该省所设官钱公估局酌量市面情形定价,随发随收,持之以信"。

1910年,清朝政府颁布《币制则例》,宣布实行银本位制度,以银元为主币,以铜元为辅币。新铜元以"分"为单位,共计有2分、1分、5厘、1厘等四种。1911年又推出一套新铜元,仍称"大清铜币",共计有20文、10文、5文、2文、1文等五种。不过,《币制则例》还没有来得及全面实施,辛亥革命就爆发了。

(二) 中国纸币和纸币制度

中国纸币起源于北宋,发展于南宋。元朝实行单一纸币流通制度。明朝白银取代纸币成为主要货币。清代主要实行银钱平行本位制度。认识中国纸币和纸币制度的起源和兴衰,可以更好理解中国经济金融的历史演进与变迁。

1. 宋朝货币:从铜钱、铁钱到纸币

宋代时期,中国货币经历了从铜钱、铁钱到纸币的复杂过程。从世界视角看,货币演进是漫长而连续的,人类社会大致都经历了一个从实物货币到金银铸币,再到信用货币即纸币的历史过程。实际上,唐朝中期布帛谷粟等实物货币就已经退出流通,但中国货币并没有走向金银铸币,北宋初年铜钱成为主要货币。

宋朝时期,商品经济有了一定发展,货币需求增长,并且宋朝长期处于战争状态,军费开支负担沉重。铜矿匮乏和铜料奇缺的现实,使宋朝对铜钱的需求远远超过供给。为缓解铜钱的紧张状况,早在宋朝之前就有铁钱铸造。铁钱始于四川,曾经在蜀国统治

下的四川西部地区，群山环绕的特殊地理条件使其经济相对独立。由于四川缺少铜矿，950年蜀国开始铸造铁钱，形成了铁钱与铜钱同时使用的双重货币体系。

960年宋朝建立，蜀国成为宋朝的一部分。最初宋朝政府试图建立一个单一的铜钱货币体系。由于保留了四川铁钱，铁钱很快将铜钱逐出流通，使宋朝政府不得不放弃了单一铜钱体系的设想，在四川保留了独立铁钱区。与铜矿相比，铁矿供应相对丰富、易于开采，但铁钱价值更低，"还不及等量铜钱价值的十分之一"。再加上铁钱更加笨重，不宜携带，不方便交易，尤其是不方便远途的大宗货物交易。"四川铁钱每贯重量，大钱25斤，中钱13斤，购买一匹罗约需二万铁钱，重一百三十斤，需用车载。"在市场不堪重负的情况下，纸币"交子"应运而生。"交子"拉开了中国货币史上纸币的序幕。

998—1022年，四川出现了为那些从事长途大宗货物贸易、携带沉重铜钱或铁钱的商人提供便利的商铺。商人可以将自己随身携带的现钱存放在商铺里，商铺将现钱的数额写在纸上，交给商人，并收取一定保管费。这种临时填写的现钱存放的凭证便是"交子"。最初"交子"是由民间商铺发行的，没有统一形制，类似普通收据。盖有商号的印记并有密押，可以在市场上流通。976年，成都16家商铺联合成立"交子铺"，开始发行纸币"交子"。

后来"交子铺"发现，他们可以将商人存放的部分现钱挪作他用，并且在短期内不会被发现。于是就有一些"交子铺"动用商人存放的现钱"广置邸店、屋宇和园田"。其中一些因经营不善而衰败，当商人来取现时，"交子铺"无力兑付，引发债务纠纷。1023年，宋朝政府在四川设立益州"交子务"，开始发行"官交子"。"官

"交子"有两个固定的面额,即 1 贯和 2 贯。

为了维护"交子"稳定,北宋政府主要采取以下措施:一是铜钱本位制度;二是纸币纳税的税收制度;三是发行限额制度;四是发行准备金制度;五是定期兑界制度;六是流通区域限制制度。其中,作为法偿纸币,"交子"的回赎主要通过税收制度和兑界制度实现的。

"会子"是由南宋政府官办、户部发行的纸币。"会子"起源于北宋末年的"便钱会子",当时到外地进行货物贸易的商人寄存钱物于寄附商铺,商铺开列凭证,商人持有凭证在需要的地方兑换现钱,因此也称作"寄附会子"。1161 年南宋政府设立"会子务",专门负责管理会子的印造发行事务。"会子"面额分为六种,即 1 贯、2 贯、3 贯;500 文、300 文、200 文。"会子"为南宋政府的法定货币,但不可兑现,其法偿地位主要体现在以下三个方面:一是在市场交易中,"会子"可以自由流通;二是在政府税收中,以"钱会中半"的形式缴纳税款;三是在货币回收中,实行每三年一次的兑界制度。

2. 元朝纸币:从单一纸币到物物交换

1271 年元朝建立。早在此前的 1260 年忽必烈就开始发行纸币"中统钞",元朝建都北京后,继续发行"中统钞",可以兑换硬通货。"中统钞"以白银为本位,以铜钱的"贯"和"文"作为货币单位,2 贯"中统钞"兑换白银 1 两。后来由于"中统钞"无法继续兑换硬通货而急剧贬值,到 1287 年"中统钞"已经贬值了 80% 左右。

1287 年明朝又发行纸币"至元钞",面额从 5 文至 2 贯,与"中统钞"同时流通。"至元钞"1 贯相当于"中统钞"5 贯,2 贯相当于白银 1 两,20 贯相当于黄金 1 两。"至元钞"是纯粹的法定货币,不能兑换硬通货。最初为了保持货币稳定,元朝政府对"至元钞"的发行数量进行了限制,后来,这一限制被不断突破。

1309年元朝发行新纸币"至大钞"。"至大钞"不能兑换白银,却正式以白银重量单位"两"作为货币单位,"至大钞"1两相当于白银1两。"至大钞"是中国早期货币单位从铜钱的"文"和"贯"转向银两的"锭"和"两"的起点。

1350年元朝发行新纸币"至正钞",与"至元钞"并行,"至正钞"1贯相当于"至元钞"2贯。在发行"至正钞"的同时,元朝政府还试图通过铸造铜钱来配合新纸币的发行和使用,但是,元朝新铸铜钱在离开铸币厂之后,就立即从流通中消失了。被过高估值的"至大钞"一直没有为市场接受。

元朝初年稳定币值的措施主要包括以下几个方面:一是纸币可兑换硬通货;二是纸币准备金制度;三是以税收制度为基础的纸币法偿安排;四是纸币流通数量限制。但是,在纸币成本较低、纸币造币原料不稀缺的背景下,这些措施都没有能够抑制元朝政府滥发纸币的冲动,从"中统钞"到"至元钞",从"至大钞"到"至正钞",一种又一种纸币都没有能够摆脱从滥发到废止的命运。元末经济重新回到"物物交换"时代,元王朝也随之走向灭亡。

3. 明朝货币:从纸币到白银

1368年明朝建立。明朝吸取了元朝滥发纸币的教训,朱元璋最初的计划是恢复铜钱体系,建立全国统一的铜钱流通制度,并且铸造和发行了明朝铜钱"大元通宝"和"至大通宝"。后来朱元璋发现,受制于铜矿匮乏和铜料奇缺,根本无法生产出能够满足其需要的铜钱数量。于是,与宋王朝一样,明朝政府也放弃了建立单一铜钱流通体系的设想,走向纸币。

1375年,明朝开始印发纸币"大明宝钞",面额分为六种,即100文、200文、300文、400文、500文和1贯,随后又发行了10文、20文、30文、40文、50文的小钞。"大明宝钞"1贯兑换铜钱一千文、兑换白银1两,"大明宝钞"4贯兑换黄金1两。由于"大明宝钞"为不可兑换货币,并且不限制发行数量,很快发生贬值,恶性通货膨胀的阴影再次笼罩在明朝上空。1384年明朝政府不得不下令停止纸币印制,此时距离"大明宝钞"发行还不到10年的时间。后为当"大明宝钞"贬值到其面值的20%以下时,明朝政府采取极端措施,宣布停止纸币流通。

不过,"明朝的纸币制度,有一点值得称道,就是在两百多年间,只用一种钞票。这种统一性是前代没有的。"为了维护"大明宝钞"在全国的流通地位,明代政府采取过多种措施,包括禁止铜钱铸造,禁用白银交易,允许纸币纳税,但是,都没有能够扭转纸币贬值和通货膨胀的趋势。"1436—1449年'大明宝钞'已经退出市场流通,结束了它的货币功能。"明朝末年白银成为主要货币。

4. 清朝货币:从纸币到银行兑换券

清朝实行银钱平行本位的货币制度,"以钱与银两品为币,相权而行",大数用白银,小数用铜钱。在清朝历史上,只有过两次短暂的纸币发行:一是1651—1661年清朝政府发行纸币"顺治宝钞";二是1853—1863年清朝政府发行纸币"户部官票"和"大清宝钞"。

清朝初年,清朝政府为了稳定入关后的社会危局,支付庞大的军费开支,于1651年开始印制发行纸币"顺治宝钞",面额自10文至1贯不等,"顺治宝钞"一贯兑换铜元一千文。从1651年开始流通到1661年停止发行,"顺治宝钞"总共流通了10年时间。此为清朝政府第一次印发纸币。

在太平天国运动期间，由于云南铜料被太平军阻断，不能及时运达京师，无法增加铜钱铸造。1853年清朝政府再次印发纸币"户部官票"和"大清宝钞"，作为镇压太平天国运动的军费开支。"户部官票"又称银票，以银两为单位，面额共分为1两、3两、5两、10两、50两等五种。"大清宝钞"又称钱票、钱钞，以铜元为单位，面额共计有250文、500文、1000文、1500文、2000文等五种。"大清宝钞"2千文相当于铜钱2千文，可以兑换"户部官票"1两，可以兑换白银1两。此为清朝政府第二次印发纸币。

由于"户部官票"和"大清宝钞"均为不可兑换货币，也没有回收制度，再加上管理无方，增发无度，很快失去信用，不得不收回销毁。到1861年"户部官票"已近绝迹，"大清宝钞"也几乎成为废纸。历时不到10年的清朝第二次纸币流通被再次废止。到清末时，已经停止使用纸币纳税，改收实银。

实际上，清朝政府还有第三次纸币发行，即现代银行发行的银行兑换券。当然，这与此前所有的纸币发行都有着根本不同。1897年中国通商银行建立并开始发行钞票，中国通商银行是中国第一家现代银行。随后，交通银行、信成银行、浙江兴业银行和四明银行等也取得了纸币发行权。

1904年，清政府颁布《试办银行章程》规定：以后银元局铸造银铜各币，均应交户部银行承领，与商号直接往来，以便流通市面；户部银行拟印纸币，分库平银100两、50两、10两、5两、1两五种，通行银元票与此相同；凡户部银行纸币，公私出入款项，均准一律通用；应缴一切库款官款，均准以此纸币照缴，或全用，或搭用，与现银无异；户部出入款项，均可由户部银行办理，凡有可以票币收发者，均须用该行纸币，其他商号之票不得掺用；户部银行有整齐制币价值之权。1908年清朝政府颁布《大清银行则例》,《大清银行则例》规定：大清银行有代国家发行纸币之权;大清银行有代国家发行新币之责。

1905由清朝政府设立的户部银行正式成立,这是近代中国第一家国家银行,清政府将其定位为中央银行。1908年户部银行改名为大清银行。1905年,户部请北洋官报局印制户部银行纸币,这是"中央政府发行银行兑换券之始"。大清(户部)银行的纸币包括"银两票"、"银元票"和"钱票"三大类。其中,标准的"银两票"为库平银,共有1两、5两、10两、50两、100两五种。"银元票"也分为1元、5元、10元、50元、100元五种。"钱票"的发行数量相对较少,"发行'钱票'的分行号也较少,北京阜通、东南两号成立后发行'钱票',济南分行也曾发行'钱票',以济钱荒,其他各行未有发行'钱票'。"

由此可见,"中国纸币在清朝经历了从古代货币到近代货币的变迁。"

(三) 中国白银和白银制度

宋元时期的主要货币均为纸币,白银的使用并不普遍,"一直到元末白银都还算不成是十足的货币"。白银是在明朝时期逐步完成货币化过程,成为主要货币的。从某种意义上讲,白银是在明朝完成了从交易手段到价值尺度的转变,在清朝实现了从实物货币到白银铸币的转变。

1. 宋元的白银与白银制度

宋朝货币相继经历了铜钱、铁钱和纸币的更迭。在此期间,白银只是作为一种辅助性支付工具,主要用于皇帝赏赐、战争赔款和税款支付。在北宋"澶渊之盟"和南宋"绍兴和议"中,白银赔付都占了很大的比重。其实,在整个宋朝时期,无论是北宋的纸币"交子"还是南宋的纸币"会子",其价值标准都是铜钱而不是白银。"白银在宋朝和元朝的使用都不普遍",纸币是两宋和元代的主要流通货币。白银是在明朝中期以后才逐步成为主要货币。

元朝建立后,为了保障单一的纸币流通体系,元朝政府多次颁布法令,严格禁止白银交易。但是,在"纸币滥发"和"铜钱劣铸"的背景下,"元代自始至终都是以白银作为价值尺度的。"元朝初期忽必烈虽然是以铜钱为本位印制发行"中统钞",但"中统钞"却一直以白银的重量单位"锭"和"两"来表示。

2. 明朝的白银与白银制度

1368年明朝建立。明朝先后使用过三种货币,纸币、铜钱和白银,与此相对应,明朝货币制度经历了一个较为曲折复杂的变化过程:"最初用铜钱,后来改用纸币,继而钱钞并用,最后白银成为主要货币。"明代初年,面对元朝留下来的纸币体系,担心元朝通货膨胀的悲剧重演,朱元璋决定恢复铜钱发行,大量铸造铜钱。但受制于铜矿匮乏和铜料奇缺,朱元璋始终无法生产出能够满足其需要的铜钱数量,于是,与前朝政府一样,明王朝也选择了原材料供给相对充足和印制成本相对较低的纸币,打开了滥发货币的闸门,与大量纸币印制发行相伴而来的,必然是货币贬值和通货膨胀。当时恶性通胀使得"布帛稻谷等再次成为明朝的支付手段",明朝经济随之走向衰败。

1436年,明朝政府不得不发布"弛用银之禁",改变禁银政策,放开白银使用,白银逐渐成为主要货币。1525年明朝政府规定,白银皆铸成锭,并记年月、官吏及工匠姓名。自此,白银有了相对固定的成色、重量和单位。1567年,明穆宗颁下令,"买卖货物,值银一钱以上者,银钱兼使,一钱以下者,止许用钱"。这意味着白银的使用终于得到了官方认可,白银的货币地位由此得以确立,明朝正式进入"银钱兼行"时代。

"明朝嘉靖以后,白银在中国币制中占据主导地位,各种铜钱,都是同白银发生联系,规定比价。在有些地方,白银成为唯一的货币,铜钱几乎等于被废弃了。"1581年,明朝实行"一条鞭法",即"合并赋役,将田赋和各种名目的徭役合并一起征收,同时,将部分丁役负担摊入田亩。将过去按户、丁出办的徭役,改为据丁数和田粮摊派。赋役除政府征收的米麦之外,一律折收银两"。"一条鞭法"的实施,标志着中国白银货币化基本完成。

3. 清朝的白银与白银制度

"清朝的币制,大体上是银钱平行本位。大数用银,小数用钱,与明朝基本相同,只是白银的地位更加重要了。"清朝时期政府开支和官员俸禄几乎全部以白银计值,政府税收、军费支出、战争赔款及其国际贸易也主要使用白银。整个清朝时期只有两次短暂地印制和使用过纸币,除此之外,主要使用白银和铜钱。从某种意义上讲,白银是在清朝时期完成从实物货币到白银铸币转变的,清朝初年已经将白银称为银两,银两由户部颁发许可证的"炉房"铸造,数量由户部确定,成色由铸地的公估局鉴定。

清朝用银大致可以分为三个阶段:"第一阶段是最初的一百年,国内大部分地方专用银块,虽然铸成锭形,但仍以两计算。第二阶段是嘉庆以后的八九十年间,即十九世纪的大部分时间里,外国银元深入中国,在中国变成一种选用货币。第三阶段是清末的几十年间,中国自己铸造银元,并赋予法偿资格。"

清朝最早的自铸银元是"乾隆宝藏"和"嘉庆宝藏"。1821年中国沿海等地开始仿铸银元,出现了手工铸造的"漳州军饷"和"寿星银饼"。1856年出现了用粗糙机器铸造的"上海银饼"。1884年出现了中国最早的机铸银元。1890年广东钱局开始铸造银元,随后全国各地纷纷建立造币厂,开始铸造发行机制银元。1910年清朝政府颁布《币制则例》,宣布实行银本位制度,以银元为主币,以铜元为辅币。并且对银元种类、重量、成色、型式及其辅币使用限额等作了较为详细的规定。

(四)简要总结

从世界货币史来看,多数国家的主要货币大体上可以分为实物货币、金银铸币和信用货币,人类社会也相应经历了一个从实物货币到金银铸币再到信用货币的历史变迁。从中国货币史看,中国早期最重要的货币是铜钱、纸币和白银,中国早期货币制度也大致经历了一个从铜钱体系到纸币体系再到白银制度的演进过程。与西方货币史相比较,中国货币史有相似之处,更有差异。西方传统文化认为,货币的本质是商品,决定货币价值的是商品的交换价值,早期西方货币理论主要研究交易中商品公平价格的决定问题。中国古代文化认为,货币起源于皇帝的圣明,赋予货币价值的是皇帝手中的印章,早期中国货币理论主要研究如何满足王朝所需的货币数量问题。也就是说,在中国货币史中,政府始终发挥着绝对主导作用。

1. 实物货币之后是铜钱

多数国家在经历了实物货币之后,金银铸币会成为主要货币。

黄金白银具有成为一般等价物的客观优势。体积小、价值高、便于携带、易于贮藏，质地均匀，易于分割，既可以进行大额支付，也方便进行小额交换，并且购买力较为稳定。因此，黄金白银最适宜充当一般等价物。

中国货币历史中，实物货币之后，是铜钱而不是金银铸币成为主要货币。主要原因是与铜相比，金银矿藏更为匮乏，产量极低，金银极度稀缺。"除非发现新金矿，否则，金银铸币将无法按照皇帝的意志进行生产。"与金银相比，铜的蕴藏量相对较为丰富并易于开采。对货币需求的无限性与金银极度稀缺性的矛盾，使得铜钱成为中国早期实物货币之后的选择。

2. 纸币起源

中国纸币最早起源于北宋。北宋之前，在自然经济条件下，市场规模较小，以近距离的小额交换为主，铜钱基本可以满足交易需要。北宋时期，随着商品经济发展，市场规模不断扩大，远距离的大宗货物交易越来越多，铜钱作为主要货币的缺陷逐渐暴露出来。由于铜钱价值低，体积大，比较笨重，不易携带，无法满足远途大宗货物贸易的需要。同时，铜矿相对匮乏，铜料极为稀缺，无法铸造出能够满足宋王朝需要的铜钱数量。

相比较之下，纸币优势明显。第一，纸币印制成本低，造纸原料不存在稀缺性。第二，纸币轻便，可以满足远途、大宗货物的交易需要。第三，尤其是当时面对连年战争，宋王朝"军费开支巨大，财政陷入困境，宋朝政府希通过扩大货币发行来弥补其财政缺口。"于是，纸币就出现了。

3. 白银成为货币

纸币绝对优势和致命缺陷都是成本低、可以大量印制。在王朝权力不受约束的条件下,"纸币发行量可以由皇帝意志决定"。由于当时王朝政府发挥着压倒一切的绝对主导作用,一旦货币发行成本可以足够低、货币发行数量可以无限大,滥发货币将无法避免。宋、元、明三朝政府在纸币发行初期,都曾采取过多种政策措施,稳定纸币币值,维持纸币流通,但是,这些措施都没有能够抑制政府大量发行货币的冲动。"其实,在纸币发明之前,中国历代皇帝都曾经为铜矿的稀缺而苦恼过。当纸币出现后,那些不再为铜矿稀缺而苦恼皇帝,根本无法抵御过度发行的诱惑,从而毁掉了一种又一种纸币。"

从某种意义上讲,宋、元、明三个王朝都是由于滥发纸币而造成货币贬值、恶性通胀、经济衰退和王朝灭亡的。到了明末清初,对于纸币的印制和发行,无论是政府还是市场,几乎都到了谈虎色变的地步。

二、中国信用和信用机构的起源与变迁

(一)汉唐的信用和信用机构

典质。典质是中国最早的信用机构,起源于南北朝时期。"目前有文字记录的最早两家经营典质的寺庙是南齐的招提寺和南梁的长沙寺。"当时寺庙办典质的主要原因:一是南北朝佛教盛行,典质被认为是救济贫民的善事。二是寺庙神圣,令人敬畏,兼作信用机构,可以避免盗窃风险。三是寺庙财力较为充足,上自帝王,下

至平民，常有施舍，除了扩充庙产外，也用来牟利。

唐朝时期，典质当本极低、当期极短。宋代典质业有了较快发展，分为官营典质、私营典质和寺庙典质三种形式。唐朝关于典质业利率的规定，"凡质举之利，收子不得逾五分，出息债过其倍""诸公私以财物出举者，任依私契，官不为理。每月取利不得过六分，积日虽多，不得过一倍"。

柜坊。柜坊是专门存放钱币和贵重物品的机构。柜坊的起源是箱柜，唐朝初年，国内商业和对外贸易都有了较快发展，商人外出办货，随身携带大量钱财既不方便，又不安全。有时商人就会将办货用的钱财寄存于商铺，由商铺代为保管。与托亲友保管的性质不同，这种寄存因交易而起，与商业相关。开办这种业务的商铺有药店，也有洋行。

由于柜坊最初的业务是向商人提供存放现金的便利，只收取保管费，不支付利息。后来存放钱财的商人越来越多，时间越来越长，开始由信托业务向存款业务转变。唐代柜坊的主要功能有两种：一是财物保管，商人将自己的钱财交给柜坊保管，并说明保管期限，到期柜坊将钱财归还给商人。二是货币寄存，商人作为寄存者将自己随身携带的钱财存放在柜坊，柜坊作为保管者为寄存者写下代为保管钱财的凭证。在到期日之前，柜坊可以利用这些钱财进行商业活动，到期时柜坊向商人归还本金，并支付利息。"在唐朝店铺中，最接近专门存款机关的是柜坊和寄附铺。除柜坊之外，还有一种寄附铺，和柜坊的性质差不多。唐朝有人专设寄附铺来替商民保管金钱和其他贵重品，他们有时也代寄户出售寄存物品。"

质库。唐朝质库即是后来的当铺，是专门经营典当业务的机构。唐朝法律规定，债务人借款时需要有保人作保，借款有一定期限限制，债务人在归还贷款时还需要交付利息。实际上是一种定期、有息抵押贷款。贷款期限大致可以分为1个月、3个月、半年、1年、2年，甚至更长时间。借款到期后，债务人必须及时归还并交纳利息，赎回自己的抵押品。借款到期后，如果债务人无力清偿借款和利息，质库有权变卖债务人的抵押品。债务人到期不赎的物品，质库可以在报告官府后予以变卖。偿还借款及利息后如果还有剩余，余款应当及时退还给债务人。如果借债人逃跑，保人代为赔偿借款。

汇兑。汇兑起源于唐朝，唐朝汇兑也叫"飞钱"或"便换"。"汇兑起源于唐朝主要有以下四个方面的原因：一是钱币缺乏；二是因钱少各地渐有禁钱出境的事；三是税场多，税款常须移转；四是随着商业发达，渐觉铜钱携带不便。"唐朝年间经营"飞钱"的有市井商人也有政府衙门。"当时各道的地方政府在京师都有，叫作进奏院，专门同中央政府联络，自然经常需要钱用。"同时，中央政府也在全国各地设有进奏院，以负责多种使职，比如水陆转运使、诸道转运使、盐铁使等。

"商人们在京师将货物卖出后，如果不愿意随身携带现款回家，就可以将款交给本道的进奏院，进奏院发给商人一种票券，叫作文牒或公据。这文牒或公据分成两半，一半给汇款人，另半张寄回本道。商人回到本道后合券核对无误，就可以领回货款。"这样做的好处是，"一方面可以消除商人携带现款的风险，另一方面也免得地方政府不断地运钱到京师去。这种合券取钱的办法，实是由借据转化而来的，不过，由时间上的转移转变为空间上的转移罢了。"当然"经营这种业务的政府机关，除各道进奏院外，还有各军各使,以及户部度支盐铁等机关。至于商人办理飞钱的,是因他们在各道有联号或交易往来,为免输送现金,或甚至想因此牟利起见,亦招徕这种业务。"此为中国历史上最早的汇兑制度,是一种异地移转现金的方式,类似于现代的汇票。

借贷。唐朝时期,"在放款方面,大致分为两种情况:一种是信用放款;一种是抵押放款。所谓信用放款,就是对人信用的意思,即南北朝时期的出责和举贷。唐朝也叫出举、举放、举债、放息钱或责息钱。信用放款的供给者,自然以富商为主,也有官吏和皇亲贵戚放款牟利的。放款的对象除了普通商民之外,官吏也是主要对象之一。"当时"政府放款利率已是很高,私人高利贷利率有时等于本金的好几倍。由于利息过重,结果债务人总是无力偿还"。并且,"借贷不限于现钱,有时还以粟麦等实物为借贷的工具,偿还时有时用现钱,有时用原借实物"。

唐朝的抵押放款共分为两种,一种是不动产抵押放款;一种是典当押款。"不动产抵押放款叫作贴赁或质,押品多以田地为主,也有用房宅等物押款的。"押款放款主要是当铺押款,"唐朝叫质或收质,当铺则叫作质库。"唐朝以前的存款,"或是窖藏,或是寄存亲友处"。亲友照理只是保管性质,不能加以利用,不能说是存款。唐朝时期的存款,"除窖藏以外,人们大都将钱财寄存在外面,有时存在亲友处保管,有时存在寺僧处保管。如果保管人不能加以利用,仍然与窖藏差不多。"

长安金融市场。"自战国以后,黄金使用渐多。汉代以后,银器流行起来,就有金银匠的存在。"到了唐朝初年,随着商品经济发展,"金银匠的社会地位提高,自立门户,变成金银铺。由许多金银铺就成为一个金银市、金银行,这就是长安兑换市场。"

"在国内国外贸易推动,唐朝货币经济大有进展,各种信用事业和信用机关应运而生。"当时长安是中国最大的都市,长安的商业集中在东西两市。"东市的四周各六百步,市内货财,二百二十行,四面立邸,四方珍奇,皆所积集。"西市则更加繁荣,"有平准局,衣肆、秤行、窦家店及有名的景先宅。""长安西市便是中国初期的金融市场,在这个金融市场里,流通着各种信用,供给这些信用的,除个人性质的富商官吏外,有供给抵押信用的质库和僦柜;有供给普通信用的公廨;有收受存款或供给保管使得的柜坊、寄附铺和各种店铺;有从事兑换业买卖生金银的金银店;有办理汇兑业务的商人组织。现代主要金融业务,当时都有了。"

(二) 宋元的信用和信用机构

交子务。976年成都16家商铺联合成立"交子铺",发行纸币"交子"。交子铺发行的交子"用同一色纸印造,印文用屋木人物","各自隐密题号,朱墨间错以为私记"。后来,有"交子铺"动用商人存放的现钱"广置邸店、屋宇和园田",因经营不善而衰败,引发债务纠纷。1023年宋朝政府在四川设置益州"交子务",授予其独家发行"官交子"的权利。"交子务"就是专门负责纸币印制、发行和流通事务的政府机构。

权货务。权货务是宋朝的纸币流通管理机构,主要业务是办理商品专卖,并且拥有为专卖商品发行便钱、期票和代金券的权利。宋朝实行专卖制度,盐、茶、矾等都属于专卖商品。由于宋朝长期处于战争状态,在西北边境有大量驻军,距离京师路途遥远,军需给养常常发生困难。为了鼓励内地商人将谷物、草料和衣服等军需物资及时送到西北边境,宋朝政府规定,凡运送军需物资至西北边境的商人,即可发给"交引",商人持"交引"可到京师或者其他指定地区换取现钱,也可以用"交引"直接换取茶、盐、钒、香药、犀象等专卖商品。起初,政府给予商人的纳物凭证统称为"交引",后来从中派生出专门用于领取盐货的"盐钞"、专门领取茶货的"茶引",以及专门领取现钱的"钱钞"。

兑换。兑换是不同货币之间的交易。由于中国历史上许多朝代都实行双货币的平行本位制度,兑换业务也就较早地产生和发展起来了。最早经营货币兑换的主要是金银店,金银店自然是以打造器饰为主的,"但同时兼营金银器饰和生金银买卖,又因金银的买卖而产生金银鉴定业务。在唐朝,流通工具是以钱帛为主,但金银仍是主要的保值工具,偶尔也有用作支付工具的,生金银买卖也有需要。"也就是说,唐朝年间出现了专营金银器饰的金银铺,金银铺是以打造金银器饰为主,同时兼营金银器饰交易和金银买卖,并且在金银买卖业务的基础上产生金银鉴定业务,发展成为货币兑换机构。"固然金银买卖不能说就是兑换,兑换乃是两种货币之间的交换。但是,随着金银货币性的逐步增强,金银买卖就变成货币兑换了。因此,要研究中国兑换业或者金银市场的历史,就要从研究金银匠和金银店的历史入手。"宋朝时期兑换业务逐步扩大到金银估定和货币兑换,并且逐步从兼营走向专营。元朝的货币兑换业务和兑换机构都有了进一步的发展。

借贷。秦汉时期,生产力水平较低,人们很少能有生产剩余为借贷担保,因此,信用借贷成为最主要的借贷方式。唐宋以后,随着商品经济发展,原来盛行于寺院寺库的典当机构转向民间,出现了政府典当、民间典当、寺院典当并存的局面。

宋朝借贷仍分为信用放款和抵押放款两种，只是宋朝的放款利率低于唐朝。宋朝政府规定，利息不得超过本金，其中，"政府放款的周息为二分，过期不付息，则每月罚钱百分之二"。宋朝的存款业务仍不发达。在长年战乱和通货膨胀的环境中，"金银钱物多取窖藏的方式进行存储"。元朝借贷也分为政府借贷和民间借贷两种，并且以民间借贷为主。

（三）明清的信用和信用机构

钱庄。明朝末期中国钱庄有了较快发展，原本摆摊设桌的慢慢扩充成钱店，原本兑换铜钱和金银的，逐步扩大成为经营存放款的信用机构。不过，与欧洲中世纪的银行相比较，当时中国钱庄的规模和业务范围都还比较小。欧洲的银行由兑换而发展出存放款业务和汇兑业务。"中国钱庄由兑换只发展出了放款业务，存款业务在明朝没有进展，主要原因还是窖藏偏好。"清朝早期，中国钱庄主要业务还是货币兑换，同时兼营金银成色和重量的估定。清朝晚期，中国钱庄快速发展，"兑换业务中心逐渐移到长江流域，主要集中于上海。"

银铺。中国银铺在清朝得到较快发展，因为清朝政府要求以白银缴纳税款，而当时白银成色和重量各异，需要先交给银铺铸成银锭。"银铺的主业还是在于器饰打造，同时兼营金银买卖。其中有一种银炉，以镕铸银锭为专业，可以说是银铺的变形。"在金融市场比较发达的上海，银炉的地位更为重要。"因为上海没有公估局，银色的鉴定就由银炉担任。银炉这名称，在明朝便已有了。清朝更多，有时也叫炉房。并有所谓的官炉与私炉之分。官炉的设立要经过户部核准。"银炉兼营钱业,发行钞票。"营口的银炉,本来是替人铸造元宝的,自营口开放为商埠后,交易发达,制钱不够应付,白银使用增加。一般商民平日收到的零星银块,因成色不划一,不便流通,多送到银炉去铸成元宝,后来请求铸造的人多,应接不暇,银炉方面,乃于收到银块之后,扣去亏耗和手续费等,折成银宝分量,出一收据,这种收据就在市面流通,如同钞票或支票一增。有些商家,特意把银块存入银炉,开立往来户,以取得这种使得。甚至没有现银,也商请炉房开立户头,发行凭条。这样使银炉成了一种真正的信用机关。"

票号。在票号出现之前,中国没有异地专营汇兑、存款和放款等业务的机构。自唐宋年间起,通过"飞钱""交子""会子"和"会票"所进行的汇兑业务都属于兼营。钱庄和银号则主要从事金银兑换,附带鉴定金银成色,兼营存放款业务。1823年晋商将汇兑从一般金融业务中分离出来,创办了票号,票号成为汇兑专营机构。

"关于票号的起源虽然有多种说法,但有两点是大家一致的。一是票号与汇兑的关系;二是票号与山西人的关系。山西人从事商业的一向很多,几乎每家都有人出外经商。清朝中叶以后,山西人在中国信用事业上特别活跃,无论银号、典当或放私债,都以山西人居多。至于票号,可以说百分之九十是山西人开的,里面办事的人员也是山西人。"票号的存款分定期和活期两种。定期自三个月到半年,利率为月息四、五厘,活期为两厘到四厘。放款利率自五厘到一分。"

票号和钱庄同为中国早期信用机构,但二者存在明显差异。"从制度上讲,钱庄是独立经营制度;票号是分支连锁制度。就地方性看,钱庄以南方为中心,多为江浙人开设;票号以北方为主,多为山西人经营。从业务经营上说,钱庄起源于兑换;票号起源于汇兑。从客户分布看,同钱庄往来的多是商人;与票号往来的多是官吏。"

银行。1897年通商银行总行在上海成立,随后通商银行在天津、汉口、广州、汕头、烟台、镇江、北京等处开设分行。1905年户部银行成立,户部银行总行设在北京,并且在上海、天津、汉口、张家口、烟台、青岛、营口等处设立分行。自1907年起,中国股份银行也逐渐发展起来,包括浙江银行、兴业银行、四明银行和北洋保商银行等。到清朝末期,中国已经有十几家股份制商业银行。

1908年,清朝政府颁布了大清银行则例和银行通行则例,银行通行则例规定了银行的九项业务:票据贴现、短期拆款、存款、放款、买卖生金银、兑换、代收票据、发行票据、发行银钱票。并且规定"凡是经营这九种业务的金融机构,都可以称之为银行"。

(四)简要总结

中国信用和信用机构的起源呈现多元化、多样性情况。"最初差不多每种业务有其独立的机构,放款有放款的机构,存款有存款的机构,兑换有兑换的机构,汇兑有汇兑的机构。直到明末清初才有了综合的倾向"。在早期最基本的信用和信用机构中,放款最为发达,其次是兑换和汇兑,最不发达的业务是存款,"在中国历史上,金融机构收受存款大概是清朝的事情。"

1. 最为发达的放款业务

在早期最基本的信用和信用机构中,放款最为发达,"不论是私人的信用放款,或者质典的抵押放款,都有最长久的历史"。秦汉时期,生产力水平较低,人们很少有生产剩余来为借贷担保,因此,信用借贷成为主要的借贷方式。唐代以后,随着商品经济发展,原来盛行于寺院寺库的典当机构转向民间,出现了政府典当、民间典当、寺院典当等多元并存的局面。宋元时期的放款仍以信用放款和抵押放款为主。其中,信用放款和抵押放款的供给者主要是富商、官吏和皇亲贵戚,信用放款的需求者主要是商人和官吏,抵押放款的需求者主要是商人和普通百姓。元朝借贷主要分为两种,即官府借贷和民间借贷,以民间借贷为主。

总之,唐宋元的放款业务主要呈现三个特征,一是通过信用放款,扩大放款数量;二是通过增加抵押贷款比重,规避风险;三是如果借款人的动产不够赔抵偿欠款,将以担保人的资产作抵。这些特点表明中国早期的放款业务主要还是在熟人关系的范围内进行。

2. 较为发达的兑换业务和汇兑业务

兑换是不同货币之间的交易。由于历史上许多朝代都实行双货币的平行本位制度,比如,秦汉的金钱平行本位,唐朝的钱帛平行本位,明朝中期到清朝末年的银钱平行本位,因此,中国早期的货币兑换业务就是由此而产生和发展起来的。

中国最早经营货币兑换业务的主要是金银店,金银店以打造金银器饰为主,兼营金银器饰交易和金银买卖,随后在金银买卖基础上产生了金银鉴定业务。"固然金银买卖不能说就是兑换,兑换乃是两种货币之间的交换。但是,随着金银货币性的逐步增强,金银买卖就变成货币兑换了。"宋朝金银铺仍以打造金银器饰为主,金银买卖只是兼营业务,再由金银买卖产生了金银鉴定。

明朝银铺的主业仍为金银器饰打造,金银买卖为兼营业务。清朝货币兑换成为钱庄的主要业务,钱庄和银号主要从事金银兑换业务,附带鉴定金银成色,兼营存放款。货币兑换逐步从兼营走向专营。

早期汇兑盛行于唐朝,"飞钱"是中国最早的汇兑制度。宋朝和元朝时期纸币成为主要货币,由于纸币的广泛流通,使汇兑业务有所衰落。所以说清朝以前中国没有异地专营汇兑、存款和放款的信用机构,通过金银铺所进行的汇兑业务都属于兼营。清朝年间中国汇兑业务得到较快发展,尤其是清朝票号出现后,早期汇兑业务由兼营走专营,票号成为货币汇兑业务的专营机构。因此,"从业务经营上说,钱庄起源于兑换;票号起源于汇兑"。

3. 最不发达存款业务

在中国早期的基本信用业务中,存款业务最不发达。"虽然宋朝有寄附,唐朝有柜坊,但一直到清朝才有真正的存款业务出现。"中国早期存款业务不发达的主要原因是:"古代中国工商业不发达,由从事工商经营而发财的人较少,发财多是由贪污贿赂而来,这种人对于他的财产,需要保守秘密。"因此,"古代中国人非常注意对自己的财产保守秘密,从不轻易告诉他人,更不愿意信托别人,而是喜欢埋藏于墙壁间或地下。"因此,从理论上讲,"存款是指将自己的剩余资金提供给他人利用的储蓄。中国自古便有储蓄,但大都没有提供给别人利用。"从根本上讲,"存款不发达,固然由于民族习惯,但习惯的养成也有其原因。中国社会乱的时候多,而且几千年来,没有进步成一个法治国家。一个人的财产放在外面,毫无保障。没人愿意将自己的钱存放到素不相识的店铺里去。"为此,"当时的有钱人,除置房地产以外,剩下的现钱多加以埋藏,银行无法吸纳大额存款"。正是由于这些原因,"一直到清末,中国的银行业务尤其是存款业务,都没有能够得到正常发展"。

三、本书的作者、结构和方法

(一) 本书作者

彭信威先生(1907—1967)是我国著名的货币史学家和钱币史学家。他早年在天津南开中学读书;后就读于日本东京高等师范学校,学习英国文学;再后游学英国,研究英国文学。正是在英国游学期间,彭信威先生开始研修中国货币史。回国以后,中华人民共和国成立前曾就职于南京内政部、上海神州国光社、福建人民政府、国立重庆大学、重庆复旦大学;中华人民共和国成立后担任复旦大学、上海财经学院教授。主要著作及译著有《战后世界金融》《银行学》《各国预算制度》《哲学概论》《日本近代史》《中欧各国农业状况》等。

彭先生最重要的著作是其倾注一生心血写就的《中国货币史》。《中国货币史》于1943年开始写作,历时几十载。1954年第一版问世,1958年和1962年第二版和第三版相继出版发行。作为一部纵横经济学、历史学、钱币学等多门学科、跨越数十朝代几千年历史的学术著作,作者不仅具有深厚的理论功底,而且熟练运用各种史料文献。彭信威先生对早期中国货币和货币制度、信用和信用体系的透彻理解和全面把握着实令人敬佩。

《中国货币史》是一部极具价值的学术著作,也是一部史料雄厚的历史文献,全书以体例谨严和征引文献资料丰富见胜,并且重视钱币实物和考古资料,重视中外货币史对比。从某种意义上讲,是可以作为史料工具书来使用的。因此,《中国货币史》是中国货币史和中国经济史研究者的必备参考书,也是经济学和金融学研究生的必读书目。

(二) 本书结构

《中国货币史》几经修订,全书结构并无变动,基本观点一脉相承。本书使用编年的方法进行研究,几次修订亦无变化。整体看,《中国货币史》按照编年史的研究方法,分为八章二十四节。

第一章货币的发生。主要讨论了以下问题:一是货币经济的萌芽,包括殷周时代的贝物,贝的种类及其来源。二是货币经济的确立,包括春秋战国时期的货币形态,秦始皇统一中国币制等。三是先秦的货币理论,包括儒家和农家对于交换经济的见解,李悝的货币理论,管子的货币理论。四是信用的发生,包括借贷行为发生的前提,货币与借贷的关系,实物借贷与货币借贷等。

第二章两汉的货币。主要讨论了以下问题:一是货币制度,包括钱币和黄金。二是货币购买力,包括楚汉战争与货币减重,匈奴战争与货币贬值,汉末的货币贬值。三是货币理论,包括汉代关于铸币权的争论,儒家的放任政策,法家的管理政策,以及货币名目论、货币实物论,货币数量说。四是信用和信用机构,包括长安放款市场,东汉的放款和存款。

第三章晋到隋的货币。主要讨论了以下问题:一是货币制度,包括钱币、金银和谷帛。二是货币购买力,包括两晋币值,宋齐币值变动,北朝币值,隋朝币值。三是货币理论,包括实物论者的见解,刘义恭、沈演之的名目论,何尚之的数量说,徐爱和沈庆之的金属论。四是信用和信用机构,包括两晋的信用和信用机构,南北朝存款和放款,典质产生,典质与寺庙关系,隋朝的信用和信用机构。

第四章唐代的货币。主要研究了以下问题:一是货币制度,包括货币、金银和绢帛。二是货币购买力,包括盛唐购买力,晚唐五代的币值。三是货币理论,包括刘秩的见解,陆贽、韩愈的理论,以及钱币学。四是信用与信用机构,包括长安金银市场产生,生金银买卖,汇兑起源等。

第五章两宋的货币,主要研究了以下问题:一是货币制度,包括金银,纸币,以及纸币产生。二是货币购买力,包括北宋初年的币值,熙丰年间的币值,崇观年间的币值,南宋会子与通货膨胀。三是货币理论,包括苏辙的钱币国定说,沈括关于货币流通速度的见解。四是信用和信用机构,包括王安石改革,质库、柜坊、金银铺、兑坊、便换等。

第六章金元的货币,主要研究了以下问题:一是货币制度,包括辽的钱币、西夏的钱币、金人的币制、元代的币制。二是货币购买力,包括元初的通货膨胀、元末的通货膨胀。三是货币理论,包括马亨的见解,许衡对纸币的看法。四是信用和信用机构,包括金元中西信用事业的比较,金人治下的放款利率,金人的兑换业,元代的解典库,兑换业和银铺。

第七章明代的货币,主要研究了以下问题:一是货币制度,包括纸币、钱币和白银。二是货币购买力,包括大明宝钞的通胀,万历以前铜钱的购买力,晚明的铜钱贬值,白银购买力。三是货币理论,包括邱睿关于纸币的意见,陈子龙关于纸币的意见,谭纶的金属论,钱秉镫的名目论。四是信用和信用机构,包括典当业和钱庄等。

第八章清代的货币,主要研究了以下问题:一是货币制度,包括铜币、白银、银币和钞票。三是货币购买力,包括清初钱价波动,太平天国时期的通货贬值,清末币值变动,以及白银和黄金购买力。三是货币理论,包括清末各种改革币制方案,以及清朝关于货币的看法。四是信用和信用机构,包括银铺、银号、票号和银行等。

(三)本书方法

中国货币起源和发展的历史悠久,如何对长达数千年的中国货币史进行分期,事关整体研究思路和具体研究方法。如何理解和划分历时几千年的经济金融发展历史,是研究的起点,也是研究的方法。

有学者认为,应将中国历史划分为原始社会、封建社会和半封建半殖民地社会,以此作为研究方法。也有学者认为,可以将中国历史划分为自然经济时期,货币经济时期,信用经济时期,并由此作为研究起点。还有学者提出,应将殷周以前定义为货币经济前期,将殷周到战国定义为货币经济初期,将秦汉到清朝定义为货币经济盛期。彭信威先生则明确表示,"自秦汉以来,两千多年,中国社会没有本质变化。""自鸦片战争以后,外国资本主义的势力侵入中国,才使中国社会变成半封建半殖民地社会。因此,本书不按照经济社会的发展情形来划分阶段。""甚至不根据货币的发展情形把殷周划为实物货币时期,战国到五代或宋初为铸造货币时期,宋以后为纸币时期,民国年间为信用货币时期。因为这些分法都有缺点。"

  彭信威先生将以整个货币经济时期作为研究对象，着重研究自货币产生一直到近代的完整历史过程。他提出，"自从货币的铸造发行权落入统治者的手里后，货币便成为统治阶级剥削人民的工具了。朝代的更换，对于币制多有所改革；朝代若不更换，则改革属于例外。中国各代帝王，多不愿改变他们祖宗的成法。譬如汉朝的货币，显然和战国时期的货币不同。到唐代钱制又一变。而宋钱又另具一种风格，制度首尾约略一贯。元朝的钱币也各有其独特的体制。清钱更是一望便知。所以，依据朝代的分法，也是切合实际的"。

  作为《中国货币史》的阅读者、研究者和学习者，在此文的写作过程中，我尽力沿着彭信威先生的思路，使用彭信威先生的方法，按照历史演进和王朝更迭的时间顺序来分析中国货币和货币制度的起源和兴衰、说明中国信用和信用机构的发展和演进、探索经济和货币演进的背后逻辑和深层原因。我希望我们能够由此出发，更好地认识中国经济金融变迁的历史、理解中国经济金融发展的现实、把握中国经济金融演进的未来。

2022 年 6 月 26 日
于北京康乐里

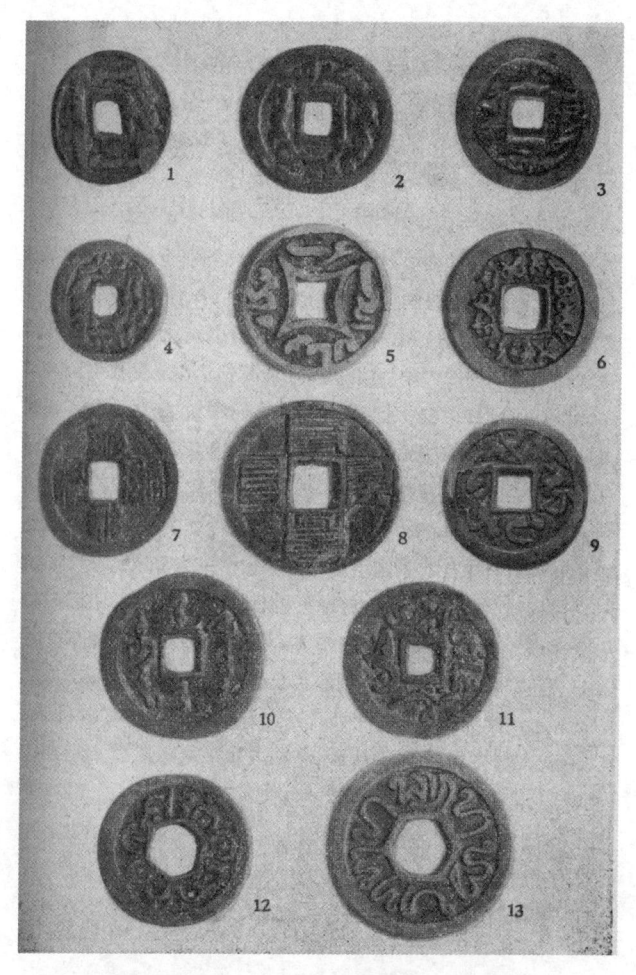

第一图　中国货币文化的光芒照耀了周围的世界

1. 回纥牟羽可汗钱(760—)。2. 突骑施钱(八九世纪)。3—5. 突厥钱(？文字待考)。6. 吐蕃钱(文字待考)。7. 西夏天庆钱宝(1194—1206)。8. 蒙文至元通宝钱(1264—1294)。9. 日本和文念佛钱。10. 满文天命皇钱(1616—1626)。11. 库车嘉齐拉西德汗钱(1864)。12. 马剌加钱(文字待考)。13. 爪哇曼丹钱。

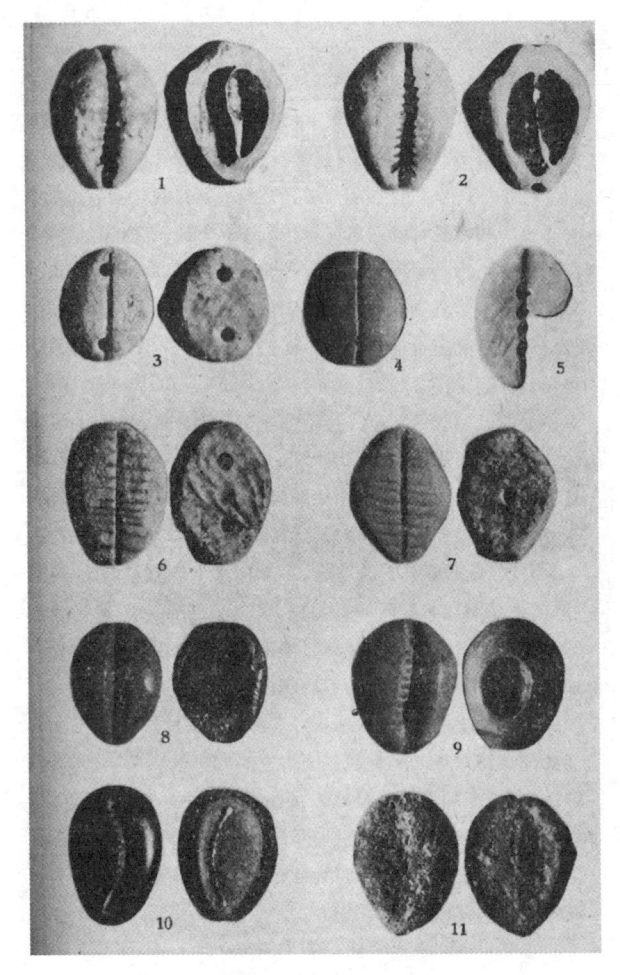

第二图　殷周间的贝币

1.2.真贝。3.无齿纹的珧贝。4.有齿纹的珧贝。5.蚌制贝。6.两穿孔的骨贝。7.一穿孔的骨贝。8.染(绿)色骨贝。9.石贝。10.斜齿纹的铜贝。11.直齿纹的铜贝。

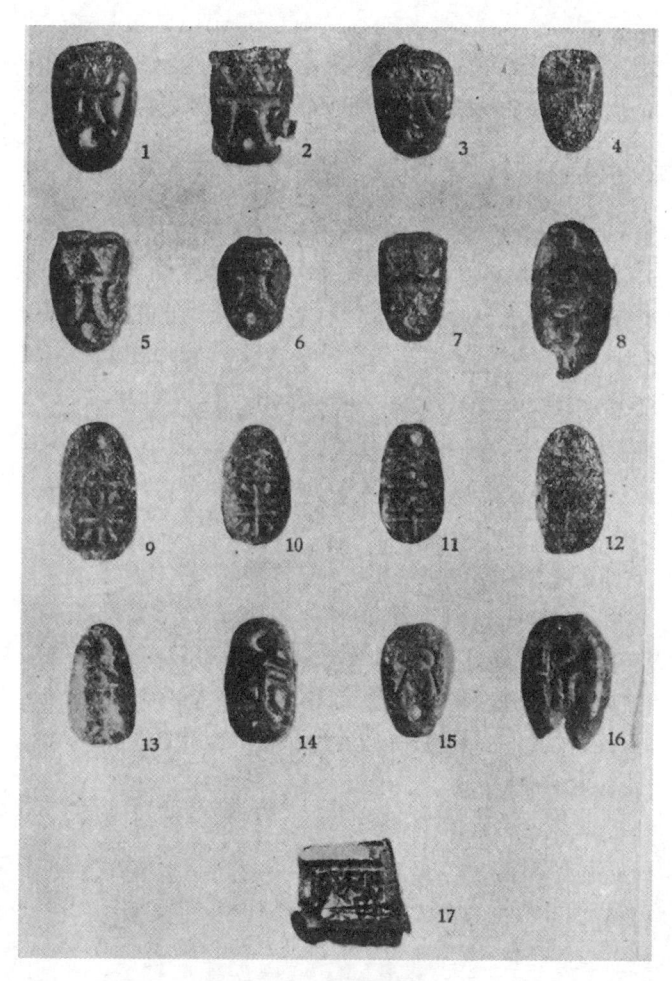

第三图　楚国的货币

1—7. 鬼脸钱。8—13. 蚁鼻钱,也称各六朱。14. 行字钱。15. 君字钱。16. 圻字钱。17. 郢爰金饼(沐园藏品),重约八公分,宋时称印子金,为中国最早的金币。

第四图　周的货币：无文空首尖足大布

这种布绝大部分没有文字，在空首布中，要算很早的，可能是西周的东西。

第五图 春秋时的货币

1. 武字空首布。 2. 安臧空首布。

第六图　战国时三晋的货币：尖足布

1. 西都小布。2. 晋阳小布。3. 平周小布。4. 閦半小布。5. 閦大布。

第七图　各种方足布

1. 豕韦小布，由布首的两道直纹，可以看出他是由尖足布发展出来的。2. 平阴小布。3. 戈邑布。4. 涅小布。5. 涅金大布。6. 安阳布。

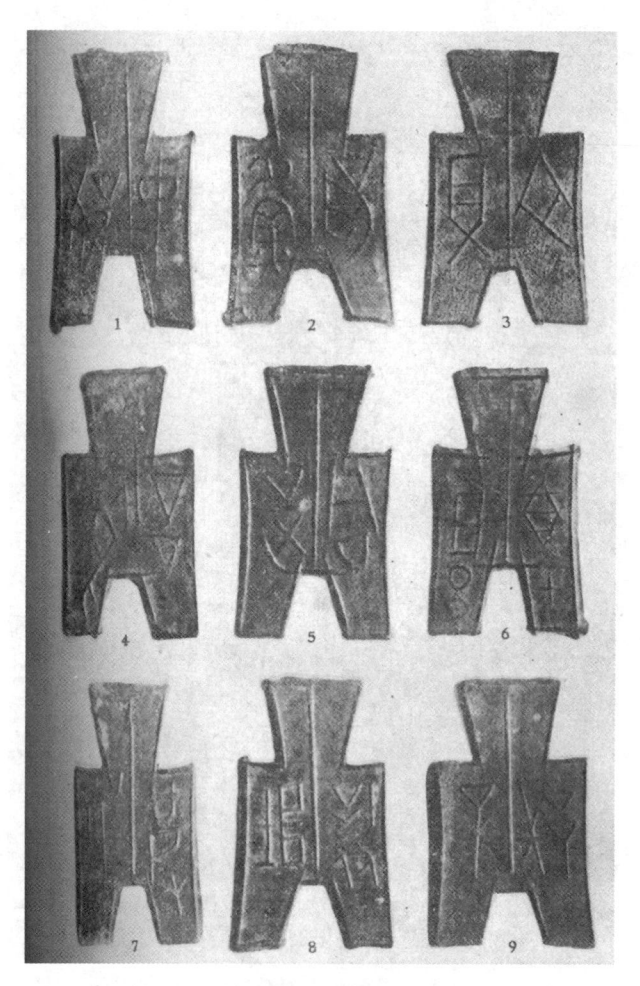

第八图　小方足布

1.中都布。2.鲁阳布。3.齐贝布(也释为文贝)。4.乌邑布或邬布。5.同是(即铜鞮)布。6.马服吕(?)布。7.皮氏布。8.斁垣布。9.郢子布。

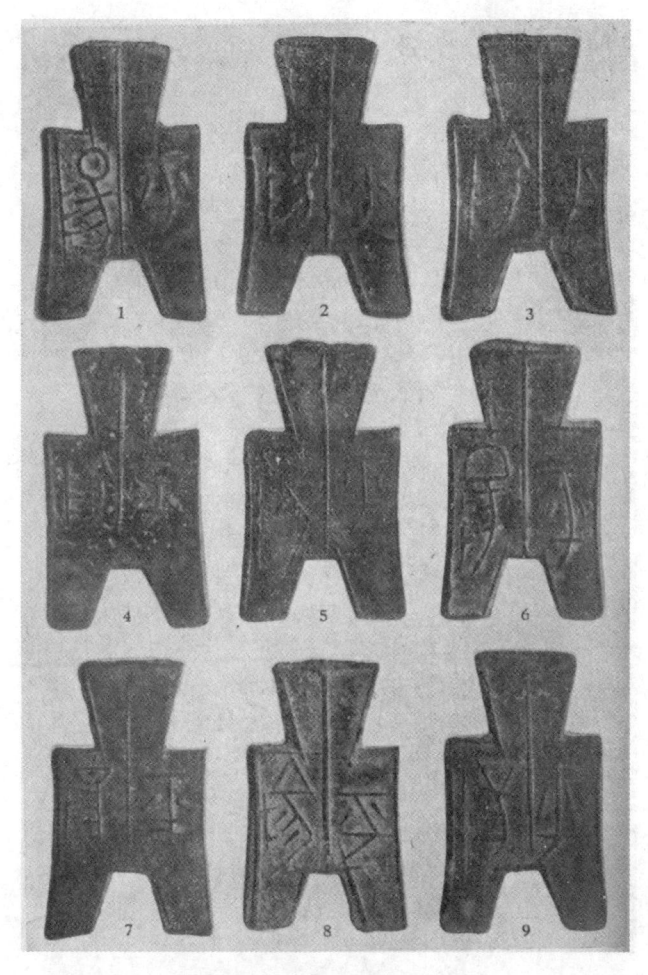

第九图　平阳布的各种书法

　　平阳布上的文字，充分表现出战国时期中国文字书法的自由奔放。单就阳字来说，就有圆头阳、碗头阳、尖头阳、倒碗头阳、倒三角头阳、方头阳等。细分起来，没有两枚是完全一样的。

第十图　圆足布

1. 兹氏布。由布首的两道直纹,可以看出他是由尖足布发展出来的,而且两足和两肩的圆味,也和其他几种有点不同。2. 阅小布。3. 中样阅布。4. 大阅布。5. 大离石布。

第十一图 求邑的货币

　　1.求邑小布。2.大样求邑布。3.求正尚金当爰。4.求充釿金当爰。5.求充釿五二十当爰,这是布币上文字最多的一种。求字以前有人释为乘字,近人释为梁字。

第十二图　釿字布

1.虞(?)一釿。2.汆(颖?)一釿。3.甫反(蒲板)一釿。4.安邑一釿。釿字可能是一种价值单位。另有半釿和二釿的。

第十三图 异形布

1.分布。2.垂字布。3.殊布当圻(？)。币面文字,几乎全不可识。圻字一般人释为十货,但和蚁鼻钱中的圻字相同。

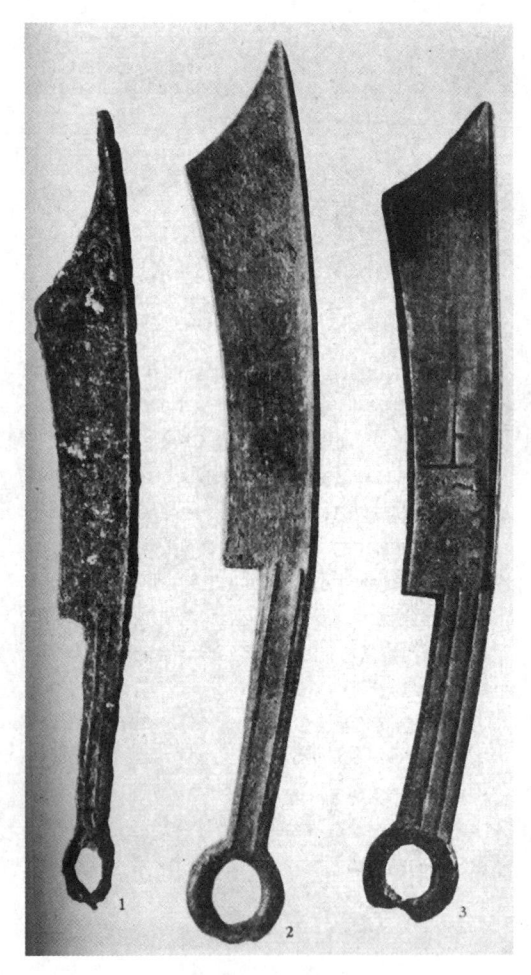

第十四图 燕的货币

1. 针首刀。这种刀出土最晚,上面很少有文字,时间可能早于其他的刀币。2、3. 尖首刀。有的没有文字,有的一个字,或在面,或在背。

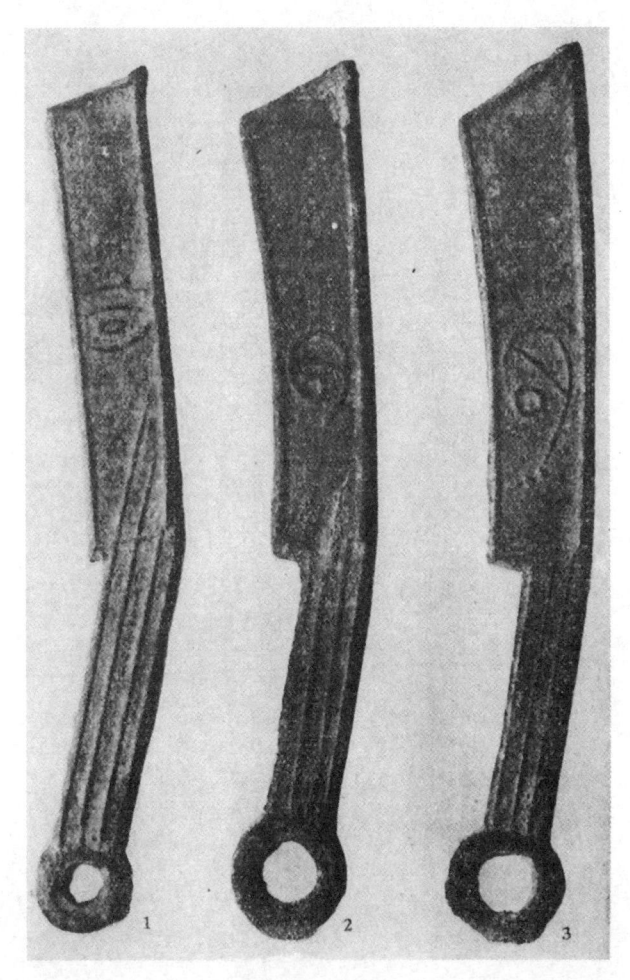

第十五图　明刀

1. 磬折刀。2、3. 圆折刀。明刀的出土范围很广,但以河北为中心,所以可以看作燕的货币。可能是由尖首刀发展出来的,两者大小轻重相差不多,甚至形式也有相像的。

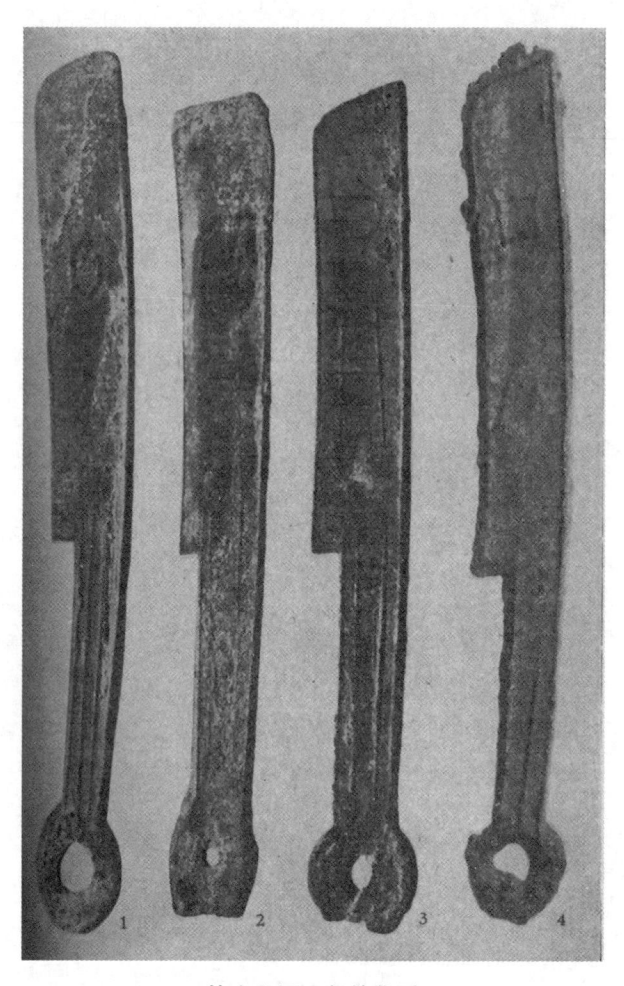

第十六图 赵的货币

1、2. 白人刀。3. 甘丹(邯郸)刀。4. 城白刀。

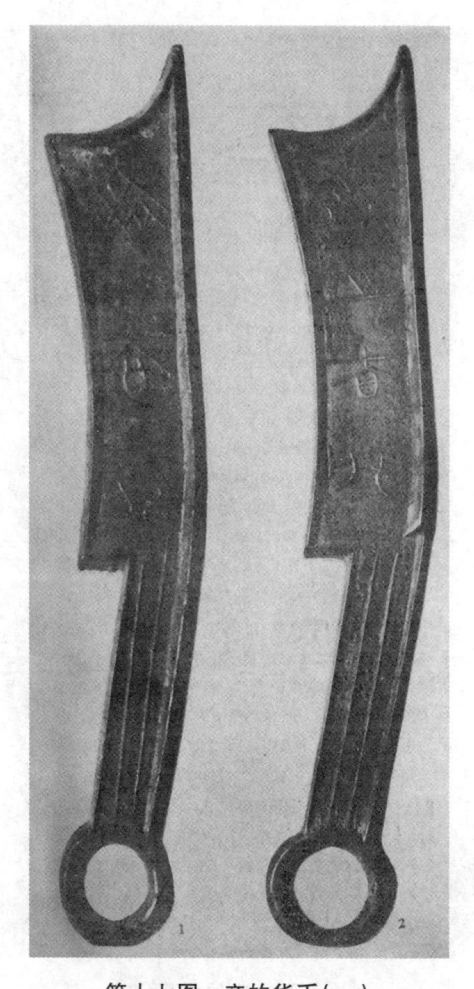

第十七图 齐的货币(一)

1. 齐厺化刀。2. 齐之厺化刀。齐是指齐城即临淄,不是指齐国。

第十八图　齐的货币(二)

1. 即墨刀。2. 小即墨刀。3. 安阳刀。

第十九图 环钱

1、2. 垣字钱。3. 长垣一釿。4、5. 共字钱。

第二十图　秦的半两钱

　　秦半两和以前一样,是用泥范铸造,一范只铸造一次,所以铸出的钱,枚枚不同,轻重也相差很大。

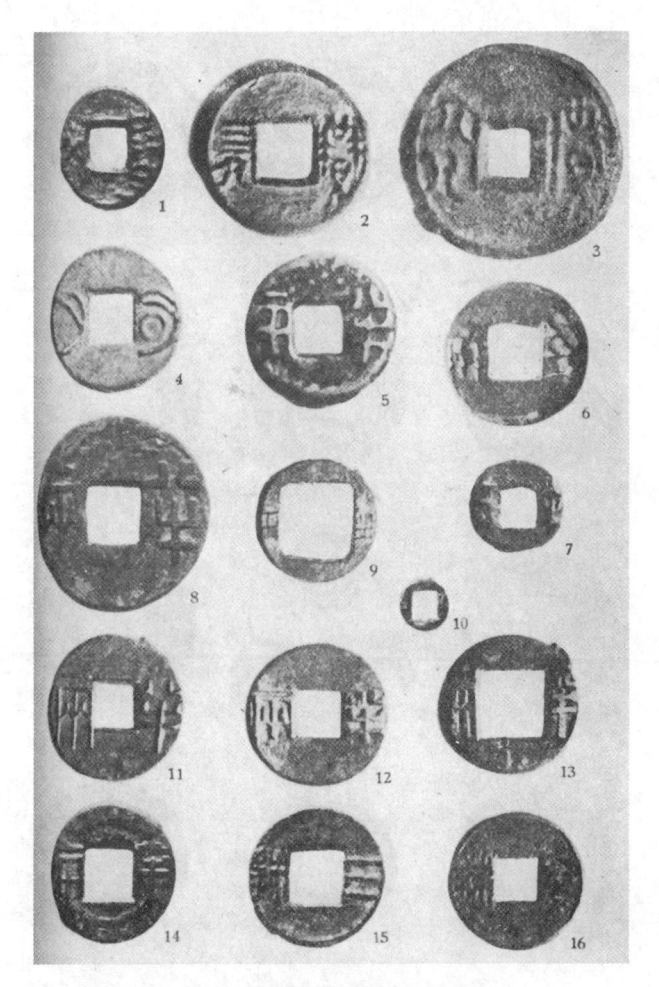

第二十一图　秦汉间的钱币

1. 宝化。2. 宝四化。3. 宝六化。4. 明月钱。5—7. 汉初半两。8. 八铢半两。9. 榆荚半两。10. 小半两。11—14. 四铢半两。15、16. 三铢。

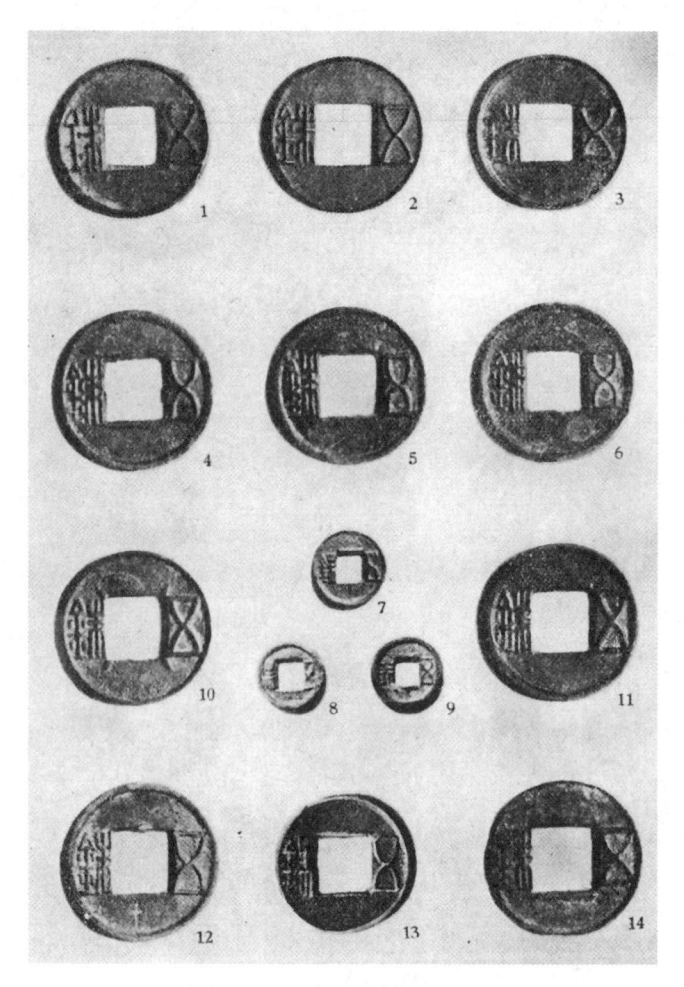

第二十二图 西汉的五铢钱

1—3.武帝时的五铢。4—6.宣帝五铢。7—9.小五铢。10—14.西汉五铢。第一品因轮郭不齐,有人认为是初用五铢时各郡国所铸的。第二品非常整齐,有人认为是赤仄五铢。第三品日本的钱币学家认为是上林三官所铸。宣帝五铢时根据钱范鉴别出来的,比较可靠。其他五铢则无从鉴别。就其文字制作来看,大体上可以说是西汉五铢。

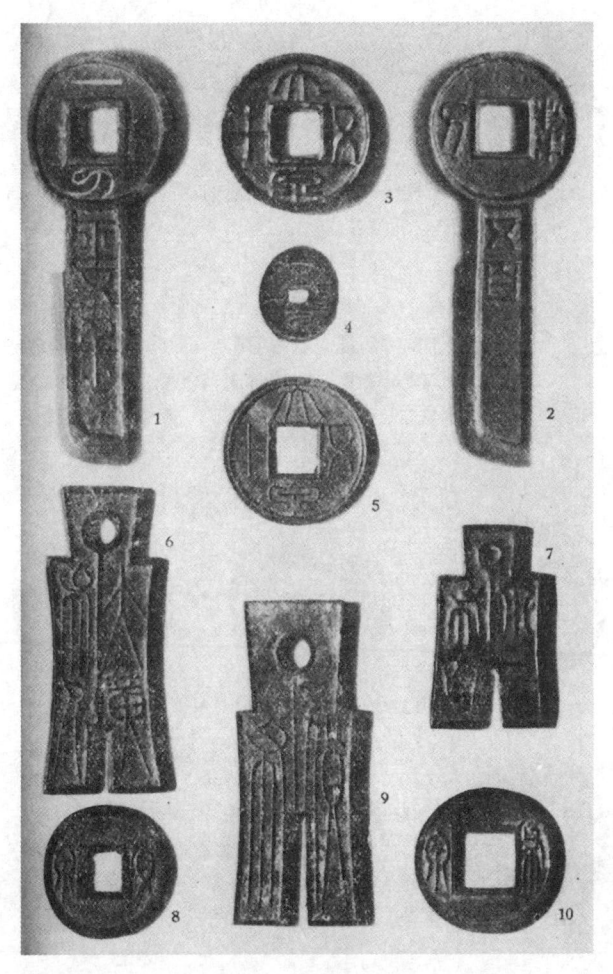

第二十三图　王莽的货币

1. 金错刀。2. 契刀。3. 大泉（初铸）。4. 小泉。5. 大泉（后铸）。6. 大布。7. 小布（沐园藏品）。8. 货泉。9. 货布。10. 布泉。

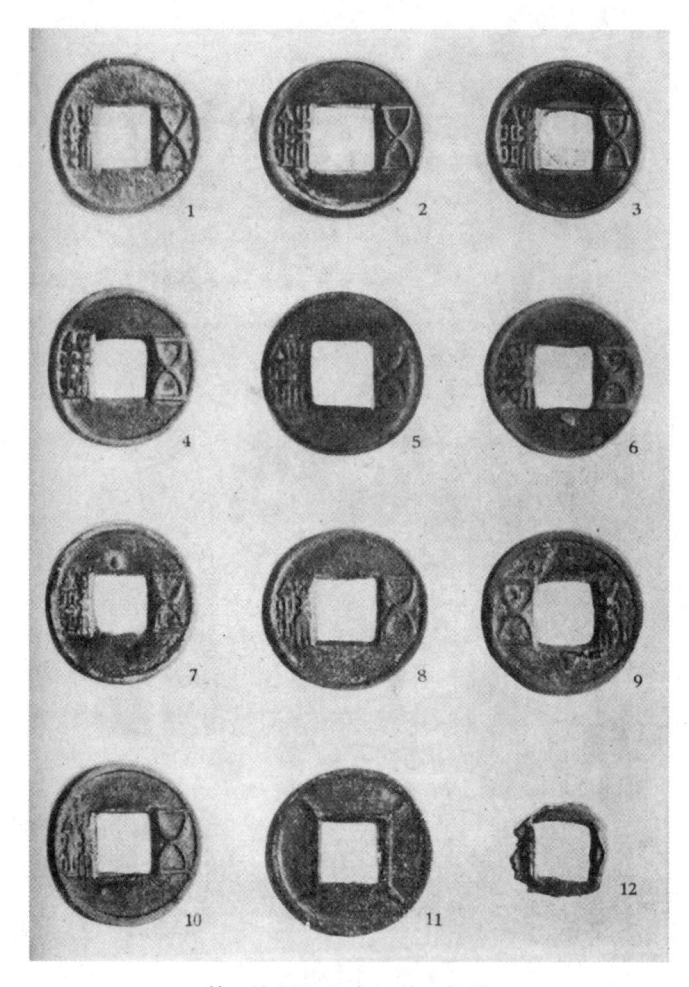

第二十四图　东汉的五铢钱

1. 公孙述的铁五铢。2. 淮阳王(更始年间)的五铢(?)。3. 光武(建武年间)的五铢。4—8. 东汉五铢。9. 传形五铢。10. 灵帝四出五铢。11. 四出五铢之背。12. 董卓的小五铢。

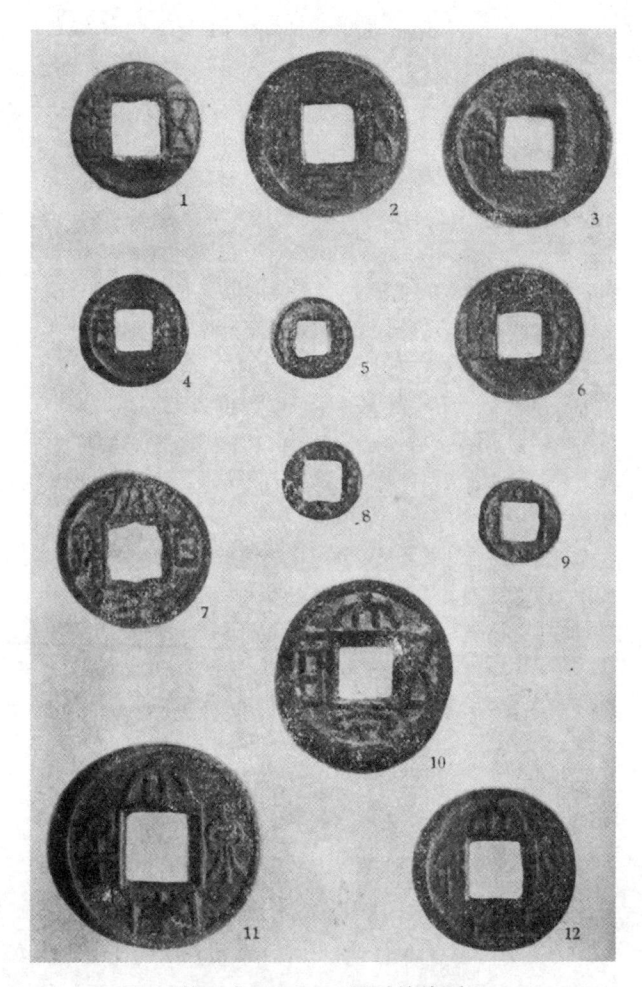

第二十五图　三国时的钱币

　　1.没有内郭的蜀五铢。2.直百五铢。3.犍为铸的直百五铢之背。4.直百。5.小直百。6.有内郭的蜀五铢。7.太平百钱。8.小样太平百钱。9.定平一百。10.孙权的大泉五百。11.大泉当千。12.小样大泉当千。

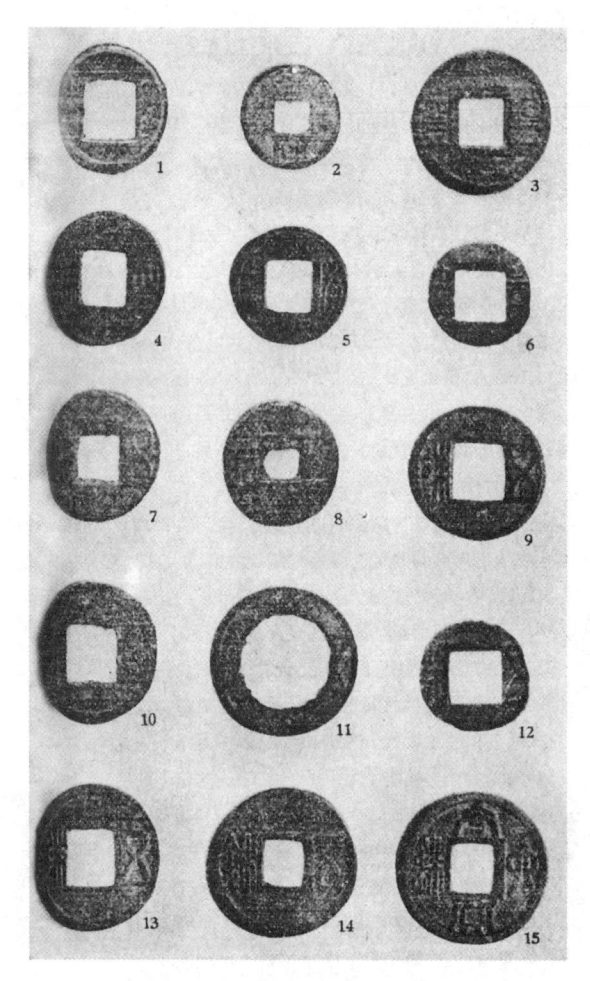

第二十六图　晋和南朝的钱币

1. 沈郎五铢。2. 成李寿的汉兴(338—343)。这是中国最早的年号钱。而且文字近乎隶楷，反映中国文字的演进。3. 石勒的丰货。4. 刘宋的四铢。5. 孝建四铢。6. 二铢钱。7. 萧梁的公式女钱。8. 铁五铢。9. 四柱五铢。10. 二柱五铢。11. 缒环钱。12. 剪边五铢。13. 陈五铢。14. 陈五铢。过去钱币学家说是梁五铢，也有人说是隋五铢，但文字制作和陈钱一样。15. 太货六铢。

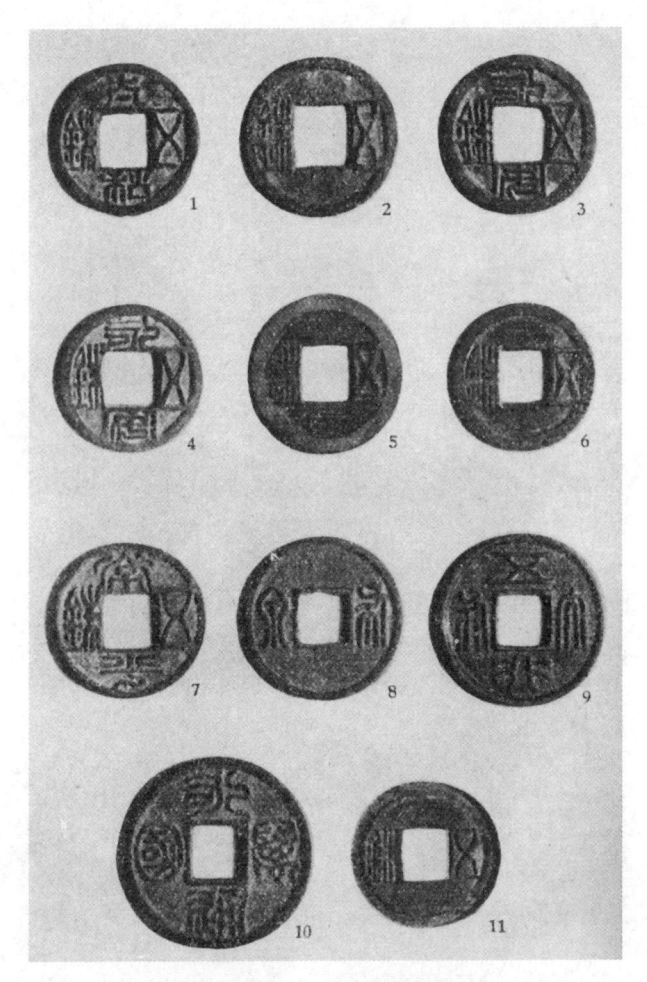

第二十七图　北朝和隋的钱币

1. 后魏的太和五铢。2. 永平三年的五铢。3. 永安五铢。4. 东魏的永安五铢。5、6. 西魏五铢。旧作隋五铢,但文字类魏钱,可能隋朝还有铸造。7. 北齐的常平五铢。8. 北周的布泉。9. 五行大布。10. 永通万国。11. 隋五铢。

第二十八图　唐代钱币

　　1、2.开元通宝。3.开元通宝背穿上的月痕纹。4.开元通宝背穿上的星月纹。5.乾封泉宝。6.乾元重宝。7.乾元重宝当十钱。8.重轮乾元重宝之背。9.史思明得一元宝。10.史思明的顺天元宝。11.大历元宝。

第二十九图　会昌开元钱钱背的地名

1. 正面文字。2. 昌(扬州铸)。3. 京(京兆府)。4. 洛(河南府)。5. 益(西川)。6. 蓝(蓝田县)。7. 襄(襄州)。8. 荆(江陵府)。9. 越(越州)。10. 宣(宣州)。11. 洪(豫章郡)。12. 潭(长沙郡)。13. 兖(兖州)。14. 润(丹阳郡)。15. 鄂(鄂州)。16. 平(平州)。17. 兴(兴州,顺政郡?)。18. 梁(兴元府,汉中郡)。19. 广(广州)。20. 梓(东川)。21. 福(福州)。22. 丹(丹州)。23. 桂(桂州)。

第三十图　五代的钱币

1.后晋的天福元宝。2.后汉的汉元通宝。3.后周的周元通宝。4.刘守光的永安一千大铁钱。

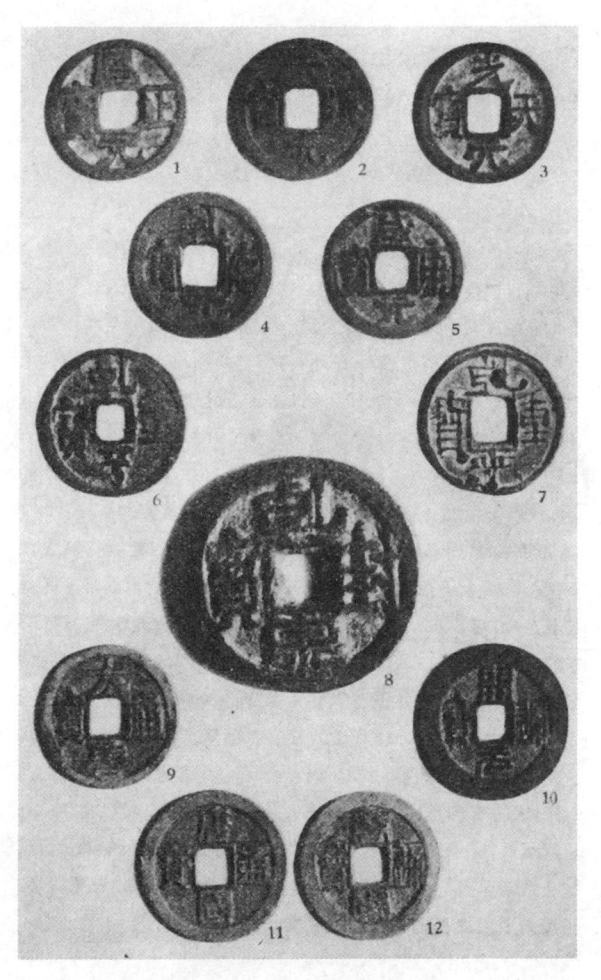

第三十一图　十国的钱币

1. 前蜀的通正元宝。2. 天汉元宝。3. 光天元宝。4. 乾德元宝。5. 咸康元宝。6. 南汉的乾亨重宝。7. 乾亨重宝铅钱,这是中国最早的正式铅钱。8. 楚的乾封泉宝铁钱。9. 南唐的大唐通宝。10. 南唐的开元钱。11、12. 唐国通宝对钱。

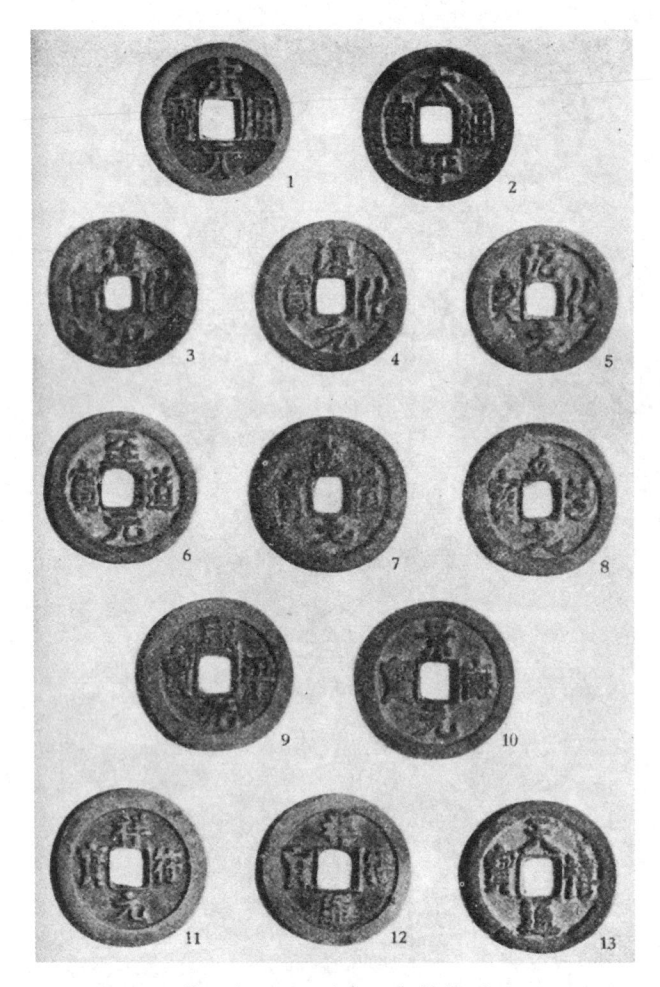

第三十二图　宋初三朝的钱币

1. 太祖的宋元通宝。2. 太宗的太平通宝。3—5. 淳化元宝三体书，即真书、行书、草书，传为太宗的亲笔。6—8. 至道元宝三体书。9. 真宗的咸平元宝。10. 景德元宝。11. 祥符元宝。12. 祥符通宝。13. 天禧通宝。

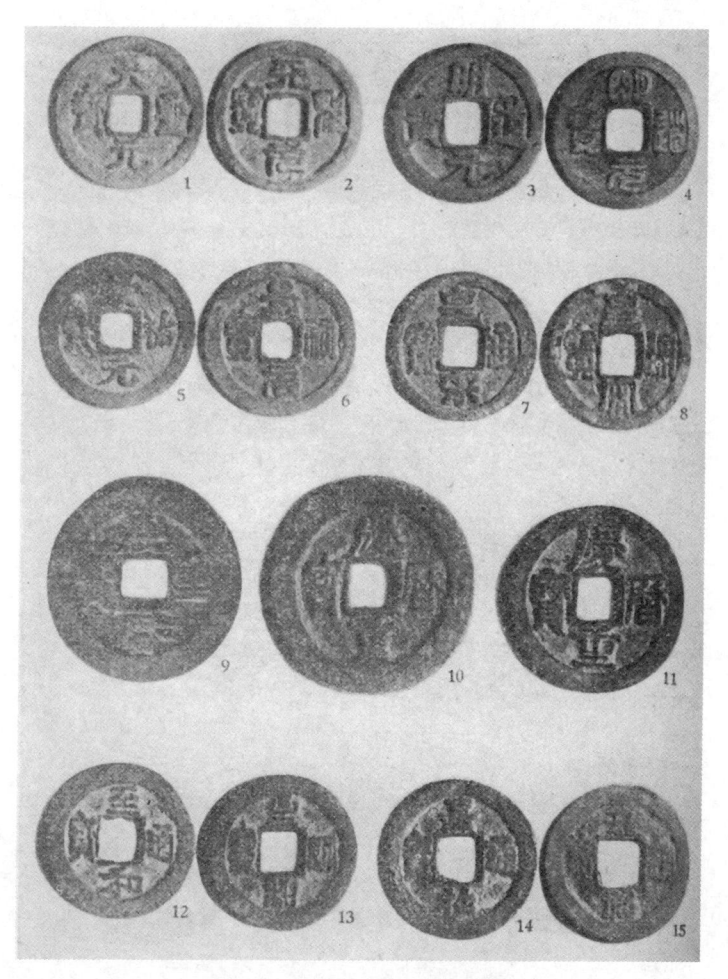

第三十三图　仁宗朝的钱币

1、2. 天圣元宝对钱(真书与篆书对)。3、4. 明道元宝对钱。5、6. 景祐元宝对钱。7、8. 皇宋通宝对钱。9. 庆历重宝(直读)当十钱。10. 庆历重宝铁钱。11. 庆历重宝(旋读)当十钱。庆历钱是对西夏作战时所发行的。12、13. 至和通宝对钱。14、15. 嘉祐通宝对钱。

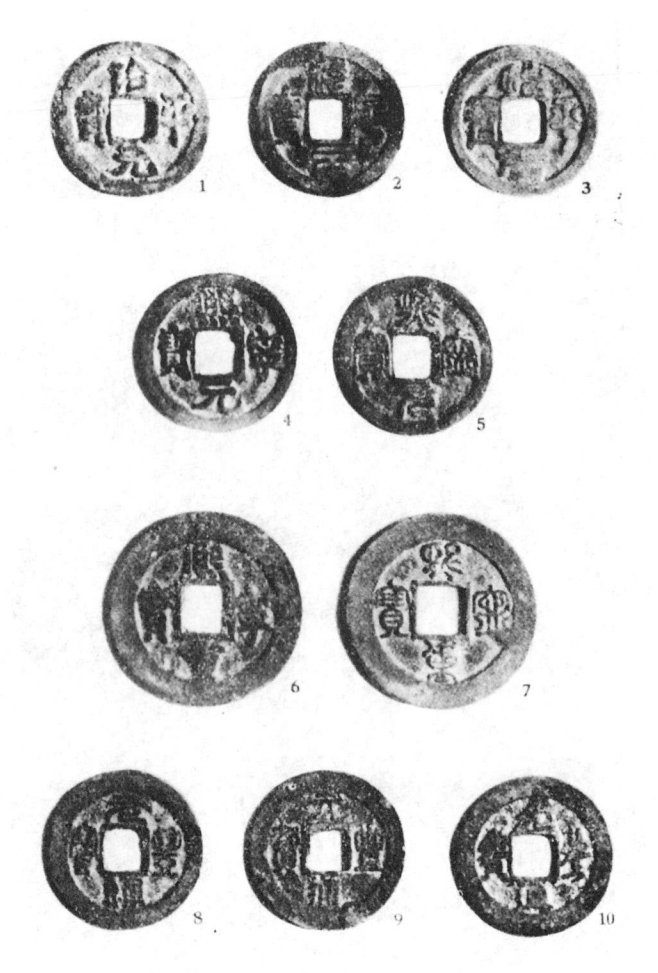

第三十四图　英宗神宗朝的钱币

1—3. 英宗的治平元宝三体书(真书、篆书、古篆)。4、5. 神宗的熙宁元宝对钱。6、7. 熙宁重宝折二钱对钱。8—10. 元丰通宝三体书(篆、隶、草)。隶书相传是苏轼的笔跡。号称东坡元丰。

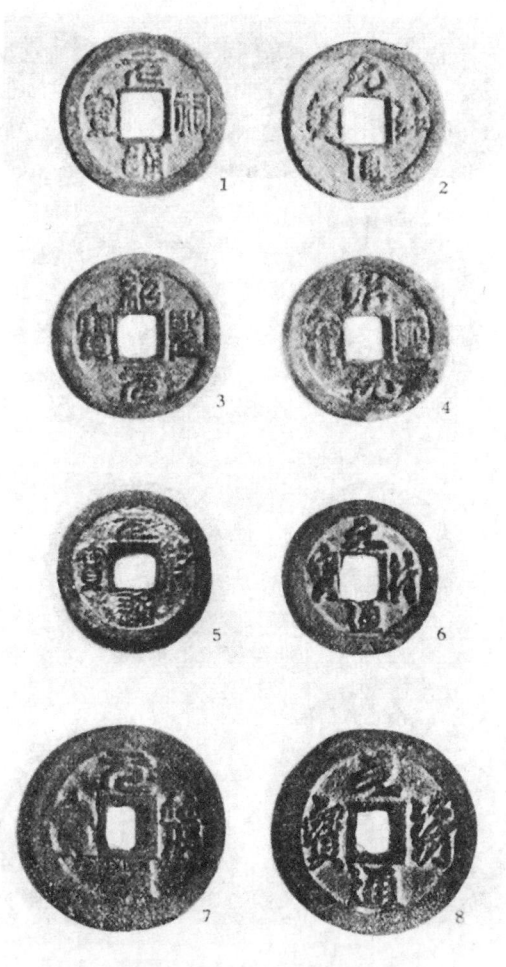

第三十五图 哲宗朝的钱币

1、2. 元祐通宝对钱。传说元祐钱的钱文,是司马光和苏轼等人所写的。3、4. 绍圣元宝对钱。5、6. 元符通宝对钱。7、8. 元符通宝折二钱对钱。

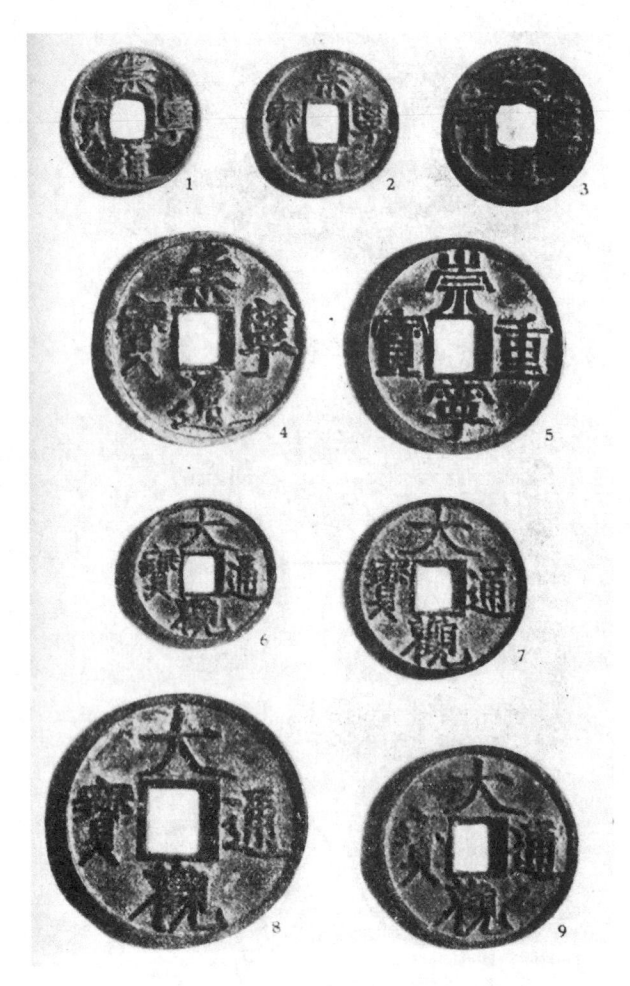

第三十六图　徽宗朝的崇宁大观钱

1—3.崇宁通宝。4.崇宁通宝当十钱。5.崇宁重宝当十钱。6.大观通宝。7.大观通宝折二钱。8.大观通宝当十钱。9.大观通宝折三钱。徽宗朝的钱币是中国方孔钱中制作最精美的,钱文传出于徽宗的亲笔,号瘦金体或铁线书,在中国的书法上自成一家。

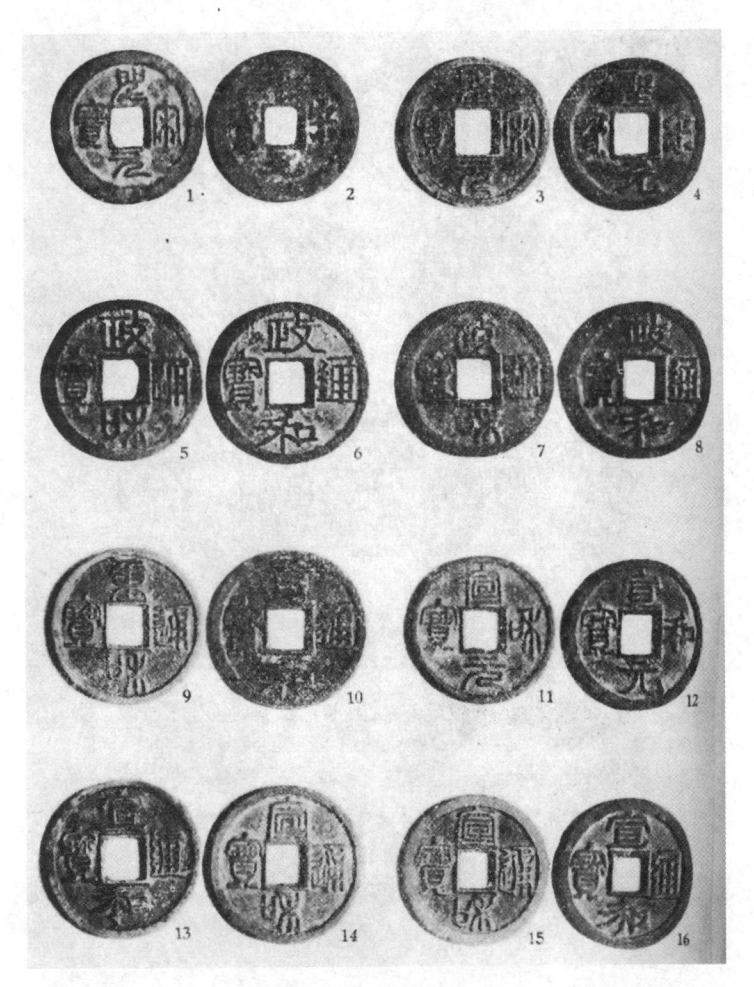

第三十七图　徽宗朝的对钱

1、2.圣宋元宝对钱。3、4.圣宋元宝对钱。5、6.政和通宝对钱。7、8.政和通宝对钱。9、10.重和通宝对钱。11、12.宣和元宝对钱。13、14.宣和通宝对钱。15、16.宣和通宝对钱。

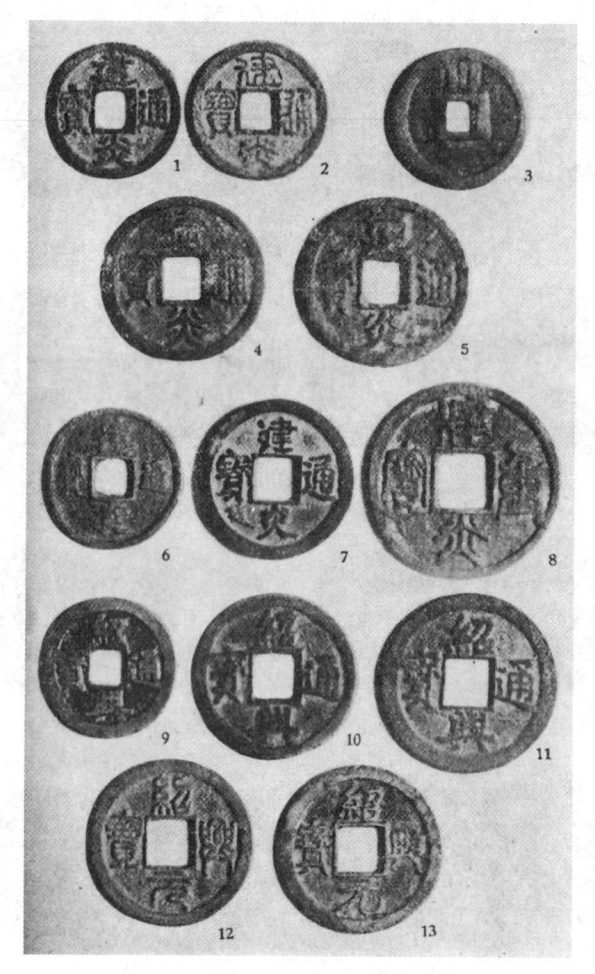

第三十八图　南宋高宗朝的钱币

1、2.建炎通宝对钱。3.建炎通宝背川字,为四川所铸。4、5.建炎通宝折二钱对钱。6.小字点建建炎通宝。7.点建建炎通宝折二钱。8.建炎重宝折三钱。9.绍兴通宝。10.绍兴通宝折二钱。11.绍兴通宝折三钱。12、13.绍兴元宝折二钱对钱。

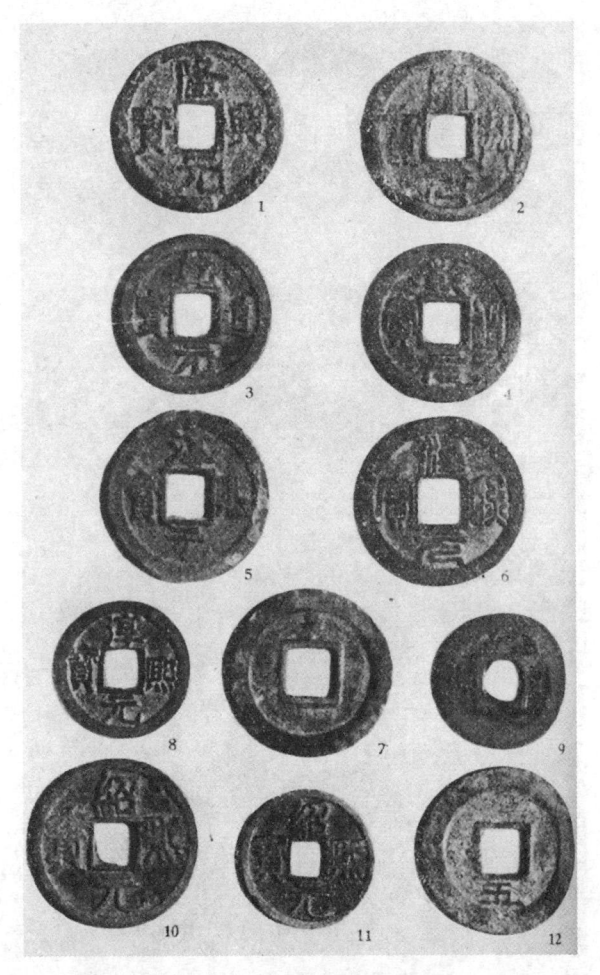

第三十九图 孝宗光宗朝的钱币

1、2. 孝宗的隆兴元宝折二钱对钱。3、4. 乾道元宝折二钱对钱。5、6. 淳熙元宝折二钱对钱。7. 淳熙元宝背泉字,为严州神泉监所铸。8. 淳熙元宝小钱。9. 淳熙元宝小钱背柒字,为淳熙七年所铸。七年以前,继行北宋的对钱制度,七年起背面铸明年份。10. 光宗的绍熙元宝折二钱。11. 绍熙元宝小平钱。12. 绍熙折二钱背五字,为绍熙五年所铸。

第四十图　宁宗朝的钱币

1. 庆元通宝。2. 庆元通宝折二钱。3. 庆元通宝折三钱。4. 嘉泰通宝。5. 嘉泰通宝折二钱。6. 嘉泰通宝折三钱。7. 开禧通宝。8. 开禧通宝折二钱。9. 开禧通宝折二铁钱。10. 嘉定通宝。11. 嘉定通宝折二钱。12. 嘉定通宝折二铁钱。

第四十一图　理宗度宗朝的钱币

1.理宗的大宋元宝。2.绍定通宝。3.端平元宝。4.端平通宝折三钱。5.嘉熙通宝。6.嘉熙重宝折三钱。7.淳祐元宝。8.淳祐通宝当百钱。这种当百钱有大中小三种,这里是大样的。当百钱是四川所铸的,当时正在抵抗蒙古人的侵略。9.皇宋元宝。10.开庆通宝。11.景定元宝。12.度宗的咸淳元宝。

第四十二图　北宋的官交子或钱引（1024—1106）

这是钞版拓本的翻印。上面既无年份，也没有名称，甚至没有金额，是临时填写的。看上面文字，可能是崇宁年间四川以外各路所行的钱引。这钞版在世界印刷史和版画史上有极高的价值。

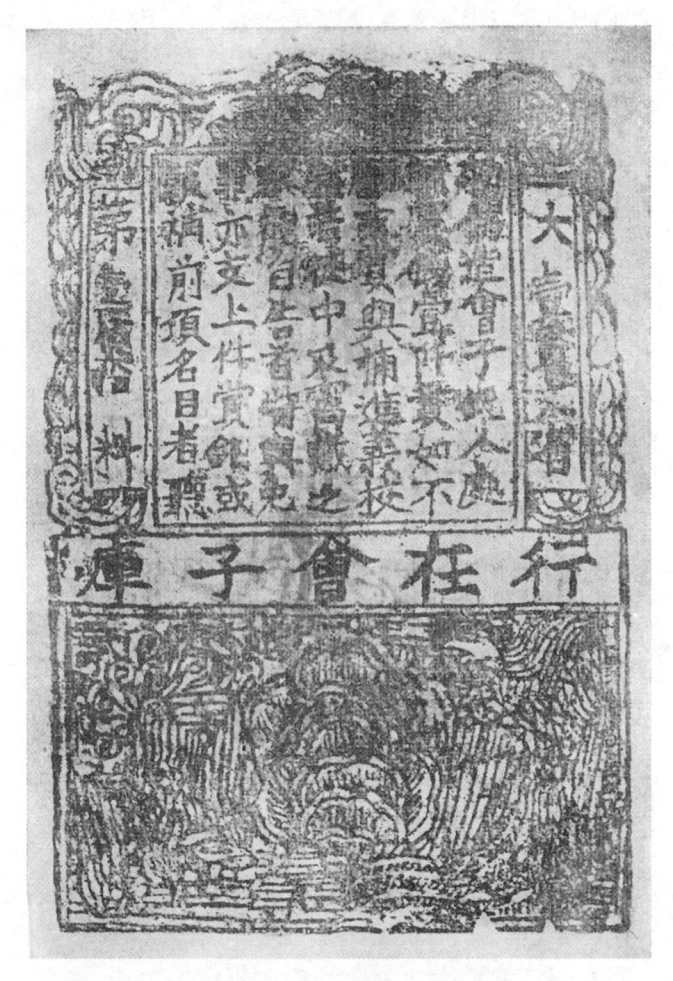

第四十三图　南宋的会子

会子的图案在艺术上讲来,虽比不上钱引,但在发行制度上,是有进步的。上面有会子的名称,有发行机关,有金额(上面右边的"大壹贯文省"),有赏格,这种伪造罪和赏格的办法是北宋熙宁元年制定的,可能是王安石的主意。行在会子是南宋的主要纸币,流通于两浙、福建、江东和江西。

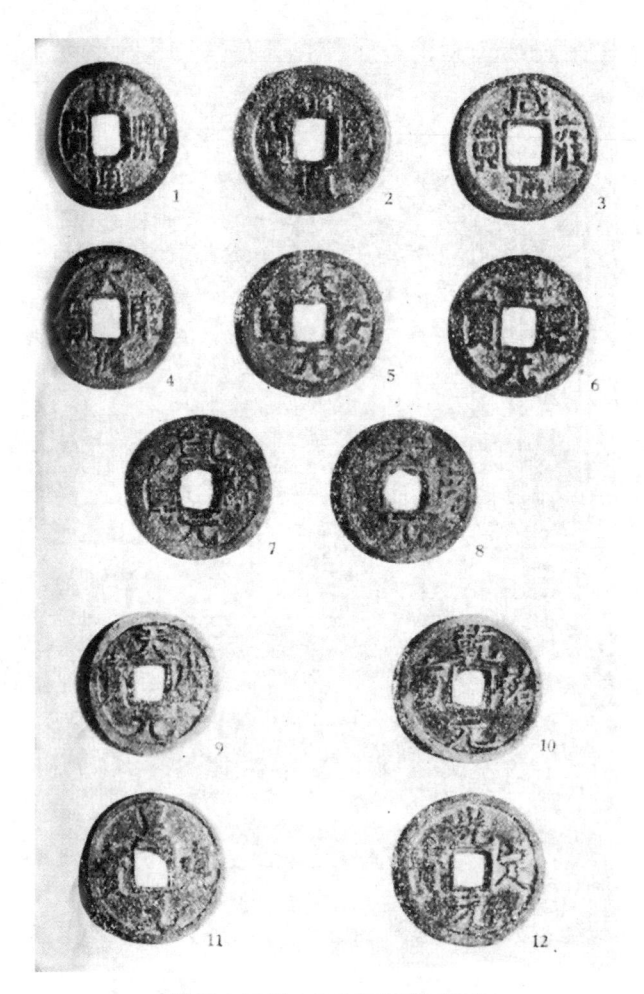

第四十四图　辽和西夏的钱币

　　1. 辽的重熙通宝。2. 清宁通宝。3. 咸雍通宝。4. 大康通宝。5. 大安元宝。6. 寿昌元宝。7. 乾统元宝。8. 天庆元宝。9. 西夏的天盛元宝。10. 乾祐元宝。11. 皇建元宝。12. 光定元宝。

第四十五图　金的钱币

1 正隆元宝。2.大定通宝。3.泰和重宝当十钱。4.刘豫的阜昌元宝。

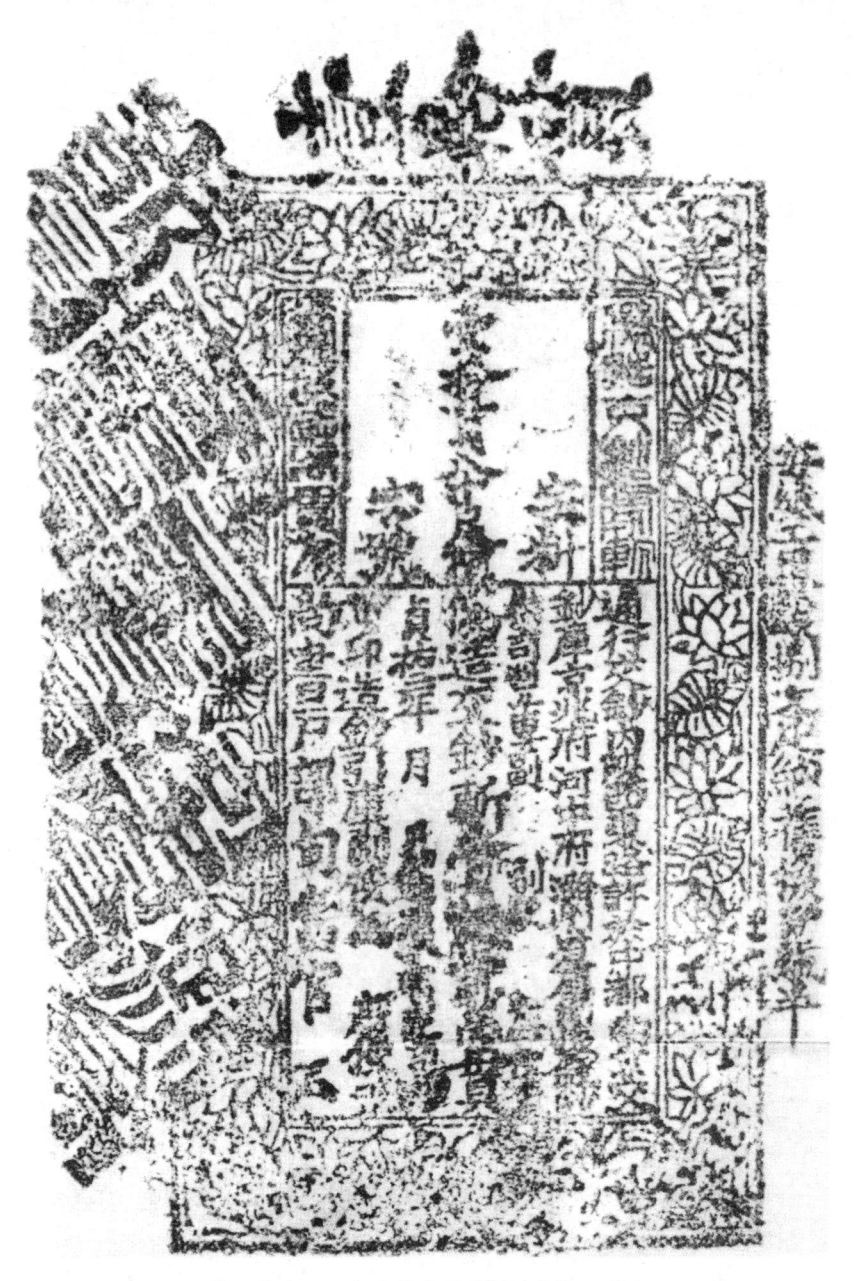

第四十六图　金人的十贯交钞（赵权之藏）

钞面的文字，大体上和金史食货志的记载相符。但各地所发行的，文字稍有不同。左边五行斜文宋体扁字为书中所未提到的，是注明流通区域，这里指明五个区域，为"中都合同""南京合同""京兆府合同""河中府合同""潞州合同"。由此可知这是流通最广的一种交钞。

第四十七图 至元宝钞二贯

至元宝钞发行于至元二十四年(1287),他比以前进步的地方,是不限年月,诸路通行。宋的交会都有界分,金人的交钞,在初期也有七年厘革之制,后来才永远行使。蒙古人采用了这一原则,而增定另一原则,即全国通行的原则,使发行统一。而且许多外国也加以仿效,如波斯、印度、日本、朝鲜等。

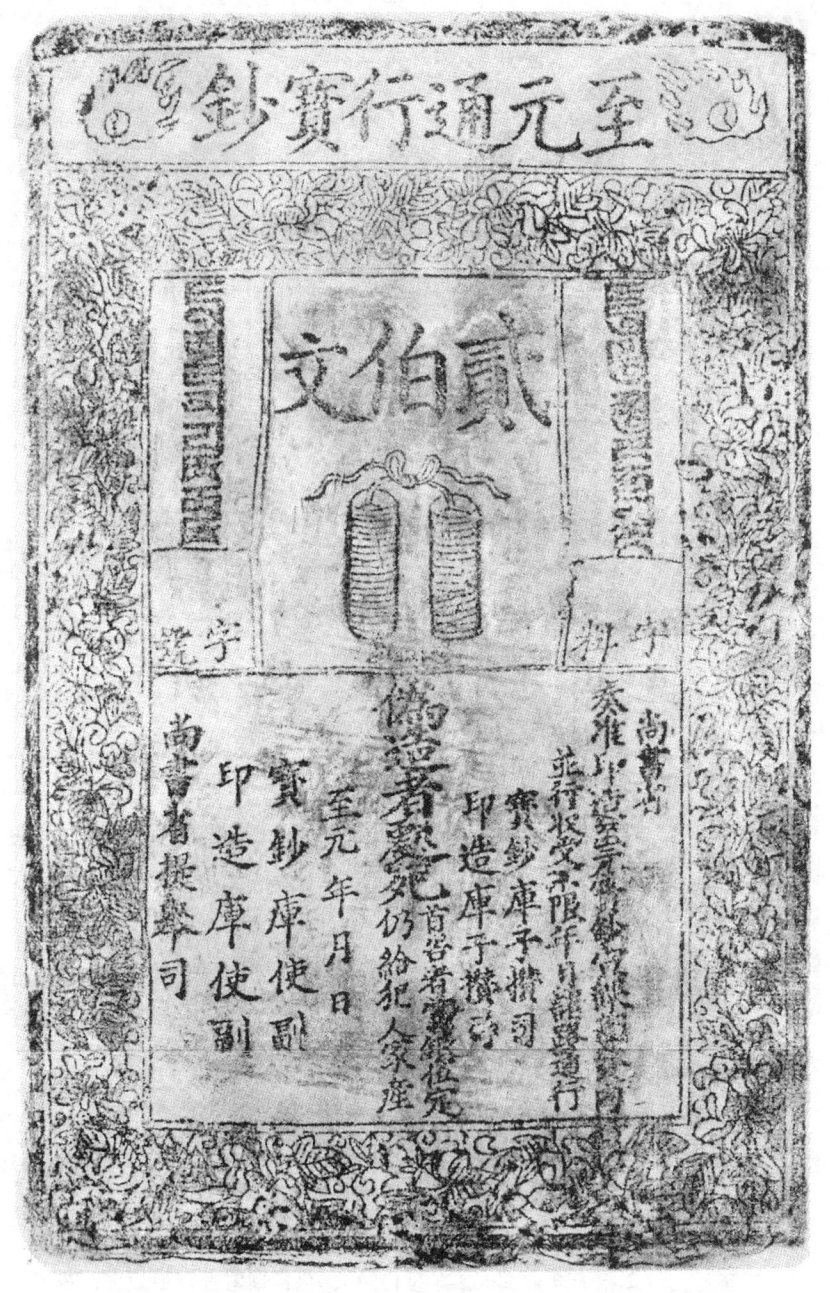

第四十八图　至元宝钞二百文

至元宝钞的面额分为十一种，计有五文、十文、二十文、三十文、五十文、一百文、二百文、三百文、五百文、一贯、二贯，钞票幅度随金额而有大小，但票面文字都差不多。

第四十九图　元代的钱币

1. 至元通宝。2. 至大通宝。3. 蒙文大元通宝当十钱。4. 至正通宝。5. 至正通宝折二钱,背有蒙文卯字。6. 至正通宝折三钱,背有蒙文午字。7. 至正通宝折二钱(阴起文),背有蒙汉文者。8. 至正通宝折三钱,背有蒙汉文者。9. 至正通宝当十大钱之背,上为蒙文十字,下为壹两重三字。

第五十图　至正之宝权钞钱（沐园藏品）

　　权钞钱共有五种。所谓权钞，是代表钞票流通的意思。背面的吉字可能是指江西的吉安路,包括现在的吉安、吉水、安福等县。

第五十一图　元末起义钱

1. 张士诚的天佑通宝。2. 韩林儿的龙凤通宝（沐园藏品）。3. 徐寿辉的天定通宝。4. 陈友谅的大义通宝。5. 大义通宝折二钱。6. 田九成的龙凤通宝。7. 朱元璋的大中通宝。8. 大中通宝折二钱。9. 大中通宝折三钱。10. 大中通宝当十钱。

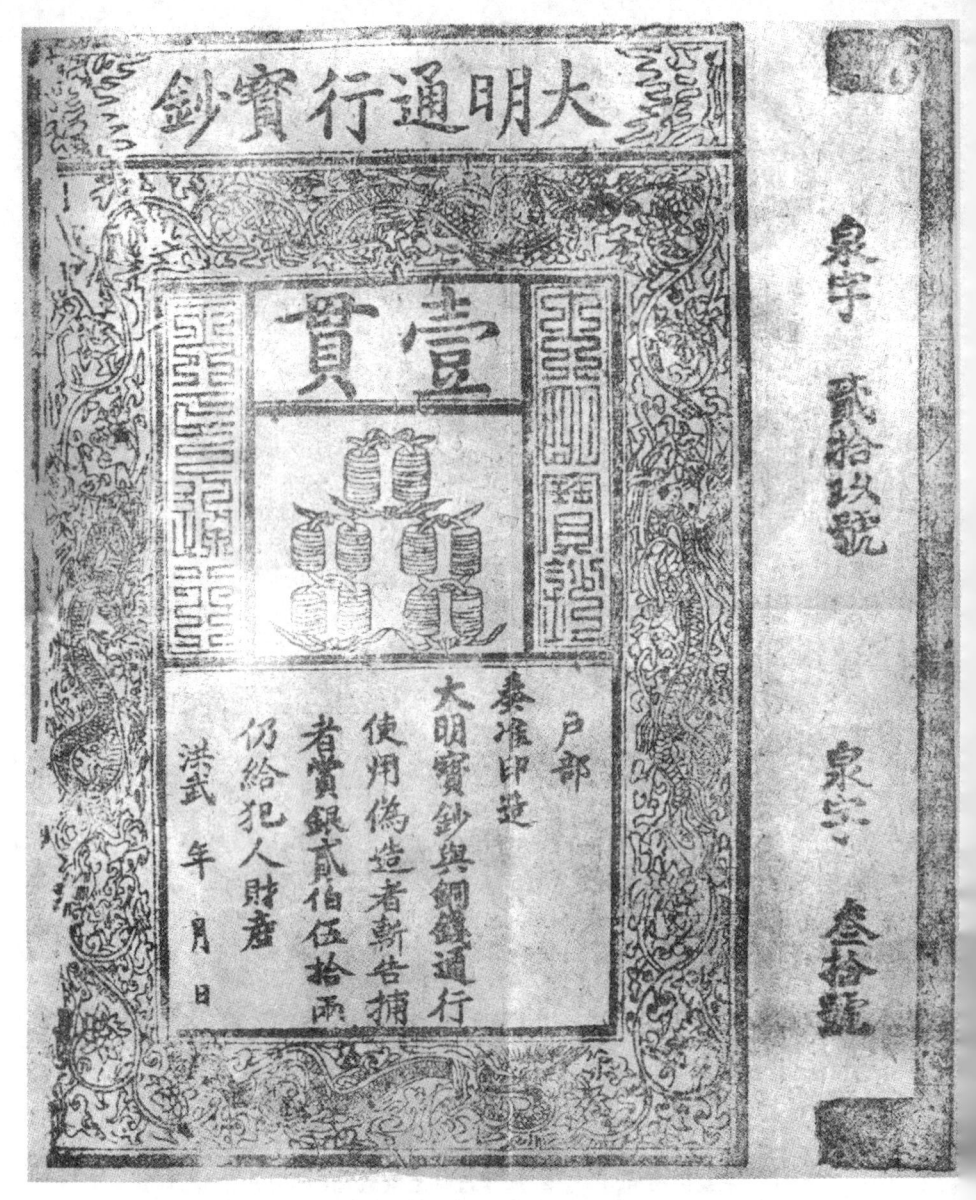

第五十二图　大明宝钞一贯

　　大明宝钞不但是全国通行的纸币,而且是明朝唯一的一种纸币。至元宝钞虽是一种全国性的纸币,但蒙古人在百年间换发过几种纸币。大明宝钞自洪武八年(1375)发行起,使用了约两百年;由于面额以一贯为最高,所以后来通货膨胀大概是捆扎起来用,每千张为一块。

第五十三图　大明宝钞五十文

大明宝钞的面额原分为六等，即一贯、五百文、四百文、三百文、二百文、一百文。但洪武二十二年（1389）又发行小钞五种，即十文、二十文、三十文、四十文、五十文。票面除金额和铜钱图案不同以及幅度较小外，其余文字完全和大钞一样。

第五十四图　明太祖朝的钱币

1.洪武通宝。2.洪武通宝背一钱。3.洪武通宝背二钱,即折二钱。4.洪武通宝背三钱,即折三钱。5.洪武通宝背五钱,即折五钱。6.洪武通宝背十一两,即当十钱,重一两。这钱是仿至正通宝的当十钱背有壹两重的。7.洪武通宝背浙字,为浙江所铸。8.背北平。9.背豫字。10.背桂字。11.背福字。

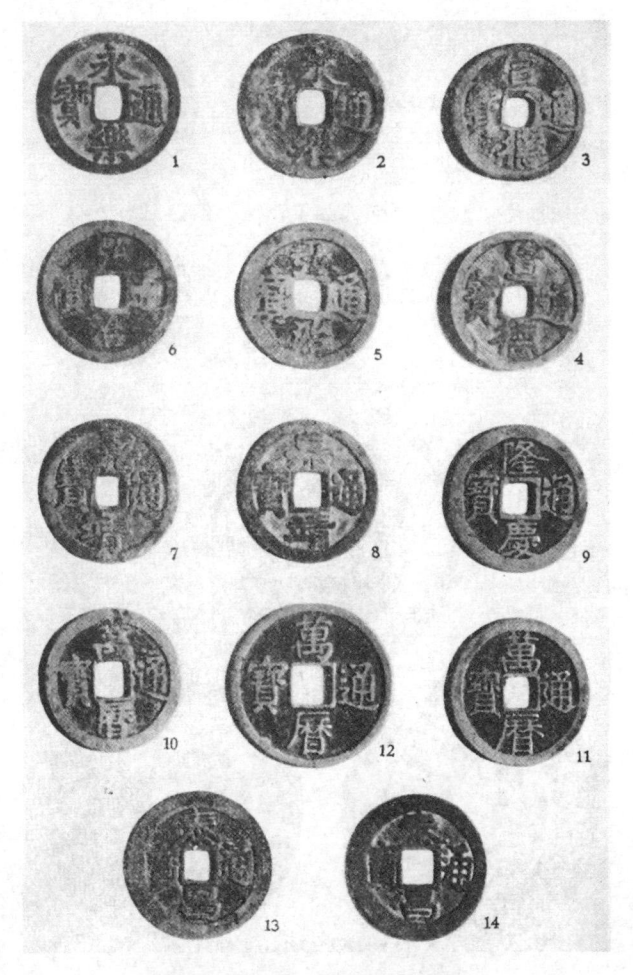

第五十五图 明代中叶的钱币

1、2. 成祖的永乐通宝。3、4. 宣宗的宣德通宝。5、6. 孝宗的弘治通宝。7、8. 世宗的嘉靖通宝。9. 穆宗的隆庆通宝。10、11. 神宗的万历通宝。12. 万历通宝折二钱。13、14. 光宗的泰昌通宝,铸于熹宗朝。

第五十六图　熹宗朝的钱币

1.天启通宝。2.天启通宝背户字(户部铸)。3.天启通宝背工字(工部铸)。4.天启通宝背浙字(浙江铸)。5.天启通宝背新一钱一分。6.天启通宝背云字。7.天启通宝当十大钱(背有十一两,仿洪武当十钱)。8.天启通宝当十钱背府字(密云铸)。9.天启通宝当十钱背镇十。

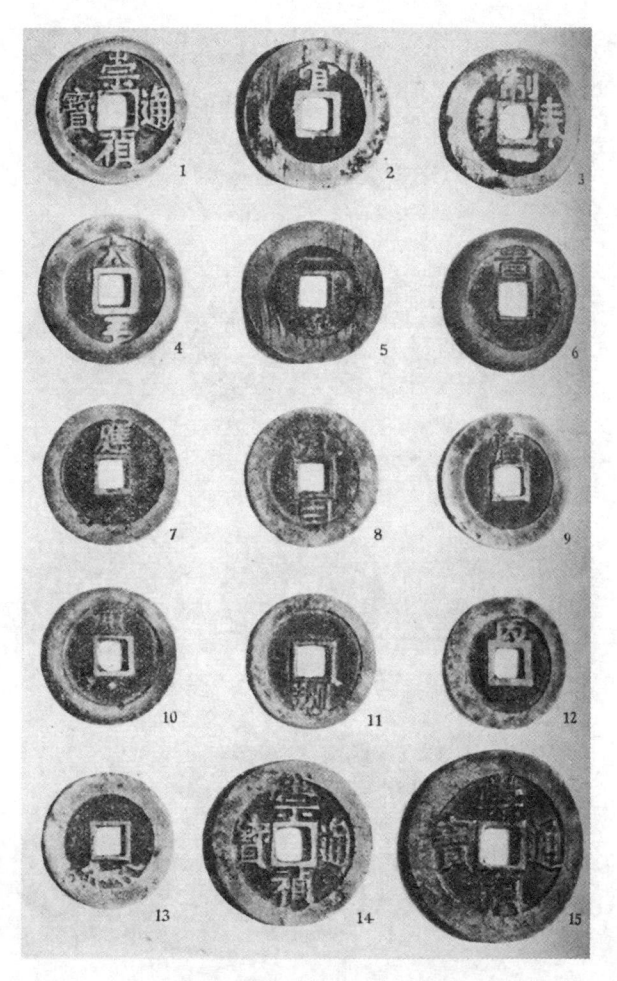

第五十七图 思宗朝的钱币

1. 崇祯通宝。2—12. 崇祯通宝的各种背文,或纪地名,或纪重量,或纪天干,种类极多。13. 崇祯通宝背面有跑马形,俗称跑马崇祯,为南京所铸。据称当时有民谣曰"一马乱天下",后来南京为马士英所失,而闯王李自成的闯字也是从马,这些也能表示当时人民对政府的不满。14. 崇祯通宝折二钱。15. 崇祯通宝折五钱。

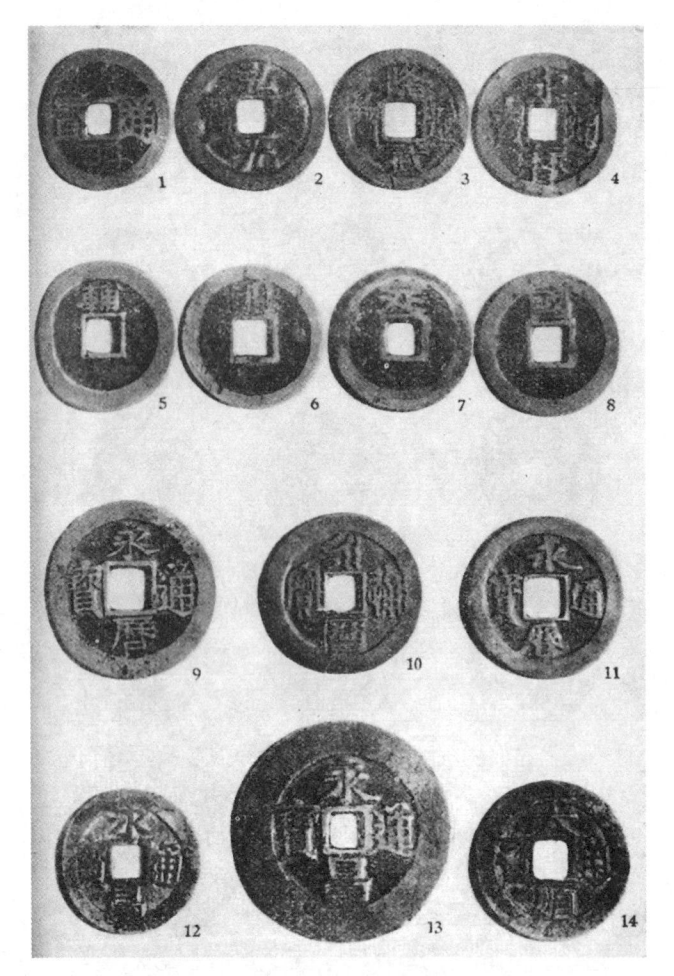

第五十八图 明末诸王的钱币(附李自成张献忠的钱币)

1. 鲁王的大明通宝。2. 福王的弘光通宝。3. 唐王的隆武通宝。4. 永明王的永历通宝。5—8. 永历通宝的背字。永历通宝种类很多,背文有"户、工"等字及折银数等,另有"御、勅、督、部、道、府、留、粤、輔、明、定、國"等字。9. 永历通宝折二钱(?)。10. 篆书永历通宝。11. 行书永历通宝。篆书和行书的传为郑成功所铸。12. 李自成的永昌通宝。13. 永历通宝大钱。14. 张献忠的大顺通宝。

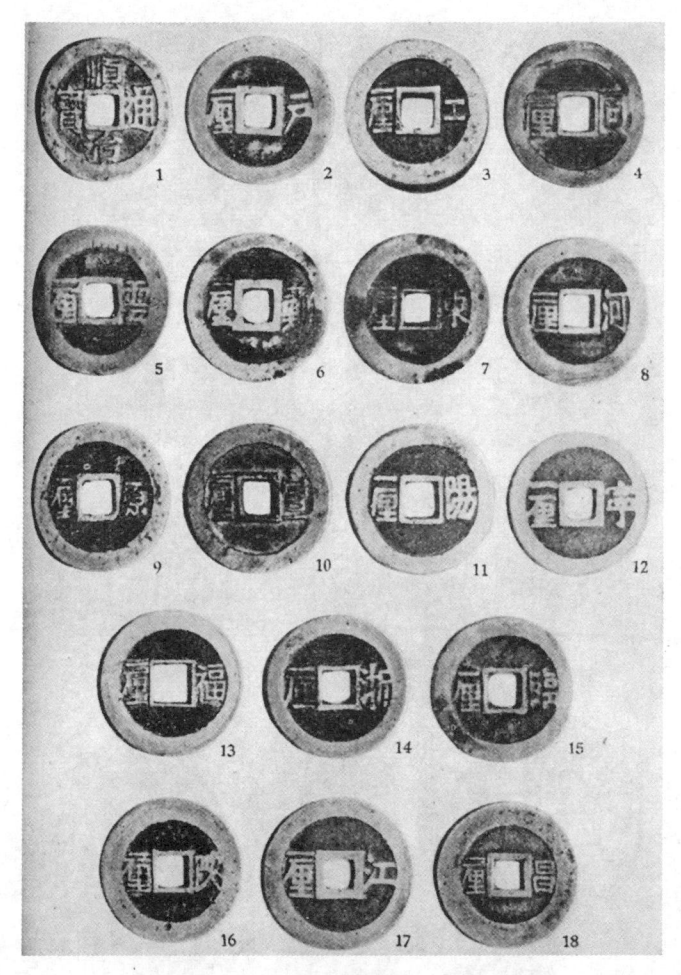

第五十九图　清世祖朝的顺治通宝一厘钱

　　清朝制钱都叫通宝，冠以年号。但背面却有几种形式，或为光背，或用一汉字标明铸局名，或用两满字，或用一满字一汉字。这里的一厘钱是顺治十年铸的，是一种折银钱，一厘就是说每枚合银一厘的意思，这是一种银钱复本位。

第六十图　清初的折银钱

1. 永历通宝（背为二厘）。2. 永历通宝背五厘。3. 永历通宝背一分。4. 孙可望的兴朝通宝（背为五厘）。5. 兴朝通宝背一分。6. 吴三桂的利用通宝（背有厘字）。7. 利用通宝背二厘。8. 利用通宝背一分。9. 昭武通宝。10. 昭武通宝背一分。11. 耿精忠的裕民通宝（背为一分）。12. 裕民通宝背浙一钱。

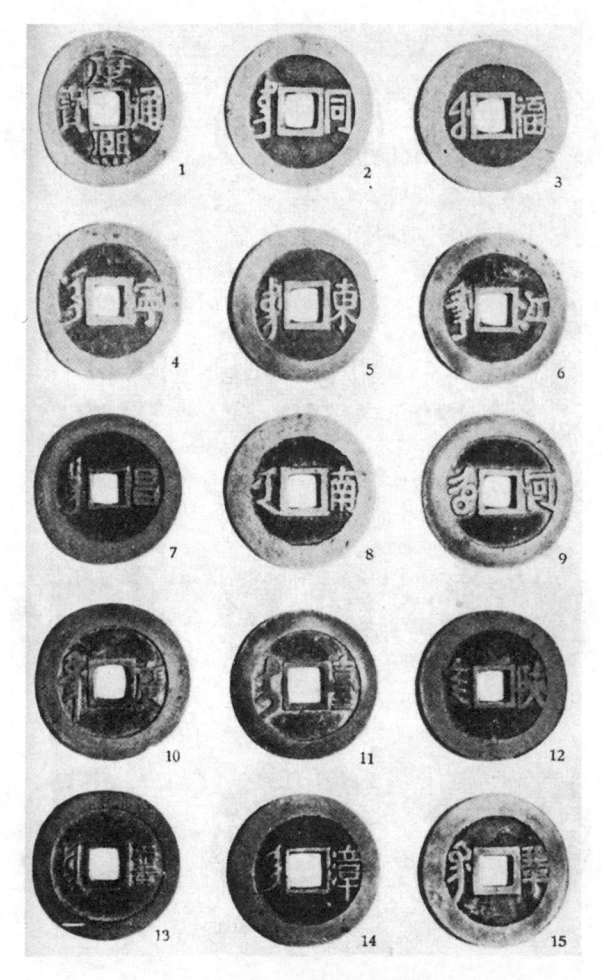

第六十一图　圣祖朝的康熙钱

1.康熙通宝正面。2.背同（山西大同府局）。3.福（福建省局）。4.宁（甘肃宁夏府局）。5.东（山东省局）。6.江（江苏江宁府局）。7.昌（江西省局）。8.南（湖南省局）。9.河（河南省局）。10.广（广东省局）。11.台（台湾局）。12.陕（陕西省局）。13.云（云南省局）。14.漳（福建漳州府局）。15.巩（甘肃巩昌府局）。

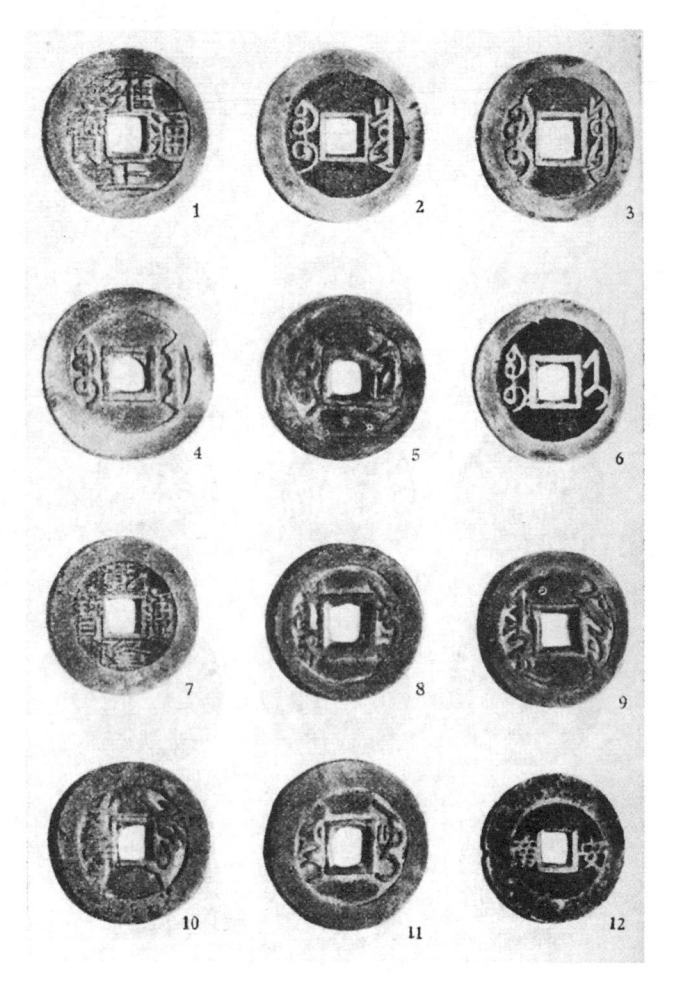

第六十二图　世宗高宗朝的钱币

1. 世宗的雍正通宝。2. 雍正通宝背宝泉（户部铸）。3. 雍正通宝背宝源（工部铸）。4. 雍正通宝背宝安（安徽）。5. 雍正通宝背宝黔（贵州）。6. 雍正通宝背宝济（山东）。7. 高宗的乾隆通宝。8. 新疆铸乾隆通宝当五普儿钱背阿克苏。9. 乾隆通宝背叶尔启木。10. 乾隆通宝背叶尔羌。11. 乾隆通宝背乌什。12. 乾隆通宝背安南。

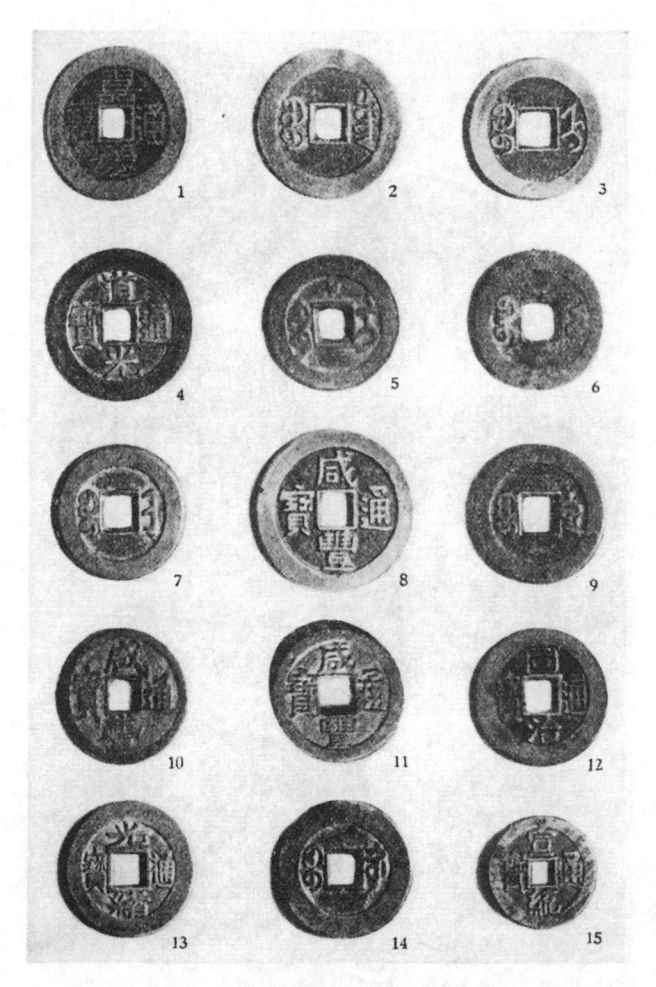

第六十三图　清中叶以后的钱币

1. 仁宗的嘉庆通宝。2. 嘉庆通宝背宝川（四川）。3. 嘉庆通宝背宝直（直隶）。4. 宣宗的道光通宝。5. 道光通宝背宝伊（伊犁）。6. 道光通宝背宝武（武昌）。7. 道光通宝背宝晋（山西）。8. 文宗的咸丰通宝。9. 咸丰通宝背宝德（热河）。10. 咸丰通宝铁钱。11. 咸丰通宝铅钱。12. 穆宗的同治通宝。13. 德宗的光绪通宝。14. 光绪通宝背宝沽（？）。15. 宣统通宝。

第六十四图　宝泉局的咸丰大钱

1. 咸丰通宝制钱正面。2. 当十钱之背。3. 当五十。4. 当百。5. 当五百。6. 当千。7. 当十铅钱。

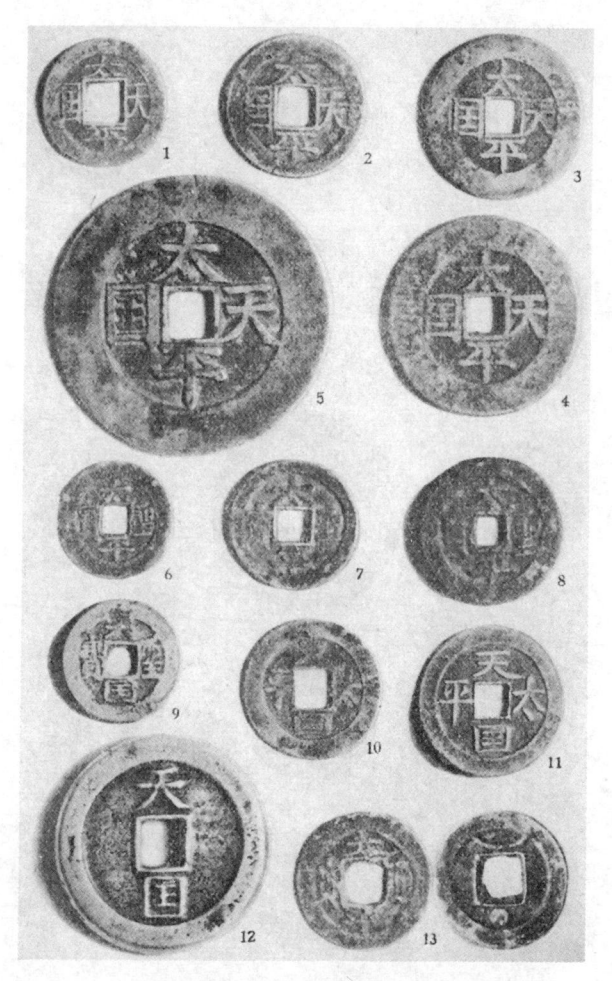

第六十五图　太平天国的钱币

1.太平天国小钱。2.太平天国当五钱(?)。3.太平天国当十钱(?)。4.太平天国当五十钱(?)。5.太平天国当百钱(?)。6—8.太平圣宝。9.天国圣宝。10、11.天国太平。12.天国。13.上海小刀会的太平通宝,背上月下日,隐明字,为反清复明之意。

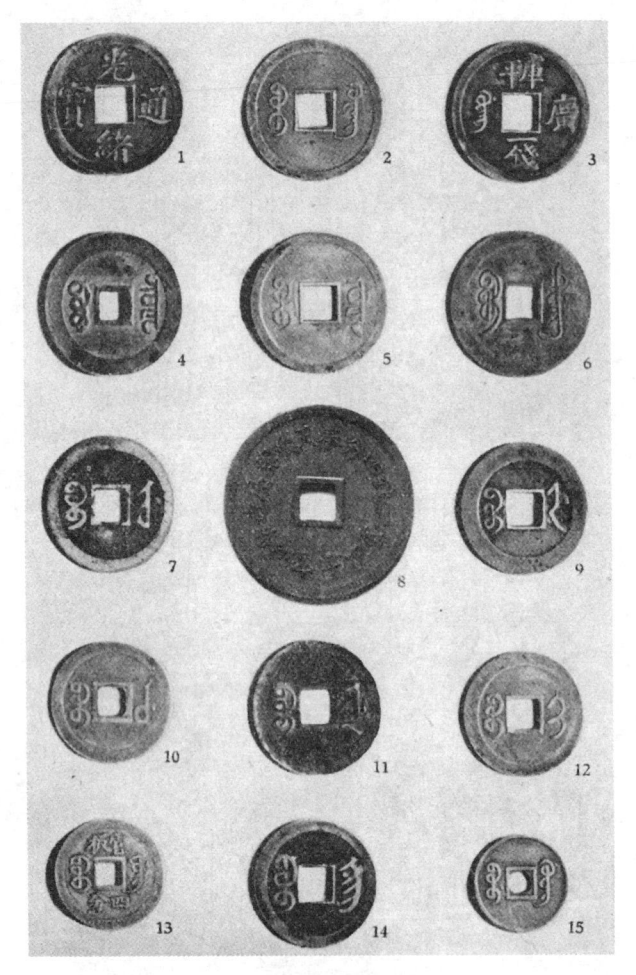

第六十六图　机器铸造的光绪通宝钱

　　1.光绪通宝正面。2.背宝广。3.广库平一钱。4.宝泉。5.宝源。6.宝东(云南东川)。7.宝苏。8.奉天机器局造当十钱。9.宝浙。10.宝武。11.宝津(天津)。12.宝吉(吉林)。13.宝奉(奉天)官板四分。14.宝漳(福建漳州)。15.宝广小样。

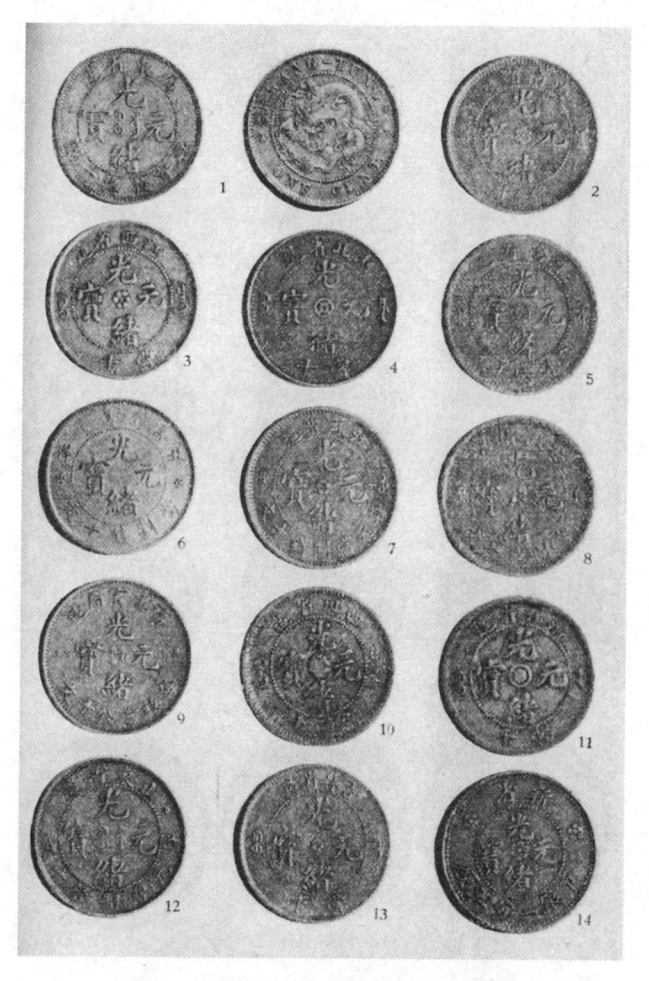

第六十七图 光绪元宝新式当十铜币

1. 广东省造的正面和背面。2—14. 为其他省份所铸造的,背面蟠龙纹各有不同外,正面下边作价的文字也各有不同。

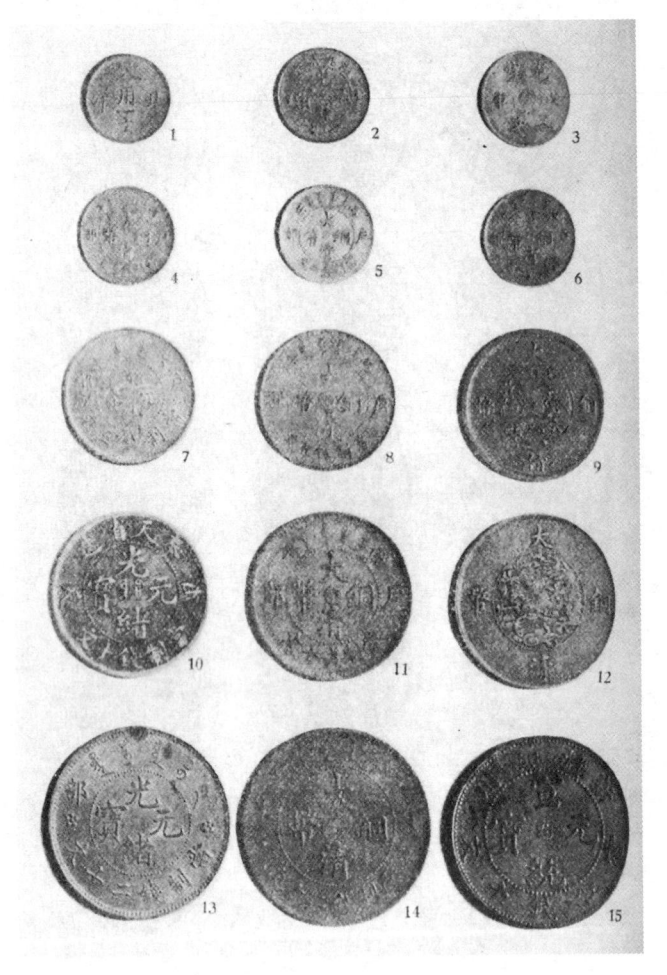

第六十八图　清末各种新式铜币

1—3. 一文铜币。4—6. 二文铜币。7—9. 五文铜币。10—12. 当十铜币。13、14. 当二十铜币。15. 新疆铸当红钱十文的铜币。

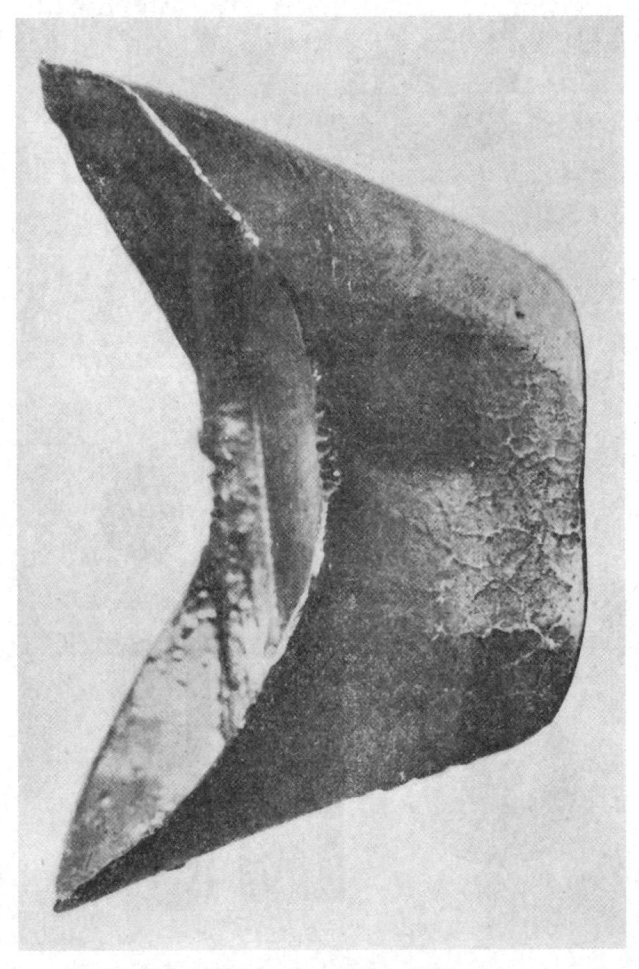

第六十九图　银元宝（沐园藏品）

　　中国白银的形式，自古有铤有饼，或为长条或为圆形。但自元代以后，以元宝为主要的形式。本图的元宝有"山东运司咸丰三年月日张荩堂"等字样，重五十两。

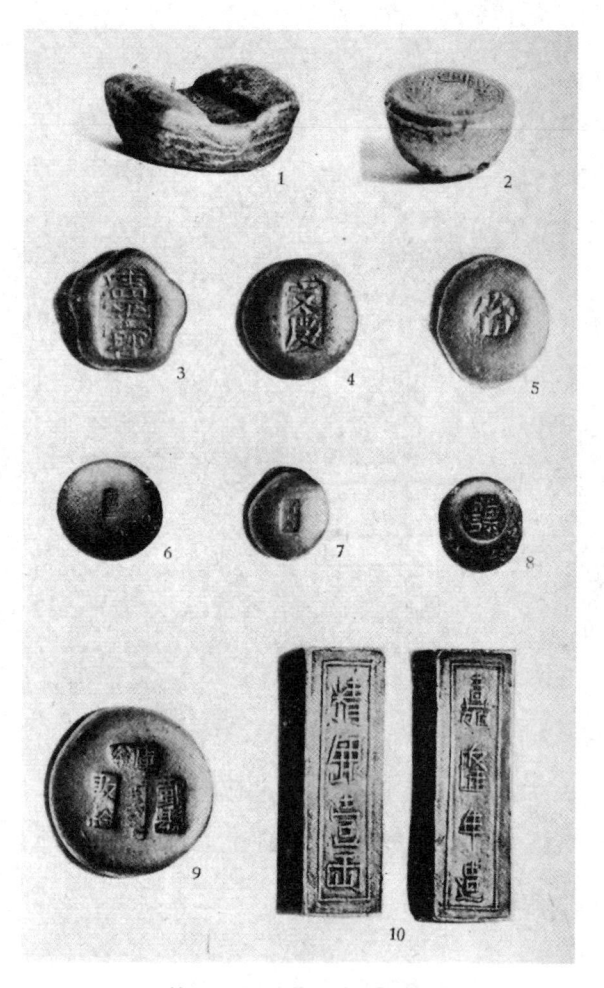

第七十图　各种小型银锭

1. 方鏪。2. 颗子（贵州官局估平足银一两）。3—8. 小银块。9. 七二银饼。这是在宁波铸造的，宁波自清初即流通外国银元，大概在外国银元缺乏时，用这种银饼来代替。10. 嘉隆年间（1802—1819）安南造的银铤，当时安南尚为中国藩属。

第七十一图　清初流入的外国银元(一)

　　1.荷兰的马剑(即马钱)。这种银元自十七世纪就由荷兰各省铸造,直到十八世纪底为法军占领时为止。流入中国的非常多。2.小马剑。3.西班牙的双柱。乾隆初年,中国称之为花边钱,因当时的马剑还是光边。4.中样双柱。5.小样双柱。中国史书只提到这三种花边钱,实际上还有更小的。6.葡萄牙的十字钱。

第七十二图　清初流入的外国银元(二)

　　1. 神圣罗马帝国的银元(1692)，上有勒奥坡尔德(Leopold)像。这种银元曾否流入中国虽不得而知，但鸦片战争前中国称为蓬头的银元，应当就是指这一类的银元。2. 西属荷兰的银元(1704)，为飞里普第五(Philip V)的像。3. 法国银元(1734)，路易十五世(Louis XV)像。4. 奥国玛利亚特列沙银元(Maria Theresa dollar)(1780)，背为双鹰。5. 美国银元，鸦片战前中国人所称为蝠的可能就是指这银元背面的鹰。

第七十三图　西班牙的本洋

1.查理第三银元。2.查理第三半元。3.西班牙十字银元(Cob dollar)。4.查理第四银元。5.费迪南第七银元。这些银元是鸦片战争前后在中国最通行的银元,这里除第三种外,都是在美洲铸造的。

第七十四图　清末流通的外国银元

　　1.墨西哥的鹰洋,这是墨西哥独立后所铸造的,自本洋停铸后,在中国取得了支配的地位。2.美国的贸易银元。3.日本银元。4.英国银元,铸于印度,专用于远东各地,流通于中国的也很多。

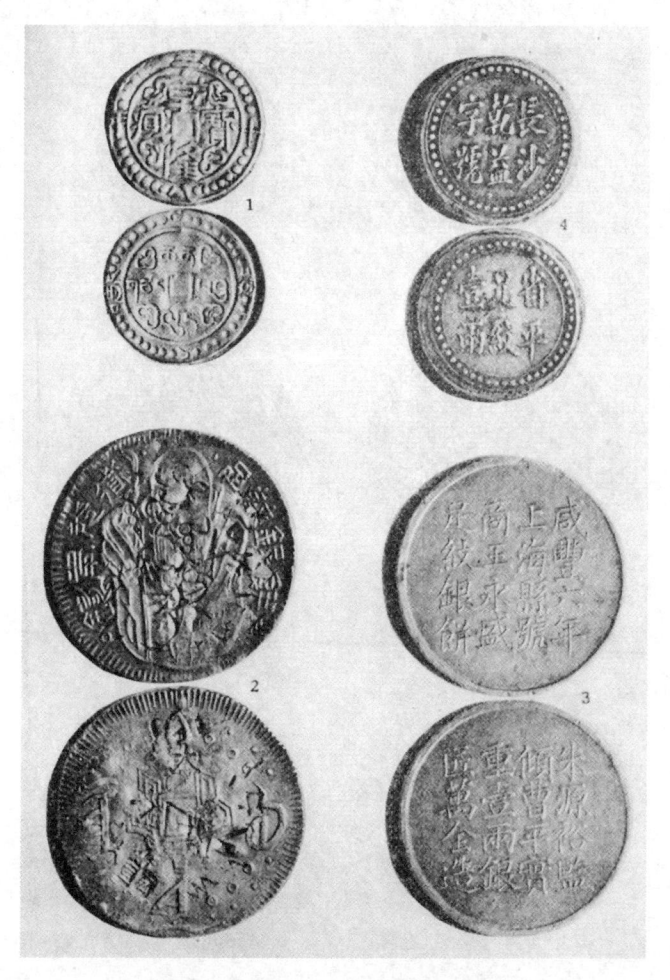

第七十五图　中国自铸的银币

　　1.乾隆宝藏薄片,自乾隆五十八年(1793)开铸,专用于西藏,在形制上是属于波斯阿拉伯中亚西亚的系统。2.道光银饼,这是在台湾铸造的。清初流通的银元,不问中外,都是千敲百凿,这是钱庄商店检查银质成色的方法。3.咸丰六年上海的银饼。4.光绪年间湖南的银饼。

第七十六图 清末各种地方银币

1. 四川卢比,为抵制英属印度卢比而铸,上为光绪像。这是中国最早的人像货币。2. 湖北的一两银币。3. 新疆的饷银,重湘平一两。

第七十七图　各省的龙洋

1. 广东一元,铸于光绪十六年(1890)。2. 湖北一元,铸于光绪二十二年。3. 老江南一元,铸于光绪二十三年。4. 安徽一元,铸于光绪二十三年。5. 老云南一元,铸于光绪三十三年。

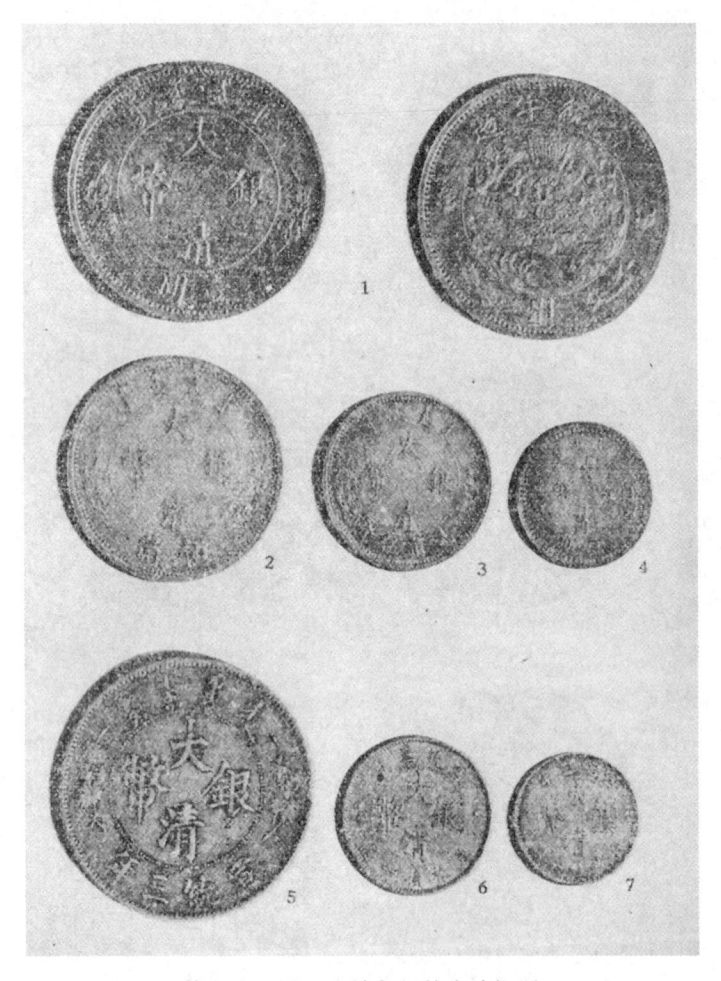

第七十八图　宣统年间的大清银币

1—4. 宣统二年的国定币,是根据该年的币条则例而铸造的,应为中国最早的统一银币。但除五角的以外,并没有发行流通。5—7. 宣统三年的大清银币。清末铸造过许多种大清银币,都没有流通,只有这一套于革命发生后作为军饷发放出来,但五角的是用宣统二年所铸的一种。

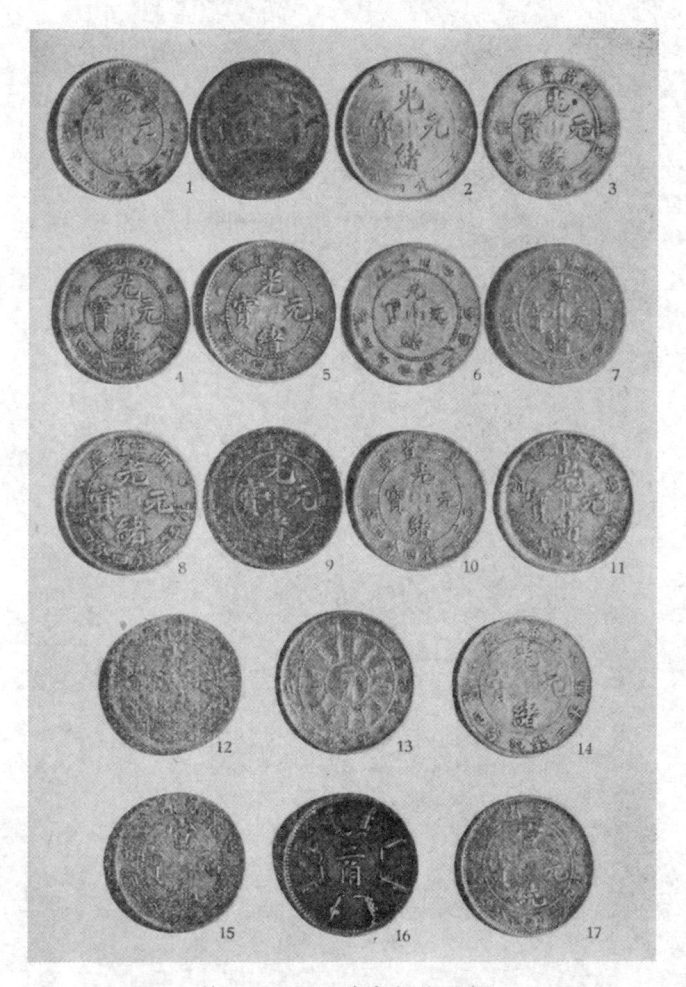

第七十九图 清末各种双毫

　　清末的银币普通是自五分、一角、二角、五角到一元,只有一元和二角的银币流通最多。图中第十五品似乎是私铸,但曾流通过;第十六品是光绪二十四年奉天所造的。

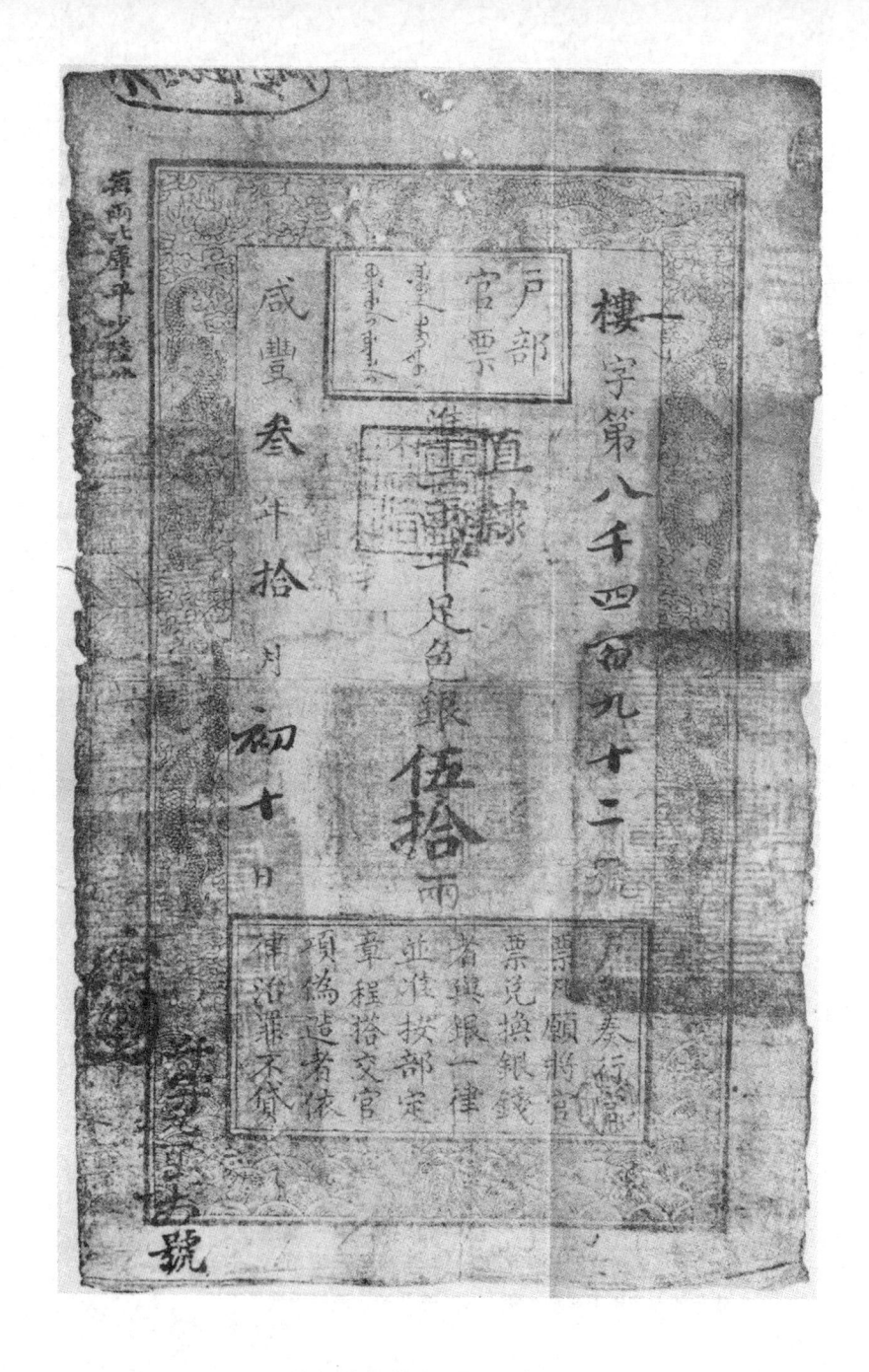

第八十图　咸丰时的户部官票

清朝政府于咸丰二年（1852）为应付太平天国革命而发行这种纸币。以银两为单位，额面分一两、三两、五两、十两、五十两五种。

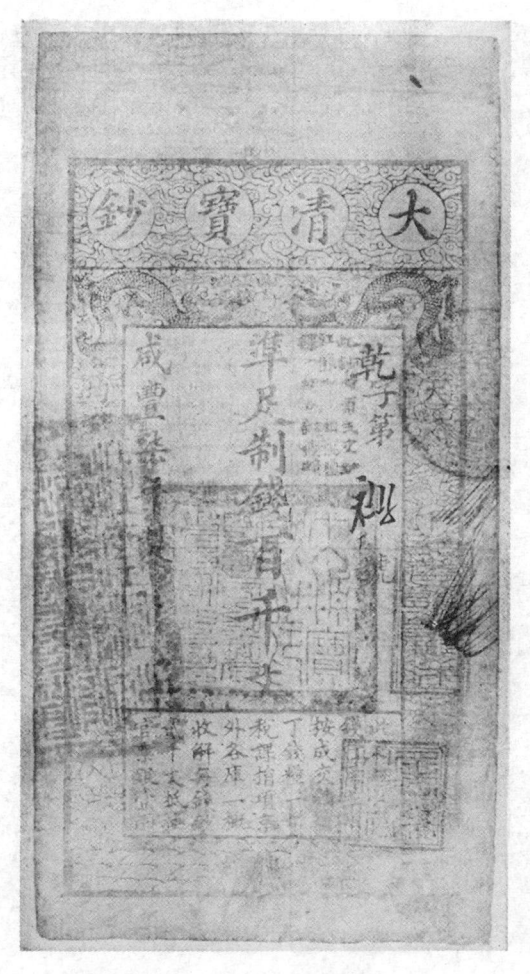

第八十一图　大清宝钞

　　大清宝钞是咸丰三年起发行的。以钱文为单位,分五百文、一千文、一千五百文、二千文、五千文、十千文、五十千文、百千文八种,以二千文合官票银一两。

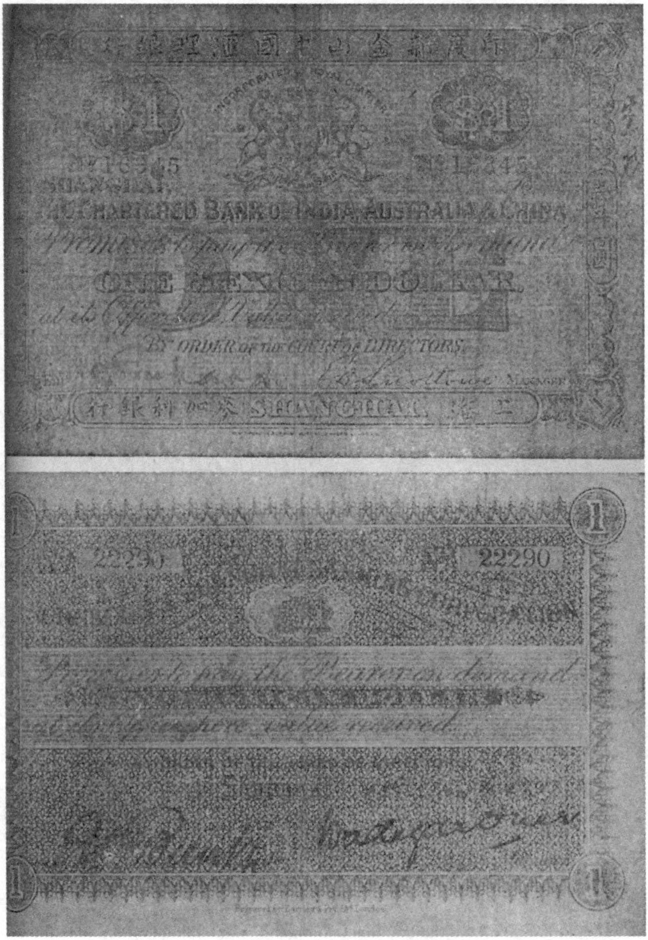

第八十二图　英商银行钞票

（上）上海麦加利银行一元兑换券。年份和签字都是临时填写。（下）上海汇丰银行兑换券(1897)。

第八十三图 德华银行一元钞票（1907）

第八十四图　政府银行的兑换券(1906)

(上)大清户部银行兑换券。(下)交通银行兑换券。

第八十五图 大清银行兑换券（1909）

第八十六图 湖北官钱局一元钞票（1904）

第八十七图 江西官银钱总号一元银元票

第八十八圖 山海關內外鐵路局銀元票

第八十九图 四明银行兑换券

第九十图 万义川银号银元票

第九十一图 同义刘记钱店钱票